자폐 범주성 장애

Patricia A. Prelock · Rebecca J. McCauley 저
이소현 · 박혜진 · 윤선아 공역

의사소통 및 사회적 상호작용을 위한
증거 기반의 중재

학지사

Treatment of Autism Spectrum Disorders: Evidence-Based Intervention Strategies for Communication and Social Interactions (CLI)

by Patricia Prelock Ph.D. and Rebecca J. McCauley Ph.D.

역자 서문

우리가 살고 있는 세상에는 자폐(autism)라는 장애를 지닌 사람들이 함께 살고 있습니다. 지금으로부터 얼마 전까지만 해도 이들에 대한 이해가 부족해서 어떻게 함께 살아가야 하는지에 대한 정보가 별로 없었습니다. 자폐라는 장애명으로 처음 언급되고 인지되기 시작한 때가 1943년이니 실제로 장애를 알아가기 시작한 지는 70여 년밖에 되지 않았습니다. 장애의 기본적인 속성을 이해하기 위한 연구가 계속 진행되면서 지금까지 그 이해의 정도나 내용도 몇 차례에 걸쳐 변화를 거쳐 왔습니다. 솔직히 장애에 대한 이해가 부족하다 보니 이들에게 꼭 필요한 적절한 대응을 하지 못하였고, 그래서 이들은 장애로 인한 어려움을 안고 살아가야 했으며 자신이 가지고 있는 잠재력조차 끌어내지 못한 채 살아가는 경우가 많았던 것이 사실입니다.

최근 20여 년간 두 가지 측면에서 장애에 대한 개념이 보다 명확하게 정립되었습니다. 첫째는 사회 의사소통의 문제가 자폐의 핵심적인 결함을 구성한다는 것이며, 둘째는 사회성이나 의사소통뿐만 아니라 지적 기능과 행동을 포함하는 여러 발달 특성이 폭넓게 분포하는 범주성 장애라는 것입니다. 그러다 보니 자폐성장애(autistic disorder), 아스퍼거 증후군, 달리 분류되지 않는 전반적 발달장애(PDD-NOS)로 불리는 다양한 유형의 장애를 모두 포함하는 자폐 범주성 장애(autism spectrum disorders: ASDs)로 그 개념이 정립되기에 이르렀습니다.

사회성이나 의사소통의 발달은 장애의 유무를 떠나서 모두에게 매우 중요한 발달 영역입니다. 자폐 범주성 장애가 아니더라도, 많은 장애 분야에서 사회 의사소통은 체계적으로 가르쳐야 하는 매우 중요한 발달 영역이자 주요 기술입니다. 장애의 핵심 결함이 사회 의사소통 영역이라면, 게다가 단순한 지체로 인한 양적 발달의 문제라기보다는 신경생물학적 이유로 인한 일탈적인 특성으로 나타난다면, 사회 의사소통 발달이 인생을 인생답게 만들어 주는 가장 중요한 영역 중 하나임을 굳이 고려하지 않더라도 자폐인의 삶이 가히 얼마나 어려울지 상상해볼 수 있을 것입니다.

한 가정의 자녀로 태어나서 부모의 양육을 받으며 생애 첫 인간관계를 형성하는 영아기를 거치고, 친구를 알게 되고 함께 놀이하며 행복한 유소년기를 지낸 후, 청소년기의 고민과 갈등을 거쳐 독립된 인생의 첫발을 내딛으면서 더욱 큰 사회를 경험해가는 우리의 인생을 생각해보면 사회성과 의사소통은 순간순간 늘 필요한, 그래서 너무나도 자연스러워 특별히 가르쳐야 하는 것인지조차 느끼지 못하는 그런 발달 영역일 수도 있습니다. 여기서 우리는 인생의 이와 같은 모든 순간에 세상을 향해 나를 알리고 세상이 내게 주는 메시지를 전달받고 이해할 수 없다면 얼마나 힘이 들지 한번 생각해보았으면 합니다. 왜냐하면 자폐인의 삶이 어쩌면 이와 같을 수도 있기 때문입니다. 다른 사람이 의도하는 바를 이해하지 못하고, 내가 처해 있는 상황에 적절한 의사 표현을 할 수 없고, 더 중요하게는 내가 원하는 것을 어떻게 얻을 수 있는지조차 알 수 없다면 그 인생은 참 어려울 것이라는 짐작이 가능합니다. 그래서 최근에 들면서 자폐 관련 장애를 연구하고 교육하는 데에 있어서 사회 의사소통 발달을 가장 중요하게 다루기 시작했다는 사실은 무척이나 반가운 현상이라 할 수 있습니다.

감사하게도 이 책은 자폐 범주성 장애 관련 중재 중 특별히 의사소통과 사회적 상호작용을 다루기 위한 중재 방법을 소개하기 위한 책입니다. 이들을 위한 연구와 교육 현장에서 시기적절하게 또한 유용하게 사용될 수 있는 내용이라 생각됩니다. 자폐 범주성 장애 학생을 가르치기 위한 중재 방법은 너무나도 많습니다. 그러나 이 책에서는 그동안의 연구를 통하여 그 효율성이나 효과 측면에서 증거가 누적되어 온 증거 기반의 중재(evidence-based intervention)만을 엄선하여 소개하였습니다. 그리고 이러한 중재 정보를 서로 다른 필요를 지닌 다양한 사람(예: 부모, 전문가, 학생, 교수)이 어떻게 사용할 수 있을지에 대해서도 잘 안내하고 있습니다. 각 장에 대한 구체적인 내용은 자폐 분야의 저명한 학자인 Tony Charman이 서문에서 잘 정리하였습니다. 이 책을 읽기 전에 반드시 서문을 읽어 볼 것을 권합니다.

이 책의 각 장에서 소개하고 있는 12개의 중재 방법에 대해서 그 장을 읽는 것만으로는 아마도 현장에서 실질적인 실행이 어려울 수도 있습니다. 이 책의 내용은 개별 학생에게 가장 적합한 중재를 해야 한다는 개별화 교육의 원칙하에서 실제로 특정 학생에게 가장 적합한 중재가 무엇인지를 알아내는 과정에 큰 도움이 되리라 생각됩니다. 자폐라는 장애가 영향을 미친 발달의 일탈적인 특성을 고려하면서 어떤 중재를 통하여 이들의 성장을 도울 것인지를 고민하는 부모와 전문가에게 매우 유익한 자료가 되리라 확신합니다. 특정 중재 방법에 대한 보다 상세한 방법론을 알기 원하는 독자는 각 장의 마지막 부분에 안내되어 있는 추가 자료 목록을 통해서 큰 도움을 받을 수 있을 것입니다.

또다시 번역서를 출간하면서 여전히 계속 아쉬운 것은 한국의 교육현장에 적절한 교수방법을 소개하지 못하고 국외에서 개발된 교수방법을 소개해야 한다는 사실입니다. 그러나 특정 교수방법이 개발되고 우리 교육현장에서 효율성과 효과에 대한 연구결과가 누적되는 과정을 거쳐 증거 기반의 실제로 정착되기까지는 아무래도 앞으로 더 많은 시간을 필요로 할 듯합니다. 그때가 될 때까지 만이라도 그나마 교육현장에서 성과를 기대할 수 있을 것으로 추측이 가능한 중재 방법을 소개할 수 있다면 조금이라도 도움이 되지 않을까 기대해봅니다. 비록 한 권의 번역서일 뿐이지만, 저자가 기대하는 것과 같이 자폐 범주성 장애로 진단 받은 자녀를 둔 부모와 이들을 위해 일하는 특수교사를 포함한 전문가, 앞으로 전문가가 되기 위해 공부하는 학생과 이들을 가르치는 교수 모두에게 작으나마 도움이 되기를 기도합니다. 그리하여 이 세상 모든 자폐인의 삶이 형통하기를 또한 기도합니다.

그는 시냇가에 심은 나무가 철을 따라 열매를 맺으며
그 잎사귀가 마르지 아니함 같으니
그가 하는 모든 일이 다 형통하리로다
시편 1:3

2017년 9월 5일
이소현

서문

이 책은 자폐 범주성 장애(autism spectrum disorders: ASDs)를 지닌 아동과 청소년을 위한 증거 기반의 사회 의사소통 중재라는 때로는 불명확한 분야를 개척하는 데에 매우 필요한 책이다. 이 책의 최우선적인 목적은 자폐 범주성 장애 아동의 부모와 가족, 아동 및 그 가족과 함께 일하는 최일선의 전문가, 자폐 범주성 장애에 대해 학습하거나 연구하는 학생과 교수 등 다양한 청중이 연구와 임상 관련 문헌에 접근할 수 있게 하는 것이다.

Prelock과 McCauley의 서론(1장)은 자폐 범주성 장애 아동과 청소년을 위해서는 보다 전통적인 행동주의 접근과 함께 사회적-화용론적-발달적 중재가 적절하다는 (실제로는 반드시 필요하다는) 전제하에 지난 10년간에 걸쳐 이루어진 개혁에 대해 간략하게 소개한다. 자폐 범주성 장애 아동, 특히 비구어 또는 최소한의 언어 기술만을 지닌 어린 아동의 경우 사회 의사소통 결함이 이들을 특징짓는 핵심적인 요소라는 사실을 미루어 볼 때 이것은 당연하지만, 실제로 이와 같은 접근을 위한 확실한 증거 기반이 나타나기 시작한 것은 불과 15년밖에 되지 않았다. 이 책은 자폐 범주성 장애를 지닌 아동과 청소년을 위한 중재에 대한 중요하지만 매우 전문적이고 긴 보고서인 국립자폐센터(National Autism Center)의 국가표준프로젝트(National Standards Project) 보고서를 접근 가능하고 실질적인 지침으로 해석하는 데 목적을 둔다. 각 장은 특정 중재 접근법의 이론적 배경과 그 효과에 대한 증거를 설명할 뿐만 아니라 실행에 필요한 실제적인 요구사항(시간, 훈련, 전문성)을 강조하고 중재자와 부모가 어떤 특정 아동이나 청소년에게 중재가 효과가 있는지를 어떻게 평가할 수 있는지 설명한다. 다양한 중재를 보여주는 사례는 이 책이 실제적인 안내서, 특별히 증거 기반을 주의 깊게 살펴보는 안내서가 되게 해주는데, 사실 자폐 범주성 장애를 지닌 아동과 그 가족을 가장 잘 지원하기 위한 안내서라면 모든 안내서가 그래야만 한다.

McCauley와 Prelock의 독자를 위한 안내(2장)는 때때로 이 분야에서 사용되는 난해한 용어에 대해 읽기 쉽고 이해하기 쉽게 소개함으로써 고유의 서비스를 제공하고 있으며 또한 이 책의 나머지 부분을 이끌어준다. 제시된 표는 단일대상연구(SSDs)와 무작위 대조군 연구(RCTs)의 전문적인 언어 (및 약어)를 부모가 자녀의 교육팀과 중재 계획을 논의할 때 사용 가능하도록 해독해준다. 시작할 때부터의 원칙은 아동이 필요로 하는 것과 사회 의사소통 중재의 다양한 측면과 그러한 중재를 지지하는 증거 기반에 대한 이해를 기초로 부모는 자녀를 위한 최상의 프로그램을 개발하기 위해서 전문가와 협력적으로 일한다는 것이다.

Wegner는 보완대체 의사소통(AAC) 전략을 위한 증거를 정리하여 제시하였다(3장). 이는 자폐 범주성 장애인 중 어느 정도를 차지하는 비구어 또는 최소한의 구어 능력을 보이는 아동 및 청소년에게 사용되는 접근법이다. 가장 널리 사용되고 있는 체계에는 그림교환의사소통 체계(Picture Exchange Communication System: PECS), 그래픽 의사소통 체계, 수어, 음성산출기 등이 있다. 모든 성공적인 중재가 그렇겠지만, 특히 보완대체 의사소통 접근법에서는 개별 아동의 의사소통 요구와 실행되는 특정 중재 간의 적합도가 더욱 중요하다. 이 장에서 검토된 많은 중재가 참여 모델(Participation Model), 사회적 지원망(Social Network) 도구, SCERTS®(Social Communication, Emotional Regulation, Transactional Supports) 모델과 같은 포괄적인 틀을 사용하는데, 이들 모두는 보완대체 의사소통 접근법이 아동 및 가족 중심이어야 하고 자연적인 환경과 의미 있는 맥락에 강조점을 두어야 한다는 필요성을 강조한다. 이와 같은 방법들은 그 속성상 많은 시간과 노력을 필요로 하고 상당한 전문성(보통 언어병리학자의)과 성공하기 위해 반드시 필요한 일관성 확보를 위한 팀 접근을 요구한다.

Wilczynski, Rue, Hunter, Christian은 기본적인 행동 중재 전략을 설명하였다(4장). 이들은 오랫동안 형성되어 온 (그러나 저자들도 언급한 바와 같이) 때로는 잘못 이해되고 있는 비연속 개별시도 교수(discrete trial instruction: DTI) 방법에 초점을 맞추었다. 이 방법은 B. F. Skinner의 조작적 조건화라는 초기 연구로까지 거슬러 올라가는 행동주의 접근을 기반으로 한다. 비연속 개별시도 교수의 기본적인 원리인 식별자극, 반응, 후속 결과(강화), 그리고 시도 간 간격이 명확히 제시되었다. 이 방법은 응용행동분석 접근법으로 또는 보다 최근에는 조기집중행동중재(EIBI)로 불리는 Ivar Lovaas가 시작한 보다 광범위하고 종합적인 프로그램을 포함해서 자폐 범주성 장애 아동과 청소년의 수많은 발달과 행동에 적용되어 왔다. 저자들은 비연속 개별시도 교수 방법이 공동관심과 같은 전언어 기술뿐만 아니라 보다 공식적인 구어 행동 프로그램에서의 언어를 촉진하는 데 어떻게 사용될 수 있는지 보여준다. 약간의 지식이 위험할 수 있다는 것은 아마도 이 책의 다른 많은 방법들보다 이 방법에 더욱 해당될 것으로 여겨지는데, 그래서 저자들은 이러한 프로그램이 행동주의 접근법과 자폐 모두에 전문성을 지닌 경력 있는 자문가의 감독을 필요로 한다고 강조한다.

Gerber는 Stanley Greenspan이 자폐 범주성 장애에 특화된 중재로 개발한 발달–개인차–관계 중심(Developmental, Individual-Difference, Relationship-Based: DIR) 모델을 설명하였다(5장). 이 접근법은 대인관계 발달을 강조하고 다양한 이론적 기반에 의존하는데, 무엇보다도 특히 발달심리학의 현대 이론에 의존한다. 기능적 정서 발달 단계는 전형적인 발달을 보이는 아동에게서 발달 초기에 나타나는 사회 의사소통 및 인지적 문제해결력의 특징이다. 발달–개인차–관계 중심 접근은 마루놀이(Floortime)로 알려진 중재 전략을 사용해서 반구조화 및 구조화된 학습 활동과 함께 자발적인 상호작용을 강조하며 자폐 범주성 장애 아동이 대체적으로 어려워하는 감각 및 지각–운동 목표와 활동을 포함한다. 이 장에서는 발달–개인차–관계 중심 접근이 국립자폐센터의 보고에서 증거 기반이 나타나기 시작한 것으로 설명된 SCERTS® 모델이나 Hanen More Than Words 프로그램과 같은 다른 발달적 사회 의사소통 중재와 중복되는 부분을 강조하고 있어서 도움이 될 것이다.

6장에서 Durand는 기능적 의사소통 훈련(functional communication training: FCT)으로 불리는 효과가 잘 입증된 행동적 접근을 설명하였다. 이 행동적 기법의 적용은 특히 탠트럼, 공격행동, 자해행동과 같은 행동 문제를 감소시키기 위해 고안되었다. 저자는 이러한 문제가 자폐 범주성 장애인에게 공통적이고 지속적이며 당사자와 가족에게 심각한 영향을 미친다고 강조하였다. 다른 행동적 접근과 마찬가지로, 기능적 행동진단은 개별화된 행동 중재를 개발하기 위한 시작점이다. 기능적 동등성의 개념은 대안적이고 보다 적응적인 행동이 부적응적이고 문제가 되는 행동과 동일한 기능을 한다는 측면에서 기능적 의사소통 중재 접근의 핵심이다. Durand는 기능적 의사소통 훈련의 긍정적인 증거를 제공하는 200개 가까운 연구를 요약하였는데, 그중 대부분은 단일대상연구 또는 소수가 참여하는 사례연구였다. 결론에서 저자는 이 책에 포함된 모든 중재에도 해당되는 중요한 점을 경고하였는데, 교사와 부모에 따라서는 기능적 의사소통 훈련을 효과적으로 실행하기가 쉽지 않을 수 있다는 것이다. 모든 중재가 모든 교사나 부모에게 잘 맞는 것은 아니며, 어떤 방법이든 그 증거 기반을 고려하면서 동시에 중재와 중재 실행자 간 "적합성"을 고려하는 것이 중요하다.

Kasari, Kasambira Fannin, Stickles Goods는 자폐 범주성 장애를 지닌 많은 어린 아동의 특정 손상 영역인 중요한 전언어 사회 의사소통 기술을 특별히 목표로 하는 공동관심 중재의 증거를 설명하였다(7장). 발달-개인차-관계 중심 접근과 마찬가지로 공동관심 중재도 발달심리학에 그 이론적 기반을 둔다. 공동관심, 공동활동일과(예: 구전동요), 상징놀이는 전형적인 발달을 보이는 아동이 대체로 부모나 다른 양육자와의 상호작용 중에 전언어 사회 의사소통 및 사회적 상호작용 기술을 학습하는 상호작용적 활동이다. Kasari와 그 연구진은 자신들의 획기적인 연구인 공동관심(과 상징놀이) 기술을 가르치기 위한 중재에 초점을 둔 제한된 기간의(6주) 중간 규모 무작위 대조군 연구를 소개하였다. 중재에는 비연속 개별시도와 같은 기법도 포함되었지만 보다 자발적인 놀이 중심 상호작용이 포함되었다. 연구진은 공동관심 및 공동참여 기술이 중재자 또는 부모와의 상호작용 모두에서 향상되었으며, 12개월 후 유지검사에서 언어 기술도 향상되었음을 보고하였다. 이 책의 모든 장에서와 마찬가지로, 저자들은 문화 또는 언어 배경이 다양한 아동을 위한 고려점을 포함시켰다. 특별히 라틴, 아프리카계 미국, 아시아 등의 특정 문화에서는 지속적인 눈맞춤이 유럽계 미국 문화에서보다 수용적이지 않을 수도 있으며 중재자는 이러한 차이를 고려하되 특히 공동관심 중재에서 부모 훈련을 할 때 그러하도록 언급하였다.

Hancock과 Kaiser는 강화된 환경교수(enhanced milieu teaching: EMT) 접근법을 소개하였다(8장). 이 접근은 특별히 기본적인 구어 기술을 보이는 어린 자폐 범주성 장애 아동을 위해서 고안되었다. 현대 응용행동분석과 발달적 화용론적 기법을 조합함으로써 중재자(부모일 수도 있음)는 새롭게 나타나기 시작하는 아동의 언어 능력을 확장하고 시범 보인다. 강화된 환경교수의 네 가지 핵심 구성요소는 다음과 같다: (1) 환경 구성, (2) 반응적 상호작용, (3) 특정 언어 모델링, (4) 환경교수. 아동을 둘러싼 "환경"은 최대 지원전략(most-to-least support strategy)에 따른 촉진 수준에 따라 달라지며, 이에 따라 아동은 언어를 모방하는 것에서부터 독립적으로 언어 상호작용을 시작하기에 이르기까지 발전해간다. 앞으로의 방향 부분에서 저자들은 최근에 자폐 범주성 장애로 진단된 아동의 어린 형제자매에게 강화된 환경교수를 실행하기 시작하였음을 언급하였다. 이러한 발전은 가계 내 자폐 범주성 장애 재발생률이 10%까지 높게 나올 수도 있다는 사실을 인식하면서 이루어졌다. 따라서 저자들은 아직 자폐 범주성 장애로 진단을 받지는 않았지만 진단을 받게 될 "위험"에 놓인 아동과 함께 일하는 중재 분야의 새로운 논점을 제기하였다.

Woods, Wetherby, Kashinath, Holland는 미국국립보건원(National Institutes of Health)의 연구비 지원으로 수행된 자폐 범주성 장애로 진단된 18개월 정도의 어린 영아를 위한 사회 의사소통 중재의 대규모 무작위 대조군 연구(RCT)인 조기 사회적 상호작용(Early Social Interaction: ESI) 프로젝트를 설명하였다(9장). 연구의 성과는 아직 나오지 않았지만 저자들은 조기 사회적 상호작용 접근을 위한 발달적 기초와 증거 기반을 제시하였다. 이 책에서 다루고 있는 자폐 범주성 장애 아동을 위한 많은 다른 현대적 중재 접근(예: 발달-개인차-관계 중심 모델, 강화된 환경교수)과 마찬가지로 조기 사회적 상호작용은 발달적 화용론적 접근과 행동주의 중재 접근의 요소를 혼합해서 사용한다. 또한 아동을 둘러싼 가족 체계의 중요성과 가족 중심 서비스 및 지원의 필요성을 강조한다. 다른 부모 실행 사회적 의사소통 접근과 마찬가지로, 중재 전략은 매일의 양육 상호작용과 가족의 일과(예: 식사, 목욕, 취침)에 삽입된다. 이러한 방법을 사용하는 목적은 주당 2~3시간의 직접적이고 전문적인 중재를 받는 아동에게 매일 수 시간의 중재를 제공할 수 있기 위해서다. 이 책 전반에 걸쳐 강조되고 있는 한 가지는 프로그램이 지역사회 전역에서 접근 가능하고 보편적이어야 한다는 것이며, 조기 사회적 상호작용은 이러한 목표가 실현될 수 있는 장을 마련해준다.

Carter, Sisco, Chung은 또래 중개 중재의 증거 기반을 설명하였다(10장). 이 방법은 통합교육 환경에서 장애가 없는 또래가 사회적 상호작용과 학습을 촉진하기 위해 참여하게 되는 행동주의 및 사회적 학습 이론을 사용하는 접근법이다. 전형적인 발달을 보이는 또래는 자폐 범주성 장애를 지닌 아동(들)을 위해 사회성 및 학업의 학습목표를 촉진하고 시범 보이고 강화하도록 훈련 받고 지원 받는다. 저자들은 또래 중개 모델을 사용한 29개의 학술지 논문을 체계적으로 정리하였다. 다양한 프로그램에서 또래 상호작용 훈련이나 또래 지원망(사회적 행동을 촉진하기 위한)으로부터 협동학습 집단이나 또래 교수(학업을 촉진하기 위한)까지의 다양한 접근법이 활용된다. 또래 중개 접근법의 기반이 되는 특정 심리학적 이론은 교사 양성을 위한 교육에 포함되지 않았을 수도 있기 때문에 일반교사와 특수교사는 이러한 접근법을 어떻게 실행할지에 대해 훈련을 필요로 한다. 다른 장에서와 마찬가지로 숙련된 전문가로부터의 지원이 필요한 것은 사실이지만, 또래 중개 접근법이 지니는 경제적인 모델로 인해서 광범위한 실행이 가능할 수도 있다.

Simpson과 Ganz는 비구어 또는 제한된 구어 능력을 보이는 자폐 범주성 장애인을 위한 그림교환의사소통 체계(Picture Exchange Communication System: PECS)의 증거 기반을 제시하였다(11장). 행동주의 원리를 근거로 Frost와 Bondy에 의해서 개발된 그림교환의사소통 체계는 원하는 사물을 자발적으로 요구하도록 교수함으로써 기능적 의사소통 기술을 가르친다. 의사소통 대상자에게 선택한 사물이나 활동의 그림이나 아이콘을 주고 그 사물이나 활동을 받게 된다. 중요한 것은 이때 사물을 명명해야 한다거나 눈맞춤 등의 의사소통을 위한 선수기술을 갖출 필요가 없다는 것이다. 프로그램은 여섯 개의 구분된 단계를 통해서 진행되는데, 그림 또는 상징으로 원하는 물건 교환하기(1단계와 2단계)부터 시작해서 그림 식별하기(3단계)와 구절이나 문장으로 요구 확상하기(4단계)를 거쳐 질문하기(5단계)와 언급하기(6단계)로 진행된다. 저자들은 몇몇 무작위 대조군 연구(RCT)를 포함해서 지금까지 수행된 효율성 및 효과 연구를 체계적으로 검토하였다. 이들은 그림교환의사소통 체계를 사용해서 아동뿐만 아니라 청소년과 성인에게 기능적 의사소통 기술이 교수될 수 있음을 보여준다.

Bruinsma와 McNerney는 행동주의 및 발달주의 원칙 모두에 기반을 둔 또 다른 사회 의사소통 중재인 Koegel과 Koegel의 중심축 반응 중재(Pivotal Response Treatment: PRT)를 소개하였다(12장). 이 책에서 소개한 몇몇 다른 중재에서와 마찬가지로, 중심축 반응 중재는 아동의 자연적인 환경에서 교육하고 중재자로서 부모를 중심에 포함시키는 것을 강조한다. 아동의 행동 목록 중 "중심축 영역"을 강조하는 것은 뒤따를 수도 있는 반응하기 및 기능하기의 연쇄적인 부수적 효과를 이용하기 위한 것이다. 이러한 중심축 영역은 아동을 참여시키는 동기유발 전략 식별하기, 자폐 범주성 장애 아동의 특성이기도 한 "과다선택"을 극복하도록 복수 단서 사용하기, 촉진된 행동이 아닌 시작하기 행동 향상시키기, 아동이 스스로 행동을 조절할 수 있도록 돕기 위한 자기관리를 포함한다. 저자들은 중심축 반응 중재와 같은 부모 훈련 중재로부터 얻을 수 있는 한 가지 부수적인 혜택을 강조하였는데, 연구에 의하면 훈련 프로그램을 거친 후에 부모의 스트레스가 감소하고 자신감이 증가했다는 것이다.

Hutchins는 Carol Gray의 상황이야기(Social Stories™)의 증거 기반에 대해 최신의 종

합적인 검토를 제시하였다(13장). 상황이야기는 사회적 정보에 "직접적으로 접근"하게 함으로써 사회적 이해를 촉진하기 위한 목적으로 작성된 개별화된 이야기다. 이 중재는 자폐 범주성 장애의 특성인 사회적 인지 및 사회적 이해의 어려움을 다룬다. Gray의 상황이야기 접근법은 "생각의 원리(theory of mind)"나 내면화 능력에서의 손상과 빈약한 "중앙응집력(central coherence)" 또는 게슈탈트식 인지 방식 등을 포함하는 자폐 범주성 장애의 폭넓은 최근 심리학적 이론에 의존한다. 상황이야기 중재가 취하는 맥락적 접근은 자폐 범주성 장애의 사회적 손상이 사람들 간의 사회적 공간에 있는 것이지 본질적으로 개인 자신에게 있는 것은 아님을 강조한다. 상황이야기 접근에 대한 증거를 철저하게 검토함으로써 저자들은 이 책에 포함된 많은 다른 중재에도 적용되는 두 가지 문제점을 지적하였다. 효과 측면에서 성과가 기대되는("나타나기 시작하는") 것은 사실이지만 중재 효과의 일반화와 유지에 대해서는 별로 아는 바가 없다는 것이다.

Buggey는 최근에 발전되고 있는 기법인 비디오 모델링에 대한 문헌을 검토하였다(14장). 그 이론적 기반은 학습 이론과 Bandura의 사회적 학습 이론이며, 자폐인은 언어 기반의 사고자가 아닌 시각적 사고자인 경향이 있다는 개념을 기초로 한다. 비디오 모델링 접근법은 사회적 기술 및 행동, 정서 학습, 조망수용 기술, 언어 등을 포함하는 광범위한 목표행동에 적용될 수 있다. 대부분의 프로그램은 성인이나 또래 모델을 사용하지만 보다 최근에는 자기 모델링(스스로 모델로 역할)과 만화영화도 사용되기 시작하였다. 저자는 이러한 다양한 유형의 실질적인 장단점을 표로 잘 정리하였다. 비디오 모델링 접근법은 비교적 최근에 시작되었다는 점으로 인해서 아직은 그 효과에 대한 문헌이 부족하지만 계속 증가하고 있다.

이 책의 편저자인 McCauley와 Prelock은 책을 마무리하면서 자폐 범주성 장애인을 위한 사회 의사소통 중재 분야의 앞으로의 방향을 제시하였다(15장). 연구자와 중재자와 가족을 위해 정리한 사려 깊지만 또한 도전이 되는 이들 연구 방향을 모두 다 반복하지는 않겠지만, 가장 강력한 관심을 불러일으킨 몇몇 생각들을 강조하고자 한다. 실망스럽게도 더디게 진행되고 있기는 하지만 다양한 중재를 검증하기 위해서 의미 있는 성과를 보다 잘 측정하기 위한 방법을 개발해야 할 필요가 있다는 점에 폭넓은 동의가 이루어지고 있다. 앞으로의 연구에서 설계와 수행이 아무리 엄격하게 잘 이루어진다고 하더라도 만일 성과를 제대로 측정하지 않는다면 자폐 범주성 장애인과 그 가족에게 최선을 다하고 있는 것이 아닐 수 있다. 또 다른 도전은 중재 패키지가 개인과 그 가족의 필요에 따라 개별화될 수 있도록 누가 어떤 중재로부터 혜택을 받을 것인지를 알아내는 것이다. 마지막으로, 저자들은 연구와 실제 간의 "격차"를 강조하였다. 연구가 특정 프로그램에 대해서 강력한 증거를 제공한다고 할지라도 그러한 프로그램이 현장에서 정확하게 실행되고 있는지와 지역사회의 모든 구성원에게 접근 가능하고 수용 가능한지를 어떻게 확신할 수 있는가? 자폐 범주성 장애인을 위한 중재 연구 분야에서는 실행과학의 현대적 실천이 이제 막 시작되고 있다. 저자들은 중재자와 가족 구성원이 자폐범주성 장애인을 위한 중재의 증거 기반에 대해 학습할 수 있는 점점 늘어나고 있는 유용하고 균형 잡힌 공정한 웹 사이트를 알려주는 또 다른 유용한 실제적인 서비스로 장을 마무리하였다. 이 탁월한 책을 읽는 독자는 책의 내용으로부터 많은 것을 배워서 자폐인을 위한 삶의 성과를 향상시키기 위한 여정을 계속해 가는 동안 유용하게 사용할 수 있을 것이라고 확신한다.

Tony Charman, Ph.D.
Centre for Research in Autism and Education
Institute of Education, London

차례

01

자폐 범주성 장애 중재 개관

Patricia A. Prelock & Rebecca J. McCauley

이 책은 자폐 범주성 장애(autism spectrum disorders: ASDs)와 그 핵심 결함을 잘 알고 있는 사람들에게 의사소통 및 사회적 상호작용에 초점을 둔 중재에 대해 설명하기 위한 의도로 집필되었다. 자폐 범주성 장애는 사회적 상호작용, 구어 및 비구어 의사소통, 행동에 있어서 폭넓은 범위의 결함을 보이기 때문에 이러한 핵심 결함을 다루는 증거 기반의 중재를 적용하는 것이 매우 중요하다. 따라서 이 책에서 검토하는 증거 기반의 중재는 주로 자폐, 아스퍼거 증후군, 달리 분류되지 않는 전반적 발달장애(PDD-NOS)로 진단되는 개인의 의사소통과 사회적 상호작용을 지원하기 위해 자주 사용되는 기존의 또는 새롭게 개발되고 있는 방법을 강조한다.

1. 의사소통 및 사회적 상호작용을 위한 중재 전략의 이론적 배경

지난 15년간 자폐 범주성 장애 아동의 사회적 상호작용 및 의사소통을 지원하기 위해서 어떤 중재 접근이 가장 적절한지에 대한 생각에는 변화가 있어 왔다. 전통적인 행동 중재(traditional behavioral interventions)가 문헌에 잘 소개되어 있고(예: Cooper, Heron, & Heward, 2007) 다양한 환경에서 놀랄 말한 영향력을 미치고 있음에도 불구하고(Downs, Downs, Johansen, & Fossum, 2007; Lafasakis & Sturmey, 2007; Taubman et al.,

2001) 자폐 범주성 장애인이 자연적인 환경에서 긍정적이고 사회적인 관계를 맺고 기술을 일반화시킬 수 있는 기회를 강조한다는 측면에서 사회-화용론적 발달 중재(social-pragmatic developmental interventions)가 적지 않은 관심을 끌고 있다. 이러한 접근에 대한 관심은 또한 자폐 범주성 장애에 대한 전통적인 행동 중재에서 밝혀지고 있는 제한점으로 인해서도 나타나고 있는데, 구체적으로는 목표행동 특히 의사소통과 언어의 사회적 활용과 관련된 목표행동의 일반화 측면에서의 한계를 예로 들 수 있다(Wetherby & Woods, 2006, 2008). 사회-화용론적 발달 중재는 자폐 범주성 장애의 핵심인 의사소통 및 사회적 상호작용 어려움을 다루는 데 특별한 기여를 하며 학습의 기능적인 적용에 대한 방해를 최소화해주는 가능성이 있기 때문에 이 책의 핵심 내용으로 초점을 맞추었다.

전통적인 행동 중재에서 기술은 미리 정해진 정반응을 대상으로(Karsten & Carr, 2009; Newman, Reinecke, & Ramos, 2009; Prelock & Nelson, 2011) 비연속 개별시도 교수(Cooper et al., 2007)의 특성을 지니는 등의 엄격하게 처방된 교수적 구조화 상황에서 일대일로 교수된다. 반대로 사회-화용론적 발달 접근에서 중재는 아동의 주도를 따르고, 시작행동과 자발성을 촉진하며, 후속적으로 뒤따르는 결과를 강화한다. 유사한 전략들이 다양한 의사소통 및 언어상의 어려움을 지닌 아동에게 자연적인 의사소통 및 언어 중재의 일부로 15년 이상 적용되어 왔으며(Girolametto, Pearce, & Weitzman, 1996; Kaiser, Hancock, & Nietfeld, 2000; Kaiser & Hester, 1994), 지난 10여 년간 자폐 범주성 장애에게서 나타나는 특별한 어려움을 다루기 위해서 정교화되고 수정되어 왔다.

이 책에서 설명하는 몇 가지 중재는 자폐 범주성 장애를 지닌 아동, 청소년, 성인을 위한 기능적이고 적절한 사회적 및 의사소통적인 성과를 달성하기 위해서 행동주의와 발달주의 접근의 최상의 내용을 병합하는 데 그 가치를 둔다. Prizant와 Wetherby(1998)는 전통적인 행동 중재 접근과 초기 발달적 접근, 그리고 절충안으로 제안된 현대 행동주의 중재(contemporary behavioral interventions) 모두가 자폐 범주성 장애 아동의 의사소통 및 사회적 상호작용의 필요를 지원하는 데 있어서 기여한다는 사실을 강조하였다. 특히, 이들은 중심축 반응 중재(Pivotal Response Training)(Koegel, Koegel, Harrower, & Carter, 1999; Koegel, Koegel, Shoshan, & McNerney, 1999)의 특징적인 전략인 아동에게 선택권 부여하기, 중재자와 아동 간에 교수 기회 공유하기, 선호하는 활동과 교재 활용하기의 중요성을 설명하였다.

중재 접근이 발전됨에 따라 최상의 실제를 위한 종합적인 지침 또한 등장하게 되었다. 2001년 국립연구위원회(National Research Council: NRC)에서는 영유아기 자폐 범주성 장애 아동을 위한 최상의 실제에 대한 내용을 제시하였다. 위원회의 종합적인 문헌 검토를 통해서 밝혀진 수많은 중재 지침 중에는 다음과 같은 것들이 포함된다.

- 가능한 한 조기에 중재 시작하기
- 집중적인 교수 중에 적극적인 참여 보장하기
- 발달적으로 적합하고, 목표 지향적이며, 체계적으로 계획된 활동 활용하기
- 하루 전반에 걸쳐 계획된 교수 기회 적용하기
- 일반화된 기술 학습을 촉진하기 위해서 가족과 또래를 중재에 포함시키기

많은 조기개입 프로그램은 자폐 범주성 장애 아동을 위한 종합적인 교육 프로그램을 고안하기 위해서 이상의 최상의 실제를 활용한다.

국립연구위원회 연구(National Research Council, 2001)의 후속연구로 Iovannone, Dunlap, Kincaid(2003)는 자폐 범주성 장애를 지닌 학령기 아동을 위한 적절하고 효과적인 여섯 가지 교육의 실제를 다음과 같이 발표하였다.

- 개별화 교육 프로그램 과정을 통해서 알아낸 학생의 프로파일에 맞도록 개별화된 지원과 서비스 제공하기
- 타당한 목표 성취를 위한 체계적이고 주의 깊게 계획된 그리고 잘 정의된 교수 절차와 함께 성과 측정을 위한 과정 제공하기
- 구조화된 학습 환경 조성하기
- 사회적 참여와 여가 및 오락 기술 영역에 특화된 교육과정 내용 추가하기
- 문제행동에 대한 기능적 접근 정의하기
- 학생의 교육적 성취에 가족 참여시키기

이상에서 설명한 최상의 실제에도 불구하고 자폐 범주성 장애와 아스퍼거 증후군이나 달리 분류되지 않은 전반적 발달장애(PDD-NOS)와 같은 유사 진단을 받은 다양한 연령, 언어 능력, 인지 수준의 아동을 위한 가장 효과적인 교수 절차를 결정하는 것은 아직도 어려운 과제로 남아 있다.

대규모의 다양한 자폐 범주성 장애 아동 집단에 대한 중재 효과 문헌에서 보고되고

있는 격차를 다루기 위해서 2009년 국립자폐센터(National Autism Center: NAC)에서는 1957년부터 2007년까지 수행된 775개의 중재 연구를 종합적으로 검토한 국가표준프로젝트(National Standards Project) 보고서를 발표하였다. 그 결과 행동처치가 가장 강력한 지지를 받는 것으로 나타났으며, 비행동 접근은 주요 영향을 미치기는 하지만 연구가 좀 더 필요한 것으로 나타났다. 이 검토에서 국립자폐센터(NAC)는 자폐 범주성 장애인을 위해 일반적으로 사용되고 있는 몇몇 중재의 증거 수준을 분류하였다. 각 중재는 다음과 같은 네 개의 분류 중 하나로 포함되었다: 효과가 입증된, 효과가 나타나기 시작한, 효과가 입증되지 않은, 비효과적인/해로운. 〈표 1-1〉은 이 책에서 설명하는 12개의 중재를 보고서 출판(NAC, 2009) 시점에서의 증거 수준에 따라 분류해서 보여준다.

〈표 1-1〉 국가표준프로젝트에 근거한 각 중재에 대한 증거 수준

증거 수준	수준의 정의	장	중재
효과가 입증된(11개의 중재가 확인됨)[a]	중재가 긍정적인 성과를 가져올 것이라는 충분한 증거가 수립됨	4	비연속 개별시도 교수
		6	기능적 의사소통 훈련
		7	공동관심 중재
		8	강화된 환경교수
		9	조기 사회적 상호작용 프로젝트
		10	또래 중개 지원 중재
		12	중심축 반응 중재
		13	상황이야기
		14	비디오 모델링
효과가 나타나기 시작한(22개의 중재가 확인됨)	한 개 이상의 연구가 성과를 보고하였으나 연구의 질이나 결과에 일관성이 없음	3	보완대체 의사소통
		5	발달-개인차-관계 중심 모델/마루놀이
		11	그림교환의사소통 체계
효과가 입증되지 않은(5개의 중재가 확인됨)	증거가 거의 없거나 추가 연구가 요구됨	–	–
비효과적인/해로운(확인된 중재가 없음)	연구가 수행되었으나 효과적이지 않거나 부정적인 결과가 있는 것으로 보고됨	–	–

출처: National Autism Center (2009). *National Standards Project-findings and conclusions: Addressing the needs for evidence-based guidelines for autism spectrum disorders*. Randolph, MA: Author; 승인 하에 수정하였음.

[a] 국가표준프로젝트 보고서에서 확인된 중재의 수. 이 책에서는 몇몇 선택된 중재만 설명하였음.

효과가 입증된 중재란 긍정적인 성과를 가져오기에 충분한 증거가 확인된 경우를 의미한다. 효과가 나타나기 시작한 중재는 긍정적인 성과를 보여주는 한 개 이상의 연구가 보고되기는 하였으나 연구의 질이나 결과가 일관성이 없는 경우를 말한다. 효과가 입증되지 않은 중재는 증거가 거의 없거나 추가 연구가 요구되는 경우를 말한다(예: 학업 중재, 청각통합훈련, 감각통합 패키지). 비효과적이거나 해로운 중재로 판단된 중재는 없었다. 이 책에서 설명하는 중재는 주로 앞의 두 증거 분류인 효과가 입증된 또는 효과가 나타나기 시작한 중재에 해당된다. 이 시기적절한 책은 자폐 범주성 장애 아동과 청소년을 위한 증거 기반의 실제 지침으로 국가표준프로젝트를 활용하면서 이들의 의사소통 및 사회적 상호작용을 촉진하기 위해 사용되고 있는 기존의 또는 새롭게 개발되고 있는 주요 중재를 강조하고자 한다.

2. 이 책의 목적

이 책은 자폐 범주성 장애 아동, 청소년, 성인의 의사소통 및 사회적 상호작용 어려움을 다루기 위해 사용되는 특정 중재 접근에 대해 설명하고 분석하기 위한 목적을 지닌다. 이러한 어려움은 언어치료사의 특별한 관심 영역일 수도 있으나 모든 분야의 서비스 제공자는 자폐 범주성 장애인의 핵심 결함에 반응하기 위해서 증거 기반의 중재를 사용해야 할 이해관계에 놓여 있다. 이 책에서 설명하는 각 접근은 체계적인 검토나 두 개 이상의 전문 학술지 논문에 의해서 그 효과성에 대한 임상 증거가 제시되고 있으며, 그러한 증거를 통해서 각 접근의 효과가 입증되었거나 입증될 가능성이 있거나 성과가 기대되는 것으로 나타나고 있기 때문에 포함되었다(예: Chambless et al., 1998; Chorpita et al., 2002; NAC, 2009).

전통적으로 무작위 대조군 연구(randomized control trials: RCT)는 중재 효율성 평가를 위한 황금률로 간주된다. 그러나 자폐를 위한 중재를 포함해서 많은 임상 영역에서 이와 같은 연구는 매우 드물다. 자폐 분야 중재 연구에서의 대다수의 신뢰할 만한 증거는 단일대상연구가 제공하고 있는데(Odom et al., 2003), 이 연구들의 중재 효율성 평가는 잘 인정되지 않고 있다(Barlow, Nock, & Hersen, 2009; Perdices & Tate, 2009). 단일대상연구는 행동이나 참여자나 상황 간에 반복될 때, 신뢰할 만하고 체계적인 방법으로 변화를 측정할 때, 중재 충실도가 인정될 때, 사회적으로 타당할 때 중재 연구로서 중요한

〈표 1-2〉 개별 중재의 특성

중재	국가표준 프로젝트 평가*	기본 원리	방법	목표	연령
보완대체 의사소통 전략 (3장)	효과가 나타나기 시작	사회-화용론	• 파트너 및 환경의 영향 진단 • AAC 체계와 목표 어휘 선택 • 의미 있는 문맥 • 반응적인 파트너 • 자연적인 환경 • 가족 및 개인 중심	• 이미 존재하는 의사소통 기술 강화 • 확장된 언어 • 부적절한 말의 대체 • 언어 발달을 지원하는 구조화	영아부터 성인까지
비연속 개별시도 교수 (4장)	효과 입증	행동중의	• 성인-주도 • 개별화된 1:1 교수 • 미리 정해진 정반응 • 유관 또는 차별 강화 • 행동 형성하기 • 조작적 조건화 • 집중적인 회기 • 유지 회기 • 요구-모델 기법	• 의사소통, 사회성, 적응기술 • 구어 조건화 사용(예: 요구언어, 명명언어, 모방언어, 음성반응)	3~21세
발달-개인차-관계 중심 모델/마루놀이 (5장)	효과가 나타나기 시작	발달주의	• 가족-중심 • 아동-주도 • 대인관계 발달 • 개인 차이 • 양육자-아동 관계 • 부모 및 중재자 실행	• 공유된 관심 및 조절 • 교류 및 관계 맺기 • 양방의 의도적인 의사소통 • 복잡한 문제해결 • 창의적인 표상 및 정교화 • 표상적 및 정서적 사고	18개월 ~ 9세
기능적 의사소통 훈련 (6장)	효과 입증	행동주의	• 기능적 행동진단 • 대체행동 선택 • 촉진 소거 • 반응 일치, 성공, 효율성, 수용 가능성, 인식 가능성, 환경 • 자연적 강화군	• 공격성, 자해, 도망, 부적절한 성적 행위를 기능적인 의사소통 형태로 대체	3~21세
공동관심 중재 (7장)	효과 입증	행동주의 및 발달주의	• 직접 교수 • 개별화 • 집중적 • 환경교수 • 부모 및 중재자 실행	• 공동관심에 대한 반응 및 자발적인 시작	3~5세

강화된 환경교수 (8장)	효과 입증	행동주의 및 발달주의	• 환경 구성 • 반응적 상호작용 • 언어 모델링 • 환경교수 • 부모 및 중재자 실행	• 새로운 언어 형태의 생산적이고 자발적이고 의미 있는 사용 • 시작행동 및 반응행동	3~9세
조기 사회적 상호작용 프로젝트 (9장)	효과 입증	발달주의	• 가족-중심 • 아동 주도 • 환경 구성 • 반응적 상호작용 • 선호하는 활동 및 자료 • 일과-중심 • 자연적인 환경	• 전구어부터 다단어 단계에서의 사회적 상호작용 • 몸짓 사용 • 공동관심 시작하기와 반응하기 • 단어 지식 • 상호성	18개월~3세
또래 중개 지원 중재 (10장)	효과 입증	행동주의	• 또래 상호작용 훈련 • 또래 지원망 전략 • 교수 상황 안팎에서의 정기적인 상호작용 기회 • 성인의 지도, 안내, 지원 • 통합 환경 • 일련의 강화 • 교수 구성(예: 협동집단, 또래 지원 구성)	• 대화 시작하기 및 유지하기 • 칭찬 교환하기 • 차례 주고받기 • 행동 도와주기 • 자료 나누기 • 협동해서 과제 수행하기 • 소개하기 • 공통 관심사에 대해 대화하기	3~14세
그림교환 의사소통 체계 (PECS) (11장)	효과가 나타나기 시작	행동주의	• 체계적인 교수 • 시간지연 • 직접적이고 자연적인 강화 • 형성법 • 모델링 • 촉진 • 시각 중심	• 요구하기의 자발적인 시작 • 강화적인 물건/활동, 도움, 휴식 요구하기 • 원하지 않는 물건이나 활동 제안 거부하기 • 원하는 물건이나 활동 제안 확인하기 • 기다리라는 지시 따르기 • 지시에 반응하기 • 전이 단서 및 시각적 스케줄 따르기	3~17세

중심축 반응 중재 (12장)	효과 입증	행동주의 및 발달주의	• 놀이-중심 • 가족-중심 • 자연적 환경 • 일과-중심 • 아동 선택 • 차례 주고받기 • 교수 기회의 공동 조절 • 직접적이고 자연적인 강화 • 의사소통 시도 강화하기 • 선호하는 활동 및 자료 • 교수회기 중에 유지 과제 분산시키기	• 첫 단어 • 기본적인 사회적 기술 • 복잡한 언어 및 사회적 기술 • 중심축 행동(예: 동기, 복수 단서에 대한 반응성, 자기관리, 시작행동)	3~9세
상황이야기 (13장)	효과 입증	사회-화용론	• 시각 중심 • 특정 상황 중심 • 개별화 교수전략(예: 주제 선정, 정보 수집, 이야기 개발, 추가 지원 고려, 비판적 검토, 이야기 소개, 일반화 훈련, 유지, 소거)	• 방해행동(예: 탠트럼, 공격, 자해행동) 감소 • 일과 수립 • 일과 중 변화 소개 • 새로운 또는 익숙하지 않은 사건 이해하기 • 사회적 기술(예: 또래의 관심 얻기, 선택하기, 독립적으로 놀이하기, 또래와의 교류, 참여) • 의사소통(예: 반향어, 방해하기 큰 소리로 말하기 감소)	6~14세
비디오 모델링 (14장)	효과 입증	행동주의 및 발달주의	• 시각 중심 • 긍정적인 비디오 모델 보기 • 성인 및 또래 모델링 • 관점 모델링 • 피드포워드 및 긍정적인 자기-검토를 포함한 자기 모델링	• 새로운 기술의 교수 또는 다양한 발달 영역(예: 자조기술 중 옷 입기, 먹기, 씻기) 내 기존 기술의 향상 • 인지 기술(예: 놀이, 조망 수용, 주의집중) • 사회적 기술(예: 대화, 운율, 차례 주고받기) • 언어 기술(예: 질문하고 대답하기, 인사하기, 이야기 이해하기) • 부적절한 행동의 대체 또는 소멸	3~18세

*출처: National Autism Center (2009). *National Standards Project-findings and conclusions: Addressing the needs for evidence-based practice guidelines for autism spectrum disorders*. Randolph, MA: Author; 승인 하에 수정됨.

기여를 하게 된다. 실제로 수많은 단일대상연구의 결과가 구체적인 특정 중재와 자폐 범주성 장애인의 긍정적인 학습 성과의 연계성을 밝히고 있다(Lord et al., 2005). 결과적으로 이 책에 포함된 중재의 효과는 주로 단일대상연구를 통해서 수립된 것이다.

이 책에서 설명하고 있는 중재의 기본 원리, 기법, 교수방법, 중재목표, 증거가 수립된 대상 연령 등과 관련해서 그 유사점과 차별성을 이해하도록 돕기 위해서 요약표를 제시하였다(〈표 1-2〉 참조). 이 표에서는 또한 각 중재에 대한 국립자폐센터(NAC, 2009)의 증거 분류도 함께 제시하였다.

이 책의 각 장은 한 가지씩의 중재를 다룬다. 독자들이 각 중재에 대해 더 잘 이해하고 비교할 수 있도록 돕기 위해서 McCauley와 Fey(2006)가 사용한 것과 유사한 구조를 사용해서 모든 장에 걸쳐 각 중재의 주요 요소를 일관성 있게 강조하도록 통일하였다.

모든 중재는 자폐 범주성 장애 아동, 청소년, 성인의 의사소통 및 사회적 발달을 촉진하기 위한 원리, 기법, 교수방법에 있어서 약간씩 다른 점을 강조하며, 따라서 모든 사람에게 "최상"인 하나의 접근은 존재하지 않는다. 그 대신, 증거로부터 알 수 있듯이 각 중재로부터 가장 많은 혜택을 받을 것으로 예상되는 자폐 범주성 장애인의 프로파일이 존재한다. 조기의 집중적인 구조화된 중재와 가정, 교육기관, 지역사회의 협력적인 접근은 효과적인 중재의 결정적인 요소인 것으로 알려지고 있다. 또한 사회적 상호작용과 의사소통의 핵심 결함을 다루어야 한다는 중요성 역시 강조되고 있다.

3. 중재 설명을 위한 각 장의 구조

앞에서 언급한 바와 같이, 이 책의 각 장은 일정한 구조를 따른다(〈표 1-3〉 참조). 각 장은 중재에 대한 저자의 요약과 중재가 목표로 하는 대상 자폐 범주성 장애인 집단을 소개하는 간략한 서론으로 시작한다. 연령, 발달 수준, 언어 수준, 중재의 기본적인 강조점과 방법론을 포함하는 중재의 서비스 전달 모델에 대해서 상세하게 설명한다. 중재가 적절하다고 여겨지는 대상 집단을 설명할 때 특정 장애명(즉, 자폐 범주성 장애, 아스퍼거 증후군, 달리 분류되지 않는 전반적 발달장애[PDD-NOS], 레트 증후군, 소아기 붕괴성 장애)뿐만 아니라 개인의 구어 수준이나 인지 능력에 대해서도 설명한다. 자폐 범주성 장애를 지닌 개별 아동, 청소년, 성인을 위한 중재 적절성을 결정하기 위한 진단 방법에 대해서도 제시한다.

〈표 1-3〉 각 장의 구조에 따른 내용 설명

절	내용
서론	연령(신생아/영아, 아동, 청소년, 성인), 발달 수준, 언어 수준 등 대상으로 하는 특정 개인을 포함하는 중재의 개요. 사용되는 서비스 전달 모델, 중재의 기본적인 강조점 및 그 주요 방법을 강조함.
대상자와 중재 관련성 및 목표 결정을 위한 진단	중재가 개발되고 그 사용이 임상적으로 지지를 받고 있는 자폐 범주에 속하는 하위집단(자폐성 장애, 아스퍼거 증후군, 달리 분류되지 않는 전반적 발달장애, 레트 증후군, 소아기 붕괴성 장애)에 대한 설명. 구어 기술 및 인지 능력의 수준과 자폐 범주성 장애를 지닌 개별 아동, 청소년, 성인을 위한 적절한 중재를 수립하는 데에 사용되는 진단 방법을 다룸.
이론적 배경	중재 접근을 위한 주요 이론적 배경에 대한 설명. 중재가 다루는 의사소통 및 사회적 상호작용 손상의 특성과 관련된 주요 가정과 중재가 목표로 하는 영역을 다룸.
임상적 배경	중재 사용을 지지하는 증거를 제공하는 연구에 대한 종합적인 요약과 해석. 집단연구 및 단일대상연구의 실험설계 및 처치 효과, 보고된 성과 자료의 특성(예: 표준화검사 대 자연적 관찰 회기), 중재 충실도, 중재 효과의 유지 및 일반화, 사회적 타당도에 대해 설명함.
실행을 위한 요구사항	주 중재자 및 기타 참여자에게 요구되는 시간 및 자질에 대한 설명. 팀 접근이 사용되는지, 참여하는 사람에게 어떤 훈련이 필요한지, 어떤 자료가 요구되는지를 다룸.
주요 구성요소	중재가 다루는 목표, 시간의 흐름에 따라 복수의 목표를 어떻게 다루는지(순차적으로, 동시에, 순환적으로), 목표를 다루기 위해서 사용되는 활동, 중재에 참여하는 중재자와 아동 이외의 참여자(예: 또래, 형제자매, 교사, 주 양육자)에 대해 설명함.
의사결정을 위한 자료 수집	자료를 수집하는 방법, 진도를 평가하는 방법, 언제 어떻게 수정을 해야 하는지를 결정하는 전략, 중재를 언제 종료해야 하는지 등 중재 방법 내에서 의사결정을 위해 사용되는 자료 수집 절차에 대해 설명함.
문화 및 언어 배경이 다른 아동을 위한 고려	언어적으로 또는 문화적으로 다양한 배경의 아동에 대한 중재 접근의 적용가능성과 중재를 보다 적절하게 수정할 수 있는 방법에 대해 논의함.

적용 사례: 아동	중재의 실행과 효과를 보여주는 실제 또는 가상의 아동 사례에 대해 설명함.
적용 사례: 청소년 또는 성인	중재의 실행과 효과를 보여주는 실제 또는 가상의 청소년 또는 성인 사례에 대해 설명함.
앞으로의 방향	자폐 범주성 장애 및 관련 신경발달적 장애를 지닌 사람을 대상으로 하는 중재 접근의 구체화 또는 진행 중인 타당화 발전을 위해 요구되는 추후 연구에 대해 설명함.
권장 도서	특정 중재에 대하여 좀 더 알기 원하는 독자에게 가장 유용한 몇 가지 읽을 자료를 요약해서 제시함.
학습 활동	독자의 학습을 촉진하기 위해서 향후 논의를 위한 주제, 프로젝트를 위한 아이디어, 내용 이해를 점검하기 위한 질문, 서면 과제를 제시함.

다음 부분에서는 중재 접근의 이론적 기반을 설명한다. 여기서는 네 가지 구성요소를 설명하는데, 첫 번째 구성요소는 중재를 위한 이론적 배경이다. 두 번째 구성요소는 중재가 다루는 의사소통 및 사회적 의사소통의 속성과 관련해서 내재하는 가정이다. 세 번째 구성요소는 다루고자 하는 기능적인 성과 또는 기대하는 결과를 포함한다(예: 공동관심 증가, 사회적 상호작용 촉진, 의사소통 강화, 상징 사용 증가). 마지막 요소는 중재 목표다(예: 언어 또는 사회적 기능).

다음 부분에서는 중재 사용을 지지하는 증거를 제공해주는 연구에 대해서 요약하고 해석한다. 가능한 한 탐험적 연구(예: 관찰 또는 예비 연구)와 효율성 연구(즉, 실험 통제가 가능한 조건에서 중재의 활용성을 입증하는 연구)와 효과 연구(즉, 매일의 실제 상황에서 중재의 활용성을 입증하는 연구)를 각각 구분하여 제시하였다(Fey & Finestack, 2009; Olswang, 1998; Robey & Schultz, 1998). 대부분의 장에서는 중재를 조사하는 주요 연구에 대한 요약표를 제시하였다. 이 표에는 다음의 요소가 포함된다.

- 참여자 특성(예: 연령, 진단명, 참여자 수), 실험설계, 집단연구 및 단일대상연구의 처치 효과
- 보고된 성과 자료의 특성(예: 표준화검사 대 자연적 관찰 회기)
- 중재 충실도
- 중재 효과의 유지 및 일반화
- 사회적 타당도

가능한 한 효과 크기는 원래 출판된 형태로 보고하였으며, 그렇지 않은 경우에는 평균과 표준편차를 계산해서 제시하였다.

특정 상황에서의 중재 활용을 지지하기 위해서 다음 부분에서는 중재 실행을 위한 실제적인 요구사항에 대해서 설명하였다. 소요되는 시간, 중재를 사용하기 원하는 교사에게 요구되는 훈련이나 전문성, 필요한 자료나 교재 등이 포함된다.

이와 같은 실제적인 요구사항 외에도 중재 접근의 주요 구성요소에 대한 설명이 제시되었다. 이러한 설명을 하는 이유는 독자로 하여금 절차에 대해서 사전에 먼저 잘 이해하도록 돕기 위해서다. 중재가 다루고자 하는 목표의 특성, 시간이 지남에 따라 얼마나 많은 목표가 다루어지는지(예: 순차적으로, 동시에, 순환적으로), 목표가 다루어질 활동의 절차적인 또는 운영상의 설명, 교사와 아동 이외의 참여자가 포함되는지(예: 또래, 형제자매, 기타 교사, 주 양육자) 등에 대한 정보가 제공된다. 장에 따라서는 설명하는 중재에 포함된 절차를 보다 잘 이해할 수 있도록 도와줄 훈련 매뉴얼을 제시하기도 한다.

다음 부분에서는 실제적인 방법론을 안내하는 자료가 지니는 중요한 역할을 인식하여 의사결정을 위한 자료 수집 방법을 설명한다. 자료를 수집하는 방법, 진보를 평가하는 방법, 언제 어떻게 수정해야 하는지를 결정하는 전략, 중재 종료 시점을 결정하는 방법 등이 이에 해당된다. 이 외에도 자료 수집이 중재를 지속할 것인지를 결정하는 데에, 그리고 즉각적이거나 장기적인 성과를 진단하는 데에 어떻게 사용될 수 있는지에 대해서도 설명한다.

다음으로는 문화적으로 또는 언어적으로 다양한 배경을 지닌 아동에게 중재를 실행할 때 고려해야 할 사항에 초점을 맞춘다. 중재 접근의 일관성을 유지하면서도 개별 아동, 청소년, 성인에게 영향을 미치는 특정 문화 또는 개인적인 요소와 관련해서 수정을 계획하는 방법을 안내한다.

다음에는 아동과 청소년 또는 성인에게 중재를 적용한 두 개의 구체적인 사례를 제시한다. 중재가 적절하고 효과적이라고 여겨지는 더 어린 자폐 범주성 장애 아동의 사례와 마찬가지로 중재가 적절하고 효과적이라고 여겨지는 청소년 또는 성인의 사례(중재가 실제로 나이 많은 사람에게 적절한 경우에만)를 제시하였다.

각 장은 자폐 범주성 장애 및 관련 신경발달적 장애를 지닌 다양한 사람에 대한 중재 개발 또는 지속적인 타당화를 위해서 필요한 추후 연구에 대해 설명하는 것으로 결론을 내린다. 중재에 대한 중요한 상세 내용이나 이론적 배경을 제공하는 추천 문헌을 3~5개 정도 제시하였으며, 향후 논의를 촉진하고, 프로젝트에 대한 아이디어를 제공하며, 읽은 내용을 잘 통합하였는지 검토하는 질문을 제공하고, 서면 과제로 활용할 수 있는 학습 활동도 함께 제안하였다. 이 외에도 각 장의 마지막 부분에는 종합적인 참고문헌 목록이 제시되며, 책의 마지막 부분에는 주요 용어의 정의가 포함되었다. 관련 주제를 논의할 때 각 장에서 용어가 처음 사용되는 경우 고딕체로 표시하였다.

4. 요약

가능한 한 많은 독자에게 이 책이 유용하게 활용될 수 있도록 두 개의 추가 장이 포함되었다. 2장은 개별 독자(즉, 학생, 임상가, 일반교사 및 특수교사, 가족)의 필요에 따라 맞춤형 정보를 제공해주는 독자를 위한 지침서다. 다양한 배경을 지닌 독자가 가장 관심을 보이게 될 장이나 부분에 대해서 안내하고 이 책에서 제시한 자료를 다루는 데 도움이 될 만한 추가 정보를 얻을 수 있는 방법 등을 안내한다. 15장은 이 책에서 설명한 중재 접근의 강약점에 대해서 상세하게 논의하고 중재의 공통적인 특성과 사회 의사소통 성과에 대해서 요약표를 제시한다. 또한 중재 개발 및 중재 효과 연구의 향후 방향을 제언한다. 이 책은 독자가 현장에서의 의사결정과 추후 연구 계획에 있어서 책의 내용을 잘 활용할 수 있도록 격려하는 몇 개의 활동과 제안으로 마무리되었다.

참고문헌

Barlow, D. H., Nock, M. K., & Hersen, M. (2009). *Single-case experimental designs: Strategies for studying behavior change* (3rd ed.). Boston, MA: Pearson/Allyn & Bacon.

Chambless, D. L., Baker, M. J., Baucom, D. H., Beutler, L. E., Calhoun, K. S., Crtis-Christoph, P., ... Woody, S. R. (1998). Update on empirically validate therapies, II. *The Clinical Psychologist, 51*(1), 3-16.

Chorpita, B. F., Yim, L. M., Donkervoet, J. C., Arensdorf, A., Amundsen, M. J., McGee, C., ... Morelli, P. (2002). Toward large-scale implementation of empirically supported treatments for children: A review and observations by the Hawaii empirical basis to services task force. *Clinical Psychology: Science and Practice, 9*(2), 165-190.

Cooper, J. O., Heron, T. E., & Heward, W. L. (2007). *Applied behavior analysis* (2nd ed.). Upper Saddle River, NJ: Pearson Merrill Prentice Hall.

Downs, A., Downs, R. C., Johansen, M., & Fossum, M. (2007). Using discrete trial teaching within a public preschool program to facilitate skill development in students with developmental disabilities. *Education and Treatment of Children, 30*(3), 1-27.

Fey, M. E., & Finestack, L. H. (2009). Research and development in child language intervention: A five-phase model. In R. Schwartz (Ed.), *Handbook of child language disorders* (pp. 513-531). New York, NY: Psychology Press.

Girolametto, L., Pearce, P., & Weitzman, E. (1996). Interactive focused stimulation for toddlers with expressive vocabulary delays. *Journal of Speech and Hearing Research, 39,* 1274-1283.

Iovannone, R., Dunlap, G., Huber, H., & Kincaid, D. (2003). Effective educational practices for students with autism spectrum disorders. *Focus on Autism and Other Developmental Disabilities, 18,* 150-165.

Kaiser, A., Hancock, T., & Nietfeld, J. (2000). The effects of parent-implemented enhanced milieu teaching on the social communication of children who have autism. *Early Education and Development, 11,* 423-446.

Kaiser, A. P., & Hester, P. P. (1994). Generalized effects of enhanced milieu teaching. *Journal of Speech and Hearing Research, 37,* 1320-1340.

Karsten, A. M., & Carr, J. E. (2009). The effects of differential reinforcement of unprompted responding on the skill acquisition of children with autism. *Journal of Applied Behavior Analysis, 42,* 327-334.

Koegel, L. K., Koegel, R., Harrower, J. K., & Carter, C. M. (1999). Pivotal response intervention I: Overview of approach. *Journal of the Association for Persons with Severe Handicaps, 24,* 174-185.

Koegel, L. K., Koegel, R. L., Shoshan, Y., & McNerney, E. (1999). Pivotal response intervention II: Preliminary long-term outcomes data. *Journal of the Association for Persons with Severe Handicaps, 24,* 186-198.

Lafasakis, M., & Sturmey, P. (2007). Training parent implementation of discrete-trial teaching: Effects on generalization of parent teaching and child correct responding. *Journal of Applied Behavior Analysis, 40,* 685-689.

Lord, C., Wagner, A., Rogers, S., Szatmari, P., Aman, M., Charman, T., Dawson, G., ... Guthrie, D. (2005). Challenges in evaluating psychosocial interventions for autistic spectrum disorders. *Journal of Autism and Developmental Disorders, 35,* 695-708.

McCauley, R. J., & Fey, M. E. (2006). *Treatment of language disorders in children.* Baltimore, MD: Paul H. Brookes Publishing Co.

National Autism Center. (2009). National Standards Project—findings and conclusions:

Addressing the needs for evidence-based practice guidelines for autism spectrum disorders. Randolph, MA: Author. Retrieved from http://www.nationalautismcenter.org

National Research Council, Committee on Educational Interventions for Children with Autism, Division of Behavioral and Social Sciences and Education. (2001). *Educating children with autism.* Washington, DC: National Academy Press.

Newman, B., Reinecke, D., & Ramos, M. (2009). Is a reasonable attempt reasonable? Shaping versus reinforcing verbal attempts of preschoolers with autism. *Analysis of Verbal Behavior, 25,* 67-72.

Odom, S. L., Brown, W. H., Frey, T., Karasu, N., Smith-Canter, L. L., & Strain, P. (2003). Evidence-based practices for young children with autism: Contributions for single-subject design research. *Focus on Autism and Other Developmental Disabilities, 18*(3), 166-175.

Olswang, L. (1998). Treatment efficacy research. In C. Frattali (Ed.), *Measuring outcomes in speech-language pathology* (pp. 134-150). New York, NY: Thieme.

Perdices, M., & Tate, R. L. (2009). Single-subject designs as a tool for evidence-based clinical practice: Are they unrecognized and undervalued? *Neuropsychological Rehabilitation, 19*(6), 904-927.

Prelock, P. A., & Nelson, N. (2011). Language and communication in autism: An integrated view. *Pediatric Clinics of North America, 59*(1), 129-145. doi:10.1016/j.pcl.2011.10.008

Prizant, B. M., & Wetherby, A. M. (1998). Understanding the continuum of discrete-trial traditional behavioral to social-pragmatic developmental approaches in communication enhancement for young children with autism/PDD. *Seminars in Speech and Language, 19,* 329-352.

Robey, R. R., & Schultz, M. C. (1998). A model for conducting clinical outcome research: An adaptation of the standard protocol for use in aphasiology. *Aphasiology, 12,* 787-810.

Taubman, M., Brierley, S., Wishner, J., Baker, D., McEachin, J., & Leaf, R. B. (2001). The effectiveness of a group discrete trial instructional approach for preschoolers with developmental disabilities. *Research in Developmental Disabilities, 22,* 205-219.

Wetherby, A., & Woods, J. (2006). Effectiveness of early intervention for children with autism spectrum disorders beginning in the second year of life. *Topics in Early Childhood Special Education, 26,* 67-82.

Wetherby, A., & Woods, J. (2008). Developmental approaches to treatment of infants and toddlers with autism spectrum disorders. In F. Volkmar, A. Klin, & K. Chawarska (Eds.), *Autism spectrum disorders in infancy and early childhood* (pp. 170-206). New York, NY: Guilford Press.

02
독자를 위한 안내

Rebecca J. McCauley & Patricia A. Prelock

본 장의 목적은 다양한 독자층이 이 책을 가장 잘 사용할 수 있게 만들기 위함이다. 먼저 이 책은 폭넓은 다양한 계층의 독자가 자폐 범주성 장애인의 의사소통 및 사회적 상호작용의 필요에 초점을 둔 잘 연구된 현행 중재에 대해서 더 알기 원한다는 가정을 전제로 한다. 그러나 이들은 서로 다른 배경이나 필요 또는 관련 사전 정보를 가지고 있을 수 있다. 특히 최소 세 집단, 즉 자폐 범주성 장애인의 부모와 가족, 실제로 이들과 직접 일하는 다양한 분야의 전문가, 학생과 교수 집단을 예상할 수 있다. 자폐 범주성 장애 성인 역시 이 주제에 대한 관심을 주장할 수 있지만 이 책에서는 대상 독자 집단으로 포함시키지 않았다. 왜냐하면 이 책에서 소개하는 많은 중재가 보다 어리거나 기능이 낮은 자폐인을 대상으로 하며, 따라서 이들이 부모나 전문가로 역할하지 않는 한 성인과의 관련성이 적기 때문이다. 결론적으로, 본 장은 다양한 배경을 지닌 독자가 이 책에서 소개하는 많은 내용에 어떻게 접근할지를 계획할 수 있도록 준비시키기 위해서 집필되었다.

본 장은 독자가 자신의 견해 및 관심 분야와 가장 밀접하게 관련된 부분을 바로 찾을 수 있도록 구성된 것은 사실이지만, 모든 독자는 이 책의 각 장을 모두 다 읽음으로써 여러 가지 견해로부터 관련 방법론을 찾기 위한 도움을 받을 수 있을 것이다. 이 책은 각 집단을 위해서 주요 이론적 배경 정보를 제공한 후에 그 집단의 구성원이 추가로 참고 자료를 더 읽을 때 기억하면 좋을 만한 질문들을 제시하였다. 그런 다음에 어느 장의 어느 절이 가장 유용한지를 알려 준다.

본 장의 첫 번째 주요 대상으로는 자폐 범주성 장애인의 부모와 가족을 다루게 되는데, 나머지 두 집단의 독자도 가족의 견해를 반영함으로써 큰 유익을 얻을 수 있을 것으로 여겨진다. 분명한 것은 부모는 자폐 범주성 장애 아동에 대한 의사결정에 있어서 핵심이어야 한다는 정책과 연구가 점점 더 늘어나고 있다는 사실이다(Iovannone, Dunlap, Huber, & Kincaid, 2003; National Autism Center[NAC], 2009; National Research Council, 2001). 그럼에도 불구하고 전문가 또는 전문가가 되기를 원하거나 되려고 훈련받는 사람들은 실제로 자폐 범주성 장애인의 가족과 상호작용할 때 쉽게 오류를 범하게 된다. 이들은 자신이 사용하는 전문 용어가 일으키는 혼란을 인식하지 못하며 직장에서의 일로서가 아니라 누군가가 전 생애를 살아갈 때 행동이나 의사소통 문제가 실제로 얼마나 복잡한지를 고려하지 못한다. 따라서 이 책을 읽는 모든 독자에게 가장 좋은 전략은 다음에 제시한 부분과 함께 현재 또는 미래의 서비스 제공자 또는 교육자로서의 자신의 역할에 특별히 초점을 맞춘 부분을 모두 읽는 것이다.

다음으로 각 장에서는 현장 전문가의 견해와 학생 및 교수의 견해를 다룬다. 이 부분에서도 역시 학생과 교수는 현장 전문가의 견해를 잘 인식할 것이라고 가정한다. 이 두 집단은 중재와 관련된 최신 연구와 이론에 대해서 학습하고자 하는 관심과 요구를 공유하지만, 지니고 있는 배경 지식은 분명히 다르다.

1. 자폐 범주성 장애인의 부모와 가족

자폐 범주성 장애 아동의 부모는 뜻하지 않게 영원히 끝나지 않는 집중수업에 돌입했다고 느낄 수 있다. 이러한 의무적인 수업은 양육을 위한 강화된 방법을 학습하게 할 뿐만 아니라 자녀의 어려움을 과학적으로 이해하고 이러한 어려움을 다룰 수 있도록 도와줄 중재와 시스템에 대해서와 이러한 도움에 접근하고 취하게 해주는 복잡한 전략에 대해서 전문가가 되도록 요구한다. 이와 같은 집중수업의 엄청난 어려움을 더 심각하게 만드는 것은 직장, 배우자, 다른 자녀와 가족 구성원, 자기 자신에 대한 의무가 줄어들지 않은 채 남아 있다는 절박한 현실이다. 더욱 어려운 것은 (분노에 가득 찬 목소리로) 이와 같은 "수업"이 제대로 잘 가르쳐주지 않는다는 것이다. 즉, 강의계획안도 없고, 정규 강사도 없고, 읽어야 할 자료 목록은 때때로 혼란스럽고 상반되며 반드시 행동으로 옮겨야 할 것만 같은 거부할 수 없는 증거인 척하는 거창한 주장에 취약하다. 물론 한 권의 책이 이러한 어려움 속에서 직면하는 위기를 감소시키도록 도와줄 수는 없다. 그럼에도 불구하고 이 책은 자폐 범주성 장애인의 의사소통 및 사회적 상호작용을 다루는 12개의 증거 기반의 중재에 대해 구조화된 설명을 제공함으로써 이들의 집중수업을 위한 강의계획안을 채울 수 있도록 도와줄 수 있으리라 기대한다.

이 책을 읽는 독자가 특별히 관심 있는 내용의 장과 절로 이동하기 전에 연구 관련 용어와 연구의 질 평가에 대해 간단하게 검토 또는 소개하고자 한다. 1장에서는 자폐 범주성 장애를 위한 중재를 효과가 입증된(중재가 긍정적인 성과를 가져온다는 충분한 증거가 지지하는), 효과가 나타나기 시작하는(긍정적인 성과를 보인 한두 개의 연구에 의해서 지지되지만 연구의 질이나 결과가 일관되지 않는), 효과가 입증되지 않은(증거가 거의 없으며 따라서 증거를 더 필요로 하는), 비효과적인/해로운(효과가 없거나 심지어 해롭다는 결과가 입증된)의 네 가지로 분류한 국가표준프로젝트(National Standards Project)(NAC, 2009)를 소개하였다. 독자에 따라서는 이와 같은 프로젝트의 공개적인 지지가 이들 중재의 질을 확신하고 특정 중재를 설명하는 장으로 바로 이동하기 위한 충분한 자료가 될 수도 있다. 국가표준프로젝트의 중재 관련 정보와 이를 결정하기 위한 요소에 대해 좀 더 알기를 원한다면 이 절의 다음 내용을 참고하기 바란다.

아동에게 적절한 중재를 찾기 위해 문헌을 읽거나 기타 노력을 기울일 때 전문적인 연구 용어가 사용되거나 이해할 수 없는 용어로 설명되는 경우가 종종 있다. 〈표 2-1〉에서는 연구자와 임상가가 주로 사용하는 다섯 개의 용어를 소개하였다. 이 용어는 연구결과에 대한 주장이 너무 막연하거나 혼란스러워서 모든 연구결과를 다 수용(또는 거부)하게 되기를 원하지 않는 연구를 읽는 독자에게도 유용하다. 이 표에서는 각 용어에 대해서 유사한 개념을 공유하는 동의어 또는 관련 용어도 함께 소개하였으며, 이 용어를 아는 것이 왜 중요한지를 알 수 있도록 도와주는 설명과 함께 용어와 관련해서 가질 수 있는 질문도 소개하였다.

〈표 2-1〉에 제시된 용어를 살펴보면, 연구자는 가능한 한 많은 자폐 범주성 장애인을 대상으로 하는 중재를 개발하는 데에 관심이 있다는 것을 알 수 있다. 또한 연구자가 중재에 대한 연구를 할 때 중재로부터 동일한 효과를 가져 올 수 있는 요인을 분리시킬 수 있기를 원한다. 이와 같은 바람직한 목표는 연구자가 아동의 필요와는 약간 거리가 있는 연구를 하게 만들 수도 있음을 의미한다. 그러나 이와 같은 목표를 기반으로 하는 연구는 중재의 부분적인 결과로 나타난 변화가 왜 발생했는지와 결과적으로 어떤

〈표 2-1〉 임상가의 의사결정 및 임상 연구에서 사용되는 용어

용어	동의어 또는 관련 유사 단어	설명	부모가 제기할 수 있는 질문
임상가의 의사결정			
증거 기반의 실제 (Evidence-based practice: EBP)	증거 기반의 의학 (Evidence-based medicine: EBM)	임상적인 의사결정은 최상의 그리고 가장 과학적인 연구결과, 임상가의 전문적인 판단, 아동과 가족의 가치관 및 관심과 선택을 기반으로 해야 한다.	전문가는 자신의 또는 기존의 연구 증거와 가족의 견해 간의 균형에 대해서 어떻게 생각하는가?
연구에서의 기초 개념			
효과 크기	처치 효과	중재 전후에(기술이 얼마나 향상되었는지 보기 위하여) 또는 처치 유무 집단 간에(처치 결과가 다른 집단에 비해 더 큰지를 보기 위하여) 기술의 차이가 얼마나 큰지를 측정한다. 연구에서 더 큰 효과 크기가 나타난 중재가 더 작은 효과 크기를 보인 중재보다 더 큰 영향력이 있다고 말할 수 있다.	연구에서 사용되는 중재가 목표로 하는 개인의 행동에 얼마나 큰 변화가 있었는가?
실험 통제	실험 엄격성 내적 타당도	연구를 할 때 중재 중에 아동의 행동에서 나타난 변화가 다른 요인(예: 우연, 처치 중 아동의 발달) 때문이 아닌 중재의 결과라는 사실을 확인하기 위해서 기울이는 관심을 말한다. 연구의 이와 같은 속성은 연구가 의사결정을 위한 중요한 근거이며 통제되지 않은 관찰보다 더욱 중요하다고 말하는 이유가 된다.	중재가 행동을 변화시킬 가능성이 얼마나 되는가?
일반화 가능성	외적 타당도	연구에서 나타난 처치 효과가 처치 대상자나 상황이 연구와는 조금 달라지는 경우에도 나타날 가능성을 말한다. 연구의 일반화 가능성은 연구 대상자의 범위가 더 크고(다양한 능력과 생활환경) 일상적인 상황이 적용될 때 더욱 커진다. 그러나 이러한 대상자 및 상황의 다양성이 연구 설계에 포함되는 경우 실험 통제는 감소된다.	이 연구의 결과가 연구에 참여한 사람이나 조건과는 매우 다른 사람이나 조건과 관련될 가능성이 얼마나 되는가?
통계적으로 유의한 결과	유의한 결과	처치 효과가 우연으로 인해서 발생한 것이 아니라는 결과를 말한다. 이것은 행동과 관련된 변화가 크다는 것을 의미하는 것은 아니며(*효과 크기* 참조) 중요하다는 것을 의미하는 것도 아니다(이러한 결정을 위해서는 측정 대상이 더 중요하다).	이 연구의 결과는 얼마나 신뢰할 수 있는가?

중재가 더 많은 자폐 범주성 장애인에게 유용할 것인지에 대한 확신을 갖게 해준다.

〈표 2-2〉는 자폐 범주성 장애를 위한 의사소통 및 사회적 상호작용 중재 연구에 사용되는 네 가지 종류의 연구 설계를 보여준다: 사례연구, 단일대상연구, 무작위 대조군 연구, 체계적인 검토. (1장에서도 간략하게 소개되었음.) 설계는 연구자가 증거의 질적 수준을 평가하는 순서로 제시되었다. 안타깝게도 이 순서는 일반적으로 연구 과제의 복잡성을 반영하거나 또는 적어도 연구가 실행되기 전에 갖추어져야 할 조건의 수와도 관련된다. 단일대상연구와 무작위 대조군 연구의 경우 갖추어야 할 조건(예: 사례연구에 비해서 실험 통제를 위한 연구자의 능력이 더 필요함, 더 많은 수의 연구 참여자가 필요함)은 연구자가 보다 많은 자원을 가지고 있어야 함을 의미하며, 특히 무작위 대조군 연구의 경우 집중적인 자원을 필요로 한다. 반대로 체계적인 검토 연구를 제한하는 가장 큰 어려움은 이미 실시된 연구를 사용한다는 것과 관련되는데, 만일 소수의 연구만 존재한다면 체계적인 검토 자체가 성립될 수 없을 것이다.

〈표 2-2〉에 제시된 설계는 최소한 어떤 설계가 왜 더 높게 평가되는지 그 이유를 분명히 하기 위해서 설명되었다. 독자는 가장 확실한 증거를 원하는 특별히 강력하고 정당한 이유를 가지고 있기 때문에 이 표를 통해서 각 연구 설계가 강점 및 약점뿐만 아니라 고도의 질적인 증거를 제공하는 전반적인 능력에 있어서 어떻게 서로 다른지를 이해하는 데에 도움이 되기를 바란다. 이러한 정보를 적용할 수 있는 또 다른 방법은 보다 덜 공식적인 증거 자료에 대해 생각할 때 사용할 수 있다는 것이다. 인터넷이나 인기 있는 대중매체로부터 또는 선의의 친구나 가족으로부터 끊임없이 전달받는 중재 "증거"는 동일한 관점, 즉 증거의 질적인 측면에서 검토될 수 있다. 〈표 2-2〉에 제시된 연구 설계를 살펴볼 때 어느 설계가 지금까지 들어 본 개인적인 후기나 유사 광고와 가장 비슷한가? "사례연구"라고 대답했다면 표의 설명을 검토해보라. 다음번에 자녀의 의사소통 또는 사회적 상호작용 어려움을 위한 "우수한" 새로운 접근방법을 듣게 될 때 그 설명은 다시 한번 읽어보고 싶은 유용한 것임을 알게 될 것이다. 간단히 말하자면, 이 표가 자폐 범주성 장애에 대한 집중수업에서 자신의 "강의계획안"을 보다 안정되고 관리할 수 있는 요소로 구성할 수 있도록 돕는 데 사용되는 도구가 되기를 기대한다.

1) 추가 참고 자료를 위한 질문

〈표 2-1〉에서 볼 수 있듯이, 자폐 범주성 장애 아동의 중재와 관련된 모든 유형의

〈표 2-2〉 자폐 범주성 장애 관련 중재 연구에서 자주 사용되는 연구 설계에 대한 설명

연구 설계	동의어	설명
사례연구	사례 보고 일련의 사례	중재에 대한 어떤 사람의 반응을 관찰하기 위한 예비연구 방법으로 실험 통제가 거의 없거나 전혀 없다. 사례연구(이웃사람으로부터 들은 이야기 등)는 정서적으로 주목할 만하며 지적으로 흥미로울 수 있다. 그러나 다음과 같은 이유로 인해서 아주 빈약한 증거로 다루어져야 한다: (1) 중재 외에도 수많은 요인이 변화를 초래할 수 있음, (2) 자폐 범주성 장애인 한 명에게만 관련됨. 사례연구는 일반화가 제한된다. 주의: 먼 친척 아이의 자폐 범주성 장애가 치료되었다는 이웃사람의 보고는 가장 바람직하지 않은 형태의 사례연구다.
단일대상연구 (Single-subject design: SSD)	단일대상 실험설계 (Single-subject experimental design: SSEC) 단일사례 실험설계 (Single-case experimental design: SCED)	중재에 대한 어떤 사람의 반응을 관찰하기 위한 연구 설계로 사례연구와 유사하다. 그러나 사례연구와는 달리 연구 대상 행동을 많이 관찰하며, 단일대상연구는 구조화되어 있어서 중재의 효과를 다른 잠재적인 효과 요인으로부터 보다 확실하게 분리할 수 있다. 단일대상연구는 자폐 범주성 장애인이 단지 몇 명만 참여한다는 점에서 그 가치가 약간 감소할 수 있다. 그럼에도 불구하고, 사례연구보다 강력한 처치 효과의 증거를 제공해주는 매우 보편적인 설계로 점점 더 가치 있는 형태의 증거로 채택되고 있다. 단일대상연구의 보편성에 대한 또 다른 이유는 자폐 범주성 장애인은 그 특성이나 강점 및 약점에 있어서 매우 다양하기 때문에 이들을 위한 중재로 좀 더 실행 가능하다는 것이다.
무작위 대조군 연구 (Randomized controlled trial: RCT)	대조군 임상 연구 (Controlled clinical trial)	높이 평가되는 연구 설계로 고도의 실험 통제가 가능하며 자폐 범주성 장애인 집단을 대상으로 한 가지 또는 그 이상의 중재 효과를 조사한다. 그러나 무작위 대조군 연구는 단일대상연구보다 실행 가능성이 낮다. '무작위'라는 용어는 처치에 참여하기 전에 나타나는 집단 간 차이의 영향력을 피하기 위해서 연구 참여자를 집단에 무선으로 배치한다는 뜻이다.
체계적인 검토	대량분석 체계적인 개요	비교적 새로운 형태의 연구 설계로 일련의 연구결과를 정리하는 데 사용하는 엄밀한 방법론이다. 이 설계는 더 많은 자폐 범주성 장애인을 근거로 더 많은 증거를 집약함으로써 연구문제에 답하도록 사용된다.

임상가(예: 언어치료사, 물리치료사)는 증거 기반의 실제(또는 의사인 경우는 증거 기반의 의학)라고 불리는 틀을 운영하게 된다. 이러한 틀 안에서 임상가는 아동의 의사소통 및 사회적 상호작용 어려움을 다루기 위한 최적의 계획을 세울 때 가족과 함께 세 가지 자원을 사용하도록 권장된다. 세 가지 자원이란 (1) 임상가의 전문성, (2) 관련성이 가장 큰 과학적 기반의 연구결과, (3) 가족과 아동의 가치관, 선호도, 환경을 말한다. 부모가 자녀의 필요와 관련된 자신의 바람이나 어려움, 그리고 마음 깊이 가지고 있는 가치관을 잘 표현하도록 도와주는 방법은 아직 개발 중에 있다. 〈표 2-3〉은 이 책에서 설명하는 12개 중재와 관련된 이러한 고려점을 반영하고 나와 내 자녀에게 잘 맞아 보이는 중재를 찾아서 우선적으로 검토해볼 수 있게 해주는 몇 가지 질문을 보여준다. 이 질문들은 자녀의 양육에 관여하는 팀과의 논의점으로도 유용할 수 있다. 그러한 논의는 중재 팀이 자녀에게 보다 효과적으로 반응하고 부모가 그 과정에서 자신의 역할과 선호도를 더 잘 이해할 수 있도록 도와줄 뿐만 아니라 팀의 견해나 방법론이 부모와 얼마나 같거나 다른지를 이해하도록 도와줄 것이다. 이러한 과정은 타협이 가능한 또는 이루어져야 하는 부분에 대해서 알게 해주며, 많은 정보를 통하여 둘 중 한 편의 견해를 변화시킴으로써 타협이 필요하지 않은 부분과 또한 그러지 않았으면 좋겠지만 타협이 이루어질 수 없는 그래서 다른 파트너를 찾아야만 하는 부분에 대해서도 알게 해준다. 다음 부분에서는 어떤 장과 절이 자신에게 가장 유용한가의 측면에서 책의 나머지 부분을 어떻게 활용할 것인지 결정하는 방법을 설명하였다.

2) 특별한 관심을 위한 장과 절

추후 탐색이 필요한 장 결정하기 어떻게 읽어 나갈 것인지를 결정하는 방법은 여러 가지가 있다. 아마도 이미 어떤 중재에 대해서 듣고 그에 대해 좀 더 많은 정보를 얻기 위해서 책을 읽기 시작할 수도 있다.

그러나 이 책은 또 다른 방법으로 자녀의 발달 단계와 의사소통 및 사회적 관계에 있어서의 가장 큰 어려움을 고려하라고 제안한다. 자폐 범주성 장애를 지닌 어린 아동과 초기 비구어 의사소통을 형성시키지 못하고 의사소통에 발성을 사용하지 않는 나이가 많은 사람의 경우 가장 관련된 중재는 보완대체 의사소통(AAC, 3장), 발달-개인차-관계 중심 모델/마루놀이(DIR, 5장), 공동관심 중재(7장), 강화된 환경교수(8장), 조기 사회적 상호작용(ESI) 프로젝트(9장), 그림교환의사소통 체계(PECS, 11장)다. 초기 발달부터

〈표 2-3〉 가족이 자녀의 의사소통 및 사회적 상호작용 어려움을 위한 다양한 중재를 고려할 때 도움이 되는 질문

질문	가능한 대답	중재 선택 및 계획과의 관련성
누가?		
아동의 중재에 누가 관여하기를 원하는가?	전문가, 기타 가족 구성원, 또래, 자원봉사자, 자신	선택하고 싶은 중재의 유형과 중재가 실행되었으면 하는 장소에 대한 시사점을 지님
자녀가 누구와 의사소통을 잘할 수 있기를 가장 원하는가?	자신과 배우자, 형제자매, 친척, 교사, 또래	선택한 의사소통 체계의 휴대 가능성, 접근성, 활용도를 결정하도록 도와줌
어떤 사회적 관계가 내 자녀에게 가장 중요한가?	가족, 형제자매, 또래, 친구, 낯선 사람	사회적 기술 훈련과 훈련이 실행되는 맥락에 초점을 맞추도록 안내해줌
무엇을?		
어떤 종류의 의사소통이 가장 중요한가?	기본 욕구, 교육적으로 관련된 언어, 사회적 의사소통, 자기옹호	다양한 의사소통 맥락에 걸친 자녀의 요구를 지원하기 위한 일련의 의사소통 전략을 개발하도록 도와줌
어떤 의사소통 맥락이 가장 중요한가?	가정, 지역사회, 예배당, 학교, 여가 장소	기술의 일반화된 사용을 확인하기 위한 필요와 계획을 결정하도록 도와줌
어디서/언제?		
자녀에게 가장 잘 맞는 중재를 위한 물리적 공간은 어디인가? 가족을 위해서 가장 좋은 장소는 어디인가?	가정, 학교, 치료실	특정 장소가 자녀의 주의집중, 안정감, 수행을 촉진한다는 인식하에 가장 적절한 서비스 전달 모델을 선택하도록 도와줌
중재가 자녀에게 가장 효과적으로 작용하는 때는 언제인가? 가족에게 가장 좋은 때는 언제인가?	일과의 한 부분으로, 하루 중에 자녀가 가장 잘 완전하게 참여할 수 있을 때, 자녀나 가족의 모든 요구가 충족될 수 있는 정도로 가끔씩	가족의 다른 책임, 중요한 활동, 또는 가정 밖의 활동에 시간을 소비하고 싶은 선호도 등을 근거로 일정을 정할 때 융통성을 갖도록 도와줌
어떻게?		
중재를 실시하는 임상가나 다른 사람이 자녀와 어떻게 상호작용하기를 원하는가?	우리 문화에서 사회적으로 적절한 사람으로 양육하는 데 도움이 되는 방법, 의사결정자로서의 자녀의 역할을 존중하는 방법	가족은 행동 기반의 접근에 더 편안함을 느끼기도 하고 반면에 발달주의 또는 사회적-화용론적 접근을 선호하기도 한다는 인식하에 선택된 중재의 예상되는 접근에 영향을 미침
과정 중에 어떻게 정보를 제공하고 진보에 대한 피드백을 받을 것인가?	매주 또는 매달 또는 분기별 회의, 가정-학교 연계 알림장, 개별화 교육 프로그램 과정	자료 개발과 접근과 활용, 진도 점검, 중재 프로그램의 수정에 대한 책임감에 영향을 미침

어느 정도 진보된 언어 능력을 지니고 의사소통을 하는 폭넓은 범위의 자폐 범주성 장애인의 경우 적절한 중재는 보완대체 의사소통(3장), 비연속 개별시도 교수(4장), 기능적 의사소통 훈련(6장), 또래 중개 지원 중재(10장), 중심축 반응 중재(12장), 비디오 모델링(14장)이다. 마지막으로, 상황이야기(13장)라고 불리는 중재는 특별히 언어는 크게 문제되지 않지만 사회적 상황에서 언어 및 의사소통의 적절한 사용에 화용론적 문제를 지닌 자폐 범주성 장애 아동과 성인을 위해서 고안되었다. 그럼에도 불구하고 앞에서 언급한 중재 중 몇 가지, 즉 또래 중개 지원 중재(10장), 중심축 반응 중재(12장), 비디오 모델링(14장)도 이들 중 나이가 많은 이들에게 유용하다.

〈표 2-4〉는 어느 장을 먼저 읽어야 할지를 제안하기 위한 발달적 근거를 제시하였

〈표 2-4〉 중재와 관련된 다양한 수준의 의사소통 발달 수준 및 중재 요구

장	중재	학생의 의사소통 및 사회적 상호작용 발달 수준			중재의 기타 특성		
		초기 의사소통 기술	초기 언어 발달	이후의 언어 발달, 사회적-화용론적 요구 또는 모두	사회적 상호작용을 방해하는 문제행동 강조	시각적 통로 사용 강조	부모 중재 강조
3	보완대체 의사소통	●	●			●	
4	비연속 개별시도 교수		●		●		
5	발달-개인차-관계 중심 모델/마루놀이	●	●				●
6	기능적 의사소통 훈련		●	●	●		
7	공동관심 중재	●					●
8	강화된 환경교수	●	●				●
9	조기 사회적 상호작용 프로젝트	●					●
10	또래 중개 지원 중재		●	●	●		
11	그림교환의사소통 체계		●			●	
12	중심축 반응 중재		●				●
13	상황이야기			●	●	●	
14	비디오 모델링		●	●	●	●	

다. 또한 사회적 의사소통을 방해하는 문제행동을 다루는 데 유용한 정도, 시각적 통로를 강조하는 정도, 마지막으로 부모 참여를 강조하는지 등 중재의 기타 관심을 끌 만한 특성에 대해서도 제시하였다.

특정 장의 내용 확인하고 활용하기 3장부터 14장까지의 내용을 집필한 저자들은 정해진 구조에 따라 각 장을 집필했기 때문에 독자는 자신의 필요 및 선호도와 관련된 부분을 쉽게 찾을 수 있다. 부모가 가장 큰 관심을 보이는 부분은 아마도 중재가 수반하는 것들을 상상할 수 있도록 도와주는 내용일 것이다. 따라서 서론과 대상자 부분을 읽고 자신의 자녀와 같은 아이들을 위해서 개발되었다고 생각되는 중재를 결정한 후에는 실행을 위한 요구사항, 주요 구성요소, 아동에 대한 적용이나 청소년 또는 성인에 대한 적용(자녀의 나이에 따라서 달라짐) 부분을 읽기 원하게 될 것이다. 특정 중재의 가능성에 대해서 계속 관심이 생긴다면 그 중재와 관련된 이론을 설명하는 부분(이론적 배경)으로 돌아가기를 원할 수도 있으며 또한 중재를 지지하는 연구(임상적 배경, 앞으로의 방향)에 대해서도 검토하기 원할 수 있다. 마지막으로, 이 책에서 기대하는 바와 같이 부모의 관심이 지속되거나 더 커지는 경우를 대비해서 각 장의 저자들은 보다 심도 있는 정보의 방향을 제시하기 위한 추가 자료 목록을 제시하였다.

2. 자폐 범주성 장애인을 대상으로 일하는 전문가

이 부류, 즉 자폐 범주성 장애인을 대상으로 일하는 전문가는 매우 다양한 독자를 포함한다. 한편으로는 특정 분야에서 잘 준비된 전문가, 몇 가지만 예를 들자면 소아과 의사, 언어치료사, 특수교사, 물리치료사, 심리학자, 사회복지사 등일 수 있다. 다른 한편으로는 주간단기보호 제공자와 같은 준전문가 또는 자폐 범주성 장애 아동이나 성인과 함께 하기로 헌신한 자원봉사자일 수도 있다. 따라서 이 부분에서는 신중하게 진행하고 가능한 한 명백하게 서술함으로써 독자가 내용의 관련성이나 중요도를 결정할 수 있도록 돕고자 한다.

독자 중에는 자폐 범주성 장애와 관련해서 오랫동안 연구하고 경험한 사람도 있을 것이다. 이 책의 저자는 주요 관심 영역이 의사소통 및 사회적 상호작용인 분야에서 일하는 언어치료사로 자폐 범주성 장애를 대상으로 일하는 전문가지만 Leo

Kanner(1943)가 처음으로 자폐를 인식한 이래 꽤 오랜 시간이 지났음에도 불구하고 새로운 자폐 범주성 장애가 얼마나 시급하게 전문적인 요구를 지니는지 이해한다. 예를 들어, 자폐를 범주성 장애로 생각하는 폭넓은 인식은 1990년대 후반까지 등장하지 않았으며, 성인에게서 나타나는 아스퍼거 증후군은 Kanner가 자폐라는 용어를 사용했던 같은 시기에 인식되었으면서도(Asperger, 1944) 1994년이 되어서야 DSM-IV에 포함되었다. 또한 미국 내에서나 세계적으로 놀라울 정도로 증가하고 있는 자폐 진단은 질병통제센터(Centers for Disease Control)에서 자폐 범주성 장애를 "공중보건의 긴급한 우려"(2009, p. 6)로 표현한 사실에서도 알 수 있듯이 최근에 들어서야 그 위기감이 고조되고 있다.

자폐 범주성 장애 분야는 최근에 들어서야 이를 효과적으로 잘 다루기 위해서는 전문가가 반드시 준비되어야 하는 영역으로 인식되기 시작하였기 때문에 이 책에서는 독자가 (저자와 마찬가지로) 이러한 일에 대해서 비교적 새로울 뿐만 아니라 중요한 주제인 의사소통 및 사회적 상호작용을 위한 중재 관련 교육이 실제로 필요한 것보다는 제한되었을 것으로 가정한다. 질이 의심스러운 필수 집중수업을 시작하게 된 부모의 상황을 비유했던 것과 마찬가지로 전문가 역시 집중수업을 시작하게 된 자신을 발견하게 될 것이며, 그 수업의 강사가 더 유능한 것도 아니어서 아마도 이 책의 내용을 조금 더 읽었거나 강의계획안도 아직 끝마치지 않았을 수도 있다. 이 책이 그동안 읽은 내용은 종합하는 데에 추가적인 도움이 되기를 바라며 또한 앞부분을 검토하면서 중요한 내용을 학습할 수도 있기를 바란다.

광범위한 전문 훈련을 받은 독자의 경우 앞부분에서 부모를 위해 제공한 이론적 배경의 대부분의 내용, 예를 들어 용어(〈표 2-1〉)나 연구 설계(〈표 2-2〉)에 대한 설명은 복습일 것이다. 그렇다고 할지라도 아동을 위해서 고려해볼 수 있는 중재가 무엇인지 알기 원한다면 1장으로 돌아가서 이 책에서 설명하는 다양한 중재에 대한 연구 지원 수준과 관련된 국가표준프로젝트(NAC, 2009)의 권장사항을 읽어볼 수 있을 것이다. 부모와 가족 구성원이 다른 사람과 공유하기 위해 자신의 선호도와 가치관을 반영할 수 있도록 돕기 위해서 앞부분에 제시된 기타 정보 역시 자폐 범주성 장애인 가족을 대상으로 일하는 팀에 참여하게 될 때 특별히 유용할 것이다.

다음 부분에서는 이 책을 계속해서 읽게 될 때 가질 수도 있는 질문을 다루고자 한다. 그런 다음에 독자의 목적에 가장 잘 맞는 장과 절을 추천하고자 한다.

1) 추가 참고 자료를 위한 질문

선택한 중재에 대한 추가 참고 자료를 읽을 때 고려하도록 요구할 수 있는 특정 질문의 성격은 자폐 범주성 장애인과 얼마나 함께 할 것인지의 정도에 따라 달라진다. 예를 들어, 이들과 일할 때 혼자 하는지 다학문 또는 간학문 팀의 구성원으로 일하는지에 따라 달라진다. 또한 중재 선택 과정에만 기여할 것인지 아니면 중재의 실행에 종합적으로 관여할 것인지에 따라서도 달라진다. 이 책을 읽는다는 것은 한 가지 이상의 이러한 단계에 참여한다는 것을 의미한다. 의사결정 과정의 기여자로서 팀의 다른 구성원들은 고려하지 않지만 그래도 유용할 것 같아서 조사해보고 싶은 중재가 있는지 스스로에게 자문해볼 수 있다. 또한 적절하거나 적절하지 않다고 가정한 중재가 있는지 질문할 수도 있다. 더 나아가서는 팀의 다른 구성원보다 연구결과에 대해서 더 잘 이해할 수 있게 해주는 배경을 가지고 있다는 사실을 인식할 수도 있다. 그러한 경우, 팀의 다른 구성원들이 논의점을 고려하거나 제기하기에 불충분한 배경을 가지고 있다는 사실을 질문하거나 지적할 수도 있다.

중재 실행에서 중요한 역할을 기대한다면 그렇게 하기 위해서 요구되는 기술을 이미 가지고 있는지 점검할 필요가 있으며, 그렇지 않으면 팀의 핵심 구성원으로 참여하면서 다른 사람에게 의뢰할 필요가 있다. 마지막으로, 각 장을 읽으면서 팀 구성원과 함께 일하는 맥락에서 주어진 중재의 실행 가능성을 고려하는 지속적인 질문을 할 수도 있다. 이와 같은 질문으로 이어지는 각 장을 접하면서 각 장의 내용이 더욱 흥미로울 뿐만 아니라 보다 쉽게 사용할 수 있다는 사실을 알게 될 것이다.

2) 특별한 관심을 위한 장과 절

관심 있는 장 이 책을 계속 읽으면서 12개의 중재가 모두 똑같이 흥미로운 것은 아니라는 사실을 발견하게 될 것이다. 중재가 대상자의 요구 수준에 맞지 않을 수도 있고 전문가가 지니는 전문성이 중재 선택이나 실행에 그다지 자주 포함되지 않을 수도 있다. 이와 같은 결정을 신속하게 할 수 있도록 돕기 위해서 〈표 2-4〉는 어떤 중재가 가장 적절한지를 결정하기 위한 언어 수준 관련 발달 정보를 제공하였다. 〈표 2-5〉는 각각의 중재에 대해서 국립자폐센터가 제시한 증거 수준과 가장 필요로 하는 전문가 집단을 제시하였는데, 후자는 이 책의 '실행을 위한 요구사항' 부분에 포함된 내용과 자폐 범주성 장애인과 그 가족을 대상으로 일하는 대부분의 팀에 전형적으로 어떤 전문가가 포함되는지에 대한 관찰에 근거하였다(Blair, Lee, Cho, & Dunlap, 2011; Swiezy, Stuart, & Korzekwa, 2009; Woods, Wilcox, Friedman, & Murch, 2011).

〈표 2-5〉 의사소통 및 사회적 상호작용 중재에 포함되는 전문가 및 기타 집단과 중재의 증거 수준 평가

장	중재	국가표준 프로젝트 평가[a]	특별히 포함되는 전문가						
			교사 (특수, 일반)	의사 (발달 소아과 및 기타)	작업 치료사 물리 치료사	심리 학자	언어 치료사	사회 복지사	기타[b]
3	보완대체 의사소통	효과가 나타나기 시작	●				●		●
4	비연속 개별시도 교수	효과 입증	●			●	●		●
5	발달-개인차-관계 중심 모델/마루놀이	효과가 나타나기 시작			●	●	●		●
6	기능적 의사소통 훈련	효과 입증	●				●		
7	공동관심 중재	효과 입증		●	●	●	●		●
8	강화된 환경교수	효과 입증	●		●		●		
9	조기 사회적 상호작용 프로젝트	효과 입증					●	●	●
10	또래 중개 지원 중재	효과 입증	●			●	●		
11	그림교환의사소통 체계	효과가 나타나기 시작	●	●	●	●	●	●	●
12	중심축 반응 중재	효과 입증	●			●	●		
13	상황이야기	효과 입증	●	●	●	●	●	●	●
14	비디오 모델링	효과 입증	●		●	●	●		

[a] 국립자폐센터(2009).

[b] 보완대체 의사소통(AAC) 전문가, 간호사, 상담가, 준전문가, 조기개입 또는 발달 지원 전문가, 주간단기보호 또는 개인적인 돌봄 제공자, 또래, 형제자매, 부모, 기타 가족 구성원을 포함할 수 있음.

특별히 관심 있는 절 추천된 중재를 지지하는 증거를 설명하는 등 자신이 중재 선택에 기여한다고 생각하는 독자를 위해서는 '대상자', '이론적 배경', '임상적 배경'의 내용이 훌륭한 시작점을 제공한다. 각 장의 뒷부분은 훈련, 물리적 및 인적 자원, 중재가 실제로 선택된다면 또는 실행을 위해 현실적으로 필요하게 될 기타 상세한 내용과 관련해서 실질적인 안내를 제공한다. 중재의 실행에 긴밀하게 또는 약간이라도 관여하게 될 독자의 경우 이와 같은 내용을 읽고 경우에 따라서는 좀 더 깊이 연구해야 할 것이다. 두 집단 모두에게 각 장의 저자가 추천하는 자료는 추후 조사와 연구를 위한 방향을 제공해 줄 것이다.

3. 자폐 범주성 장애에 관심 있는 학생과 교수

이 책을 읽는 독자가 학생이라면 아마도 스스로 선택하기보다는 과제로 주어질 가능성이 크다. 그렇지 않다면 아마도 자폐 범주성 장애라는 주제에 관심이 있거나 장기적인 목적에 부합하는 경우일 것이다. 자폐 범주성 장애인을 위한 중재를 돕는 자원봉사자로 일하고 싶어서 또는 가족이나 친구, 이웃 중에 자폐인이 있기 때문에 이러한 경력을 선택했다면 아마도 이 책에서 열심을 낼 만한 많은 것들을 발견하게 될 것이다. 독자의 관점과는 상관없이 이 부분은 각 장과 그 장을 구성하는 내용이 독자를 위해 어떤 가치를 지니는지 확인하는 데 도움이 될 것이다.

이 책의 전체나 부분을 과제로 제시하는 교수가 독자인 경우에도 역시 학생에게 설명할 부분의 내용을 살펴본다면 덜 직접적인 방법이기는 하지만 그래도 도움이 되도록 의도되었다. 이 책의 각 부분이 학생에게 어떤 영향을 미칠 것인지에 대한 정보를 제공받는 것 외에도 이 부분의 내용과 이 책 전체를 통해서 주제와 관련해서 이미 가지고 있는 정보를 보충해주는 정보를 제공받을 수 있기를 기대한다. 각 장에서 지금까지 읽은 내용과 앞으로 읽게 될 내용은 교수로서 가르칠 학생이 한 가지 이상의 중재에 대한 장을 읽게 될 때 따르도록 권장할 수 있는 방법을 알게 해 줄 것이다.

1) 추가 참고 자료를 위한 질문

학생의 경우 중재에 대해서 읽을 때 고려할 수 있는 질문은 부분적으로는 자신의 관심 분야에 따라 달라질 것이며 자폐 범주성 장애인과의 접촉 가능성에 따라서도 달라진다. 예를 들어, 자폐 범주성 장애 학생이 포함된 학교에서 일할 것인지 또는 소아과 외래나 자폐를 포함하는 발달장애 아동을 주로 만나게 되는 전문 임상실에서 일할 것인지에 따라 달라진다. 자폐의 두 가지 핵심 손상은 사회적 상호작용과 의사소통이기 때문에 팀의 구성원으로 중요한 역할을 하게 될 것이며 학생의 의사소통과 사회적 참여를 지원하는 최상의 방법론에 대한 질문을 받게 될 것이다. 또한 효과적인 사회 의사소통을 보장하기 위한 의사결정 과정에 주요 기여자가 될 것이기 때문에 좀 더 배워야 하는 중재가 있는지에 대해 스스로 질문해보는 것이 중요한데, 왜냐하면 팀의 다른 구성원들이 잘 이해하거나 고려하지 못할 가능성이 있기 때문이다. 중재를 실행할 때 중요한 역할을 할 수 있도록 준비되기 위해서는 중재에 대한 이해를 넘어서서 실제로 실행하기 위한 기술을 개발하기 위해서 필요한 훈련과 지원을 추가로 받아야 할 수도 있음을 고려해야 한다.

교수의 경우에는 중재의 이론적 배경과 특히 이러한 중재를 자폐와 같은 특정 대상자에게 사용하게 된 배경에 대해서 가장 잘 설명할 수 있는 방법을 알기 원할 것이다. 또한 학생에게 중재의 목적, 훈련의 필요성, 기대되는 성과, 대략적인 비용에 대한 질문을 던짐으로써 학생이 중재의 가치에 비중을 두도록 지원할 필요가 있을 것이다. 학생이 자폐 범주성 장애인을 위한 서비스 전달의 맥락에서 증거 기반의 실제를 이해하도록 도울 수 있는 최상의 방법에 대해서도 궁금할 수 있을 것이다. 또한 학생이 중재와 관련된 중요한 결정을 내릴 때 가족의 가치관과 신념, 기존의 과학적인 증거, 임상가의 경험을 고려하도록 도와줄 필요도 있다.

2) 특별한 관심을 위한 장과 절

관심 있는 장 이 책에 포함된 각 중재는 자폐 범주성 장애 아동과 성인을 위한 잠재적인 가치가 있으며 따라서 미래의 임상가와 그들을 가르치는 강사들을 위해서도 가치가 있다는 이유로 포함되었다. 중재 선정과 관련된 명백한 근거는 국가표준프로젝트(NAC, 2009)의 용어를 사용하자면 '효과가 입증된' 또는 '효과가 나타나기 시작한' 등 어느 정도의 수준으로 지지되고 있다는 점이다. 자신의 관심과 강사의 안내에 따라 특별히 매력 있는 중재부터 읽기 시작할 수 있을 것이며, 그렇게 함으로써 각 장의 구조와 그 내용에 대한 정보를 경험한 후에 다른 장으로 폭넓게 이동할 수 있다. 매력 있는 장을 선택하는 것은 함께 일하게 될 자폐 범주성 장애인 집단의 발달 수준이나 이전의 학습 또는 실제 경험 또는 예측할 수 없는 몇몇 배경에 따라 달라진다. 이러한 과정을 통해서 그다음 장을 읽게 된다면 더욱 향상될 것이다. 반면에 수강하고 있는 과목의 강사가 수업의 주요 목표를 달성시키기 위해서 특정 순서에 따라 각 장을 읽게 할 수도 있다. 그러나 이러한 경우에도 이 책에서 제안하는 방식을 간략한 형태로 변형해서 따를 수 있다.

특별히 관심 있는 절 자폐인의 사회 의사소통 관련 요구를 지원하는 일련의 잠재적인 중재에 대해서 지금 막 학습한 학생은 각 장의 '이론적 배경'과 '임상적 배경'에 초점을 맞출 필요가 있다. 중재의 사용을 지지하는 과학과 함께 중재의 이론적인 배경을 이해하는 것은 지지 기반을 지닌 미래의 성공적인 실천가가 되기 위해서 필수적인 과정이다. '중재의 주요 구성요소'와 '의사결정을 위한 자료 수집' 등의 기타 내용은 중재의 효과적인 실행에 중요하다. 중재 충실도(중재가 얼마나 정확하게 수행되었는가)를 보상하고 기대하는 결과를 얻기 위해서는 이러한 내용에 주의를 기울여야 한다.

4. 결론

본 장에서는 다양한 배경을 지닌 독자가 앞으로 이 책을 읽으면서 접하게 될 용어와 견해에 대해 익숙해질 수 있도록 고려하였다. 본 장은 또한 이 책의 본론인 자폐 범주성 장애인이 직면하고 있는 의사소통 및 사회적 상호작용의 어려움을 다루기 위해서 특별히 고안된 12개의 증거 기반의 중재에 대해 더 알고 싶어지도록 만들기 위한 것이다. 읽기를 끝마칠 즈음의 독자는 이들 중재가 자폐 범주성 장애인의 삶과 그 사회적 공동체를 풍성하게 해주는 시작점을 제공한다는 결론에 공감할 수 있기를 기대한다.

참고문헌

Asperger, H. (1944). Die "autistischen Psychopathen" im kindesalter ["Autistic psychopathy" in childhood]. *Archiv für Psychiatrie und Nervenkrankheiten, 117*, 76-136. (English translation in Frith, 1991).

Blair, K-S.C., Lee, I-S., Cho, S-J., & Dunlap, G. (2011). Positive behavior support through family-school collaboration for young children with autism. *Topics in Early Childhood Special Education, 31*(1), 22-36.

Centers for Disease Control. (2009). Prevalence of the autism spectrum disorders (ASDs) in multiple areas of the United States, 2004 and 2006: Summary of the community report from the Autism and Developmental Disabilities Monitoring (ADDM) Network. *MMWR Sureill Summ*. 58(SS-10). Retrieved from http://www.cdc.gov/ncbddd/autism/states/ADDMCommunityReport2009.pdf

Iovannone, R., Dunlap, G., Huber, H., & Kincaid, D. (2003). Effective educational practices for students with autism spectrum disorders. *Focus on Autism and Other Developmental Disabilities, 18*(3), 150-165.

Kanner, L. (1943). Autistic disturbances of affective contact. *Nervous Child, 2,* 217-250.

National Autism Center (2009). *National Standards Project-findings and conclusions: Addressing the needs for evidence-based practice guidelines for autism spectrum disorders*. Randolph, MA: Author. Retrieved from http://www.nationalautismcenter.org

National Research Council, Committee on Educational Interventions for Children with Autism, Division of Behavioral and Social Sciences and Education. (2001). *Educating children with autism*. Washington, DC: National Academy Press.

Swiezy, N., Stuart, M., & Korzekwa, P. (2008). Bridging for success in autism: Training and collaboration across medical, educational, and community systems. *Child and Adolescent Psychiatric Clinics of North America, 17,* 907-922.

Woods, J. J., Wilcox, M. J., Friedman, M., & Murch, T. (2011). Collaborative consultation in natural environments: Strategies to enhance family-centered supports and services. *Language, Speech, and Hearing Services in Schools, 42,* 379-392.

03 보완대체 의사소통 전략: 수어, 그림 의사소통, 음성산출기

Jane R. Wegner

일상적인 의사소통 요구를 만족시킬 만큼 구어가 충분히 발달되지 않은 자폐 범주성 장애 아동 및 성인은 전체의 삼분의 일에서 이분의 일에 달한다(Light, Roberts, Dimarco, & Greiner, 1998; National Research Council[NRC], 2001; Wendt & & Schlosser, 2007). 이해할 수 있다는 것과 이해된다는 것은 삶의 질과 스스로 선택한 활동 참여에 있어서 필수적인 요소라 할 수 있다. 보완대체 의사소통(augmentative and alternative communication: AAC)은 구어를 보충하거나 대체하는 의사소통 방법이 될 수 있기 때문에(American Speech-Language-Hearing Association[ASHA], 2004), 많은 자폐 범주성 장애인의 의사소통뿐만 아니라 삶 자체를 향상시키는 것으로 전망된다. 실제로 보완대체 의사소통 사용은 구어와 표현언어(Millar, 2009; Mirenda, 2003)뿐만 아니라 행동(Bopp, Brown, & Mirenda, 2004), 사회적 상호작용(Garrison-Harrell, Kamps, & Kravits, 1997), 수용언어와 이해(Brady, 2000) 영역에서 자폐 범주성 장애인에게 긍정적인 효과가 있음이 밝혀져 왔다. Cafiero(2001)는 보완대체 의사소통 체계가 자폐 범주성 장애인이 지니고 있는 의사소통 기술 강화하기, 언어 확장하기, 구어 대체하기, 언어 발달을 지원하기 위한 구조 제공하기 등의 역할을 한다고 설명하였다.

자폐 범주성 장애는 현재 미국에서 가장 일반적이면서 가장 급속하게 증가하고 있는 발달장애다(Centers for Disease Control and Prevention, 2009). 동시에 테크놀로지와 보완대체 의사소통의 적용이 진보하고 있으며, 또한 보완대체 의사소통과 그 교수법에 대해 점점 더 많이 알아가고 있다. 본 장에서는 빈번하게 사용되는 네 가지 보완대체 의사소통 전략을 다음과 같이 설명하고자 한다: 자폐 범주성 장애 아동 및 성인을 위한 수어, 그림교환의사소통 체계(Picture Exchange Communication System: PECS), 그래픽 의사소통 체계, 음성산출기(speech-generating devices: SGDs).

1. 대상자와 중재 관련성 및 목표 결정을 위한 진단

본 장에서 대상이 되는 자폐 범주성 장애인은 자폐, 달리 분류되지 않은 전반적 발달장애(PDD-NOS), 그리고 아스퍼거 증후군이다. 보완대체 의사소통과 레트 증후군(Van Acker, Loncola, & Van Acker, 2005) 또는 소아기 붕괴성 장애(Volkmar, Koenig, & State, 2005) 관련 연구는 매우 부족하기 때문에 이 두 집단에 대해서는 논의되지 않을 것이다.

자폐 범주에 속하는 많은 사람은 일시적으로나 생애 전반에 걸쳐 의사소통의 양식으로 보완대체 의사소통을 유용하게 사용할 수 있다. 어떤 사람은 표현을 위해 보완대체 의사소통이 필요한 반면에 또 어떤 사람은 보완적 이해를 위해 필요로 한다. 결과적으로 모든 자폐 범주성 장애인은 보완대체 의사소통 사용의 잠재적인 후보자로 고려되어야 한다. 그러나 자폐 범주성 장애인은 매우 이질적인 집단이고 또한 아직까지는 특정 개인에게 어떤 형태의 보완대체 의사소통이 효과적인지 예측할 수 없다는 사실을 명심해야 한다(NRC, 2001). 그러므로 보완대체 의사소통 중재는 항상 "특정 학습자를 위해, 특정 맥락에서, 특정 요구를 충족시키기 위해 이루어져야 한다"(Mirenda, 2009a, p. 16).

보완대체 의사소통을 위한 표준화된 진단은 없을 뿐만 아니라 자폐 범주성 장애에 특화된 보완대체 의사소통 진단 과정도 없다. 진단은 지속적인 과정이어야 하며, 중재자로 하여금 개인의 사회 의사소통 기술 프로파일을 제공하고 자연스러운 환경에서의 학습목표를 판별하고 파트너와 환경이 자폐 범주성 장애인의 의사소통에 미치는 영향을 평가할 수 있게 해주어야 한다(ASHA, 2006). 보완대체 의사소통을 위한 진단은 의사소통 파트너와 학습 환경이 개인의 의사소통 능력에 미치는 영향뿐만 아니라, 개인의 의사소통 형태(forms)와 기능(functions)에 관한 묘사도 포함해야 한다(ASHA, 2004, 2006). 진단에는 또한 감각, 운동, 문해력, 언어 능력뿐만 아니라 개인의 참여 양상과 기회에 관한 정보가 포함되어야 한다. 그렇게 해야만 개인의 강점, 요구, 능력을 지원하는 보완대체 의사소통의 특성을 알아낼 수 있다(ASHA, 2004). 보완대체 의사소통 사용에 요구되는 중요한 특성으로는 상징 표상, 어휘 조직화, 운동 기술 등이 있다(Light et al., 1998). 진단의 전체적인 목적은 개인의 현재와 미래의 충족되지 않은 의사소통 요구와 이러한 요구를 다루기 위한 지원과 방법을 알아내는 것이다(Beukelman & Mirenda, 2005).

전반적인 목표를 다루기 위해서 중재자는 면담, 설문지, 관찰과 일상생활 속의 파트너를 통해 정보를 수집하고 개인의 특정 기술에 대한 진단을 실행한다. 자폐 범주성 장애인을 위한 보완대체 의사소통 진단 목적에 부합하도록 사용하는 데 유용한 도구가 포함된 몇 가지 진단 모델은 다음과 같다: 참여 모델(Participation Model: Beukelman & Mirenda, 2005), SCERTS® 모델(Prizant, Wetherby, Rubin, & Laurent, 2003; Prizant, Wetherby, Rubin, Laurent, & Rydell, 2006a), 사회관계망 도구(Social Networks tool; Blackstone & Hunt-Berg, 2003), 보완대체 의사소통 프로파일(Kovach, 2009).

〈표 3-1〉과 다음의 문단은 본 장에서 논의되는 모델과 도구의 개관을 보여준다. 참여 모델(Beukelman & Mirenda, 2005)은 보완대체 의사소통 사용자가 장애가 없는 동일 연령의 또래와 동일한 방식으로 일상의 활동에 참여할 수 있도록 지원하는 데 중점을 둔다. 이 모델을 사용하게 되면, 개인의 현재 참여 및 의사소통 양식 그리고 이러한 것들이 또래와 어떻게 다른지에 관한 정보와 함께 참여를 방해하는 요소, 의사소통 기회, 그리고 능력에 관한 정보를 수집한다. 진단은 또한 선호도, 태도, 기술과 의사소통 파트너의 능력을 포함한다. 이 모델은 시간이 지나도 지속적으로 생애 전반에 걸쳐 진단하기 위한 종합적인 지침이라 할 수 있다.

SCERTS 모델(Prizant et al., 2006a) 또한 나이가 많은 대상자보다는 유아와 초등 연령의 아동에게 보다 빈번하게 사용됨에도 불구하고 일생에 걸친 모델이라 할 수 있다. 이 모델은 환경뿐만 아니라 자폐 범주성 장애인과 이들의 의사소통 파트너에 중점을 두고 있다. SCERTS라는 약자는 프로그램에서 중점을 두고 있는 영역인 사회 의사소통(social communication), 정서 조절(emotional regulation), 교류 지원(transactional supports)을 의미한다. 이 모델은 SCERTS 진단(SCERTS Assessment Process: SAP)을 포함한다. SCERTS 진단은 준거 참조 도구로 "상대적인 강점과 요구 및 우선순위의 개괄적 양상을 밝힘으로써 프로그램 개발과 목표 선정을 위한 정보를 제공하고, 이후의 진보 정도를 점검하기 위해 고안되었다"(Prizant et al., 2006a, p. 132). 진단은 초기에 언어 단계(사회적 파트너, 언어 파트너, 대화 파트너) 결정하기, 면담, 일상적인 환경 관찰, 행동 표집을 포함한다. SCERTS 진단은 진행적인 과정으로 분기별로 업데이트된다. SCERTS

〈표 3-1〉 보완대체 의사소통 진단 모델과 도구

모델 또는 도구	전략	특징	환경	연령
참여 모델 (Beukelman & Mirenda, 2005)	현재와 미래의 중재 결정을 위한 관찰 자료 수집, 면담, 질문지와 특정 능력 진단	장애가 없는 또래의 참여를 기반으로 한 체계적인 진단 과정 제공	일상생활 및 학습 환경	생애 전반
SCERTS® Model (Prizant, Wetherby, Rubin, Laurent, & Rydell, 2006a)	질문지와 면담, 자폐 범주성 장애인과 환경 및 의사소통 파트너에 관한 관찰 자료 수집, 수량화된 자료는 중재목표에 활용	사회 의사소통, 정서 조절, 파트너와 환경으로부터의 교류 지원에 중점을 두는 다학문적 접근 진보 측정에 활용 가능	일상적인 활동 및 경험에서의 사회적 맥락	생애 전반
사회관계망 도구 (Blackstone & Hunt-Berg, 2003)	의사소통 전문성을 갖춘 훈련된 전문가와 면담, (가능하다면) 보완대체 의사소통 사용자, 가족 구성원, 지원자와 면담	참여 모델 지원, 의사소통의 다중 양식 특성 파악, 의사소통 능력 정확하게 기술(Light, 1989), 개인 중심의 계획 지원, 종합적인 의사소통 진단의 일부 진보 측정에 활용 가능	일상적인 활동 및 경험을 반영하는 인터뷰를 통해 얻은 정보	생애 전반
보완대체 의사소통 프로파일 (Kovach, 2009)	조작적, 언어적, 사회적, 전략적 의사소통 능력 관찰 및 평정(Light, 1989)	보완대체 의사소통 사용을 위한 진보 측정에 활용 가능한 다학문적 접근	보완대체 의사소통 체계가 사용되는 모든 환경	생애 전반

모델 진단의 한 가지 중요한 특징은 대인관계 지원과 학습 지원 진단 및 목표 선정을 포함한다는 것이다. Rubin, Laurent, Prizant, Wetherby(2009)는 SCERTS 진단을 사용함으로써 보완대체 의사소통과 문제행동의 감소, 언어 이해, 표현언어와의 관계를 조사하고 점검할 수 있다고 보고하였다.

사회관계망 도구(Blackstone & Hunt-Berg, 2003)는 친구 지원망 모델(Circle of Friends model; Falvey, Forest, Pearpoint, & Rosenberg, 1994)에 기반을 두고 있다. 사회관계망 도구는 "다양한 환경에서 여러 파트너와 맥락에 적절한 도구를 사용하여 성공적인 의사소통을 이끌어 내는 의사소통 목표를 파악하도록 돕는다"(Blackstone & Hunt-Berg, 2003, p. 15). 진단에서 사용하는 면담은 (가능하다면) 자폐 범주성 장애인, 지원자, 가족 구성원을 포함한다. 기술과 능력, 의사소통 파트너, 사용하는 표현 양식, 대표적인 전략, 상호작용을 지원하는 전략, 의사소통 유형 등의 정보를 수집한다. 사회관계망 도구로 수집된 자료는 참여 모델을 지원한다(Beukelman & Mirenda, 2005).

보완대체 의사소통 프로파일(Kovach, 2009)은 Light(1989)의 보완대체 의사소통 측면에서의 의사소통 능력에 대한 정의를 근거로 네 가지 학습 영역에서의 개인의 수행을 평정하는 관찰 도구다. 여기서 네 가지 학습 영역이란 조작적, 언어적, 사회적, 전략적 능력을 말한다. 이 도구는 이미 보완대체 의사소통을 사용하고 있는 개인을 진단하는 데에 중점을 둔다. 프로파일은 다양한 파트너와 맥락에 걸친 수행을 비교하는 것뿐만 아니라 다른 보완대체 의사소통 양식을 비교하는 데에도 사용될 수 있다. 프로파일은 그 자체가 지니는 묘사적 특성으로 인해 자폐 범주성 장애 개인의 잠재력을 내포한다.

2. 이론적 배경

자폐 범주성 장애인의 보완대체 의사소통 사용의 기초는 모든 사람은 의사소통할 권리를 지니며(ASHA, 2004; National Joint Committee for the Communication Needs of Persons with Severe Disabilities[NJC], 1992), 행동은 의사소통적이고(NJC, 1992), 의사소통은 사실상 다중양식이며(Lonke, Campbell, England, & Haley, 2006), 그리고 향상된 의사소통이 보다 많은 참여와 자기 결정력 증진과 삶의 질적 향상을 이끌어낸다는(NJC, 1992) 믿음에 있다.

자폐 범주성 장애인은 이질적인 집단임에도 불구하고 이들의 학습 특성은 보완대체 의사소통과 잘 어울린다. Cafiero(2005)는 보완대체 의사소통을 특성화하는 특징과 이 특징이 자폐 범주성 장애인의 학습 특성과 얼마나 잘 맞는지에 대해 정확히 설명하였는데, 이는 〈표 3-2〉에 제시된 바와 같다.

보완대체 의사소통 분야에서 그러하듯이, 발달, 학습, 사회적 상호작용, 원인론에 관한 연구자-중재자의 믿음은 자폐 범주성 장애인을 위한 진단과 중재의 실행을 안내한다(ASHA, 2006). 결과적으로, 자폐 범주성 장애인에 대한 중재는 전통적인 행동주의, 현대 행동주의, 사회적-화용론적 발달주의를 포함한 연속선상에 다양하게 위치한다(Prizant, Wetherby, & Rydell, 2000). 보완대체 의사소통은 사회 의사소통 및 사회적 상호작용에 보다 큰 강조점을 둔 접근에서 사용된다(Mirenda & Erickson, 2000). 사회적 상호작용이나 교류적 관점에서는 자폐 범주성 장애인과 그 의사소통 파트너 및 환

〈표 3-2〉 보완대체 의사소통과 자폐: 잘 맞는 짝

자폐	보완대체 의사소통
시각적 학습자	시각적 단서 사용
무생물에 대한 흥미	무생물인 도구와 기기 사용
복잡한 단서에 대한 어려움	복잡성의 수준을 조절하여 개인마다 다른 수준으로 사용
변화에 대한 어려움	고정적이고 예측 가능
사회적 상호작용의 복잡성에 대한 어려움	의사소통 파트너 간의 완충과 연계 제공
운동 계획의 어려움	구어보다 더 쉬운 운동성
불안	압박이나 스트레스가 없는 중재
행동 문제	의사소통을 위한 즉각적인 수단을 제공하여 문제행동 예방
기억의 어려움	기억보다는 재인에 의존하는 언어 이해 수단 제공

출처: Cafiero, J. M. (2005). *Meaningful exchanges for people with autism: An introduction to augmentative and alternative communication*(p. 26), Bethesda, MD: Woodbine House; reprinted with permission.

경적인 변인을 고려해 중재 계획을 세워야 한다(Wetherby & Prizant, 2000). Prizant와 Wetherby(1998) 그리고 Woods와 Wetherby(2003)는 사회적-화용론적 접근이 가족 또는 개인 중심이며, 자연적 환경에서 발생하고, 의미 있는 맥락으로 삽입되며, 교류적 의사소통을 사용하는 접근이라고 설명하였다. 이와 같은 교류적 관점에서는 의사소통은 역동적이고 상호적이기 때문에 의사소통 발달을 지원하는 중재 전략 역시 그래야 한다.

보완대체 의사소통은 초기에는 기본적으로 언어 이해 능력이 우수하지만 의사소통 표현에 심한 어려움을 보이는 개인을 위해서 고려되었다. 보완대체 의사소통 분야가 확장되고 이로부터 혜택을 받을 수 있는 집단을 바라보는 시각이 확장됨에 따라 강화된 입력의 중요성을 이해하게 되었다(Cafiero, 2001; Drager, 2009; Drager, Postal, Carrolus, Catellano, & Glynn, 2006; Romski, Sevcik, Cheslock, & Barton, 2006). 이것은 자폐 범주성 장애인에게 특히 중요한데, 이들은 언어를 생성하고 이해하는 두 가지 다에서 어려움을 경험하기 때문이다. 강화된 입력은 보완된 입력(Romski & Sevcik, 2003), 자연적인 보조가 필요한 언어(Cafiero, 2005), 보조가 필요한 언어 자극(Goossens, Crain, & Elder, 1992), 보조가 필요한 언어 시범(Drager, 2009; Drager et al., 2006)이라는 용어로 불려 왔다. 이들 전략은 서로 약간씩 차이가 있지만 모두 다 의미 있는 맥락에서 사용하기 위한 입력과 시범을 제공하기 위해서 보완대체 의사소통 체계를 사용하는 의사소통 파트너의 중요성을 강조한다.

자폐 범주성 장애인에게 보완대체 의사소통 전략을 적용하는 것은 다른 개인에게 보완대체 의사소통 전략을 적용하는 것과 동일한 이론적 배경에 근거를 둔다. 의사소통 극대화, 참여 모델(Beukelman & Mirenda, 2005), 사회관계망 도구(Blackstone & Hunt-Berg, 2003), SCERTS 모델(Prizant et al., 2006b) 모두 이 부분에 강조점을 두며 사회 의사소통 중재에 중요한 요소인 가족 또는 개인 중심, 자연적 환경, 의미 있는 맥락, 반응적 의사소통 파트너를 포함한다.

3. 임상적 배경

국립연구위원회(National Research Council, 2001)와 ASHA의 자폐 범주성 장애 관련 임시위원회는 보완대체 의사소통이 자폐 범주성 장애인의 사회 의사소통을 지원하는 데 있어서 중요한 역할을 하는 것으로 인식한다. 자폐 범주성 장애인을 위한 보완대체 의사소통 사용을 지지하는 증거는 점점 늘어나고 있다(Mirenda & Iacono, 2009). 그럼에도 불구하고 보완대체 의사소통의 사용은 때때로 자폐 범주성 장애인에게 고려되지 않는데, 왜냐하면 가족 또는 전문가가 그 반대의 증거가 많음에도 불구하고 보완대체 의사소통이 구어 발달을 방해할 것이라는 두려움을 갖기 때문이다(Millar, 2009; Millar, Light, & Schlosser, 2006). 특히 Millar가 수집한 증거는 보완대체 의사소통이 문제행동을 감소시키는 데 효과적이며 자폐 범주성 장애를 포함한 발달장애인의 자연스러운 구어 발달에 부정적인 영향을 미치지 않는다는 것을 보여준다.

자폐 범주성 장애인이 주로 사용하는 주요 보완대체 의사소통 접근법은 수어, 그래픽 의사소통 체계, 그림교환의사소통 체계, 음성산출기의 네 가지다.

1) 수어

보조가 필요하지 않은 보완대체 의사소통(unaided AAC)의 하나인 손으로 하는 수어(sign language)는 1970년대 이래로 자폐 범주성 장애인을 위해 사용되어 왔다(Mirenda & Erickson, 2000; Nunes, 2008; Wendt, Schlosser, & Lloyd, 2004). 일반적으로 수어는 말과 함께 사용되는 방법으로 "총체적 의사소통" 또는 "동시 의사소통"으로도 불린다(Mirenda,

2003; Mirenda & Erickson, 2000; Ogletree & Harn, 2001). Nunes(2008)는 수어는 아이콘화되어 있고, 쉽게 촉진되고 형상화되며, 시각적이고 휴대가 용이하기 때문에 사용에 이점이 있다고 보고하였다. Wendt(2009)는 수어가 기억과 추상적 이해에 대한 요구를 감소시킴으로써 학습자로 하여금 성공적이지 않은 구어 시도와 관련된 부정적 경험을 극복하게 한다고 강조하였다. 자폐 범주성 장애인의 수어 사용과 관련된 몇몇 연구문헌 검토가 이루어졌다(Goldstein, 2002; Mirenda, 2003; Swartz & Nye, 2006; Wendt, 2009). 연구를 검토한 결과는 수어가 자폐인을 위한 효과적인 선택이라고 제안한다(Goldstein, 2002; Mirenda, 2003; Wendt, 2009). 그러나 반대로 Swartz와 Nye(2006, p. 15)는 수어 사용을 지지하는 증거가 제한적이며, 따라서 중재 충실도 측정, 복사연구를 위한 상세한 설명, 집단연구를 포함하는 "양질"의 연구가 필요하다고 지적하였다. 중재 충실도는 중재를 원래의 계획대로 얼마나 잘 실행하는가를 의미한다. 국가표준프로젝트(NAC, 2009)는 수어 중재를 효과가 나타나기 시작한 중재로 분류하였다. 이는 긍정적인 성과에 대한 어느 정도의 증거는 있지만 부가적인 양질의 연구가 필요하다는 것을 뜻한다.

Goldstein(2002), Mirenda(2003), Swartz, Nye(2006)와 Wendt(2009) 등 네 개의 연구에서는 앞에서 언급한 연구와 중복되는 결과 및 상이한 결과가 모두 보고되었다. 그러나 대부분의 연구는 기능적이고 자발적인 의사소통보다는 어휘에 중점을 두었고, 수어의 운동 요소는 아예 다루지 않았다. 이들은 수어 사용 시 고려해야 하는 두 가지 중요한 요소다. 기능적이고 자발적인 의사소통과 관련해서 수어가 지니는 한 가지 단점은 의사소통이 수어를 알고 해석할 수 있는 파트너만으로 제한된다는 것이다. 특히, 정확하지 않거나 특이한 수어를 사용하는 사용자일수록 더욱 그렇다(Mirenda & Erickson, 2000). 수어를 만드는 운동 요소에 관해서 Mirenda(2009a)는 자폐 범주성 장애인의 운동 손상이 기존에 알려진 것보다 더 보편적이라는 것을 보여주는 연구를 요약해서 제시하였다. 만일 이와 같은 운동 손상이 수어를 사용하기 위해 필요한 운동 패턴의 계획 또는 실행에까지 영향을 미친다면, 수어 사용으로 이득을 얻어야 하는 자폐 범주성 장애인은 한계를 경험하게 된다. 이러한 제한점에도 불구하고 여기서 검토된 지지적 증거를 고려한다면 수어는 몇몇 자폐 범주성 장애인을 위한 다중양식의 보완대체 의사소통 체계 중 일부가 될 수 있다.

2) 그래픽 의사소통 체계

그래픽 의사소통 체계 또는 그래픽 상징(graphic symbols)은 보조가 필요한 보완대체 의사소통으로 의사소통자 이외의 무엇인가를 필요로 한다. 자폐 범주성 장애인의 그래픽 체계 사용은 1980년대에 소개되었으며, 상징의 정적인 특성과 자폐 범주성 장애인이 보이는 시각적 처리과정에 대한 상대적인 강점으로 인해 적합한 것으로 여겨진다(NRC, 2001; Wetherby & Prizant, 2000). 그래픽 의사소통 체계는 많은 연구자에 의해서 시각적 지원으로도 묘사되는데, 이는 표현뿐만 아니라 이해를 위해서도 사용될 수 있기 때문이다(Dettmer, Simpson, Myles, & Ganz, 2000; Hodgdon, 1995; Johnston, Nelson, Evans, & Palazolo, 2003). 이와 같은 체계는 의사소통 책, 카드, 지갑, 판 등의 형태로 사용될 수 있다. 사용자를 위해 시중에서 구입할 수 있는 소프트웨어를 이용해서 아이콘화한 사진, 선 그림, 문자(또는 다른 임의의 상징) 같은 그래픽을 만들어 낼 수 있다.

그래픽 의사소통 체계는 구성 면에서 다양하다(Beukelman & Mirenda, 2005; Light & Drager, 2007; Porter & Cafiero, 2009). 그래픽 제시 유형은 일반적으로 의미론적-구문론적, 분류학적, 도식적 구성을 포함한다. 그래픽 의사소통 체계는 대부분 격자 형식으로 배열된 항목으로 구성된다. *의미론적-구문론적 구성*은 명사, 동사, 형용사 등의 문법 체계에 따라 어휘를 나눈다. *분류학적 구성*은 사람, 장소, 동물과 같은 주제에 따라 어휘 항목을 구분한다. *도식적 구성*은 점심시간, 목욕시간, 쇼핑과 같은 활동에 따라 어휘를 구성한다. 그래픽 제시를 위한 구성 방법이 자폐 범주성 장애인이 사용하는 데 얼마나 영향을 미치는지에 대한 연구는 현재까지 거의 이루어지지 않고 있다. Mirenda(2009b, p. 112)는 두 가지 구성 전략, 즉 화용론적 구성 역동적 제시(Pragmatic Organization Dynamic Display; Porter & Cafiero, 2009)와 시각적 그래픽 언어(Shane, O'Brien, & Sorce, 2009)를 "성과가 기대되는" 전략으로 보고하였다.

자폐 범주성 장애인에게 보편적으로 사용되는 그래픽 상징은 시각적 스케줄(Mirenda & Brown, 2009), 선택하기(Sigafoos, O'Reilly, & Lancioni, 2009), 표현 의사소통(Beukelman & Mirenda, 2005; Cafiero, 2005), 보완적 의사소통 입력(Cafiero, 2005; Romski & Sevcik, 2003) 등이다.

Wendt(2009)는 이전의 보완대체 의사소통에 대한 체계적인 문헌연구와 그래픽 상징 및 수어 사용에 대한 메타분석 연구를 검토하고(Schlosser & Wendt, 2008a, 2008b) 추가적으로 보완대체 의사소통과 자폐 범주성 장애 관련 검색을 실시하였다. 이 연구에서는 그래픽 상징 사용은 수어보다 연구 기반이 더 적은 것으로 나타났으며, 이는 자폐 범주성 장애인에게 수어보다는 그래픽 상징이 점점 더 증가하고 있는 실제기 때문일 것으로 해석되었다. 보완대체 의사소통 사용과 관련된 연구의 대다수가 요구하기를 위해 그래픽 상징 사용을 가르치는 데 중점을 둔다. Wendt는 요구하기를 가르치기 위한 그래픽 상징 사용에 대한 결론적인 증거를 발견하였다. 그러나 반대로 활동과 장소 내 또는 활동과 장소 간 전이를 지원하기 위한 그래픽 상징 사용과 관련해서는 혼합된 결과가 나타났다. Wendt는 연구 기반이 임상적 의사결정에 신뢰할 만한 정보를 제공하기에 충분하지 않다고 결론을 내렸다. 그러므로 국가표준프로젝트(NAC, 2009, p. 57)에서 그래픽 상징을 포함한 보완대체 의사소통을 "효과가 나타나기 시작한" 중재로 지정한 것은 놀라운 일이 아니다.

Wendt(2009)는 현장 전문가와 가족은 그래픽 상징과 수어의 보편적인 혜택뿐만 아니라 각 접근의 장단점도 고려해야 한다고 제안하였다. 그래픽 상징은 파트너가 해석하기에 더 쉽고 일시적이지 않은 반면에 수어는 휴대 가능하고 어휘 접근 면에서 제한이 없다.

3) 그림교환의사소통 체계

그림교환의사소통 체계는 Bondy와 Frost가 자폐 범주성 장애 아동을 위해서 1985년에 개발한 그림 의사소통 체계다. 이 방법은 자폐 범주성 장애 아동이 일상적인 활동 중에 보는 것을 요구하고 설명하도록 가르치기 위해 행동주의 원리를 병합하였다(Sulzer-Azaroff, Hoffman, Horton, Bondy, & Frost, 2009). 결과적으로, 그림교환의사소통 체계는 보완대체 의사소통과 행동주의 방법 두 가지를 병합한 혼합 접근으로, 이 두 가지는 자폐 범주성 장애인에게 자주 사용되는 전략이지만 그림교환의사소통 체계에서는 독특하게 묘사된다.

Bondy와 Frost(2009)는 그림교환의사소통 체계가 구어가 나타나지 않는 아동과 몇몇 구어를 사용하지만 보다 복잡한 언어를 배우고 있는 아동에게 유용하다고 강조한다. 이 체계는 6단계 훈련으로 구성된다(각 단계에 앞서서 사용 가능한 보상을 판별함): (1) 의사소통 교환 교수하기, (2) 지속성 교수하기, (3) 변별 훈련하기, (4) "나는 ○○을 원해"라는 문장 교수하기, (5) "너는 무엇을 원하니?"라는 질문에 대한 반응 교수하기, (6) "내가 가진 건……" "내가 보는 건……"과 같은 부가적인 문장 시작어 교수하기

(Bondy & Frost, 2009). 그림교환의사소통 체계 관련 연구에 대한 몇몇 체계적인 문헌연구(Schlosser & Wendt, 2008a; Sulzer-Azaroff et al., 2009)가 이루어졌으며, 긍정적인 성과가 보고되었다. 그림교환의사소통 체계와 함께 사용하기에 적합한 음성산출기(http://www.proxtalker.com)도 활용 가능하다. 그림교환의사소통 체계에 대해서는 11장에서 보다 상세하게 설명되고 논의된다.

4) 음성산출기

공학이 발전되고 연구 기반이 확장됨에 따라 음성산출기(speech-generating devices: SGDs)는 자폐 범주성 장애인 개인을 위한 실행 가능한 방법으로 보다 자주 고려되고 있다(Cafiero, 2005; Light et al., 1998; Mirenda, 2009a). 음성산출기는 그래픽 상징이 활성화될 때 합성 또는 디지털 음성을 산출하는 휴대 가능한 컴퓨터화된 기기로 사용자에게 목소리를 제공해준다. 기기는 산출(합성 또는 디지털 음성), 쓰여진 상징체계, 제시 방법, 언어 용량에 따라 다양하다(Beukelman & Mirenda, 2005). 합성된 음성산출은 대부분의 사람이 컴퓨터 음성이라고 생각하는 바로 그것이다. 합성 음성은 문자를 음성으로 합성하는 것으로, 문자는 음성산출과 일치하는 음성 파일로 전환된다(Beukelman & Mirenda, 2005). 반대로 디지털 음성은 녹음되고 저장된 자연스러운 음성으로 사용자가 선택해서 재생할 수 있다(Beukelman & Mirenda, 2005). 과거 수십 년간 음성산출기의 음성의 질과 명료함은 향상되어 왔으며, 보다 다양한 음성 선택이 가능해졌다.

음성산출기에 사용되는 그래픽은 사진, 선그림, 철자 등이다. 시각적 의사소통 체계에서 그래픽 제시가 다양한 것처럼 상징이라고도 부르는 그래픽의 제시 방법도 다양하다. 또한 기기도 사용자에게 활용 가능한 상징과 메시지의 수에 따라 다양하다. 활용하게 될 상징 제시 방법은 고정되거나 역동적이거나 또는 고정성과 역동성이 병용될 수 있으며, 또는 시각적 장면 제시일 수도 있다. 고정된 제시 방법을 사용한 구성은 상징이 변하지 않도록 "고정되고" 사용자에게는 활용 가능한 유일한 상징이 된다. 한편 역동적 제시 방법은 활성화될 때 변화가 가능하다. 특정 버튼을 누름으로써 사용자는 활용 가능한 선택 세트를 바꿀 수 있다. 시각적 장면 제시(visual scene display)는 사건 또는 경험에 대한 그림 또는 사진이다. 즉, 특정 사건이나 경험의 사진에 메시지를 프로그램화한다. Drager, Light, Finke(2009)는 시각적 장면 제시는 보다 고립된 표현의 고정되고 역동적인 제시 방법과는 달리 맥락 내에서의 개념 이해를 촉진하기 때문에 격자판 구성보다 장점이 더 많다고 강조하였다.

자폐 범주성 장애인에게 음성산출기를 사용하는 것은 광범위하게 연구되지 않았는데, 왜냐하면 수어나 그래픽 체계 또는 그림교환의사소통 체계보다는 좀 더 최근에 등장한 접근이기 때문이다. Schlosser, Sigafoos, Koul(2009)은 자폐 범주성 장애인을 위한 음성산출기의 효과와 관련된 기존의 연구를 검토하여 "음성산출기는 보완대체 의사소통을 필요로 하는 자폐 범주성 장애인에게 실행 가능한 선택이다(p. 162)"라고 결론지었다. 국가표준프로젝트(NAC, 2009)는 음성산출기를 포함한 보완대체 의사소통을 효과가 나타나기 시작한 중재로 지정하였다.

요약하자면, 자폐 범주성 장애인의 의사소통 지원을 위한 수어, 그래픽 체계, 그림교환의사소통 체계, 음성산출기 사용에 대해서는 어느 정도 긍정적인 성과가 제시되고 있다. 국가표준프로젝트(NAC, 2009)는 이들 방법에 대한 기존 연구의 양과 질을 고려해서 효과가 나타나기 시작한 중재로 간주하였다. 참고할 수 있는 기존의 연구결과가 있으므로, 보완대체 의사소통을 선택하고자 하는 중재자와 가족은 자폐 범주성 장애인과 그 가족의 필요나 목적 또는 성과 측면에서 최상의 실제를 검토할 필요가 있다.

4. 실행을 위한 요구사항

보완대체 의사소통 중재는 그 특성상 시간과 노력이 많이 들고 팀의 협력적인 노력이 요구된다(Beukelman & Mirenda, 2005). 성공적인 보완대체 의사소통 중재는 팀의 다양한 활동에 대한 주의 깊은 관심을 필요로 한다: (1) 체계 선정, (2) 체계 습득, (3) 체계 수립 및 유지, (4) 교수전략 선정, (5) 가족 및 전문가 훈련, (6) 중재에 대한 지속적인 지원, 협력, 모니터링(Mirenda, 2005).

보완대체 의사소통 진단 및 중재에 대한 이와 같은 요구를 다루기 위해서는 성공적인 팀 접근이 필수적이다. Cumley와 Beukelman(1992)은 Light(1992)의 의사소통 능력(언어적, 조작적, 사회적, 전략적)의 정의와 지원 분야(교육, 직업, 가정 또는 거주, 재정, 공학)에 기반을 둔 팀 구성원의 역할과 책임을 제안하였다. Cumley와 Beukelman은 팀이 형성되면 각 구성원에게 보완대체 의사소통 중재의 특정 측면을 촉진하는 데 있어서 주도적인 역할을 부여하도록 제안한다. 다양한 팀 구성원이 다른 구성원으로부터 도움과 자문을 받으면서 각기 다른 분야에서 주요 책임을 할당받는 것이다. 예를 들어, 언어치료사는 교사로부터 도움을 받으면서 언어 능력 면에서 이끌 책임을 지니며 보조공학 전문가는 보조교사의 도움을 받아 기술적 지원을 제공한다.

Beukelman과 Mirenda(2005)는 필요한 전문성을 지니고 팀의 결정에 따르며 참여에 관심을 보이는 사람들로 팀을 구성할 것을 제안하였다. 자폐 범주성 장애인을 위한 보완대체 의사소통 전략을 시작하고 개발하고 지원하기 위해서는 많은 사람이 포함된 협력적이면서도 명백한 노력이 필요하다.

5. 주요 구성요소

보완대체 의사소통 사용의 핵심 요소는 다음을 포함한다: (1) 보완대체 의사소통 체계 선정, (2) 초기어휘 선정 및 확장 계획, (3) 교수전략 선정, (4) 체계와 전략에 대한 의사소통 파트너 교육, (5) 모니터링 및 조정.

1) 보완대체 의사소통 체계 선정

접근 방법을 선택함에 있어서 보완대체 의사소통은 하나의 방법이기보다는 체계로 여겨지는 것이 가장 적절하다(ASHA, 2004; Beukelman & Mirenda, 2005). 보완대체 의사소통 체계는 보조를 받을 수도 있고 아닐 수도 있다. **보조가 필요하지 않은 보완대체 의사소통(unaided AAC)**은 사용자 외에 어떤 것도 요구하지 않는다. 여기에는 수어, 몸짓, 발성과 구어가 포함된다. **보조가 필요한 보완대체 의사소통(aided AAC)**은 의사소통 책이나 음성산출기와 같이 대상자 외에 무엇인가를 필요로 한다(Beukelman & Mirenda, 2005). 모든 보완대체 의사소통 체계는 의미를 표현하는 방법, 메시지를 선택하는 수단, 메시지를 보내는 방법을 필요로 한다(McCormick & Wegner, 2003). 보완대체 의사소통 팀은 처음부터 보완대체 의사소통 체계에 대한 합의에 도달해야 한다.

2) 어휘 선정

보완대체 의사소통 체계의 중요한 측면은 체계를 위해 초기에 선택한 어휘 및 이를 확장하기 위한 계획이다. 만일 적절한 단어가 선택되지 않았는데 나중에 확장된다면 보완대체 의사소통은 효과적이지 않을 것이다. Beukelman, McGinnis, Morrow(1991)는 어휘 선정이 "변화하는 경험, 흥미, 지식"을 반영하는 역동적인 과정이라고 기술하였다(p. 171). Cafiero(2005)는 풍부한 어휘를 선정하고 사용자가 실제로 알고 있는 것보다 더 많은 어휘를 포함할 것을 제안하였다. 어휘를 선정하기 위한 몇 가지 전략은 문헌에 이미 제시되어 있다. 체계 내 어휘로 포함될 항목을 만들기 위해서 사용할 수 있는 전략은 생태학적 목록, 의사소통 일지, 어휘 단어 목록, 의사소통자에게 유용한 일반적인 어휘, 특정 주제의 단어, 기기 또는 상징체계에 이미 포함된 어휘, 그리고 가족, 또래, 보완대체 의사소통 사용자와 같은 정보제공자 활용 등이다(Beukelman et al., 1991; Fallon, Light, & Paige, 2001).

Beukelman와 Mirenda(2005)는 의사소통에서 중요한 두 가지 종류의 어휘인 핵심어휘와 부수어휘를 설명하였다. **핵심어휘(core vocabulary)**는 자주 발생하고 많은 사람이 사용하는 단어와 메시지를 포함한다. **부수어휘(fringe vocabulary)**의 단어와 메시지는 개별 사용자에게만 해당되며, 따라서 이들은 의사소통 과정에서 개인적인 표현의 의미를 온전하게 해주기 위해 어휘를 선정할 때 다루어져야 한다.

체계 내 어휘 검토와 확장은 정기적으로 이루어져야 한다. Zangari와 Van Tatenhove(2009)는 보완대체 의사소통을 사용하는 모든 학생이 새로운 어휘를 학습하기 위해 체계적인 교수가 요구됨에도 불구하고 의미론적 교수를 위한 접근을 비교한 연구는 없다고 지적하였다. 보완대체 의사소통을 사용하는 자폐 범주성 장애 학생에게 활용 가능할 것으로 보이는 두 가지 접근은 「Bringing Words to Life」(Beck, McKeown, & Kucan, 2002)와 「The Bridge of Vocabulary」(Montgomery, 2007)이다.

3) 교수전략 선정

팀의 교수전략 선정은 성공적인 보완대체 의사소통 적용을 위해 중요한데, 왜냐하면 보완대체 의사소통을 제공하는 것만으로는 충분하지 않기 때문이다. 보완대체 의사소통은 기능적이고 자발적인 의사소통의 수단이며 그 자체가 목적이 아니라는 것을 고려한다면 교수전략의 핵심은 기기의 사용보다는 의사소통 교수여야 한다. 이러한 목적을 위해서는 교수전략이 모델링과 결합하여 제공될 때 자폐 범주성 장애인에게 효과적인 것으로 보고되었다(Cafiero, 2001; Drager, 2009; Drager et al., 2006; Drager et al., 2009; Romski et al., 2009). 모델링은 보완대체 의사소통 사용자가 전형적인 발달을 보이는 아동이 언어를 학습하고 사용하는 것처럼 상징과 어휘를 학습하고, 의사소통 시에 이를 어떻게 사용할지를 안내한다. 더욱이 보완대체 의사소통 모델링은 이해를 촉진하기도 한다(Wood, Lasker, Siegel-Causey, Beukelman, & Ball, 1998).

모델링 전략은 몇 가지로 설명된다. 보조가 필요한 언어 자극(aided language stimulation)은 보완대체 의사소통 사용자가 그래픽 상징을 사용하도록 교수하기 위해 개발되었다(Goossens et al., 1992). 언어 보완 체계(system for augmenting language)는 보조가 필요한 언어 자극과 유사하지만 음성산출기를 사용한다(Romski & Sevcik, 1992, 1996; Romski et al., 2009). 자연적인 보조가 필요한 언어(natural aided language; Cafiero, 2005)는 보조가 필요한 언어 자극을 기반으로 하며, 그림, 아이콘, 문자와 같은 그래픽 상징을 사용한다. 보조가 필요한 입력(aided input; Kelpin, 1995; Wegner, 1995)은 자연적인 환경에서 구어 모델, 확장, 사건 중계(상황에 대한 실황 해설), 대비 강조하기(화자의 반대되는 진술에 주목하게 하기; Bunce & Watkins, 1995) 등의 촉진적 언어 중재 전략을 음성산출기를 이용한 입력과 통합하는 것이다. 보조가 필요한 언어 모델링(aided language modeling; Drager et al., 2006)은 앞에서 언급한 전략에 기초한 교수전략이다. 모든 교수전략은 보완대체 의사소통 사용자가 사용할 것으로 기대되는 방식으로 입력을 제공하고, 의미 있는 맥락에 모델을 삽입하고, 구어와 보조가 필요한 모델을 제공하고, 의사소통 파트너를 포함한다.

4) 파트너 훈련

의사소통 파트너는 사회적 상호작용과 언어 학습에 토대가 되기 때문에 파트너 훈련은 보완대체 의사소통 중재의 필수적인 구성요소다. 훈련의 두 가지 분야는 보완대체 의사소통 체계 자체에 대한 훈련과 이를 사용하여 교수하기 위한 전략에 대한 훈련이다. 보완대체 의사소통 체계 자체에 대한 훈련은 일반적인 조작, 유지, 프로그래밍을 포함한다. 훈련에 대한 책임은 앞에서 설명한 과정을 거쳐 할당된다. 자폐 범주성 장애와 보완대체 의사소통에 있어서 파트너 훈련을 위한 몇 가지 모델이 제시되어 있으며 좋은 보기로 역할하고 있다(Culp & Carlisle, 1988; Kent-Walsh & McNaughton, 2005; Light, Dattilo, English, Gutierrez, & Hartz, 1992; McNaughton & Light, 1989).

5) 모니터링 및 조정

보완대체 의사소통 교수와 학습은 역동적인 과정이기 때문에 체계에 대한 빈번한 모니터링과 조정을 필요로 한다. 이는 팀 구조 내에서 가장 잘 이루어질 수 있는데, 자료와 계획의 변화를 검토하기 위한 정기적인 회의를 통해서 가능하다. 전문가는 가족을 팀의 구성원으로 기억해야 하며, 각 가족이 생각하는 참여의 정도가 서로 다를 수 있다는 사실도 인식해야 한다.

6. 의사결정을 위한 자료 수집

의사결정을 위한 자료 수집은 보완대체 의사소통 사용자와 가족 또는 지원하는 체계가 추구하는 성과와 목표에 근거해야 한다. 성과는 보통 중재가 목표로 하는 결과와 관련되는 반면에 목표는 성과를 이루기 위해 필요한 세부적인 단계를 말한다. 개인이 효과적인 의사소통자가 되기 위해서 필요한 특정 기술과 관련된 자료는 자료 수집 및 평가의 중요한 부분이다(Beukelman & Mirenda, 2005). Hill(2009)은 이러한 자료를 실행 자료라고 기술하면서, 보통 특정 언어 목표를 수량화함으로써 얻을 수 있다고 설명하였다. 성과 측정은 증진된 참여, 강화된 사회적 관계망, 사용자 만족도, 삶의 질 등의 보다 광범위한 개념을 포함한다(Beukelman & Mirenda, 2005; Hill, 2009). 이 두 가지 유형의 자료 모두 진도를 점검하고 의사결정을 고려하기 위해서 필요하다.

Pretti-Frontczak와 Bricker(2004)는 보완대체 의사소통 중재를 활용한 활동 중심 중재에서 자료 수집을 위한 지침을 제시하였다. 즉, 자료 수집 방법은 (1) 환경, 사건, 사람에 걸쳐서 융통성 있고 적용 가능해야 하며, (2) 타당하고 신뢰로운 자료를 얻을 수 있어야 하고, (3) 팀 구성원이 공유할 수 있어야 하며, (4) 다른 자료와 양립 가능해야 한다고 제안하였다. 자료 수집은 또한 중재 과정을 방해해서는 안 된다(Arthur-Kelly & Butterfield, 2006). 이것은 자료가 매 회기 또는 교수기회가 이루어지는 중에 수집되어서는 안 되며, 잘 계획된 관찰회기 동안 동영상으로 촬영되는 상호작용이나 제3자에 의한 관찰을 통해 수집되어야 함을 의미한다.

실행 자료는 보완대체 의사소통 사용자에 따라서 특정 어휘 또는 언어 구조에 중점을 두기도 하고 또래에 대한 시작행동이나 반응행동에 중점을 둘 수도 있다. 자료는 또한 보완대체 의사소통 사용자에게 제공되는 지원에 대해서도 수집되어야 한다. 예를 들어, 지원은 파트너의 보조가 필요한 시범 사용일 수도 있고 또는 보완대체 의사소통 사용자가 하루 종일 보완대체 의사소통 체계에 접근할 수 있도록 제공하는 것일 수도 있다. 타당성과 대표성을 확보하기 위해서 자료는 다양한 환경의 다양한 근거로부터 수집되어야 한다. 자료는 관찰, 비디오 기록, 전자기기를 사용한 전자기록으로 수집될 수 있다(Hill, 2009). 보완대체 의사소통 기기에 따라서는 기기 사용을 추적하고 인쇄할 수 있기 때문에 전자기록이 가능하다(AAC Institute, 2007; Hill, 2009; Binger & Kent-Walsh, 2009). 전자기록으로 수집된 자료는 실행기록도구(Performance Report Tool: PeRT)를 사용함으로써 분석이 가능하다(AAC Institute, 2007). PeRT 소프트웨어는 음성산출기를 통해 수집된 언어샘플을 분석해주는데, 여기에는 전사, 발화, 단어목록이 포함된다. 잘 계획되고 관찰시간을 신중하게 결정한 관찰회기는 비효과적인 전략을 재평가해서 수정하거나 종료할 수 있게 해준다.

팀은 누가 언제 무엇을 수집할 것인지에 대해 협력적으로 결정해야 한다. 수집된 자료는 팀 구성원에게 정기적으로 전달되어 의사결정에 도움을 주어야 한다. 만일 팀이 매주 만난다면 특정 목표를 기초선 수행과 의미 있게 비교할 수 있도록 적어도 주 단위의 자료 수집이 필요하다. 만일 팀이 매달 만난다면 모든 목표에 대한 월 단위 자료가 결정을 안내하는 데 도움을 줄 수 있을 것이다. 앞부분의 〈표 3-1〉에서 설명한 진단 도구는 사전에 정해져 있는 성과 측정방법에 따른 진도 점검 및 수행 중심의 의사결정에 대한 안내를 제공한다(Beukelman & Mirenda, 2005; Blackstone & Hunt-Berg, 2003; Kovach, 2009; Prizant et al., 2006a).

7. 문화 및 언어 배경이 다른 아동을 위한 고려

미국에서의 인구통계학적 변화와 문화적 다양성 및 그러한 다양성이 보완대체 의사소통 서비스에 어떻게 영향을 미치는지에 대한 인식이 증가하고 있기 때문에 문화 및 언어 배경이 다른 아동과 성인에 대해 고려하는 것은 중요하다. 또한 문화적 요인은 모든 교육과 임상 활동의 근간이 된다는 인식 역시 증가되어 왔다(Soto, 2000). Barrera와 Corso(2003)는 문화적 역량의 필요성에 대해 지적하였는데, 이들은 이를 “다양한 문화 및 언어 변수에 따른 예의바르고, 상호적이며, 반응적인 상호작용을 만들어가는 능력”

이라고 정의하였다(p. 34).

문화 및 언어 배경이 다른 개인의 보완대체 의사소통 사용에 영향을 미치는 요소로는 이들의 장애에 대한 견해, 언어 형태와 기능의 차이, 테크놀로지 사용에 대한 태도, 그리고 자녀 양육 방법 등을 포함한다(Huer, 2008). 따라서 문화적인 차이는 보완대체 의사소통 중재를 위한 진단 및 계획에 매우 중요한 맥락을 제공한다(Soto, Huer, & Taylor, 1997).

Roseberry-McKibbin(2008)은 문화 및 언어 배경이 다른 개인 및 그 가족과 보완대체 의사소통에 관해 협력할 때 중요한 고려사항을 다음과 같이 강조하였다: (1) 가족의 문화가 지니는 사회실용적인 규칙, (2) 테크놀로지 사용 가치에 대한 가족의 이해, (3) 보완대체 의사소통 사용에 대한 가족의 견해, (4) 가족이 지닌 우선순위로서의 보완대체 의사소통에 대한 견해, (5) 가족에게 보완대체 의사소통 사용방법을 가르칠 가장 적절한 방법. 또 다른 주요 고려사항은 이중언어 학생과 관련된 보완대체 의사소통 체계에서 사용되는 그림 요소(상징)의 특성이다.

Rosebery-McKibbin(2008)은 상징 또는 이중언어 사용 학생과 관련해서 몇 가지 고려점을 제시하였다. 상징이 가정이나 주류 환경에서 의사소통을 가능하게 하는가? 상징은 학생의 문화적 경험과 관련이 있는가? 예를 들어, 문어 체계가 사용되는 경우 개인의 사회적 네트워크에서 폭넓게 사용될 수 있는가? 상징이 해당 언어의 문법구조 순서에 맞게 배열되어 있는가? 예를 들어, 배열은 언어의 단어 순서에 맞게 구조화되어 있는가? 가족이 어휘 선택에 참여하는가?

Robinson과 Solomon-Rice(2009)는 문화적 지식에 대한 자기 진단 및 습득에 초점을 맞춤으로써 서비스를 좀 더 문화적으로 반응적이게 만들 수 있다고 제시하였다. Barrera와 Corso(2003)는 이를 성취하기 위한 특별한 방법을 제안하였는데, 이들은 이 방법을 정착된 이해와 제3의 공간(Anchored Understanding and 3rd Space)이라고 명명하고 초기 아동기와 관련된 문화적 역량을 습득하는 데 필요한 기술로 묘사하였다. 특히, 정착된 이해는 어떤 사람의 문화에 대한 정보를 단순히 아는 것보다는 그 사람을 경험적 수준에서 아는 것이다. 마찬가지로 제3의 공간은 다른 관점을 취하고 재설정하여 추가적인 제3의 선택을 형성하는 것이다. 예를 들어, 자폐 범주성 장애를 지닌 아동의 부모와 서비스 제공자가 가정에서의 테크놀로지 도구 사용에 동의하지 않는다면 부모나 서비스 제공자의 원래의 계획이 아닌 다른 방법(즉, 아동이 집에 도착하는 즉시 학교에서 있었던 일을 공유할 때에만 도구 사용하기)을 선택할 수 있다.

문화 또는 언어 배경이 다른 자폐 범주성 장애인을 위한 보완대체 의사소통 체계 서비스 제공은 이들을 지원하는 서비스 제공자와 연구자에게 복잡한 과제를 안겨주는 것이 분명하다. 따라서 보완대체 의사소통 체계와 다문화주의 영역에서의 더 많은 연구가 필요하고(Bridges, 2004; Huer, 2008), 특히 자폐 범주성 장애, 보완대체 의사소통, 다문화주의 영역에서의 실제를 안내해줄 보다 많은 연구가 이루어져야 할 것이다.

8. 적용을 위한 고려

적용 사례: 아동

태호는 두 살에 자폐 범주성 장애로 진단받은 12세 아동이다. 진단 직후 언어치료를 받기 시작하였고 지금까지 계속 받고 있다. 태호는 대체로 건강하지만 류머티스성 관절염 진단을 받았고 통증에 예민하다. 작은 공간과 사람들이 밀집되는 "병목" 지역에 대한 어려움을 보인다. 나무와 목공예 관련해서 깊은 관심을 보이고 기억력이 뛰어나다. 태호는 동네 초등학교에서 특수교육을 받는다. 긍정적 행동지원 팀(Janney & Snell, 2008)의 지원을 받고 있으며 대학 치료실에서 추가적인 언어 중재를 받고 있다.

태호의 강점은 호기심 있고 사회적이며 시각적으로 예민하다는 것이다. 약점은 비관습적인 의사소통과 충동성과 문제행동을 보인다는 것인데, 문제행동에는 탠트럼, 공격행동, 기물파괴가 포함된다. 이러한 문제는 태호의 또래 상호작용을 어렵게 만든다.

태호는 2세부터 3세 반, 즉 수어 사용을 선호하기 시작할 때까지 그림교환의사소통 체계를 사용하였다. 9세 때 첫 번째 음성산출기를 소개받았다. 현재는 다중양식의 의사소통 체계를 사용한다. 태호는 현재 의사소통을 하기 위해서 Palm 3(두 번째 음성산출기), 그림, 특이한 수어, 몸짓, 몇 가지 단어를 사용한다. 태호를 모르는 사람은 태호가 하는 말의 대부분을 이해하지 못한다. 태호는 단어와 구문을 입력한 음성산출기에서 200장 이상의 페이지를 몇 개의 수준별로 탐색할 수 있다. 음성산출기를 사용할 수 없을 때에는 보완적으로 그림교환의사소통 체계를 사용하고 있으며, 비록 대부분이 이해하기 어렵기는 하지만 100개 이상의 수어를 사용한다.

태호의 의사소통은 초기에 SCERTS 진단(Prizant et al., 2006a)을 이용해서 언어 파트너 단계의 수행 능력으로 평가되었다. 평가에서 드러난 태호의 목표는 언급하기, 음성산출기로 감정 표현하기, 화가 날 때 진정에 필요한 대안으로 제시된 것 중에서 선택하기 등과 관련된 기술을 향상시키는 것이다. 의사소통 파트너의 목표는 재지시, 확장, 모델링의 목적으로 태호에게 보완적인 자극 사용하기, 태호가 활동을 준비할 수 있게 도와주는 일정표와 상황이야기(Gray, 1995)가 포함된 바인더 제공하기, 음성산출기를 항상 사용할 수 있게 해주기, 어머니가 태호를 위해 작성한 상호작용 일지 사용하기 등이다.

SCERTS 초기 평가 이후로 태호는 의사소통에서 많은 진보를 보였다. 독립적으로 자신의 감정을 표현하고 상호 교환에 참여한다. 또한 공유하는 대상이나 흥미로운 사건에 대해 언급한다. 전달하고자 하는 메시지를 명확히 하기 위해 "나중에"와 "전에" 아이콘을 사용하여 시제를 표시하기 시작하였다. 태호는 상징을 조합하기 시작하였다. 조절장애로부터 회복할 수 있게 해주는 시간을 갖게 됨에 따라 조절장애도 줄어들었다. 선택의 여지가 제공될 때 자신을 진정시키기 위해 필요한 것이 무엇인지 상대방에게 알게 할 수 있다. 태호는 또한 자신에게 필요한 학습을 지원해주는 더 많은 반응적인 의사소통 파트너를 가지게 되었다. 현재의 목표는 어휘, 자기조절, 문해력 증진에 초점을 두고 있다. 최근의 SCERTS 재평가에서 태호의 의사소통 수행은 대화 파트너 단계로 나타났다.

태호에 관한 더 많은 정보는 인터넷을 통해서 살펴볼 수 있다(http://www2.ljworld.com/news/2009/jul/21/autistic-children-might-find-their-voice-ku-projec/#comments).

적용 사례: 청소년 또는 성인

종우 씨는 다운증후군과 자폐 범주성 장애 두 가지 진단을 받은 24세 남성이다. 최근에 현재 살고 있는 집으로 이사하였으며 지원을 받으며 살고 있다. 그 전에는 부모와 함께 살았다. 종우 씨는 팝콘회사(Poppin Joe's Kettle Korn)를 소유하고 경영하고 있으며, 가마솥 팝콘을 만들어 장터, 박람회, 가게, 온라인 등에서 판매하고 있다(http://www.poppinjoes.com).

종우 씨는 10년 이상 음성산출기를 사용하고 있다. 현재 세 번째 음성산출기인 DynaVox V (DynaVox Technologies)를 사용한다. 약간의 말을 할 수는 있지만 종우 씨를 잘 알고 있지 않는 한 말을 이해하기 어렵다. 이해 가능한 말은 50% 이하다. 또한 대화 중에 상대방이 말하는 것을 반복하는 경향이 있다.

종우 씨는 어려서부터 언어치료를 받았고 주로 구어 향상을 목표로 노력해 왔다. 결과적으로 14세가 될 때까지 음성산출기를 사용하지 않았다. 15세에 교외에서 음성-언어 서비스를 받기 시작하였다. 이때에는 음성산출기를 거의 사용하지 않았고 특정 과제를 위해서만 음성산출기를 사용하였다. 학교에 다니는 동안 음성산출기를 사용하는 어휘와 읽고 쓰기에 중점을 둔 개인 중재를 받았고, 5년 동안 여름 캠프의 일부로 집단교수에 참여하였다. 그 이후로 종우 씨는 개인교수에 이어서 주당 90분씩 보완대체 의사소통 그룹에 참여해 왔다. 종우 씨의 발전은 느리지만 지속되었다.

종우 씨의 가장 최근 목표는 음성산출기로 3~5단어 발화하기, 보완대체 의사소통 그룹에서 4~5개의 독창적인 발화하기, 컴퓨터 인터페이스를 통한 음성산출기를 사용하여 페이스북에 주어, 동사, 목적어를 포함하는 메시지 올리기, 워드메이커(Don Johnston) 음소 인식 프로그램 수업 듣기 등이다. 교수방법으로 직접교수, 보조적인 시범과 확장, 시각적 지원이 사용되었다. 보완대체 의사소통 그룹 활동을 통해 새로운 어휘가 소개되었고, 개별교수 중에 강화 받았다. 지원 인력이 교수회기에 참여하였고 언어치료사는 종우 씨 집에서 관계자를 지원하는 훈련을 제공하였다. 종우 씨는 언어 발달과 사용에 있어서 진보를 보였다. 대화에서 음성산출기("종우는 티셔츠처럼 하얗다")와 컴퓨터 인터페이스를 통한 음성산출기("연주 안녕, 연주 잘 지내?")로 더 많은 다단어 발화를 하고 있다. 종우 씨는 국립기관에서 자신의 삶과 사업에 대해 몇 차례 발표하였고, 자신의 음성산출기로 국회에서 증언하기도 하였다.

종우 씨는 앞으로도 당분간 계속 중재를 받을 것으로 기대된다. 목표는 읽고 쓰는 기술의 발전과 또래와 직접적으로 또는 온라인상으로 더 길고 더 복잡한 새로운 발화 사용하기에 중점을 두고 지속될 것이다.

9. 앞으로의 방향

테크놀로지가 진보함에 따라 자폐 범주성 장애인을 위한 기회도 진보하게 된다. 그러나 이러한 기회를 최대한 유용하게 만들기 위해서는 더 많은 정보가 필요하다. 미래의 연구는 보완대체 의사소통 체계를 사용하는 자폐 범주성 장애인의 의사소통 필요를 지원하는 다음과 같은 세 가지 영역에 초점을 둘 필요가 있다: 시스템 설계 요소, 교수 전략, 보완대체 의사소통 학습을 지원하는 파트너 훈련.

Drager와 그 연구진(2009)은 보완대체 의사소통 설계가 자폐 범주성 장애인의 사회적 상호작용, 언어 발달, 효과적인 의사소통에 미치는 영향력을 조사할 필요가 있다고 지적하였다. 보조가 필요한 언어 입력을 제공하는 파트너의 능력에 대한 여러 가지 설계 전략의 효과 또한 미래 연구의 중요한 영역이다(Porter & Cafiero, 2009). 특별한 특성을 가진 개인에게 어떤 교수 테크놀로지가 가장 효과적인지 조사할 필요가 있다. Light와 McNaughton(2009)은 문해 기술이 보완대체 의사소통과 삶의 질에 미치는 중요성을 고려하여 의사소통과 교육과정의 내용이 보다 통합될 수 있도록 테크놀로지를 설계하는 여러 가지 중재와 접근법의 효과를 비교할 필요가 있다고 하였다. 또한, 부모와 지원 인력에게 증거 기반의 중재를 사용하도록 훈련하는 다양한 접근법을 평가해야 할 필요성에 대해서도 언급하였다. Proloquo2Go(Sennot & Bowker, 2009)와 같은 덜 비싼 테크놀로지가 등장하고 가족이 더 쉽게 구입할 수 있게 됨에 따라 개인의 특성과 관련된 여러 테크놀로지의 장단점을 파악하는 연구도 필요하게 될 것이다.

보완대체 의사소통과 자폐 범주성 장애에 관한 지식은 현재 축적되기 시작하고 있으며, 따라서 아직까지 알려지지 않은 것들도 많다. Cafiero와 Delsack(2007)은 더 많은 것을 알게 될 때까지 모든 "자폐 범주성 장애인이 의사소통을 생성시키는 잠재력을 얻을 수 있고 가지고 있다"(p. 25)고 가정할 것을 제안한다. 분명한 것은 이와 같은 "가장 덜 위험한 가정"(Donnellan, 1984, p. 141)에서 보완대체 의사소통 전략이 중요한 역할을 한다는 것이며, 이는 결론적인 증거가 없을 때 비록 우리가 틀린다 할지라도 개인에게 최소한의 해로운 영향을 미치는 결정을 내려야 한다는 것이다.

권장 도서

Beukelman, D. R., & Mirenda, P. (2013). *Augmentative and alternative communication; Supporting children and adults with complex communication needs* (4th ed.). Baltimore, MD; Paul H. Brookes Publishing Co.

이 책은 보완대체 의사소통 진단과 중재 계획에 대한 방대한 정보를 제공한다. 저자는 복잡한 의사소통 요구를 지닌 개인에 대한 정보뿐만 아니라 보완대체 의사소통에 대한 기초적인 이해를 제공하면서 전문가와 학생에게 적절한 정보를 제공한다.

Buron, K. D., & Wolfberg, P. (2008). *Learners on the autism spectrum: Preparing highly qualified educators.* Shawnee Mission, KS: Autism Asperger Publishing Co.

대학 수업에서 사용하기 위한 목적으로 집필된 이 책은 교사나 언어병리학자 또는 가족을 위한 좋은 자료다. 이 책은 의사소통을 포함한 현재의 광범위한 주제를 다룬다.

Cafiero, J. (2005). *Meaningful exchanges for people with autism: An introduction to augmentative and alternative communication.* Bethesda, MD: Woodbine House.

이 책은 자폐 범주성 장애인에 초점을 둔 보완대체 의사소통에 대한 좋은 소개서다. Cafiero는 보완대체 의사소통에 대한 정보를 제시하고 그러한 정보를 의미 있는 예시를 이용해서 자폐 범주성 장애와 연관시켰다. 이 책은 전문가뿐만 아니라 가족에게도 유용한 책이다.

Mirenda, P., & Iacono, T. (Eds.). (2009). *Autism spectrum disorders and AAC.* Baltimore, MD: Paul H. Brookes Publishing Co.

이 자료는 자폐 범주성 장애인에게 적용한 보완대체 의사소통 관련 현행 연구와 실제를 보여준다. 이 책은 보완대체 의사소통과 자폐 범주성 장애에 관한 소개 내용이 아니기 때문에 이들 분야에 대한 어느 정도의 기초 지식을 가지고 있는 독자를 위한 것이다. 포괄적이고 시기적절한 주제들이 제시되어 있다.

Soto, G., & Zangari, C. (Eds.). (2009). *Practically speaking: Language, literacy, and academic development for students with AAC needs.* Baltimore, MD: Paul H. Brookes Publishing Co.

이 책은 전문가나 전문가가 되려고 준비하는 학생을 위해 보완대체 의사소통과 학업 및 사회적 성공에 대한 정보를 제공한다. 자폐 범주성 장애 학생에게 초점을 맞추지는 않았지만 이들에게 적용할 수 있는 가치 있는 정보들이 많이 수록되어 있다. 많은 실제적인 예시가 제시되어 있다.

학습 활동

소프트웨어 사용해보기

음성산출기를 생산하는 많은 업체가 제품에 사용되는 소프트웨어를 무상으로 다운받아 사용할 수 있도록 허용한다. Prentke Romich(http://www.pentrom.com) 또는 Dynavox Technologies(http://www.dynavoxtech.com) 웹 사이트에 들어가서 소프트웨어 한 가지를 다운로드 받아 컴퓨터에서 사용해본다. 소프트웨어를 탐색한 후에 아동에게 보조가 필요한 입력을 제공할 수 있는 환경을 만든다. 상호작용 중에 말할 내용을 적은 뒤에 시도한다. 예를 들어, 상호작용적 이야기 책 읽기도 활동이 될 수 있다. 어떤 책을 읽을지 결정하고, 책 읽기 동안 책에 대해 언급하기 위해 보조가 필요한 입력을 사용한다. 경험을 회상하면서 다음의 질문에 답한다. 어려운 점은 무엇인가? 실제로 보완대체 의사소통 사용자에게 사용하기 위해서 어떤 준비가 필요하다고 생각하는가?

어휘 선정

첫 번째 활동에서 사용한 동일한 소프트웨어를 사용해서 자연 하이킹을 가는 자폐 범주성 장애를 지닌 4~5학년생에게 사용 가능한 어휘를 결정한다. 첫째, 필요한 잠재적인 어휘의 목록을 만든다. 또래 상호작용을 위한 어휘도 포함시킨다. 목록을 만든 후에 필요한 어휘가 소프트웨어에서 사용할 수 없다는 것을 발견하게 된다면 소프트웨어를 잘 살펴서 더 많거나 다른 어휘를 제공하는 다른 환경이 있는지 살펴본다. 만일 그렇다면 환경을 바꾼다. 그렇지 않다면 몇 개의 단어를 프로그램 해본다.

자폐 범주성 장애를 지닌 보완대체 의사소통 사용자 또는 그 가족과의 면담
보완대체 의사소통 사용자의 삶에 대해 알아보기 위해 할 수 있는 질문은 다음과 같다:

a. 당신(당신의 자녀)은 언제부터 보완대체 의사소통 체계를 사용하게 되었습니까? 당신(당신의 자녀)의 삶에서 그것은 어떤 차이를 만들었습니까?
b. 사용하고 있는 체계와 관련해서 어떤 점을 좋아하고 어떤 점을 좋아하지 않습니까?
c. 사용하고 있는 보완대체 의사소통 체계에 대해 설명해주십시오. 어떤 종류의 어휘가 사용 가능합니까? 실제로는 어떤 종류가 사용되었습니까?
d. 의사소통은 얼마나 효과적이었습니까? 만일 의사소통이 단절된다면 그 이유는 무엇이라고 생각합니까? 만일 의사소통이 단절되지 않는다면 그 사람이 성공한 이유는 무엇이라고 생각합니까?

참고문헌

AAC Institute. (2007). http://www.aacinstitute.org/

American Speech-Language-Hearing Association. (2004). Roles and responsibilities of speech-language pathologists with respect to augmentative and alternative communication: Technical report. *ASHA Supplement, 24.* Rockville, MD: Author.

American Speech-Language-Hearing Association. (2006). *Guidelines for speech-language pathologists in diagnosis, assessment, and treatment of autism spectrum disorders across the lifespan.* Available from http://www.asha.org/policy

Arthur-Kelly, M., & Butterfield, N. (2006). Monitoring progress. In J. Sigafoos, M. Arthur-Kelly, & N. Butterfield (Eds.), *Enhancing everyday communication for children with disabilities* (pp. 107-113). Baltimore, MD: Paul H. Brookes Publishing Co.

Barrera, I., & Corso, R. M. (2003). *Skilled dialogue: Strategies for responding to cultural diversity in early childhood.* Baltimore, MD: Paul H. Brookes Publishing Co.

Beck, I. L., McKeown, M. G., & Kucan, L. (2002). *Bringing words to life: Robust vocabulary instruction.* New York, NY: Guilford Press.

Beukelman, D., & Mirenda, P. (2005). *Augmentative and alternative communication:*

Supporting children and adults with complex communication needs (3rd ed.). Baltimore, MD: Paul H. Brookes Publishing Co.

Beukelman, D., McGinnis, J., & Morrow, D. (1991). Vocabulary selection in augmentative and alternative communication. *Augmentative and Alternative Communication, 7,* 171-185.

Binger, C., & Kent-Walsh, J. (2009). *What every speech-language pathologist/audiologist should know about augmentative and alternative communication.* Boston, MA: Pearson Education.

Blackstone, S., & Hunt-Berg, M. (2003). *Social networks: A communication inventory for individuals with complex communication needs and their communication partners.* Monterey, CA: Augmentative Communication.

Bondy, A., & Frost, L. (2009). The picture exchange communication system: Clinical and research applications. In P. Mirenda & T. Iacono (Eds.), *Autism spectrum disorders and AAC* (pp. 279-302). Baltimore, MD: Paul H. Brookes Publishing Co.

Bopp, K., Brown, K., & Mirenda, P. (2004). Speech-language pathologists'roles in the delivery of positive behavior support for individuals with developmental disabilities. *American Journal of Speech-Language Pathology, 13,* 5-19.

Brady, N. (2000). Improved comprehension of object names following voice output communication aid use: Two case studies. *Augmentative and Alternative Communication, 16,* 197-204.

Bridges, S. (2004). Multicultural issues in augmentative and alternative communication and language: Research to practice. *Topics in Language Disorders, 24*(1), 62-75.

Bunce, B. H., & Watkins, R. V. (1995). Language intervention in a preschool classroom: Implementing a language-focused curriculum. In M. Rice & K. Wilcox (Eds), *Building a language-focused curriculum for the preschool classroom* (pp. 39-72). Baltimore, MD: Paul H. Brookes Publishing Co.

Cafiero, J. M. (2001). The effect of an augmentative communication intervention on the communi-cation, behavior, and academic program of an adolescent with autism. *Focus on Autism and Other Developmental Disabilities, 16,* 179-189.

Cafiero, J. M. (2005). *Meaningful exchanges for people with autism: An introduction to augmentative and alternative communication.* Bethesda, MD: Woodbine House.

Cafiero, J. M., & Delsack, B. S. (2007). AAC and autism: Compelling issues, promising practices, and future directions. *Perspectives on Augmentative and Alternative Communication 16*(2), 23-26.

Centers for Disease Control and Prevention. (2009). Autism Spectrum Disorder. Retrieved from http://www.cdc.gov/ncbddd/autism/faq_prevalence.htm#whatisprevalence

Culp, D., & Carlisle, M. (1988). *PACT: Partners in augmentative communication training.* Tucson, AZ: Communication Skill Builders.

Cumley, G. D., & Beukelman, D. R. (1992). Roles and responsibilities of facilitators in augmentative and alternative communication. *Seminars in Speech and Language, 13*(2), 111-119.

Dettmer, S., Simpson, R., Myles, B., & Ganz, J. (2000). The use of visual supports to facilitate transitions of students with autism. *Focus on Autism and Other Developmental Disabilities, 15*(3), 163-169.

Donnellan, A. (1984). The criterion of the least dangerous assumption. *Behavioral Disorders, 9,* 144-150.

Drager, K. D. (2009). Aided modeling interventions for children with autism spectrum disorders who require AAC. *Perspectives on Augmentative and Alternative Communication, 18,* 114-120.

Drager, K. D., Light, J. C., & Finke, E. H. (2009). Using AAC technologies to build social interaction with young children with autism spectrum disorders. In P. Mirenda & T. Iacono (Eds.), *Autism spectrum disorders and ACC* (pp. 247-278). Baltimore, MD: Paul H. Brookes Publishing Co.

Drager, K. D., Postal, V. J., Carrolus, L., Catellano, M., & Glynn, J. (2006). The effect of aided language modeling on symbol comprehension and production in two preschool children with autism. *American Journal of Speech-Language Pathology, 15,* 112-125.

Fallon, K., Light, J., & Paige, T. (2001). Enhancing vocabulary selection for preschoolers who require augmentative and alternative communication (AAC). *American Journal of Speech-Language Pathology, 10,* 81-94.

Falvey, M. A., Forest, M., Pearpoint, J., & Rosenberg, R. L. (1994). *All my life's a circle: Using the tools Circles, Maps and Path.* Toronto, Canada: Inclusion Press.

Garrison-Harrell, L., Kamps, D., & Kravits, T. (1997). The effects of peer networks on social-communicative behaviors for students with autism. *Focus on Autism and Other Developmental Disabilities, 12,* 241-254.

Goldstein, H. (2002). Communication intervention for children with autism: A review of treatment efficacy. *Journal of Autism and Developmental Disorders, 32*(5), 373-396.

Goossens, C., Crain, S. S., & Elder, P. (1992). *Engineering the preschool environment for interactive, symbolic communication.* Katya Hill, AL: Southeast Augmentative Communication Conference Publications.

Gray, C. (1995). Teaching children with autism to "read" social situations. In K. Quill (Ed.), *Teaching children with autism: Strategies to enhance communication and socialization* (pp. 219-241). New York, NY: Delmar Publishers.

Hill, K. (2009). Data collection and monitoring AAC intervention in the school. *Perspectives on Augmentative and Alternative Communication, 18,* 58-64.

Hodgdon, L. (1995). Solving social behavioral problems through the use of visually supported communication. In K. Quill (Ed.), *Teaching children with autism: Strategies to enhance communication and socialization* (pp. 265-286). New York, NY: Delmar Publishers.

Huer, M. (2008). Toward an understanding of the interplay between culture, language, and augmentative and alt communication. *Perspectives on Augmentative and Alternative Communication, 17,* 113-119.

Janney, R., & Snell, M. (2008). *Teachers'Guides to Inclusive Practices: Behavioral support* (2nd ed.). Baltimore, MD: Paul H. Brookes Publishing Company.

Johnston, S., Nelson, C., Evans, J., & Palazolo, K. (2003). The use of visual supports in teaching young children with autism spectrum disorder to initiate interactions. *Augmentative and Alternative Communication, 19,* 86-103.

Kelpin, V. C. (1995). *The outcomes of augmented input and facilitative language strategies with children using augmentative communication devices.* (Unpublished master's thesis). University of Kansas, Lawrence.

Kent-Walsh, J., & McNaughton, D. (2005). Communication partner instruction in AAC: Present practices and future directions. *Augmentative and Alternative Communication, 21*(3), 195-204.

Kovach, T. M. (2009). *Augmentative and alternative communication profile: A continuum of learning.* East Moline, IL: LinguiSystems.

Light, J. (1989). Toward a definition of communicative competence for individuals using augmentative and alternative systems. *Augmentative and Alternative Communication, 5,* 137-144.

Light, J., Dattilo, J., English, J., Gutierrez, L., & Hartz, J. (1992). Instructing facilitators to support the communication of people who use augmentative communication systems. *Journal of Speech and Hearing Research, 35,* 865-875.

Light, J., & Drager, K. (2007). AAC technologies for young children with complex communication needs: State of the science and future research directions. *Augmentative and Alternative Communication, 23,* 204-216.

Light, J., & McNaughton, D. (2009). Addressing the literacy demands of the curriculum for conventional and more advanced readers and writers who require AAC. In G. Soto & C. Zangari (Eds.), *Practically speaking: Language, literacy, and academic development for students with AAC needs* (pp. 217-245). Baltimore, MD: Paul H. Brookes Publishing Co.

Light, J., Roberts, B., Dimarco, R., & Greiner, N. (1998). Augmentative and alternative communication to support receptive and expressive communication for people with autism. *Journal of Communication Disorders, 31,* 153-180.

Lonke, F., Campbell, J., England, A., & Haley, T. (2006). Multimodality: A basis for augmentative and alternative communication: Psychological, cognitive, and clinical/educational aspects. *Disability and Rehabilitation, 28*(3), 169-174.

McCormick, L., & Wegner, J. (2003). Supporting augmentative communication. In L. McCormick, D. Loeb, & D. Schiefelbusch (Eds.), *Supporting children with communication difficulties in inclusive settings* (pp. 435-459). Boston, MA: Pearson.

McNaughton, D., & Light, J. (1989). Teaching facilitators to support the communication skills of an adult with severe cognitive disabilities: A case study. *Augmentative and Alternative Communication, 5,* 35-41.

Millar, D. (2009). Effects of AAC on the natural speech development of individuals with autism spectrum disorders. In P. Mirenda & T. Iacono (Eds.), *Autism spectrum disorders and AAC* (pp. 171-192). Baltimore, MD: Paul H. Brookes Publishing Co.

Millar, D. C., Light, J. C., & Schlosser, R. W. (2006). The impact of augmentative and alternative communication intervention on the speech production of individuals with developmental disabilities: A research review. *Journal of Speech Language and Hearing Research, 49,* 248-269.

Mirenda, P. (2003). Toward functional augmentative and alternative communication: A research review. *Augmentative and Alternative Communication, 16,* 141-151.

Mirenda, P. (2009a). Introduction to AAC for individuals with autism spectrum disorders. In P. Mirenda & T. Iacono (Eds.), *Autism spectrum disorders and AAC* (pp. 3-22). Baltimore, MD: Paul H. Brookes Publishing Co.

Mirenda, P. (2009b). Promising innovations in AAC for individuals with autism spectrum disorders. *Perspectives on Augmentative and Alternative Communication, 20*(4), 112-113.

Mirenda, P., & Brown, K. (2009). A picture is worth a thousand words: Using visual supports for augmented input with individuals with autism spectrum disorders. In P. Mirenda & T. Iacono (Eds.), *Autism spectrum disorders and AAC* (pp. 303-332). Baltimore, MD: Paul H. Brookes Publishing Co.

Mirenda, P., & Erickson, K. (2000). Augmentative Communication and literacy. In M.

Wetherby & B. Prizant (Eds.), *Autism spectrum disorders: A transactional developmental perspective* (pp. 333-369). Baltimore, MD: Paul H. Brookes Publishing Co.

Mirenda, P., & Iacono, T. (Eds.). (2009). *Autism spectrum disorders and AAC.* Baltimore, MD: Paul H. Brookes Publishing Co.

Montgomery, J. K. (2007). *The bridge of vocabulary: Evidence-based activities for academic success.* Minneapolis, MN: NCS Pearson.

National Autism Center (2009). *National Standards Project.* Randolph, MA: Author.

National Joint Committee for the Communication Needs of Persons with Severe Disabilities. (1992). *Guidelines for meeting the communication needs of persons with severe disabilities.* Available from http://www.asha.org/policy or http://www.asha.org/njc

National Research Council, Committee on Education Interventions for Children with Autism, Division of Behavioral and Social Sciences and Education. (2001). *Educating children with autism.* Washington, DC: National Academy Press.

Nunes, D. (2008). AAC interventions for autism: A research summary. *International Journal of Special Education, 23*(2), pp. 17-26.

Ogletree, B., & Harn, W. (2001). Augmentative and alternative communication for persons with autism: History, issues, and unanswered questions. *Focus on Autism and Other Developmental Disabilities, 16*(3), pp. 138-140.

Porter, G., & Cafiero, J. (2009). Pragmatic organization dynamic display (PODD) communication books: A promising practice for individuals with autism spectrum disorders. *Perspectives on Augmentative and Alternative Communication, 18*, 121-129.

Pretti-Frontczak, K., & Bricker, D. (2004). *An activity-based approach to early intervention* (3rd ed.). Baltimore, MD: Paul H. Brookes Publishing Co.

Prizant, B., & Wetherby, A. (1998). Understanding the continuum of discrete-trial traditional behavioral to social-pragmatic, developmental approaches in communication enhancement for young children with ASD. *Seminars in Speech and language, 19*, 329-353.

Prizant, B., Wetherby, A., Rubin, E., & Laurent, A. (2003). The SCERTS® model: A transactional, family-centered approach to enhancing communication and socioemotional abilities of children with autiwm spectrum disorder. *Infants and Young Children, 16*, 296-316.

Prizant, B., Wetherby, A., Rubin, E., Laurent, A., & Rydell, P. (2006a). *The SCERTS® model: A comprehensive educational approach for children with autism spectrum disorders. Vol. I: Assessment.* Baltimore, MD: Paul H. Brookes Publishing Co.

Prizant, B., Wetherby, A., Rubin, E., Laurent, A., & Rydell, P. (2006b). *The SCERTS® model: A comprehensive educational approach for children with autism spectrum disorders. Vol. II: Program planning and intervention.* Baltimore, MD: Paul H. Brookes Publishing Co.

Prizant, B. M., Wetherby, A. M., & Rydell, P. J. (2000). Communication intervention issues for children with autism spectrum disorders. In A. M. Wetherby & B. M. Prizant (Eds.), *Autism spectrum disorders: A transactional developmental perspective* (pp. 193-224). Baltimore, MD: Paul H. Brookes Publishing Co.

Robinson, N. B., & Solomon-Rice, P. L. (2009). Supporting collaborative teams and families in AAC. In G. Soto & C. Zangari (Eds.), *Practically speaking: Language, literacy, and academic development for students with AAC needs* (pp. 289-312). Baltimore, MD: Paul H. Brookes Publishing Co.

Romski, R. A., & Sevcik, R. A. (1992). Developing augmented language in children with severe mental retardation. In S. F. Warren & J. Reichle (Eds.), *Communication and Language Intervention Series: Vol. 1. Causes and effects in communication and language intervention* (pp. 113-130). Baltimore, MD: Paul H. Brookes Publishing Co.

Romski, R. A., & Sevcik, R. A. (1996). *Breaking the speech barrier: Language development through augmented means.* Baltimore, MD: Paul H. Brookes Publishing Co.

Romski, M. A., & Sevcik, R. A. (2003). Augmented input: Enhancing communication development. In J. C. Light, D. R. Beukelman, & J. Reichle (Eds.), *Augmentative and Alternative Communication Series: Communicative competence for individuals who use AAC: From research to effective practice* (pp. 147-162). Baltimore, MD: Paul H. Brookes Publishing Co.

Romski, M. A., & Sevcik, R. A., Cheslock, M., & Barton, A. (2006). The system for augmenting language: AAC and emerging language intervention. In R. J. McCauley & M. Fey (Eds.), *Treatment of language disorders in children* (pp. 123-147). Baltimore, MD: Paul H. Brookes Publishing Co.

Romski, M., & Sevcik, R., Smith, A., Barker, M., Flolan, S., & Barton-Hulsey, A. (2009). The system for augmenting language: Implications for young children with autism spectrum disorders. In P. Mirenda & T. Iacono (Eds.), *Autism spectrum disorders and AAC* (pp. 219-245). Baltimore, MD: Paul H. Brookes Publishing Co.

Roseberry-McKibbin, C. (2008). *Multicultural students with special language needs: Practical strategies for assessment and intervention.* Oceanside, CA: Academic Communication Associates.

Rubin, E., Laurent, A., Prizant, B., & Wetherby, A. (2009). AAC and the SCERTS® model:

Incorporating AAC within a comprehensive, multidisciplinary educational program. In P. Mirenda & T. Iacono (Eds.), *Autism spectrum disorders and AAC* (pp. 195–217). Baltimore, MD: Paul H. Brookes Publishing Co.

Schlosser, R., & Wendt, O. (2008a). Augmentative and alternative communication intervention for children with autism. In J. Luiselli, D. Russo, W. Christian, & S. Wilczynski (Eds.), *Effective practices for children with autism: Educational and behavioral support interventions that work* (pp. 325–389). Oxford, England: Oxford University Press.

Schlosser, R., & Wendt, O. (2008b). Effects of augmentative and alternative communication intervention on speech production in children with autism: A systematic review. *American Journal of Speech-Language Pathology, 17*(3), 212–230.

Schlosser, R. W., Sigafoos, J., & Koul, R. K. (2009). Speech output and speech-generating devices in autism spectrum disorders. In P. Mirenda & T. Iacono (Eds.), *Autism spectrum disorders and AAC* (pp. 141–169). Baltimore, MD: Paul H. Brookes Publishing Co.

Sennott, S., & Bowker, A. (2009). Autism, AAC, and Proloquo2Go. *Perspectives on Augmentative and Alternative Communication, 18,* 137–145.

Shane, H. C., O'Brien, M., & Sorce, J. (2009). Use of a visual graphic language system to support communication for persons on the autism spectrum. *Perspectives on Augmentative and Alternative Communication, 18,* 130–136.

Sigafoos, J., O'Reilly, M., & Lancioni, G. (2009). Functional communication training and choice-making interventions for the treatment of problem behavior in individuals with autism spectrum disorders. In P. Mirenda & T. Iacono (Eds.), *Autism spectrum disorders and AAC* (pp. 333–353). Baltimore, MD: Paul H. Brookes Publishing Co.

Soto, G. (2000). "We Have Come a Long Way..." AAC and Multiculturalism: From Cultural Awareness to Cultural Responsibility, *Perspectives on Communication Disorders and Sciences in Culturally and Linguistically Diverse Populations, 6,* 1–3.

Soto, G., Huer, M., & Taylor, O. (1997). Multiculutral issues. In L. Lloyd, D. Fuller, & H. Arvidson (Eds.), *Augmentative and alternative communication: A handbook of principles and practices* (pp. 407–413). Neeham Heights, MA: Allyn & Bacon.

Sulzer-Azaroff, B., Hoffman, A. O., Horton, C. B., Bondy, A., & Frost, L. (2009). The picture exchange communication system (PECS): What do the data say? *Focus on Autism and Other Developmental Disabilities, 24*(2), 89–103.

Swartz, J., & Nye, C. (2006). Improving communi-cation for children with autism: Does sign language work? *EBP Briefs, 1*(2), 1–17.

Van Acker, R., Loncola, J., & Van Acker, E. (2005). Rett syndrome; A pervasive developmental disorder. In F. Volkmar, R. Paul, A. Klin, & D. Cohen (Eds.), *Handbook of autism and pervasive developmental disorders: Diagnosis, dei and neurobiology and behavior* (Vol. 1, pp. 148–150). Hoboken, NJ: Wiley.

Volkmar, F., Koenig, K., & State, M. (2005). Childhood disintegrative disorder. In F. Volkmar, R. Paul, A. Klin, & D. Cohen (Eds.), *Handbook of autism and pervasive developmental disorders: Diagnosis, development and neurobiology and behavior* (Vol. 1, pp. 70–87). Hoboken, NJ: Wiley.

Wegner, J. R. (1995). *A guide to augmented input and language intervention* (Unpublished paper). Department of Speech-Language-Hearing, University of Kansas, Lawrence.

Wendt, O. (2009). Research on the use of manual signs and graphic symbols in autism spectrum disorder: A systematic review. In P. Mirenda & T. Iacono (Eds.), *Autism spectrum disorders and AAC* (pp. 83–139). Baltimore, MD: Paul H. Brookes Publishing Co.

Wendt, O., & Schlosser, R. (2007, August). *The effectiveness of speech-generating devices for children with autism: Results from a systematic research review.* Paper presented at the 27th World Congress of the Association of Logopedics and Phoniatrics, Copenhagen, Denmark.

Wendt, O., Schlosser, R., & Lloyd, L. (2004, November). *AAC for children with autism: A meta-analysis of intervention outcomes-Preliminary results.* Paper presented at the 2004 Annual Convention of the American Speech-Language-Hearing Association, Philadelphia, PA.

Wetherby, A. M., & Prizant, B. M. (2000). Introduction to autism spectrum disorders. In A. M. Wetherby & B. M. Prizant (Eds.), *Autism spectrum disorders: A transactional developmental perspective* (pp. 2–7). Baltimore, MD: Paul H. Brookes Publishing Co.

Wood, L., Lasker, J., Siegel-Causey, E., Beukelman, D., & Ball, L. (1998). Input framework for augmentative and alternative communication. Augmentative and *Alternative Communication, 14,* 261–267.

Woods, J. J., & Wetherby, A. M. (2003). Early identification and intervention for infants and toddlers who are at risk for autism spectrum disorder. *Language, Speech, and Hearing Services in Schools, 34,* 180–193.

Zangari, C., & Van Tatenhove, G. (2009). Supporting more advanced linguistic communication in the classroom. In G. Soto & C. Zangari (Eds.), *Practically speaking: Language, literacy, and academic development for students with AAC needs* (pp. 173–193). Baltimore, MD: Paul H. Brookes Publishing Co.

04

기본적인 행동 중재 전략: 비연속 개별시도 교수, 차별강화, 형성법

Susan M. Wilczynski, Hanna C. Rue, Melissa Hunter, & Lauren Christian

비연속 개별시도 교수(discrete trial instruction: DTI)가 매우 단순한 교수 기법이라는 점을 생각할 때, 이 교수 기법이 심지어 자폐 범주성 장애 전문가 사이에서도 자주 잘못 이해되고 표현되고 있다는 점에 놀라게 된다. 비연속 개별시도는 네 가지 구성요소로 이루어진다: **식별자극**(discriminative stimulus)(예: 교수), **반응**(response), **후속결과**(consequence), 회기 간 간격(intertrial interval)(즉, 매우 짧은 쉬는 시간). 만일 자폐 범주성 장애인과 일한 경험이 있는 전문가에게 그들이 (1) 교수를 했는지, (2) 반응을 기다렸는지, (3) 자폐 범주성 장애인이 이 경험에서 배울 수 있도록 강화를 제공했는지, 그러고 나서 (4) 다음 교수 전에 짧은 쉬는 시간을 가졌는지 묻는다면 그렇다는 대답을 듣게 될 것이다. 그러나 바로 이 전문가들이 비연속 개별시도 교수를 비난하기도 한다. 본 장에서는 비연속 개별시도 교수에 대한 고정관념을 줄이고 이 단순한 교수 기법이 어떻게 모든 사람, 특히 자폐 범주성 장애인에게 다양한 기술을 효과적으로 가르칠 수 있게 해주는지를 설명하고자 한다.

비연속 개별시도 훈련(discrete trial training)이라고도 알려진 비연속 개별시도 교수는 다양한 방식으로 적용될 수 있다. 비연속 개별시도 교수를 사용하는 중재자는 어떻게 각각의 회기를 구성할 것인지 결정해야 한다. 예를 들어, 다음과 같은 질문을 해야 한다. **촉진**(prompt)을 사용해야 하는가? 어떤 형태의 교수가 이루어져야 하는가? 후속결과는 적절한가? 후속결과가 실제로 강화로 작용하고 있는가? 또한, 여러 개의 비연속 개별시도가 하루 전반에 걸쳐 어떻게 전달될 것인가 등의 다양한 결정을 해야 한다. 예를 들어, 동일 목표를 다루는 일련의 개별시도가 순차적으로 제시되어야 하는지(즉, 집중회기), 아니면 이미 숙달된 기술 사이에 분산되어야 하는지(즉, 숙달을 위한 분산) 또는 다른 새로운 목표와 함께 제시되어야 하는지(즉, 변동회기) 등의 질문을 해야 한다. 중재자는 또한 비연속 개별시도를 제공할 장소에 대해서도 생각해야 한다. 고도로 구조화된 환경에서 가르칠 것인지 아니면 자연적인 환경에서 다양한 상황(예: 지역사회, 학교, 집)을 통해 가르칠 것인지를 결정해야 한다. 이러한 일련의 질문들만으로도 비연속 개별시도 교수에 한 가지 접근법만 있다는 근거 없는 믿음을 불식시킬 수 있다.

비록 비연속 개별시도 교수가 자폐 범주성 장애를 위한 행동 중재의 시발점이 되곤 하지만, 다른 주요 행동 전략들도 자주 비연속 개별시도와 동시에(예: 촉진) 또는 다른 시간에 포괄적 중재 접근의 일환으로(예: 모델링, 형성법, 선행사건 전략) 사용된다. 예를 들어, 형성법은 바람직한 행동 수행의 형태에 점점 가까워지는 행동을 차별적으로 강화하는 것이다. 만일 아동이 이미 두 손을 가운데로 모을 수 있다면, 중재자는 그 행동을 손뼉 치는 행동으로 형성해 가거나(예: 학급 친구가 잘했을 때 손뼉을 쳐 주기 위해서) 좋아하는 것(예: 치즈, 과자)을 요구하기 위한 수어 동작으로 형성해갈 수 있다. 이와 같이 많은 부가적인 행동 전략이 비연속 개별시도 교수를 보충하기 위해 자주 사용 된다. 그러나 본 장에서는 지면의 제약으로 비연속 개별시도 교수, **차별강화**(differential reinforcement)(즉, 유관강화[contingent reinforcement]), 그리고 **형성법**(shaping)을 주로 다룰 것이다.

비연속 개별시도 교수, 차별강화 그리고 형성법은 다양한 대상에게 다양한 기술을 성공적으로 가르칠 수 있게 해준다(Downs, Downs, Johansen, & Fossum, 2007; LeGray, Dufrene, Sterling-Turner, Olmi, & Bellone, 2010; Summers & Szatmari, 2009; Watanabe, Yamamoto, & Kobayash, 1990). 이 방법들은 다양한 연령, 발달 수준, 언어 수준의 사람들을 가르치는 데 사용될 수 있으며, 교실, 가정 또는 지역사회 프로그램에서 자폐 범주성 장애인의 의사소통, 사회성, 적응기술을 향상시키는 데 사용되어 왔다(Karsten & Carr, 2009; Newman, Reinecke, & Ramos, 2009). 따라서 비연속 개별시도 교수와 기타 행동 전략은 어떤 기술에도 적용할 수 있는 확실한 전략이라고 할 수 있다.

1. 대상자와 중재 관련성 및 목표 결정을 위한 진단

자폐 및 달리 분류되지 않은 전반적 발달장애(PDD-NOS)를 지닌 사람을 가르칠 때 비연속 개별시도 교수를 사용하도록 지지하는 많은 연구가 있다(Coe, Matson, Fee, Manikam, & Lanarello, 1990; Howlin, 1981; Lafasakis & Sturmey, 2007). 이들 연구 중에는 극히 제한된 발화 레퍼토리를 보이는 중도 인지장애 아동을 대상으로 한 중재의 효과를 입증한 연구도 포함된다(Smith, Groen, & Wynn, 2000). 그러나 이러한 연구 기반의 지지는 레트 증후군이나 소아기 붕괴성 장애와 같이 드물게 나타나는 자폐 범주성 장애로까지 확대되지는 않았다는 점을 명심해야 한다. 제한된 몇몇 연구에서는 레트 증후군을 지닌 사람들에게 행동 중재가 효과적이지 않을 수도 있다고 보고되기도 하였다(Smith, Klevstrand, & Lovaas, 1995). 행동 중재는 아스퍼거 증후군을 지닌 사람들에게도 사용되어 왔지만, 비연속 개별시도 교수가 그러한 중재의 기반은 아니다. 그러나 비연속 개별시도 교수가 대부분의 대상자에게 효과적이라는 점을 감안하면 구조화된 교수가 필요한 아스퍼거 증후군을 지닌 사람들에게 이 중재를 적용하는 것을 완전히 무시할 수는 없다.

특정 자폐 범주성 장애인에게 비연속 개별시도 교수가 얼마나 적절한지를 결정해주는 검사는 존재하지 않는다. 하지만 의사소통이나 사회성 기술을 목표로 수립하기 전에 행동 중재자는 보통 아동의 학습 준비도를 파악한다. 학습 준비 기술 진단은 사물을 받고, 다른 사람의 강화에 반응하고, 제시된 항목을 훑어보고, 다른 사람을 모방하고, 간단한 지시를 따르고, 자기자극 행동 없이 앉아 있을 수 있는 아동의 능력을 관찰하는 것이다. 만일 아동에게 이러한 기술이 없다면, 이 중요한 기술을 개발하기 위해 다른 행동 중재(예: 형성법, 모델링, 선호 자극을 선택할 수 있게 해주거나 효과적인 교수를 제공하는 등의 선행사건 전략)를 사용한다.

어떤 의사소통 또는 사회적 기술을 중재목표로 삼을 것인지 파악하기 위해 널리 쓰이는 두 가지 행동 도구는 기초 언어 및 학습 기술 진단(Assessment of Basic Language and Learning Skills-Revised: ABLLS-R; Partington, 2006)과 구어 행동 발달 진단 및 배치 프로그램(Verbal Behavior Milestones Assessment and Placement Program: VB-MAPP; Sundberg, 2008)이다. 두 도구 모두 Skinner(1957)의 *구어 행동(Verbal Behavior)*에 기초한다. ABLLS-R은 의사소통, 학습 준비도, 놀이 및 여가, 사회적 상호작용, 집단교수, 학

급 일과, 적응기술 그리고 기초 학업 기술 영역에서의 특정 기술 결함을 찾아내기 위한 도구다. 이 진단은 교육과정 목표와 연결되어 있어서 개별화 교육 프로그램의 목표와 관련된 진보를 정기적으로 점검할 수 있게 해준다. ABLLS-R에서 심리측정은 이루어지지 않는다. ABLLS-R은 다양한 연령(유아부터 성인)을 대상으로 하며, 결정은 주로 연령이 아니라 자폐 범주성 장애인이 보이는 기술에 기반을 두고 내려진다.

VB-MAPP은 Skinner(1957)의 연구 및 전형적인 언어 발달 단계와 밀접하게 관련되어 있다. VB-MAPP(Sundberg, 2008)은 개인이 보이는 기술 수준과 의사소통 발달의 방해요소를 동시에 판별해내는 것이 부적절한 교육과정을 개발하지 않게 해준다는 가정에 기반을 둔다. 이 도구는 영유아 수준(즉, 48개월까지)의 기술을 보이는 아동을 위해 개발되었다. VB-MAPP은 (1) 덜 제한적인 교육환경에서 학습할 수 있는 아동의 능력을 알아내기 위한 전이 척도, (2) 아동의 기술 진전도 점검을 위해 기술을 하위 기술로 나누는 데 도움을 주는 과제분석 및 추적 시스템, (3) 프로그램 개발을 위한 추천사항을 제공해주는 배치 및 개별화 교육 프로그램 목표 영역을 갖추고 있다. ABLLS-R과 마찬가지로 VB-MAPP도 심리측정을 제공하지는 않는다.

2. 이론적 배경

1) 행동 분석

본 장에 기술된 행동 기법을 이해하기 위해서는 행동 분석에 관한 기본적인 이해로부터 시작하는 것이 최선이다. 행동 분석의 관점에서 행동은 개인의 환경, 학습 배경, 그리고 생리적 기질로 결정된다(Epstein & Skinner, 1981). 행동 분석 전문가가 사람의 행동을 오직 그 순간의 상황에 의해서만 이해한다고 생각하는 것은 흔히 볼 수 있는 잘못된 생각이다. 행동 분석이 그렇게 Zen(즉, 현재에만 충실)인 것은 아니다! (역자 주: Zen은 명상을 중시하는 불교의 선종을 뜻함. 명상을 통하여 갑작스럽게 깨달음을 얻는다는 뜻으로 쓰이기도 하는데, 여기서는 행동 분석이 순간의 행동만을 보고 갑작스러운 깨달음을 얻는 식으로 이루어지는 것이 아니라는 것을 표현하였음.) 행동 분석의 창시자인 Skinner는 행동에는 규칙이 있고(즉, 환경적 요인에 의해 명백하게 규제됨) 학습은 반응적 조건화(고전적 조건화라고 불리기도 함)와 조작적 조건화라는 두 개의 개별적인 과정에 의해 이루어진다고 제안하였다(Skinner, 1983). 본 장에서 다루게 될 행동 기법은 주로 조작적 조건화 과정에서 파생된 것이므로 이 책에서도 그 영역까지로 제한하여 검토하고자 한다.

조작적 조건화는 행동과 그 후속결과의 상호작용 결과로 나타나는 학습의 유형이다(Cooper, Heron, & Heward, 2007). 즉, 우리가 행동을 할 때 그 행동에 뒤따르는 사건은 이후에 비슷한 조건에서 우리가 같은 행동을 할 가능성에 크게 영향을 미친다. 이는 동네 식품점에 가는 예를 통해서 잘 설명될 수 있다. 아동이 큰 목소리로 계속 칭얼거리며 막대사탕을 사달라고 조른다. 부모는 결국 사탕을 사준다. 이 사건은 다음과 같은 두 가지 영향을 미친다: (1) 아동은 앞으로도 계속해서 큰 목소리로 칭얼거리며 막대사탕을 사달라고 조를 것인데, 왜냐하면 그러한 행동이 원하는 후속결과를 가져오기 때문이다, (2) 부모는 앞으로도 계속해서 사탕을 사줄 것인데, 왜냐하면 이렇게 함으로써 아동이 조용해지고 수치심이 줄어들면서 불쾌한 상황을 끝내주기 때문이다.

행동 분석의 관점에서 볼 때 인간 행동에 대한 계획되거나 계획되지 않은 후속결과의 중요성은 아무리 강조해도 지나치지 않다. 〈표 4-1〉은 구어 또는 수어 등의 적절한 의사소통 기술을 증가시킬 수 있는 후속결과와 탠트럼이나 공격성 같은 부적절한 의사소통 기술을 감소시킬 수 있는 후속결과를 보여준다. 이것은 앞에서 설명한 행동 전략과 어떻게 관련되는가? 비연속 개별시도 교수는 아동이 반응을 할 때 정반응을 향상시키기 위한 목적으로 후속결과가 전달되도록 교수 기회를 구조화한다. 이와 비슷하게, 형성법을 사용할 때는 아동이 행동을 하면 그 행동의 결과로 후속결과가 전달된다. 아동의 행동이 이전에 시도한 것보다 목표행동에 더 가까워질수록 강화물에 접근하는 형태로 제공되는 긍정적 결과를 얻을 확률은 증가한다.

〈표 4-1〉 강화와 벌

	사물이나 활동이 *제시됨*	사물이나 활동이 *제거됨*
행동 증가	정적 강화 • 하이파이브 • 간지럽히기	부적 강화 • 휴식
행동 감소	정적 체벌 • 단호한 “안 돼”	부적 체벌 • 타임아웃 • 반응대가

조작적 조건화는 또한 선행사건, 즉 행동 이전에 일어난 사건의 영향을 고려한다. 선행사건은 누군가의 지시(예: "이리와")일 수도 있고 또는 선호하는 활동에 접근하지 못하게 하는 것일 수도 있다. 선행사건은 다양한 행동을 유발할 수 있다. 예를 들어, "이리와"라는 지시에 대한 반응으로 아동이 지시를 따르거나 따르지 않거나 떼를 쓰거나 다른 할 일을 찾을 수도 있다. 지시와 같은 선행사건은 비연속 개별시도 교수의 필수적인 구성요소다. 물론 선행사건이 보고자 하는 행동의 바로 직전에 일어날 수도 있지만, 모든 선행사건과 행동 간에 즉각적인 시간 상관관계가 항상 존재하는 것은 아니다.

동기 가동(motivational operations: MOs)은 강화물을 더욱 가치 있게 만드는 선행사건이다(Michael, 2007). 아동은 이러한 선행사건을 행동에 영향을 주는 시간이 아닌 다른 시간에 경험할 수 있다. 예를 들어, 목마름(동기 가동)은 방금 물 한 병을 마셨을 때보다 한동안 아무것도 마시지 못했을 때에 물을 더 강력한 강화물로 만들어준다. 행동 패턴이 예측하기 어려울 때 행동 분석 전문가는 동기 가동에서 답을 찾는다. 예를 들어, 중재자는 아동이 선호 활동에 접근할 수 없을 때 어떤 날은 떼를 쓰지만 어떤 날은 다른 할 일을 찾는다는 것을 알게 될 수 있다. 잠이 부족한 다음 날에는 탠트럼이 나타나고 잠을 잘 잔 다음날에는 다른 할 일을 찾는다는 것이다. 비연속 개별시도 교수와 형성법 모두가 정반응을 증가시키기 위해 강력한 강화를 사용해야 한다는 것을 고려한다면 동기 가동에 대해 잘 아는 것은 적절한 프로그램 계획에 핵심적인 역할을 하게 될 것이다.

행동 기법은 자해와 공격성 같은 과잉행동을 감소시키거나(Iwata, Dorsey, Slifer, Bauman, & Richman, 1982) 의사소통과 학업 기술(Birnbrauer & Leach, 1993; Lovaas, 1987) 또는 사회성 기술(Matson, Matson, & Rivet, 2007)의 결함을 줄이기 위해 사용된다. 행동적 결함이나 과잉을 다루기 위해서 행동 중재자는 때때로 비연속 개별시도 교수, 차별강화 그리고 형성법에 의지한다. 이러한 전략의 결과로 의사소통, 사회성, 또는 적응기술이 향상될 때 문제행동의 빈도가 줄어드는 것은 놀라운 일이 아니다. 적절한 행동을 증가시키고 부적절한 행동을 감소시키는 데 있어서 차별강화의 중요성은 더 이상 강조하기 힘들 정도다. 차별강화는 강화물에 대한 조건부 접근을 허용한다. 즉, 미리 정해진 적절한 행동을 할 때에만 강화물을 얻을 수 있고 반대로 미리 정해진 부적절한 행동을 할 때는 강화물을 얻을 수 없다. 차별강화는 단독 기법으로 사용될 수도 있지만, 비연속 개별시도 교수 상황에서도 반응에 뒤따르는 후속결과가 정반응시에만 강화물에 접근을 허용하고 오반응시에는 접근할 수 없게 하는 방식으로 주어짐으로써 사용된다.

2) 비연속 개별시도 교수

많은 사람이 응용행동분석(applied behavior analysis: ABA)이라는 용어를 비연속 개별시도 교수 대신 잘못 사용하곤 한다. 그러나 비연속 개별시도 교수는 행동 분석의 더 큰 영역 내에서의 하나의 기법인 데 반해서 응용행동분석은 환경적 조건의 체계적인 수정을 진단하는 자료 수집을 포함하는 학문 영역이다(Cooper et al., 2007). 이러한 수정은 아동과 성인의 삶에 있어서 사회적으로 의미 있는 향상을 가져오기 위해 설계된다(Cooper et al., 2007). 비연속 개별시도 교수는 일반적으로 매우 제한된 상황에서의 반응을 증가시키기 위해 아동이 특정 환경 단서에 집중하도록 가르친다(예: "이름이 뭐니?"라고 물을 때 "지호"라고 대답할 수 있도록). 반면에, 응용행동분석은 일반적으로 다양한 영역에서 최고의 성취를 가져올 수 있는 매우 다양한 환경적 상황을 포함한다. 이러한 차이에도 불구하고 비연속 개별시도 교수는 고도로 구조화된 상황에서 가장 잘 배울 수 있는 아동을 위한 응용행동분석의 중요한 구성요소다. 시간이 지남에 따라 고도의 특정 기술이 누적되고 적절한 상황으로 그 기술을 일반화시킴으로써 광범위한 성취를 달성하고자 하는 응용행동분석의 목표는 이루어질 수 있다. 특히 응용행동분석과 관련된 부가적인 전략(예: 형성법, 모델링, 훈련)이 교수 과정의 일부로 사용될 때 더욱 그러하다.

교수자는 비연속 개별시도 교수의 각 구성요소(식별자극, 반응, 후속결과, 회기 간 간격)를 아동의 학습을 증진시킬 수 있는 방법으로 여겨야 한다. 따라서 비연속 개별시도 교수는 긍정적 학습 성과가 바람직한 행동과 강화 간의 즉각성을 증진시키고, 강화물의 가치를 높이며, 식별자극이 명확할 때 이루어질 수 있다는 이론적 기초에 기반을 둔다. 비연속 개별시도 교수의 각 구성요소를 위한 근거를 살펴본다면 비연속 개별시도 교수에 관해 실증적으로 도출된 가정을 이해하는 데 도움이 될 것이다.

비연속 개별시도 교수를 시작하기 전에 여러 중요한 점을 고려해야 한다. 첫째, 교수자는 교수환경을 통제할 수 있어야 한다. 만일 아동이 정반응 여부에 상관없이 강화물에 접근할 수 있다면 학습이 일어나기는 어렵다. 정반응 증가에 있어서 강화물이 지니는 중요성을 고려한다면 강화물에 대한 조건적인 접근(즉, 차별강화)이 가능하도록 환경을 조절하는 것이 목표가 되어야 할 것이다.

둘째, 교수자는 아동이 강화물에 접근할 수 있도록 비연속 개별시도를 구성하기 위해 아동의 기술 수준을 충분히 이해하고 있어야 한다. 예를 들어, 아동이 새로운 기술을 처음 배울 때 정반응 가능성을 높이기 위해 일련의 촉진이 필요할 수 있다. 따라서 *사과*라는 단어를 보여줄 때 아동이 사과를 찾는 반응을 높이기 위해서는 위치 촉진이나 모델링을 제공할 수 있다. 필요시에 촉진을 사용하는 것은 중요하다. 그러나 가능한 한 빨리 촉진을 소거시키는 것도 동등하게 중요하다. 그렇게 함으로써 아동은 촉진에 의존하지 않게 된다. 촉진 의존성은 교수자가 시범을 보여주거나 아동이 손이나 팔로 짚는 동작을 하도록 신체적으로 촉진할 때까지 아동이 특정 반응을 보이지 못할 때 발생할 수 있다. 〈표 4-2〉는 자주 사용되는 촉진과 촉진 소거를 위한 전략을 보여준다.

〈표 4-2〉 촉진 및 촉진 소거의 정의와 예

촉진 종류	정의	예
신체 촉진	교사가 학생의 신체 일부를 움직인다.	• 교사가 "새를 짚어봐."라는 지시를 내린 뒤 학생의 손을 움직여 새 그림을 만지게 한다. • 촉진 소거: 학생의 손을 움직이기 위해 사용하는 힘을 점차적으로 줄여간다. 가볍게 건드리는 것으로, 그 이후에는 간단한 몸짓으로, 나중에는 촉진이 아예 없는 단계로 진행해간다.
몸짓 촉진	교사가 고개 끄덕이기, 가리키기, 미소 짓기 같은 비구어 단서를 사용한다.	• 교사가 "새를 짚어봐."라는 지시를 내린 뒤 새 그림을 짚는다. • 촉진 소거: 그림에서 1인치 떨어져 가리키는 것부터 점차 몇 인치 떨어진 곳에서 가리키는 것으로, 그 이후에는 멀리서 살짝 가리키는 것으로, 나중에는 촉진이 아예 없는 단계로 진행해간다.
언어 촉진	교사가 단어, 문장, 음절을 포함하는 음성 단서를 사용한다.	• 새 그림이 책상 위에 놓여 있다. 교사는 "무슨 동물이지?"라고 물은 뒤 "새"라고 단어를 말한다. • 촉진 소거: "새"라고만 말하는 것부터 이후에는 "스"라고만 말하고, 나중에는 촉진이 아예 없는 단계로 진행해간다.
시각적 촉진	교사가 그림이나 문자를 보여준다.	• 새 그림이 책상 위에 놓여 있다. 교사는 "무슨 동물이지?"라고 물은 뒤 "새"라고 쓰인 카드를 들어 보여준다. • 촉진 소거: 글씨를 점차 지운다. "새" "ㅅ" 그리고 나중에는 카드를 보여주지 않는다.
시범 촉진	교사가 정반응을 시범 보인다.	• 교사는 "새를 짚어봐."라고 말하고 정확한 그림을 짚는다. • 촉진 소거: 몸짓 촉진 참고
위치 촉진	교사가 학생에게 사물을 제시할 때 바람직한 행동을 할 확률을 높일 수 있는 위치에 제시한다.	• 그림 세 장을 학생 앞에 제시한다. 새 그림은 다른 그림들보다 학생에게 몇 인치 가깝게 놓는다. 그리고 교사는 "새를 짚어봐."라고 말한다. • 촉진 소거: 목표 그림을 점점 다른 그림들과 가깝게 옮긴다. 나중에는 그림을 모두 같은 위치에 정렬시킨다.

셋째, 교수 상황에서 아동의 동기를 유지하는 것은 매우 중요하지만 실제로 그렇게 하기는 어렵다. 왜냐하면 많은 자폐 범주성 장애 아동이 매우 제한된 관심을 보이기 때문이다. 행동 중재자는 동기 유지를 위해 다양한 전략을 사용한다. **유지를 위한 분산(maintenance interspersal)**은 이미 습득된 과제 사이사이에 새로운 과제를 섞는 것이다(Winterling, Dunlap, & O'Neill, 1987). 유지를 위한 분산의 중요성을 이해하기 위해서는 하루 종일 어려운 과제만 마주해야 하는 상황을 생각해볼 수 있다. 행동 중재자가 자주 사용하는 두 번째 행동 기법은 선택이다. 과제나 강화물을 선택하게 한다고 정반응의 비율이 항상 증가하는 것은 아니지만 선택의 제공은 문제행동 감소와 관련이 있다(Dyer, Dunlap, & Winterling, 1990).

3) 구어 행동

비연속 개별시도 교수를 사용해서 많은 기술을 가르칠 수 있다. 여기서는 의사소통 기술 및 다른 사람과 기능적으로 상호작용하기 위해 쓰이는 몇 가지 기본적인 사회적 기술에 대해 논의하고자 한다. 비연속 개별시도 교수를 사용해서 *어떻게* 가르치는지를 아는 것은 필수적이다. *무엇*을 가르칠지 아는 것도 동일하게 중요하다. Skinner(1957)는 조작적 조건화에 기반한 언어 및 의사소통 이론을 발표하였다. 이 이론은 언어의 기능 또는 목적을 중시한다. *구어 행동*은 행동 분석 기법을 사용하는 언어 교수 프로그램을 위한 특정 접근법으로 자주 묘사된다. 구어 행동과 응용행동분석 간의 관계에 관해서는 논쟁이 있다. 학자에 따라서는 구어 행동이 특정 의사소통 행동의 기능을 판별하고 특별한 일련의 교수 도구를 사용해 의사소통의 산출과 이해를 증진시키는 새로운 중재라고 주장하기도 한다. 다른 학자들은 **구어 행동(verbal behavior)**이라고 불리는 중재는 더 넓은 의미의 응용행동분석에서 태동한 것이라고 주장한다. 본 장에서 이와 같은 논쟁을 해결할 수는 없지만 독자는 이 책에서 구어 행동을 어떻게 해석하는지 알아둘 필요는 있다. 이 책에서는 후자의 의견에 동의한다: (1) 구어 행동은 개인에게 의사소통을 교수하는 전략을 포함하며, (2) 이 전략은 응용행동분석에서 유래하였고, (3) 아동의 교수목표 숙달(즉, 산출과 이해)을 위해서는 적절한 맥락에서 의미 있는 의사소통이 일어날 수 있도록 의사소통 기술(예: 수어, 구어)이 특정 목표(예: 요청하기, 이름 말하기)를 위해 사용되어야 한다.

Skinner의 구어 행동에 대한 자세한 설명은 본 장의 범위를 벗어난다. 따라서 여기서는 요구언어, 명명언어, 모방언어, 음성반응, 음성읽기, 음성전사의 여섯 개 기본 구어 행동에 대해서만 간단히 살펴보도록 하겠다. 이 행동들은 다음과 같이 정의된다.

- 요구언어(mand)는 개인이 바라는 물건이나 활동을 얻기 위해 의사소통적 행동을 할 때 일어난다.
- 명명언어(tact)는 개인이 물건이나 활동의 이름을 말하는 상황을 뜻한다.
- 모방언어(echoic)는 개인이 다른 사람의 발화를 따라 하는 경우를 말한다.
- 음성반응(Intraverbal)은 다른 사람의 질문이나 언급에 대한 반응으로 일어나는 발성이다.
- 음성읽기(textual)는 개인이 쓰여 있는 단어를 말할 때 일어난다.
- 음성전사(transcription)는 개인이 다른 사람이 말하는 것을 받아쓰는 것을 말한다.

구어 행동을 시사하는 중재자의 관점에 의하면 이상의 기본적인 구어 조건화(verbal operant) 각각은 구어 행동의 결과로 얻어지는 강화물로 인해 습득되고 유지된다. 예를 들어, 아동이 주스를 얻기 위해 "주스"라고 말한다. 이 예에서 "주스"는 요구언어다. 왜냐하면 발화가 원하는 사물을 얻는 기능을 하기 때문이다. 요구언어는 의사소통 행동으로 얻는 사물이나 활동이 강화물로 역할하게 되고, 동기 가동이 의사소통 행동의 발생 가능성과 직접적으로 연관되어 있는 유일한 구어 조건화다. 비록 Skinner의 이론이 화자의 행동에 중점을 두고 있지만, Skinner는 또한 화자와 청자의 상호작용이 언어와 의사소통 발달에 결정적이라는 것을 인지하였다(Sundberg & Michael, 2001).

언어 프로그램은 일반적으로 요구언어 훈련에서 시작한다. 왜냐하면 아동이 원하는 사물이나 활동을 얻는 데 기능적으로 필수적인 기술을 개발할 수 있기 때문이다. 요구언어 훈련은 문제행동 감소라는 부가적인 효과를 가져다주기도 한다(예: 탠트럼, Lovaas & Smith, 1989). 자폐 범주성 장애인 중에는 원하는 사물을 얻기 위해 소리를 지르거나, 울거나, 자해행동을 보이는 경우가 있다. 요구언어 훈련을 통해 문제행동이 기능적 의사소통으로 대체되는 경우가 많다. 모방언어 훈련과 명명언어 훈련 또한 더 복잡한 의사소통 훈련의 토대가 되는 행동 프로그램의 기본적인 구성요소다.

언어 프로그램은 발성 행동(많은 경우에, 요구언어)을 형성함으로써 시작되기도 한다. 예를 들어, 목표행동이 아동으로 하여금 "우유"를 요구하게 하는 것일 수 있다. 만일 아동이 "우"라는 소리를 낼 수 있는 상태에서 언어 프로그램을 시작했다면, 행동 중재자는 아동이 "유" 소리를 낼 수 있도록 천천히 시도한다. 아동은 처음에는 "우유"와 비슷한 소리를 내면 강화를 받지만 나중에는 "우유"라는 단어 전체를 말해야 강화를 받는다.

모방언어 훈련은 행동 중재자가 구어 자극을 제시하고 소리를 따라 하면 강화물을 제공하는 방식으로 이루어진다. 모방언어 행동이 지속적으로 나타나면, 이 과정은 다른 구어 반응(예: 질문에 답하기)을 가르치기 위해 사용될 수 있다. 모방언어 훈련을 제공할 때 교수자는 반드시 정확하게 발음하는 데 있어서 예상되는 발달상의 문제를 고려해야 한다. 예를 들어, 세 살 아이에게 "셋"(three, 역자 주: 발음하기 어려운 th- 발음이 포함된 단어)이라고 정확하게 발음하기를 기대하는 것은 비현실적이다.

명명언어 훈련은 사물, 활동, 감정, 장소, 사람 등의 이름을 정확히 말할 때 강화물이 제공됨으로써 이루어진다. 요구언어, 명명언어, 모방언어 훈련은 구조화된 상황이나 자연적인 상황 모두에서 이루어질 수 있다(Sundberg & Partington, 1998, 1999). 행동 중재자는 처음에는 고도로 구조화된 환경에서 비연속 개별시도 교수를 사용해 구어 반응을 확립할 수 있다. 그러나 또한 비연속 개별시도 교수의 기본적인 교수적 상호작용을 자연적 환경에서도 동일하게 제공할 수 있다.

구어 행동을 자연적 환경에서 가르치는 것은 자폐 범주성 장애 아동이 환경에서 자연적으로 발생하는 단서에서 신호를 받아 언제 적절하게 특정 구어 행동을 해야 하는지를 학습하게 하는 데 필수적이다. 예를 들어, 아동은 고도로 구조화된 환경에서 새 그림을 보여주면 "새"라고 말하도록 배울 수 있다. 사회적 칭찬과 새 인형이 강화물로 제공된다. 이 단계에서 훈련을 자연적 환경으로 옮겨 아동이 머리 위를 나는 새를 보고 "새"라고 말할 수도 있다. 이 경우에도 구어 행동에 대한 보상으로 강화물이 제공된다. 자폐 범주성 장애인을 위한 효과적이고 균형 잡힌 행동 프로그램은 모든 습득된 기술을 자연적 환경으로 일반화하도록 촉진한다. 고도로 구조화된 환경에서 자연적 환경으로 천천히 옮겨 가기보다는 처음부터 자연적 환경에서 시작하고 새들이 자연스럽게 주변에 나타날 때 훈련을 할 수도 있다. 행동 중재자가 이 중 하나의 접근법을 다른 것보다 먼저 선택하는 데에는 다양한 이유가 있다. 아동에 따라서는 밖에서 쉽게 산만해지고 따라서 교수 경험을 통해 학습하지 못하기도 한다. 이러한 경우에는 적극적인 일반화 계획만 잘 갖춘다면 아동이 더 구조화된 환경에서 "새"라고 말하도록 배우는 것이 최상의 선택일 수 있을 것이다. 한 환경을 다른 환경보다 먼저 택하게 되는 것은 실용적인 이유 때문일 수도 있다. 겨울에 북동부 주에서 아동이 "새"라고 말하도록 바깥에서 가르치는 것은 꽤 어려운 일일 것이다(역자 주: 미국 북동부 주는 겨울에 매우 춥고 눈이 많이 내림).

의사소통은 고도로 구조화된 질문에 단순히 기계적으로 반응하는 것보다는 훨씬 더 복잡하고 발화나 수어 또는 그림의 사용을 포함하기도 한다. 의사소통은 언어의 가장 기본적인 요소에 대한 이해와 그러한 행위가 지니는 사회적인 목적에 대한 이해를 모두 포함한다. 의사소통의 사회적 측면은 또한 자폐 범주성 장애인을 위한 효과적인 행동 프로그램의 목표다. 언어의 기본 요소(예: 요구언어, 명명언어)를 습득하게 되면 문장으로 말하기, 질문에 대답하기, 간단한 대화에 참여하기 등의 훈련이 시작된다. 이러한 복잡한 의사소통 행동의 발달적 적절성과 그 행동의 맥락 및 사회적 목적은 중재 계획과 실행에서 항상 중요한 고려사항이다.

4) 의사소통의 전언어적 측면

형식적인 의사소통 체계를 사용하게 하는 것 외에도 의사소통의 전언어적 구성요소도 가르칠 필요가 있다. 예를 들어, 눈맞춤, 말하는 사람 쪽으로 향하기, 공동관심 기술은 모두 행동 기법을 통해 가르칠 수 있다. 눈맞춤이나 말하는 사람 쪽으로 향하기는 요구하기 훈련 중에 종종 부수적으로 발생하기도 한다. 눈맞춤과 말하는 사람 쪽으로 향하기 모두 중재자가 형성법을 사용해서 요구하기(예: "돌려주세요.")와 눈맞춤 모두가 선호하는 사건의 발생을 위해 필수적이라는 것을 점진적으로 가르쳐 나갈 때 나타날 가능성이 높다. 마찬가지로, 비연속 개별시도 중재가 다른 행동 기법(예: 촉진, 유지를 위한 분산, 선택, 모델링)과 함께 사용될 때 사회 의사소통적 상호작용의 기반이 되는 공동관심 기술이 증진된다.

결론적으로, 자폐 범주성 장애인을 위한 효과적이고 균형 있는 행동 중재는 학습의 조작적 원리를 기반으로 한다. 행동 중재의 목적은 개인이 자연적인 환경에서 독립적으로 기능하도록 가르치는 것이다. 이 목적은 복잡한 행동을 단순하고 교수 가능한 작은 행동으로 나눌 때 달성될 수 있다. 그러나 효과적인 행동 중재를 위해서는 아동의 발달, 동기, 의사소통 기능 등 복잡한 문제를 먼저 이해해야 한다.

3. 임상적 배경

1960년대에 시작되어(Ferster & DeMyer, 1961; Wolf, Risley, & Mees, 1964) 거의 50여 년간 확산된(Gena, Krantz, McClannahan, & Poulson, 1996; Iwata et al., 1982; Rocha, Schreibman, & Stahmer, 2007) 자폐 범주성 장애인을 위한 행동 전략의 사용에 대한 연구는 많은 연구자에 의해 수행되어 왔다. 특히, 비연속 개별시도 교수는 자폐 아동에게 표현언어(Howlin, 1981), 구어 및 운동 모방(Coe et al., 1990; Lafasakis & Sturmey, 2007), 놀이 기술(Coe et al., 1990; Nuzzolo-Gomez, Leonard, Ortiz, Rivera, & Greer, 2002), 공동관심(Jones, Carr, & Feeley, 2006), 사회성 기술(Downs & Smith, 2004)과 같은 다양한 기술을 가르치는 데 효과적이라고 입증되었다.

1) 조기집중행동중재 프로그램에서의 비연속 개별시도 교수

비연속 개별시도 교수에 관한 증거는 다양한 근거에 기반한다. 여기서는 비연속 개별시도 교수를 조기집중행동중재(Early Intensive Behavioral Intervention: EIBI)의 맥락에서 살펴보려고 한다. 조기집중행동중재에 대한 논의는 지금은 UCLA 모델로 알려진 Lovaas의 포괄적인 중재를 부분적 또는 전체적으로 반복한 연구들을 검토한 주요 논문(Lovaas, 1987)으로부터 시작된다. 여기서는 부모 주도의 집중적인 행동 중재, 중도 지적장애 아동을 위한 조기집중행동중재, 그리고 의미 있는 성취를 얻기 위해 요구되는 중재의 강도에 대해 살펴보고자 한다.

비연속 개별시도 교수의 사용을 지지하는 가장 잘 알려진 자료는 Alpine Learning Group, Lovaas Institute, May Institute, Princeton Child Development Institute 같은 조기집중행동중재 프로그램에서 찾아볼 수 있다. 물론 이러한 포괄적인 프로그램이 다양한 행동 분석 기법에 의존하고 있지만, 중재의 초기 단계에서는 특별히 비연속 개별시도 교수가 중심적인 역할을 한다. 조기집중행동중재 프로그램은 자폐 범주성 장애 아동의 긍정적 성취를 가져다준다(Bibby, Eikeseth, Martin, Mudford, & Reeves, 2002; Lovaas, 1987; Meyer, Taylor, Levin, & Fisher, 2001; Smith & Lovaas, 1997). 가장 많이 알려진 예가 1970년대에 4세 이하의 자폐 범주성 장애 아동을 위한 중재로 시작된 Lovaas의 Young Autism Project at UCLA(Lovaas, 1987)이다. 이 프로그램은 비연속 개별시도 교수를 중재의 주요 구성요소로 사용하며 가정 환경 내에서의 기술 교수를 중요시한다. 이 프로그램의 초기 성과는 통제집단의 아동 중 2%(40 명 중 1명)만이 일반교육 환경에 완전히 통합된 것에 비해, 최소 2년 이상 주당 40시간의 중재를 받은 아동의 47%(19명 중 9명)가 일반교육 환경에 완전히 통합되었을 정도로 매우 긍정적이었다. 인지 기술 측면에서의 의미 있는 성취도 추적연구에서 그대로 유지되었다(Lovaas, 1987; McEachin, Smith, & Lovaas, 1993).

그러나 Lovaas(1987)의 연구는 방법론적 이유로 비판을 받고 있다. 예를 들어, 중재 전후에 사용된 지능검사가 서로 달라서 결과 해석에 있어서의 신뢰도가 떨어진다(Magiati & Howlin, 2001). 또한 연구 참여자가 실험집단과 통제집단에 무작위로 배정된 것이 아니었다(Mesibov, 1993). 외적 타당도를 위협하는 요인들도 지적되었다(예: 표준화된 성과 측정으로 주로 지능지수를 사용함). 더욱이, Lovaas의 원래 연구에 참여했던 아동들은 발화가 가능하며 상대적으로 높은 인지 점수를 보였었다(지능지수 35 이상; Reed, Osborne, & Corness, 2007). 이것은 연구결과를 발화가 없고 더 낮은 인지 점수를 보이는 자폐 범주성 장애 아동에게 일반화하기 어렵게 만든다. 학자들은 가장 균형 잡힌 시각을 취하기 위해서 이러한 비판에 대한 설득력 있는 반론을 제기하기도 하였다(Eikeseth, 2001). 물론, 어떤 연구도 모든 연구문제에 대한 대답을 완전히 제공할 수는 없다. 그러나 이와 같은 제한점에도 불구하고 Lovaas(1987)의 연구는 초기에 조기집중행동중재의 효과를 입증하고 자폐 범주성 장애 아동을 위한 구조화된 행동 기법의 효과에 대한 이후의 연구를 촉발시켰다는 점에서 이 분야의 발달을 앞당긴 것만은 분명하다.

여러 학자들이 UCLA 모델을 완전히 또는 부분적으로 반복연구하려고 시도하였다. 연구마다 아동이 얻은 성과 수준은 다양했지만, 전반적으로 진전된 성과가 보고되었다. 예를 들어, Smith, Groen, Wynn(2000)은 UCLA 모델과 같은 대상(예: 42개월 이하의 지능지수 35에서 75의 유아)에게 비연속 개별시도 교수를 주요 중재 구성요소로 사용하였다. 28명의 참여자가 집중중재 또는 부모 훈련 집단에 배정되었다. 집중중재 집단은 2~3년간 주당 25시간의 비연속 개별시도 교수와 다른 행동 중재를 받았다. 비교집단은 부모가 3~9개월간 주당 5시간 동안 집과 지역사회에서 행동 중재 프로그램을 사용하는 교육을 받았다. 중재 후 검사에서 집중중재 집단은 부모 훈련 집단에 비해 지능지수(평균 16점 향상), 시공간 기술, 학업 성취, 언어 발달에서 의미 있는 차이를 보였다. 더욱이, 조기집중행동중재 집단의 아동은 제한이 덜한 학교 환경에 배치되는 경향을 보였다.

Smith와 그 연구진(2000)은 부모 주도의 집중적인 행동 중재 프로그램이 효과가 있을지 그렇지 않을지에 관한 질문을 제기하였다. 이 질문은 Sallows와 Graupner(2005)가 UCLA 중재 모델을 사용한 지역사회 중심 프로그램을 검증하면서 대답을 얻게 되었다. 이 연구에는 지능지수 35 이상인 24개월에서 42개월 아동이 참가하였으며, 이들은 임상실 집단(UCLA 모델)과 부모 주도 집단으로 나뉘기 전에 매칭이 이루어졌다. 임상실 집단의 아동은 가정에서의 지도를 포함하여 주당 37시간 이상의 강도 높은 서비스를 받았고, 부모 주도 집단의 아동은 주당 31~32시간의 서비스를 받았으며 부모가 서비스의 책임을 맡았다. 24명의 아동 모두의 평균 지능지수가 51에서 76으로 25점의 향상을 보였다. 더욱이, 8명의 아동은 중재 1년 후에 지능지수가 85 또는 그 이상이었고, 3~4년 후에는 추가로 3명의 아동이 더 이 수준에 도달하였다. 중재 전부터 지능지수가 높았던 아동이 이 수준에 도달할 가능성이 더 높았다. 언어와 적응기술의 향상도 양쪽 집단 모두에서 보고되었다. 이 연구는 부모가 자녀의 집중적인 행동 중재를 효과적으로 수행할 수 있음을 보여주었다.

다른 연구자들도 UCLA 모델을 지역사회에 반복해 보려고 시도하였다. Cohen, Amerine-Dickens, Smith(2006)는 실험집단(조기집중행동중재)과 통제집단에 21명의 아동이 참가한 연구를 실시하였다. 이들은 자폐 또는 달리 분류되지 않은 전반적 발달장애로 진단을 받은 지능지수 35 이상의 48개월 미만 아동이었다. 조기집중행동중재 집단은 Lovaas의 UCLA 모델에 기반한 중재를 받았고 통제집단은 조기 헤드스타트, 가정중심 발달 중재, 일반학교 서비스 등의 지역사회 서비스를 받았다. 조기집중행동중재 집단(62에서 87로 25점 증가)은 통제집단(59에서 73으로 14점 증가)에 비해 지능지수의 유의미한 큰 증가를 보였다. 이와 같은 유의미한 큰 차이는 적응기술에서도 보고되었다. 조기집중행동중재 집단은 평균 9점이 높아진 데 비해 통제집단은 평균 4점이 낮아졌다. 더욱이, 조기집중행동중재에 참여한 21명의 아동 중 17명이 연구가 끝날 무렵 일반학급에 다니게 된 데 반해, 통제집단의 아동 중에는 오직 한 명만 일반학급에 다니게 되었다. 다른 지역사회 중심의 조기집중행동중재 프로그램에서도 비슷한 지능지수 향상, 자폐의 특징적 증상 감소, 일반학급 배치 등의 결과가 보고되었다(Sheinkopf & Siegel, 1998).

앞에서도 언급하였듯이, Lovaas(1987)의 연구는 지능지수 35 이상의 아동만을 포함했기 때문에 비판을 받았다. 자폐 범주성 장애와 지적장애가 동반되는 경우가 많음을 고려하여, Smith, Eikeseth, Klevstrand, Lovaas(1997)는 UCLA 모델을 중도장애 아동(즉, 중재 전 지능지수 35 이하)에게 적용하는 연구를 수행하였다. 실험집단에게는 2년간 가정과 지역사회에서 보다 강도 높은 프로그램(즉, 30시간 이상의 일대일 행동 중재)을 제공하였고, 통제집단에게는 그보다 낮은 강도의 프로그램(즉, 10시간 이하의 일대일 중재)을 제공하였다. 중재 후, 실험집단은 지능지수 증가(평균 28에서 36으로)와 발화 증가(11명 중 10명이 증가된 구어 행동을 보임)를 보였다. 이에 반해, 통제집단은 지능지수 점수가 하락하였고(27에서 24로), 10명 중 2명의 아동만 구어 행동을 보였다. 지능지수 점수가 8점 증가한 것은 이전 연구에 비해 크게 증가한 것은 아니지만, 중도 지적장애 아동이 보인 향상의 효과 크기는 .48(중등도로 큰 효과)이었다.

이상의 연구가 제시하는 또 다른 의문은 긍정적인 중재 효과를 얻기 위해서는 어느 정도 강도의 서비스가 필요한가 하는 것이다. 강도를 측정하는 한 가지 방법은 중재자 대 학생 비율을 계산하는 것이다. 중재자 대 학생 비율이 낮을수록 비용 면에서 효율적이다. 불행하게도, 연구에 따르면 중재자 대 학생 비율이 높은 경우(즉, 학생 수에 비해 더 많은 중재자) 더 좋은 결과를 가져온다. Graff, Green, Libby(1998)는 단일대상연구 방법을 이용해서 학생들이 1:1 비율에서 큰 성취를 보인다는 사실을 발견하였다(예: 문제 행동 감소 및 기능적 기술의 증가). 그러나 이와 같은 성취는 비율이 낮아졌을 때(1:2) 유지되지 않았다.

Taubman과 그 연구진(2001)은 발달장애 아동에게 집단교수의 방법으로 비연속 개별시도 교수를 사용하는 연구를 수행하였다. 이 연구는 자폐 아동 2명을 포함한 총 8명의 유아가 있는 유치원 교실에서 이루어졌다. 다양한 상황에서 비연속 개별시도 교수를 검증하였다: 순차적으로(즉, 비연속 개별시도 교수가 각 아동에게 무작위 순서로 실시됨), 동시에(즉, 모든 아동에게 같은 식별자극이 제공됨), 중복해서(즉, 일부 아동에게 주어진 개별시도가 끝나갈 때 다른 아동에게 제공됨). 교수 과제는 전수학 기술, 언어 기술, 집단 노래 부르기로 구성되었으며, 세 영역 모두에서 중재 효과가 나타났다. Taubman과 그 연구진은 비연속 개별시도 교수가 유치원에서 집단 형태로 적용될 수 있다고 결론을 내렸다. 그러나 이 연구에서는 자폐 아동 개개인의 자료가 수집되지 않았기 때문에 이러한 방법을 특정 대상에게 적용하는 데 한계가 있다는 점을 고려해야 한다. 이 연구는 집단 형태의 교수를 통하여 중재자 대 학생 비율을 약간 낮추는 것도 상황에 따라서는 효과적일 수도 있다는 점을 시사하며 이 점에 대해서는 앞으로 연구가 더 필요하다.

비연속 개별시도 교수 효과에 미치는 강도의 영향은 서비스 시간의 측면에서 연구되어 왔다. 서비스 전달 시간이 적게 필요한 중재 전달 모델은 서비스 전달 시간이 많이 필요한 중재 전달 모델에 비해서 비용 면에서 효율적이다. 불행하게도, 앞에서 살펴본 연구에서 언급되었듯이 높은 중재 강도의 필요성은 이미 입증되었다. 예를 들어, 학교 배치(Meyer et al., 2001)나 지능지수(Bibby et al., 2002; Harris, Handleman, Gordon, Kristoff, & Fuentes, 1991)에서의 향상은 주당 40시간 이상의 강도 높은 조기집중행동중재 이후에 나타났다. 그러나 몇몇 연구(Anderson, Avery, DiPietro, Edwards, & Christian, 1987; Luiselli, Cannon, Ellis, & Sisson, 2000)의 경우 여러 해에 걸친 주당 25시간 이하의 중재로도 아동 성취의 향상이 보고되었다.

Eldevik, Eikeseth, Jahr, Smith(2006) 또한 성취에 있어서 중재 강도의 영향을 연구하였다. 실험집단의 아동은 주당 12시간의 조기집중행동중재 프로그램을 제공받았고 통제집단은 행동 전략에 기반한 중재의 일부분만이 포함된 절충적 프로그램으로 주당 12.5시간의 중재를 제공받았다. 행동 중재는 새로운 기술을 가르치기 위한 비연속 개별시도 교수로 시작해서 이후에 기술 일반화를 촉진하기 위한 소집단 교수로 옮겨 갔다. 조기집중행동중재 집단은 20~21개월 이후에 다양한 프로그램을 받은 집단보다 인지 기능, 언어 이해, 표현 의사소통, 적응기술 측면에서 더 많은 향상을 보였다. 게다가 조기집중행동중재 집단은 지능지수 평균 8점, 언어 이해 거의 7점, 표현언어 11점이 올랐다. 그러나 통제집단은 지능지수 2.9점, 언어 이해 거의 8점, 그리고 표현언어 6점 이상이 떨어졌다. 흥미롭게도 이 연구에서 조기집중행동중재와 절충적 프로그램의 강도는 거의 같았는데도 불구하고 조기집중행동중재 프로그램이 더 좋은 결과를 가져다주었다(Howard, Sparkman, Cohen, Green, & Stanislaw, 2005).

2) 기타 맥락에서 사용되는 비연속 개별시도 교수

비연속 개별시도 교수가 조기집중행동중재 프로그램에서 핵심적인 역할을 하는 것은 사실이지만, 모든 성취의 단일 원인이라고 생각할 수는 없다. 왜냐하면 이 프로그램에는 다른 행동 기법이 함께 사용되기 때문이다. 여기서는 조기집중행동중재 프로그램의 일부로서가 아닌 비연속 개별시도 교수 그 자체에 대한 연구에 대해 살펴보고자 한다. 예를 들어, Wolf와 그 연구진(1964)은 자폐 아동의 발화 모방을 증진시키기 위한 비연속 개별시도 교수의 초기 예시를 제공하였다. 이 초기 연구 이후로 많은 연구자가 자폐 범주성 장애 아동의 중재에 비연속 개별시도 교수 접근법을 사용하기 위한 지지 근거를 발견하였다.

Lafasakis와 Sturmey(2007)는 부모가 자폐를 지닌 자녀에게 비연속 개별시도 교수를 사용하게 하는 행동 기술 훈련의 효과를 알아보았다. 이 연구에는 세 명의 4세 발달장애(자폐 포함) 남아와 부모 세 쌍이 참여하였다. 연구자는 대학 실험실에서 부모가 대근육 운동 모방 기술(예: 손뼉 치기)을 가르치도록 비연속 개별시도 교수 사용 능력을 훈련하고 평가하였다. 일반화는 부모가 발화 모방 기술(예: "아"라고 말하기)을 가르치기 위해 비연속 개별시도 교수를 사용하는 능력으로 평가하였다. 그러나 부모는 발화 모방 기술을 가르치는 법에 대해서는 직접 훈련을 받지 않았다. 훈련 이후에 부모가 비연속 개별시도 교수의 구성요소를 정확하게 사용하는 비율이 크게 증가하였다. 아동의 정반응은 기초선에서 중재로 넘어가면서 평균 63% 증가하였다.

비연속 개별시도 교수 방법론에 대한 지지는 Naoi, Yokoyama, Yamamoto(2007)의 연구에서도 발견된다. 이 연구에서 실험자는 자폐 범주성 장애 아동이 선호하는 사물에 대한 영화나 그림에 대한 보고를 하도록 가르치는 데 비연속 개별시도 교수를 사용하였다(적절한 반응이 없을 때 따라 하도록 촉진하는 것을 포함함). 세 명의 아동 모두 4회기 내에 목표 반응을 학습하였고 일반화하였다. 이러한 변화는 독립적인 평가자에 의해 사회적 타당도가 있는 것으로 설명되었다.

비연속 개별시도 교수는 또한 공동관심을 증진시키는 것으로 알려져 있다. 특히, Jones, Carr, Feeley(2006)는 비연속 개별시도 교수와 중심축 반응 중재(Pivotal Response Treatment: PRT; 12장)를 사용해서 5명의 자폐 범주성 장애 남아에게 공동관심에 반응하기(아동이 독립적으로 사물과 성인 사이를 번갈아가며 쳐다봄)와 공동관심 시작하기(아동이 성인의 관심을 끌기 위해 독립적으로 사물과 성인을 번갈아가며 쳐다보고 사물을 가리킴)를 가르쳤다. 모든 아동이 19~78 회기 사이에 반응하기를 보였고, 26~157회기 사이에 시작하기를 보였다. 이들 모두 중재 종료 10개월 후에도 기술을 일반화하고 유지할 수 있었다. 참여자들은 중재 이전보다 이후에 일반 아동과 더 비슷하다는 평가를 받았다(Jones et al., 2006). Jones, Feeley, Takacs(2007)는 이 분야의 연구를 계속하면서 센터 기반의 유치원에 다니는 달리 분류되지 않는 전반적 발달장애로 진단된 두 명의 3세 아동에게 비연속 개별시도 교수를 사용해서 자발적인 의사소통 반응을 가르쳤다. 연구자는 각 아동마다 세 가지 의사소통 반응 간 중다간헐기초선 설계를 사용하였고, 두 명의 아동 모두 세 가지의 자발적 반응을 학습하였다(예: 누군가가 재채기를 할 때, "신의 가호가 있기를(Bless you)"이라고 말하기(역자 주: 재채기를 할 때 신의 축복을 빌어주는 관습).

또한 두 아동 모두 이 반응을 새로운 환경과 대화 상대에게 일반화하였다. 공동관심은 의사소통과 사회적 상호작용에 기초가 되는 기술이기 때문에 이와 같은 연구결과는 비연속 개별시도 교수가 중요한 교수 기법이 될 수 있음을 시사한다.

지금까지의 연구는 어린 아동을 대상으로 이루어졌지만(즉, 8세 이하) 비연속 개별시도 교수는 나이가 더 많은 대상에게도 효과적이다. 예를 들어, Koegel, Dunlap, Dyer(1980)는 세 명의 초등학교 및 중학교 학생을 대상으로 회기 간 간격의 길이를 다양하게 변화시켰다. 다양한 기술을 교수목표로 삼았다(예: 순서 맞추기, 사물 변별, 전치사). 이 학생들은 회기 간 간격이 짧을 때(1초) 비연속 개별시도 교수의 효과를 가장 많이 경험하였다. 비연속 개별시도 교수는 또한 놀잇감을 부적절하게 가지고 노는 행동을 보이는 세 명의 학령기 아동(7세, 12세, 13세)의 자기관리 기술 개발에도 효과적이었다(Stahmer & Schreibman, 1992). 비연속 개별시도 교수는 이들이 놀잇감을 가지고 노는 적절한 놀이 기술과 부적절한 놀이 기술을 변별하도록 가르치는 데 사용되었다. 이 기술을 습득한 후에는 자기관리 체계가 도입되어 독립적으로 더 적절하게 놀잇감 놀이에 참여하게 되었다.

4. 실행을 위한 요구사항

모든 중재자는 중재 충실도를 담보하기 위한 전략과 관련해서 실용적인 지식을 갖추어야 할 뿐만 아니라 인력, 훈련, 자료, 시간과 관련된 필수적인 고려점에 대해 이해해야 한다. 자폐 범주성 장애인을 위한 비연속 개별시도 교수를 사용하는 행동 프로그램은 가정, 학교, 임상실 중심의 환경에서 제공된다. 일반적으로 이러한 환경에서는 교육수준이나 임상적 경험과 관련해서 서비스 제공자의 위계가 존재한다. 팀은 보통 한 명의 임상 감독과 자폐 범주성 장애인에게 직접 서비스를 제공하는 많은 수의 보조자(즉, 직접 중재자)로 구성된다. 행동 프로그램을 감독하는 임상가는 또한 목표행동을 판별하기 위해 다른 전문가와 협력하는 다학문적 형태로 일을 하게 된다. 예를 들어, 학령기 자폐 범주성 장애 아동을 위한 가정 중심 행동 프로그램을 감독하는 임상가는 학교환경에서 성공적이기 위해 필요한 목표기술(예: 의자에 몇 분 동안 앉아 있기)을 판별하기 위해 교사와 협력하거나 중복된 관심(예: 발달 단계를 고려할 때 적절한 조음 수준, 기술이 자연적 환경에서 수행되어야 하는 정도)을 판별하기 위해 언어병리학자와 협력한다. 행동 프로그램을 감독하는 임상가는 또한 부모나 다른 보호자와 기술 일반화를 위해 협력한다.

가정이나 임상실 중심의 환경에서 제공되는 서비스는 종종 석사 또는 박사학위를 소지한 임상가에 의해 감독된다. 감독을 하는 임상가는 행동 분석 분야의 전문 훈련과 경험을 지니고 있으며(Maurice, Green, & Luce, 1996) 행동분석자격증(board-certified behavior analyst: BCBA)을 가지고 있는 경우가 많다. 행동분석자격위원회(Behavior Analyst Certification Board, http://www.bacb.com)는 최소한으로 이수해야 하는 전문 교과목의 수준, 실습 인정 여부, 감독의 정도 등을 인증한다. 다른 많은 자격과 마찬가지로, 행동분석가 자격도 그러한 자격을 가지고 있다고 해서 개별 대상자의 요구를 충족시킬 수 있을 만큼 자폐 범주성 장애에 대한 충분한 경험을 갖고 있다고 보장해주는 것은 아니다. 따라서 보호자는 임상가에게 실제 자폐 범주성 장애 아동에 대한 어떤 경험을 갖고 있는지 물어보는 것이 좋다.

임상 감독은 교육 프로그램을 실제로 수행하는 개인을 감독한다. 직접 중재자는 대체로 주당 여러 번의 회기를 수행한다. 각 회기는 2~4시간 정도로 구성된다. 상급 직접 중재자는 대상자와 직접 일하기도 하지만 직접 중재자의 훈련을 돕거나 필요한 자료가 있는지 확인하거나 자료 수집과 그래프 작성을 감독하기도 한다.

앞에서도 언급하였듯이, 가정, 학교, 임상실 중심의 행동 프로그램은 교수 프로그램을 수행하기 위해 잘 훈련된 팀을 필요로 한다. 그러나 초기 기술을 가르치기 위해 어떤 환경이 사용되는지에 상관없이 가족의 참여를 격려해야 한다. 가족 구성원의 역할은 가족마다 다르다. 가족이 행동 프로그램에 참여하는 정도를 결정하기 위해서는 여러 가지 변인이 영향을 미친다. 어떤 가족은 부모와 형제자매가 중재자가 되어 교수 프로그램을 실행하기도 한다. 부모와 형제자매는 기술을 가정으로 일반화하는 것을 도울 수도 있다. 어떤 부모는 일과 다른 가족일 때문에 시간에 제약이 있다. 다른 부모는 구조화된 교수 회기에서 자녀와 일하는 것을 감정적으로 어려워하고 기술 일반화를 위한 작업만을 선택하기도 한다. 임상가는 부모가 자주 교육에 참여해서 기본적인 조작적 조건화의 원리를 배우도록 권한다. 이러한 훈련은 보통 강화와 벌에 관한 원리(〈표 4-1〉), 비연속 개별시도 교수와 형성법의 수행, 유지와 일반화의 중요성에 관한 정보를 포함한다.

효과적인 행동 프로그램을 위해 필요한 자료는 목표행동과 대상자의 발달 수준에 따라 달라진다. 많은 행동 프로그램은 개인의 행동에 대한 자료 수집을 위한 중심장소가 있다. 자료와 함께 교수 프로그램 수행을 위한 지시사항은 바인더에 보관된다. 강화물, 여가 및 놀이 행동을 위한 자료, 교수자료를 보관하는 정해진 장소가 있어야 한다. 강화물은 매일 또는 매시간 바뀔 수 있다. 그러므로 강화가 될 수 있는 매우 다양한 물건과 활동이 있어야 한다. 보통은 고도로 구조화된 교수를 실행할 수 있는 특정 장소를 마련한다.

5. 주요 구성요소

자폐 범주성 장애 아동이 의미 있는 진보를 보이고 있다는 것을 확실히 하기 위해서 비연속 개별시도 교수 및 기타 행동 전략을 사용하는 전문가는 먼저 적절한 중재목표를 파악해야 한다. 또한 높은 중재 충실도를 지닌 비연속 개별시도 교수를 제공하고 싶다면 비연속 개별시도 교수의 네 가지 주요 구성요소를 알아야 한다: 식별자극, 반응, 후속결과, 회기 간 간격. 그러나 주요 구성요소를 아는 것만으로는 부족하다. 교수 전략에 있어서의 다양한 변형을 위한 결정을 잘 내려야 한다. 예를 들어, 무오류 학습(errorless learning) 전략을 사용할 것인가 아니면 시행착오(trial-and-error) 접근법을 채택할 것인가? 자료를 어떻게 제시할 것인가? 회기는 어떻게 제시되어야 하는가? 이상적인 향상을 가져오려면 일반화를 위한 계획을 세워야 하고 다른 주요 행동 전략(예: 형성법)에도 익숙해져야 한다. 여기서는 주요 구성요소와 결정에 대해 설명하고자 한다.

1) 중재목표 판별

자폐 범주성 장애인은 일반적으로 언어, 의사소통 그리고 사회성 기술의 결함과 반복적인 행동 양식을 보인다. 많은 경우에 이들은 또한 중재목표로 삼아야 하는 장애와 공존하는 문제를 동시에 가지고 있다(예: 행동 문제, 불안, 우울). 중재목표로 삼아야 하는 기술 영역에 대한 제안은 Wilczynski, Menousek, Hunter, Mudgal(2007)이나 본 장의 마지막 부분에 소개된 교육과정 안내에서 찾을 수 있다. 균형 잡힌 행동 프로그램은 이러한 행동 영역의 과잉이나 결함을 동시에 또는 순차적으로 또는 순환적으로 공략한다. 앞에서 서술한 실행을 위한 요구사항에서 언급되었듯이, 자폐 범주성 장애인에게서 기대되는 발달 기술과 실제로 나타나는 발달 기술 간의 차이는 종종 광범위한 영역에서 발견된다. 이것은 여러 영역이 동시에 다루어져야 한다는 것을 의미한다.

그러나 어떤 영역이라도 많은 기술을 발달 단계에 맞추어 대략적으로 배치하고 순차적으로 다룰 수 있다. 기술은 또한 여러 가지 이유에서 순환적으로 다루어지기도 한다. 첫째, 기술은 오랫동안 유지되는 것이 중요하기 때문에 나중에 여러 번 다시 제시되곤 한다. 둘째, 충분한 동기를 유지하기 위해서 숙달된 과제를 종종 숙달되지 않은 과제 사이사이에 섞어 제시하기도 한다(즉, 숙달을 위한 분산). 셋째, 어떤 기술은 관련 있는 그러나 더 복잡한 기술의 기초로 제공되기 위해 다시 제시된다. 예를 들어, 아동이 과자를 보고 과자라고 말할 수 있도록 배웠다면 이 기술은 "네가 먹고 싶은 걸 말해 봐."라는 지시에 반응할 수 있는 간단한 대화 기술을 가르치기 전에 촉진으로 사용될 수 있다.

임상 감독은 다학문적 팀과 함께 어떤 기술이 동시에 또는 순차적으로 또는 순환적으로 교수되어야 할지 결정하기 위해 기술을 진단하고 발달 상태를 고려해야 한다. 임

얼마나 많은 시간의 중재가 필요한가?

행동주의 기반의 강도 높은 중재 프로그램의 시간 길이는 논란의 대상이다. 최고의 성취는 주당 40시간 정도의 중재 프로그램을 2년이나 그 이상 받은 경우에 나타났다. 그러나 가장 많이 제안되는 시간은 최소 주당 25시간이다(National Research Council, 2001). 이 책에서의 제안은 다음과 같다:

1. 아동의 기술과 일반 아동의 기술 간 차이가 얼마나 큰지 고려한다.
2. 그 차이를 감소시키거나 차이가 더 이상 커지지 않게 하기 위한 중재가 시급한 영역을 판별한다. 시급성을 알기 위해서는 다음을 고려한다.
   a. 발달적 문제(예: 다음 단계 기술을 다루기 위해 필수적인 기술의 숙달, 아동의 발달 수준을 넘어서는 기술은 일반적으로 목표로 삼아서는 안 됨)
   b. 광범위한 기술 영역(예: 의사소통, 사회적 상호작용, 학습 준비도, 놀이 기술, 전학업/학업 기술)
3. 복수의 기술이 다루어져야 하는 영역이 많음을 고려해서 현존하는 차이를 감소시키기 위한 적절한 진보를 확실히 하는 데 필요한 시간의 양을 판별한다. 이 과정은 개별 아동이 필요로 하는 시간의 차이에 따라 달라질 수 있다. 그러나 일반적으로 차이가 존재하는 영역의 수가 많다는 점을 고려한다면 대부분의 자폐 범주성 장애 아동이 적절한 진보를 보이기 위해서는 국립연구위원회에서 제안한 25시간 이하가 필요하리라 보기는 어렵다. 실제로 기대되는 발달 기술과 실제 발달 기술 간 차이가 커지는 것을 막기 위해서는 많은 아동이 주당 훨씬 더 많은 시간을 필요로 할 것이다.

상가는 교수 프로그램을 설계하고 각 프로그램의 목표를 판별하고 프로그램 수행의 빈도를 결정한다. 구조화된 프로그램에 소모되는 시간의 양, 자연적 교수, 일반화 또한 임상 감독에 의해 결정된다.

2) 비연속 개별시도 교수의 네 가지 주요 구성요소

비연속 개별시도 교수의 네 가지 주요 구성요소(식별자극, 반응, 후속결과, 회기 간 간격)는 [그림 4-1]에서 볼 수 있다.

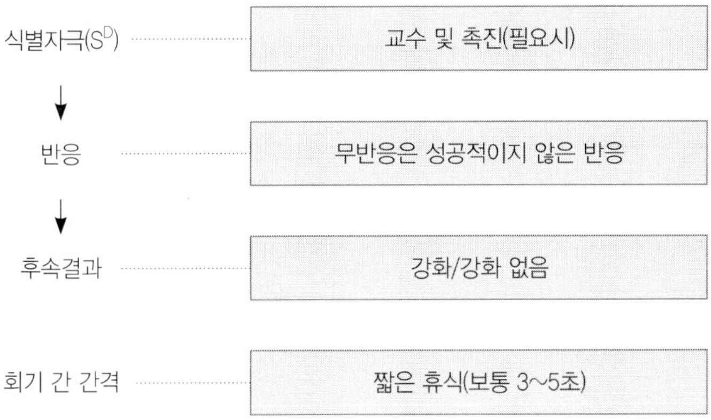

[그림 4-1] 비연속 개별시도 교수의 네 가지 주요 구성요소

비연속 개별시도 교수에서 중재목표는 체계적인 방식으로 교수되지만, 그 방법론은 상당히 다양할 수 있다. 새로운 목표가 제시될 때 식별자극은 종종 대상자가 반응을 숙달(예: 80%나 90%의 정반응)할 때까지 계속해서 같은 방식으로 제시된다. 그러나 초기 식별자극이 숙달되면 일반화를 촉진하기 위한 변화가 시도된다. 예를 들어, 대상자가 식별자극인 "엄마 이름이 뭐야?"에 대해 배우고 나면 일반화는 "엄마가 누구야?" 등의 식별자극을 사용함으로써 촉진될 수 있다. 감독 임상가는 언제 이러한 식별자극 변화를 도입할 것인지에 대한 결정을 내린다(예: 앞의 예처럼 숙달된 후에 도입하거나 어느 정도의 구조화가 숙달을 가져올 것인지 결정하기 위해서 처음부터 도입하기도 함). 각 회기 전에 직접 중재자는 식별자극과 함께 촉진을 포함시킬 것인지 아닌지에 대해 알아야 한다.

중재자는 대상자의 정반응을 이끌어내기 위해 자주 촉진을 사용해야 한다. 촉진 절차는 대상자가 정반응을 할 수 있도록 어떤 형태로든 보조나 단서를 제공하는 것으로 정의할 수 있다(Leaf & McEachin, 1999; Lovaas, 2002). 다양한 촉진이 중재자에 의해 사용된다. 〈표 4-2〉는 촉진의 종류와 정의 그리고 촉진 사용과 소거의 예를 보여준다.

학습이 이루어지기 위해서는 다른 모든 중재에서와 마찬가지로 비연속 개별시도 교수 프로그램도 중재 충실도를 확보해야 한다. 반응이나 목표행동은 임상가에 의해 명확히 정의되어야 한다. 예를 들어, 만일 대상자가 어머니의 이름을 배우고 있다면 반응은 "이은아" 또는 "엄마 이름은 이은아입니다."일 것이다. 반응을 명확하게 정의하여 모든 중재자가 회기마다 일관성 있는 피드백을 제공하고 같은 기술을 가르칠 수 있도록 하는 것이 중요하다. 반응을 정의하는 것은 또한 대상자의 혼란과 좌절을 줄일 수 있다. 대상자의 반응에 따른 후속결과는 중재자가 언제 어떻게 반응하는지의 측면에서 정의된다. 독립적이고 정확한 반응의 후속결과는 정적 강화를 포함할 수 있는 반면에, 오반응에 대한 후속결과는 무시하거나 촉진으로 반응하거나 중립적인 "아니"로 반응하는 것을 포함한다. 회기 간 간격은 한 회기의 후속결과를 제공하는 때부터 다음 회기의 식별자극을 제시하기까지의 시간이다. 회기 간 간격은 더 짧은 경우에도 매우 효과적이지만(Koegel et al., 1980) 보통 3~5초로 진행한다(Ghezzi, 2007). 각 교수 프로그램을 위한 비연속 회기는 하루 전반에 걸쳐 여러 차례 반복된다. 회기가 제시되는 빈도나 순서는 아동의 기술 습득 정도와 발달 수준, 교수 프로그램의 종류, 문제행동의 빈도에 따라 달라진다.

3) 교수 시 변형

무오류 학습 대 시행착오 비연속 개별시도 교수는 구조화된 교수 방법이지만 회기를 실행하는 방법은 다양하다. 무오류 학습은 중재자가 회기 중에 대상자가 오류를 보이지 않도록 대상자의 오류나 시도를 허용하지 않는 것을 말한다(Mueller, Palkovic, & Maynard, 2007). 무오류 학습을 통해 새로운 반응을 소개할 때 중재자는 식별자극을 제시한 직후에 즉각적으로 촉진을 제공해 대상자가 확실하게 정반응을 보일 수 있도록 한다. 촉진을 빠르게 소거하는 노력도 이루어진다. 중재자는 오반응을 막고 정반응을 위한 촉진을 신속하게 제공한다.

무오류 학습은 시행착오로 불리는 많은 절차와 대조된다. 시행착오 절차가 사용되는 경우 대상자의 오반응이 나타나면 중재자는 중립적으로 "아니"라고 말하거나(예:

Ferraioli, Hughes, & Smith, 2005; Lovaas, 2002), 무시하거나, 자료를 치우거나, 과제를 다시 제시하는(예: Ghezzi, 2007; Smith, 2001) 등의 행동을 하게 된다. 중재자는 비연속 개별시도 교수를 어떻게 실행할지 결정할 때, 대상자의 능력과 이전에 촉진 소거 절차에 호의적으로 반응했던 이력과 목표기술을 고려해야 한다(Smith, Mruzek, Wheat, & Hughes, 2006). 아직까지 어떤 훈련 절차가 적절한지 예측하게 해주는 특정 프로파일은 존재하지 않는다. 그러나 아동의 동기유발의 중요성을 고려해볼 때 아동의 촉진 의존성이 심하지 않은 이상 무오류 학습이 좋은 선택이 될 수 있다.

교수 자료 제시 비연속 개별시도 교수 프로그램의 다른 주요 요소는 목표를 제시하고 일반화시키고 유지시키는 방법이다. 목표 자료는 단독으로 제시될 수도 있다(Lovaas, 1981). 예를 들어, "과일이 *아닌* 것을 찾아봐."라는 지시에 반응하도록 가르칠 때 트럭(분명하게 과일이 아닌) 그림을 반복적으로 보여줌으로써 시작할 수 있다. 반대로, 목표는 "오답"이나 다른 교육과정 목표 자료와 함께 제시될 수 있다. 이 경우에 임상가는 트럭 그림과 오렌지 그림을 보여줄 수 있다. 목표를 단독으로 제시할지 다른 오답과 함께 제시할지는 초기 기술 진단과 방해자극이 있는 유사한 과제에 반응하는 능력에 대한 지속적인 평가를 기반으로 결정한다.

분산회기 및 변동회기 분산 또는 *변동*회기의 시기 선택에 대한 결정 또한 이루어져야 한다(숙달되지 않은 과제가 분산될 때 변동회기라는 용어가 사용된다.). 분산회기는 중재자가 한 회기에 다양한 기술을 제시한다는 뜻이다. 예를 들어, 만일 대상자가 "이름이 뭐니?"에 대해 독립적으로 대답하는 것을 막 습득하였고 목표 반응이 "병호"라면 중재자는 "이 의자는 무슨 색이지?" 또는 "어디 살아?" 등을 묻는 것으로 목표를 분산할 수 있다. 분산된 또는 뒤섞인 회기는 식별 교수에 도움이 될 수 있으며(즉, 대상자가 목표 반응을 언제 해야 할지 배우도록 도와줌) 목표 기술을 확실하게 숙달하도록 도와준다. 대상자에 따라서 처음부터 분산회기를 적용하기도 하고 독립적인 반응이 먼저 나타난 후에 목표 회기를 분산하거나 변동하기도 한다. 다시 한번 말하지만 초기 기술 평가에서의 아동의 반응이 이러한 결정을 안내해준다(Heflin & Alberto, 2001).

4) 일반화

일반화 계획을 위한 전략은 대상자에 따라 다양하다. 대상자에 따라서는 교수를 시작하는 초기부터 일반화가 다루어지기도 한다. 예를 들어, 숫자를 식별하도록 교수할 때 책상 위에 있는 연필의 수, 접시 위에 있는 과자의 수, 크레용 상자에 들어 있는 크레용의 수 등을 판별하게 할 수 있다. 또는 대상자가 특정 기술을 숙달했을 때에야 반응 일반화를 시작할 수 있다. 두 가지 일반화 모두 대상자가 다른 형태의 식별자극, 다른 중재자, 다른 그러나 관련 있는 자료, 다른 환경에서 반응하게 한다. 만일 반응이 적절하게 일반화되지 않는다면 완전히 기능적인 기술이라고 할 수 없다. 일반화가 이루어졌는지를 확인하기 위해서뿐만 아니라 일반화를 위한 전략을 선정하기 위해서도 자료를 수집해야 한다.

기술은 보통 일반화된 이후에 유지 단계에 들어간다. 임상가는 유지 프로그램이 정기적으로 실행되도록 해야 한다. 즉, 회기 중에 종종 숙달을 위한 분산을 통해서 프로그램의 목표를 주기적으로 점검해야 한다. 유지 점검의 빈도는 다양하고 시간에 따라 변하게 된다. 예를 들어, 프로그램이 유지 단계로 넘어가면 처음에는 매주 목표를 점검하고 이후에는 매달 점검하는 식으로 더 이상 체계적으로 점검할 필요가 없어질 때까지 지속한다.

5) 형성법

지금까지 살펴본 각각의 주요 요소는 비연속 개별시도 교수와 관련된다. 그러나 비연속 개별시도 교수가 행동 프로그램에서 고려하는 유일한 필수적인 기법은 아니다. 이론적 배경에서 설명하였듯이, 형성법은 자폐 범주성 장애인을 가르치는 데 사용되는 또 다른 조작적 기법이다. 형성법은 대상자가 이전의 행동보다 더 목표행동과 유사한 행동을 수행하는 경우에 강화를 제공함으로써 이루어진다. 형성법과 촉진의 개념은 자주 혼동되는데, 왜냐하면 두 가지 모두 행동 프로그램의 핵심이기 때문이다. 여기서는 그 차이를 살펴보겠다.

촉진은 반응이 이미 완전하게 형성되었지만 자폐 범주성 장애인이 언제 그 반응을 보여야 할지 아직 모를 때 사용한다. 예를 들어, 촉진은 아동이 그림을 가리킬 줄은 아는데 다양한 과일 그림 중 특정 과일을 찾으라고 했을 때 어떤 그림을 가리킬지 모르는 경우에 사용한다. 반면에, 형성법은 자폐 범주성 장애인이 아직 바람직한 반응을 정확히 형성하지 못한 경우에 사용한다. 예를 들어, 자폐 범주성 장애 아동이 "과자"라고 수어로 말하도록 가르칠 때 초기 반응은 두 손을 함께 모으는 것이다. 이 반응은 처음에는 강화되지만 나중에는 점차 수어에서처럼 손가락이 서로 떨어져 있고 손은 열린 형태로 회전을 해야 과자를 받을 수 있게 된다. 형성법은 대근육 기술(예: 손을 옆에 놓고 걷기), 소근육 기술(예: 동그라미 그리기), 자조기술(예: 식사시간에 입 닦기), 언어 행동 등을 포함한 다양한 행동을 가르치기 위해 사용된다. 임상가는 목표행동, 목표행동에 대한 각 근접형태를 위한 숙달 기준, 그리고 프로그램 실행을 위한 가이드라인을 정한다. 이러한 전략이 자폐 범주성 장애인 중재에서 사용되는 유일한 행동 전략은 아니지만 거의 언제나 행동 프로그램에 포함되어 사용된다.

6. 의사결정을 위한 자료 수집

자료 수집은 자폐 범주성 장애인을 위한 모든 행동 프로그램의 가장 핵심적인 구성 요소다. 자료는 문제행동(예: 탠트럼, 공격행동)의 강도와 빈도를 모니터하기 위해 사용된다. 행동 중재자는 정기적으로 자료를 검토하고 학생이 진보를 보이는지 프로그램에 변화가 필요하지는 않은지 결정해야 한다.

자료는 반드시는 아니지만 개별시도 회기마다 수집되기도 한다. 중재자는 교수 프로그램 중에 회기별 반응을 모두 기록하기도 하고 첫 번째와 마지막 반응만 기록하기도 한다. 교수 프로그램 도중에 하는 회기별 기록은 중재자가 각 회기 내 기술 습득의 모든 측면을 모니터할 수 있게 해주지만 교수 상황에서 발생하는 자연적인 사회적 상호작용을 방해할 수도 있다. 반대로, 교수 프로그램의 첫 번째와 마지막 반응을 기록하는 것은 효율적인 기술 습득 모니터링 방법이다. 예를 들어, 첫 반응을 기록하는 것은 추가적 촉진이 필요한지 결정할 수 있게 해준다. 마지막 반응을 기록하는 것은 현재 목표를 위해 대상자가 필요로 하는 촉진의 수준을 표시하고 다음 회기 때 필요한 수준의 촉진을 알게 해준다.

대상자의 반응은 정반응, 오반응, 촉진된 반응으로 기록한다. 자료는 선 그래프를 그릴 수 있도록 전자 스프레드시트에 입력하고 이를 의사결정에 사용한다. 중재자가 선 그래프를 보지 않으면 오랫동안 아동이 성취를 보이지 않거나 이미 기술을 습득한 경우에도 이를 알지 못하게 된다. 선 그래프는 경향, 변동성, 자료점의 범위를 평가함으로써 분석된다. 만일 감독하는 임상가가 대상자가 충분한 진보를 보이지 않는다고 판단한다면 교수 프로그램에 변화가 필요하다. 예를 들어, 사용하는 교재를 바꾸거나, 반응을 보이는 데 필요한 선수기술을 검토하거나, 아니면 대상자에게 제공하는 촉진의 종류를 변경할 수 있다. 행동 자료를 기록하고 그래프로 그리고 분석하는 과정은 매우 어려워 보일 수 있지만 자료 수집의 유익은 그 이상의 가치를 지닌다.

중재자는 기술이나 반응의 숙달을 판단하기 위한 목표나 정반응의 수준을 정한다. 숙달 기준은 보통 특정한 수의 회기 동안에 80%나 90%의 정반응(Anderson, Taras, & Cannon, 1996)을 보이고 다른 상황으로도 일반화되는 것으로 정해진다. 하지만, 이 기준에는 이유가 있어야 한다. 즉, 길을 건너는 행동의 성공 목표가 전체의 80%인 것은 부적절하다.

자료 수집은 향후 몇 년 이내에 크게 변할 것으로 예상된다. 많은 자료 수집 어플리케이션이 벌써 개발되어 전자기기로 자료를 수집할 수 있게 해주고 있다. 이와 같은 전자 자료는 자동으로 그래프로 변환되고 효율적인 결정을 내릴 수 있게 해준다. 그러나 대상자의 진보를 결정하거나 진보가 없는 경우 중재를 어떻게 수정해야 하는지에 대한 결정은 여전히 중재자의 몫이다.

7. 문화 및 언어 배경이 다른 아동을 위한 고려

Wilder와 그 연구진이 2004년에 자폐 범주성 장애 학생의 교수와 관련된 다문화 쟁점을 다룬 논문에서 언급하였듯이, 문화적 또는 언어적으로 다양한 배경을 지닌 자폐 범주성 장애인을 위한 중재 관련 연구는 제한되어 있다(Wilder, Dyches, Obiakor, & Algozzine, 2004). 따라서 당연하게도 이들을 위한 비연속 개별시도 교수 사용에 대한 정보는 거의 없다. 그럼에도 비연속 개별시도 교수를 포함하는 행동 중재는 전세계적으로 사용되어 왔고(Bernard-Opitz, Ing, & Kong, 2004; Naoi et al., 2007; Yamamoto & Mochizuki, 1988) 자폐 범주성 장애 아동에게 일관적으로 긍정적인 결과를 가져왔다.

다양한 배경의 학생을 대상으로 비연속 개별시도 교수의 성공 가능성을 높이기 위해서 여러 단계의 조치가 취해질 수 있다. 먼저 중재목표를 중재 대상의 문화적 가치 맥락 내에서 고려할 수 있다. 예를 들어, 의사소통 목표는 언제나 자폐 범주성 장애 아동을 위한 중재의 한 부분이어야 한다. 그러나 문화마다 의사소통 패턴이 주류 문화와 다를 수 있다(Wilder et al., 2004). 눈맞춤을 예로 들어보자. 눈맞춤은 많은 비연속 개별시도 교수 프로그램에서 의사소통 행동의 선수기술로 여겨진다(Leaf & McEachin, 1999; Lovaas, 2002). 그러나 몇몇 북미 원주민과 아시아계 미국인 문화에서는 아동이 어른의 눈을 똑바로 쳐다보지 않는 것이 존경의 의미로 해석되기도 한다(Wilder et al., 2004). 다른 예로는 자기자극 행동을 감소시키는 것은 대부분의 경우에 중재의 적절한 목표로 여겨지지만 나바호족(역자 주: 북미 원주민 부족)의 장애 아동 부모는 대체로 이러한 행동을 무시하며(Connors & Donnellan, 1998) 다른 문화 집단에서도 무시될 수 있다.

주류 문화와는 다른 문화적 가치와 경험을 지닌 아동의 요구에 맞추기 위해 교수 기술이 수정되어야 할 수도 있다. 비연속 개별시도 교수를 실행할 때 아동이 소속된 교육청 내 외국어로서의 영어교육(Winzer & Mazurek, 1998), 그림 등의 대체 의사소통 체계의 사용(Snell & Brown, 2006), 관련 언어로 된 교수자료의 사용(Baca & Cervantes, 1998)과 같은 전략으로 보충하는 것이 효과적일 수 있다. 더욱이, 만일 시각적 또는 사진 상징이 비연속 개별시도 교수의 자극으로 사용된다면 그 상징이 아동뿐만 아니라 가정이나 학교 환경에서 아동과 상호작용하는 사람에게도 문화적으로 의미가 있는 것인지 확인해야 한다(Trembath, Balandin, & Rossi, 2005). 사회성 기술 부족을 다룰 때에는 자폐범주성 장애 아동과 비슷한 문화적 배경을 가진 또래 모델이 사회성 기술의 적절한 역할모델을 제공해줄 수 있다(Wilder et al., 2004). 마지막으로, 문화적 다양성 문제를 다루는 데 있어서 아마도 가장 중요한 단계는 중재 계획과 실행에 부모를 참여시키는 것이라고 할 수 있다.

8. 적용을 위한 고려

자폐 범주성 장애인을 위한 장기적인 성과를 연구하는 학자들은 자폐 범주성 장애를 생애 전 과정에 걸쳐 중재와 지원이 필요한 일생 동안 지속되는 상태로 개념화한다(Piven, Harper, Palmer, & Arndt, 1996; Venter, Lord, & Schopler, 1992). 비연속 개별시도 교수에 대한 대부분의 연구가 어린 아동을 대상으로 하고 있는 것이 사실이지만 실제로 이 방법은 나이나 발달 단계에 상관없이 모든 자폐 범주성 장애인에게 사용될 수 있다(Ghezzi, 2007). 자폐 범주성 장애를 지닌 청소년과 성인을 위한 비연속 개별시도 교수 프로그램을 계획할 때 나이와 발달 단계에 대한 고려는 중요하다. 자폐 범주성 장애인이 나이가 들어 갈수록 중재목표도 학업적인 것에서 독립적인 생활 기술로 옮겨 간다(Marcus, Kunce, & Schopler, 2007). 자폐 범주성 장애인의 일생에 걸친 비연속 개별시도 교수와 형성법의 잠재적 가치를 고려해서 여기서는 경수라는 아동과 대호라는 십

대 청소년 두 명의 사례연구를 제시하고자 한다.

적용 사례: 아동

다음의 사례는 본 장에서 설명한 행동 전략이 달리 분류되지 않는 전반적 발달장애로 진단된 가상의 3세 남아인 경수를 어떻게 도울 수 있는지 예시를 보여주기 위한 것이다. 이러한 특정 사례는 잠정적으로 도움이 되기는 하지만 실제로 행동 중재는 각 아동의 독특한 요구와 강점에 맞춰서 설계되어야 한다는 것을 기억해야 한다.

경수는 언어 결함, 제한된 놀이 행동, 반복적 행동, 제한된 관심, 편식, 자해행동 등을 보인다. 경수는 "차 가(go car)," "파란 토마스(blue Thomas)," "너겟 주세요(nuggets please)" 등의 몇몇 두 단어 발화를 할 수 있다. 경수는 토마스 기차를 가지고 놀지만 보통은 기차를 뒤집어서 바퀴가 돌아가는 것을 본다. 또 대부분의 상황에서 손을 펄럭거리고 손가락을 움직인다. 토마스 기차 외에도 다양한 사물을 쌓고 줄 세우기를 즐긴다. 가장 좋아하는 음식은 치킨너겟이다. 머리를 주먹으로 때리고 팔을 물어뜯는 자해행동을 보인다.

경수의 부모는 행동분석가를 고용해 집에서 제공하는 포괄적인 행동 프로그램을 개발하였다. 이 프로그램은 행동 중재 훈련을 받은 대학원생이 주당 30시간의 일대일 교수를 제공하는 것으로 구성되었다. 행동분석가는 기능분석(문제행동의 기능을 판별하는 평가)을 실시하였으며, 경수의 자해행동이 관심을 받지 못할 때(예: 엄마가 저녁을 준비하고 있을 때) 일어난다는 것을 알게 되었다. 행동분석가는 가족에게 경수가 자해행동을 하지 않을 때에는 5분에 한 번 이상 칭찬, 등 쓰다듬기, 하이파이브를 하도록 권유하였다.

중재 첫 주에 부모는 경수의 눈맞춤이 증가하였고 자해행동이 줄었다고 보고하였다. 행동 자료도 경수가 대부분의 중재 영역에서 목표기술을 습득하고 있음을 나타냈다. 중재자는 토마스 놀잇감과 그림책이 효과적인 강화물이라는 것을 알았다. 비록 가족이 직접 중재목표를 교수하지는 않지만 경수의 부모는 기술 일반화를 증진시키기 위한 기본적인 학습 원리와 전략에 대한 훈련을 받았다. 부모는 친척 중에 나이가 비슷한 또래와 함께 노는 것으로 기술 일반화를 계획하였다. 부모는 중재자가 집에서 일하기 시작한 후 스트레스가 증가하였다고 보고하였다. 이들은 다른 사람이 집에 오는 것에 대한 어려움을 호소하였고 중재가 자신의 가족에게 적절한지 확신하지 못하는 것으로 보고하였다.

이를 계기로 부모는 중재자와 함께 행동 자료를 검토하였다. 이때까지의 목표기술은 다음과 같았다: (1) 선호하는 음식, 놀잇감, 활동 요구하기, (2) 새로운 놀이 기술 개발하기(예: 쌓기를 좋아하는 점을 이용해서 레고 사용하기), (3) 손을 내리라고 요구하면 따르기, (4) 다른 아동의 놀잇감을 빼앗지 않고 근처에서 놀기. 경수의 기술은 이 모든 영역에서 증가하였다. 특히 경수는 특정 중재 목표의 성취기준을 달성하였다(예: 연속 4회기 중 3회기 이상에서 90% 이상의 성공). 게다가 자해행동은 거의 나타나지 않았다.

행동 자료를 검토하여 행동의 향상을 알게 된 부모는 행동 중재를 시작한 자신들의 결정에 더 자신감을 갖게 되었다. 그러나 이것은 중재자가 부모에게 더 적절한 프로그램을 만들기 위해서 노력(예: 같은 과제를 매일의 일상에 어떻게 삽입할지 부모에게 가르치기, 중재자가 가족에게 가장 편안한 시간으로 일정 정하기)하지 않아도 됨을 뜻하는 것은 아니다. 더욱이, 자해행동을 보이지 않을 때 주어지는 강화 일정을 점차 약화시켜서 경수가 더 오랜 시간 동안 관심이 주어지지 않아도 대체행동을 할 수 있게 되고 부모의 일상도 점차 관리가 가능해질 수 있다.

적용 사례: 청소년 또는 성인

대호에 관한 다음의 예를 살펴보자. 대호는 아스퍼거 증후군으로 진단을 받은 14세 소년이다. 학교에서 지원 서비스를 받고는 있지만 일반학급의 모든 수업에 참여하고 몇몇 학교 친구도 있으며 교회 모임의 행사에도 참석하고 일반적으로 기능이 매우 좋은 학생이다. 현재 대호는 또래 집단의 사회적 규범에 대해 점점 더 인지하게 되었으며 또래의 유행을 따라 "머리를 기르고" 싶어 한다. 그러나 부모는 대호가 머리를 잘 감지 않고 머리를 빗거나 제품을 바를 줄 모를 뿐만 아니라 머리 손질을 도와주려고 하면 부모에게 언어적인 공격행동을 보인다고 보고하였다. 또한, 대호가 머리를 손질하기 위해서 해야 할 일의 순서를 이해하지 못한다고 염려하였다.

중재자는 대호의 부모와 함께 중재 구성요소로 비연속 개별시도 교수를 사용하는 중재를 개발하였다. 특별히 비연속 개별시도 교수는 대호가 머리 손질에 관련된 행동의 순서를 학습하는 초기 단계에 사용되었다. 대호는 부모의 촉진을 받으며 각 단계를 수행하였고 부모는 그 모습을 사진으로 찍었다. 매주 중재자의 사무실에서 진행된 비연속 개별시도 교수 회기에서 행동의 정확한 순서를 가르치기 위한 집중 개별시도 회기 절차가 다음과 같은 단계로 적용되었다: (1) 머리 손질 단계의 순서를 보여주는 다섯 장의 사진을 제시하고 "순서대로 해봐."라고 지시한다, (2) 중재자가 최대 촉진법을 사용해서 대호가 순서를 맞출 때 실수를 최소화하도록 돕는다, (3) 촉진된 정반응을 보일 때 구체적인 칭찬과 격려를 제공하고, 독립적인 정반응을 보이는 경우에는 나중에 MP3 플레이어 사용 시간으로 교환할 수 있는 토큰을 제공한다, (4) 비연속 개별시도 교수의 각 교수회기는 10분간 지속되었고 대호는 각 회기가 끝난 후에 회기 중에 얻은 시간만큼 아이팟을 사용할 수 있다. 이러한 절차를 사용해서 대호는 비연속 개별시도 교수 10분회기 다섯 번 만에 행동의 정확한 순서를 학습할 수 있었다. 이후 가정에서 부모가 비슷한 절차를 수행하도록 요구했을 때 대호는 부모와 함께 2회기 만에 머리 손질의 정확한 순서를 익혔다. 대호가 행동의 순서를 완전히 습득한 후에 중재는 모델링과 형성법을 사용해서 각 단계를 어떻게 수행하는지 가르치는 것으로 진행되었다.

9. 앞으로의 방향

비연속 개별시도 교수, 차별강화, 형성법 등의 행동전략에 관한 기존의 연구가 인상적인 것은 사실이지만 계속해서 연구가 이루어지고 확장될 필요가 있다. 예를 들어, 비연속 개별시도 교수에 참여한 아동의 성취에 큰 개인차가 보고되곤 한다. 따라서 매개변인에 관한 정보를 모으는 것이 중요하다. 예를 들어, 서로 다른 특성을 지닌 사람들에게는 서로 다른 강도의 중재나 더 구조화되거나 더 자연적인 환경에서의 중재 또는 서로 다른 일반화 계획이 필요할 수도 있다. 더욱이 이러한 전략들이 아스퍼거 증후군을 지닌 사람에게 어느 정도로 효과적인지에 대해서는 아직 잘 입증되지 않고 있다.

비연속 개별시도 교수와 본 장에서 설명한 기타 행동전략에 관한 연구는 대체로 제한된 범위의 대상에 초점을 맞추어 왔다. 사회적인 영역에서의 향상도 보고되었지만 이와 같은 향상은 주로 적응행동이나 행동검사도구 검사지로 측정한 것이다. 성인이나 또래와의 실제적인 사회적 관계에서의 의미 있는 향상에 대한 증거를 수집할 수 있다면 기존의 자료에 좋은 보충이 될 것이다. 또한, 사회적 화용론의 지표에 대한 연구는 많이 부족한 실정이므로 추가 연구가 필요하다.

권장 도서

Eikeseth, S. (2001). Recent critiques of the UCLA autism project. *Behavioral Interventions, 16,* 249-264.

Lovaas의 UCLA Young Autism Project와 관련된 비판과 반론을 검토한 논문이다. 이 프로젝트에 포함된 연구들이 모든 조기집중행동중재와 비연속 개별시도 교수를 대표하는 것은 절대로 아니기 때문에 전체적인 논의를 중심으로 다른 연구들도 함께 참고하는 것이 도움이 될 것이다.

Leaf, R., & McEachin, J. (Eds.). (1999). *A work in progress: Behavior management strategies and a curriculum for intensive behavioral treatment of autism*. New York, NY: Different Roads to Learning.

자폐 범주성 장애 유아를 위한 종합적인 프로그램을 개발하기 위한 구성요소를 개관한 안내서다. 적절한 행동을 증가시키거나 방해행동을 감소시키는 행동 원리로부터 새로운 기술 습득을 방해하고 환경에 완전히 참여하지 못하게 만드는 자기자극 행동, 수면 문제, 화장실 사용 문제, 섭식 문제 등을 다루는 전략까지 다룬다. 아동이 독립적인 학습자가 되는 데 필요한 기본 기술을 가르치는 절차상의 지침도 제공한다.

Lovaas, O. I. (2002). *Teaching individuals with developmental delays: Basic intervention techniques*. Austin, TX: PRO-ED.

비연속 개별시도 교수 프로그램을 시작하는 데 필요한 기본적인 지식을 제공하는 안내서다. 행동 변화의 기초 개념, 준비도 개발 전략, 조기교육, 기본적인 표현언어 기술, 중재 프로그램을 운영할 때 고려해야 하는 변인 등을 포함한다.

Sundberg, M. L. (2008). *VB-MAPP: Verbal behavior milestones assessment and placement program guide: A language and social skills assessment program for children with autism or other developmental disabilities*. Concord, CA: AVB Press.

VB-MAPP은 일반적인 언어 발달 단계에 맞춰진 평가도구다. 기존의 기술 수준과 의사소통 발달을 방해하는 요인을 모두 판별해 내는 것이 부적절한 교육과정 개발의 오류를 피할 수 있게 해준다는 가정에 기반을 둔다.

학습 활동

비연속 개별시도 교수의 단순함과 복잡함을 보다 잘 이해할 수 있도록 가상 아동을 위한 중재 프로그램을 개발하시오. 프로그램을 개발할 때 본 장의 도입부에 소개된 다음의 질문을 고려하시오.

- 각 개별시도를 어떻게 구성할 것인가?
- 촉진을 사용할 것인가, 그렇다면 어떤 종류의 촉진을 사용하고 어떻게 소거할 것인가?
- 어떻게 교수를 구조화할 것인가?
- 정반응을 위한 적절한 강화물을 어떻게 판별할 것인가?
- 같은 기술을 대상으로 비연속 개별시도를 연속해서 제시할 것인가? (즉, 집중회기)
- 습득된 기술회기를 분산할 것인가? (즉, 숙달을 위한 분산)
- 새로운 목표회기를 분산할 것인가? (즉, 변동회기)

- 비연속 개별시도를 고도로 구조화된 환경에서 제공할 것인가 아니면 자연적인 다양한 환경(예: 지역사회, 학교, 가정)에서 제공할 것인가?
- 일반화를 어떻게 계획할 것인가?
- 어떤 자료를 수집할 것인가?
- 언제 중재가 효과적이지 않다는 것을 알 수 있는가?
- 무오류 교수 접근법이 적절할 것인가?

참고문헌

American Psychiatric Association. (2000). *Diagnostic and statistical manual of mental disorders* (4th ed.). Washington, DC: Author.

Anderson, S. R., Avery, D. L., DiPietro, E. K., Edwards, G. L., & Christian, W. P. (1987). Intensive home-based intervention with autistic children. *Education and Treatment of Children, 10,* 352-366

Anderson, S. R., Taras, M., & Cannon, B. D. (1996). Teaching new skills to young children with autism. In C. Maurice, G. Green, & S. Luce (Eds.), *Behavioral intervention for young children with autism: A manual for parents and professionals* (pp. 181-194). Austin, TX: PRO-ED.

Baca, L. M., & Cervantes, H. T. (1998). *The bilingual special education interface* (3rd ed.). Upper Saddle River, NJ: Prentice Hall.

Bernard-Opitz, V., Ing, S., & Kong, T. Y. (2004). Comparison of behavioural and natural play interventions for young children with autism. *Autism, 8,* 319-333.

Bibby, P., Eikeseth, S., Martin, N. T., Mudford, O. C., & Reeves, D. (2002). Progress and outcomes for children with autism receiving parent-managed intensive interventions. *Research in Developmental Disabilities, 23,* 81-104.

Birnbrauer, J. S., & Leach, D. J. (1993). The Murdoch Early Intervention Program after 2 years. *Behavior Change, 10,* 63-74.

Coe, D., Matson, J., Fee, V., Manikam, R., & Lanarello, C. (1990). Training nonverbal and verbal play skills to mentally retarded and autistic children. *Journal of Autism and Developmental Disabilities, 20,* 177-187.

Cohen, H., Amerine-Dickens, M., & Smith, T. (2006). Early intensive behavioral intervention: Replication of the UCLA model in a community setting. *Developmental and Behavioral Pediatrics, 27,* 145-155.

Connors, J. L., & Donnellan, A. M. (1998). Walk in beatuy: Western perspectives on disability and Navajo family/cultural resilience. In H. I. McCubbin, E. A. Thompson, A. I. Thompson, & J. E. Fromer (Eds.), *Resiliency in Native American and immigrant families* (pp. 159-183). Thousand Oaks, CA: Sage.

Cooper, J. O., Heron, T. E., & Heward, W. L. (2007). *Applied behavior analysis* (2nd ed.). Upper Saddle River, NJ: Pearson Merrill Prentice Hall.

Downs, A., Downs, R. C., Johansen, M., & Fossum, M. (2007). Using discrete trial teaching within a public preschool program to facilitate skill development in students with developmental disabilities. *Education and Treatment of Children, 30*(3), 1-27.

Downs, A., & Smith, T. (2004). Emotional understanding, cooperation, and social behavior in high-functioning children with autism. *Journal of Autism and Developmental Disorders, 14,* 625-635.

Dyer, K., Dunlap, G., & Winterling, V. (1990). Effects of choice making on the serious problem behaviors of students with severe handicaps. *Journal of Applied Behavior Analysis, 23*(4), 515-524.

Eikeseth, S. (2001). Recent critiques of the UCLA autism project. *Behavioral Interventions, 16,* 249-264.

Eldevik, S., Eikeseth, S., Jahr, E., & Smith, T. (2006). Effects of low-intensity behavioral treatment for children with autism and mental retardation. *Journal of Autism and Developmental Disabilities, 36,* 211-224.

Epstein, R., & Skinner, B. (1981). The spontaneous use of memoranda by pigeons. *Behaviour Analysis Letters, 1*(5), 241-246.

Ferster, C. B., & DeMyer, M. K. (1961). The development of performance in autistic children in an automatically controlled environment. *Journal of Chronic Diseases, 13,* 312-345.

Ferraioli, S., Hughes, C., & Smith, T. (2005). A model for problem solving in discrete trial training for children with autism. *Journal of Early Intensive Behavioral Interventions, 2,* 224-246.

Gena, A., Krantz, P. J., McClannahan, L. E., & Poulson, C. L. (1996). Training and generalization of affective behavior displayed by youth with autism. *Journal of Applied Behavior Analysis, 29*(3), 291-304.

Ghezzi, P. M. (2007). Discrete trial teaching. *Psychology in the Schools, 44,* 667-679.

Graff, R. B., Green, G., & Libby, M. E. (1998). Effects of two levels of treatment intensity on a young child with severe disabilities. *Behavioral Internationals, 13,* 21-41.

Harris, S. L., Handleman, J. S., Gordon, R., Kristoff, B., & Fuentes, F. (199). Changes in cognitive and language functioning of preschool children with autism. *Journal of Autism and Developmental Disorders, 21,* 281-290.

Heflin, L. J., & Alberto, P. A. (2001). Establishing a behavioral context for learning for students with autism. *Focus on Autism and Other Developmental Disabilities, 16*, 93-101.

Howard, J. S., Sparkman, C. R., Cohen, H. G., Green, G., & Stanislaw, H. (2005). A comparison of intensive behavior analytic and eclectic treatments for young children with autism. *Research in Developmental Disabilities, 26,* 359-383.

Howlin, P. A. (1981). The effectiveness of operant language training with autistic children. *Journal of Autism and Developmental Disabilities, 21,* 281-290.

Iwata, B., Dorsey, M., Slifer, K., Bauman, K., & Richman, G. (1982). Toward a functional analysis of self-injury. *Journal of Applied Behavior Analysis, 27*(2), 197-209.

Jones, E. A., Carr, E. G., & Feeley, K. M. (2006). Multiple effects of joint attention interventions for children with autism. *Behavior Modification, 30,* 782-834.

Jones, E. A., Feeley, K. M., & Takacs, J. (2007). Teaching spontaneous responses to young children with autism. *Journal of Applied Behavior Analysis, 40*, 565-570.

Karsten, A. M., & Carr, J. E. (2009). The effects of differential reinforcement of unprompted responding on the skill acquisition of children with autism. *Journal of Applied Behavior Analysis, 42,* 327-334.

Koegel, R. L., Dunlap, G., & Dyer, K. (1980). Inter-trial interval duration and learning in autistic children. *Journal of Applied Behavior Analysis, 13*(1), 91-99.

Lafasakis, M., & Sturmey, P. (2007). Training parent implementation of discrete-trial teaching: Effects on generalization of parent teaching and child correct responding. *Journal of Applied Behavior Analysis, 40,* 685-689.

Leaf, R., & McEachin, J. (Eds.). (1999). *A work in progress: Behavior management strategies and a curriculum for intensive behavioral treatment of autism.* New York, NY: Different Roads to Learning.

LeGray, M. W., Dufrene, B. A., Sterling-Turner, H., Olmi, J. D., & Bellone, K. (2010). A comparison of function-based differential reinforcement interventions for children engaging in disruptive classroom behavior. *Journal of Behavioral Education, 19,* 185-204.

Lovaas, O. I. (1981). *Teaching developmentally disabled children: The ME book*. Baltimore, MD: University Park Press.

Lovaas, O. I. (1987). Behavioral treatment and normal educational and intellectual functioning young autistic children. *Journal of Consulting and Clinical Psychology, 55,* 3-9.

Lovaas, O. I. (2020). *Teaching individuals with developmental delays: Basic intervention techniques.* Austin, TX: PRO-ED.

Lovaas, O. I., & Smith, T. (1989). A comprehensive behavioral theory of autistic children. *Journal of Behavioral Therapy and Experimental Psychiatry, 20,* 17-29.

Luiselli, J. K., Cannon, B. O., Ellis, J. T., & Sisson, R. W. (2000). Home-based behavioral intervention for young children with autism/pervasive developmental disorder. *Autism, 4,* 426-438.

Magiati, I., & Howlin, P. (2001). Monitoring the progress of preschool children with autism enrolled in early intervention programmes: Problems of cognitive assessment. *Autism, 5,* 399-406.

Marcus, L. M., Kunce, L. J., & Schopler, E. (2007). Working with families. In F. R. Volkmar, R. Paul, A. Klin, & D. Cohen (Eds.), *Autism and pervasive developmental disorder* (Vol. 2, pp. 1055-1079). Hoboken, NJ: Wiley.

Matson, J. L., Matson, M. L., & Rivet, T. T. (2007). Social-skills treatments for children with autism spectrum disorders: An overview. *Behavior Modification, 31*(5), 682-707.

Maurice, C., Green, G., & Luce, S. (1996). *Behavioral intervention for young children with autism.* Austin, TX: PRO-ED.

McEachin, J. J., Smith, T., & Lovaas, O. (1993). Long-term outcome for children with autism who received early intensive behavioral treatment. American *Journal on Mental Retardation, 97*(4), 359-372.

Mesibov, G. B. (1993). Treatment is encouraging. *American Journal on Mental Retardation, 97,* 359-372.

Meyer, L. S., Taylor, B. A., Levin, L., & Fisher, J. R. (2001). Alpine Learning Group. In J. S. Handleman & S. L. Harris (Eds.), *Preschool education programs for children with autism* (2nd ed., pp. 135-155). Austin, TX: PRO-ED.

Michael, J. (2007). Editorial. *Analysis of Verbal Behavior, 23,* 1-2.

Mueller, M., Palkovic, C. M., & Maynard, C. S. (2007). Errorless learning: Review and practical application for teaching children with pervasive developmental disorders. *Psychology in the Schools, 44*(7), 691-700.

Naoi, N., Yokoyama, K., & Yamamoto, J. (2007). Intervention for tact as reporting in children with autism. *Research in Autism Spectrum Disorders, 1,* 174-184.

National Research Council (2001). *Educating children with autism.* Washington, DC: National Academy Press.

Newman, B., Reinecke, D., & Ramos, M. (2009). Is a reasonable attempt reasonable? Shaping versus reinforcing verbal attempts of preschoolers with autism. *Analysis of Verbal*

Behavior, 25, 67-72.

Nuzzolo-Gomez, R., Leonard, M. A., Ortiz, E., Rivera, C. M., & Greer, R. D. (2002). Teaching children with autism to prefer books or toys over stereotypy or passivity. *Journal of Positive Behavior Interventions, 6,* 60-67.

Partington, J. W. (2006). *The assessment of basic language and learning skills: An assessment, curriculum guide, and skills tracking system for children with autism or other developmental disabilities. ABLLS-R protocol.* Pleasant Hill, CA: Behavior Analysts.

Piven, J., Harper, J., Palmer, P., & Arndt, S. (1996). Course of behavioral change in autism: A retrospective study of high IQ adolescents and adults. *Journal of the American Academy of Child and Adolescent Psychiatry, 35,* 523-529.

Reed, P., Osborne, L. A., & Corness, M. (2007). The real-world effectiveness of early teaching interventions for children with autism spectrum disorders. *Exceptional Children, 73,* 417-433.

Rocha, M. L., Schreibman, L., & Stahmer, A. C. (2007). Effectiveness of training parents to teach joint attention to children with autism. *Journal of Early International, 29*(2), 154-172.

Sallows, G. O., & Graupner, T. (2005). Intensive behavioral treatment for children with autism: Four-year outcome and predictors. *American Journal on Mental Retardation, 110,* 417-438.

Sheinkopf, S. J., & Siegel, B. (1998). Home-based behavioral treatment of young children with autism. *Journal of Autism and Developmental Disorders, 28,* 15-23.

Skinner, B. F. (1938). *The behavioral of organisms: An experimental analysis.* New York, NY: Appleton-Century.

Skinner, B. F. (1957). *Verbal behavior.* New York, NY: Free Press.

Smith, T. (2001). Discrete trial training in the treatment of autism. *Focus on Autism and Other Developmental Disabilities, 16,* 86-92.

Smith, T., Eikeseth, S., Klevstrand, M., & Lovaas, O. I. (1997). Intensive behavioral treatment for preschoolers with severe mental retardation and pervasive developmental disorder. *American Journal on Mental Retardation, 102,* 238-249.

Smith, T., Groen, A. D., & Wynn, J. W. (2000). Randomized trial of intensive early intervention for children with pervasive developmental disorder. *American Journal of Mental Retardation, 105,* 269-285.

Smith, T., Klevstrand, M., & Lovaas, O. I. (1995). Behavioral treatment of Rett's disorder: Ineffectiveness in three cases. *American Journal of Mental Deficiency, 100*(3), 317-322.

Smith, T., & Lovaas, O. I. (1997). The UCLA Young Autism Project: A reply to Gresham and McMillan. *Behavioral Disorders, 22,* 202-218.

Smith, T., Mruzek, D. W., Wheat, L. A., & Hughes, C. (2006). Error correction in discrimination training for children with autism. *Behavioral Interventions, 21,* 245-264.

Snell, M. E., & Brown, F. (2006). *Instruction of students with severe disabilities* (6th ed.). Upper Saddle River, NJ: Prentice-Hall.

Stahmer, A. C., & Schreibman, L. (1992). Teaching children with autism appropriate play in unsupervised environments using a self-management treatment package. *Journal of Applied Behavior Analysis, 25*(2), 447-459.

Summers, J., & Szatmari, P. (2009). Using discrete trial teaching to teach children with Angelman syndrome. *Focus on Autism and Other Developmental Disabilities, 24*(4), 216-226.

Sundberg, M. L. (2008). *VB-MAPP: Verbal behavior milestones assessment and placement program guide. A language and social skills assessment program for children with autism or other developmental disabilities.* Concord, CA: AVB Press.

Sundberg, M. L., & Michael, J. L. (2001). The benefits of Skinner's analysis of verbal behavior for children with autism. *Behavior Modification, 25,* 698-724.

Sundberg, M. L., & Partington, J. W. (1998). *Teaching language to children with autism or other developmental disabilities.* Danville, CA: Behavior Analysts.

Sundberg, M. L., & Partington, J. W. (1999). The need for both discrete trial and natural environment language training for children with autism. In P. M. Ghezzi, W. L. Williams, & J. E. Carr (Eds.), *Autism: Behavior analytic perspectives* (pp. 139-156). Reno, NV: Context Press.

Taubman, M., Brierley, S., Wishner, J., Baker, D., McEachin, J., & Leaf, R. B. (2001). The effectiveness of a group discrete trial instructional approach for preschoolers with developmental disabilities. *Research in Developmental Disabilities, 22,* 205-219.

Trembath, D., Balandin, S., & Rossi, C. (2005). Cross-cultural practice and autism. *Journal of Intellectual and Developmental Disabilities, 30,* 240-242.

Venter, A., Lord, C., & Schopler, E. (1992). A follow-up study of high-functioning autistic children. *Journal of Child Psychology and Psychiatry, 33,* 489-507.

Watanabe, M., Yamamoto, J., & Kobayashi, S. (1990). Teaching survival skills (shopping) to children with developmental disabilities: Task analysis and shaping techniques. *Japanese Journal of Special Education, 28,* 21-31.

Whalen, C., & Schreibman, L. (2003). Joint attention training for children with autism using behavior modification procedures. *Journal of Child Psychology and Psychiatry and Allied Disciplines, 44*(3), 456-468.

Wilczynski, S. M., Menousek, K., Hunter, M., & Mudgal, D. (2007). Individualized education programs for youth with autism spectrum disorders. *Psychology in the Schools, 44*(7), 653-666.

Wilder, L. K., Dyches, T. T., Obiakor, F. E., & Algozzine, B. (2004). Multicultural perspectives on teaching students with autism. *Focus on Autism and Other Developmental Disabilities, 19,* 105-113.

Winterling, V. M., Dunlap, G., & O'Neill, R. E. (1987). The influence of task variation on the aberrant behaviors of autistic students. *Education and Treatment of Children, 10*(2), 105-119.

Winzer, M. A., & Mazurek, K. (1998). *Special education in multicultural contexts.* Upper Saddle River, NJ: Prentice Hall.

Wolf, M. M., Risley, T., & Mees, H. (1964). Application of operant conditioning procedures to the behavior problems of an autistic child. *Behavior Research and Therapy, 1,* 305-312.

Yamamoto, J., & Mochizuki, A. (1988). Acquisition and functional analysis of manding with autistic students. *Journal of Applied Behavior Analysis, 21,* 57-64.

05
발달-개인차-관계 중심 모델

Sima Gerber

소아정신과 의사인 Stanley Greenspan과 아동 심리학자인 Serena Wieder는 자신들의 저서인 『특별한 요구 아동(The Child with Special Needs)』에서 **발달-개인차-관계 중심 모델(Developmental, Individual-Difference, Relationship-Based[DIR®] Model)**을 아동 발달 분야에 소개하였다(Greenspan & Wieder, 1998). 이 모델은 발달장애를 지닌 아동, 특히 자폐 범주성 장애를 지닌 아동의 진단과 중재를 위한 독특하고 종합적인 발달적 접근이다. 이 접근법은 아동 발달, 신경과학, 자폐 범주성 장애, 조기개입 등의 이론적 배경 및 임상적 연구에 기반하고 있다. DIR 모델은 그 범위나 발달적, 대인관계적, 생물학적, 맥락적 구성요소를 진단과 중재 과정에 통합한다는 점에서 다른 많은 현대적 접근법과 차별화된다.

DIR 패러다임에서는 다음과 같은 세 가지 구성요소를 다룬다: (1) 아동의 기능적 정서적 발달 수준, (2) 아동의 **개별적인 정보처리 프로파일(individual processing profile)**, (3) 아동과 양육자 간 관계. 이 모델은 아동 및 대인관계 발달의 폭넓은 범위와 발달이 제대로 이루어지지 않을 때 아동과 가족이 겪게 되는 어려움을 다루는 복잡성을 반영하고 있다.

DIR 모델을 받아들이는 교육자와 중재자는 문제를 지닌 아동이 다양한 발달 영역에서 어려움을 보인다는 사실과 한 영역의 발달상의 문제(예: 감각 처리)가 다른 영역에 심각한 영향을 미칠 수 있고(예: 사회적 상호작용) 이 모든 것이 가족의 생활 및 관계에 영향을 미친다는 사실을 인지한다.

1. 모델의 구성요소

DIR 중재자의 주요 목표는 아동과 가족의 프로파일을 작성하는 것이다. 이것은 모델의 세 가지 주요 구성요소를 기초로 이루어진다: "D"는 아동의 사회적-정서적-상징적 발달을 포함하는 기능적 정서 *발달(developmental)* 단계를 말함(〈표 5-1〉 참조); "I"는 감각, 운동, 언어 능력에서의 *개인(individual)* 차이를 뜻함(〈표 5-2〉 참조); "R"은 양육자-아동 *관계(relationships)*를 말함.

DIR 접근의 핵심적인 혁신과 기초는 이 접근법이 생애 초기의 일반적 발달의 특징인 기능적 정서 발달 단계(functional emotional developmental levels: FEDLs)에 관심을 기울인다는 점에 있다(본 장의 뒷부분에서 더 자세히 설명함).

> 기능적 정서 발달 단계(FEDLs) 접근법은 정서적 *기능*을 특성화하는 방법을 제공함과 동시에 발달의 모든 구성요소(인지, 언어, 운동기술)가 정해진 정서 목표를 위해 (정신적 팀으로서) 어떻게 함께 작용하게 되는지 볼 수 있는 방법을 제공한다. 따라서 이 모델에서 정서적 능력은 모든 발달적 구성요소가 *기능적인* 방법으로 함께 일할 수 있게 해주는 오케스트라 단장과 같은 역할을 하게 된다(Greenspan, De Gangi, & Wieder, 2001 p. xiii).

기능적 정서 발달 단계는 공유된 관심과 조절(regulation), 교류 및 관계 맺기, 양방의 의도적인 의사소통, 복잡한 문제해결, 창의적인 표상 및 정교화 그리고 표상적 분별과 정서적 사고를 말한다(〈표 5-1〉 참조). 아동의 기능적 정서 발달 단계에 대한 이해는 임상가, 교사, 부모를 위해 DIR 진단 및 중재의 중심을 잡아준다. 중재목표는 아동의 개별적인 정보처리 프로파일(감각 조절, 감각 처리, 감각-감정 처리, 운동 계획 및 순서, 〈표 5-2〉 참조) 맥락 내에서 기능적 정서 발달 단계 또는 그 이상의 발달을 촉진하는 것이다. 예를 들어, 어떤 아동은 그네를 타고 있을 때 가장 높은 수준의 사회-정서적 참여를 이룰 수 있는 반면에 다른 아동은 운동계획 요구가 최소화될 때 상호작용을 가장 잘할 수 있다. 또한, 부모-아동 상호작용 유형은 DIR 모델의 이론과 임상의 핵심이다. 실제로 부모가 자녀의 개별적인 정보처리 유형을 고려하여 어떻게 하면 자녀를 더 높은

〈표 5-1〉 기능적 정서 발달 단계 및 일반 아동이 이 수준에 도달하는 나이

단계	연령	정서적 능력
1. 공유된 관심 및 조절	출생~3개월	중다감각적이고 감정적인 경험에 관심을 보이는 동시에 차분하고 조절된 상태를 보일 수 있다(예: 양육자의 움직임을 쳐다보고, 듣고, 시선으로 쫓아가기).
2. 교류 및 관계 맺기	2~6개월	양육자와 교류할 수 있고 양육자에게 감정적 선호와 기쁨을 명백하게 나타낸다(예: 양육자에게 즐거운 미소와 애정을 보임).
3. 양방의 의도적인 의사소통	4~9개월	양방향의 전상징적 몸짓 의사소통을 시작할 수 있고 그에 반응할 수 있다(예: 서로 주고받는 미소와 발화 교환에 참여함).
4. 복잡한 문제해결	9~18개월	일련의 양방향 사회적 문제해결 의사소통을 조절할 수 있고(다양한 장면의 의사소통을 시작하고 마무리할 수 있음), 여러 장소에서 의사소통을 할 수 있고, 정서적 양극성을 통합하고, 싹트기 시작하는 자신과 타인의 전표상적 체계를 종합할 수 있다(예: 선반에 있는 놀잇감을 갖기 위해 아빠의 손을 잡아당김).
5. 창의적인 표상(아이디어) 및 정교화	18~30개월	창의적이고 상상적인 사고의 기반으로 또는 상징에 의미를 부여하기 위해서 아이디어를 떠올리고 그것을 기능적으로 사용한다(예: 단어를 사용해서 상상놀이에 참여함).
6. 표상적 분별과 정서적 사고	30~48개월	논리를 세우기 위해서나 현실 검증을 위해서 또는 사고 및 판단을 위해서 서로 다른 아이디어를 연결할 수 있다. 아동이 가상 상황이나 실제 대화에서 정교화할 수 있고 "어떻게, 무엇을, 왜"라는 정교화를 계획해서 가상극이나 현실 대화에 깊이를 더할 수 있다(예: 의견 중심 대화에 참여하고 계획된 가상극을 정교화함).

출처: Greenspan (2004); Greenspan & Wieder (1998).

〈표 5-2〉 개별적인 정보처리 프로파일의 요소

정보처리 프로파일 요소	설명
감각 조절	각각의 감각 양식(예: 촉각, 청각, 후각, 시각, 운동감각)에서 나타나는 과소한 또는 과다한 활동을 포함함
감각 처리	각각의 감각(청각, 시공간) 처리에서 나타나는 순서와 추상적 패턴을 등록, 해독, 이해하는 능력을 포함함
감각-감정 처리	각각의 양식에서 나타나는 감정을 처리하고 반응하는 능력 및 의도와 감정을 운동 계획과 순서, 언어 그리고 상징에 연결시키는 능력을 포함함
운동 계획 및 순서	활동, 행동, 그리고 사고, 단어, 시각 이미지, 공간 개념 등의 상징의 순서를 정하는 능력을 포함함

출처: Interdisciplinary Council on Developmental and Learning Disorders (2005).

기능적 정서 발달 단계에 도달하도록 도울 것인지 알 수 있도록 안내하는 것은 DIR 중재자의 주요 목표다.

2. 모델에 적합한 대상 아동

DIR은 자폐 범주성 장애 아동을 위한 진단과 중재로 알려져 있지만 감각-처리 및 조절장애, 언어 지연 및 장애, 인지장애, 애착장애와 같은 다양한 발달장애를 지닌 아동의 경우에도 이 모델의 발달에 대한 통합적 관점을 통해 유익을 얻을 수 있다. 정서 발달이 나타나는 연령 범위가 넓을 뿐만 아니라 발달지체 아동이 나이보다 어린 발달 수준에서 기능하기 때문에 이 접근법은 영아, 유아, 학령기 아동, 청소년에게 이르기까지 적용될 수 있다. 마찬가지로, 이 패러다임을 사용해서 모든 언어 및 의사소통 단계에 있는 아동을 가르칠 수 있다. 다른 접근법이 아닌 이 접근법을 택하게 되는 이유는 특정 장애 영역이나 발달적 언어 수준을 위한 적합성 때문이기보다는 인간 발달 및 발달적 어려움을 바라보는 중재자의 관점으로 인한 것이다.

3. 서비스 전달 모델과 방법

서비스 전달 모델은 이론적 또는 임상적 틀 만큼이나 다양하다. 따라서 DIR팀에 의해 개발된 가정 프로그램, 학교 프로그램, 특정 치료, 생의학적 중재 그리고 상담을 통한 가족 지원 모두가 중재 계획에 포함된다. 아동과 함께 일하는 팀은 다양한 분야의 전문가로 구성되고 통합된 프로그램을 만들기 위해 긴밀하게 협력한다.

*DIR*이라는 용어는 *마루놀이*라는 용어와 잘못 혼용되곤 한다. DIR이 포괄적인 진단 및 중재 모델인 데 반해 마루놀이(Floortime)는 DIR 접근법의 특정 중재 전략 중 하나다. 마루놀이는 여섯 가지 기능적 정서 발달 단계(FEDLs)를 거치는 동안 나타나는 자발적이고 발달적으로 적합하며 종종 일대일로 이루어지는 상호작용을 말한다.

자발적인 상호작용이 DIR 접근법의 특징인 것은 사실이지만 반구조화 또는 구조화된 학습 활동 또한 각 아동의 프로그램에 포함된다. 이와 같은 대안의 사용 여부는 아동의 발달적 능력, 중재 우선순위, 아동이 참여하는 학습의 맥락 그리고 아동의 정보처리 프로파일에 달려 있다.

DIR 중재 전략은 아동이 하루 중 경험하는 다양한 학습 환경(예: 일대일 상호작용, 소집단 및 대집단 상호작용)에 맞게 수정될 수 있다. 아동의 학교 프로그램에서는 개별적인 자발적 상호작용을 반구조화된 문제해결 상호작용으로 보완할 수 있다. 그러나 이와 같이 더 구조화된 상호작용에서도 아동의 의도와 아이디어를 우선순위에 놓기, 지시적이기보다는 지원적으로 교수하기, 아동의 개별적인 감각 정보처리 요구 다루기 등을 포함하는 마루놀이 원칙은 교육적 접근의 핵심이 되어야 한다.

4. 대상자와 중재 관련성 및 목표를 결정하기 위한 진단

DIR 접근의 주요 서비스 대상은 자폐 범주성 장애, 달리 분류되지 않는 전반적 발달장애, 아스퍼거 증후군 아동이다. 그러나 앞에서도 언급하였듯이 DIR 접근은 진단, 연령, 기능수준에 상관없이 발달지체나 장애를 경험하는 모든 아동에게 진단 모델로 사용될 수 있다.

DIR 진단(아래에 설명됨)에 의하면 아동은 다음의 네 가지 관계 및 의사소통 관련 신경발달장애(neurodevelopmental disorders of relating and communicating) 중 하나의 유형으로 기능한다고 할 수 있다. 이 유형들은 발달 및 학습장애에 관한 간학문적 위원회(Interdisciplinary Council on Developmental and Learning Disorders)의 「영유아기 진단 매뉴얼(Manual for Infancy and Early Childhood: ICDL-DMIC)」에 제시되어 있다(ICDL, 2005). 네 가지 유형(〈표 5-3〉 참조)은 발달 영역 내와 영역들 간의 기능 수준과 개인차를 뜻한다. 여기에는 관계 맺기, 상호성, 공유된 문제해결에 간헐적인 능력을 보이는 어려움이 덜한 아동뿐만 아니라 교류와 상호성에서 일시적인 능력만을 보이고 다양한 퇴행을 경험하는 더한 어려움을 겪는 아동도 포함된다.

DIR의 기능적 발달 평가는 그 자체가 지니는 포괄적인 특성으로 인해서 의사, 정신건강 전문가, 언어병리학자, 작업치료사, 교사 등의 다학문적 전문가 팀에 의해 이루어진다. DIR 진단 패러다임은 앞에서 언급한 세 가지 주요 구성요소를 지닌다: 기능적인 정서 발달 단계(FEDLs), 개인차 프로파일, 양육자-아동 관계. 이들 각각에 대해서는 다음 부분에서 설명하고자 한다.

기능적 정서 발달 단계(FEDLs) 상에서 아동이 어디쯤 위치해 있는지 아는 것은 진

〈표 5-3〉 관계 및 의사소통 관련 신경발달장애

유형	설명
유형 I 제한된 초기 상징	이 집단에 속한 아동은 주의집중하기, 관계 맺기, 상호적 상호작용, 공동의 사회적 문제해결(지원을 받아서), 의미 있는 아이디어를 사용하기 시작하기에서 간헐적인 능력을 보인다. 일반적으로 이 집단에 속한 아동은 급속한 진보를 보인다.
유형 II 제한된 의도적 문제해결	이 집단에 속한 아동은 주의집중, 관계 맺기, 약간의 주고받는 상호적 상호작용에 있어서 간헐적인 능력을 보이고, 공동의 사회적 문제해결 및 단어 모방에서 매우 일시적인 능력을 보인다. 이 집단의 아동은 꾸준히 진보하는 경향을 보인다.
유형 III 간헐적으로 교류하고 의도적인	이 집단의 아동은 주의집중과 교류에 있어서 일시적인 능력을 보이고 약간의 주고받는 상호적 상호작용에 참여할 수 있다(많은 지원을 받아서). 이 집단의 아동은 약간의 단어를 외워서 반복할 수는 있지만 단어와 아이디어를 사용할 능력이 없는 경우가 많다. 이 유형의 아동은 느리지만 꾸준하게 진보한다.
유형 IV 목적이 없고 의도적이지 않은	이 집단의 아동은 세 번째 유형의 아동과 비슷하지만 다양한 형태의 퇴행을 보인다. 이들은 경련장애와 같은 다양한 신경학적 문제를 보이기도 한다. 이 유형의 아동은 매우 느리게 진보하는 경향이 있다.

출처: Interdisciplinary Council on Developmental and Learning Disorders (2005).

단에서 매우 중요하다. 기능적 정서 진단 척도(Functional Emotional Assessment Scales; Greenspan et al., 2001)나 사회-정서 성장 차트(Social-Emotional Growth Charts; Greenspan, 2004)와 같은 진단 도구를 사용해서 아동의 기능적 정서 발달 단계를 파악할 수 있다. 다른 모든 발달 진단에서와 마찬가지로 연령이 각 수준과 관련되기는 하지만, DIR에서는 아동의 나이보다는 아동의 강약점을 종합함으로써 기능적 수준과 중재 목표를 결정한다. 각 수준은 다음과 같다(각 수준에 대한 자세한 정보는 〈표 5-1〉 참조).

1. 공유된 관심 및 조절 (출생~3개월)
2. 교류 및 관계 맺기 (2~6개월)
3. 양방의 의도적인 의사소통 (4~9개월)
4. 복잡한 문제해결 (9~18개월)
5. 창의적인 표상(아이디어) 및 정교화 (18~30개월)

6. 표상적 분별 및 정서적 사고 (30~48개월)

자폐 범주성 장애를 지닌 많은 아동의 경우에 중재는 초기 발달 수준에 초점을 맞추게 되는데, 왜냐하면 이러한 수준이 확장된 정서, 사회, 인지 및 언어 능력의 기초를 형성하기 때문이다.

DIR 모델의 두 번째 구성요소인 아동의 개별적 정보처리에 대한 진단은 중재목표 선정뿐만 아니라 아동을 위한 최상의 학습 환경을 결정하는 데에도 필수적이다. 예를 들어, 공간 내에서 자신의 위치를 알기 위해 움직여야만 하는 아동이 있다면 언어병리학자는 활동 중에 이 아동에게 책상에 앉아 있기를 기대하지는 않을 것이다. 이와 같이 개인차에 관한 더욱 확실한 이해는 DIR 모델의 다학문적 성향이 어떻게 아동의 치료 또는 교육 경험 전반에 영향을 미치는지 강조한다. DIR 모델에서 진단되는 개별적 정보처리의 네 가지 영역은 감각 조절, 감각 처리, 감각-감정 처리, 그리고 운동 계획 및 순서(〈표 5-2〉 참조)다.

DIR 모델의 세 번째 구성요소인 양육자-아동 상호작용 및 가족 유형에 대한 설명 또한 진단 패러다임과 중재의 핵심 요소다. 중재자는 부모와 상호작용하는 동안 아동을 관찰함으로써 어떤 유형이 이 부모-자녀 쌍에게 일반적인 것인지 이해할 수 있게 된다. 예를 들어, 부모가 아동과의 상호작용에서 더 지시적인지 아니면 덜 지시적인지, 아동의 단서와 신호를 부모가 얼마나 잘 읽는지, 그리고 부모가 참여를 촉진하기 위한 적절 수준의 자극을 알아낼 수 있는지를 알게 된다. 이렇게 유형을 파악하고 난 후에는 부모가 아동의 발달 단계를 이해하고, 아동의 개인차가 어떻게 학습, 교류, 세상에서의 기능성에 영향을 미치는지 알고, 아동의 발달을 촉진하기 위해 어떻게 스스로의 상호작용 유형을 수정할 것인지 알 수 있도록 안내한다.

다음은 DIR 진단 절차를 요약한 개요로, 각 단계는 개별 아동과 가족의 요구에 따라 달라질 수 있다(ICDL, 2005).

1. 태아기 및 발달력
2. 다음의 가설을 세우기 위한 아동-양육자 상호작용에 대한 2회 이상의 관찰 회기
   • 아동의 기능적 정서 발달 단계
   • 개별적 정보처리 프로파일
   • 양육자 상호작용과 가족 유형

3. 다음을 포함하는 운동 및 조절-감각 처리에 대한 평가
   - 감각 조절
   - 감각 처리
   - 감각-감정 처리
   - 운동 계획 및 순서
4. 생의학적 진단(예: 영양상의 필요, 약리학적 중재, 가정에서의 알레르기 유발 물질에 대한 노출을 줄이기 위한 환경적 중재)
5. 말과 언어 평가
6. 신경심리학적 및 교육학적 진단을 포함하는 인지 기능 평가
7. 가족 구성원, 가족 유형, 가족 요구에 대한 정신건강 평가

기능적 정서 진단 척도(Functional Emotional Assessment Scale: FEAS; Greenspan et al., 2001)는 DIR 과정에서 핵심적인 진단 도구로 사용된다. 이 척도는 아동의 기능적 정서 발달 단계(FEDLs)를 결정하고 아동과 양육자 간 상호작용의 특성을 판별하기 위해 사용한다. 여기서 내려진 결정은 다시 아동의 개별적 프로파일에 기반을 둔 중재 계획을 세우는 데 사용되고 아동의 성취를 측정하기 위한 기초선으로 사용된다.

DIR 접근을 사용하는 전문가는 기능적 정서 진단 척도 외에도 「영유아기 진단 매뉴얼(ICDL-DMIC)」(ICDL, 2005)을 사용해서 다양한 발달 영역의 기능을 측정한다. 진단 매뉴얼의 각 영역은 다양한 전문가가 사용할 수 있다. 예를 들어, 언어병리학자는 진단 매뉴얼의 언어 습득과 언어장애 영역에 기반을 두고 진단을 할 수 있는 반면에 언어병리학자가 아닌 전문가는 전형적인 언어 및 말 발달을 개관하는 영역을 읽는 식이다. DIR 전문가는 발달의 다양한 영역을 이해할 의무가 있고 「영유아기 진단 매뉴얼」은 모든 영역에 대한 기초 지식을 제공해 준다.

5. 이론적 배경

DIR 모델은 발달과 관련된 인지, 언어, 사회성, 정서, 감각, 운동 그리고 인간관계 패러다임의 정보를 통합한 간학문적 발달 모델이다. 언어 습득에 대한 인지 및 사회적 상호작용 모델(Bates, 1975; Bloom & Lahey, 1978; Bloom & Tinker, 2001; Piaget, 1955)에서와

같이 DIR 모델은 발달 단계의 역할을 우선순위에 두고 부모-아동 상호작용이 발달 과정을 이해하는 열쇠라고 여긴다. DIR 모델이 다른 모델과 다른 점은 아동의 정서적 경험이 가장 기초가 된다고 생각하며 정서적 교환이 상징 형성과 지능을 주도한다고 본다.

Greenspan과 Shanker(2004)는 사람이 어떻게 사고하고 상징을 사용하도록 배우는지에 관해 언급하면서, 생애 초기에 시작되는 타인과 정서적 신호를 교환하는 인간의 능력은 상징, 추상적 사고, 언어 그리고 사회적 집단이 기능할 수 있게 해주는 다양하고 복잡한 정서적 사회적 기술의 발달로 이어진다고 주장하였다. 연구(Seigel, 1999; Tronick, 2007)에 따르면 두뇌의 특정 영역의 발달은 이 정서적 신호의 교환에 막대한 영향을 받는다. 가장 큰 영향을 받는 부분은 언어 및 사고를 관장하는 고위대뇌피질, 계획과 문제해결을 관장하는 전두엽피질, 그리고 공포나 두려움 같은 기본 감정을 처리하는 잠재상징(subsymbolic) 시스템과 대뇌피질의 상징적 능력을 연결해주는 통합 통로다.

> 정서(무한한 수의 미묘하게 변화된 형태로 경험하게 되는)는 점진적인 변화를 통해서 경험을 조직화하고 경험에 의미를 부여한다. 따라서 정서는 정신의 수많은 기능을 위한 건축가나 오케스트라 단장의 역할을 하게 된다. 지능으로 가는 각 단계에서 정서는 인지, 언어, 운동, 감각 그리고 사회적 경험을 조정한다(Greenspan & Shanker, 2004, p. 51).

Greenspan과 Shanker(2004)는 더 나아가서 아동과 양육자 간의 상호적인 경험을 통해서 아기가 생리적-감각 시스템에서 처음 경험하게 되는 정서는 개인 내 및 개인 간 발달의 원동력이 된다고 주장하였다.

1) 주요 가설

DIR 모델의 기본 가설은 전형적 또는 비전형적 발달의 특성, 관계 맺기나 사고하기 또는 의사소통 발달에 있어서의 감정의 역할, 부모-아동 상호작용의 역할 그리고 진단과 중재의 특성과 관련된다. 기본 가설을 보다 구체적으로 설명하면 다음과 같다.

1. 어린 시기의 전형적인 발달은 여섯 가지 기능적 정서 발달 단계 및 아동의 개별적인 정보처리 프로파일로 설명할 수 있다.

2. 아기와 양육자 간의 정서 신호와 상호작용이 기능적 발달 능력으로 가는 길을 닦아준다.
3. 아동의 기능적 정서 발달의 손상은 개별적 정보처리 프로파일과 관련될 수 있다.
4. 기능적 정서 단계의 발달을 방해하게 되면 발달장애가 나타날 가능성이 높아진다.
5. 감정(정서)은 사고하기, 관계 맺기, 의사소통하기 발달의 안정적 기반이 된다.
6. 진단은 아동의 기능적 정서적 발달 능력, 개별적 정보처리 유형, 양육자-아동 상호작용을 진단할 수 있는 다양한 영역의 전문가에 의한 광범위한 관찰을 포함한다.
7. 중재는 아동의 기능적 정서 수준을 높여주고, 개별적 정보처리 요구를 치료적으로 그리고 생의학적으로 다루고, 부모 상호작용을 지도하고, 가정과 학교 프로그램을 개발하는 간학문적 프로그램을 포함한다.

2) 기능적 성과

DIR 모델이 간학문적 모델이기 때문에 목표 영역도 감정, 사회, 인지, 언어, 감각, 운동 등 유아기의 모든 발달 영역을 포함한다. 중재의 우선순위는 공유된 관심으로부터 교류, 양방향 의사소통, 복잡한 문제해결, 상징 및 아이디어 사용 그리고 마침내 상징과 아이디어를 논리적으로 연결하기로까지 나아갈 수 있도록 아동의 능력을 촉진하는 데 있다. 중재 절차 전반에 걸쳐 아동의 발달 단계를 진단함으로써 중재 성과를 측정한다.

DIR 모델 내에서 일하는 다양한 학문 영역의 전문가는 기능적 정서 발달 단계(FEDLs) 외에도 자신의 전문 분야 모델에 기초한 기능적 성취목표인 개별적 정보처리 목표를 수립한다. 예를 들어, 「영유아기 진단 매뉴얼(ICDL-DMIC)」(ICDL, 2005)의 언어 패러다임은 말, 언어, 의사소통에서의 중재목표를 결정하는 데 도움을 주는 진단을 포함한다. 여기서 제시된 것과 약간 다르게 언어 발달 및 중재를 개념화한 「감정-기반 언어 교육과정(Affect-Based Language Curriculum)」(Lewis & Greenspan, 2005)은 DIR 중재의 보다 구조화된 보조자료로 개발되었다. 이는 부모가 마루놀이와 반구조화된 상호작용을 조합함으로써 다룰 수 있는 말 또는 언어 목표의 자세한 목록을 제공한다.

3) 언어 강조 및 개념화

(1) DIR 모델의 언어 패러다임 개발

말, 언어, 의사소통은 DIR 모델에서 다루는 많은 발달 영역 중 하나다. 언어 습득 과정에 대해 보다 완전하게 설명하고 전형적인 언어 습득과 관련된 최신 이론과 DIR 모델의 광범위한 간학문적 이론에 기초하는 진단 및 중재 절차를 제공하기 위한 노력으로 임상가들로 대책위원회(Cawn et al., 2005)를 구성하여 전형적 및 비전형적 발달에 대한 관점을 제공하는 패러다임을 개발하였다(ICDL, 2005). 이 패러다임은 자폐 범주성 장애 아동이 주로 결함을 보이는 발달 영역을 재검토하고 기존 절차 및 언어 진단에 대한 보완적인 접근법을 제공한다. 이 패러다임은 DIR 모델과 관련되며 보통 전통적인 말과 언어 진단에서 잘 다루지 않는 공유된 관심이나 감정 교류와 같은 특정 발달적 모달리티(modalities)를 강조한다는 점에서 다른 유사한 개념과 구별된다.

언어 발달 단계 위원회는 전형적인 언어 습득에 관한 문헌연구를 통해 얻은 정보를 검토하고 정리한 후에 여섯 단계의 말, 언어, 의사소통 발달을 개관하였다. 각 언어 단계에 대응하는 생물학적 연령에 대한 정보도 제시하기는 했지만, 실제로 현장에서는 특정 아동을 설명하기 위해서 연령보다는 각 양식에 대한 발달 프로파일을 종합한 정보에 따른다. 언어 패러다임이 독립적으로 개발된 것은 사실이지만, 초기 언어 발달 단계에 대한 묘사는 기능적 정서 발달 단계(FEDLs)에서의 묘사와 비슷하다. 초기 발달에서 전형적으로 나타나는 기초 능력에 대한 관점의 유사성은 용어가 중복되는 이유를 설명해 준다. 「영유아기 진단 매뉴얼(ICDL-DMIC)」에 묘사된 여섯 가지 언어 발달 단계는 다음과 같다:

1. 자기 조절 및 세상에 대한 관심 (출생~3개월)
2. 관계 형성 및 감정과 발성의 동시성 (2~7개월)
3. 의도적인 양방향 의사소통 (8~12개월)
4. 첫 단어: 몸짓과 단어로 의미 공유 (12~18개월)
5. 단어 조합: 상징을 사용한 경험 공유 (18~24개월)
6. 초기 대화: 다른 사람과의 상호적인 상징적 상호작용 (24~36개월)

모달리티 각 언어 단계에서는 특정 모달리티에서의 전형적인 발달을 고려한다. 각각의 모달리티는 언어 습득 및 성공적인 의사소통의 핵심이라고 여겨지는 발달의 한 측면을 대표한다. 각 언어 단계에서 관찰되는 행동은 진단과 중재에서 무엇을 다루어야 할지에 대한 기본 정보를 제공해준다. 모달리티는 다음과 같다:

- 공유된 관심
- 감정 교류
- 상호성
- 공유된 의도
- 공유된 형태 및 의미
- 초기 담화
- 감각 처리 및 선별
- 운동 계획

언어 단계 2(관계 형성 및 감정과 음성의 동시성)에 해당하는 언어 패러다임의 형태에 관한 예를 보려면 〈표 5-4〉를 참고하면 된다. 각 모달리티마다 선정된 행동이 나열되어 있다. 중재자는 양육자와의 자연스러운 상호작용 중에 아동을 관찰함으로써 아동이 각 행동(예: 몸짓과 음성을 동반한 눈맞춤을 사용해 관심 조절하기, 미소나 찌푸리기 등을 사용해 다른 사람의 감정 상태에 맞추기, 발성을 양방향 감정 교환의 일부로 사용하기)을 보이는지 알 수 있다. 아동이 아직 배우지 못한 행동은 언어 중재의 목표가 된다.

(2) 언어 패러다임의 사용

이러한 패러다임을 사용하게 되면 각 모달리티에서 아동의 기능 수준을 결정할 수 있다. 진단의 주요 맥락은 아동이 양육자나 중재자와 상호작용하는 동안 관찰하는 것이다. 여기서 사용되는 분석은 양적 분석이기보다는 분명하게 질적 분석이라고 할 수 있다. 분석의 목표는 각 모달리티에서 아동의 수준별 능력을 역동적으로 묘사하는 것이다. 이는 중재자가 언어 이해와 산출을 위한 중재목표를 판별할 수 있게 해준다. 이 패러다임을 사용할 때 중재자는 목표 선정에 있어 융통성이 있어야 한다. 왜냐하면 아동이 모달리티마다 다른 수준일 수 있기 때문이다. 패러다임 상에서 더 높은 수준인 아동의 경우에는 아동의 말, 언어, 의사소통 상의 강약점 프로파일을 완성하기 위해 언어

〈표 5-4〉 언어 발달 2: 관계 형성 및 감정과 발성의 동시성(2~7개월)

모달리티	행동의 예
공유된 관심	• 몸짓과 소리를 동반한 시선을 사용해 관심을 조절한다. • 사람과 사물 간에 시선을 이동할 수 있다.
감정 교류	• 감정 단서(미소, 찌푸림 등)를 사용해서 다른 사람의 감정 상태에 맞춘다. • 양육자와 감정 교환에 참여한다.
상호성	• 양방향 정서 교환의 요소로 발성을 사용한다. • 초기 몸짓(손 뻗기), 옹알이, 초기 옹알이(cooing, 역자 주: 옹알이 이전에 생애 초기부터 아기가 내기 시작하는 소리)를 사용해 다른 사람과의 상호작용을 시작한다.
공유된 의도	• 행동을 조절하려는 다른 사람의 의도에 반응하고 양육자에게서 안정을 찾으려고 한다. • 사물로 관심을 끌려고 하는 다른 사람의 의도에 반응하기 시작한다.
공유된 형태와 의미	• 양육자의 감정 상태를 식별한다. • 기쁨과 슬픔을 소리로 나타낸다. • 발성의 크기와 높이를 다양하게 한다.
감각 처리 및 선별	• 먼 곳에서 소리가 들려오는 것을 안다. • 다양한 장소에서 양육자와의 상호작용에 참여한다. • 어떤 소리는 편안해하고 어떤 소리는 불편해한다.
행동 계획	• 양육자와 함께 만지기, 보기, 듣기를 통해 리듬감 있는 움직임에 참여한다. • 손 뻗기, 잡기, 팔 올리기 등의 몸짓으로 의사소통적 의도를 나타내기 시작한다.

출처: Interdisciplinary Council on Developmental and Learning Disorders (2005).

샘플링(Lahey, 1988)을 통한 부가적 진단과 정식 진단이 필요하다.

기존의 몇몇 말-언어-의사소통 진단 및 중재는 서로 비슷한 언어 및 의사소통 발달 영역을 목표로 한다. 「의사소통 및 상징 행동 척도(Communication and Symbolic Behavior Scale: CSBS™)」(Wetherby & Prizant, 2002), 「SCERTS®(Social Communication, Emotional Regulation, and Transactional Supports) 모델」(Prizant, Wetherby, Rubin, Laurent, & Rydell, 2006), 「More Than Words」(Sussman, 1999), Communicating Partners(MacDonald, 2004), 그리고 「반응성 교수(Responsivity Teaching)」(Mahoney & Perales, 2005) 등의 부모 훈련 프로그램이 이에 해당된다. 분명한 것은 이러한 프로그램들이 「영유아기 진단 매뉴얼(ICDL-DMIC)」(ICDL, 2005)보다 더 완전하게 개발된 종합적인 프로그램이라는 사실이다. 그럼에도 불구하고, 공유된 관심, 감정 교류, 반응성과 같은 모달리티에 대해 고려하는 것은 언어 패러다임을 DIR의 초기 기능적 정서 발달에

연결시켜줄 뿐만 아니라 중재자로 하여금 언어 발달의 기원을 조작할 수 있게 해준다. 더욱이 「영유아기 진단 매뉴얼(ICDL-DMIC)」의 언어 패러다임은 아동이 말을 할 수 있는 경우에도 여전히 언어의 기본 토대를 이루기 위해 배우고 있는 중이라는 사실을 알려준다.

6. 임상적 배경

몇몇 연구와 검토는 DIR 접근이 발달적 결함을 가진 아동에게 효과적이라고 보고한다. DIR/마루놀이 모델의 증거가 되는 첫 번째 연구는 아동 200명의 차트를 되짚어 검토한 연구였다(Greenspan & Wieder, 1997). 진단 시 연령이 22개월에서 4세 사이였던 이 아동들은 (1) 미국정신의학회의 「정신장애 진단 및 통계 매뉴얼(Diagnostic and Statistical Manual of Mental Disorders [3rd ed., rev., and 4th ed.])」(American Psychiatric Association, 1987, 1994)에 따른 자폐 또는 달리 분류되지 않는 전반적 발달장애 기준을 충족하였고, (2) 「아동기 자폐 평정 척도(Childhood Autism Rating Scale: CARS)」(Schopler, Reichler, & Rochen-Renner, 1988)에서 자폐 범주에 속하는 30점에서 52점 사이의 점수를 받았으며, (3) 평가 및 중재에 2년 이상 참여하였다. 이들은 최소 2년간 DIR 모델에 따른 중재를 받았고 이후 8년 동안 계속 추적되었다. 결과에 따르면, DIR 중재 2년 후에 58%의 아동이 관계 형성 능력, 다른 사람과의 감정 교류 능력, 주고받는 자발적 구어 의사소통 순환에 참여하는 능력 등에서 "좋음에서 뛰어남" 성취 집단에 속하였다. 이 집단의 아동은 아동기 자폐 평정 척도 상에서 자폐가 아닌 범위의 집단으로 이동하였다.

2005년에 Wieder와 Greenspan은 원래 연구에서 큰 진보를 보였던 16명의 자폐 범주성 장애 아동을 대상으로 한 10년에서 15년 후의 추적연구 결과를 발표하였다. 이들의 평균 연령은 13.9세였다. 이들은 2세에서 8.5세 사이에 2~5년의 종합적인 중재 프로그램(마루놀이와 DIR 상담 포함)에 참여하였다. 연구자들은 이들이 공감 능력을 보이고 창의적이며 사색적이라고 묘사하였으며, 또한 이들이 좋은 또래 관계와 학업 성취를 보였다고 보고하였다.

2007년에 Solomon, Necheles, Ferch, Bruckman은 PLAY(Play and Language for Autistic Youngsters) Project Home Consultation의 결과를 발표하였다. 이 프로그램에서

자폐 범주성 장애 아동의 부모는 DIR/마루놀이 모델의 훈련을 받았다. 이 연구는 68명의 아동을 대상으로 하였으며, 부모는 8개월에서 12개월 동안 자녀와 주당 15시간의 일대일 상호작용 프로그램에 참여하였다. 기능적 정서 진단 척도(FEAS; Greenspan et al., 2001)를 사용한 중재 전후 검사에서 45.5%의 아동이 좋음 또는 매우 좋음에 해당하는 기능적 발달 성취를 나타냈다. 프로그램에 대한 부모 만족도는 90%였다.

DIR/마루놀이 기반 중재에 대한 첫 번째 무작위 대조군 연구는 캐나다 York 대학교의 Milton and Ethel Harris Research Initiative(MEHRI)에서 실시되었다. 이 연구의 예비 결과는 International Meeting for Autism Research에 보고되었다(Casenhiser, Shanker, & Stieben, 2010). 이 연구는 연령과 언어 기능을 기반으로 층화추출한 후에 무작위로 두 집단 중 하나에 배정된 51명의 아동을 대상으로 이루어졌다. 한 집단은 DIR 기반의 중재를 받았고 다른 집단은 주로 행동주의 기반의 "지역사회 중재"를 받았다. DIR 중재는 중재자와 함께 하는 주당 2시간의 중재로 구성되었으며, 그 외에도 DIR 패러다임의 특징인 부모와 함께 하는 마루놀이 중재 20시간이 포함되었다. 지역사회 중재 집단은 주로 언어치료, 응용행동분석, 작업치료 등으로 구성된 주당 4시간의 행동중재를 받았다.

Mahoney의 「아동 행동 평정 척도(Child Behavior Rating Scale)」 수정판(Kim & Mahoney, 2004)을 사용해서 녹화된 부모-아동 간 놀이 상호작용에 나타난 다음의 다섯 가지 변인이 부호화되었다: 공동관심 시작, 활동에의 관심, 참여, 상호작용에서의 즐거움, 순응. MEHRI 집단의 아동은 지역사회 중재 집단의 아동보다 순응을 제외한 모든 척도에서 유의하게 높은 성취를 보였다. 사회적 상호작용 행동의 증가가 언어 발달을 예측할 수 있는지 알아보기 위해 회귀분석을 실시하였다. 이 관계는 척도 전체에서 발견되었는데, 가장 강력한 예측 변인은 참여 및 공동관심 시작이었다. 효과크기(Cohen's *d*)는 0.51부터 1.02였다. 예상했던 대로 사회적 상호작용의 다양한 측면을 증진시키기 위한 중재는 언어 발달에 명백한 영향을 미친다(Kasari, Paparella, Freeman, & Jahromi, 2008 참조).

DIR 접근의 긍정적인 효과를 지지해주는 두 개의 연구가 최근에 발표되었다. Pajareya와 Nopmaneejumruslers(2011)는 경도에서 중도에 이르는 자폐 범주성 장애 아동을 대상으로 한 예비연구를 실시하였다. 참여한 아동의 부모들은 DIR의 전반적 주제에 관한 가정 중심 훈련을 받았다. 이 훈련은 아동의 단서 관찰하기, 아동의 주도 따르기, 아동의 특정 기능적 정서 발달 단계(FEDL)에 맞는 마루놀이 기법 실행하기를 포함하였다. 부모는 3개월 동안 자신들의 일상적인 일과에 주당 평균 15.2시간의 DIR/마루놀이 중재를 더하였다. 중재 집단은 기능적 정서 진단 척도(FEAS; Greenspan et al., 2001)로 측정한 교류, 관계 맺기, 의사소통 측면에서 유의한 향상을 보였다.

Dionne와 Martini(2011)는 단일대상연구 방법을 사용한 연구결과를 발표하였다. DIR 훈련을 받은 작업치료사가 3세 반 자폐 아동의 어머니에게 마루놀이 전략을 가르쳤다. 이 전략은 즐거운 방해를 사용해 의사소통의 장을 확장하기, 자는 척하는 등의 방법으로 아동의 놀이에 참여하기, 감각 과부하 판별하기 등을 포함하였다. 기초선 회기에 비해 중재 회기에서 의사소통 장의 빈도가 현격하게 증가하였다. 게다가 어머니도 자녀와 더 일상적인 놀이 환경에서 상호작용하는 경험을 즐겼다고 보고하였다.

이와 같은 결과는 부모가 자녀와의 놀이 교환 상황에서 반응적인 사회적 상호작용 전략을 사용하도록 가르치는 것의 실행 가능성과 영향에 대해 논한 많은 중재 연구의 결과와 일치한다. McConachie, Randle, Le Couteur(2005)와 Girolametto, Sussman, Weitzman(2007)에 따르면 부모의 반응성이 높아지면 아동의 어휘, 의사소통 빈도, 그리고 차례 주고받기 일과 참여가 증가하였다. 다른 연구에서도 부모가 자신들의 상호작용 유형을 변화시켜 관계 및 반응성을 촉진하도록 배운 후에 아동의 공동관심, 의사소통 시작행동, 교류 시간, 표현언어가 증가하였다(Aldred, Green, & Adams, 2004; Mahoney & Perales, 2005; Siller & Sigman, 2002).

마지막으로, 2009년에 국가표준프로젝트(NAC, 2009)에서 1957년부터 2007년 가을 사이에 간행된 자폐 중재에 관한 교육적 행동적 연구에 대한 문헌 검토 결과를 발표하였다. 중재는 다음과 같은 네 가지 종류로 분류되었다: 효과가 입증된 중재, 효과가 나타나기 시작한 중재(emerging treatments), 효과가 입증되지 않은 중재, 효과가 없는/해로운 중재. DIR은 효과가 나타나기 시작한 중재로 분류되었다. 즉, "효과에 대한 어느 정도의 증거가 있지만 진정한 효과에 대해 자신 있게 말할 만큼 증거가 충분하지는 않은"(p. 9) 중재 중 하나다. 국가표준프로젝트는 부모, 교사, 서비스 제공자가 중재를 선택할 때 중재 효과뿐만 아니라 다른 요인들도 고려하도록 권장한다. 즉, 부모와 서비스 제공자는 전문가의 판단과 자료에 기반한 임상적 제안뿐만 아니라 자폐 범주성 장애인 자신과 가족, 양육자의 가치와 선호도를 고려해야 한다(NAC, 2009).

7. 실행을 위한 요구사항

DIR 모델을 실행하기 위한 요구로는 인적 자원에 대한 고려가 이루어져야 한다. 즉, 가족과 일할 전문가의 수, 이 전문가들이 제공할 중재의 시간, 그리고 부모의 시간과 에너지 소비가 고려되어야 한다.

DIR 프로그램에서 각 아동은 하루 종일 여러 차례에 걸쳐 개별화된 중재 회기(이상적으로는 6~8회의 20분간의 회기)에 참여한다. 아동이 매우 어리고 하루 대부분의 시간을 집에서 보내는 경우 마루놀이 상호작용은 DIR 전문가(심리학자, 언어병리학자, 작업치료사, 교사)의 지도를 받은 부모에 의해 촉진된다. 다른 종합적인 프로그램과 마찬가지로, 아동의 개별적 정보처리 요구(예: 작업치료, 시공간 훈련)는 DIR 프로그램의 핵심 구성요소로 종종 중재의 우선순위가 되곤 한다. 학교 프로그램에 참여하는 나이가 더 많은 아동은 하루 전반에 걸쳐 DIR 관점을 공유하는 다양한 전문가가 이끄는 개별 또는 소집단이나 대집단 상호작용에 참여한다. 기대할 수 있는 최상의 예는 아동과 일하는 전문가 팀이 정기적으로 만나 방해요인과 진보에 대해 논의하면서 각자의 노력을 병합하는 것이다.

이상적으로는 아동과 주로 일하는 DIR 전문가는 DIR 자격을 가진 사람이거나 자격을 취득하기 위한 과정 중에 있는 사람이어야 한다. 자격증 취득 과정은 특정 훈련에 참여하고, 하계 프로그램에 참여해 자신이 하는 일을 간학문적 전문가 팀 및 DIR 교수진에게 보고하며, DIR 교수진으로부터 지속적인 임상 감독을 받는 것을 포함한다. 현재 이 과정은 접근성을 높이고 다양한 수준의 전문가 훈련을 제공하기 위해서 검토 중이다(http://www.ICDL.org와 http://www.Profectum.org 참조).

8. 주요 구성요소

1) 목표와 활동

(1) 목표

DIR 목표는 사회-정서, 감정, 언어, 감각, 조절, 운동 계획, 시공간 등의 다양한 영역의 기술뿐만 아니라 가족 상호작용의 유형을 다룬다. 본 장에서 논의된 철학적 관점은 DIR 중재와 관련된 이러한 유형의 큰 그림의 사고를 하도록 이끌어준다. 뿐만 아니라, DIR이 개별화된 중재인 것은 사실이지만 많은 학교에서 DIR/마루놀이 원리를 채택하고 그것을 학업 프로그램 내의 집단 환경으로 해석해 내었다.

어떠한 경우에도 아동의 필요나 가족의 자원과 관련된 목표가 우선순위를 갖게 되는 것이 사실이지만, DIR 프로그램에서는 동시에 간학문적 목표도 표적으로 삼는다. 다양한 학문 분야에 걸쳐 DIR 자격을 가진 중재자의 수가 많지 않기 때문에 이 접근법을 선택한 가족은 자녀의 프로그램을 위해 DIR 자격을 가진 중재자와 교사를 모집하거나 경우에 따라서는 자녀와 일하는 교사와 중재자의 훈련을 지원하는 데 적극적인 역할을 해야 할 수도 있다.

여섯 개의 기능적 정서 단계는 각 수준에서 목표로 삼는 특정 행동과 관련해서 생각해야 한다(〈표 5-1〉 참조). 실제로 개별화 교육 프로그램(IEP)에서와 마찬가지로, 목표는 각 단계가 교육적 또는 임상적 패러다임으로 쉽게 전환될 수 있도록 조작적으로 정의되어야 한다(Wieder & Kalmanson, 2000). 예를 들어, 기능적 정서 발달 단계(FEDLs)의 1단계인 공유된 관심 및 조절 수준에서의 전형적인 목표는 "아동이 선호하고 즐기는 감각 및 운동 양식을 사용한 감각운동적 상호적 놀이에서 아동이 특별한 성인과의 공유된 관심을 유지한다."(Wieder & Kalmanson, 2000, p. 299)일 수 있다. 반면에, 더 높은 수준에서의 목표는 "아동이 또래와의 상호작용에서 공유된 관심을 유지한다."(p. 299)일 수 있다. 단계 3인 양방향 의도적인 의사소통 단계에서의 전형적인 목표는 "아동이 욕구와 관련해서 의도적인 상호작용을 시작하고(의사소통의 장 열기) 시작행동에 대한 성인의 반응 이후에 의사소통의 장을 닫는다."(p. 299)일 수 있다. 이후 단계에서의 목표는 "성인이 매개가 되었을 때 아동은 또래와의 참여를 유지한다."(p. 299)일 수 있다. 6단계인 표상적 분별 및 정서적 사고 단계에서의 전형적인 목표는 "아동이 상징놀이와 현실기반 대화 모두에서 상징적 의사소통의 장을 모두 닫는다."(p. 300)일 수 있지만, 이후 단계에서의 목표는 "아동이 다른 사람이나 등장인물이 보이는 행동의 동기를 파악하고 다른 관점과 감정을 이해한다."(p. 300)일 수 있다.

의사소통의 장을 열고 닫는 것은 이 모델의 핵심적인 구성요소다. 이 접근법에서 아동의 아이디어와 관심이 어디에 있는가가 성인 상호작용의 기반이 된다. 아동은 시작행동이나 물건이나 사람에 대한 관심을 표현함으로써 의사소통의 장을 연다. 양육자는 상호작용에 참여하고 확장함으로써 이 시작행동을 따른다. 아동은 그 이후에 성인에게 반응하거나 또는 새로운 시작행동이나 관심을 가지고 새로운 의사소통의 장을 시작하게 되면서 의사소통의 장을 닫는다. 이 교환에서 아동은 점점 더 자신의 행동을 인식하게 되고 양육자는 점점 더 아동의 자아감과 흥미에 대해 인식하게 된다. 이러한 관심을 존중하고 아동이 이끄는 대로 따름으로써 성인은 아동의 아이디어를 확장하고 아동이 더 높은 발달적 단계로 올라가도록 도전하기 위한 환경을 조성할 수 있다(Breinbauer, 2010).

예를 들어, 아동이 쳐다보면서 손을 뻗으면 이 아동은 의사소통의 장을 여는 것이다. 부모가 마주 봄으로써 반응을 하면 이것은 아동의 행동을 기반으로 한 것이다. 아동이 이에 대해 미소, 발성, 손 뻗기 또는 심지어 돌아서기 등으로 부모에게 반응을 한다면 아동은 의사소통의 장을 닫는 것이다. 부모가 놀잇감을 쥐고 있거나, "놀고 싶지 않니?"라고 말하거나, 아동의 발화를 따라 함으로써 아동의 반응에 대해 반응을 보이고, 아동은 쳐다보기, 미소 또는 손 움직임 등의 또 다른 몸짓으로 반응을 보이면 이들은 새로운 의사소통의 장을 열고 닫은 것이다(Greenspan & Wieder, 1998, pp. 76-77).

(2) 활동

교육 환경에서 아동의 발달을 지원하기 위해 세 가지 유형의 DIR 활동이 사용된다(ICDL, 2005): (1) 마루놀이 또는 성인이나 또래가 아동의 주도를 따르고 아동의 아이디어와 의도를 확장하도록 촉진하는 자발적 상호작용, (2) 아동이 문제해결과 창의적 사고를 하도록 격려 받는 역동적 상호작용을 통해 특정 학습목표가 다루어지는 반구조화된 문제해결 상호작용, (3) 정보처리 문제를 다루기 위한 운동, 감각, 지각운동, 시공간 활동.

DIR 목표는 다양한 발달 분야에 걸쳐 수립되기 때문에 활동은 특정 분야만의 독특한 것일 수 있다. 예를 들어, 작업치료사는 감각 체육관(sensory gym)에서 아동의 감각 프로파일을 다루기 위한 활동을 하게 된다. 말 또는 언어 목표를 위해서 임상가는 아동 및 부모와 함께 놀이 중심의 자발적 상호작용에 참여할 뿐만 아니라 아동의 언어 이해 문제를 다루기 위한 반구조화된 활동에도 참여한다. 교사는 교실 내 대집단 활동에 목표를 삽입시킨다. 정신건강 전문가는 부모와 매주 만나 아동의 어려움, 형제자매에게 미치는 영향, 부부의 결혼생활과 관련된 문제에 대해 함께 논의할 수 있다.

마지막으로, 아동이 더 높은 발달 수준에 이르게 하는 목표는 마루놀이 전략을 사용해서 성취될 수 있다. 이때 사용되는 전략은 놀이 또는 기타 자연적 상호작용의 맥락 활용하기, 아동을 상호작용으로 끌어들이기 위해 생생한 감정 상태 사용하기, 얼마나 수준이 낮고 반복적인가에 상관없이 아동의 주도와 아이디어 따르기, 아이디어와 상호작용의 확장을 위해 발판교수 제공하기, 아동을 재미있게 함으로써 반응성 촉진하기, 아동의 의도적 행동뿐만 아니라 비의도적 행동 모두에 반응함으로써 시작행동 촉진하기, 부모가 상호작용 전략을 개발하도록 지도하기, 활동을 계획할 때 아동의 감각 및 조절 요구 고려하기 등을 포함한다(Wieder, 2004).

2) 부모 지도

중재 과정에서 부모-아동 관계를 우선순위로 두는 프로그램은 부모-아동 관계가 건강한 발달의 핵심이고 부모가 자녀의 성장에 정서적으로 가장 많은 투자를 하는 주체라고 믿기 때문에 그렇게 한다. 부모는 발달을 위한 최고의 촉진자일 뿐만 아니라 국립연구위원회(National Research Council; Lord & McGee, 2001)에서 제안한 중재 강도를 제공할 수 있는 사람으로 여겨진다. 따라서 부모는 자녀의 상호작용과 의사소통 학습을 위해서 없어서는 안 될 존재다. DIR 접근은 식사, 목욕, 책 읽기 등의 매일의 일과 중에 자연스럽게 발생하는 상호작용을 통해 부모가 자녀의 언어 및 사회-정서적 주 촉진자가 될 수 있도록 도와준다. 중재자의 역할은 자녀에 대해 가장 잘 알고 있으면서도(Longtin & Gerber, 2008) 이들이 사회적-정서적-상징적으로 발달하도록 돕는 방법에 대한 특정 교육을 필요로 할 수도 있는 부모와 협력적이고 존중적인 동반자 관계를 맺는 것이다.

전형적인 DIR 회기에서 부모는 어떻게 DIR 원칙을 사용하는지에 대한 중재자의 제안을 들으면서 동시에 자녀와의 놀이에 참여한다. 부모는 아동이 주도하는 대로 따르고, 아동의 관심의 초점에 같이 참여하고, 높은 수준의 감정과 즐거움을 사용하고, 상호작용을 즐김으로써 의사소통의 장 또는 아동과의 지속적인 주고받는 교환을 촉진하도록 격려를 받는다. 중재자는 상호작용적 흐름과 더 높은 수준의 상징적 능력을 가로막는 장해물에 관한 질문과 염려를 다루면서 부모와 함께 의사소통을 되짚어 본다. 중재자는 또한 아동의 감각 및 조절 문제에 관한 부모의 이해를 높이고, 부모가 어떻게 이를 피하거나 다룰 수 있을지 시범을 보인다. 예를 들어, 부모는 아동이 큰 치료용 공 위에서 위아래로 움직이게 함으로써 잘 조절된(예: 조용한, 기민한, 주의를 집중한) 상태를 유지하도록 도울 수 있고 그렇게 함으로써 정서적 상호작용, 면대면 상호작용 기회, 발성을 증진시킬 수 있다.

자폐 범주성 장애 아동을 위한 프로그램에서 부모 참여는 당연한 형태지만, 간학문적 기반을 갖춘 역동적 부모 지도는 많은 언어병리학자에게 익숙하지 않은 중재 과정일 수 있다. DIR 틀 안에서 중재를 제공하는 언어병리학자는 이러한 지도 과정을 훈련받을 필요가 있다. 부모-아동 관계가 DIR 중재에서 선호하는 맥락이라는 점을 생각한다면 DIR 중재자는 프로그램 내에서 지도자의 역할을 감당하기 위해(아마도 반성적 감독[reflective supervision]을 통해) 부모 상담과 관련된 학습을 할 의무가 있다.

9. 의사결정을 위한 자료 수집

DIR 모델 내에서 이루어지는 아동의 강점과 어려움에 관한 초기 및 지속적인 진단은 「기능적 정서 진단 척도(FEAS)」(Greenspan et al., 2001), 「영유아기 진단 매뉴얼(ICDL-DMIC)」(ICDL, 2005)의 언어 모델, 개별적 정보처리 프로파일 등의 전형적 발달에 관한 다양한 패러다임에 기초한다. 진보 평가는 진단 빈도나 변화를 측정하기 위한 도구 판별의 측면에서 학문 영역마다 다를 수 있다. 예를 들어, 언어병리학자는 아동의 언어 발달 성취를 측정하기 위해 언어 샘플링(Lahey, 1988; Systematic Analysis of Language Transcripts[SALT], Miller, 2010)을 사용할 수 있다. 다른 모든 학교 프로그램과 마찬가지로, DIR 학교 프로그램에서도 시간에 따른 아동의 진보를 표시하고 사용하는 전략의 효율성을 점검하기 위해 자료를 수집해야만 한다. 〈표 5-5〉에 제시한 몇 가지 익숙한 절차는 DIR 교육 환경에서 사용될 수 있다.

DIR 모델은 종합적인 특성을 지니기 때문에 이러한 방식으로 일하는 중재자는 아동의 진보가 없을 때 모든 발달 영역을 살펴서 진보를 방해하는 것이 무엇인지 알아내야 한다. DIR 모델의 장점 중 하나는 발달상의 광범위함이라고 할 수 있는데, 이는 간학문적 사고 범위를 확장시키고 결과적으로 아동의 능력에 대해 통합적으로 이해할 수 있게 해주기 때문이다. 그러나 이러한 광범위함은 또한 아동의 개별화 중재 프로그램에 변화가 필요할 때 중재자나 교사가 넓은 범위의 가능성에 정통해야 한다는 의무를 지운다. 간단히 말하면 DIR 전문가는 아동의 발달 지연에 대한 깊은 이해를 위해 언제 누구와 상담해야 할 것인지 알 수 있도록 모든 발달 영역에 대한 충분한 지식을 갖추어야 한다.

〈표 5-5〉 발달-개인차-관계 중심(DIR) 모델의 자료 수집 절차 및 방법

- 반응 백분율의 변화를 표시한다. 예를 들어, 30%의 의사소통의 장을 닫는 행동을 보이는 아동을 위한 구체적인 목표는 50%의 의사소통의 장을 닫는 행동을 보이는 것이다.
- 반응 횟수의 변화를 표시한다. 예를 들어, 만일 아동이 20회의 의사소통의 장을 열고 닫는다면, 다음 목표는 50회의 의사소통의 장을 열고 닫는 것이거나 다섯 번 중 세 번은 반응을 보이는 것이다.
- 목표를 위한 시간 간격을 표시한다. 예를 들어, 일주일 동안 또는 다음 3개월 동안 등으로 표시한다.
- 목표를 위해 사용되는 시간의 양을 표시한다. 예를 들어, 10분씩 하루에 8회 등으로 표시한다.
- 기능적 정서 진단 척도(FEAS)의 사용을 고려한다. 이 척도는 신뢰도가 입증되어 있고 각 수준별 예시를 제공한다. 기능적 정서 진단 척도는 중재 전후에 사용할 수 있다.
- 학교, 놀이터, 가정 등 아동이 각 발달 능력을 보일 맥락을 표시한다.
- 아동이 발달 능력을 자발적으로 보일 것인지 또는 자연적 촉진(예: 상호작용 중 질문)을 통해 보일 것인지를 표시한다.
- 아동이 독립적으로 발달 능력을 보일 것인지 표시한다.

출처: Wieder & Kalmanson (2000).

특정 아동이 대안적 치료(예를 들어, 영양제)를 통해 이득을 얻을 수 있는지에 대해서는 DIR 의사가 고려하게 된다(Robinson, 2011). 아동과 가족의 요구가 계속 변화하고 비전형적인 발달은 기복이 심하다는 현실로 인해서 교사와 중재자는 발달을 위한 가능한 경로에 대해 열린 마음을 가져야 한다는 것이다. 따라서 DIR 전문가가 반성적 감독을 받도록 격려하는 것은 중재자가 자신의 관점, 편견, 감정적 반응이 중재 결정에 어떠한 영향을 미칠 수 있을지에 대해 더 민감해질 수 있도록 도와준다.

10. 문화 및 언어 배경이 다른 아동을 위한 고려

DIR 모델이 개별화된 접근이라는 특징을 갖는다는 점을 고려한다면 문화 및 정서적으로 다양한 아동과 일하는 중재자는 이 모델의 사용을 편안하게 느낄 수 있다. 실제로 현재 호주, 중국, 콜롬비아, 아일랜드, 이스라엘, 이탈리아, 스페인, 터키, 영국을 포함한 여러 나라에서 DIR 인증을 받은 중재자가 활동하고 있다. 여러 나라에서 정신과 의사, 언어병리학자, 작업치료사, 교사, 정신건강 전문가 등의 주요 전문가가 지역사회에 DIR 모델을 도입하고 DIR 사고를 자신들이 함께 일하는 아동과 가족에게 적용하고 있으며, 미국의 DIR 지도자를 초청하여 훈련을 받고 있다.

11. 적용을 위한 고려

적용 사례: 아동

DIR 모델이 어떻게 발달적 언어 목표에 통합될 수 있는지 설명하기 위해 여기서는 퀸즈대학교 언어청각센터(Queens College Language-Hearing Center)에서 4년간 중재를 받았던 아동에 관해 이야기하려고 한다. 이 아동이 받았던 DIR 중재의 두 시점, 즉 처음 중재를 시작했던 5세와 9세에 관해 설명하고자 한다.

민기는 3세에 자폐 범주성 장애 진단을 받았고 DIR 중재 시작 전인 3~5세에 강도 높은 응용행동분석 중재를 받았다. DIR 중재로 옮긴 이유는 민기의 어머니가 아들이 받는 응용행동분석 중재의 특성 및 일상생활로의 일반화 부족에 대해 걱정했기 때문이었다. 또한 어머니는 민기의 참여가 늘지 않고 공유된 감정 능력이 부족하다는 것도 인지하였다. 당시 사용하던 강화 체계도 어머니를 걱정하게 만들었는데, 왜냐하면 비디오 시청과 같은 민기의 "집착행동"이 강화로 사용되었기 때문이다. 마침내 어머니는 왜 주의집중과 같은 특정 행동이 보상을 받아야 하는지에 의문을 갖게 되었다. 어머니는 DIR에 기반을 둔 언어 중재와 DIR 원리에 바탕을 둔 부모 지도 프로그램에 관심을 보였기 때문에 저자에게 의뢰되었다.

〈DIR과 언어 진단: 5세〉

DIR 관점에서 민기를 소개하기 위해서 민기의 기능적 정서 발달 단계(FEDLs)와 개별적 감각 프로파일부터 살펴보겠다. 다섯 살에 민기는 지속적이고 예측 가능한 지원이 있을 때 첫 네 개의 기능적 정서 발달 단계에서 '고립된 능력(ilands of capacity)'(역자 주: 전반적으로 능력이 낮지만 특정 분야에서 비범한 능력을 보이는 것을 말함)을 보였다. 민기는 아직 표상과 아이디어 창조하기 또는 표상적 분별과 정서적 사고 같은 높은 수준에 도달하지 못했었다. 개별적 감각-처리 프로파일과 관련해서, 특히 감각 조절과 관련해서 민기는 청각, 촉각, 미각에 과잉반응을 보였다. 감각 처리와 관련해서는 원하는 물건을 관찰하고 집중할 수 있었고 눈에 띄는 시각 자극을 구별할 수 있었다. 그러나 응시하기를 통해 공동관심을 시작하고 반응하는 데 어려움을 보였다. 감각-감정 처리 영역에서 민기는 의도와 감정을 언어를 포함한 상징 사용에 연결시키는 데 어려움을 보였다. 마지막으로, 운동 계획과 순서 관련해서 민기는 목표가 명확하고 좋아하는 놀잇감 몇 가지가 있는 놀이 상황에서 아이디어를 낼 수 있었지만 놀이 계획을 세우고 다양한 놀이 주제에 걸쳐 놀이 순서를 따르기는 어려워하였다.

양육자 유형을 분석하기 위해서 상호작용의 여섯 영역을 살펴보았고 1(낮음)에서 5(높음)까지의 척도로 평정하였다(기능적 정서 진단 척도[FEAS]; Greenspan et al., 2001). 이 진단의 목적은 보다 심도 있는 관계와 학습을 위한 아동의 가능성을 확장하기 위해 부모가 지원을 필요로 하는 상호작용 영역을 찾아내 돕는 것이다. 편안하게 해주기, 적절한 수준의 자극 찾기, 관계에 참여하기, 단서와 신호 읽기, 공동조절을 위해 효과적인 흐름 유지하기, 발달 격려하기 등을 포함하는 각 영역 모두에서 민기의 어머니는 높은 점수를 받았다. 모든 부모나 전문가가 다 그렇지는 않은데 민기 어머니는 타고난 DIR 중재자였다. 실제로 어머니와 중재자는 중재목표와 전략을 결정하기 위해 협력하였고, 중재 절차는 **대본언어(scripted language)**와 같은 아들의 행동에 대한 어머니의 해석으로 인해 강화되었다. *대본언어(또는 대본)*는 영화, 책, 텔레비전 쇼 등에서 온 구절, 문장, 더 긴 일련의 언어를 그대로 반복하는 것이다.

민기가 5세가 되었을 때 「영유아기 진단 매뉴얼(Diagnostic Manual for Infancy and Early Childhood)」(ICDL, 2005)의 인어 패러다임을 사용해 인어를 진단하였다. 공유된 관심, 감정 교류, 상호성은 24개월 일반 아동의 기대수준에 미치지 못하였다(〈표 5-2〉 참조). 이러한 능력은 어머니와의 상호작용에서만 간헐적으로 관찰되었다. 민기는 언어 이해와 산출에서 결함을 보였지만 스스로 만든 언어, 지연반향어, 대본언어 같은 언어 산출 쪽에 조금 더 강점을 보였다. 민기는 자신의 생각과 감정을 의사소통하기 위해 대본언어를 자주 사용하였다. 민기의 상징적 놀이 기술은 24개월 이하 수준이었고 대부분의 놀이가 탐색 수준이거나 원인-결과 놀이 수준이었다. 민기는 또래 상호작용에 참여하지 않았다.

• **언어 중재목표와 전략**

민기의 중재목표는 DIR 패러다임과 발달적 언어 모델에 기반을 두었다. 5세 때의 중재 초점은 공유된 관심, 감정 교류, 상호성, 성인(주로 어머니)과의 공유된 의도를 증진시키고; 좌절, 분노, 기쁨 등의 감정 상태에 대한 표현을 확장시키고; 민기가 원하는 대로 되지 않을 때 표출하는 극도의 분노와 공격성을 다룰 수 있도록 돕는 정서 조절을 촉진하고; 기차놀이, 서커스 놀이, 식물에 물 주기와 같은 좋아하는 활동과 관련해서 계획하지 않은 우발적인 놀이 계획의 발달을 촉진하고; 집에서 목표를 다룰 수 있도록 어머니에게 마루놀이 기법을 지도하는 것이었다.

민기를 위한 언어 중재의 초기 단계에서 언어 이해와 산출은 두 번째 목표였다. 공유된 관심, 교류, 상호성, 공유된 의도, 조절, 감정 표현, 놀이를 위한 민기의 능력을 증진시키는 것이 우선순위였다. 왜냐하면 이러한 언어 기초가 많이 손상되어 있었기 때문이다. 민기의 주요 목표와 이와 같은

기능적 능력 아동이 성취한 가장 높은 수준 (1~6)까지 선을 그리시오.	1 성취하지 못함	2 지원이 있을 때 간헐적으로 관찰됨	3 높은 수준의 정서, 몸짓, 언어, 감각운동적 지원으로 구조화와 발판 교수가 주어질 때 일관성 있게 관찰됨	4 연령에 적합한 수준이 아님; 지원 없이도 간헐적으로 관찰됨	5 특정 맥락에서 연령에 적합한 수준임	6 온전한 범위의 감정 상태와 정서 주제를 보이는 연령에 적합한 수준으로 이 점수를 주려면 견고성과 주제의 수준을 고려해야 함
1. 공유된 관심 및 조절		→		⋯→		
2. 교류 및 관계 맺기		→		⋯→		
3. 양방향 의도적인 의사소통		→		⋯→		
4. 복잡한 문제해결 (간단한 두세 단계 행동과 놀잇감의 전상징적 기능적 사용)		→		⋯→		
5. 창의적인 표상 및 정교화(현실적인 아이디어를 대표하는 서너 단계의 순서를 연결; 정서적 주제의 정교화)	→		⋯→			
6. 표상적 분별 및 정서적 사고(아이디어를 연결; 추상적 주제의 정교화; 반성적 능력을 보임)	→		⋯→			

[그림 5-1] 민기의 5세 때(→)와 9세 때(⋯→)의 기능적 정서 발달 단계 진단

출처: Greenspan & Wieder (1998).

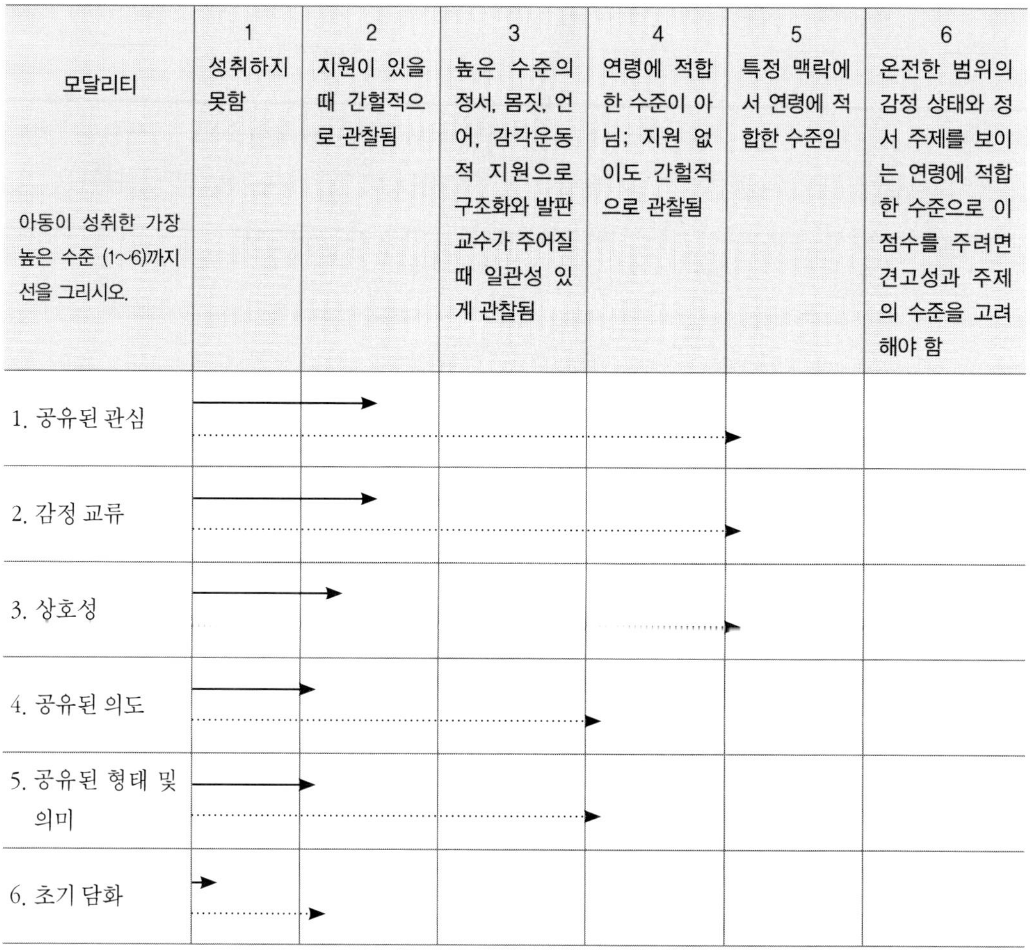

[그림 5–2] 민기의 5세 때(→)와 9세 때(···▸)의 말–언어–의사소통 진단

출처: Interdisciplinary Council on Developmental and Learning Disorders (2005).

능력은 아동과 양육자의 상호작용에서 주로 발달한다는 점을 고려하여 중재 회기 중의 주 상호작용자로 민기의 어머니가 주로 역할하였다.

중재 전략으로는 민기의 주도를 따르고 놀이의 초점이나 소개되는 놀이 주제(예: 기차놀이)의 빈도에 상관없이 민기가 하는 놀이에 계속 참여하기, 계획된 대본(예: 서커스 놀이)을 포함해서 민기가 좋아하는 놀이 각본에 따르고 역할 맡기, 민기의 아이디어를 다루기 위해 초기 형태–내용 관계를 시범 보이기, 어머니–아동 상호작용 내에서 목표를 촉진하도록 지도하기 등이 포함되었다.

• 절차와 진보

민기는 첫해에 치료사 및 대학원생 중재자들과의 관계를 잘 발전시켰다. 중재에 사용된 많은 놀이 상호작용은 식물에 물 주기나 서커스 놀이처럼 민기가 놀이에 도입한 대본을 중심으로 이루어졌다. 중재자는 점진적으로 각본을 추가하고(예: 인형이 서커스에서 공연하게 하기, 관중 추가하기, 성인을 공연에 포함시키기) 다시 민기가 흥미를 보이는 도식으로 되돌아가는 방식으로 대본을 확장하였다. 중재자가 수많은 다양한 놀이 도식을 소개하였음에도 불구하고 민기는 분명한 선호도를 보였고 놀이는 그러한 대본으로 돌아가곤 하였다.

기차놀이와 같이 민기가 보이는 고집스러운 흥미를 제한하지 않았다. 오히려 이런 흥미를 사용해서 상호작용을 촉진하였다. 예를 들어, 기차를 함께 찾고, 없어진 조각을 찾아내고, 놀이 주제에 사람을 추가하고, 민기가 좋아하는 곳(예: 맥도날드 식당)으로 기차를 가져갔다. DIR에서 제시한 바와 같이, 아동의 가장 큰 흥미에 연합하는 것은 일반적으로 더 큰 참여, 감정 표현, 이야기 흐름의 지속성을 가져온다. 실제로 시간이 지남에 따라 민기는 기차를 요구하지 않게 되었고 다른 놀이 가능성을 탐색하기 시작하였다. 감각-처리와 조절 요구를 다루기 위해서 민기는 자신의 몸으로 무엇을 할 수 있는지 탐색하도록 격려되었다.

DIR 기반 언어 중재의 첫해가 끝날 무렵에 민기의 참여 수준은 간단한 가상놀이(예: 괴물놀이)에 관련된 여러 차례에 걸친 정서적 상호작용으로부터 더 짧고 보다 분할된 상호작용에 이르기까지의 범위를 보였다. 민기가 가장 폭넓은 범위의 감정을 보인 것은 어머니와의 상호작용에서였는데, 이때에는 매우 긍정적인 감정, 유머, 좌절, 분노 등을 표출하였다.

직접적으로 다루지 않았음에도 불구하고, 민기의 언어 산출은 양적 및 질적으로 증가하였다. 어휘, 단어 조합, 초기 의미론-구문론 관계에서 가장 큰 변화가 관찰되었다. 민기는 기본 문법 구조(주어 더하기 동사 더하기 보어)를 사용해서 다양한 아이디어를 입력하기 시작하였으며(Lahey, 1988) 초기 의미론-구문론 복잡성을 보이기 시작하였다("볼스터[역자 주: 다른 베개를 지지하기 위해 아래에 까는 길고 딱딱한 베개]를 타고 싶어요."). 이와 같은 진보에도 불구하고, 다음의 발화에서도 알 수 있듯이 여전히 문장 구성의 어려움을 보였다: "식물이 씨앗하게 해도 되나요?(Can I make a plant some seed?)" "더를 집어넣어.(Put in the more.)" "부어 물 해도 돼요?(Can I water pour?)"더 중요한 것은 민기의 탈맥락화된 언어에 대한 이해가 계속해서 제한적이라는 점이었다.

앞에서도 언급하였듯이, 민기의 반복적인 언어 사용과 놀이는 이 두 가지 발달 영역 모두를 촉진하는 기회로 여겨졌다. 예를 들어, 괴물놀이에서 민기는 불을 끄고 방 밖으로 나간 후 중재자들이 코를 골며 잠을 잘 때까지 기다렸다가 돌아와서 그들을 놀라게 하였다. 그런 다음에 민기는 곧 잠자는 사람 중 하나가 되었고 괴물이 돌아오면 방 안의 다른 사람들과 함께 잡으려고 하였다. 놀이 도식에 있어서의 이와 같은 변화는 대본과 관련된 언어와 감정이 촉진되고 확장되게 해주었다.

〈DIR과 언어 진단: 9세〉

DIR 패러다임을 사용한 중재 프로그램이 시간이 지나면서 어떻게 변하는지 설명하기 위해서 민기의 9세 프로파일 구성요소의 일부를 설명하고자 한다. 기능적 정서 발달 단계(FELDs)를 살펴보면([그림 5-1] 참조) 민기의 정서 범위가 계속해서 어느 정도 제한되어 있는 것이 사실이지만, 특정 맥락에서는 처음 네 단계의 성취를 이루었다. 표상 및 정교화를 만들어내는 민기의 능력은 비록 상징놀이 능력이 지속적으로 제한되기는 했지만 확장되었다. 마지막으로, 지속적이고 예측 가능한 지원이 있을 때 민기는 표상적 분별 및 정서적 사고에서 고립된 능력(islands of capacity)을 보였다.

「영유아기 진단 매뉴얼(Diagnostic Manual for Infancy and Early Childhood)」(ICDL, 2005)에 따르면, 9세에 민기는 자발적이고 빈번한 의사소통을 하였다. 특정 맥락에서는 36개월 일반 아동 수준의 공유된 관심, 감정 교류, 상호성을 보였다([그림 5-2] 참조). 민기의 언어 이해와 산출은 어떤 면에서는 36개월 수준과 비슷했고 다른 면에서는 이보다 낮았다(예: "왜"라는 질문을 이해하고 답하는 데 있어서의 어려움). 민기는 계속해서 대본언어를 사용해서 자신의 생각과 감정을 전달하는 경우가 많았고, 상징놀이 기술은 36개월 아동 수준에 도달하기 시작하였다. 또래 상호작용에 관심을 보이기는 했지만 상호작용에 참여하고 유지하는 데에는 어려움을 겪었다.

• 언어 중재목표와 전략

중재목표는 계속해서 공유된 관심, 감정 교류, 상호성, 공유된 의도, 정서적 조절의 촉진에 중점을 두었다. 다음과 같은 목표가 새롭게 포함되었다: 다른 사람의 감정 상태에 대한 이해 향상시키기, 놀이 각본에서 새로운 놀이 도식과 이야기의 확장 촉진하기, 언어 이해를 향상시키되 특별히 "왜"라는 질문에 답하기, 상징놀이 능력(탈맥락화, 주제, 구성, 역할) 확장하기(Westby, 2000), 문제해결과 융통성 지원하기, "생각의 원리(theory of mind)" 관점 강화하기(Howlin, Baron-Cohen, Hadwin, & Swettenham, 1999).

중재 전략에 있어서는 DIR 사고와 발달적 언어 모델을 통합하여 사용할 절차를 이끌었다. 이 당시 중재자는 민기가 보이는 책에 대한 흥미를 이용해서 정서 주제 관련 표현 및 이해, 상징놀이 확장, 언어 이해를 다루었다. 민기의 대본언어는 계속해서 중재의 맥락으로 사용되었다. 중재자는 대본의 의미와 정서적 분위기에 합류하였고, 대본의 맥락 내에서 놀이에서의 역할을 맡음으로써 상호작용을 이끌어냈으며, 줄거리를 유지하면서 등장인물, 문제, 결과, 역할을 바꾸거나 더하였다. 여러 차례에 걸쳐 대본을 연기하였으며, 행동에 적절한 대본에 없는 언어도 시범 보였다.

• 절차와 진보

민기가 9세가 되었을 때 보인 가장 큰 진보 중 하나는 대학원생 중재자들과의 관계가 깊어졌다는 것이었다. 민기와 이들의 관계는 민기가 사람과 관계를 맺고 참여하는 능력에 있어서의 질적인 변화로 나타났다.

민기는 성인에게 자발적 언어와 사회적 언어("모두 안녕, 뭐하고 있어?")를 점점 더 많이 사용하게 되었고 이러한 언어는 언어 레퍼토리의 자연스러운 일부가 되었다. 책 읽기에 대한 흥미는 줄거리를 연기하는 것(예: Mercer Mayer의 헨젤과 그레텔)으로 이어졌다. 처음에는 정해진 대로만 연기하였지만 나중에는 역할 내에서 변화를 주기 시작하였고 결국에는 이야기의 끝부분 내용을 바꾸기도 하였다. 민기는 다양한 사물을 사용해서 매우 영리하게 재연을 했고 중재자의 제안(예: 바구니를 지하감옥으로 사용하기)을 쉽게 받아들였다. 민기는 헨젤 역할을 수없이 반복한 이후에 자신이 그레텔 역할을 하겠다고 선언한 날 자신의 성취에 대해 자랑스럽게 여기는 것이 분명해 보였다. 헨젤에서 그레텔로의 자발적이고 자기주도적인 역할 변화는 조급하게 다른 주제로 바꾸거나 연기하도록 지시하지 않고 줄거리를 여러 차례 반복해서 연기하게 함으로써 나타난 결과의 예라 할 수 있다.

민기의 대본이 언어 발달에 큰 역할을 한 것은 기쁜 일이지만 이러한 대본이 민기의 언어 이해 및 산출 상의 어려움을 계속해서 반영한다는 사실을 고려하게 되었다. 예를 들어, 9세 때 민기의 언어 이해 진단에 따르면 "무엇을(what), 누가(who), 어디서(where)"와 같은 초기 "wh" 형태는 숙달했지만, "왜(why)"나 "어떻게(how)"와 같은 나중에 발달하는 형태는 습득하지 못한 것으로 나타났다. 민기의 반응을 보면, 초기 전형적인 발달인 이해 유형 특징을 보이는데, 예를 들어 나중에 나타나는 질문 형태를 초기에 나타나는 형태로 해석해서 대답하였다("왜"라는 질문에 대해 "누구"라고 물은 것처럼 대답함).

언어 산출에 있어서는 스스로 만든 자발적인 언어 사용이 지속적으로 확장되었음에도 불구하고 생각과 감정을 전달하기 위해서 여전히 대본언어를 사용하였다. 사실 민기의 언어 발달을 오랜 시간에 걸쳐 연구할 기회가 있었기 때문에 이와 같은 대본언어가 아동의 의도 및 의미를 표현하는 데 미치는 지속적인 역할에 대해 깊이 감사하게 되었다. 비록 경험이 부족한 청자에게는 매번 명확히 보이지 않을 수도 있지만, 민기의 대본언어 사용과 실제로 민기가 의사소통을 하려고 했던 감정 및 생각 사이에는 관련이 있었다. 예를 들어, 중재 회기 중 초조함을 느꼈던 날 민기는 영화 〈카(Cars)〉의 등장인물이 두려움을 표현하기 위해 사용했던 대사를 빌려서 사용하였다.

이 부분을 마치기 전에 대본언어에 대한 DIR의 발달적 언어 접근이 다른 익숙한 중재 접근과 얼마나 다른지를 강조하고자 한다. 사실 보다 전통적인 접근에서는 중재자와 교사가 아동의 대본언어를 무시하고 성인이 제안하는 활동으로 인도하며, 성인이 결정한 활동과 관련된 언어 모델링을 제공하고, 아동이 대본언어로 돌아갈 때마다 아동에게 "지금은 그 얘기를 하지 않을 거야."라고 말하는 등의 태도를 보인다. 이러한 전략은 언어의 기원, 아동이 대본언어를 사용하는 이유, 그리고 대본언어가 갖는 개인 간 및 개인 내 기능에 관한 매우 다른 사고에서 나온 것이다. DIR 접근과 발달적 언어 접근에 따른 중재 원리는 민기의 대본언어를 다루기 위해 사용된 중재목표와 전략을 세우는 이론적 배경이 되었다. 이것은 감정 교류와 상호적 상호작용을 우선순위로 삼고, 아동의 생각의 내용을 따르며, 모든 행동을 의도와 의미가 있는 것으로 여기며, 아동의 아이디어가 언제나 자신의 것보다 중요하다고 인정하고, 그리고 먼저 아동의 감정과 생각과 언어에 합류한 후에 조심스럽게 확장시키는 등의 방법을 포함한다.

적용 사례: 청소년 또는 성인

본 장에서 특별히 논의되지는 않았지만 DIR 모델은 나이가 더 많은 아동, 청소년 그리고 성인에게 적합한 높은 수준의 기능적 정서 발달을 다룬다(Greenspan & Mann, 2001).

12. 앞으로의 방향

말할 것도 없이, 자폐 범주성 장애 아동 및 가족과 일하는 모든 사람은 이들과 관련된 중재 연구의 양과 질을 높이는 것이 얼마나 중요한지 잘 이해하고 있다. 이는 서비스의 질이 보다 많은 양질의 연구에 달려 있기 때문이고 또한 많은 가족이 더 많은 중재 중에서 선택할 수 있도록 이러한 정보를 필요로 하기 때문이다. 보험금 지급과 교육청 모두 프로그램을 지원하고 개발하기 위해서 연구결과를 필요로 하기 때문에 이러한 측면에서 발전을 이루는 것은 최고의 우선순위가 되어야 한다.

그러나 아동 집단을 대상으로 하는 연구의 결과는 항상 개인차라는 현실적인 렌즈를 통해서 살펴보아야 한다. 자폐 범주성 장애 아동과 가족이 보이는 어려움의 개인적인 다양성으로 인해서 개별적으로 설계된 중재 프로그램의 필요성은 설득력을 갖는다. 이것은 결국 이 집단에 속한 아동은 물론 비전형적인 발달을 보이는 모든 아동을 위해서 개별 사례연구를 포함하는 다양한 형태의 연구를 심각하게 고려해야 한다는 제안으로 결론 내릴 수 있을 것이다.

권장 도서

Gerber, S. (2003). A developmental perspective on language assessment and intervention for children on the autistic spectrum. *Topics in Language Disorders, 23*(2), 74-95.

이 논문은 Bloom과 Tinder(2001)의 의도성 모델(Intentionality Model)이나 Lahey(1988)의 언어 모델(Language Model) 같은 언어의 사회적-실용적 그리고 발달적 모델이 어떻게 자폐 범주성 장애 아동의 언어 진단과 중재를 위한 우선순위를 결정하는 초석이 될 수 있을지에 대해 다룬다. 다섯 명의 자폐 범주성 장애 아동의 프로파일을 사용해서 발달적 목표와 언어 중재의 맥락을 자세히 설명한다.

Greenspan, S., & Wieder, S. (1998). *The child with special needs: Encouraging intellectual and emotional growth*. Reading MA: Perseus Books.

이 책에서 Greenspan과 Wieder는 조기교육에서의 여섯 가지 핵심적인 발달지표에 대한 그들의 독특한 패러다임과 마루놀이로 알려진 획기적인 중재 접근법을 소개한다.

Interdisciplinary Council on Developmental and Learning Disorders. (2005). *Diagnostic manual for infancy and early childhood*. Bethesda, MD: ICDL Press.

ICDL-DMIC는 발달에 기반한 발달장애 영유아의 분류 체계를 제시한다. 이 포괄적인 분류 체계는 정서, 말과 언어, 인지, 조절-감각 그리고 운동 능력의 문제를 설명하기 위해 사용될 수 있다.

Interdisciplinary Council on Developmental and Learning Disorders. (2000). *Clinical practice guidelines: Redefining the standards of care for infants, children, and families with special needs*. Bethesda, MD: ICDL Press.

임상적 실제에 대한 안내서로 연구와 임상경험에 기초한 아동기 관련 모든 영역의 발달적 기능의 판별, 진단 및 중재를 다루고 있다. 여기에는 아동-양육자 관계, 말과 언어, 운동 기능, 시각-공간 처리, 감각 조절, 기능적 정서 발달 역량, 인지 기능, 사회적 기술, 가족 형태 그리고 또래 관계가 포함된다. 이 안내서는 기능적 발달 접근법을 포함하고, 선별, 진단, 중재 서비스에서의 변화와 지역, 주정부, 연방정부 정책에 있어서의 변화를 위한 제안의 기본이 된다.

학습 활동

토론 주제

- DIR 모델과 부모를 중재 과정에 참여시키는 데 중점을 두는 다른 중재 접근(예: Hanen program의 More Than Words[Sussman, 1999])이 부모의 역할에 있어서 어떻게 같고 다른지 논하시오.
- DIR 모델의 발달적 기능 영역 중에서 어떤 영역이 언어병리학자에게 익숙하고 어떤 영역이 그렇지 않아서 배움을 필요로 하는지 논하시오.

추천 활동

- 응용행동분석 등의 성인 주도 중재와 DIR와 같은 아동 주도 중재를 모두 경험한 자폐 아동의 부모를 인터뷰한다. 아동과 가족에 대한 각 중재법이 지니는 장단점을 부모가 논하도록 한다.
- 응용행동분석과 같이 중재 시 보다 행동주의적 상호작용을 사용하는 언어병리학자와 DIR/마루놀이 같이 보다 자발적인 상호작용을 사용하는 언어병리학자를 인터뷰한다. 자신들이 어떤 중재를 사용할지 결정하는 데에 있어서 어떤 이론과 임상적 결과가 도움을 주었는지 질문한다.
- 작업치료사를 인터뷰하고 자폐 범주성 장애 아동이 경험하는 감각 및 조절 문제(비구어 형태의 의사소통 능력에 영향을 미칠 수 있는)의 예를 들어달라고 부탁한다.

복습 문제

- DIR 모델의 주요 구성요소를 설명하고 각 영역에서 다루어지는 특정 행동의 예를 들어보시오.
- 민기의 언어 중재 프로그램이 어떻게 DIR 모델의 구성요소를 반영하고 있는지와 전통적 언어 진단 및 중재 접근과의 가장 큰 차이가 무엇인지 설명하시오.
- DIR 모델을 사용한 중재를 지지하는 증거가 무엇인지에 관한 질문에 어떻게 대답할 것인가?

서면 과제

- 본 장에서 논의한 기능적 정서 발달 단계(FEDLs), 개별적 감각 프로파일, 양육자 유형에 관한 정보를 사용해서 현재 가르치고 있는 아동을 진단하시오.
- 앞의 과제에서 수행한 진단을 기초로 기능적 정서 발달 단계(FEDLs), 감각 프로파일, 양육자-아동 상호작용과 관련된 목표를 작성하시오.

참고문헌

Aldred, C., Green, J., & Adams, C. (2004). A new social communication intervention for children with autism: Pilot randomized controlled treatment study suggesting effectiveness. *Journal of Child Psychology and Psychiatry, 45,* 1420-1430.

American Psychiatric Association. (1987). *Diagnostic and statistical manual of mental disorders* (3rd ed., rev.). Washington, DC: Author.

American Psychiatric Association. (1994). *Diagnostic and statistical manual of mental disorders* (4th ed.). Washington, DC: American Psychiatric Association Press.

Bates, E. (1975). *Language and context: The acquisition of pragmatics.* New York, NY: Academic Press.

Bloom, L., & Lahey, M. (1978). *Language development and language disorders.* New York, NY: John Wiley & Sons.

Bloom, L., & Tinker, E. (2001). *The intentionality model and language acquisition. Monographs of the Society for Research in Child Development, 66* (4, Serial No. 267).

Breinbauer, C. (2010). Circles of Communication. Lecture presented at the ICDL Graduate School, Functional Emotional Assessment Scale Reliability Training (IMH 401), Interdisciplinary Council on Developmental and Learning Disorders, Bethesda, MD.

Casenhiser, D., Shanker, S., & Stieben, J. (2010, May). *Learning through interaction in children with autism.* Paper presented at the International Meeting for Autism Research, Philadelphia, PA.

Cawn, S., Gerber, S., Greenspan, S., Harrison, C., Lewis, D., Madell, J., & Wetherby, A. (2005). *Language disorders. In ICDL-Diagnostic manual for infancy and early childhood* (pp. 129-166). Bethesda, MD: ICDL Press.

Dionne, M., & Martini, R. (2011). Floortime play with a child with autism: A single-subject study. *Canadian Journal of Occupational Therapy, 78,* 196-203.

Gerber, S. (2003). A developmental perspective on language assessment and intervention for children on the autistic spectrum. *Topics in Language Disorders, 23*(2), 74-95.

Girolametto, L., Sussman, F., & Weitzman, E. (2007). Using case study methods to investigate the effects of interactive intervention for children with Autism Spectrum Disorders. *Journal of Communication Disorders, 40,* 470-492.

Greenspan, S. (2004). *The social-emotional growth charts.* San Antonio, TX: Pearson.

Greenspan, S. I., De Gangi, G. A., & Wieder, S. (2001). *The Functional Emotional Assessment Scale (FEAS) for infancy and early childhood: Clinical and research applications.* Bethesda, MD: ICDL Press.

Greenspan, S., & Mann, H. (2001). Adolescents and adults with special needs: the Developmental Individual differences, Relationship-based (DIR) approach to intervention. In Interdisciplinary Council on Developmental and Learning Disorders,

ICDL clinical practice guidelines: Redefining the standards of care for infants, children, and families with special needs (pp. 639-656). Bethesda, MD: ICDL Press.

Greenspan, S. I., & Shanker, S. G. (2004). *The first idea: How symbols, language, and intelligence evolved from our primate ancestors to modern humans.* New York, NY: Da Capo Press.

Greenspan, S. I., & Wieder, S. (1997). Develop-mental patterns and outcomes in infants and children with disorders in relating and communicating: A chart review of 200 cases of children with autistic spectrum disorder. *Journal of Developmental and Learning Disorders, 1,* 87-141.

Greenspan, S. I., & Wieder, S. (1998). *The child with special needs: Encouraging intellectual and emotional growth.* Reading, MA: Perseus Books.

Greenspan, S. I., & Wieder, S. (2001). Develop-mentally appropriate interactions and practices. In Interdisciplinary Council on Developmental and Learning Disorders, *ICDL clinical practice guidelines: Redefining the standards of care for infants, children, and families with special needs* (pp. 261-281). Bethesda, MD: ICDL Press.

Howlin, P., Baron-Cohen, S., Hadwin, J., & Swettenham, J. (1999). *Teaching children with autism to mind-read.* New York, NY: Wiley.

Interdisciplinary Council on Developmental and Learning Disorders. (2000). *ICDL clinical practice guidelines; Redefining the standards of care for infants, children, and families with special needs.* Bethesda, MD: ICDL Press.

Interdisciplinary Council on Developmental and Learning Disorders. (2005). *Diagnostic manual for infancy and early childhood.* Bethesda, MD: ICDL Press.

Kasari, C., Paparella, T., Freeman, S. N., & Jahromi, L. (2008). Language outcome in autism: Randomized comparison of joint attention and play interventions. *Journal of Consulting and Clinical Psychology, 76,* 125-137.

Kim, J. M., & Mahoney, G. (2004). The effects of mother's style of interaction on children's engagement: Implications for using responsive interventions with parents. *Topics in Early Childhood Special Education, 24*(1), 31-38.

Lahey, M. (1988). *Language disorders and language development.* New York, NY: Wiley.

Lewis, D., & Greenspan, S. I. (2005). *The affect-based language curriculum (ABLC): An intensive program for families, therapists, and teachers* (2nd ed.). Bethesda, MD: ICDL Press.

Longtin, S., & Gerber, S. (2008). Contemporary perspectives on facilitating language acquisition for children on the autistic spectrum: Engaging the parent and the child. *Journal of*

Developmental and Learning Disorders, 3, 38-51.

Lord, C., & McGee, J. P. (Eds.). (2001). *Educating children with autism* [National Research Council, Committee on Educational Interventions for Children with Autism, Commission on Behavioral and Social Sciences and Education]. Washington, DC: National Academy Press.

MacDonald, J. (2004). *Communicating partners*. London: Jessica Kingsley Publishers.

Mahoney, G., & Perales, F. (2005). Relationship-focused early intervention with children with pervasive developmental disorders and other disabilities: A comparative study. *Journal of Developmental and Behavioral Pediatrics, 26*, 77-85.

McConachie, H., Randle, V., & Le Couteur, A. (2005). A controlled trial of a training course for parents of children with suspected autism spectrum disorder. *Journal of Pediatrics, 147*, 335-340.

National Autism Center. (2009). *National Standards Project-findings and conclusions; Addressing the needs for evidence-based practice guidelines for autism spectrum disorders*. Randolph, MA: Author.

Pajareya, K., & Nopmaneejumruslers, K. (2011). A pilot randomized controlled trial of DIR/ FloortimeTM parent training intervention for pre-school children with autistic spectrum disorders. *Autism, 15*(5), 563-577.

Piaget, J. (1955). *The language and thought of the child*. Cleveland, OH: Meridian.

Prizant, B., Wetherby, A., Rubin, E., Laurent, A., & Rydell, P. (2006). *The SCERTS® Model: A comprehensive educational approach for children with autism spectrum disorders*. Baltimore, MD: Paul H. Brookes Publishing Co.

Robinson, R. (2011). *Autism solutions: How to create a meaningful life for your child*. Ontario, Canada: Harlequin.

Schopler, E., Reichler, R., & Rochen-Renner, B. (1988). Childhood Autism Rating Scale (CARS). Los Angeles, CA: Western Psychological Services.

Seigel, D. (1999). *The developing mind: How relationships and the brain interact to shape who we are*. New York, NY: Guilford Press.

Shonkoff, J. P., & Phillips, D. A. (Eds.). (2000). *From neurons to neighborhoods: The science of early childhood development*. Washington, DC: National Academy Press.

Siller, M., & Sigman, M. (2002). The behaviors of parents of children with autism predict the subsequent development of their children's communication. *Journal of Autism and Developmental Disorders, 32*, 77-89.

Solomon, R., Necheles, J., Ferch, C., & Bruckman, D. (2007). Pilot study of a parent training program for young children with autism: The PLAY Project Home Consultation model. *Autism: The International Journal of Research and Practice, 11*, 205-224.

Sussman, F. (1999). *More Than Words: Helping parents promote communication and social skills in children with autism spectrum disorders.* Toronto: The Hanen Centre.

Miller, J. (2010). Systematic analysis of language transcripts (SALT; English version 2010) [Computer software]. Middleton, WI: SALT Software, LLC.

Tronick, E. (2007). *The neurobehavioral and social-emotional development of infants and children.* New York, NY: W. W. Norton.

Westby, C. (2000). A scale for assessing development of children's play. In K. Gitlin-Weiner, A. Sandgrund, & C. Schaefer (Eds.), *Play diagnosis and assessment* (2nd ed., pp. 15-58). New York, NY: Wiley.

Wetherby, A., & Prizant, B. (2002). *Communication and Symbolic Behavior ScalesTM (CSBSTM).* Baltimore, MD: Paul H. Brookes Publishing Co.

Wieder, S. (2004, June). *Building foundations for children and families.* Seminar presented in Tarrytown, NY.

Wieder, S., & Greenspan, S. I. (2005). Can children with autism master core deficits and become empathetic, creative, and reflective? *Journal of Developmental and Learning Disorders, 9*, 39-61.

Wieder, S., & Kalmanson, B. (2000). Educational guidelines for preschool children with difficulties in relating and communicating. In S. I. Greenspan & S. Wieder (Eds.), *ICDL clinical practice guidelines: Redefining the standards of care for infants, children and families with special needs* (pp. 283-333). Bethesda, MD: ICDL Press.

06
기능적 의사소통 훈련: 문제행동 중재

V. Mark Durand

자폐 범주성 장애 아동과 성인은 공격행동(aggression), 자해행동(self-injury), 상동행동, 탠트럼(tantrums) 등의 문제행동(challenging or problem behaviors)을 보이는 경우가 많다. 연구결과에 따르면 자폐 범주성 장애를 지닌 인구가 장애가 없는 인구에 비해 세 배에서 네 배의 문제행동을 보이며, 전체 장애 아동의 10%에서 40%는 자주 심각한 문제행동을 보인다(Einfeld & Tonge, 1996; Lowe et al., 2007). 문제행동의 빈도뿐만 아니라 고착화 또한 심각한 문제로 제기되고 있다(Totsika, Toogood, Hastings, & Lewis, 2008). 몇몇 연구에서는 문제행동을 중재하였음에도 불구하고 10년 후에도 여전히 문제가 될 수도 있다고 보고하고 있다(Einfeld & Tonge, 1996; Einfeld, Tonge, & Rees, 2001; Emerson et al., 2001; Green, O'Reilly, Itchon, & Sigafoos, 2005; Jones, 1999).

자폐 범주성 장애인과 그 가족의 삶에 문제행동이 얼마나 큰 영향을 미치는지는 예측하기 어렵다. 하지만 이러한 행동은 학생을 지역사회 환경에 적응시키는 데 방해가 된다고 자주 인용되곤 하였다(Eyman & Call, 1977; Jacobson, 1982). 더 나아가 이러한 문제행동은 지역사회 내에서 위기 중재 프로그램(crisis intervention program)으로 의뢰된 사람들의 상습적 비행의 유의미한 증가와 연관이 있다(Shoham-Vardi et al., 1996). 문제행동은 가족의 삶(Cole & Meyer, 1989), 교육 활동(Koegel & Covert, 1972), 고용(Hayes,

본 장에서 사용되는 용어인 문제행동(challenging behavior/problem behavior)은 학생에게서 나타나는 교육과 직업과 가족 활동을 방해하는 어려움을 말한다.

1987)과 같은 중요한 활동을 방해한다. 부모의 스트레스 지수 또한 문제행동을 보이는 아동을 돌볼 때 유의미하게 증가한다(Floyd & Gallagher, 1997; Hastings, 2002; Saloviita, Itälinna, & Leinonen, 2003). 문제행동을 보이는 자녀를 둔 어머니가 우울증을 보일 확률이 높으며, 우울증을 보이는 부모에게 문제행동을 보이는 자녀가 있을 확률이 높다(Feldman et al., 2007). 또한, 거의 10,000명 정도의 아동을 대상으로 한 대규모 연구에 따르면 문제행동의 유무가 학령기 초반의 실패를 가장 잘 예측할 수 있는 변수로 나타났다(Byrd & Weitzman, 1994). 문제행동의 유무는 빈곤, 말과 청각의 손상, 저체중 출산 등의 요인보다 학업적인 어려움을 더 잘 예측해주었다. 한 연구에 따르면 거의 40%의 유치원 교사들이 매해 문제행동으로 인해 학생을 퇴학시킨 것으로 보고하였다(Gilliam & Shahar, 2006). 게다가, 이러한 문제행동은 당사자를 포함해 함께 일하는 사람들에게 물리적인 위험을 줄 수도 있다.

자폐 범주성 장애인의 문제행동을 감소시키기 위해 가장 흔히 사용되는 방법은 문제행동을 대체행동으로 바꾸어 주는 것으로, 이 기법은 **기능적 의사소통 훈련(functional communication training: FCT)**이라고 알려져 있다(Durand, 1990; Durand & Merges, 2008, 2009). 기능적 의사소통 훈련은 여러 단계의 과정으로 이루어진다: (1) 목표한 문제행동의 기능을 진단한다, (2) 적절한 대체행동을 선정한다, (3) 대체행동을 가르치고, 현재 환경에 적합하도록 촉진을 점차 줄인다. 기능적 의사소통 훈련에서 다루는 문제행동의 영역은 공격행동이나 자해행동부터의 도망(Lang et al., 2009)이나 부적절한 성적 행동 등 다양한 영역을 포함한다(Fyffe, Kahng, Fittro, & Russell, 2004). 또한 가족 구성원과 다양한 전문가가 가정, 학교, 지역사회 내에서 기능적 의사소통 훈련을 사용한다(Dunlap, Ester, Langhans, & Fox, 2006; Durand, 1999; Kemp & Carr, 1995). 기능적 의사소통 훈련 연구는 광범위한 연령(영유아부터 성인), 발달 수준(전반적으로 지원이 필요한 수준부터 평균 혹은 평균 이상의 인지 능력), 그리고 언어 능력을 가진 개인을 대상으로 이루어졌다(Mancil, 2006; Petscher, Rey, & Bailey, 2009; Snell, Chen, & Hoover, 2006). 기능적 의사소통 훈련은 초기 효과 연구의 광범위한 지지를 받는 몇 안 되는 기술 중심 행동 중재의 하나다(Smith et al., 2007).

1. 대상자와 중재 관련성 및 목표 결정을 위한 진단

기능적 의사소통 훈련은 문제행동을 보이는 누구에게나 적용할 수 있도록 설계되었다. 따라서 이론적으로 이 방법은 자폐 범주성 장애 진단을 받은 다양한 사람에게 효과가 있어야 한다. 다양한 자폐 범주성 장애인 및 그 외 다른 장애인(예: 주의력 결핍 과잉행동장애, 조현증, 외상성 뇌손상)을 대상으로 한 연구는 기능적 의사소통 훈련의 광범위한 적용 가능성을 보여준다(Durand & Merges, 2009). 더욱이, 문제행동을 줄이는 이 접근법은 다양한 수준의 능력을 가진 사람들, 즉 가장 고도화된 수준의 지원을 필요로 하는 이들부터(Bird, Dores, Moniz, & Robinson, 1989) 교육적 또는 의학적으로 진단을 받지 않은 사람과 일반적인 언어 및 인지 능력을 가지고 있는 사람(Petscher et al., 2009)에게까지 적용될 수 있다.

기능적 행동진단(functional behavioral assessment)은 기능적 의사소통 훈련의 핵심과정이라고 할 수 있다(Durand, 1990). 문제행동의 기능 또는 기능들을 밝히고 이러한 정보는 문제행동을 대체하는 대안적 의사소통을 결정하는 데 사용되기 때문이다. 가장 주된 목적은 문제행동과 동일한 기능을 가진 적절한 행동을 알아내서 이 행동이 문제행동을 대체하게끔 만드는 것이다. 문제행동의 기능을 진단하기 위해서 그 행동의 선행사건과 후속결과를 확인해야 한다. 이러한 것들은 여러 가지 방법으로 확인해볼 수 있다(Matson & Minshawi, 2007; Matson & Nebel-Schwalm, 2007). 진단의 정확도를 향상시키기 위해서는 다양한 형태의 진단을 사용할 것을 권장한다.

행동의 기능을 파악하기 위해서는 비공식적 관찰, 선행사건-행동-후속결과(antecedent-behavior-consequence: ABC) 차트, 기능분석, 다양한 평정 척도 등 여러 가지 기능 진단 전략이 사용될 수 있다. 환경의 형태를 조작해서 행동 변화를 진단하는 기능분석은 문제행동의 기능을 파악하는 데 가장 좋은 방법으로 알려져 있다(Hanley, Iwata, & McCord, 2003). 그러나 기능분석 방법은 시행 전에 몇 가지 문제를 고려해야 한다(Durand, 1997; Sturmey, 1994). 첫째는 조작의 가능성 여부다. 경우에 따라서는 기능분석을 위한 환경 조작이나 변경이 불가능할 수도 있다. 질병, 가정불화, 염색체 이상과 같은 관련 요인이 문제행동에 명백한 영향을 준다고 해서 이러한 것들을 조작해서 진단하는 것은 불가능하거나 분명한 문제가 있다.

기능분석 시행의 도덕성 또한 문제점으로 제기된다. 상황을 조작해서 행동에 영향을 줄 수는 있지만, 그 결과 아동의 문제행동을 증가시키는 결과를 가져온다면 상황을 조작하고 싶지 않을 것이다. 예를 들어, 아동이 왜 차도로 뛰어드는지 알고 싶다고 해서 교사가 상황을 조작해서 아동을 잠재적인 위험에 노출시키는 부적절한 행동을 하지는 않을 것이다. 진단을 위해서 여러 상황을 의도적으로 조작해 심각한 문제행동을 증가시킨다면(예: 문제행동을 강화시켜서) 윤리적인 측면에서 문제가 된다고 할 수 있다. 또한 어떤 문제행동은 한번 발생하는 것만으로도 아동에게 위험할 수 있다(예: 바닥에 머리를 부딪치는 행동). 이러한 경우는 환경을 조작하는 과정(문제행동을 증가시키는)이 포함되지 않은 진단 방법이 요구된다.

일반적으로 진단 과정은 아동을 비공식적으로 관찰하는 것과 아동과 긴밀한 관계에 있는 사람을 면담하는 것으로부터 시작된다. 광범위한 정보를 수집하고 목표한 행동의 기능(들)에 대한 가설을 세우고 나면, 좀 더 공식적인 진단을 통해 가설의 타당성을 검증하게 된다. 동기 진단 척도(Motivation Assessment Scale)(Durand & Crimmins, 1992), 동기 분석 평정 척도(Motivation Analysis Rating Scale; Weiseler, Hanson, Chamberlain, & Thompson, 1985), 기능분석 면담지(Functional Analysis Interview Form; O'Neill, Horner, Albin, Storey, & Sprague, 1990), 기능 진단 체크리스트(Functional Assessment Checklist; McIntosh et al., 2008), 기능분석 체크리스트(Functional Analysis Checklist; Van Houten & Rolider, 1991), 행동 기능에 대한 질문(Questions About Behavioral Function; Paclawskyj, Matson, Rush, Smalls, & Vollmer, 2000)을 포함해서 다양한 진단 도구가 행동의 기능에 대한 추가 정보를 제공한다. 이러한 유형의 도구는 행동의 기능에 대한 추가적 또는 수렴적 정보를 제공한다. 그리고 이후에 가르칠 대체 의사소통을 선정할 때 고려해야 할 정보가 된다.

2. 이론적 배경

보다 다양한 대상 및 상황에 적용하기 위해 기능적 의사소통 훈련의 여러 측면에 대한 이론적 기초를 이해하는 것이 중요하다. 이 부분에서는 기능적 의사소통 훈련이 왜 문제행동을 감소시키는지, 기능적 의사소통 훈련의 효과가 왜 새로운 대상 및 상황에 일반화되는지의 배경이 되는 개념을 설명하고, 이러한 개념이 기능적 의사소통 훈련이 가장 효과적일 수 있는 상황(대체행동의 특성)을 어떻게 이해할 수 있게 해주는지에 대해 설명하고자 한다.

1) 기능적 동등성

기능적 의사소통 훈련을 이용해서 문제행동을 줄이는 행동 변화 구조의 기저에는 기능적 동등성(functional equivalence)이라는 개념이 있다(Carr, 1988; Durand, 1987). 이것은 문제행동이 특정 강화(예: 관심 끌기, 과제로부터 회피하기)에 의해 유지되고 있다는 가정에서부터 시작한다. 따라서 이론적으로 새로운 행동이 동일한 기능을 가지고 있고 새로운 행동을 통해 원하는 강화를 더 효과적으로 얻을 수 있다면, 문제행동은 새로운 행동으로 대체될 수 있다는 것이다(〈표 6-1〉에서는 문제행동의 일반적인 기능의 예시를 보여주며, [그림 6-1]은 기능적 의사소통 훈련이 어떻게 문제행동을 대체하는지를 설명함). 예를 들어, 만일 아동이 부모로부터 관심을 받기 위해 자신의 머리를 때린다면 관심을 받을 수 있는 더 효과적인 행동(예: "이리로 와 주세요."라고 말하기)을 교수함으로써 이 아동에게 동일한 기능을 제공해줄 수 있다. 그리고 아동이 이 새로운 방법을 이용해서 성공적으로 관심을 끌게 된다면 자해하는 빈도는 줄어들 것이다. 기능적 의사소통 훈련에서 가정하는 것은 동일한 기능을 제공하는 대체행동을 가르치고 강화함으로써 문제행동이 감소된다는 것이다.

〈표 6-1〉 일반적인 행동의 기능

행동의 기능	설명
관심	다른 사람으로부터 사회적인 관심을 받기 위해 하는 행동이다. 여기서 말하는 관심은 칭찬, 시간 같이 보내기, 위로해주기 등을 의미하며 아동에 따라서는 소리 지르기나 설명해주기도 포함된다. 아동을 혼자 두는 것이 이러한 행동을 하게 만들 수 있다.
구체물	원하는 물건(예: 놀잇감, 음식)이나 활동을 얻기 위해 하는 행동이다. 이 행동은 활동을 중단시키거나(예: 영화 그만 보게 하기) 원하는 물건을 가져가는 경우(예: 상점에서 본 놀잇감을 다시 갖다 놓을 때)에 일어날 수 있다.
회피	원하지 않는 요청이나 행동을 제거하기 위해 하는 행동이다. 아동이 벌을 받는 것처럼 보이지만(아동을 방으로 들어가게 하기) 실은 아동이 원하는 것(저녁 식사 그만 하기)을 얻게 되는 경우다. 이러한 행동은 원하지 않는 활동을 하라고 요구할 때 일어날 수 있다.
감각	행동 자체가 주는 감각 피드백을 얻고 싶을 때 하는 행동이다. 기분 좋은 느낌을 주거나(얼굴 문지르기, 빙글빙글 돌기), 보기에 좋거나(눈앞에서 손 흔들기), 맛있거나(바닥에 떨어진 음식 먹기), 듣기에 좋은 소리를 내는(이상한 소리 내기) 행동 등을 포함한다. 혼자 두거나 과도하게 자극을 받을 때 이러한 행동을 할 수 있다.

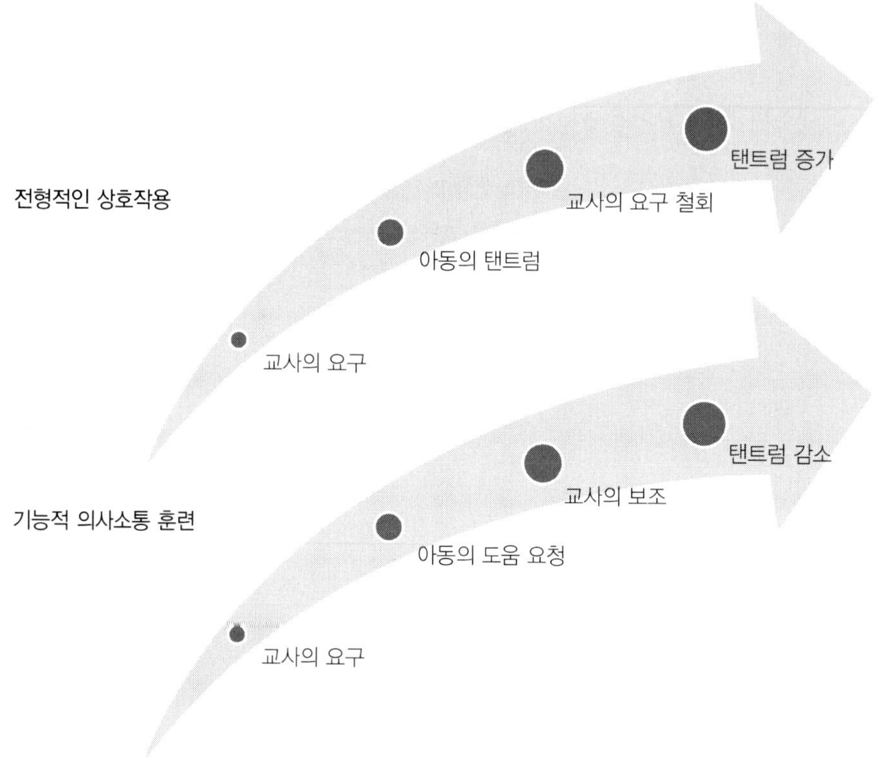

[그림 6-1] 기능적 의사소통 훈련이 문제행동을 대체시키는 과정

2) 자연적 강화군

중재 전략으로 기능적 의사소통 훈련을 사용하는 특별한 경우에는 의사소통을 대체행동으로 사용함으로써 부수적인 혜택을 가져올 수 있는데, 이것은 의사소통이 지니는 고유의 능력인 **자연적 강화군**(natural communities of reinforcement) 때문이다(Durand, 1990). 다시 말해서, 만일 아동이 다른 사람에게 강화물을 얻으려고 구하거나 물어보는 행동을 학습한다면 중재자가 인위적으로 다른 사람을 훈련시켜 적합한 반응을 하게 하지 않아도 아동 스스로 자신이 원하는 강화물을 얻을 수 있을 것이다. 예를 들어, 한 연구에서 우리는 발화가 없는 아동이 지역사회 내의 사람들에게 강화물을 요청해 그들의 문제행동이 감소되는지 살펴보았다(Durand, 1999). 다섯 명의 학생이 실험에 참가하였는데 이들은 모두 (1) 심각하고 높은 빈도의 문제행동을 보였고, (2) 다른 사람과 음성 언어로 의사소통하는 데 어려움이 있었다. 이들의 교사는 문제행동의 기능을 진단하는 방법과 학생들이 사용할 수 있는 적절한 대체행동을 선정하는 방법을 배웠다. 그

후 교사들은 학생이 도움을 요청하거나 관심을 끄는 데 음성산출 의사소통 기기(voice output communication aids: VOCAs)를 사용할 수 있도록 돕는 방법을 배웠다. 교사들은 학생이 이전에는 문제행동을 통해 얻었던 자극을 음성산출 의사소통 기기를 사용해 얻을 수 있도록 가르치는 데 성공하였고, 교실 내에서 학생의 문제행동은 유의미하게 감소되었다. 그 후 교사들은 학생을 도서관과 지역 쇼핑몰 내에 있는 상점 등 일반적인 지역사회 환경으로 데리고 가서 훈련을 받지 않은 다른 사람에게 음성산출 의사소통 기기를 이용해 적절하게 관심 혹은 도움을 요청하는지 관찰하였다. 학생들은 지역사회 내에 훈련 받지 않은 일반인에게 원하는 강화물을 요청할 수 있었고, 이것이 충족되었을 때 문제행동 또한 유의미하게 감소하였다. 이 성공적인 결과는 지역사회 내의 다른 사람들에게 학생의 요청에 어떻게 반응해야 하는지 훈련하지 않고도 얻어졌다. 도서관 사서와 상점 점원은 학생이 기기를 통해서 한 요청에 자연스럽게 반응하였으며, 이것은 지역사회 내에서의 문제행동을 감소시키는 결과를 가져다주었다(Durand, 1999).

자연적 강화군을 이용하는 것(Stokes, Fowler, & Baer, 1978)은 구조화된 환경과 고도로 훈련 받은 전문가가 없어도 기능적 의사소통 훈련을 성공할 수 있게 하는 데 필수적이다. 이것은 기능적 의사소통 훈련의 결과와 다른 중재 전략의 결과를 비교했을 때 더욱 극명하게 드러났다. 일반적으로 행동 중재 계획이 정해지고 나면 문제행동을 보이는 대상과 관련된 모든 사람이 훈련을 받아야 한다. 그런데 만일 사람들이 중재 계획대로 따르지 않는다면 퇴행 현상이 일어날 수 있고 문제행동이 다시 증가할 수도 있다. 이와는 다르게, 기능적 의사소통 훈련은 엄격한 행동 프로그램을 적용하기 위해 대상 아동과 관련된 각각의 사람들을 훈련시키는 대신 아동 자신이 이전에 문제행동을 유지시켰던 강화물을 다른 사람들에게서 활발히 얻어낼 수 있도록 만들어 준다. 다시 말해서 대상 아동 스스로가 중재자가 되는 셈이다.

한 연구에서는 기능적 의사소통 훈련의 스스로 해내게 하는(bootstrapping) 측면을 분석하기 위해 기능적 의사소통 훈련과 다른 일반적인 문제행동 중재 방법(정적 강화로부터의 타임아웃)을 비교하였다(Durand & Carr, 1992). 다양한 형태의 문제행동(예: 탠트럼, 자해행동, 공격행동)을 보이는 12명의 학령기 학생이 연구에 참여하였다. 참여자는 사람으로부터의 관심 끌기가 문제행동을 유지시키는 이유인지를 검사하여 선별하였다. 문제행동의 기능이 오로지 관심 끌기인 학생들만을 선별한 이유는 타임아웃 중재를 쓰기에 적절하기 때문이었다. 타임아웃은 문제행동이 관심에 의해 강화된다는 것을 전제하며, 이러한 문제행동은 주어지던 관심을 제거함으로써 소거될 수 있다. 6명씩의 학생이 기능적 의사소통 훈련 또는 타임아웃 중 하나에 무작위 배정되었다. 그 후 각 학생들은 본 연구와 관련된 어떠한 지식도 없는 교사에게 배정되었고, 교사는 학생들과 주어진 과제를 하도록 지시 받았다. 교사는 학생의 문제행동에 어떻게 반응해야 할지에 대한 지시를 받지는 않았다. 이후에 다른 교사가 중재를 실시하였고 중재는 각 아동의 문제행동 감소에 효과적이었다. 그러므로 첫 번째 발견한 점은 기능적 의사소통 훈련과 타임아웃 모두가 문제행동을 줄이는 데 효과적이었다는 것이다. 그 후 참여 학생들은 본 실험에 대한 정보가 없는 교사들에게 다시 배치되었다. 타임아웃 중재 집단에 있던 학생의 문제행동은 거의 즉각적으로 다시 발생하였다. 이들은 더 이상 타임아웃이 주어지지 않을 것이라는 것을 짧은 시간 안에 깨달았으며, 다시 문제행동을 일으켰다. 이와 반대로, 기능적 의사소통 훈련 중재 집단에 있던 학생들은 관심을 받기 위해 적절한 의사소통을 사용했으며, 본 연구에 대해 정보가 없었던 교사도 이에 적절하게 반응하여 문제행동의 감소를 유지할 수 있었다. 요약하자면, 기능적 의사소통 훈련의 효과는 다른 중재 방법으로도 얻을 수 있는 단순히 일차적인 문제행동 감소에 그치지 않는다. 기능적 의사소통 훈련은 자연적 강화군(본 연구의 경우, 교사의 관심; Durand & Carr, 1992)을 끌어내는 능력이 있다. 이러한 측면의 기능적 의사소통 훈련은 이 접근법의 효과에 관한 추후 논의에서 보다 자세히 검증되었다.

문제행동을 다른 형태의 의사소통과 동등한 기능을 가진 것으로 보는 관점은 이 행동이 단순히 감소되거나 제거되어야 하는 반응이 아니라는 것에서 출발한다. 과거에는 문제행동을 반드시 감소되어야 하는 행동과잉으로 보았다. 그러나 기능적 관점에서 본 문제행동은 그저 수용하기가 다소 어려운(또는 매우 어려운) 형태의 강화(예: 다른 사람의 관심, 어려운 과제 수행을 위한 도움)를 요구하는 이유 있는 행동이다. 이러한 관점에서 본다면 효과적인 기술을 이용해서 단순히 문제행동을 제거하는 것은 결국 그 아동이 원하는 강화에 접근할 수 있는 길을 막는 것이며, 이것은 다른 문제행동을 야기하는 후속결과를 가져올 수도 있다("증상 대체[symptom substitution]" 또는 "반응 공변[response covariation]"이라고 불리기도 함).

3) 대체 반응의 특성

기능적 동등성과 자연적 강화군을 채택하는 것은 기능적 의사소통 훈련 효과의 주요 개념적 토대인 것은 사실이지만, 다른 요소들 또한 일반적인 상황에서 기능적 의사소통 훈련의 궁극적인 성공에 중요하다(Durand & Merges, 2009). 이들 요소는 기능적으로 동등한 대체 반응을 제공하며 반응 일치, 반응 성공, 반응 효율성, 반응의 수용 가능성, 반응의 인식 가능성, 반응 환경 등을 포함한다.

(1) 반응 일치

*반응 일치*란 의사소통 행동을 문제행동이 가지고 있는 기능과 일치시켜야 한다는 것이다. 따라서 이것은 기능의 동등성과도 관련된다. 기능적 의사소통을 훈련한 한 연구에서 문제행동을 보이는 학생들에게 두 가지 다른 의사소통적 반응을 가르쳤는데, 하나는 성인의 관심을 끄는 행동이었으며 다른 하나는 도움을 요청하는 행동이었다(Carr & Durand, 1985). 이렇게 계획한 이유는 단순히 상대방의 반응을 끌어내는 의사소통 행동을 가르치는 것만으로 학생의 문제행동을 줄일 수 있는지 보기 위해서였다. 문제행동은 기본적으로 자신의 환경을 조절하기 위해 사용되는 것으로 여겨지기도 한다. 이것이 사실이라면 단순히 상대방의 행동을 변화시킬 수 있는 행동을 가르치는 것으로 문제행동을 대체시킬 수 있어야 한다. 그러나 이것은 사실이 아니었다. 관심을 끌기 위해 문제행동을 일으키는 학생에게는 도움 요청하기를 가르치고 강화하는 것이 전혀 효과가 없음을 알았다. 마찬가지로 회피하기 위해 문제행동을 보이는 학생에게 관심 끌기 행동을 가르치고 강화하는 것은 전혀 효과가 없었다. 문제행동의 빈도는 그 문제행동의 기능과 일치하는 반응을 가르치는 경우에만 감소하였다(Carr & Durand, 1985).

(2) 반응 성공

행동을 유지시키는 강화(예: 관심 끌기 또는 회피)를 끌어내는 기능을 하는 일반적인 행동을 사용하는 것만으로는 문제행동을 감소시킬 수 없다. 예를 들어, 도움을 줄 수 있는 상대방이 없는 상태에서 단순하게 "도와주세요"라고 말하는 것은 회피에 의한 문제행동을 감소시키는 효과를 기대할 수 없을 것이다. 이 의사소통 노력에 반응을 해줄 수 있는 상대방이 반드시 있어야 하는데, 이러한 개념을 반응 성공이라고 부른다. 만성적이고 심각한 문제행동을 보이는 세 명의 자폐 범주성 장애 학생을 대상으로 기능적 의사소통 훈련을 적용하였다(Durand & Carr, 1991). 학생들을 몇 년간 계속해서 추적한 결과, 세 명 중 두 명의 학생이 새로 교수한 의사소통 행동을 계속 사용하고 있었고 이들의 문제행동은 낮은 비율로 유지되고 있었다는 것을 알게 되었다. 그러나 한 학생의 문제행동은 1년 후 다시 높은 비율로 되돌아가 있었다. 이 학생을 교실에서 관찰해본

결과, 학생은 교사가 질문을 할 때 "이해가 잘 안 됩니다."라고 말해 도움을 요청하는 행동을 시도하였으나(연구에서 교수한 전략) 새로 부임한 교사는 이에 반응을 하지 않는 것을 알 수 있었다. 교사는 학생의 부정확한 발음 때문에 그가 무슨 말을 하는지 이해하지 못하는 것 같았고 따라서 촉진을 하거나 질문을 다시 쉽게 설명하는 등의 반응을 보이지 않았던 것이다. 그 결과 학생은 다시 자해하고 고함을 지르기 시작하였으며 이러한 행동은 주로 수업을 일시적으로 중단되게 만들었는데, 이는 이 학생이 기능적 의사소통 훈련을 받기 전과 동일한 양상이었다.

연구자들은 이 학생이 보다 정확하게 발음하여 도움을 요청할 수 있도록 가르쳤다("이해가 잘 안 됩니다."라고 말하기). 일반적으로 이러한 상황에서는 교사에게 학생의 발음이 부정확하다는 것을 알리고 교사는 학생의 부정확한 발음을 고려하여 지도 방법을 수정하게 된다. 그러나 학생이 이 교사에게 뿐만 아니라 다른 사람들에게도 스스로 도움을 요청할 수 있기를 바랐기 때문에 학생에게 발음 훈련을 시켰던 것이다. 학생이 스스로 보다 명확하게 도움을 요청할 수 있게 되자 교사는 학생이 원하는 대로 반응하였고 (학생이 교사의 질문이 이해가 안 된다고 얘기할 때 촉진을 제공) 학생의 문제행동은 감소하였다. 이 연구를 포함한 많은 연구에 의하면 환경 내에서 상대방의 적절한 반응을 끌어내는 데 있어 의사소통 행동은 매우 중요하다(예: Durand & Carr, 1991; Volkert, Lerman, Call, & Trosclair-Lasserre, 2009).

(3) 반응 효율성

기능적 의사소통 훈련 연구에서는 새로운 의사소통 행동이 문제행동보다 원하는 강화를 더 효율적으로 끌어낼 수 있게 하는 것이 가장 효과적이라고 제안한다. 다시 말해서, 고함을 지르거나 때리는 것보다 "도와주세요"라고 말하기가 더 쉽게 도움을 받을 수 있다면 기능적 의사소통 훈련은 성공할 것이다. 많은 연구에서 기능적 의사소통 훈련의 형태에 대한 실험이 이루어졌다(Fisher, Thompson, Hagopian, Bowman, & Krug, 2000; Horner & Day, 1991; Horner, Sprague, Obrien, & Heathfield, 1990; Richman, Wacker, & Winborn, 2001; Schindler & Horner, 2005). 예를 들어, 일련의 연구를 통해서 Horner와 그 연구진은 기능적 의사소통 훈련의 형태를 실험하였다(Horner & Day, 1991; Horner et al., 1990). 그중 한 연구에서는 12세 소년의 공격행동을 연구하였다(Horner & Day, 1991). 연구자는 아동이 요구된 일을 회피하고자 공격행동을 한다는 것을 알게 되었으며, 따라서 아동에게 적절하게 휴식을 요청하도록 가르치는 기능적 의사소통 훈련을 하기로 결정하였다. 아동이 공격행동 대신 수어로 "나는 나가고 싶어요, 부탁이에요(I want to go, please)."라고 말하도록 가르친 효과를 체계적으로 측정하였다. 그러나 이 전략은 문제행동을 유의미하게 감소시키지 않았다. 따라서 연구자들은 회피를 위해 훨씬 쉽게 말할 수 있도록 수어로 "휴식(Break)"을 가르쳤으며, 아동의 문제행동은 유의미하게 감소되었다. 연구자들은 새로운 의사소통 행동을 표현하는 것이 문제행동을 하는 것보다 더 많은 노력을 요구한다면 아동은 계속해서 문제행동을 선택할 것이라는, 즉 노력의 정도가 기능적 의사소통 훈련의 결과에 영향을 미칠 것이라는 가정을 하게 되었다. 마찬가지로 이들은 강화 지연과 강화 일정(얼마나 자주 강화 받는지)이 기능적 의사소통 훈련의 결과에 미치는 영향을 실험하였으며, 연구 참여자들은 의사소통 행동이든 문제행동이든 상관없이 자신이 원하는 강화를 얻을 수 있는 가장 효과적인 수단을 선택한다는 것을 알게 되었다. 이들 연구는 반응 효율성이 기능적 의사소통 훈련의 성공을 예측하는 데 중요하게 고려되어야 함을 시사한다(Fisher et al., 2000; Horner & Day, 1991; Horner et al., 1990; Richman et al., 2001; Schindler & Horner, 2005).

(4) 반응의 수용 가능성

임상적인 경험에 의하면, 기능적 의사소통 훈련의 성공에 중요하게 고려해야 할 또 다른 요소로 행동이 주위의 중요한 사람들에게 수용 가능한지 여부를 포함시켜야 한다(Durand & Merges, 2009). 만일 새로운 의사소통 행동이 지역사회 환경 내에서 수용할 수 없는 행동이라면, 다른 사람들은 이에 대해 적절하게 반응하지 않을 것이며 따라서 행동을 통해서 원하는 결과를 가져오지 못할 것이다.

반응의 수용 가능성은 문화적인 고려라 할 수 있는데, 즉 관련된 지역 문화가 의사소통 요구에 적절하게 반응할 것인지 확인하는 것이다. 예를 들어, 그룹 홈에 살고 있는 젊은 여성이 자신의 옷을 벗으며 고함을 지르는 등 함께 살고 있는 다른 사람들에게 극심한 방해행동을 보였다(Durand, 1990). 이 여성은 직원들의 관심을 끌기 위해 문제행동을 하는 것으로 밝혀졌다. 따라서 이 여성의 제한된 의사소통 행동을 고려해서(일반적인 의사소통 기술을 보이지 않음), 손을 들어 직원의 관심을 요청하도록 가르쳤다. 처음에는 이러한 전략을 통해 문제행동이 감소되는 것처럼 보였으나 몇 주 후 이 여성의 문제행동은 중재 전 상태로 되돌아가 있었다. 연구자들은 그룹 홈을 재방문해서 기능적 의사소통 훈련이 지속적인 효과를 나타내지 못하는 이유를 알기 위해 관찰을 하였다. 그 이유는 쉽게 알 수 있었는데, 그룹 홈 직원들은 손을 드는 행동에 대해 가끔씩만 반응을 보였으며, 따라서 이 여인은 점차 손을 들기보다는 방해행동으로 관심을 끌게 되었던 것이다. 이 문제에 대해 직원들과 인터뷰를 하였으며 다음과 같은 사실을 알게 되었다. 직원들은 중재 초반에 그녀가 손을 들면 관심을 주겠다고 동의하였지만 다른 업무가 너무 많아 바빴고 그녀의 계속되는 관심 끌기는 자신들에게 상당히 방해가 된다고 생각하였다. 그 후 그룹 홈의 문화를 바꾸기 위해서 기본적으로 사람에게 관심을 주어야 한다는 사실과 그룹 홈의 직원으로서 이것은 그들의 역할 중 하나임을 강조하였다. 그러나 불행히도 이 전략은 성공하지 못하였고, 직원들은 여전히 그녀의 관심을 요구하는 행동 자체가 문제라고 간주하였다.

이 시점에서 연구자들은 그대로 포기하고 직원들에게 잘못을 돌릴 수도 있었다. 그러나 그렇게 하는 대신 전략을 바꾸기로 결정하였다. 직원들에게 손을 드는 행동의 의미는 하던 일을 멈추고 그녀와 시간을 보내달라고 요청하는 것이 아니라 직원들의 일을 돕겠다고 요청하는 신호라는 것을 알려주었다. 예를 들어, 만일 직원들이 식기 세척기의 그릇을 정리하고 있는데 그녀가 손을 든다면 직원들은 그녀를 데리고 와서 그늘의 일을 도울 수 있게 한 것이다. 이 작은 변화는 직원들이 그녀의 행동에 일관되게 반응하게 해주었고 그녀의 문제행동 또한 유의미하게 감소되었다. 손을 드는 행동은 이전과 같이 직원들의 관심을 가져오지만 이 관심을 주는 형태는 이전보다 더 수용할 만한 것이었던 것이다. 직원들은 자신의 일을 할 수 있었고, 그녀는 그들로부터 관심을 받을 수 있었으며, 한 가지 더하여 그녀는 일상에서 더 기능적인 활동에 참여할 수 있게 된 것이다.

이 사례는 문제행동을 중재하는 데 부딪칠 수 있는 딜레마를 명백하게 보여준다. 교수하고자 하는 대안적 반응이 어쩌면 그 아동의 지역사회 내에서는 수용되지 않을 수도 있다는 것이다. 예를 들어, 한 중재자는 기능적 의사소통 훈련을 사용해서 지역사회 내의 한 성인의 문제행동을 감소시켰다. 이 사람의 문제행동은 관심 끌기에 의해 유지되고 있었고, 중재자는 어떻게 관심을 요청할 수 있는지를 가르쳤다. 이 전략(포옹 요청하기)은 이 사람의 직업학교 환경 내에서는 성공적이었지만, 일반 지역사회 내에서는 성공적이지 못했던 것이다. 낯선 사람들이 포옹하는 것에 좀 더 수용적이었다면 더 좋은 세상이었겠지만, 현실적으로 대부분의 사례에서 포옹을 요구하는 것은 받아들여지기 힘들었다. 문화를 고려하는 것(우리가 가르치는 대안적 의사소통의 형태가 다른 이들에게 수용적인지 확인하는 것)은 문제행동을 줄이는 기능적 의사소통 훈련의 궁극적인 성공을 위한 필수적인 단계라고 할 수 있다(Durand, 1990; Durand & Merges, 2009).

(5) 반응의 인식 가능성

심각한 의사소통적 요구를 가지고 있는 사람을 위해 고려해야 할 중요한 사항 중 하나는 이들에게 가르치는 행동이 고도의 훈련을 받지 않은 사람을 포함해서 누구나 알아차릴 수 있는 것이어야 한다는 것이다. 그래야만 문제행동을 효과적으로 대체할 수 있다. 지금까지 많은 기능적 의사소통 훈련 연구에서 음성 또는 수어를 의사소통의 방법으로 사용해왔다. 불행히도 음성 언어는 잘못 이해되는 경우도 있고 수어 또한 특이해서 소수의 사람들만 내용을 이해할 수 있다. 몇몇 연구에서는 기능적 의사소통 훈련에서 의사소통 행동의 인식 가능성과 관련된 문제를 다루었다. 예를 들어, 한 연구에서는 아동의 말을 알아들을 수 없어서 현실적인 기능적 대체가 일어나지 않았고, 따라서 아동이 다시 심각한 자해행동을 하게 되었다(Durand & Carr, 1991). 아동의 발음을 향상시켜 준 후에야 교사가 적절하게 반응하게 되었다. 이렇게 교사와 학생 간 상호작용이 향상되고 이어서 문제행동도 감소되었다. 이렇게 감소된 문제행동은 새로운 교사에게도 일반화되었고 일 년 뒤까지도 유지되었다(Durand & Carr, 1991).

반응의 인식 가능성은 최중도 장애를 지닌 학생에게 특별히 중요하다. 이와 관련해서 중도 언어장애 학생을 위한 기능적 의사소통 훈련에서 의사소통의 방법으로 보완대체 의사소통 전략을 사용했을 때 성공적인 결과를 보여준 많은 연구가 보고되었다(Bingham, Spooner, & Browder, 2007; Durand, 1993, 1999; Durand & Berotti, 1991; Franco et al., 2009; Mirenda, 1997, 2003; Olive, Lang, & Davis, 2008; Schepis, Reid, & Behrman, 1996; Wacker et al., 1990). 이들 연구의 근거는 학생의 의사소통적 요구에 대한 인식 가능성을 향상시켰다는 점일 것이다.

보완대체 의사소통 기기를 사용하는 것은 중도장애 학생과 이들의 훈련된 의사소통 상대의 반응 인식 가능성을 높여줄 뿐만 아니라 지역사회 내에 훈련받지 않은 의사소통 상대의 반응 인식 가능성을 높여 이들의 요청을 이해하고 적절히 반응할 수 있도록 도와준다(Durand, 1990; Durand & Berotti, 1991). 또한, 학생의 가족은 집에서 영어를 쓰지 않고 학교에서는 교사가 영어를 쓰는 경우에 보완대체 의사소통 기기를 두 가지 언어로 입력해서 사용할 수 있다. 한 마디로 말해서 중도 및 복합 장애 학생이 이중언어를 할 수 있게 가르치는 것이다. 이 기기들은 상대적으로 간단한 조작(기계의 스위치 누르기)만으로 사용할 수 있으며 성공적인 상호작용을 할 수 있게끔 만들어졌다. 다시 말해서, 기기에서 산출된 반응은 누구나 인식할 수 있었기 때문에 의사소통 훈련의 성공을 지역사회로까지 확장시킬 수 있었던 것이다. 문제행동을 줄이고 장애인의 의사소통 요구를 증진시키기 위해 보완대체 의사소통을 사용하는 다양한 방법은 이 책의 3장을 참조할 수 있다.

(6) 반응 환경

기능적 의사소통 훈련을 할 수 있는 가장 이상적인 환경의 형태는 어떤 것일까? 기능적 의사소통 훈련을 사용해서 문제행동이 성공적으로 줄어들고 일반화되고 유지되도록 촉진시키는 환경을 설명하고 설계할 수 있을까? 불행하게도 기능적 의사소통 훈련 중재 방법과 관련해서 환경적 또는 상황적인 영향에만 초점을 맞춘 연구는 없다. 이러한 중재 방법의 결과에 긍정적이거나 부정적인 영향을 줄 수 있는 환경 변인에 대해 구조적으로 실험한 연구는 아직까지 없다는 것이다. 그러나 다양한 환경에서 기능적 의사소통 훈련을 연구한 경험을 바탕으로 알 수 있는 성공적인 기능적 의사소통 훈련의 환경적 조건을 서술해 보고자 한다.

기능적 의사소통 훈련을 실행하려는 노력의 결과에 영향을 주는 한 가지 요인으로 아동의 조절 정도 또는 선택을 들 수 있다. 선택의 기회를 주는 환경을 만드는 것은 다양한 교육 활동에서 중요하게 고려되는 조건이다(Carlson, Luiselli, Slyman, & Markowski, 2008; Dyer, Dunlap, & Winterling, 1990; Watanabe & Sturmey, 2003). 아동이 일상적인 활동에서 선택할 수 있게 해주는 것은 의사소통 훈련에서 특별히 강조된다(예: 언제 휴식을 취할 것인지, 언제 물을 마실 것인지, 언제 사회적 관심을 요청할 것인지 선택). 선택이 가능한 환경이 주어졌을 때 기능적 의사소통 훈련의 성공 가능성도 높아진다는 것을 알 수 있다. 반대로 선택할 수 없는 환경이 주어질 때 기능적 의사소통 훈련은 제한적인 성공만을 가져온다. 이러한 상황에서 기능적 의사소통 훈련은 때때로 그냥 마지못해 받아들여지는 것으로 묘사되거나 제한적으로 받아들여졌다. 다시 한번 말해서 중재 환경의 이와 같은 측면은 더 연구할 가치가 충분히 있다.

기능적 의사소통 훈련의 결과와 관련된 두 번째 환경적 요인은 연구 참여자들이 어떤 집단에 속하는가이다. 모든 학생을 일반학급과 지역사회 환경에 통합시키려는 시도에도 불구하고 학생들은 여전히 문제행동으로 인해 이들만을 분리시킨 집단으로 묶는 환경에 속하기도 한다. 역사적으로 이러한 환경을 타당하게 만드는 것은 학생들이 문제행동을 잘 다루는 직원에게 쉽게 접근할 수 있게 해준다는 데 있다. 또한 이러한 환경은 집단 프로그램을 적용할 수 있으며 다른 학생에 대한 방해를 최소화할 수 있다.

지면의 제약으로 인해, 이렇게 아동을 동일 집단으로 묶는 것에 대한 예상되는 모든 결과를 다 논의할 수는 없다. 그러나 기능적 의사소통 훈련을 더 잘 지원할 수 있는 다양한 환경을 비교 대조하는 연구가 진행되었다. 연구에서의 관찰에 의하면 문제행동을 보이는 학생들을 모아 놓은 "행동 교실"에서 교사는 교실 상황에서 해야 하는 일들이 너무 많아 일일이 학생들의 행동에 반응하기 힘들어했다. 반면에 다양한 학생으로 구성된 환경의 교사에게는 좀 더 유연성이 주어진 것으로 관찰되었다. 이들은 더 강도 높은 그러나 일시적인 노력(예: 기능적 의사소통 훈련)을 요구하는 활동으로 우선순위를 전환할 수 있었다. 그리고 이러한 유연성은 독립적인 과제 수행을 통해 유익을 얻을 수 있는 교실 내의 다른 학생들 덕분에 가능했다. 다양한 학생으로 구성된 환경의 교사는 "행동 교실"에 있는 교사보다 의사소통 훈련을 받고 있는 학생에게 더 잘 반응할 수 있었다.

3. 임상적 배경

기능적 의사소통 훈련을 중재 도구로 사용해서 문제행동의 감소 결과를 보여준 수많은 연구가 있다. 여기서는 이 분야에서 중요한 연구를 선별적으로 살펴보고자 한다. 지금까지 200여 개 가까이 게재된 연구들이 다양한 참여자와 문제행동에 걸쳐 기능적 의사소통 훈련의 효과를 보여주었다. 다행히 몇몇 학술지에 게재된 문헌연구가 다양한 대상자, 다양한 형태의 행동(예: 공격행동, 탠트럼, 불순종), 그리고 다양한 접근 방법을 적용한 기능적 의사소통 훈련 연구의 결과를 심도 있게 다루었다(예: Bambara, Mitchellkvacky, & Iacobelli, 1994; Durand & Merges, 2008, 2009; Halle, Ostrosky, & Hemmeter, 2006; Mancil, 2006; Matson, Dixon, & Matson, 2005; Mirenda, 1997; Petscher et al., 2009). 예를 들어, Mirenda(1997)는 기능적 의사소통 훈련을 통한 의사소통 방법으로 보완대체 의사소통 전략(예: 수어, 의사소통 책, 음성산출 의사소통 기기)을 사용한 논문들을 분석하였다. Matson과 그 연구진(2005)은 공격행동을 중재하는 다양한 중재 방법에 관련된 논문들을 분석하였으며, 이를 통해 기능적 의사소통 훈련이 가장 많이 연구되었던 방법인 것을 발견하였다. Petscher과 그 연구진(2009)은 대체행동에 대한 차별강화를 제공했던 논문들을 분석하였는데, 여기에는 다양한 기능적 의사소통 훈련이 포함되어 있었다. 실제로 기능적 의사소통 훈련은 초기 효과 연구의 강력한 지지를 받는 몇 안 되는 행동 중재 방법 중 하나다(Smith et al., 2007).

대체행동에 대한 차별강화를 제공한 논문들을 살펴본 Petscher 등(2009)의 연구에 따르면, 80개 이상의 연구가 기능적 의사소통 훈련을 이용해서 문제행동을 중재하였으며 특정 기준을 충족했다. 즉, 심사를 거쳐서 게재되었으며 행동 데이터 또한 함께 보고된 논문들이었다. 이들은 미국심리학회(American Psychological Association: APA) 12분과 대책위원회(Division 12 Task Force)가 심리학적 절차의 증진 및 보급(Promotion and Dissemination of Psychological Procedures)을 위해 마련한 기준을 사용해서, 기능적 의사소통 훈련이나 그 변형이 대책위원회가 세운 기준인 "효과가 잘 입증됨(well established)" "효과적일 수 있음(probably efficacious)" 또는 "실험 단계(experimental)"를 충족하는지 여부를 결정하였다(Chambless et al., 1996; APA, 1995). 대책위원회는 단일대상연구의 질을 평가할 수 있는 기준 또한 제공하였다(Chambless et al., 1996; APA, 1995; 〈표 6-2〉 참조).

Petscher 등은 대책위원회가 세운 기준에 부합하는 기능적 의사소통 훈련의 효율성을 입증한 연구들을 검토하였다. 검토한 행동의 형태가 너무나 다양했기 때문에 이들은 공격행동, 자해행동, 대물 파괴 및 기타 다양한 방해행동을 "파괴행동"이라는 하나의 범주로 묶기로 결정하였다. 일반적으로, 대체행동에 대한 차별강화와 기능적 의사소통 훈련은 파괴행동에 대한 "효과가 잘 입증된" 중재의 기준을 충족시켰다. 이 수준의 증거는 문제행동의 소거 단계가 중재에 포함되거나 그렇지 않거나 상관없이 명백

〈표 6-2〉 단일대상연구 이용 시 실험적으로 타당한 중재 판단의 기준

효과가 잘 입증된 중재
I. 효과를 보고하는 일련의 대규모 단일대상연구($n > 9$). 이 연구들은 반드시 아래의 기준을 충족시켜야 한다.
a. 잘 설계된 실험을 사용해야 한다.
b. 다른 중재와 비교해서 위약(placebo) 또는 다른 중재 방법보다 월등한 효과가 발견되어야 한다.
II. 중재 매뉴얼 그대로 실험이 진행되어야 한다.
III. 실험 참여자의 특성이 명백하게 특정되어야 한다.
IV. 실험의 효과가 두 명의 다른 연구자 또는 연구팀을 통해서 보고되어야 한다.
효과적일 수 있는 중재
I. 일련의 소규모 단일 대상 연구($n > 3$). 다른 조건은 "효과가 잘 입증된 중재"와 동일하다.

출처: Chambless et al.(1996).

하게 나타났다(Petscher et al., 2009). 이러한 결과는 다양한 장애를 가진 아동과 성인을 대상으로 부작용도 거의 없이 얻어진 것이다. 이 문헌연구의 결과와 기타 입증된 결과들은 기능적 의사소통 훈련이 다양한 연령과 장애를 가진 사람들의 문제행동을 중재하는 효과적인 방법임을 증명하고 있다(Bambara et al., 1994; Durand & Merges, 2008, 2009; Halle et al., 2006; Mancil, 2006; Matson et al., 2005; Mirenda, 1997; Petscher et al., 2009). 가끔씩 보고되는 원하지 않는 효과(새로운 의사소통 반응을 너무 자주 사용하기 등)는 기능적 의사소통 훈련 요소 분석의 초점이 되어 왔으며, 이와 관련된 몇몇 연구는 다음과 같다.

1) 강화 일정 조정하기

기능적 의사소통 훈련을 사용하는 데 있어서 중요한 이슈 중 하나는 문제행동을 대신할 대체 의사소통 사용을 강화하는 것이다. 일반적으로, 처음에는 습득이 빨리 일어날 수 있도록 강도 높은 일정의 강화를 사용하도록 권장한다(Durand, 19900). 만일 대안적 의사소통에 대한 강화가 지연되거나 충분하지 않다면 아동은 다시 문제행동을 사용해서 자신이 선호하는 강화를 원하는 만큼 얻으려고 할 것이다(예: 명령으로부터 회피, 관심 끌기; Horner & Day, 1991). 그러나 새로운 의사소통 행동을 계속해서 높은 비율로 강화한다면(예: 아동이 요구할 때마다 강화함) 그 또한 문제가 될 수도 있다. 예를 들어, 아동이 계속적인 관심을 요구한다면 의사소통 행동의 형태를 떠나서 교사나 가족은 상당한 불편을 겪을 수도 있다. 주어진 과제를 계속해서 회피하려는 요구 또한 교육적 또는 직업적 목표에 상당한 방해를 가져올 수 있다. 이러한 문제를 해결하기 위해 수많은 연구가 적절한 의사소통 행동에 대한 강화를 계속강화에서 일반 환경 내에서 좀 더 수용 가능한 간헐강화로 감소시키거나 "줄이는(thinned)" 것이 가능한지와 그 방법을 조사하였다(예: Hagopian, Kuhn, Long, & Rush, 2005; Hagopian, Toole, Long, Bowman, & Lieving, 2004; Hanley, Iwata, & Thompson, 2001; Lerman, Kelley, Van Camp, & Roane, 1999; Lerman, Kelley, Vorndran, Kuhn, & LaRue, 2002; Shirley, Iwata, Kahng, Mazaleski, & Lerman, 1997; Volkert et al., 2009; Worsdell, Iwata, Hanley, Thompson, & Kahng, 2000).

예를 들어, 한 연구에서는 적절한 요구와 강화 간의 시간 간격을 점진적으로 늘렸다(Hagopian, Fisher, Sullivan, Acquisto, & LeBlanc, 1998). 이 연구에 따르면 몇몇 참여자에게는 이렇게 강화 일정을 조정하는 시도가 적절한 요구에 반응해주어야 하는 노력을 줄이는 데 성공적이었으나 모든 참여자에게 성공적이지는 않았다. 강화 일정 지연과 관련된 비슷한 문제점은 다른 연구에서도 발견되었다(Fisher et al., 2000). 대안적 행동에 대한 강화 일정 지연의 어려움 중 하나는 대상이 언제 자신의 요구가 충족될지를 분별하지 못할 수 있다는 것이며, 따라서 요구의 빈도를 증가시키는 결과를 낳을 수 있다. 이것은 고정 간격 강화 일정에서 일반적으로 볼 수 있는 패턴이다. 어떤 연구자의 경우에는 행동에 대한 일시적인 신호(예: 빨간색 카드는 요청에 반응하지 않을 것이라는 신호, 초록색 카드는 요청에 반응할 것이라는 신호)를 주는 것이 좀 더 성공적임을 발견하였다(예: Hanley et al., 2001).

강화 일정을 줄여가는 하나의 방법이 모든 기능적 의사소통 훈련 중재에 적절할 수는 없다. 예를 들어, 아동의 강화 일정 분별 능력과 과거의 강화 관련 경험은 적절한 요구에 대한 강화 일정을 감소시키는 데 영향을 미칠 것이다. 동시에, 아동이 주로 속한 환경 내에서 어떻게 지원해줄 수 있는지를 고려하는 것도 중요하다. 앞부분에서 반응 환경을 설명할 때 논의하였듯이, 어떤 환경은 상대적으로 높은 비율의 요구를 지원할 수 있지만 다른 환경은 그렇지 않을 수 있다. 강화 요구와 행동을 유지시키는 환경의 능력 간의 맥락적 적합성에 대한 연구는 기능적 의사소통 훈련에서 강화를 위한 적절한 요구에 대한 반응의 특성을 연구하는 데 있어서 중요한 다음 단계로 고려되어야 할 것이다.

2) 문제행동의 후속결과

기능적 의사소통 훈련과 관련하여 논란이 되고 있는 이슈 중 하나는 문제행동 그 자체에 대해 어떻게 반응해야 하는지에 대한 것이다. 이전에도 언급하였듯이 기능적 의사소통 훈련은 문제행동의 소거 여부와 상관없이 효과적임이 증명되었다(Petscher et al., 2009). 지금까지 수행한 기능적 의사소통 훈련 연구에서는 주요 반응 전략으로 반응-독립적 후속결과를 사용해왔다(Durand, 1990). 다시 말하자면, (가능한 한) 문제행동이 일어나지 않은 것처럼 행동을 했다는 것이다. 이렇게 하는 이유는 문제행동이 환경 내에서 기능하지 못하게 하는 것에 있다. 예를 들어, 만일 어떤 사람과 일을 하고 있는 중에 그 사람이 소리를 지른다면 그저 하던 일을 계속 하도록 노력한다. 만일 어떤 사람이 혼자 있는 중에 탠트럼을 시작한다면 그 사람의 탠트럼에 개입하지 않도록 노력한다. 또한 부정적인 후속결과로 비추어질 수 있는 질책 또는 관심 거두기 등을 피하도록 한다. 이러한 것들이 사람에 따라서는 강화로 작용할 수 있기 때문이다. 대안적 행동이 동등한 기능을 가진다는 것을 가르치는 시기에 맞추어 문제행동이 강화를 얻기에 효과적이지 못한(기능적이지 못한) 전략이라는 것을 알게 한다.

반응-독립적 후속결과를 사용할 때 주의해야 할 사항이 있다. 학생에 대한 보호와 이들 주변의 안전이 늘 우선시 되어야 한다는 것이다. 다시 말해서, 학생의 문제행동의 기능으로 인해서 이들에 대한 우리의 행동을 바꾸려고 하지 않아야 한다는 것이다. 하지만 만일 학생의 문제행동이 자신 또는 다른 사람을 위험하게 한다면 개입해서 관련된 사람 모두를 보호해야 한다. 그러나 이러한 중재는 환경적인 변화가 일어나지 않도록 가능한 한 언제나 중립적인 방법으로 이루어져야 한다.

몇몇 연구는 문제행동을 계속해서 강화하는 문제에 대해 직접적인 실험을 진행하였다. 한 연구에서는 대안적 반응을 배우는 동안 문제행동을 계속 강화한다면 기능적 의사소통 훈련이 효과적인 접근인지를 실험하였다(Shirley et al., 1997). 자해행동을 보이는 세 명의 연구 참여자에게 대안적 의사소통 반응으로 수어를 가르쳤다. 자해행동이 계속해서 강화되는 동시에 새로운 대안적 행동을 배우는 상황에서 처음에는 문제행동의 감소가 일어나지 않았다. 하지만 문제행동에 대한 소거가 시작된 후 자해행동의 빈도는 감소하였고 수어의 사용 빈도는 증가하였다. 세 명 중 두 명의 참여자는 자해행동에 대한 소거가 중지된 후에도 행동 문제가 낮은 수준으로 유지되었다(Shirley et al., 1997).

Wacker와 그 연구진(1990)은 세 명의 연구 참여자에게 기능적 의사소통 훈련을 사용하였으며, 이들 중 두 명에게는 특정 후속결과를 사용하였다. 손을 물고 공격행동을 보이는 두 참여자에게 기능적 의사소통 훈련과 부정적 후속결과를 포함한 패키지 중재 전략(문제행동에 대해 한 사람에게는 타임아웃, 다른 이에게는 점진적 안내)을 적용했을 때 문제행동이 유의미하게 감소하였다. 또한 중재 전략 패키지 내에서 부정적 후속결과 전략을 빼려고 시도할 때 마다 참여자의 문제행동이 증가하였다. 따라서 이 연구에서는 최소한 중재 초반에는 대상에 따라서 가벼운 정도의 부정적 후속결과가 필요할 수도 있다는 결론을 내렸다.

Wacker 등(1990)의 연구의 세 번째 참여자와 이전 연구의 참여자들에게는 문제행동 감소를 위한 부정적 후속결과가 왜 필요하지 않았는지 해석하기 어렵다. 한 연구자가 해석한 바에 의하면, 이러한 부정적 후속결과가 중재 초반에 적용되었기 때문에 이것이 참여자의 이후 행동에 영향을 미쳤을 수도 있다는 것이다. 만일 부정적 후속결과가 기능적 의사소통 훈련을 중재하는 중에 전혀 적용되지 않았다면 문제행동을 줄이는 데 이러한 후속결과 전략은 필요하지 않을 수도 있다. 이러한 데이터로 미루어 볼 때 행동적 대조(현재 상황을 판단하는 데 이전에 동일한 상황에서 어떠했는지 비교하려는 경향)가 이 연구에서 작용했을 수도 있다. 즉, 문제행동의 후속성(즉, 타임아웃과 점진적 안내)을 제거함으로써 기능적 의사소통 훈련만이 단독으로 영향을 받았을 수 있다. 예를 들어, 만일 학생이 계속해서 강화를 받는 데 익숙해져 있는 상황에서 기능적 의사소통 훈련이 시작되면서 이 모든 강화 체계가 갑자기 중단된다면, 초기에는 이러한 접근 방법의 성공을 기대하기 어려울 것이다. 왜냐하면 *기능적 의사소통 훈련을 하기 이전 상황과 비교해볼 때* 강화에 대한 기대감이 줄어들기 때문이다. 이러한 문제는 중재 패키지를 시행하고 해석함에 있어서 주의가 필요함을 알게 해준다.

기능적 의사소통 훈련의 목표 중 한 가지는 새로운 의사소통 행동이 강화를 얻는 데 있어서 문제행동보다 더 효과적일 수 있게 하는 것이다. 앞에서도 언급하였듯이, 이러한 목표를 성취할 수 있는 한 가지 방법은 시작 초기부터 대안적 반응이 문제행동보다 *더* 효과적임을 가르치는 것이다. 그러나 다르게 표현한다면 문제행동을 의사소통 행동보다 *덜* 효과적이게 만들어야 한다는 것이기도 하다. 이를 성취하기 위해서는 반응-독립적 후속결과 전략을 사용함으로써 문제행동과 그에 대한 다른 사람의 반응 간의 후속성을 제거해야 한다(Durand, 1990).

3) 성과 연구

기능적 의사소통 훈련의 효과를 검증하는 연구가 논문으로 많이 게재되었음에도 불구하고 이들 대부분은 단일대상연구로 적은 수의 실험 참여자를 대상으로 한 연구다. 많은 수의 참여자를 대상으로 한 몇몇 연구가 있기는 하지만(예: Durand & Carr, 1992; Hagopian et al., 1998; Kurtz et al., 2003; Wacker et al., 1998), 지금까지 무작위 임상실험으로 기능적 의사소통 훈련 중재 결과와 중재가 없는 경우, 일반적인 중재를 한 경우, 다른 전통적인 기법을 쓴 경우를 비교한 연구는 없었다. 대체로 한 가지 종류의 연구설계(예: 단일대상연구)만으로 중재 효과를 검증했기 때문에 어쩌면 기능적 의사소통 훈련 중재 방법에 대한 이해는 제한적이라고 할 수도 있다.

단일대상연구결과의 일반화 가능성에 대해서 몇 가지 잠재적인 제한점이 보고되고 있는데, 이는 무작위 대조군 연구에서는 언제나 명시되지만 단일대상연구에서는 찾아보기 힘든 방법론에 대한 자세하게 기술된 정보와 관련된다. 한 가지 예로 참여자가 어떻게 선정되어 중재 실험에 참가하게 되었는지는 실험 결과를 해석하는 데 잠재적으로 중요한 영향을 미친다. 예를 들어, 부모 훈련을 위한 연구에 임상비용을 지불하고 꽤 오랜 시간 동안 많은 훈련에 출석할 수 있는 부모만이 참여한다면, 이 연구의 결과는 상대적으로 사회경제적 지위가 낮은 부모나 참여도가 낮은 가족에게 일반화하는 데 제한이 있을 것이다. 마찬가지로, 가벼운 문제행동을 보이는 어린 아동이 주로 다니는 임상실에서만 추천을 받아 연구를 한다면 나이가 많은 더 심각한 문제행동을 보이는 대상에게는 유용하지 못한 연구가 될 것이다. 편파적 표본 선정—체계적으로 특정 대상만 연구에 포함시킴(그래서 다른 사람은 배제함)—은 연구결과에 인위적인 긍정적 또는 부정적 영향을 미칠 수 있다. 편파적 표본 선정을 줄이기 위한 한 가지 방법으로는 집단실험연구를 할 때처럼 중재 집단에 무작위로 배정하는 것이다. 비록 집단 내에 모든 편차를 제거하는 것은 불가능하지만(특히 그 집단이 작은 경우)(Barlow & Hersen, 1984), 무작위는 배정할 때 조직적인 편차를 줄여 내적 타당도를 높이는 데 도움이 된다. 단일대상연구를 할 때 연구자들은 어떻게 연구 참여자를 선정하는가?

이 질문에 대한 답을 찾기 위한 시도로 연구 참여자를 어떻게 선택하는지 보다 정확하게 측정하기 위해서 행동 중재 연구를 검토하는 문헌연구를 실행하였다(Durand & Rost, 2005). 1968년부터 2002년 사이에 *Journal of Applied Behavioral Analysis*에 게재된 149개의 연구 중에서 오직 26.04%(44개)의 연구만이 선별 기준을 언급하였으며 8.28%(14개)의 연구만이 편파적인 표본 선정에 대해 언급하였다. 참여자의 중도 탈락에 대해서는 오직 2.37%(4개)의 연구에서만 언급되었고, 이와 관련된 편차에 대해 언급한 연구는 없었다. 보다 최근에 이루어진 연구에서도 이러한 정보에 대해 더 많이 보고하는 경향은 보이지 않았다.

결과적으로, 비교적 적은 수의 단일대상연구에서만 어떠한 과정을 통해 참여자를 포함시켰는지 언급하였으며(26%) 더 적은 수의 연구만이 편파적인 표본 선정을 줄이기 위해 어떠한 노력을 기울였는지 서술하였다. 지난 30년간 게재된 논문 중에 연구 참여자가 중도에 탈락했는지 여부를 밝힌 논문은 거의 없었고(3%), 이 3%의 연구에서도 중도 탈락을 하게 만든 잠재적 참여자의 특성에 대한 진단을 하지 않았다. 게다가 어느 연구에서도 잠재적인 참여자 또는 보호자가 연구에 참여하기를 거부한 경우가 있었는지의 여부와 그 이유에 대한 설명을 보고하지 않았다. 편파적인 표본 선정 문제나 중도 탈락 문제는 문제행동을 중재하는 방법으로서 기능적 의사소통 훈련이 가져오는 긍정적인 성과에도 불구하고 이 방법이 일반화될 수 있는지에 의문을 갖게 한다.

여기서 알 수 있듯이, 단일대상연구 문화에서는 임상적 효율성 및 유용성과 핵심적으로 관련되는 연구 참여자에 대한 언급이 매우 부족하다. 예를 들어, 단일대상연구 방법 안내서 중 하나에서는 각 회기에 성실하게 나올 수 있는 참가자만 포함시키라고 권면하고 있다(Bailey & Burch, 2002). 물론 이것은 현실적인 제안이기는 하지만, 동기가 충분하고 성실한 사람들만 실험에 참여시키는 것에 따른 후속결과는 우리의 도움을 필요로 하는 보다 큰 인구집단에 대해 제한적인 결론을 내릴 수밖에 없게 된다는 것이다. 미국국립보건원(National Institutes of Health, NIH)에서 후원하는 자폐 범주성 장애 심리사회적 중재 연구의 방법론적인 어려움에 관한 회의보고서(Lord et al., 2005)에서는 이 문제를 다루면서 이 분야에서 더 많은 무작위 대조군 연구를 해야 할 필요성이 가장 우선시 되어야 한다고 제안하였다.

한 가지 중요하게 고려해야 할 점은 중재 연구의 대표성에 관한 것이다. 이 부분의 정보가 부족하다고 해서 기존의 연구가 편파적 표본 선정이나 중도 탈락과 관련된 문제가 있다고 단정 지을 수는 없다. 예를 들어, 연구결과에 부적절한 영향을 미치거나 상당한 비판을 받을 수밖에 없는 문제인 특정 대상을 구조적으로 배제시켰는지 여부는 알 수 없기 때문이다. 이 심각한 문제를 다루기 위해서 문제행동과 관련된 행동 중재 연구에서는 연구대상 집단과 관련된 문제에 대해 보다 세심한 조사를 할 수 있어야 한다(Durand & Rost, 2005).

4. 실행을 위한 요구사항

심각한 문제행동을 보이는 대상에게 의사소통을 가르치기 어려운 이유는 여러 가지가 있다. 가장 명백한 이유 중 하나는 문제행동 그 자체다. 상대방을 때리려고 하거나 스스로를 자해하거나 방해행동을 보이는 누군가를 가르치는 것은 상당히 어려운 일이며, 행동을 극도로 제한하는 절차를 쓰게 만드는 합리적인 이유를 제공한다. 즉, 우선적으로 어떤 사람이 방해행동을 하고 있는 동안에는 교수를 진행할 수 없다고 가정하게 된다. 그런 다음에는 문제행동의 빈도를 줄이기 위해 혐오적인 후속결과를 사용하는 "일시적인" 프로그램을 제안하게 된다. 문제행동이 감소되어야만 실제로 교수를 실행할 수 있다고 생각하는 논리가 지속되는 것이다.

문제행동을 보이는 대상에게 의사소통 전략을 가르치는 노력은 문제행동이 감소되기 전에 시작되는데, 이러한 교수의 노력을 적용함으로써 대상이 문제행동을 보여도 계속해서 교수할 수 있기 위해서다. 때로는 교수 상황을 조정해서 문제행동의 발생 가능성을 최소화하기도 한다. 그러나 이것은 언제나 가능한 것은 아니며, 아주 희귀한 경우지만 기계를 이용해 대상의 행동을 저지하고 있는 상태에서 그 사람에게 의사소통 전략을 가르친 경험도 있다. 문제행동은 의사소통 교수를 방해하는 장해물로 여겨져서는 안 된다.

의사소통 교수에 있어서 두 번째 장해물은 자폐 범주성 장애인과 매일 함께 활동하는 사람을 훈련시키는 것과 관련된다. 이들 대부분은 의사소통 기술을 가르치는 것에 대해 충분한 훈련을 받지 못한다. 예를 들어, 적절히 촉진을 줄여가거나 언어로 상호작용하는 환경을 만드는 등에 대해서는 상대적으로 훈련 자료가 적다(Durand, 1987). 심각한 행동 문제를 성공적으로 중재하려면 상당히 많은 노력이 필요하다. 이것은 중재가 행동을 제한하는 절차로 훈련이나 보호조치를 포함하는지(끝이 없고 지치는 과제가 될 수 있음) 아니면 대체기술 교수 등의 훈련과 모니터링 프로그램을 포함하는지(종종 모두를 위한 만족스러운 상호작용을 이끌어냄)에 상관없이 그러하다.

1) 교수 기회 만들기

문제행동의 기능과 이에 따른 적절한 대안적 행동이 정해진 후, 일반적으로 한 사람이 의사소통 훈련을 담당하고 시작하게 된다. 하루에 최소 30~60분 정도의 시간을 일주일에 몇 번 실행하는 등의 방법으로 진행할 수 있다. 그러나 가장 이상적인 방법은 매일 자연스러운 상황에서 높은 빈도로 교수 기회를 만드는 것이다. 예를 들어, 만일 학생이 교실에서 좌절될 때 소리를 지른다면 한 가지 전략은 학생의 하루일과 전반에 걸쳐 소소한 좌절될 만한 상황을 만드는 것이다. 특히 교수 기회를 만들기 위해서는 학생의 일반적인 일과를 방해하도록 계획할 수도 있다. 서랍을 열기 힘들게 테이프로 붙여놓은 후에 학생에게 서랍을 열어 가장 좋아하는 놀잇감을 꺼내라고 말할 수 있다. 학생이 그 서랍을 열지 못할 때 도움을 청하도록 촉진한다("'도와주세요'라고 말해."). 이러한 비슷한 시나리오를 다양한 상황과 환경에서 반복하고(예: 코트 입기, 외출하기 위해 문 열기, 신발 끈 묶기) 상황 중에 함께 있는 성인이 학생을 어떻게 촉진하는지 배운다. 이와 더불어 또한 중요한 것은 촉진을 *소거하는* 방법을 배우는 것이다.

하루 전반에 걸친 훈련을 "분산연습(distributed practice)"이라고 한다(McDonnell & Hardman, 1988, p. 330). 다시 말해서, 학생은 교수회기 사이사이에 다른 활동을 할 수 있다. 이것은 중단되지 않고 계속해서 교수회기가 제공되는 "집중연습(massed practice)"과 반대되는 개념이다. 대부분의 교수는 이 집중연습(교수회기 간에 간격이 거의 없음)과 넓은 간격의 분산연습(교수회기 간에 긴 시간이 있음) 사이 어디쯤에 위치해 있다. 요구하기 기회는 하루 중 다양한 시간대에 일어날 수 있기 때문에 분산연습이 이러한 상호작용과 더 비슷하며, 따라서 가능하다면 더 선호된다.

분산연습의 이점에도 불구하고 학생에 따라서는 넓은 간격의 분산연습으로 시작하는 것이 문제가 될 수도 있다. 왜냐하면 분산연습은 아무래도 연습 기회가 적기 때문에(반드시 그런 것은 아니지만) 기술을 학습할 수 있는 기회가 산발적일 수 있다. 때문에 기술 습득이 늦어질 수도 있고, 학생에 따라서는 이러한 훈련을 받기 싫어서 피하려고 방해행동을 보일 수도 있다. 더욱이, 상황에 따라서는 중재자에게 간헐적인 교수 기회를 식별하고 사용하는 방법을 훈련시키기 어려울 수도 있다.

이러한 한계 때문에 정해진 시간 동안 집중해서 훈련시키기도 한다. 이 방법은 학생에게 빠른 습득을 가져다주기 때문에 그리고 하루 중 잘 훈련된 중재자가 학생을 가르칠 수 있는 시간이 제한되기 때문에 사용된다. 예를 들어, 훈련 대상을 가장 잘 알고 가장 잘 훈련시킬 수 있는 중재자가 한 명밖에 없다고 가정해보자. 이 사람이 훈련을 제공할 수 있는 시간이 하루에 30분밖에 없다면 이 30분의 시간 동안 중재자가 많은 회기를 실행할 수 있도록 훈련을 계획하게 될 것이다. 훈련 회기는 휴식시간, 요구해서 얻은 물건을 조작해 보는 시간 또는 사회적 상호작용을 하는 사이사이로 분산된다. 환경은 의사소통의 기회를 만들 수 있도록 조정되어야 한다(예: 휠체어를 타고 있는 학생이 이동하는 길 앞에 장해물을 두어서 도움을 청하게 함). 그러나 학생이 초반에 성공적인 의사소통 경험을 한 후에야 매일 매일의 분산된 훈련이 가능할 수 있다. 이러한 경우는 집중연습-분산연습 연속체의 중간 지점 어딘가에 훈련 기회를 배치할 수 있다(Durand, 1990).

2) 교수 맥락 선택하기

교육이 이루어지는 장소나 맥락 또한 극도로 인위적인 환경(예: 언어치료실에서 또래와의 사회적 상호작용 교수하기)에서부터 보다 자연스러운 환경(예: 파티를 하는 중에 또래와의 사회적 상호작용 교수하기)의 연속체 상에서 이해할 수 있다. 장소의 자연스러움은 학생이 새로 배운 의사소통 행동을 어디에서 사용하면 좋을지에 대한 교사의 생각에 의해서 주로 결정된다. 목표 환경, 즉 학생이 의사소통을 했으면 하는 환경에서 훈련을 한다면 중재 효과의 일반화와 유지를 촉진할 수 있다. 분리된 장소에서 기술을 가르치는 전형적인 교수 모델에서는(예: 언어치료실) 학생이 행동을 학습한 후에 그 행동이 발생하기를 바라는 장소에서 행동을 사용할 수 있도록 독려해야 한다(예: 학생식당). 자연스러운 또는 목표가 되는 장소에서 훈련을 시작한다면 원래 행동하기를 바라는 곳에서 행동하게 되므로 대대적인 일반화 계획이 필요하지 않을 것이다. 더욱이, 목표 환경에서 교수하는 경우에는 유지에 방해가 될 만한 장해물을 즉시 알아낼 수도 있다(예: 새로운 행동이 유지되기를 바라는 장소에서 행동에 대한 후속결과가 제공되고 있는가?).

5. 주요 구성요소

〈표 6-3〉은 행동을 진단하고 기능적 의사소통 훈련을 진행하는 주요 단계를 요약해서 보여준다. 이러한 단계가 복잡하게 느껴질 수도 있으므로 독자들은 보다 자세한 방법을 알고 싶다면 권장 도서를 참고하기 바란다.

1) 1단계. 행동의 기능 진단하기

문제행동의 기능을 진단하기 위해서는 그 행동의 선행사건과 후속결과를 알아야 한다. 목표한 문제행동의 기능을 이해해야만 아동이 이전에 문제행동을 통해서 얻었던 변인을 요구하도록 가르칠 수 있다. 기능적 의사소통 훈련에서 중요한 측면 중 하나인 이 부분을 진행하기 위해서는 이전에 진단에 대해 설명한 부분을 참고하기 바란다.

2) 2단계. 의사소통 양식 선택하기

문제행동의 기능을 파악한 후, 아동이 사용하게 될 행동의 형태를 정해야 한다. 만일 아동이 이미 특정 의사소통 양식을 사용하고 있다면(예: 음성, 수어), 기능적 의사소통 훈련에서도 그 양식을 사용하는 것이 좋다. 일반적으로 아동이 충분한 음성 언어 훈

〈표 6-3〉 기능적 의사소통 훈련의 단계별 설명

단계	설명
1. 행동의 기능 진단하기	문제행동을 유지시키는 변인을 확인하기 위해 두 개 이상의 기능적 진단 기법을 사용한다.
2. 의사소통 양식 선택하기	아동이 다른 사람과 어떻게 의사소통하는 것이 좋을지 결정한다(예: 음성, 보완대체 의사소통 기기).
3. 교수 상황 만들기	문제행동을 일으키는 환경(예: 어려운 과제)을 확인한 뒤에 이 환경을 대체행동을 가르치는 환경으로 사용한다.
4. 의사소통 촉진하기	의사소통이 발생하도록 목표한 장소에서 대체 의사소통을 잘 사용할 수 있도록 촉진한다. 개입이 가장 작은 촉진을 사용한다.
5. 촉진 소거하기	훈련 시 더 이상 문제행동이 일어나지 않는다면 가능한 한 빨리 촉진을 줄여나간다.
6. 새로운 의사소통 행동 교수하기	가능할 때 동일한 기능을 가진 다양한 대체 의사소통 행동을 가르친다(예: "도와주세요" 또는 "이해가 안 됩니다"라고 말하기).
7. 환경 수정하기	적절한 경우에는 환경에 대한 변화(예: 학교에서 학생-과제 간 적합도 높이기)를 시도한다.

출처: Durand, V. M., & Merges, E. (2008). Functional communication training to treat challenging behavior. In W. O'Donohue & J. E. Fisher (Eds.), *Cognitive behavior therapy: Applying empirically supported techniques in your practice* (2nd ed., pp. 222-229). New York, NY: Wiley; reprinted by permission.

련을 받았음에도 불구하고 의사소통에 성공적이지 못할 때 대안적 수어나 상징 양식을 사용하게 된다. 만일 아동의 수어 훈련이 성공적이지 않다면(예: 수어를 배워 본 적이 없거나, 수어표현을 잘 못하거나, 사용하는 수어를 이해하기 어렵거나), 적어도 처음에는 그림 상징 의사소통 훈련을 하도록 추천한다. 상징 의사소통 훈련은 그림책, 메시지가 적혀 있는 토큰, 시각적으로 상징을 선택할 수 있는 기타 보조기기(예: 음성산출 의사소통 기기) 등의 사용을 포함한다. 이러한 형태의 의사소통 훈련은 상대적으로 쉽게 가르칠 수 있으며 잠재적인 의사소통 대상자도 알아차릴 수 있는 보편적인 방법이다.

3) 3단계. 교수 상황 만들기

다음 단계로 의사소통의 기회가 발생하도록 환경을 조성해야 한다(예: 열려는 문 앞에 장해물을 놓고 도움을 청하도록 촉진하기). 환경을 아동의 관심을 끌고 교수의 기회로 활용할 수 있도록 조절하는 방법인 "우발교수(McGee, Morrier, & Daly, 1999)"는 성공적인 의사소통 훈련을 위해 아주 중요한 부분이다. 어려운 과제를 그만두고 싶어 하거나 성인의 관심을 끌고 싶어 하는 등의 상호작용에 대한 관심을 이용하는 것은 일반화된 의사소통을 가르치는 매우 강력한 도구가 될 수 있다.

훈련 회기는 개인의 일상 전반에 걸쳐 가능한 한 빨리 그리고 적절한 장소로 분산시킨다. 목표 환경(예: 의사소통 행동이 발생하기를 원하는 곳)을 훈련 환경으로 이용하는 것은 중재 효과의 일반화 및 유지를 촉진시킨다. 게다가 목표 환경에서 훈련이 이루어진다면 행동의 유지에 방해가 될 만한 장해물도 즉시 알 수 있다(예: 중재자는 교수 환경에서 제공되는 후속결과가 새로운 행동을 유지시킬지 여부를 결정할 수 있음).

4) 4단계. 의사소통 촉진하기

문제행동을 대체하도록 의사소통을 교수하기 위해서는 다양하고 정교한 언어 훈련기법이 필요하다(Durand, Mapstone, & Youngblade, 1999). 새로운 의사소통 행동을 가르치기 위해서는 여러 단계의 촉진 및 촉진 소거 절차가 사용된다. 촉진은 필요할 때 사용되며 가능한 한 빨리 줄여서 없애는 것이 좋다. 아동에 따라서는 중요한 기술을 가르칠 때 부정적으로 저항하거나(예: 소리 지르기, 발로 차기) 긍정적으로 저항하거나(예: 배우려 하지 않고 웃거나 킥킥 거리기) 소극적으로 저항하기도 한다(예: 과제물을 바라보지 않거나 반응하지 않기). 과제가 주어질 때 발로 차거나 고함을 지르거나 과제물을 찢어 버리거나 무관심하다면 교수 자체가 매우 어려워지며 학습이 일어나기는 더욱 어렵다.

이와 같은 문제에 직면할 때 사용할 수 있는 방법은 도움을 청하거나(예: "도와주세요") 짧은 "휴식" 시간을 달라고 요구하도록 가르치는 것이다. 때때로 문제행동은 즐겁지 않은 상황을 회피하거나 벗어나기 위해서 일어난다. 아동이 적절하게 요구하는 방법을 배우고 *그에 따른 도움을 받을 수 있다면* 과제는 보다 쉬워질 것이고 문제행동 또한 감소하는 것이 당연하다. 마찬가지로, 어떤 사람이 과제를 수행하던 중에 휴식을 요청하고 그에 따른 휴식을 제공받는다면 그 사람의 문제행동 또한 감소할 것이다.

5) 5단계. 촉진 소거하기

촉진은 가능한 한 빨리 소거해야 한다. 소거는 필요에 따라 완전한 신체 촉진에서부터 부분 촉진(예: 손만 살짝 건드리기), 몸짓 촉진(예: 손을 사용할 수 있도록 몸짓으로 보여주기), 언어 촉진(예: "'휴식'이라고 말해."; [그림 6-2] 참조)으로 진행할 수 있다. 훈련 전반에 걸쳐 소거의 또 다른 방법으로 촉진을 지연시키는 방법이 많이 사용된다(Halle, Baer, & Spradlin, 1981; Schwartz, Anderson, & Halle, 1989). 몇 차례의 교수 회기가 지난 뒤에 지연된 촉진(예: 약 5초간 기다리기) 회기를 분산시켜서 다음 수준의 촉진이 없이도 반응하는지를 확인할 수 있다. 예를 들어, 만일 아동이 손을 살짝 건드리는 촉진을 통해서 수어를 할 수 있었다면 몸짓 촉진을 한 뒤 5초간 기다리는 것이다. 만일 아동이 수어로 *휴식*을 요구하면 휴식시간을 갖게 해준다.

다음 수준의 촉진으로 넘어가기 위해서 아동의 행동이 완전히 안정될 때 까지 기다리지는 않는다. 다시 말해서, 다음 단계로 넘어가기 위해서 2주 동안 10회 중 9회를 정확하게 반응해야 할 필요는 없다는 것이다. 만일 한 단계에서 3~5회 정도의 연속적인 기회에 성공적으로 반응한다면 다음 단계를 시도할 수 있다. 이것은 아동의 촉진 의존성(예: 반응을 하기 위해 지나치게 촉진에 의존함)을 방지하기 위해서다. 일반적으로, 문제행동은 촉진 없이 요구하기 시작하자마자 가장 극적으로 향상되는 것으로 나타났다.

완전한 신체 촉진
몸짓 촉진이나 언어 촉진에 반응하지 않는다면 여기서부터 시작한다. 촉진 지연을 사용해 부분적 신체 촉진만 사용해도 반응하는지 각 회기마다 확인한다.

부분적 신체 촉진
가능하다면 부분적 신체 촉진만 사용한다. 촉진 지연을 사용해 몸짓 촉진만 사용해도 반응하는지 각 회기마다 확인한다.

몸짓 촉진
가능하다면 몸짓 촉진만 사용한다. 촉진 지연을 사용해 언어 촉진만 사용해도 반응하는지 각 회기마다 확인한다.

언어 촉진
가능하다면 언어 촉진만 사용한다. 촉진 지연을 사용해서 부분 촉진으로 또는 언어 촉진이 없이도 반응하는지 각 회기마다 확인한다.

[그림 6-2] 촉진의 순서

6) 6단계. 새로운 의사소통 행동 교수하기

중재가 성공적으로 이루어진 후에는 요구과제를 다시 제시하거나 요구해야 하는 장소를 확대하고 새로운 중재자를 훈련 프로그램에 참여시키는 동시에 새로운 형태의 의사소통(예: 음식, 음악, 일 요구하기)을 소개하면서 중재를 계속한다.

7) 7단계. 환경 수정하기

환경이나 교육과정의 수정에 대해서도 자주 언급되곤 한다. 아동에 따라서는 특정 자극(예: 특정 중재 프로그램, 특정 교직원)이 있을 때 문제행동을 보이고 환경 내에서 이 자극을 감소시키거나 제거할 때 문제행동의 심각성과 빈도도 함께 감소되는 것으로 보고된다(예: Dunlap, Kern-Dunlap, Clarke, & Robbins, 1991; Kennedy & Itkonen, 1993). 그러므로 만일 학생이 비기능적이거나 나이에 적합하지 않은 활동(예: 구슬 꿰기)을 하도록 시킬 때 문제행동을 보인다면 학생이 이와 관련된 활동을 더 이상 하지 않도록 하는 것이 좋다. 그 대신 보다 유용하고 참여할 만한 대체행동을 할 수 있게 해준다.

(이상의 1~7단계는 다음에서 인용하였음. pp. 125-127 from Durand, V. M., & Merges, E. [2008]. Functional communication training to treat challenging behavior. In W. O'Donohue & J. E. Fisher [Eds.], *Cognitive behavior therapy: Applying empirically supported techniques in your practice* [2nd ed., pp. 225]. New York, NY: Wiley; 승인하에 수정되었음.

6. 의사결정을 위한 자료 수집

기능적 의사소통 훈련에서의 자료 수집은 다음과 같이 성공적인 중재와 관련된 네 단계로 진행된다(Durand & Hieneman, 2008a, 2008b): 목표 수립하기, 행동 양식 분석하기, 환경 내 장해물 진단하기, 결과 관찰하기.

1) 목표 수립

이 단계에서는 문제를 정의하기 위해 아동의 문제행동, 가정과 학교 또는 지역사회에서 바라는 변화를 포함해 충분한 정보를 수집해야 한다. 프로그램을 계획하는 초기 단계에서 문제의 특성과 범위를 파악하기 위해 주로 면담이나 체크리스트(예: 독립행동척도-개정판[Scales of Independent Behavior-Revised], Bruininks, Woodcock, Weatherman, & Hill, 1996)를 이용한다.

2) 행동 양식 분석

이 단계에서는 아동이 왜 이러한 행동을 보이는지 파악하기 위해서 다양한 형태의 기능진단 도구를 사용한다(앞부분의 '대상자와 중재 관련성 및 목표 결정을 위한 진단' 참조).

3) 장해물 진단

아동의 행동을 진단함과 동시에 학습 환경이 새로운 의사소통 행동을 지원해줄 수 있는지의 여부도 함께 진단한다(앞부분의 '반응 환경' 참조). 또한 가족 구성원이나 교육자에게서 나타날 수 있는 성공적인 중재를 방해할 수 있는 부가적인 장해물에 대해서도 진단한다(Durand & Hieneman, 2008a, 2008b; '앞으로의 방향' 부분 참조).

4) 결과 점검

중재에 책임이 있는 사람(예: 중재자, 보조교사)은 전략이 효과적으로 작용하는지 알기 위해서 문제행동, 의사소통, 교육적 진보에 대한 자료 수집 방법을 훈련 받아야 한다. 또한 교육적 계획을 수정해야 하는지의 여부를 결정하기 위해 계속해서 자료를 수집해야 한다(더 자세한 논의와 자료 수집 서식의 예는 Durand & Hieneman, 2008a를 참고하기 바란다; Durand & Hieneman, 2008b).

7. 문화 및 언어 배경이 다른 아동을 위한 고려

문화적 또는 언어적으로 다양한 배경을 가지고 있는 아동은 문제행동을 중재하기 위해 기능적 의사소통 훈련을 성공적으로 적용하는 데 독특한 어려움을 보일 수 있다. 만일 학교에서 교사는 영어로만 말하고 가족은 스페인어만 할 수 있다면, 가정과 학교 간의 의사소통에만 영향을 주는 것이 아니라 아동에게 가르치는 의사소통 전략에도 영향을 미치게 된다. 즉, 아동은 양쪽 환경에서 성공하기 어렵거나 불가능할 것이다. 가정과 학교에서 각기 다른 언어를 사용하는 경우 그림책이나 음성산출 의사소통 기기(VOCAs)와 같은 보완대체 의사소통 체계가 사용될 수 있다. 한 연구에서는 음성산출 의사소통 기기에 두 가지 언어를 번갈아 사용할 수 있도록 프로그램해서 기능적으로 동등한 반응을 교수하였다(예: 영어와 스페인어로 각각 "도와주세요"라고 말하기)(Durand, 1999; Durand & Berotti, 1991). 즉, 중도 중복장애 학생이 이중언어를 사용할 수 있도록 특정 언어 상황에 적합한 언어로 인식되는 한 가지 선택만 하도록 가르쳤다. 이러한 기기는 아동이 비교적 간단한 반응(스위치 누르기)을 함으로써 영어나 스페인어로 정교한 언어(완벽한 문장 형태)를 산출하도록 만들어졌다. 다시 말해서, 언어 산출은 특정 언어를 사용하는 지역사회 내에서 누구나 이해할 수 있기 때문에 의사소통 훈련의 성과가 지역사회로까지 넓게 확장되었다.

8. 적용을 위한 고려

적용 사례: 아동

본 장의 "반응 성공" 부분에서는 만성적이고 심각한 문제행동을 보인 세 명의 자폐 범주성 장애 학생에게 기능적 의사소통 훈련을 사용한 연구를 간단히 설명하였다(Durand & Carr, 1991). 연구 참여자 중 한 명이었던 한수는 발달장애인을 위한 특수학교에 다니는 9세 소년이다. 교사들은 한수가 하루 중 다양한 시간대에 자주 화를 내는데 대체로 반응하기 어려운 과제를 받거나 대답하기 어려운 질문을 들었을 때 화를 낸다고 보고하였다. 한수는 폭력적으로 자신의 얼굴을 때리고 고함을 질렀으며, 결국에는 땅에 주저앉는 행동을 보였다. 또한 너무 빠르고 불분명하게 말하는 경향을 보이기는 하지만 구어 능력이 있었다.

첫 번째로 한수는 답하기 어려운 질문에 대해 "이해가 안 돼요."라고 말하도록 훈련을 받았다. 몇 주간의 훈련 뒤에 한수는 자발적이고 일관되게 의사소통 전략을 사용할 수 있게 되었고 얼굴을 때리거나 고함을 지르는 등의 행동 빈도는 현격하게 감소되었다. 후속 조치를 위해 몇 개월 후에 새로운 교실에서 새로운 교사와 있는 한수를 관찰하였는데, 이때 한수는 얼굴을 때리며 고함을 지르고 있었고 훈련 받았던 언어는 거의 사용하지 않았다.

한수와 교사를 함께 관찰함으로써 문제가 무엇인지 명확히 알 수 있었다. 교사는 한수에게 "한수야, 주소가 뭐니?" 등의 질문을 하였고 한수는 매우 빠르고 불명확하게 "이해가 안 돼요."라고 말했다. 교사는 한수의 말을 이해하지 못했기 때문에 충분한 촉진을 제공하지 못하였다. 이러한 상호작용이 몇 차례 반복되자 한수는 결국 화가 나서 자해를 하고 소리를 질렀던 것이다. 이때 교사는 한수가 진정되면 다시 돌아오겠다고 말하고 한수를 혼자 두는 것으로 반응하였다. 요약하자면, 교사는 한수의 말에 반응을 하지 않았을 뿐만 아니라 동시에 과제를 중단시킴으로써 방해행동을 강화시켰던 것이다(부적 강화).

한수는 다시 "이해가 안 돼요"라는 말을 보다 명확하게 천천히 발음하도록 중재를 받았다. 또한 한수가 정확하게 의미를 전달할 때 교사가 적절하게 반응하는지 살펴보기 위해서 교사에게는 중재에 대해서 따로 설명하지 않았다. 훈련이 끝난 뒤 교실에서 한수를 다시 관찰하였다. 한수는 보다 명확하게 말하였고 이해가 안 된다고 도움을 청할 때 교사는 적절하게 촉진(예: "나는 ㅇㅇ동에 살아요."라고 말해 봐)을 해주었다. 한수의 자해와 고함지르는 행동은 다시 감소되었다. 12개월 후에 추가적으로 한수를 다시 관찰하였는데, 한수는 여전히 전에 배운 문장을 필요할 때 사용하고 있었으며 문제행동 없이 교실에서 잘 생활하고 있었다.

적용 사례: 청소년 또는 성인

성인 남성 병호 씨는 유난히 사람들의 눈에 띄었는데, 이는 그가 심각한 공격행동(다른 사람을 붙잡거나 때림), 자해행동(손과 팔 물기), 그리고 다른 방해행동(과제물 던지기, 책상과 의자 넘어뜨리기)을 했기 때문이었다. 병호 씨는 대부분의 생애를 시설에서 보냈으며, 문제행동으로 의뢰되었을 당시는 32세였다. 최근에 시설에서 그룹 홈으로 옮겨졌으며 지역사회 기관에서 운영하는 직업교육 프로그램에 참여하고 있었다.

직업교육 프로그램에서의 병호 씨의 학습 속도는 너무 느렸고 갑자기 교사에게 심한 해를 입히는 경우도 있어 우려의 대상이었다. ABC 분석과 동기 진단 척도(Motivation Assessment Scale) 시행 결과 그의 공격행동과 자해행동은 어려운 과제로부터 회피하기 위한 것과 자신이 원하는 것을 얻기 위한(예: 좋아하는 음식) 것임을 알 수 있었다. 병호 씨에게 "휴식"이라고 수어로 말할 수 있도록 가르치기로 하였으며, 요청할 때에는 휴식할 수 있게 해주었다. 원하는 것을 요구하기보다 휴식을 요구하도록 선택해서 가르친 이유는 그가 일을 할 때 가장 빈번하고 심각한 문제행동을 보였기 때문이었다. 도움을 청하는 게 아니라 휴식을 요구하도록 선택한 이유는 일을 완수하는 데 전혀 어려움이 없었고(즉, 어려운 과제가 아님) 일하는 환경에서 휴식을 요구하는 행동이 도움을 청하는 행동보다 더 적절한 행동이었기 때문이었다.

훈련 초반에 병호 씨는 다른 대상자들과 비슷한 반응을 보였다. 촉진을 받거나 휴식 시간인 경우에는 문제행동을 보이지 않았다. 그러나 다시 일을 시작해야 할 때에는 저항했다. 간혹 중재자를 때리거나 작업대로 돌아가지 않으려고 소극적으로 저항하기도 하였다. 이 시기 동안에 중재자는 중립적인 태도를 지키며 병호 씨가 다시 작업대로 돌아갈 수 있도록 안내하고, 야단을 치거나 긴 설명을 하지는 않았다. 병호 씨의 저항 행동은 빠르게 약화되었다. 병호 씨는 자신이 다시 일을 시작하면 짧은 시간 내에 다시 휴식을 요구할 수 있음을 배운 것 같았다.

다음 수준의 촉진을 위해서 병호 씨의 반응이 완전히 안정될 때까지 기다리지 않았다([그림 6-2] 참조). 다시 말해서, 다음 단계로 이동하기 위해 병호 씨는 2주 동안 10회 중 9회 이상 정확하게 반응해야 할 필요가 없었다. 한 단계에서 연속적으로 3~5회 성공적인 반응을 보이면 다음 단계로 이동하였는데, 이는 그의 촉진 의존성(즉, 반응을 위해 지나치게 촉진에 의지하는 경향)을 방지하기 위해서였다.

훈련은 일감을 치워 주는 촉진만으로 수어를 통해 휴식을 요구할 수 있게끔 몇 주간에 걸쳐 빠르게 진행되었다. 이 촉진조차 조금씩 줄여 갔고 석 달 후에는 중재자의 신호 없이도 스스로 휴식을 요구할 수 있게 되었다. 다른 사람들에게서 경험한 대로, 촉진 없이 요구하기 시작한 뒤부터 병호 씨의 행동은 급속도로 향상되었다.

중재가 성공한 뒤, 새로운 수어(예: 음식, 음악, 일)를 배우는 것으로 중재를 계속 이어 나갔고, 과제도 계속 부여했으며, 수어를 매일 쓸 수 있도록 격려하였고, 훈련 프로그램에 새로운 중재자도 참여시켰다. 이 후속 단계들은 학습한 행동이 중단되지 않게 하기 위해서 체계적으로 진행되었다. 처음 중재를 시작한 시점으로부터 9개월 후 공격행동과 자해행동의 빈도는 현저히 감소하였으며 다수의 수어를 자발적으로 매일 사용하고 중재 전보다 더 높은 난이도의 일을 하게 되었다.

9. 앞으로의 방향

기능적 의사소통 훈련은 1985년에 처음으로 소개된 이래(Carr & Durand, 1985) 문제행동을 감소시키는 성공적인 중재임을 말해주는 상당한 양의 증거가 축적되었다. 그러나 가족이나 교사 중 최대 50% 정도는 이 중재 방법(또는 다른 방법)을 온전하게 실행할 수 없는 것으로 나타났다. 부모는 각자 그들 스스로를 보는 관점(예: 통제가 불가능하다고 느끼거나 부모로서 자격이 없다고 느낌)과 장애가 있는 자녀를 바라보는 관점(예: 자녀의 행동이 향상될 수 있는지 여부) 그리고 미래의 변화에 대한 긍정적인 전망 등이 모두 다르다. 이것은 결국 전문가가 이들을 위해 설계해준 중재를 시행하는 능력에 영향을 미친다. 그리고 전문가는 이러한 사실을 알고 있다. 거의 대부분의 임상가는 자신의 제안에 적극적으로 저항하는 가족(예: "그것은 내 아이에게 효과가 없을 겁니다." "그것은 이미 시도해보았어요.")이나 소극적으로 참여를 저항하는 가족(예: 진단을 끝내지 못하거나 몇 번의 훈련 시간을 놓치는 경우) 때문에 힘들어 한다. 그러나 이러한 성공적이지 못한 가족은 다른 접근법을 필요로 하는 것으로 이해되기보다는 종종 "비협조적인" 또는 "따르지 않는"(아니면 최악의 경우 "나쁜") 부모로 여겨지곤 한다.

일반적으로 중재 계획을 힘들어 하는 이러한 가족을 위한 대비책은 보다 추가적인 지원이 필요하다고 보는 것이다. 재정 지원, 주간단기보호, 부모 지원 그룹과 같은 형태로 중재 성공을 가로막는 방해요인을 줄여주는 것이 성공적인 중재에 도움이 된다고 보는 데에는 긴 역사가 있다. 이러한 노력은 중요하기는 하지만 극도로 비관적인 가족, 즉 우리가 함께 일했던 가족 중 약 50% 정도에게는 효과가 덜했다(Durand, 2007). 예를 들어, 주간단기보호의 경우 새로운 기술을 배우거나 자녀와 관계를 다시 잘 맺게 되기보다는 가족에게 임시적인 유예 기간을 주는 것이 되어버리곤 했다. 부모 지원 그룹의 경우 부정적인 경험으로 여겨진 경우가 많았는데, 이는 이미 부모로서 스스로 자책을 많이 하는 부모에게 성공한 것처럼 보이는 사람들, 예를 들어 마트에서 자녀의 잘못된 행동을 다른 사람이 지적할 때 흔들리지 않는 부모와 함께 있게 되는 것은 더욱더 비관적이고 부정적인 혼잣말을 하게 만드는 것으로 나타났다. 비관적인 관점을 가지고 있는 가족을 행동주의 부모 훈련에 참여시키기 위해서는 매우 특별한 중재 방법이 필요하다.

최근에 행동주의 부모 훈련(긍정적 행동지원)과 인지적 행동 중재(긍정 훈련)를 통합하여 이러한 가족의 필요를 채울 수 있도록 시도하는 연구가 진행되었는데, 이는 긍정적 가족 중재라는 새로운 중재 접근법이다(Durand, 2011; Durand & Hieneman, 2008a). 가족이 자녀의 문제행동을 이해하고 바르게 중재할 수 있도록 가르쳐야 할 뿐만 아니라 자신과 자녀에 대해 어떻게 느끼고 생각하는지를 인식하도록 도와주어야 한다. 행동주의 부모 훈련은 가족의 필요를 충족시키고 또한 아동에게서도 매우 성공적인 행동성과를 가져다준다(Durand, Hieneman, Clarke, & Zona, 2009). 이 분야의 연구를 계속 하는 것은 기능적 의사소통 훈련의 유익을 더 오랜 시간 보다 큰 집단의 개인과 가족에게 확장시킬 수 있게 해줄 것이다.

기능적 의사소통 훈련을 실행하는 중재자에 대한 연구와 함께 기능적 의사소통 훈련의 다른 측면에 대한 연구도 계속되어야 한다. 예를 들어, 반응의 수용 가능성과 관련된 문제(아동의 환경 내에 있는 사람이 새로운 의사소통 형태에 어떻게 반응할지의 여부)는 잠재적으로 연구할 부분이 많으며 중요한 연구 주제다. 이와 관련된 기능적 의사소통 중재의 또 다른 측면은 반응 환경(아동이 의사소통하는 환경의 특성)이다. 이 두 측면은 중재가 효과적이기 위해 매우 중요한 요소지만 체계적인 연구는 아직 많이 이루어지지 않았다. 이 부분의 중재 노력을 안내하기 위해서는 더 많은 연구를 통해 환경을 진단해야 하며(예: 다른 사람들은 도움 청하기에 어떻게 반응하는지) 의사소통의 형태나 환경 자체를 바꾸어야 하는지 만일 그렇다면 언제 바꾸어야 하는지에 대해서도 많은 연구가 필요하다(예: 선택하기에 더 수용적인 환경으로 교실을 바꾸기). 이러한 질문에 답을 찾는다면 문제행동을 다루는 데 보다 성공적인 결과를 기대할 수 있을 것이다.

권장 도서

Crimmins, D. B., Farrell, A. F., Smith, P. W., & Bailey, A. (2007). *Positive Strategies for students with behavior problems.* Baltimore, MD: Paul H. Brookes Publishing Co.

이 책은 교실 내에서 긍정적 전략(기능적 의사소통 훈련을 포함해서)을 사용하는 포괄적인 접근법을 제공한다. 특별히 교사를 위한 책이며, 기능 진단 및 행동 중재 계획을 위한 완전한 단계별 지침을 제공한다.

Durand, V. M. (1990). *Severe behavior problems: A functional communication training approach.* New York, NY: Guilford Press.

기능적 의사소통 훈련에 대해 처음으로 설명한 책이다. 이 책은 어떻게 다양한 능력을 가진 사람(말을 많이 하는 사람부터 기능적인 의사소통 기술이 없는 사람까지)의 문제행동을 진단하고 중재하는지에 대해 충분한 사례를 제시한다. 모든 진단과 중재 활동에 단계별 설명이 포함되어 있다.

Durand, V. M., & Hieneman, M. (2008). *Helping parents with challenging children: Positive family intervention: Facilitator guide*. New York, NY: Oxford University Press.

Durand, V. M., & Hieneman, M. (2008). *Helping parents with challenging children: Positive family intervention: Workbook*. New York, NY: Oxford University Press.

이 두 책은 문제행동을 보이는 아동과 그 가족이 사용할 수 있는 중재 절차를 다룬다. 행동중재(기능적 의사소통 훈련을 포함해서)를 설명하였으며, 중재를 잘 실행하기 위해서 태도를 어떻게 바꾸어야 하는지도 설명한다(긍정 훈련). 치료사를 위한 중재 절차와 부모를 위한 활동안내서를 별도로 포함한다.

학습 활동

토론 주제

- 문제행동을 위한 중재로 기능적 의사소통 훈련을 추천하지 않는 경우는 언제인가?
- "나의 학생/자녀에게 효과적이지 않을 겁니다."라고 말하는 교사나 가족에게 무엇이라 고 말할 것인가?
- 문제행동의 빈도를 감소시키기 위해 체벌에 주로 의존하는 프로그램에 대해 기능적 동등성이 제안하는 것은 무엇인가?

추천 활동

- 문제행동을 보이는 아동을 선정한 후 문제행동을 유발하는 것처럼 보이는 상황을 포함해서 왜 문제행동을 보이는지 알아보기
- 가족 구성원/친구들이 좌절 상황을 다루는 방법의 목록(도움 청하기 등의 긍정적 전략과 소리 지르기나 다른 사람 탓하기 등의 비생산적인 전략 모두)을 작성한 후에 이들의 긍정적 전략이 어떻게 자폐 범주성 장애인을 위해 수정될 수 있는지 설명하기

복습 문제

- 동기 진단 척도(Motivation Assessment Scale)란 무엇인가?
- 문제행동과 관련해서 중재의 강조점이 변해 왔다. 과거의 강조점은 무엇이며 현재의 강조점은 무엇인가?

- 주희는 집에서 소리 지를 때 부모가 함께 시간을 보내주기 때문에(예: 주희 옆에 앉아 진정시키려 노력함) 계속 소리를 지른다. 주희의 소리 지르기 행동을 유지시키는 요인은 무엇인가?
- 연지의 교사는 연지가 학교에서 과제나 활동을 해야 할 때 연지에게 가까이 가서 함께 있다. 이렇게 하면 연지가 문제행동을 거의 일으키지 않는다는 것을 발견했기 때문이다. 이 정보에 근거해서 연지의 행동 기능은 무엇이라고 생각하는가?
- 기능적 의사소통 훈련의 단계를 제시하시오.

서면 과제

- 벌의 사용, 특히 자폐 범주성 장애인에게 사용하는 것에 대한 상반된 주장을 논술하되, 윤리적인 문제와 증명된 효과를 반드시 언급하시오.
- 기능적 의사소통 훈련은 "효과가 입증된" 중재법으로 분류된다. 자폐 범주성 장애인에게 증거기반 중재만을 사용하는 것과 관련된 이슈를 논술하시오. 아직은 임상적인 지지가 부족하지만 자폐 범주성 장애인에게 유용할 수도 있는 기법을 사용하는 것이 적절할 수도 있는 경우도 포함해서 논술하시오.

참고문헌

American Psychological Association, Task Force Promoting Dissemination of Psychological Procedures. (1995). Training in and dissemination of empirically validated psychological treatments: Report and recommendations. *Clinical Psychology: Science and Practice, 48*, 3-23.

Bailey, J. S., & Burch, M. R. (2002). *Research methods in applied behavior analysis*. Thousand Oaks, CA: Sage.

Bambara, L. M., Mitchellkvacky, N. A., & Iacobelli, S. (1994). Positive behavioral support for students with severe disabilities: An emerging multicompoent approach for addressing challenging behaviors. *School Psychology Review, 23*(2), 263-278.

Barlow, D. H., & Hersen, M. (1984). *Single case experimental design: Strategies for studying behavior change* (2nd ed.). Elmsford, NY: Pergamon Press.

Bingham, M. A., Spooner, F., & Browder, D. (2007). Training paraeducators to promote the use of augmentative and alternative communication by students with significant disabilities. *Education and Training in Developmental Disabilities, 42*(3), 339-352.

Bird, F., Dores, P. A., Moniz, D., & Robinson, J. (1989). Reducing severe aggressive and self-in-jurious behaviors with functional communication training. *American Journal on Mental*

Retardation, 94(1), 37-48.

Bruininks, R. H., Woodcock, R. W., Weatherman, R. F., & Hill, B. K. (1996). *Scales of Independent Behavior-Revised.* Chicago, IL: Riverside.

Byrd, R. S., & Weitzman, M. L. (1994). Predictors of early grade retention among children in the United States. *Pediatrics, 93,* 481-487.

Carlson, J. I., Luiselli, J. K., Slyman, A., & Markowski, A. (2008). Choice-making as intervention for public disrobing in children with developmental disabilities. *Journal of Positive Behavior Interventions, 10*(2), 86-90.

Carr, E. G. (1988). Functional equivalence as a mechanism of response generalization. In R. H. Horner, G. Dunlap, & R. L. Koegel (Eds.), *Generalization and maintenance: Lifestyle changes in applied settings* (pp. 194-219). Baltimore, MD: Paul H. Brookes Publishing Co.

Carr, E. G., & Durand, V. M. (1985). Reducing behavior problems through functional communication training. *Journal of Applied Behavior Analysis, 18*(2), 111-126.

Chambless, D. L., Sanderson, W. C., Shoham, V., Bennett Johnson, S., Pope, K. S., Crits-Christoph, P., ... McCurry, S. (1996). An update on empirically validated therapies. *The Clinical Psychologist, 49,* 5-18.

Cole, D. A., & Meyer, L. H. (1989). Impact of needs and resources on family plans to seek out-of-home placement. *American Journal on Mental Retardation, 93,* 380-387.

Crimmins, D. B., Farrell, A. F., Smith, P. W., & Bailey, A. (2007). *Positive strategies for students with behavior problems.* Baltimore, MD: Paul H. Brookes Publishing Co.

Dunlap, G., Ester, T., Langhans, S., & Fox, L. (2006). Functional communication training with toddlers in home environments. *Journal of Early Intervention, 28*(2), 81-96.

Dunlap, G., Kern-Dunlap, L., Clarke, S., & Robbins, F. R. (1991). Functional assessment, curricular revision, and severe behavior problems. *Journal of Applied Behavior Analysis, 24,* 387-397.

Durand, V. M. (1987). "Look homeward angel": A call to return to our (functional) roots. *The Behavior Analyst, 10,* 299-302.

Durand, V. M. (1990). *Severe behavior problems: A functional communication training approach.* New York, NY: Guilford Press.

Durand, V. M. (1993). Functional communication training using assistive devices: Effects on challenging behavior and affect. *AAC: Augmentative and Alternative Communication, 9,* 168-176.

Durand, V. M. (1997). Functional analysis: Should we? *Journal of Special Education, 31,* 105-

106.

Durand, V. M. (1999). Functional communication training using assistive devices: Recruiting natural communities of reinforcement. *Journal of Applied Behavior Analysis, 32*(3), 247-267.

Durand, V. M. (2007). Positive family intervention: Hope and help for parents with challenging children. *Psychology in Mental Retardation and Developmental Disabilities, 32*(3), 9-13.

Durand, V. M. (2011). *Optimistic parenting: Hope and help for you and your challenging child.* Baltimore, MD: Paul H. Brookes Publishing Co.

Durand, V. M., & Berotti, D. (1991). Treating behavior problems with communication. *Journal of the American Speech Language Association, 33,* 37-39.

Durand, V. M., & Carr, E. G. (1991). Functional communication training to reduce challenging behavior: Maintenance and application in new settings. *Journal of Applied Behavior Analysis, 24*(2), 251-264.

Durand, V. M., & Carr, E. G. (1992). An analysis of maintenance following functional communication training. *Journal of Applied Behavior Analysis, 25*(4), 777-794.

Durand, V. M., & Crimmins, D. B. (1992). *The Motivation Assessment Scale (MAS) administration guide.* Topeka, KS: Monaco and Associates.

Durand, V. M., & Hieneman, M. (2008a). *Helping parents with challenging children: Positive family intervention: Facilitator guide.* New York, NY: Oxford University Press.

Durand, V. M., & Hieneman, M. (2008b). *Helping parents with challenging children: Positive family intervention, workbook.* New York, NY: Oxford University Press.

Durand, V. M., Hieneman, M., Clarke, S., & Zona, M. (2009). Optimisitc parenting: Hope and help for parents with challenging children. In G. D. W. Sailor, G. Sugai, & R. Horner (Eds.), *Handbook of positive behavior support* (pp. 233-256). New York, NY: Springer.

Durand, V. M., Mapstone, E., & Youngblade, L. (1999). The role of communicative partners. In J. Downing (Ed.), *Teaching communication skills to students with severe disabilities within general educational classrooms* (pp. 139-155). Baltimore, MD: Paul H. Brookes Publishing Co.

Durand, V. M., & Merges, E. (2008). Functional communication training to treat challenging behavior. In W. O'Donohue & J. E. Fisher (Eds.), *Cognitive behavior therapy: Applying empirically supported techniques in your practice* (2nd ed., pp. 222-229). New York, NY: Wiley.

Durand, V. M., & Merges, E. (2009). Functional communication training to treat challenging behavior. In W. O'Donohue & J. E. Fisher (Eds.), *General principles and empirically supported techniques of cognitive behavior therapy* (pp. 320-327). New York, NY: Wiley.

Durand, V. M., & Rost, N. (2005). Does it matter who participates in our studies? A caution when interpreting the research on positive behavioral support. *Journal of Positive Behavior Interventions, 7*, 186-188.

Dyer, K., Dunlap, G., & Winterling, V. (1990). Effects of choice making on the serious problem behaviors of students with severe handicaps. *Journal of Applied Behavior Analysis, 23*(4), 515-524.

Einfeld, S. E., & Tonge, B. J. (1996). Population prevalence of psychopathology in children and adolescents with mental retardation. II. Epidemiological findings. *Journal of Intellectual Disability Research, 40,* 99-109.

Einfeld, S. E., Tonge, B. J., & Rees, V. W. (2001). Longitudinal course of behavioral and emotional problems in Williams syndrome. *American Journal on Mental Retardation, 106,* 73-81.

Emerson, E., Kiernan, C., Alborz, A., Reeves, D., Mason, H., Swarbrick, R., ... Hatton, C. (2001). Predicting the persistence of severe self-injurious behavior. *Research in Developmental Disabilities, 22,* 67-75.

Eyman, R. K., & Call, T. (1977). Maladaptive behavior and community placement of mentally retarded persons. American *Journal of Mental Deficiency, 82,* 137-144.

Feldman, M., McDonald, L., Serbin, L., Stack, D., Secco, M. L., & Yu, C. T. (2007). Predictors of depressive symptoms in primary caregivers of young children with or at risk for developmental delay. *Journal of Intellectual Disability Research, 51*(8), 606-619.

Fisher, W. W., Thompson, R. H., Hagopian, L. P., Bowman, L. G., & Krug, A. (2000). Facilitating tolerance of delayed reinforcement during functional communication training. *Behavior Modification, 24*(1), 3-29.

Floyd, F. J., & Gallagher, E. M. (1997). Parental stress, care demands and use of support services for school age children with disabilities and behavior problems. *Family Relations, 46*(4), 359-371.

Franco, J. H., Lang, R. L., O'Reilly, M. F., Chan, J. M., Sigafoos, J., & Rispoli, M. (2009). Functional analysis and treatment of inappropriate vocalizations using a speech-generating device for a child with autism. *Focus on Autism and Other Developmental Disabilities, 24*(3), 146-155.

Fyffe, C. E., Kahng, S., Fittro, E., & Russell, D. (2004). Functional analysis and treatment of inapporpriate sexual behavior. *Journal of Applied Behavior Analysis, 37*(3), 401-404.

Gilliam, W. S., & Shahar, G. (2006). Preschool and child care expulsion and suspension: Rates and predictors in one state. *Infants and Young Children, 19*(3), 228-245.

Green, V. A., O'Reilly, M., Itchon, J., & Sigafoos, J. (2005). Persistence of early emerging aberrant behavior in children with developmental disabilities. *Research in Developmental Disabilities, 26*(1), 47-55.

Hagopian, L. P., Fisher, W. W., Sullivan, M. T., Acquisto, J., & LeBlanc, L. A. (1998). Effectiveness of functional communication training with and without extinction and punishment: A summary of 21 inpatient cases. *Journal of Applied Behavior Analysis, 31*(2), 211-235.

Hagopian, L. P., Kuhn, S. A. C., Long, E. S., & Rush, K. S. (2005). Schedule thinning following communication training using competing stimuli to enhance tolerance to decrements in reinforcer density. *Journal of Applied Behavior Analysis, 38*(2), 177-193.

Hagopian, L. P., Toole, L. M., Long, E. S., Bowman, L. G., & Lieving, G. A. (2004). A comparison of dense-to-lean and fixed lean schedules of alternative reinforcement and extinction. *Journal of Applied Behavior Analysis, 37*(3), 323-338.

Halle, J. W., Baer, D., & Spradlin, J. (1981). Teachers'generalized use of delay as a stimulus control procedure to increase language use in handicapped children. *Journal of Applied Behavior Analysis, 14*, 389-409.

Halle, J. W., Ostrosky, M. M., & Hemmeter, M. L. (2006). Functional communication training: A strategy for ameliorating challenging behavior. In R. J. McCauley & M. E. Fey (Eds.), *Treatment of language disorders in children* (pp. 509-548). Baltimore, MD: Paul H. Brookes Publishing Co.

Hanley, G. P., Iwata, B. A., & McCord, B. E. (2003). Functional analysis of problem behavior: A review. *Journal of Applied Behavior Analysis, 36*, 147-185.

Hanley, G. P., Iwata, B. A., & Thompson, R. H. (2001). Reinforcement schedule thinning following treatment with functional communication training. *Journal of Applied Behavior Analysis, 34*(1), 17-38.

Hastings, R. P. (2002). Parental stress and behavior problems of children with developmental disability. *Journal of Intellectual and Developmental Disability, 27*(3), 149-160.

Hayes, R. P. (1987). Training for work. In D. C. Cohen & A. M. Donellan (Eds.), *Handbook of autism and pervasive developmental disorders* (pp. 360-370). New York, NY: Wiley.

Horner, R. H., & Day, H. M. (1991). The effects of response efficiency on functionally equivalent competing behaviors. *Journal of Applied Behavior Analysis, 24*(4), 719-732.

Horner, R. H., Sprageu, J. R., Obrien, M., & Heathfield, L. T. (1990). The role of response efficiency in the reduction of problem behaviors through functional equivalence training: A case-study. *Journal of the Association for Persons with Severe Handicaps, 15*(2), 91-97.

Jacobson, J. W. (1982). Problem behavior and psychiatric impairment within a developmentally disabled population. I: Behavior frequency. *Applied Research in Mental Retardation, 3,* 121-139.

Jones, R. S. P. (1999). A 10-year follow-up of stereotypic behavior with eight participants. *Behavioral Intervention, 14,* 45-54.

Kemp, D. C., & Carr, E. G. (1995). Reduction of severe problem behavior in community employment using an hypothesis-driven multicomponent intervention approach. *Journal of the Association for Persons with Severe Handicaps, 20*(4), 229-247.

Kennedy, C. H., & Itkonen, T. (1993). Effects of setting events on the problem behavior of students with severe disabilities. *Journal of Applied Behavior Analysis, 26,* 321-328.

Koegel, R. L., & Covert, A. (1972). The relationship of self-stimulation to learning in autistic children, *Journal of Applied Behavior Analysis, 5,* 381-387

Kurtz, P. F., Chin, M. D., Huete, J. M., Tarbox, R. S. F., O'Connor, J. T., Paclawskyj, T. R., & Rush, K. S. (2003). Functional analysis and treatment of self-injurious behavior in young children: A summary of 30 cases. *Journal of Applied Behavior Analysis, 36*(2), 205-219.

Lang, R., Rispoli, M., Machalicek, W., White, P. J., Kang, S., Pierce, N., ... Lancioni, G. (2009). Treatment of elopement in individuals with developmental disabilities: A systematic review. *Research in Developmental Disabilities, 30*(4), 670-681.

Lerman, D. C., Kelley, M. E., Van Camp, C. M., & Roane, H. S. (1999). Effects of reinforcement magnitude on spontaneous recovery. *Journal of Applied Behavior Analysis, 32*(2), 197-200.

Lerman, D. C., Kelley, M. E., Vorndran, C. M., Kuhn, S. A. C., & LaRue, R. H. (200). Reinforcement magnitude and responding during treatment with differential reinforcement. *Journal of Applied Behavior Analysis, 35*(1), 29-48.

Lord, C., Wagner, A., Rogers, S., Szatmari, P., Aman, M., Charman, T., ... Yoder, P. (2005). Challenges in evaluating psychosocial interventions for autistic spectrum disorders. *Journal of Autism and Developmental Disorders, 35*(6), 695-708.

Lowe, K., Allen, D., Jones, E., Brophy, S., Moore, K., & James, W. (2007). Challenging behaviours: Prevalence and topographies. *Journal of Intellectual Disability Research, 51*(8), 625-636.

Mancil, G. R. (2006). Functional communication training: A review of the literature related to children with autism. *Education and Training in Developmental Disabilities, 41*(3), 213-

224.

Matson, J. L., Dixon, D. R., & Matson, M. L. (2005). Assessing and treating aggression in children and adolescents with developmental disabilities: A 20-year overview. *Educational Psychology, 25*(2), 151-181.

Matson, J. L., & Minshawi, N. F. (2007). Functional assessment of challenging behavior: Toward a strategy for applied settings. *Research in Developmental Disabilities, 28*(4), 353-361.

Matson, J. L., & Nebel-Schwalm, M. (2007). Assessing challenging behaviors in children with autism spectrum disorders: A review. *Research in Developmental Disabilities, 28*(6), 567-579.

McDonnell, A., & Hardman, M. (1988). A synthesis of "best practice"guidelines for early childhood services. *Journal of Early Intervention, 12*(4), 328-341.

McGee, G. G., Morrier, M. J., & Daly, T. (1999). An incidental teaching approach to early intervention for toddlers with autism. *Journal of the Association for Persons with Severe Handicaps, 24,* 133-146.

McIntosh, K., Borgmeier, C., Anderson, C. M., Horner, R. H., Rodriguez, B. J., & Tobin, T. J. (2008). Technical adequacy of the functional assessment checklist: Teachers and staff (FACTS) FBA interview measure. *Journal of Positive Behavior Interventions, 10*(1), 33-45.

Mirenda, P. (1997). Supporting individuals with challenging behavior through functional communication training and AAC: Research review. *AAC: Augmentative and Alternative Communication, 13,* 207-225.

Mirenda, P. (2003). Toward functional augmentative and alternative communication for students with autism: Manual signs, graphic symbols, and voice output communication aids. *Language Speech and Hearing Services in Schools, 34*(3), 203-216.

Olive, M. L., Lang, R. B., & Davis, T. N. (2008). An analysis of the effects of functional communication and a voice output communication aid for a child with autism spectrum disorder. *Research in Autism Spectrum Disorders, 2*(2), 223-236.

O'Neill, R. E., Horner, R. H., Albin, R. W., Storey, K., & Sprague, J. R. (1990). *Functional analysis of problem behavior. A practical assessment guide.* Sycamore, IL: Sycamore.

Paclawskyj, T. R., Matson, J. L., Rush, K. S., Smalls, Y., & Vollmer, T. R. (2000). Questions about behavioral function (QABF): A behavioral checklist for functional assessment of aberrant behavior. *Research in Developmental Disabilities, 21*(3), 223-229.

Petscher, E. S., Rey, C., & Bailey, J. S. (2009). A review of empirical support for differential reinforcement of alternative behavior. *Research in Developmental Disabilities, 30*(3), 409-

425.

Richman, D. M., Wacker, D. P., & Winborn, L. (2001). Response efficiency during functional communication training: Effects of effort on response allocation. *Journal of Applied Behavior Analysis, 34*(1), 73-76.

Saloviita, T., Itälinna, M., & Leinonen, E. (2003). Explaining the parental stress of fathers and mothers caring for a child with intellectual disability: A double ABCX model. *Journal of Intellectual Disability Research, 47*(4/5), 300-312.

Schepis, M. M., Reid, D. H., & Behrman, M. M. (1996). Acquisition and functional use of voice output communication by persons with profound multiple disabilities. *Behavior Modification, 20*(4), 451-468.

Schindler, H. R., & Horner, R. H. (2005). Generalized reduction of problem behavior of young children with autism: Building trans-situational interventions. *American Journal on Mental Retardation, 110*(1), 36-47.

Schwartz, I. S., Anderson, S. R., & Halle, J. W. (1989). Training teachers to use naturalistic time delay: Effects on teacher behavior and on the language use of students. *Journal of the Association for Persons with Severe Handicaps, 14*(1), 48-57.

Shirley, M. J., Iwata, B. A., Kahng, S. W., Mazaleski, J. L., & Lerman, D. C. (1997). Does functional communication training compete with ongoing contingencies of reinforcement? An analysis during response acquisition and maintenance. *Journal of Applied Behavior Analysis, 30*(1), 93-104.

Shoham-Vardi, I., Davidson, P. W., Cain, N. N., Sloane-Reeves, J. E., Giesow, V. E., Quijano, L. E., & Houser, K. D. (1996). Factors predicting re-referral following crisis intervention for community-based persons with developmental disabilities and behavioral and psychiatric disorders. *American Journal on Mental Retardation, 101,* 109-117.

Smith, T., Scahill, L., Dawson, G., Guthrie, D., Lord, C., Odom, S., ... Wagner, A. (2007). Designing research studies on psychosocial interventions in autism. *Journal of Autism and Developmental Disorders, 37*(2), 354-366.

Snell, M. E., Chen, L. Y., & Hoover, K. (2006). Teaching augmentative and alternative communication to students with severe disabilities: A review of intervention research 1997-2003. *Research and Practice for Persons with Severe Disabilities, 31*(3), 203-214.

Stokes, T. F., Fowler, S. A., & Baer, D. M. (1978). Training preschool children to recruit natural communities of reinforcement. *Journal of Applied Behavior Analysis, 11,* 285-303.

Sturmey, P. (1994). Assessing the functions of aberrant behaviors: A review of psychometric instruments. *Journal of Autism and Developmental Disorders, 24*(3), 293-304.

Totsika, V., Toogood, S., Hastings, R. P., & Lewis, S. (2008). Persistence of challenging behaviors in adults with intellectual disability over a period of 11 years. *Journal of Intellectual Disability Research, 52*(5), 446-457.

Van Houten, R., & Rolider, A. (1991). Applied behavior analysis. In J. L. Matson & J. A. Mulick (Eds.), *Handbook of mental retardation* (2nd ed., pp. 569-585). New York, NY: Pergamon.

Volkert, V. M., Lerman, D. C., Call, N. A., & Trosclair-Lasserre, N. (2009). An evaluation of resurgence during treatment with functional communication training. *Journal of Applied Behavior Analysis, 42*(1), 145-160.

Wacker, D. P., Berg, W. K., Harding, J. W., Derby, K. M., Asmus, J. M., & Healy, A. (1998). Evaluation and long-term treatment of aberrant behavior displayed by young children with disabilities. *Journal of Developmental and Behavioral Pediatrics, 19*(4), 260-266.

Wacker, D. P., Steege, M. W., Northup, J., Sasso, G., Berg, W., Reimers, T., ... Donn, L. (1990). A component analysis of functional communication training across 3 topographies of severe behavior problems. *Journal of Applied Behavior Analysis, 23*(4), 417-429.

Watanabe, M., & Sturmey, P. (2003). The effect of choice-making opportunities during activity schedules on task engagement of adults with autism. *Journal of Autism and Developmental Disorders, 33*(5), 535-538.

Weiseler, N. A., Hanson, R. H., Chamberlain, T. P., & Thompson, T. (1985). Functional taxonomy of stereotypic and self-injurious behavior. *Mental Retardation, 23,* 230-234.

Worsdell, A. S., Iwata, B. A., Hanley, G. P., Thompson, R. H., & Kahng, S. W. (2000). Effects of continuous and intermittent reinforcement for problem behavior during functional communication training. *Journal of Applied Behavior Analysis, 33*(2), 167-179.

07
공동관심 중재

Connie Kasari, Danai Kasambria Fannin, & Kelly Stickles Goods

공동활동일과(joint action routines)는 놀이와 활동에 참여하면서 의사소통을 촉진하는 중요한 활동이다. 전형적인 발달을 보이는 아동은 이러한 상호작용적인 게임을 통해서 언어와 사회적 기술을 발달시킨다. 본 장에서는 무엇이 이러한 일과를 중요하게 만들며 이러한 일과가 자폐 범주성 장애와 같이 비전형적인 발달을 보이는 집단을 위해서 어떻게 사용될 수 있는지에 대해 설명하였다.

1. 대상자와 중재 관련성 및 목표 결정을 위한 진단

공동활동 또는 공동관심 일과는 자폐 범주성 장애(autism spectrum disorders: ASDs)를 지닌 어린 아동에게 적절한 중재 전략인데, 이는 공동관심이 자폐의 핵심 결함이기 때문이다. 공동관심 중재는 또한 언어나 공동관심 손상을 보이는 관련 발달장애를 지닌 아동에게도 적절한 방법이다. 사실상 공동관심 기술에 손상을 보이는 모든 유아에게 적용될 수 있다. 따라서 중재의 주요 목적은 공동관심을 형성시키는 것이다.

2. 이론적 배경

이 중재의 이론적 배경은 자폐 범주성 장애 아동의 경우 전형적인 발달에서 나타나는 초기 상호작용의 특정 패턴이 결여되거나 지체되곤 한다는 관찰에서부터 시작된다. 따라서 이러한 패턴을 형성시키는 것은 보다 진보된 의사소통과 언어 기술의 발현을 위한 기초를 형성하는 데 도움이 될 것으로 여겨진다.

1) 전형적인 발달

공동활동일과 또는 공동관심일과는 어머니와 어린 자녀가 자주 보이는 까꿍 놀이나 손바닥치기 놀이(pat-a-cake)와 같은 일상적인 상호작용적인 게임이다(Ratner & Bruner, 1978; Rollins, Wambacq, Dowell, Matthews, & Reese, 1998). Ratner와 Bruner(1978)는 초기 연구에서 자유놀이 중 모아 상호작용을 분석하였다. 이들은 이러한 게임이 차례 주고받기를 포함하고 일련의 제한된 의미론적 언어와 반복적인 구조 및 발성을 위한 기회를 포함한다는 사실을 발견하였다. 이러한 형태의 놀이 일과(play routines)는 전형적인 발달을 보이는 아동의 언어 발달과 관련된다(Ratner & Bruner, 1978; Tomasello & Farrar, 1986; Tomasello & Todd, 1983).

이와 같은 상호작용적인 활동의 기본적인 구성요소 중 하나는 공동참여다(Bakeman & Adamson, 1984). 두 사람이 놀잇감으로 하는 놀이에서 적극적으로 상호작용을 할 때(함께 놀이하는 부모와 자녀처럼) 이들은 공동으로 참여한다고 말할 수 있다. 이러한 상호작용은 두 사람과 흥미로운 사물 또는 활동 사이에 발생한다. 공동참여는 공동관심과는 다르다. 공동관심(joint attention)은 공유하기 위해서 사용하는 일련의 특정 몸짓을 의미하기 위해 사용된다. 공동참여(joint engagement)는 상호작용의 매우 중요한 질과 유대감을 의미한다. 개인의 공동참여 상태는 상호작용의 다양한 질을 나타낸다. 상태는 아동이 돌아다니거나 한 가지 활동 또는 사람에게 집중하지 않는 "비참여"부터 활동의 단계를 스스로 시작하는 "협동적인 공동참여"에 이르기까지 다양하다(〈표 7-1〉 참조). 사용되는 의사소통 형태의 측면에서뿐만 아니라(공동관심) 유대감의 질적 측면에 대해서도(공동참여) 일과를 평가할 수 있어야 한다.

〈표 7-1〉 공동참여 상태의 정의

참여 상태	정의
비참여 (Unengaged)	하나의 사물이나 사람에게 적극적으로 관심을 기울이지 않는다.
대물 참여 (Object engaged)	놀잇감이나 사물을 가지고 기능적인 방법으로 적극적으로 놀이한다. 다른 사람은 이 활동에 참여하지 않는다.
대인 참여 (Person engaged)	놀잇감이나 사물 없이 다른 사람과 적극적으로 상호작용을 한다(노래 부르기, 손바닥치기 놀이하기).
지원된 공동참여 (Supported joint engagement)	아동과 성인이 놀잇감이나 사물을 가지고 상호작용을 한다. 그러나 아동은 상호작용을 시작하거나 성인의 상호작용을 분명하게 의식하지는 않으며 상호작용의 결과도 의식하지 않는다. 성인은 상호작용을 "지원한다."
협동적인 공동참여 (Coordinated joint engagement)	아동과 성인 모두가 적극적으로 상호작용을 한다. 아동은 성인의 존재를 분명하게 의식하며 양쪽 모두 상호작용 중에 시작행동을 보인다.

출처: Adamson, Bakeman, Deckner, & Romski (2008); Adamson, Bakeman, Smith, & Walters (1987); Bakeman & Adamson (1984).

이와 같은 일과의 주요 구성요소는 의사소통에 얼마나 초점을 맞추는가다. 본 장의 목적을 위해서 여기서는 의사소통 의도를 다음과 같은 두 가지 주요 형태로 구분하고자 한다: 명령형(요구하는 의사소통 행위)과 서술형(공동관심 의사소통 행위). 공동관심과 관련된 행동은 무엇인가를 다른 사람과 공유하거나 누군가의 관심을 자신이 보고 있는 사건으로 끌어내기 위한 단순한 목적을 지닌다. 공동관심 행위의 예로는 어린 아동이 머리 위로 날아가는 비행기를 가리키는 것을 들 수 있다. 이 상황에서 아동은 비행기를 원하는 것이 아니라 다른 사람과 그 사건을 공유하기를 원한다는 것을 알 수 있다. 요구하기와 관련된 행동은 다른 사람이 흥미로운 활동에 참여하도록 시도하는 것이 아니라 그 사람으로부터 단순히 원하는 사물이나 활동이나 또는 성취를 제공받으려고 하는 것이다. 간식시간에 손이 닿지 않는 선반 위의 과자를 가리키는 것은 요구하기 행동의 예라고 할 수 있다. 두 개의 사례가 모두 동일한 몸짓(가리키기)을 사용하였지만 행동의 기능은 다르다. 첫 번째 사례는 흥미로운 사건을 공유하기 위해 가리키는 것이었으며 (공동관심), 반면에 두 번째 사례는 원하는 간식을 얻기 위해서 가리키는 것이었다(요구하기).

의사소통 발달은 아동이 생후 첫해 후반에 발달시킬 것으로 예상되며 측정할 수 있는 방법으로 나타나는 상세한 과정이다(Adamson, Bakeman, Smith, & Walters, 1987;

Bates, Benigni, Bretherton, Camaioni, & Volterra, 1979; Wetherby, 1986). 이러한 초기 의사소통 기술은 다음의 기능을 만족시킨다: 다른 사람에게 요구하기, 관심을 자신에게로 끌어오기, 다른 사람의 관심을 특정 물건이나 활동으로 끌어오기, 자극에 반응하기, 자신의 관심을 특정 물건이나 활동에 집중하기, 스스로의 행동을 조절하기(Wetherby, 1986). 부모와 자녀 사이의 상호적으로 지속적인 상호작용 안에서 특정 공동관심 기술은 발달한다. 이러한 공동관심 기술은 "관심을 사물로 가져오는 데에 사용되지만 반드시 그 사물이나 사건을 얻기 위한 것은 아니다"(Mundy, Kasari, & Sigman, 1992, p. 378). 비구어 공동관심 기술 또는 몸짓의 특정 사례로는 협동적인 공동주시, 사물 보여주기, 공유하기 위해 건네주기, 흥미로운 장면을 공유하기 위해 가리키기 등이 있다(Kasari, Freeman, & Paparella, 2006; 〈표 7-2〉 참조).

〈표 7-2〉 공동관심 기술의 정의

유형	기술	정의
공동관심 시작하기	협동적인 공동주시	아동은 성인과 사물을 번갈아 쳐다보고 관심을 공유하기 위해서 다시 성인을 바라본다. (이러한 행동은 사물을 보고 성인을 본 후에 다시 사물을 보는 반대 순서로 행해질 수도 있다.) 이러한 몸짓은 "저거 봐, 재미있는데!"라는 뜻이다.
	보여주기	아동은 손에 놀잇감을 들고 관심을 끌기 위해서 성인 앞에 들고 보여준다. 아동은 성인에게 놀잇감을 주지는 않는다. 이러한 몸짓은 "내가 뭐 가졌는지 봐!"를 의미한다.
	공유하기 위해 건네주기	아동은 놀잇감에 대한 도움을 얻기 위해서가 아니라 단순히 공유하기 위해서 성인에게 놀잇감을 준다. 이러한 몸짓은 "여기 놀잇감이 있으니까 너도 놀아도 돼!" 또는 "네 차례야!"라는 뜻이다.
	가리키기	아동은 단순히 성인의 관심을 흥미로운 어떤 것으로 이끌기 위해 사물을 가리킨다. 아동은 성인이 놀잇감에 대해 행동하기를 원하지 않는다. 이러한 몸짓은 "저거 봐요! 재미있어요."라고 의사소통하는 것이다.
공동관심 반응하기	가리키는 곳 따르기	성인이 사물을 가리킨 후에 아동은 가리킨 곳을 따라 동일한 사물을 바라보는 것으로 반응한다.
	시선 따르기	아동은 성인이 바라보고 있는 것으로 성인의 시선을 따른다.

출처: Mundy, Sigman, Ungerer, & Sherman (1986).

2) 자폐 범주성 장애

정의에 의하면, 자폐인은 의사소통 기술에 있어서 현저한 차이를 보인다. 이러한 기술의 대부분은 공동관심 기술을 포함하는데, 응시 행동이 손상되고 즐거움이나 홍미나 성취를 다른 사람과 자발적으로 공유하지 못하며 사회적, 정서적, 의사소통적 행동을 잘 통합하지 못하는 등의 예를 들 수 있다(American Psychiatric Association, 2000; Lord, Cook, Leventhal, & Amaral, 2000; Tager-Flusberg, 1999). 의사소통 발달의 측면에서 자폐 아동은 의사소통의 기능적 측면(예: 요구하기)과 사회적 측면을 분리해서 발달시키지만 전형적인 발달을 보이는 아동은 이러한 형태의 의사소통 기능과 수단을 동시에 발달시킨다. 연구에 의하면, 자폐 아동은 요구하기 기능을 먼저 학습하고 난 후에 의사소통의 사회적 측면은 나중에 발달시키는 것으로 보고되었다(Wetherby, 1986).

자폐를 지닌 많은 아동이 요구하기(행동 조절 기능) 의사소통을 위해서 몸짓을 사용하지만 사회적으로 상호작용적인 몸짓의 발달은 지체되는 것으로 나타난다. 연구에 따르면, 자폐 아동은 공유하기 행위로서의 가리키기나 보여주기와 같은 공동관심 행동의 발달에서 지체를 보인다(Curcio, 1978; Wetherby, 1986; Wetherby & Prutting, 1984). 이러한 기술을 발달시킨 아동의 경우에도 전형적인 발달을 보이는 또래에 비해 기술을 덜 사용하는 것으로 나타났다. Mundy와 그 연구진은 공동관심 시작하기가 자폐의 핵심적인 손상이라는 증거를 제시하면서 공동관심 시작하기가 자폐 아동을 다른 발달장애를 지닌 아동 또는 전형적인 발달을 보이는 아동으로부터 구별해준다고 강조하였다(Mundy, Sigman, Ungerer, & Sherman, 1986; Wetherby et al., 2004).

나이가 어린 자폐 아동에게 있어서 공동관심 기술을 표현하는 능력은 이후의 구어 성취와 상관이 있다(Anderson et al., 2007; Mundy, Sigman, & Kasari, 1990; Thurm, Lord, Lee, & Newschaffer, 2007). 연구에 의하면, 공동관심 기술의 발달은 언어 발달을 위한 중요한 이정표로, 언어 습득에 필수적인 사회-인지 발달의 시작을 알려준다(Mundy et al., 1990). 공동관심 기술이 부족하다는 것과 이러한 기술이 언어 성취와 관계가 있다는 점으로 인해서 공동관심 기술은 어린 자폐 아동을 위한 주요 중재 대상 영역이 되었다. 한 연구에 따르면, 음성 및 운동 모방 기술의 결함 외에도 2세 때의 공동관심 기술의 결함이 5세 때의 언어 발달 결함을 예측하였다(Thurm et al., 2007). 또 다른 연구에서는 자폐 아동의 7세 언어 능력이 16세의 학교 배치, 사회적 기회, 학업 성취, 의사소통 기술을 예측한 것으로 보고되었다(Venter, Lord, & Schopler, 1992). 분명한 것은 언어 발달에 있어서의 지체나 결함은 아동이 효과적이고 기능적인 의사소통 기술을 나타내는 능력에 영향을 미친다는 것이다. 의사소통 기술의 지체는 손상된 사회적 기능, 감소된 학업 성취, 손상된 삶의 질 등 폭넓은 범위의 부정적인 결과를 가져온다(Anderson et al., 2007). 빈약한 의사소통 능력과 연관된 부정적인 결과를 예방하는 데 초점을 맞춘다면 공동관심 중재는 자폐 아동을 위한 중요한 방향이 된다.

3. 임상적 배경

이 부분에서는 자폐 아동을 대상으로 한 공동관심 중재 관련 연구를 요약해서 제시하고자 한다. 또한 이 분야 중재의 중요성 및 가능성을 지지하기 위하여 집단연구(Kasari et al., 2006)에 대해 상세하게 설명한다.

공동관심을 대상으로 하는 중재는 특별히 자폐 아동에게서 이러한 기술 발달이 지체되거나 비전형적이기 때문에 개발되었다. 전형적인 발달을 보이는 아동과 자폐 아동 모두를 대상으로 하는 초기 연구는 사회 의사소통 또는 공동관심 행동이 일상화된 사회적 게임을 통해서 발달하는 것으로 보고하였다. 이러한 일과, 게임, 상호작용은 이후의 언어 발달을 촉진하고 또한 예측해준다(Bruner, 1974, 1975; Rollins et al., 1998; Wetherby, 1986). 몇몇 연구에서는 자폐 아동에게 전통적으로 제공되는 형태의 중재(예: 행동주의 프로그램)가 실제로는 의사소통 기능을 가르치는 데에 해가 된다고 지적한다. 이러한 프로그램은 맥락 없이 구어 기술만을 반복하도록 강조하며 철저한 성인 주도의 회기 진행으로 아동의 의사소통 행위를 격려하지 않는다는 점에서 해가 될 수 있다. 이러한 특징은 유도하고자 하는 행동과는 상관없는 강화물과 결합되기도 하는데, 예를 들어 아동이 배가 고프다고 표현했기 때문이 아니라 말을 했기 때문에 음식을 제공한다(Goldstein, 2002; Koegel, Koegel, & McNerney, 2001; Wetherby, 1986). 뿐만 아니라, 이와 같은 프로그램의 많은 수가 아동의 공동관심 시작하기보다는 공동관심을 시작하는 다른 사람의 노력에 반응하기를 가르치는 데에 더 초점을 맞춘다(Hwang & Hughes, 2000; Whalen & Schreibman, 2003; Whalen, Schreibman, & Ingersoll, 2006).

Kasari와 그 연구진(2006)은 어린 자폐 아동의 공동관심과 관련해서 반응하기보다는 시작하기에 초점을 맞춘 연구를 수행하였다([그림 7-1] 참조). 이 연구에 참여한 58명의 아동 모두 자폐 진단 관찰 스케줄(ADOS; Lord et al., 2000; Lord, Rutter, DiLavore, & Risi, 1999)과 자폐 진단 인터뷰–개정판(ADI-R; Lord, Rutter, & LeCouteur, 1994; Lord, Storoschuk, Rutter, & Pickles, 1993)에서 제시하는 자폐의 진단기준을 충족시켰으며 3세부터 5세 사이였다. 인지(Mullen Scales of Early Learning; Mullen, 1995), 언어(Reynell Developmental Language Scales; Reynell, 1977), 공동관심(Early Social Communication Scales[ESCS]; Mundy, Hogan, & Doehring, 1996), 놀이(Structured Play Assessment[SPA]; Ungerer & Sigman, 1981)를 위해서 몇몇 진단 측정이 실시되었다. 그 외에도 아동과 양육자가 15분 동안 표준 놀이 도구로 놀이하는 장면에서 일반화 측정이 실시되었다.

모든 아동은 다음과 같은 세 개의 처치 집단에 무작위로 배치되었다: 공동관심 기술 훈련(JA), 상징놀이 기술 훈련(SP), 응용행동분석 조기개입 모델이 적용된 통제집단(Kasari et al., 2006). 중재(JA와 SP 집단)는 5~6주 동안 매주 5회 30분씩 개별적으로 진행되었다. 통제집단을 포함하는 모든 참여자는 조기개입 프로그램(Early Intervention Program: IEP) 내에서 일대일로 교수되었다. 프로그램은 언어, 작업, 레크리에이션 치료와 함께 응용행동분석을 포함하였다. 조기개입 프로그램은 주 5일 6시간씩 제공되었다. 조기개입 프로그램은 서비스가 제공되는 통제된 장소에서 지역사회가 제공할 수 있는 최적의 표준 방식으로(교육청 및 지역 센터를 통해서) 제공되었으며 모든 참여자에게 동일하게 제공되었다. 즉, 모든 아동은 동일한 시간의 응용행동분석과 언어 및 기타 치료 또는 중재를 제공받았다. 통제집단의 아동은 이와 같은 조기개입 프로그램 서비스만 제공받았다.

JA 집단 아동의 목표는 공동관심 기술이었다(〈표 7-2〉 참조). 아동에 따라서는 공동관심 기능보다는 요구하기 기능을 지닌 의사소통 기술부터 시작하는 것이 발달적으로 적절한 경우도 있었다. 이러한 기술은 "손에 닿지 않는 물건을 요구하기 위해서 가리키기"와 "요구하기 위해 건네주기"를 포함하였다.

JA 집단을 위해서는 테이블에서의 직접교수(테이블 활동), 마루에서의 놀이로 일반화(generalization, 환경교수나 자연적 의사소통 중재에서와 유사한), 엄격한 기술 습득 기준, 발달의 틀 내에서의 실행 등으로 구성된 프라이밍(priming)이라고 불리는 구조화된 표준 절차에 따라 목표기술이 정해졌다. 테이블 활동과 같은 임상가 주도의 중재는 가장 자연적이지 않은 반면에 대상자 주도의 중재는 가장 자연적이다. 이러한 회기에서 놀이 기술과 같은 다른 기술은 목표로 삼지 않았지만 사물을 가지고 하는 사회적 놀이는 공동관심 기술을 발달시키는 자연적인 맥락으로 사용되었다.

SP 집단은 JA 집단에 대한 비교 처치 집단으로 역할하였으며 놀이의 발달 모델을 따

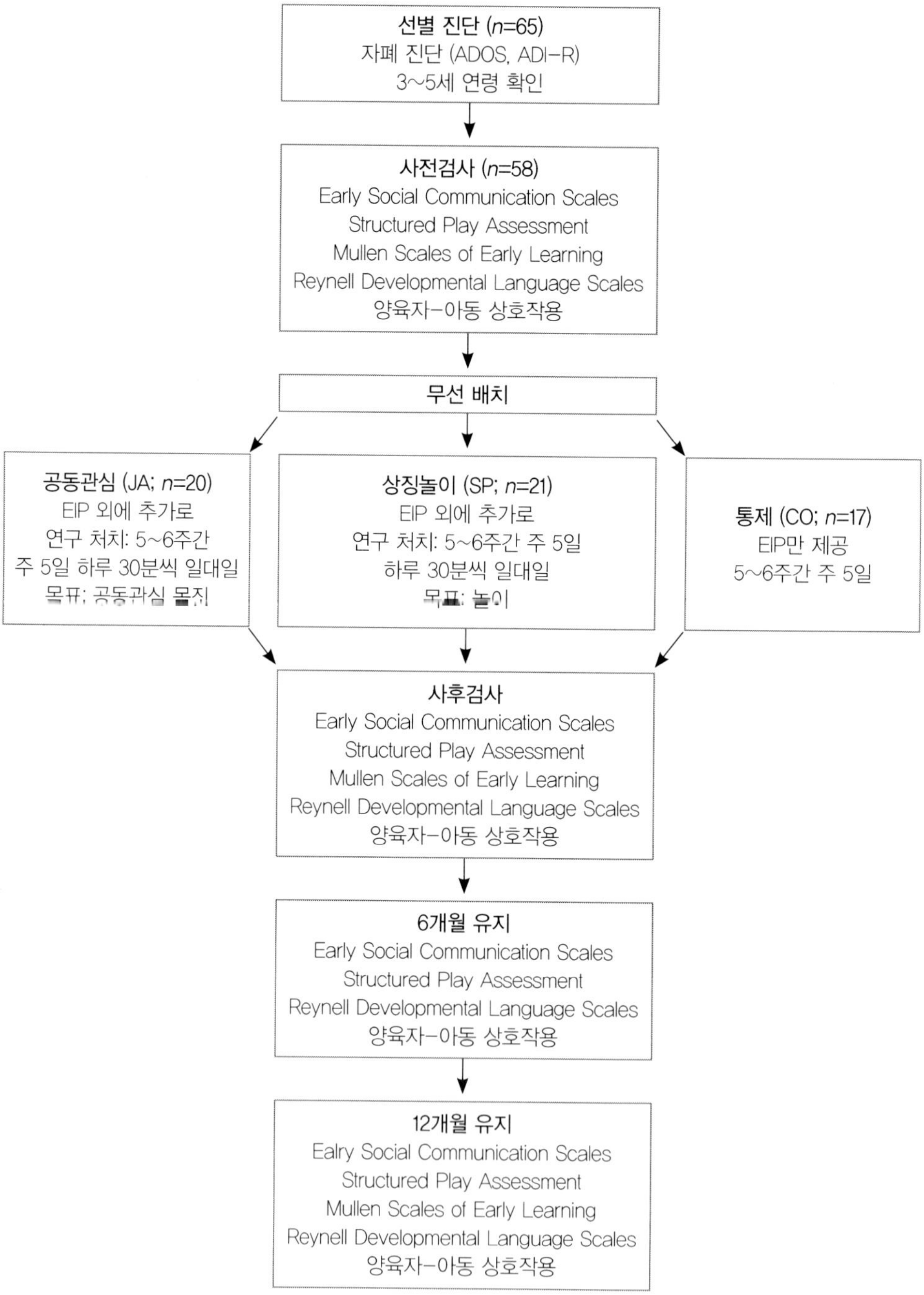

[그림 7-1] Kasari, Freeman, & Paparella(2006)의 공동관심 중재 연구 설계

(용어 설명: ADOS, Autism Diagnostic Observation Schedule; ADI-R, Autism Diagnostic Interview-Revised; EIP, Early Intervention Program. 출처: Kasari, Freeman, & Paparella, 2006)

랐다(Lifter, 2000; Ungerer & Sigman, 1981). 이 집단의 아동 역시 놀이 기술을 목표로 일대일 상황에서 매일 중재자를 만났으며, 처음에는 테이블에서 교수하고 자유놀이 중에 일반화하였다. 처치의 방법과 양은 SP와 JA 집단 모두 동일하였으며 실험처치 목표만 달랐다.

실험처치가 끝난 후 성취 측정으로 몇몇 사후검사가 진행되었다. 모든 검사는 연구진과 관련이 없고 연구의 목적 및 가설과 아동이 속한 집단을 알지 못하는 검사자에 의해서 독립적으로 실시되었다. ESCS(구조화된 공동관심 진단)와 SPA(Ungerer & Sigman, 1981) 두 가지 구조화된 진단이 사용되었다. 또한 공동관심 몸짓 일반화는 주 양육자와 아동의 자유놀이 상호작용을 녹화한 10분짜리 비디오테이프를 통해서 측정되었다. 이 상호작용에 사용된 놀잇감은 모든 참여자에 대해 표준화되었으나 다양한 범위의 놀이 수준 및 상호작용 유형을 나타내는 항목을 포함하였다.

프로그램이 끝날 때 JA 집단은 SP 집단(Cohen's d = 0.72)이나 통제집단(Cohen's d = 1.13)에 비해 구조화된 공동관심 측정(ESCS)에서 공동관심에 더 많은 반응을 보였다. JA 집단과 SP 집단은 모두 통제집단에 비해서 "성인에게 놀잇감 보여주기"를 더 많이 보였다(Cohen's d = 0.57, Cohen's d = 0.59). 아동과 양육자를 관찰한 일반화 측정에서는 JA 집단이 통제집단에 비해 아동이 시작하는 공동참여를 더 많이 보였으며 SP 집단에 비해서는 건네주기와 보여주기를 더 많이 보였다. 아동이 시작하는 공동참여의 경우 성인과 아동 간에 얼마나 오래 지속되는가를 측정한 놀이 참여에서 더 많은 시작행동을 보였다. 이와 같은 연구의 초기 단계 결과에 의하면 공동관심 기술은 교수가 가능할 뿐만 아니라 다른 장소나 사람에게도 일반화되는 것으로 나타났다.

2006년에 게재된 연구결과에 이어서 중재 종료 후 6개월과 12개월에 언어 성취를 측정하였다(Kasari, Paparella, Freeman, & Jahromi, 2008). 처치집단(JA, SP) 모두 통제집단에 비해 표현언어와 공동관심 시작하기에서 높은 성취를 보였다. 그러나 프로그램을 시작할 때 더 낮은 언어 기술을 보였던 아동에게서는 다른 패턴이 보고되었다. 처음부터 언어 능력이 낮았던 아동(Reynell Developmental Language Scales에서 표현언어 연령이 20개월 미만인 경우, 자발어가 5개 미만인 경우)은 12개월 유지 검사에서 통제집단에 비해서와 놀이 상황에서 표현언어 성취가 유의하게 높았다. 실험집단(JA, SP) 모두 공동관심과 언어에서 성취를 보인 것은 사실이지만, 언어가 가장 많이 지체된 아동이 공동관심에 특별히 초점을 맞춘 중재를 통해서 *가장* 큰 혜택을 얻었다. 이들은 12개월 유지검사에서 평균적으로 언어연령 13개월의 증가를 보였으며, 통제집단과 SP 집단은 각각

3개월과 7개월의 증가를 보였다.

4. 실행을 위한 요구사항

이 부분에서는 영아기 공동관심 기술을 발달시키기 위한 중재를 실행하는 데 필요한 요구사항에 초점을 맞추고자 한다. 원래의 중재 모델(Kasari et al., 2006)은 테이블 활동과 마루놀이 교수의 두 가지 다른 상황에서 공동관심 기술을 가르친다. 중재 회기의 첫 번째인 테이블 활동 부분은 아동에게 이후의 보다 자연적인 놀이 형태에서 목표한 기술을 학습할 수 있도록 미리 보여주기 위해서 비연속 개별시도 교수(discrete trial instruction: DTI)로 구성된다. 이후의 연구결과를 근거로 중재는 체계적인 테이블 교수를 벗어나서 주로 자연적인 놀이 중심 모델로 변환되어 왔다. 따라서 이 책에서의 수정된 중재 접근은 원래 연구로부터 수집한 두 가지 자료를 근거로 한다. 첫째, 테이블과 마루에서의 중재를 통해 나타난 아동의 학습을 조사하였으며, 그 결과 공동관심 기술은 접근법이 무엇인가와는 상관없이 동시에 숙달되는 것으로 밝혀졌다(Wong, Kasari, Freeman, & Paparella, 2007). 테이블과 마루 접근법이 무작위로 실행된 것은 아니지만(테이블은 항상 마루놀이 전에 이루어졌음) 모든 아동에게 비연속 개별시도 교수를 이용해서 매우 구조화되고 제한적인 방법으로 교수해야 한다는 증거는 거의 없었다. 어떤 아동은 마루 교수(훨씬 더 많은 자극이 주어지는)에서보다 테이블 교수에서 더 잘 배울 수도 있지만 이 첫 번째 연구에서는 그러한 증거가 거의 보고되지 않았다. 둘째, 두 개의 실험집단 모두 유사한 성취(번갈아가며 눈 맞추기, 기능적 놀이 기술, 어머니와의 더 많은 공동관심 참여와 같은 초기 수준의 공동관심 향상)를 보였다. 중재의 기본적인 공통점은 놀이 일과를 개발함으로써 아동과의 공동참여를 성취하는 데에 초점을 맞추는 것이다. 따라서 현재 진행되고 있는 연구에서는 아동과의 좀 더 긴 공동참여를 성취하기 위해서 아동의 놀이 수준을 사용한다.

다음으로 최근에 게재된 공동관심 중재(Kasari et al., 2006, 2008; Kasari, Gulsrud, Wong, Kwon, & Locke, 2010)가 어떻게 실행되었는지 설명하고자 한다. 여기서 설명하는 중재의 구성요소는 다음과 같다: (1) 시간, 인력, 자료, (2) 중재의 주요 구성요소, (3) 자료 수집 및 분석 방법.

1) 요구되는 시간

연구결과에 의하면 6주 동안 매일 30분씩 실시하는 회기는 자폐 범주성 장애 아동의 놀이 및 공동관심 기술의 유의한 향상을 가져다줄 수 있다. 좀 더 최근에 이루어진 부모 중개 모델에서는 30분씩 24회기(주당 약 3회기씩) 역시 공동관심 및 공동참여에 유의한 영향을 미치는 것으로 제안하였다(Kasari et al., 2010). 사회 의사소통 및 언어 기술이 자폐 범주성 장애 아동의 핵심 손상인 것을 고려한다면 이러한 영역의 발달에 지속적인 관심을 기울이는 것은 매우 중요하다. 짧은 기간 안에 나타나는 긍정적인 성과는 여기서 설명하는 집중적인 처치 후에 나타나는 것이 사실이지만 아동이 보다 정교하고 연령에 적절한 의사소통 및 언어 능력을 향해 발전하기 위해서는 지속적인 중재가 필요하다.

2) 중재자의 자질 및 훈련

이 방법을 사용하는 임상가는 자폐 범주성 장애 아동을 대상으로 일을 해본 경험이 있어야 하며 교육심리학, 교육학, 언어병리학, 심리학, 특수교육학 또는 기타 관련 영역에서 훈련받아야 한다. 양육자 또한 아동이 학교나 가정의 일과 내내 다양한 상황에서 어떻게 기능하는지에 대한 정보를 제공함으로써 중재의 중요한 역할을 할 수 있다.

무작위 대조군 연구기간 동안 중재자는 연구책임자의 훈련을 받았으며 첫 두세 명의 아동을 중재할 때 연구자에 의한 지속적인 감독을 받았다. 중재 충실도(중재 실행의 정확성)는 처치 절차를 보여주는 점검표를 이용해서 평가되었다. 연구 코디네이터가 무선으로 표집한 회기 중에 중재 실행의 충실도를 점검하였다. 임상가는 연구 참여자를 대상으로 일하기 전에 평균 92%(범위 79~100%)의 높은 수준의 충실도를 보였다(Kasari et al., 2006). 지속적인 감독과 자문은 이 중재를 실행함에 있어서 유용하였으며, 특히 느리게 진보하는 아동에게 그러했다.

3) 장소 및 자료

중재는 연구실이나 가정 또는 학교에서 실시되었다. 다른 학생이나 아기자기한 게시물이나 너무 많은 놀잇감 등의 방해로부터 자유로운 방에서 실시하는 것이 가장 좋다.

중재를 위한 자료는 주로 놀잇감 및 처치 안내책자로 구성된다. 놀잇감은 발달에 적절해야 하며 아동의 놀이 발달 수준 안에서 다양한 형태의 놀이를 촉진해야 한다(예: 놀이용 전화, 그림책, 퍼즐, 봉제완구, 쌓기 컵, 인형, 소꿉놀이 도구, 실 꿰기, 자동차, 블록, 팝업 상자). 놀잇감은 SPA(Ungerer & Sigman, 1981) 등을 이용한 놀이 수준 진단 결과를 근거로 선정할 수 있다. 임상가는 회기 중에 실행될 처치 전략을 요약해서 보여주는 처치 안내책자를 사용한다(〈표 7-3〉 참조).

5. 주요 구성요소

이 중재의 주요 구성요소는 다음과 같다: (1) 아동의 공동관심 기술을 근거로 교수목표 평가하고 계획하기, (2) 공동관심의 자발적인 사용을 증가시키기 위한 전략 실행하기, (3) 자료를 수집하고 진도 점검하기, (4) 중재 종료하기.

1) 교수목표 평가 및 계획

공동관심 중재의 궁극적인 목적은 공동관심의 자발적인 시작 빈도를 증가시킴으로써 아동의 언어 기술을 향상시키는 것이다. 중재목표는 모든 가족을 위해서 개별화되며 아동이 보이는 상호작용과 공동관심 기술을 관찰함으로써 정해진다. 공동관심 기술을 진단하기 위한 평가는 다음과 같은 도구를 통해서 이루어질 수 있다.

- Language Use Inventory for Young Children(LUI; O'Neil, 2007), 18~47개월 아동의 화용 언어 발달을 위한 부모 보고
- Modified Checklist for Autism in Toddlers(M-CHAT; Robins, Fein, Barton, & Green, 2001), 중재에서 목표로 하는 공동관심 기술을 포함하는 아동(16~30개월) 발달에 대한 네/아니요 질문으로 구성된 점검표
- ESCS(Mundy et al., 1996; Mundy et al., 2003), 8~30개월 아동에게서 기대되는 비구어 의사소통 행동(예: 차례 주고받기, 기쁨 공유하기, 도움 청하기)을 위한 반구조화된 진단

연구 장면에서는 ESCS를 이용해서 아동의 공동관심 기술을 나타내는 기초선 자료를 수집한다. 놀이 기술 및 수준은 SPA를 통해서 정해진다(Ungerer & Sigman, 1981). 또한 아동이 보이는 공동관심 기술을 알아보기 위하여 양육자와 아동이 놀잇감을 가지고 상호작용하는 15분간의 회기를 녹화한다. 임상 장면에서 중재자는 전형적인 발달을 보이는 아동에게서는 어떤 공동관심 기술이 기대되는지를 참고하기 위하여 공동관심 평가와 〈표 7-2〉를 사용할 수 있으며 이러한 기술에서의 아동의 강약점을 근거로 목표를 결정할 수 있다. 공동관심 기술 중 특정 기술이 (매번의 임상가 관찰 및 양육자 보고에서) 관찰되지 않는다면 그러한 기술의 습득이 손상 또는 지체되었다고 결론을 내릴 수 있다.

공동관심 진단 자료로부터 발달적으로 적절한 중재목표가 선택되며 첫 번째 교수목표는 아동이 성인과 함께는 수행할 수 있지만 독립적으로는 하지 못하는 발현하기 시작하는 능력이 될 수 있다(Kasari et al., 2006). 발현하기 시작하는 능력은 아동이 세 가지 서로 다른 유형의 놀이 일과에서 자발적으로 해당 기술을 보일 때 독립적인(습득된) 능력이 되는 것이다. 지속적인 진도 점검과 관련된 주제에 대해서는 본 장의 뒷부분에서 더 설명하고자 한다.

2) 목표를 다루기 위한 활동 절차

이 중재는 중재자와 아동 간의 직접적인 회기로 구성된다. 다음은 중재의 절차에 대해서 설명하고 목표를 다루는 방법을 설명하고자 한다.

(1) 맥락

각 회기의 목표는 아동이 다른 사람과 놀이에 참여하는 동안 공동관심 기술을 자발적으로 보이는 것이다. 중재 회기는 놀이 상황 내에서 실행됨으로써 학습 및 다른 장소로의 일반화에 가장 이상적인 보다 자연스럽고 즐거운 장면을 허용한다. 놀이는 아동의 흥미에 반응하고 아동의 주도를 따르고 아동의 놀이 발달 수준 내에서 놀이 일과를 개발함으로써 이루어진다. 너무 낮은 수준으로 놀이하면 아동을 지루하게 만들고 너무 높은 수준으로 놀이하면 아동에게는 어려울 것이다. 두 가지 다 비참여를 유도할 수 있다. 이러한 상황에서 중재자는 아동과 놀이하면서 놀이 중에 발생하는 자발적인 기회를 포착하여 아동의 사회적 및 의사소통적 목표를 시범 보이고 발판교수를 할 수 있다.

(2) 절차

중재자의 주요 강조점은 아동이 놀잇감에 대한 흥미를 보이기 시작하도록 기회를 제공하고 그런 다음에 공동관심 기술을 시범 보이는 것이다. 기술 수준이 낮은 아동은 공동관심 기술을 하나도 보이지 않을 수도 있다. 따라서 중재자의 목표는 아동이 놀잇감에 대해서 어떤 흥미를 보이더라도 그 주도를 따르는 등의 전략을 적용하는 것이다. 〈표 7-3〉은 어떻게 하면 되는지에 대한 전략과 예시를 보여준다.

중재자는 환경을 구성함으로써 공동관심 기술 교수를 가능하게 할 수 있다. 첫 번째로, 예를 들어 신체의 방향을 조정하는 등(예: 아동과 가까운 위치, 즉 1m 내에서 아동을 마주봄) 놀이 상황 내에서 이러한 전략을 사용할 수 있다. 중재자는 환경이 놀이 상호작용에 미치는 영향을 고려하여 놀이 일과 형성을 촉진할 수 있는 발달적으로 적절한 놀잇감으로 환경을 구성한다. 놀잇감이 바람직하거나 흥미롭거나 아동이 사용하기에 적절하지 않다면 이러한 놀잇감으로 놀이를 시작하게 될 가능성은 매우 낮아진다. 다음으로, 중재자는 문제행동을 일으킬 수 있는 추가 놀잇감이나 물건(예: 휴대전화나 노트북

〈표 7-3〉 제안 전략

전략	예시
환경 설정	• 아동과 가까이 앉아서 눈을 맞춘다. • 손이 닿는 곳에 놀잇감을 둔다. • 방해물을 없앤다. • 아동의 사회 의사소통 시도를 촉진하기 위해 환경을 사용한다.
아동의 주도 따르기	• 행동하기 전에 기다린다. • 아동이 방 안을 탐색하도록 허용한다. • 아동이 선택한 놀잇감에 대해 큰 관심을 보인다.
발판교수	• 발판교수를 할 공동관심 기술을 확인한다. • 아동의 기술에 대해 굉장한 긍정적인 강화를 제공한다. • 기술 학습을 촉진하기 위해 촉진의 위계를 사용한다.
언어 확장	• 아동이 하고 있는 것에 대해 말한다. • 아동이 말한 것을 반복한다. • 아동의 의사소통을 확장한다. • 교정 피드백을 제공한다.
모방	• 아동이 놀잇감을 가지고 하는 행동을 모방한다. • 아동의 언어를 그대로 따라 한다.

출처: Kasari et al. (2006); Kasari et al. (2010).

등 아동이 만지고 싶어 하는 모든 물건)을 치움으로써 방해자극을 줄인 환경을 구성한다.

언어 확장 전략은 아동의 공동관심 기술을 발판교수(scaffolding)하기 위한 도구다. 이 전략은 아동의 관심을 인지하고 말해주거나(예: "갓난아기네!") 아동이 말한 것을 반복함으로써 이루어진다. 그러는 동안에도 중재자는 계속 비구어 의사소통(예: 갓난아기를 가리키기)과 눈맞춤을 통해서 공동관심 기술을 모델링한다. 환경을 효과적으로 구성하거나 언어를 확장하기 위해서 이러한 모든 전략을 한꺼번에 다 사용할 필요는 없다. 그렇지만 이러한 예는 개인의 교수목표를 성취시키는 데에 다양한 전략이 얼마나 도움이 되는지를 보여준다.

복수의 전략을 사용하는 것은 아동의 공동관심 기술을 발판교수하기 위해서 중요하다. 이러한 전략은 아동의 행동을 모방하고(예: 중재자는 다른 인형을 가지고 와서 아동이 자신의 인형에게 밥을 먹이는 방식과 똑같이 밥을 먹인다) 아동이 말한 것을 반복하고(예: 아동이 "기차"와 비슷하게 말하면 중재자가 "기차"라고 말한다) 아동이 말한 것을 확장하는(예: 아동이 "기차"라고 말하면 중재자는 "토마스 기차" 또는 "빨간 기차"라고 말한다) 방법을 포함한다. 놀이 상황에서 이와 같은 전략을 적용함으로써 중재자는 아동이 공동관심 기술을 증가시키도록 촉진하고 기술을 시범 보이고 아동이 그러한 기술을 독립적으로 보일 수 있는 기회를 파악하거나 조성할 수 있다.

(3) 촉진

앞에서도 언급하였듯이, 공동관심 기술을 쉽게 유도할 수 있는 놀이 상호작용 기술이 빈약한 아동을 참여하게 만드는 것은 어려운 일이다. 따라서 아동이 놀잇감을 선택하지 않거나 활동을 시작하지 않으면 중재자는 가장 덜 지시적인 것부터 시작해서 위계적인

〈표 7-4〉 촉진의 위계

단계	촉진	예시
1	일반적인 구어 촉진	"우리 어떤 놀잇감으로 놀까?"
2	특정 구어 제안	"도라 인형으로 놀자."
3	구어 명령	"도라 인형 가져와."
4	몸짓과 함께 하는 구어 명령	도라 인형을 가리키면서 "도라 인형 가져와."라고 말하기
5	부분적인 신체 촉진	아동의 팔을 도라 인형 쪽으로 살짝 밀기
6	완전한 신체 촉진	아동이 도라 인형을 갖도록 완전하게 도와주기

촉진을 사용해 아동이 공동의 상호작용을 하도록 유도해야 한다(〈표 7-4〉 참조).

(4) 잠재적인 어려움

사물을 가지고 노는 것을 어려워하는 아동의 경우 중재자는 대인놀이(또는 주요 상호주관성[intersubjectivity])라고도 불리는 놀잇감 없이 아동과 함께 하는 놀이 사이사이에 짧은 시간의 놀잇감 놀이를 끼워 넣을 수 있다. 이와 같은 형태의 상호작용에서 중재자는 사물은 빼고 얼굴과 얼굴을 마주하며 쌍으로 놀이하게 된다(예: 손바닥치기 놀이하기, 노래 부르기). 기술 수준이 낮은 아동은 사물 중심의 놀이보다는 자연스럽게 이러한 형태의 성인과의 상호작용을 더 많이 사용하기도 한다. 그러므로 이들은 처음에는 보다 새롭고 어려운 사물 중심의 놀이로부터 잠시 유예하고 사람과 함께 하는 놀이를 필요로 할 수도 있다. 중재자가 개별 아동의 개별화된 목표와 이들과 상호작용하는 방법에 대해서 잘 알고 결정하기 위해서는 사람과 함께 하는 놀이와 대비되는 사물을 향한 아동의 기질이나 선호도와 같은 요소를 고려해야 한다.

6. 의사결정을 위한 자료 수집

1) 시간의 흐름에 따른 목표 진단 및 진도 평가

아동이 2회기 동안 최소 3회에 걸쳐 촉진 없이 공동관심 기술을 보인다면 성취 기준에 도달한 것이다. 그보다 적게 나타나거나 촉진과 함께 나타나는 기술은 발현 중인 것으로 간주한다. 이와 같은 이유로 목표는 기술의 발달을 정확하게 형성시키기 위해서 자주 동시에 진단되어야 한다. 또한 기술이 중재 기간에 습득되면 중재자는 중재 전반에 걸쳐 그 기술을 계속해서 유도해야 한다([그림 7-2] 참조). 이미 습득된 기술을 계속 유도하게 되면 아동이 그러한 기술을 유지하고 다른 상황으로 일반화하는 데에 도움이 된다.

따라서 동시에 자료를 수집하고 평가하는 접근은 중재자가 나타나기 시작하는 다른 기술에 적절하게 반응하기 전에 각 기술을 순차적으로 습득하도록 강요하지 *않기* 때문에 복수의 기술을 가르칠 때 가장 좋은 방법이다. 그러나 중재자는 아직 목표가 아닌 발현 중인 다른 기술에 반응할 수도 있지만 공식적으로 다른 기술을 목표로 삼기 전에

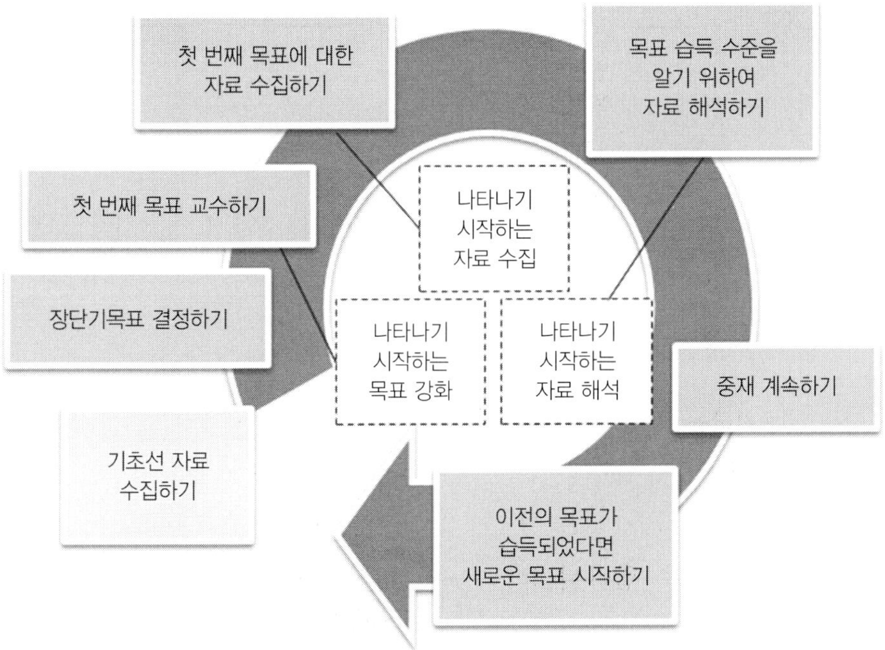

[그림 7-2] 공동관심 중재에서의 목표 진단 및 자료 수집 모델

목표한 기술을 독립적으로 수행하도록 만드는 것이 중재자의 주요 우선순위다. 예를 들어, 아동이 셋째 주 회기에서 중재자가 구두로 촉진하고 시범을 보인 "멀리 가리키기"(10cm 이상 떨어진 물건 가리키기, Kasari et al., 2006 목표 기술)를 보일 수 있다. 같은 회기에 아동은 처음으로 "공유하기 위해 건네주기" 행동도 보일 수 있다. 이러한 행동은 집이나 가정에서 행동을 보여준 다른 성인으로부터 학습한 것일 수도 있고 아니면 특정 목표는 아니었지만 이러한 행동을 보여준 중재자에게 반응하는 것일 수도 있다. 그러므로 중재자는 학습을 극대화하기 위해서 다음의 방법을 통해 이와 같은 순간을 포착해야 한다: (1) 아동의 "공유하기 위해 건네주기" 행동 강화하기, (2) 다른 "공유하기 위해 건네주기" 행동 시범 보이기, (3) 회기 중 나중에 자연적으로 발생하는 기회가 생긴다면 "공유하기 위해 건네주기" 행동을 하도록 촉진하기. 한편으로 목표한 "멀리 가리키기" 행동은 이 회기에서는 촉진해서 나타났기 때문에 아직까지 성취 기준의 정의를 충족시키지 못하였으며 따라서 습득될 때까지 계속해서 교수해야 한다. 기본적으로 중재자는 아동의 새롭게 나타나기 시작하는 능력을 예민하게 관찰해야 하며 그 진보를 적절하게 평가하기 위해서 신중하게 자료를 수집해야 한다. 자료 수집 및 평가에 있어서의 이와 같은 동시 접근이 처음에 어렵다고 느껴진다면(특히 보다 많은 기술을 지닌 아

동의 경우) 나중에 검토할 수 있도록 회기를 녹화할 수 있다. 이러한 방법은 아동의 행동을 보다 세밀하게 평가할 수 있게 해 줄 것이다.

자료는 각 회기마다 공동관심 기술의 빈도를 관찰하고 아동이 기술을 보일 때 촉진이 있었는지 없었는지 독립적으로 보였는지 등을 관찰함으로써 수집될 수 있다. 중재자는 아동이 보이는 특정 비구어 및 구어 공동관심 행동을 구별할 수 있어야 한다.

2) 수정을 결정하기 위한 전략

아동이 어려워하는 기술을 습득하게 하기 위해서 수정이 필요할 때 중재는 융통성을 허용한다. 아동이 이전에 습득한 기술을 유지하지 못하는 것 같아 보인다면 중재자는 언제든지 그 기술을 다시 다룰 수 있다. 예를 들어, 이미 새로운 기술을 목표로 삼은 후에 독립적이고 습득된 "멀리 가리키기" 기술을 전혀 보이지 않거나 바라는 만큼 자주 보이지 못할 수도 있다. 이러한 경우에는 중재자가 이미 다음 목표, 예를 들어 "보여주기"로 이동했다고 하더라도 아동이 자발적으로 기술을 보이기 시작할 때까지 중재 기간의 남은 시간 동안 "멀리 가리키기"에 대해 계속해서 발판교수를 해야 한다.

3) 일반화

일반화 정보를 수집하기 위해서는 독립적인 관찰자, 즉 중재자가 아닌 누군가가 아동이 다른 상황에서 기술을 수행하는지 점검할 수 있어야 한다. 예를 들어, 양육자나 교사는 중재자에게 아동이 중재 회기 이외의 상황에서 공동관심 기술을 보이는지 보고할 수 있다. 중재를 제공하지 않는 독립적인 관찰자(교사, 다른 중재가, 양육자)가 없다면 중재자는 아동이 소속된 학습 환경에 방문해서 교사나 또래와의 상호작용을 관찰할 수 있다. Kasari 등(2006)의 연구에서는 아동이 중재 중 임상 회기에서 중재자와의 상호작용 중에 학습한 공동관심 기술을 양육자와의 놀이 상호작용으로 일반화시켰다. 중재자는 일반화가 발생할 것으로 기대하는 것이 당연하지만, 이를 입증하기 위해서는 다양한 장소와 사람에 걸쳐 자료를 수집해야 한다.

4) 중재 종료

Kasari 등(2006)의 연구에 참여한 아동은 평균 5~6주간 중재를 제공받았다. 이렇게 제한된 양의 중재가 사용된 것은 외래방문자로 참여하여 약 6주 후에 지역사회 장면으로 전이시키는 조기개입 프로그램(EIP)의 규정 때문이었다. 실제로 중재자는 6주가 지난 후에도, 특히 진보가 나타나지 않는다면 중재를 계속해야 할 필요가 있을 것이다. 중재자는 또한 아동의 네트워크 내 다른 구성원을 중재에 포함시킬 수 있다면 더 큰 진보를 보게 될 것이다. 따라서 양육자가 전략을 수행하도록 교수하고 가정에서 매일의 활동 중에 그러한 전략을 사용하게 만드는 것은 중재의 밀도를 높이고 다양한 상황으로의 기술 일반화를 촉진하게 될 것이다.

항상 그러하듯이, 중재자는 처치를 종료해야 하는 중재에 대해서 아동이 부정적인 신체적 또는 심리적 반응을 경험하는지 결정하기 위한 임상적인 판단력을 동원해야 한다. 아동과 중재자는 공동의 놀이 일과를 개발하기 위해서 몇 차례의 회기를 필요로 한다. 이러한 중재는 발달적으로 적절한 놀이 상황에서 수행되기 때문에 아동에게는 거의 위험이 없으며 또한 중재의 혜택은 위험보다 더 크다.

(1) 추가 평가

일단 중재가 종료되면 중재자는 평소에 사용하던 진단 도구를 사용해서 아동의 언어 및 인지 발달상의 진보를 평가할 수 있다. 예를 들어, Kasari 등(2006)의 연구에서는 1~7세 아동의 수용언어 및 표현언어를 진단하기 위해서 사용되는 표준화 척도인 Reynell Developmental Language Scales(Reynell, 1977)를 사용해서 언어 기술을 측정하였다. 인지 발달은 신생아부터 68개월까지의 아동을 대상으로 전반적인 인지 및 언어 능력을 검사하는 표준화 도구인 Mullen Scales of Early Learning(Mullen, 1995)을 사용해서 측정되었다. 중재가 종료된 후 6개월과 12개월에 각각 유지검사가 이루어졌다. 그러나 중재가 종료된 후에도 지속적인 접촉을 할 수 있는 학교나 기관 중심 환경에서는 아동이 학습한 공동관심 기술을 유지하고 있는지 알아보기 위해 다양환 상황에서 아동의 언어를 비공식적으로 관찰할 수 있다. 비공식적인 관찰을 통해서 지속적인 서비스가 필요하다는 것을 알 수 있다면 언어 및 인지에 대한 공식적인 진단이 수행될 수 있으며, 이를 통해서 학교 정책이 허용하고 양육자가 동의하는 추가 평가를 제공함으로써 부가적인 또는 지속적인 중재와 목표를 안내할 수 있다.

7. 문화 및 언어 배경이 다른 아동을 위한 고려

모든 중재를 고안하고 실행하는 데에는 문화[1] 및 언어상의 차이가 반드시 고려되어야 한다. 그러나 또한 중재자는 특정 문화 집단 내의 모든 가정이 전형적인 특성을 보일 것이라고 가정해서도 안 된다. 특히 주류 문화에 속한 중재자는 특정 공동관심 기술이 직관적인 것 같아 보일지라도 국내 인구는 점점 더 다양해지고 있으며 기술을 가르치는 방법은 이러한 다양한 문화적 규준을 위해서 수정될 필요가 있을 수도 있음을 알아야 한다. 중재에서 목표로 삼는 비구어 행동(예: 가리키기, 눈맞춤, 보여주기)은 문화에 따라 어느 정도 다를 수도 있지만 실제로는 유사한 공동관심 기술이 다양한 문화에서 관찰되어 왔다. 문화적으로 또한 언어적으로 다양한 집단의 사람은 모두 자녀에게 이와 같은 기술을 실행하도록 교수할 수 있다.

예를 들어, 전형적인 발달을 보이는 일본과 유럽계 미국인의 모–아 관계에서 공동관심 행동을 조사한 한 연구에 의하면 일본 어머니의 공동관심 행동이 더 적게 나타났지만 일본과 유럽계 미국인 자녀가 보인 공동관심 행동의 양에는 유의한 차이가 없었다(Dennis, Cole, Zahn-Waxler, & Mizuta, 2002). 결과적으로, 어머니의 공동관심 몸짓 사용 빈도는 달랐지만 일본 아동은 여전히 유럽계 미국인 아동과 유사한 비율로 공동관심 기술을 보였다.

공동관심에 대한 또 다른 연구에서는 라틴계 어머니에 비해서 유럽계 미국 어머니가 비구어 공동관심 시도를 더 많이 했음에도 불구하고 이들 간에 공동관심의 노력에는 차이가 없는 것으로 나타났다(DeLaOssa, 2002). 그러나 어머니의 교육 수준을 통제하자 유럽계 어머니의 비구어 공동관심 시도를 더 많이 사용하는 경향은 사라졌다. 결과적으로, 교육 수준이나 사회경제적 지위(SES)와 같은 기타 요인이 공동관심 시도에 있어서의 집단 간 차이를 설명해준다고 할 수 있다.

사회경제적 지위가 낮은 가족은 사회경제적 지위가 높은 가족보다 구어를 덜 사용한

1) UN의 교육 과학 문화위원회(2002)는 문화를 "예술과 문학, 삶의 방식, 더불어 사는 방식, 가치 체계, 전통, 신념에 추가해서 사회 또는 사회 집단의 영적이고 물질적이고 정서적인 요소를 모두 아우르는 일련의 독특한 요소"로 설명하였다. 큰 사회에서는 종교, 인종, 민족, 성별, 지위, 정치적 성향 또는 이러한 모든 하위문화적 요소의 혼합이 하위문화의 구성원 자격을 정의할 수 있다. 여기서는 본 장의 목적에 따라 특정 하위문화 요소(예: 인종/민족, 사회경제적 지위, 성별)를 특별히 지정하지 않는 한 *문화*라는 용어가 광범위하게 사용될 것이다.

다고 오랫동안 알려져 왔다(Hart & Risley, 1995). 공동관심 기술과 양자 상호성에 대한 Hustedt와 Raver(2002)의 연구에서는 사회경제적 지위가 낮은 집단 내에서도 어떤 어머니는 다른 어머니보다 말이 많고 관심을 기울이며 공동관심 기술을 다양하게 사용하는 것으로 나타났다. 더 나아가서 어머니-영아 쌍의 인종, 성별, 사회경제적 특성 연구에서는 사회경제적 지위나 민족이 공동관심 시도에서 차이를 가져오지 않는 것으로 나타났다(Terrill & Reilly, 1999). 그러므로 낮은 사회경제적 지위의 비유럽계 어머니-자녀 쌍은 다양한 정도의 공동관심 기술을 보이며, 모든 문화의 어머니는 자폐 범주성 장애 아동의 공동관심 및 의사소통 기술의 발달을 촉진하는 이와 같은 기술을 강화하도록 교수될 수 있는 것으로 결론 내릴 수 있다.

사회경제적 지위나 민족 또는 교육 수준 외에도 두 문화 공존(biculturalism)은 공동관심 중재의 적절성을 결정할 때 고려해야 하는 또 다른 문화적 요인이다. 실제로 Gutierrez와 Sameroff(1990)는 두 문화 공존이 부모가 자녀의 발달을 지각하는 데 있어서 민족보다 더 강력한 예측인자라고 주장하였다. 결과적으로 부모가 자녀의 행동을 해석하는 방식은 자녀에 대한 자신의 관심을 어떻게 조정하는지에 영향을 미친다. 예를 들어, DeLaOssa(2002)는 어머니가 두 문화에 속하는 정도는 하나의 비주류 민족 집단에만 속하는 경우에서보다 라틴계 어머니가 보이는 공동관심 시도의 빈도를 더 잘 예측한다는 사실을 발견하였다.

여러 문화에 걸쳐 공동관심 행동을 연구한 제한된 수의 연구는 다양한 문화(예: 라오스, 퀸즐랜드 원주민)에서 가리키기(Enfield, Kita, & Ruiter, 2007; Haviland, 1993)나 눈맞춤(Gullberg & Holmqvist, 2006)과 같은 공동관심 행동이 나타나는 것으로 제안한다. 그럼에도 불구하고 이러한 행동은 여전히 문화적으로 또한 사회적으로 정의된 규준 하에 발생하며, 이것은 공동관심 기술이 나타나는 빈도나 양상에 있어서 문화 간 또는 문화 내의 다양성을 설명해준다(Gullberg & Holmqvist, 2006; Roseberry-McKibbin, 2007).

유사한 공동관심 행동이 다양한 문화에서 발생한다는 사실을 보여주는 연구로 인해서 공동관심 중재(Kasari et al., 2006)의 목표는 보편적이고 성취 가능하다고 말할 수 있다. 그러나 중재는 명백하게 존재하는 미세한 문화적 차이에 대한 주의 깊은 배려가 있어야만 혜택을 가져올 수 있다. 예를 들어, 아프리카계 미국인은 주류 문화에서 발견되는 차례 주고받기에 집착하지 않으며, 이들의 대화 방식은 방해가 허용되고 차례 주고받기가 매우 급속하게 이루어져서 각 차례 간에 쉼이나 기다림이 거의 없는 고도의 경쟁적인 대화로 특징지어진다(Kochman, 1981; Roseberry-McKibbin, 2007; Schieffelin &

Eisenberg, 1984; van Kleeck, 1994). 이러한 방법은 잘못된 상호작용이 아니며 아프리카계 미국인 문화에서는 전형적인 방법일 수 있음에도 불구하고 중재자는 어머니가 차례 주고받기 일과나 아동의 반응을 기다리면서 공동관심 전략을 사용하도록 조언할 때 어머니의 문화적 규준에서 어긋나는 무엇인가를 하도록 만드는 것일 수도 있다는 사실을 인지해야 한다.

얼굴 표정과 미소 짓기의 양 또한 문화 간에 서로 다른 것으로 알려져 왔으며(Battle, 1997), 미국 원주민의 경우, 특히 상호작용 대상자가 자신보다 더 어릴 때 어리석어 보이거나 의미 없어 보이는 과제를 수행하기 원하지 않을 수도 있다(Wallace, Inglebret, & Friedlander, 1997). 따라서, 공동관심 중재를 실행할 때 중재자는 아동과의 놀이 시 활기차고 우스꽝스럽게 해달라는 조언에 양육자가 거부하는 경험을 할 수도 있다. 히스패닉계 이중언어를 사용하는 아버지와 무슬림 남성 역시 여성 중재자와 지속적인 눈맞춤을 피하려고 할 수 있다(Ali, 1993; Pena, 1998). 지금까지 공동관심의 중재자-아동 모델을 주로 설명해 왔지만 다른 모델은 양육자 주도의 접근을 포함시키기도 한다(Kasari et al., 2010). 그러므로 중재자는 아동의 아버지가 시선을 피하는 것이 중재에 대한 무관심이나 반대를 뜻하는 것은 아니며 오히려 눈맞춤 행동에 있어서의 문화적인 차이를 나타내는 것이라는 사실을 이해할 필요가 있다. 이러한 정보는 성인의 눈맞춤 행동이 어떻게 아동의 눈맞춤 행동이 나타나도록 영향을 미칠 것인지에 대한 의문을 제기한다. 실제로 라틴계 및 아프리카계 미국인 문화에서는 지속적인 응시 행동이 무례함의 표시로 간주되며, 아동의 시선 피하기 행동은 실제로는 존중과 관심을 나타내는 것이다(Wyatt, 2002). 더욱이 아시아의 많은 아동은 성인과 눈을 맞추지 않도록 교육받는다(Roseberry-McKibbin, 2007; Wyatt, 2002). 따라서 중재자는 다시 한번 말하지만 아동의 눈맞춤을 유도하고 협응된 공동 응시 행동을 촉진하도록 요구하는 것은 아동과 양육자에게 다소 불편한 일을 하게 만드는 것일 수도 있다는 사실을 알아야 한다.

공동관심 중재가 문화적으로 또한 언어적으로 다양한 가족을 위한 성과가 기대되는 중재임은 사실이지만 자폐 중재 효율성 연구의 참여자 중 소수집단 참여자가 부족한 것은 사실이다(Miranda et al., 2005). 따라서 공동관심 중재가 다양한 가족에게 동등하게 효과적인지를 결정하기 위해서는 보다 많은 자료가 필요하다.

8. 적용을 위한 고려

적용 사례: 아동

다음의 사례연구는 지금까지 설명한 공동관심 중재가 적절하고 효과적인 것으로 여겨지는 아동에 대한 설명을 제공한다. 물론 이 사례는 중재가 유용할 것이라고 여겨지는 아동에게서 자폐 범주성 장애가 표현되는 다양한 사례 중 한 가지 예시일 뿐이다. 따라서 아동이 이러한 중재에 적합한 후보인지를 결정하기 위해서는 궁극적인 목표가 공동관심 기술의 손상을 개선시킴으로써 의사소통 및 언어 발달의 다른 영역이 순차적으로 촉진될 수 있게 하는 것임을 기억해야 한다.

2세 3개월 남아인 재호는 자녀의 의사소통 및 사회적 발달에 관심을 보인 부모에 의해서 공동관심 중재 적합성을 결정하기 위한 평가를 받았다. 재호는 ADOS, Reynell Developmental Language Skills, 구조화된 놀이 진단(Structured Play Assessment), 조기 사회 의사소통 척도(ESCS), 양육자-아동 관찰, 학급 관찰을 통해서 진단되었다. 평가 당시에 다른 의학적인 장애 진단이나 우려사항은 없었으며 자폐성 장애에 해당되는 특성을 보였다.

재호는 과장되고 지나치게 흥분하거나 열정적인 운율을 보이는 등 약간 부적절한 음성의 질을 보였다. 재호의 언어 문제는 "주-지"라는 발성을 반복하는 등의 상동적인 발화를 포함한다. 재호는 또한 하이에나를 "개-호랑이"라고 명명했다. 비구어 의사소통 영역에서 재호는 떨어져 있는 사물을 가리킬 때 응시 행동을 협응시키지 못하였으며 가리키기 이외의 다른 몸짓은 전혀 사용하지 않았다. 성인과의 상호작용 중에 발성과 응시 행동을 함께 유지시키지는 않지만 발성과 같은 다른 전략과는 별도로 성인의 눈이나 사물에 대한 협응적인 응시 행동을 보였다. 재호는 공유된 즐거움을 나타냈지만 검사자나 어머니가 의도를 가지고 유도할 때에는 미소를 보이지 않았다. 또한 자신의 이름이 불릴 때 일관성 있는 반응을 보이지도 않았다. 재호는 의사소통의 방법으로 성인에게 얼굴 표정을 짓곤 하지만 이러한 행동은 좌절이나 행복감과 같은 극단의 정서를 표현할 때 가장 자주 사용되었다. 재호의 공동관심 기술은 공유하기 위한 목적으로 물건 주기, 검사자의 눈을 향하기, 어머니에게 놀잇감 보여주기(이러한 보여주기 기술에는 협응된 응시가 결여됨)를 포함한다. 재호는 또한 협응된 응시 행동을 포함하지 않은 채 때때로 공동관심을 시작하곤 하였다.

재호의 놀이 기술은 인형을 안아주거나 팝업 인형에게 밥을 먹이는 것과 같은 보다 높은 수준의 기능적 놀이 기술을 어느 정도 보이는 등 대체로 기능적이다. 놀이 중에 나타나는 다른 문제는 놀잇감으로부터 분리될 때 울기와 손 흔들기, 발끝으로 걷기, 놀잇감 숨기기, 반복적으로 세기 등의 상동적인 행동이다. 예를 들어, 검사자가 의자를 가리키면서 "이게 뭐야?"라고 질문할 때 재호는 의자를 "개"라고 명명한다. 의도적으로 부정확하게 명명할 때, 심지어 물건에 대한 정확한 명칭이 주어질 때조차도 재호를 다시 대답하게 만들기는 어렵다.

재호는 ADOS와 ADI-R에 의한 자폐성 장애 진단기준을 충족시켰다. 재호의 가장 두드러진 손상은 상호적인 사회적 상호작용(특히 또래와의), 사회 정서적 상호성, 구어 및 비구어 의사소통(즉, 언어 지체 및 낮은 수준의 몸짓 사용) 영역에서 나타났다. 마지막으로 재호는 반복적이고 상동적이고 제한된 양상의 관심과 행동을 보인다. 재호의 장애 진단과 이상의 결과를 고려하여 공동관심 기술 증진을 통해 재호의 언어를 향상시키기 위해서 공동관심 중재가 실시되었다.

10주간 20회기의 중재가 진행되는 동안 재호는 놀이 영역에서 성장을 보였는데, 보다 높은 수준의 기능적 놀이 기술이 상징놀이를 보이기 시작하는 수준으로 향상되었다. 사회 의사소통 및 공동관심 영역에서는 협응된 응시행동과 함께 보여주기, 가리키기, 설명하기, 공동관심의 목적으로 건네주기 등의 기술을 자신의 행동 범위에 포함시키게 되었다. 또한 재호와 어머니의 지속적이고 함께하는 놀잇감 놀이 시간이 증가되었다. 더 나아가서 재호는 그와 같은 지속적인 상호작용 중에 더 많은 아이디어를 시도하기 시작하였으며, 재호의 어머니는 양육자-아동 상호작용 중에 차례를 주고받고 공동관심 기술을 촉진하며 긍정적인 정서를 시범 보였다.

중재 결과 재호의 언어 기술은 의미 있게 향상되었다. 중재 후 3개월에 단어 산출에 대한 재호의 연령 점수는 7개월 증가하였으며, 수용언어는 13개월, 표현언어는 12개월 증가하였다. 전학문 기술에서는 재호의 시각적 수용 연령 점수가 4개월 증가하였고, 소근육 운동 기술은 3개월, 수용언어는 11개월, 표현언어는 9개월 증가하였다. 재호는 공동관심 목표 영역에서, 그리고 뒤따르는 언어 및 발달 기술에서 분명한 성취를 보였다.

적용 사례: 청소년 또는 성인

공동관심 중재는 특별히 사회적 관계와 의사소통의 초기 단계에 있는 어린 아동을 위해 고안되었으며, 따라서 나이가 많은 경우에는 잘 사용되지 않는다.

9. 앞으로의 방향

공동관심 연구와 관련된 앞으로의 방향에 대한 몇 가지 견해가 지금까지 보고되어 왔으며, 연구비 지원 기관에서는 특정 인구집단을 대상으로 제안해 왔다. 특히, 공동관심에 대한 앞으로의 연구는 양육자와 아동의 공동참여를 형성하고 그 시간을 증가시키기 위한 목적을 지니는 양육자 주도의 중재 모델(Bakeman & Adamson, 1984)의 타당화를 포함하게 될 것이다. 양육자 주도의 중재는 양육자가 중재자로 동일한 처치를 실행하도록 교수된다는 점에서 전통적인 처치 모델과는 다르다. 그 외에도 이러한 중재가 광범위한 비구어 또는 소외계층이나 다문화권 아동을 포함하는 다양한 아동에게 미치는 효과에 대해서도 조사하게 될 것이다.

현재 이러한 중재를 적용한 몇몇 연구가 진행 중에 있다. 한 중재 연구는 양육자 주도 모델을 공동관심 양육자 교육 모델과 비교하는 무작위 임상 실험으로 진행되고 있다. 두 가지 중재 모두 안내책자로 작성되었다. 양육자 주도 모델은 양육자-아동 쌍이 공동으로 참여하는 상태가 되도록 만드는 목적을 가지고 중재자와 양육자와 아동 간에 이루어지는 직접적인 회기로 구성된다(Bakeman & Adamson, 1984). 이렇게 중요한 목적 내에서 아동 역시 독립적으로 공동관심 기술을 보이도록 기대된다. 중재자는 양육자와 함께 전략에 대해서 논의하고 수 주 동안 아동 및 양육자와 함께 일하게 되는데, 이때 양육자가 어떻게 아동으로 하여금 놀잇감에 대한 관심을 보이고 공동참여를 형성하고 공동관심 기술을 독립적으로 나타내 수 있는 기회를 제공할지에 대해서 주로 보여준다.

또한 공동관심/참여 중재에 대한 복수지역 무작위 임상 실험이 진행되고 있는데, 이 연구는 서비스를 받지 못하고 있는 소외 인구를 대상으로 참여자를 모집하는 데에 강조점을 둔다. 이와 같은 참여자 집단으로부터의 증거는 미국 인구를 더 잘 반영하게 될 것이며 이들을 더 잘 찾아내고 지원하기 위한 지침을 개발하는 데에 도움이 될 것이다. 자폐 범주성 장애를 지닌 이중언어 아동 역시 이러한 집단에 포함될 것이며, 이것은 추후 연구를 설계할 때 고려해야 하는 중요한 요소다. 상이한 언어 간에 이루어지는 연구는 언어 기술이 언어에 따라 각각 다르게 영향을 받는다는 사실을 보여준다. 그러나 이중언어 집단 내 자폐 범주성 장애 아동에 대한 연구가 부족하기 때문에 이중언어 아동에게 중재를 실시하기 위한 최상의 실제는 아직 정립되지 못하고 있다. 그러므로 이 주제에 대한 지식은 문화적 또는 언어적으로 다양한 배경을 지닌 아동에게 공동관심 중재를 실행할 때 최상의 실제를 안내하기 위한 정보를 제공해줄 수 있다. 공동관심 중재와 관련된 앞으로의 방향에서 고려되는 또 다른 사항은 기초선에서의 아동의 언어 능력이다. Kasari와 그 연구진(2008)은 기초선에서의 언어 능력이 중재 성과에 있어서 중요한 조정자라는 사실을 발견하였는데, 비구어 아동이 공동관심에 초점을 맞춘 중재를 받을 때 가장 큰 언어 성장을 가져오는 것으로 밝혀졌다. 참여자 중 비구어 아동의 비율이 낮았기 때문에 앞으로의 연구에서는 최소한의 언어 발달을 보이는 아동에 대한 중재 효과를 결정하기 위해서 보다 많은 비구어 아동을 포함시켜야 할 것이다.

마지막으로, 다른 신경발달적인 장애로 추가 장애 진단을 받은 아동이 M-CHAT이나 CSBS를 사용해서 검사를 받을 때 공동관심 기술의 손상을 보일 수 있는 것은 당연하다. 따라서 다운증후군이나 약체 X 증후군과 같은 기타 신경발달적 장애를 복합적으로 보이는 자폐 아동에 대한 공동관심 중재의 효과를 알아보는 연구도 이루어져야 할 것이다.

이상의 미래 연구의 방향은 자폐 범주성 장애 아동에게 중재를 제공하는 중재자를 안내해줄 것이다. 중재자로서의 양육자, 기타 신경발달장애를 지닌 아동, 문화적 또는 언어적으로 다양한 배경을 지닌 아동, 더 많은 비구어 아동을 포함시키는 것은 자폐 범주성 장애의 처치가 어떻게 작동하는지를 심도 있게 이해하고 관련 분야에서 모든 자폐 범주성 장애 아동을 위한 증거 기반의 중재를 제공하도록 만들기 위한 최대한의 노력에 반드시 필요하다.

권장 도서

Adamson, L. B., Bakeman, R., Deckner, D. F., & Romski, M. A. (2008). Joint engagement and the emergence of language in children with autism and Down syndrome. *Journal of Autism and Developmental Disorders, 39* (1), 84-96.

이 논문은 공동참여 경험이 자폐 범주성 장애 및 다운증후군 아동의 언어 성취를 예측한다는 것을 보여주는 종단연구로, 아동-성인 쌍에서의 공동참여 상태에 대한 상세한 설명을 제시한다.

Kasari, C., Freeman, S., & Paparella, T. (2006). Joint attention and symbolic play in young children with autism: A randomized controlled intervention study. *Journal of Psychology and Psychiatry, 46* (6), 611-620.

이 논문은 공동관심과 상징놀이 중재를 표준 응용행동분석 처치와 비교하는 무작위 비교 중재 연구의 결과를 요약해서 보여준다. 공동관심과 놀이 기술에서의 성취를 조사하였다.

Kasari, C., Paparrella, T., Freeman, S., & Jahromi, L. B. (2008). Language outcome in autism: Randomized comparison of joint attention and play interventions. *Journal of Consulting and Clinical Psychology, 76* (1), 125-137.
상징놀이 및 공동관심 중재의 초기 효율성 연구(Kasari et al., 2006)에 대한 12개월 후의 유지에 대해 요약하였으며, 언어 성취에 대해서도 설명하였다.

학습 활동

복습 문제

- 공동관심 기술은 어떻게 언어 발달을 촉진하는가?
- 부모와 같이 보건 또는 교육 관련 용어에 익숙하지 않은 사람에게 공동관심 중재의 전반적인 목표에 대하여 설명하시오.
- 어떤 아동이 공동관심 중재에 적절한가? 그 이유는 무엇인가?

토론 주제

- 공동참여와 공동관심 기술의 차이를 논의하라. 공동참여에 대한 초점이 어떻게 공동관심 기술의 성장을 촉진시킬 수 있는가?
- 공동관심 중재를 실행할 때 나타날 수 있는 문화적인 고려사항에 관해서 논의하라. 다양한 배경을 지닌 가족을 위해서 어떻게 중재를 수정할 수 있는가?

추천 활동

- '적용 사례: 아동' 부분에 제시된 재호 사례를 기초로 목표로 삼을 수 있는 나타나기 시작한 기술을 식별한다. 기술을 정한 후에는 다음을 포함하는 가상 회기를 설명한다: (1) 재호의 놀이 수준을 근거로 사용할 수 있는 놀잇감, (2) 회기 중에 실행할 수 있는 전략, (3) 도움이 될 만한 모든 강화 및 촉진, (4) 기술을 가르칠 방법. 다음에는 동급생이나 아동(전형적인 발달을 보이는 아동도 괜찮음)에게 실제로 회기를 직접 실행하면서 자신의 모습을 녹화한다. 녹화한 후에는 비디오테이프를 검토하는데, 이때 성공한 또는 향상이 필요한 상황을 강조하면서 전략을 실행하는 수준을 주로 관찰한다.
- 기술의 일반화를 촉진하고 부모를 참여시키기 위해서 중재에 사용될 특정 전략을 기록한 1쪽 분량의 부모를 위한 자료를 작성한다. 예를 들어, 자료는 환경 구성이 왜 중요한지, 놀잇감을 가지고 놀 때 어떻게 전략을 사용할 수 있는지, 집 뒷마당에서의 놀이와 같이 다른 장소에서 사용할 수 있는 사례 등의 주제를 포함시킬 수 있다.

서면 과제

• 환경교수 및 비연속 개별시도에 대한 찬반을 주장하기 위해서 문헌을 검토한다. 조사한 자료를 이용해서 두 가지 중 하나 또는 두 가지 모두가 공동관심 중재에서 사용될 수 있는 가장 적절한 방법인지에 대해 논술한다.

참고문헌

Adamson, L. B., Bakeman, R., Deckner, D. F., & Romski, M. A. (2008). Joint engagement and the emergence of language in children with autism and Down syndrome. *Journal of Autism and Developmental Disorders, 39*(1), 84-96.

Adamson, L. B., Bakeman, R., Smith, C. B., & Walters, A. S. (1987). Adults' interpretation of infants' acts. *Developmental Psychology, 23*(3), 383-387.

Ali, A. Y. (1993). *The meaning of the holy Qur'an* (5th ed.). Brentwood, MD: Amana Corporation.

American Psychiatric Association. (2000). *Diagnostic and statistical manual of mental disorders* (4th ed., text rev.). Washington, DC: Author.

Anderson, D., Lord, C., Risi, S., DiLavore, P., Shulman, C., Thurm, A., ... Pickles, A. (2007). Patterns of growth in verbal abilities among children with autism spectrum disorder. *Journal of Consulting and Clinical Psychology, 75,* 594-604.

Bakeman, R., & Adamson, L. (1984). Coordinating attention to people and objects in mother-infant and peer-infant interaction. *Child Development, 55,* 1278-1289.

Bates, E., Benigni, L., Bretherton, I., Camaioni, L., & Volterra, V. (1979). *The emergence of symbols: Cognition and communication in infancy.* New York, NY: Academic Press.

Battle, D. (1997). Multicultural considerations in counseling communicatively disordered persons and their families. In T. Crowe (Eds.), *Applications of counseling in speech-language pathology and audiology* (pp. 118-144). Baltimore, MD: Williams & Wilkins.

Bruner, J. S. (1974/1975). From communication to language: A psychological perspective. *Cognition, 3,* 255-287.

Curcio, F. (1978). Sensorimotor functioning and communication in mute autistic children. *Journal of Autism and Developmental Disorders, 8,* 281-292.

DeLaOssa, J. L. (2002). Joint attention in middle childhood: Problem solving in caregiver-child interactions. *Dissertation Abstracts International: Section B. Sciences and Engineering, 60*(9-B), 4926.

Dennis, T. A., Cole, P. M., Zahn-Waxler, C., & Mizuta, I. (2002). Self in context: Autonomy and relatedness in Japanese and U.S. mother-preschool dyads. *Child Development, 73*(6), 1803-1817.

Enfield, N. J., Kita, S., & de Ruiter, J. P. (2007). Primary and secondary pragmatic functions of pointing gestures. *Journal of Pragmatics, 39,* 1722-1741.

Goldstein, H. (2002). Communication intervention for children with autism: A review of treatment efficacy. *Journal of Autism and Developmental Disorders, 32*(5), 373-396.

Gullberg, M., & Holmqvist, K. (2006). What speakers do and what addressees look at: Visual attention to gestures in human interaction live and on video. *Pragmatics and Cognition, 14*(1), 53-82.

Gutierrez, J., & Sameroff, A. J. (1990). Determinants of complexity in Mexican-American and Anglo-American mothers'conceptions of child development. *Child Development, 61*(2), 384-394.

Hart, B., & Risley, T. R. (1995). *Meaningful differences in the everyday experience of young American children.* Baltimore, MD: Paul H. Brookes Publishing Co.

Haviland, J. B. (1993). Anchoring, iconicity, and orientation in Guugu Yimithirr pointing gestures. *Journal of Linguistic Anthropology, 31*(1), 3-45.

Hustedt, J. T., & Cybele Raver, C. (2002). Scaffolding in low-income mother-child dyads: Relations with joint attention and dyadic reciprocity. *International Journal of Behavioral Development, 26*(2), 113-119.

Hwang, B., & Hughes, C. (2000). The effects of social interactive training on early social communicative skills of children with autism. *Journal of Autism and Developmental Disorders, 30,* 331-343.

Kasari, C., Freeman, S., & Paparella, T. (2006). Joint attention and symbolic play in young children with autism: A randomized controlled intervention study. *Journal of Child Psychology and Psychiatry, 46*(6), 611-620.

Kasari, C., Gulsrud, A., Wong, C., Kwon, S., & Locke, J. (2010). Randomized controlled caregiver mediated joint engagement intervention for toddlers with autism. *Journal of Autism and Developmental Disorders, 40,* 1045-1056.

Kasari, C., Paparella, T., Freeman, S., & Jahromi, L. B. (2008). Language outcome in autism: Randomized comparison of joint attention and play interventions. *Journal of Consulting and Clinical Psychology, 76*(1), 125-137.

Kochman, T. (1981). Black and white styles in conflict. Chicago, IL: University of Chicago Press.

Koegel, R. L., Koegel, L. K., & McNerney, E. K. (2001). Pivotal areas in intervention for autism. *Journal of Clinical Child Psychology, 30,* 19-32.

Lewy, A. L., & Dawson, G. (1992). Social stimulation and joint attention in young autistic children. *Journal of Abnormal Child Psychology, 20,* 555-566.

Lifter, K. (2000). Linking assessment to intervention for children with developmental disabilities or at-risk for developmental delay: The developmental play assessment (DPA) instrument. In K. Gitlin-Weiner, A. Sandgrund, & C. Schafer (Eds.), *Play diagnosis and assessment* (2nd ed., pp. 228-261). New York, NY: Wiley.

Lord, C., Cook, E. H., Leventhal, B. L., & Amaral, D. G. (2000). Autism spectrum disorders. *Neuron, 28,* 355-363.

Lord, C., Risi, S., Lambrecht, L., Cook, E. H., Jr., Leventhal, B. L., DiLavore, P. C., ... Rutter, M. (2000). The Autism Diagnostic Observation Schedule-Generic: A standard measure of social and communication deficits associated with the spectrum of autism. *Journal of Autism and Developmental Disorders, 30,* 205-223.

Lord, C., Rutter, M., DiLavore, P. C., & Risi, S. (1999). *Autism diagnostic observation schedule-WPS edition (ADOS-WPS).* Los Angeles, CA: Western Psychological Services.

Lord, C., Rutter, M., & LeCouteur, A. (1994). Autism Diagnostic Interview-Revised: A revised version of a diagnostic interview for caregivers of individuals with possible developmental disorders. *Journal of Autism and Developmental Disorders, 24,* 659-685.

Lord, C., Storoschuk, S., Rutter, M., & Pickles, A. (1993). Using the ADI-R to diagnose autism in preschool children. *Infant Mental Health Journal, 14,* 234-252.

Miranda, J., Bernal, G., Lau, A., Kohn, L., Hwang, W., & LaFromboise, T. (2005). State of the science on psychosocial interventions for ethnic minorities. *Annual Review of Clinical Psychology, 1*(1), 113-142.

Mullen, E. M. (1995). *Mullen Scales of Early Learning* (AGS ed.). Circle Pines, MN: American Guidance Service.

Mundy, P., Delgado, C., Block, J., Venezia, M., Hogan, A., & Seibert, J. (2003). *A manual for the abridged Early Social Communication Scales.* Coral Gables, FL: University of Miami.

Mundy, P., Hogan, A., & Doehring, P. (1996). *A preliminary manual for the abridged Early Social Communication Scales.* Coral Gables, FL: University of Miami.

Mundy, P., Kasari, C., & Sigman, M. (1992). Nonverbal communication, affective sharing and intersubjectivity. *Infant Behavior and Development, 15,* 377-381.

Mundy, P., Sigman, M., & Kasari, C. (1990). A longitudinal study of nonverbal joint attention and language development in young autistic children. *Journal of Autism and Developmental Disabilities, 20,* 115-128.

Mundy, P., Sigman, M. D., Ungerer, J., & Sherman, T. (1986). Defining the social deficits of autism: The contribution of non-verbal communication measures. *Journal of Child Psychology and Psychiatry and Allied Disciplines, 27*, 657-669.

Ninio, A., & Bruner, J. (1978). The achievement and antecedents of labeling. *Journal of Child Language, 5,* 1-15.

O'Neill, D. (2007). The Language Use Inventory for young children: A parent-report measure of pragmatic language development for 18to 47monthold children. *Journal of Speech, Language and Hearing Research, 50,* 214-228.

Paul, R., & Cascella, P. (2006). *Introduction to Clinical Methods in Communication Disorders* (2nd ed.). Baltimore, MD: Paul H. Brookes Publishing Co.

Pena, B. (1998). Tips for working with Hispanic bilingual patients. *Communication Disorders and Sciences in Culturally and Linguistically Diverse Populations, 4*, 7.

Ratner, N., & Bruner, J. (1978). Games, social exchange, and the acquisition of language. *Journal of Child Language, 5,* 391-401.

Reynell, J. K. (1977). *Reynell Developmental Language Scales.* Windsor, UK: NFER Publishing Co.

Robins, D. L., Fein, D., Barton, M. L., & Green, J. A. (2001). The Modified Checklist for Autism in Toddlers: An initial study investigating the early detection of autism and pervasive developmental disorders. *Journal of Autism and Developmental Disorders, 31,* 131-144.

Rollins, P. R., Wambacq, I., Dowell, D., Matthews, L., & Reese, P. B. (1998). An intervention technique for children with autistic spectrum disorder: Joint attentional routines. *Journal of Communication Disorders, 31*(2), 181-193.

Roseberry-McKibbin, C. (2007). *Language disorders in children: A multicultural and case perspective.* Boston, MA: Allyn & Bacon.

Schieffelin, B. B., & Eisenberg, A. R. (1984). Cultural variations in children's conversations. In R. Schiefelbusch & J. Pickar (Eds.), *The acquisition of communicative competence* (pp. 377-420). Baltimore, MD: University Park Press.

Tager-Flusberg, H. (1999). A psychological approach to understanding the social and language impairments in autism. *International Review of Psychiatry, 11*(4), 325-334.

Terrill, F. S., & Reilly, J. T. (1999). Joint attention and toddler characteristics: Race, sex and socioeconomic status. Early Childhood Development and Care, 149, 59-69.

Thurm, A., Lord, C., Lee, L., & Newschaffer, C. (2007). Predictors of language acquisition in preschool children with autism spectrum disorders. *Journal of Autism and Developmental Disorders, 37*(9), 1721-1734.

Tomasello, M., & Farrar, M. J. (1986). Joint attention and early language. *Child Development, 57,* 1454-1463.

Tomasello, M., & Todd, J. (1983). Joint attention and lexical acquisition style. *First Language, 4*(12), 197-211.

Ungerer, J. A., & Sigman, M. (1981). Symbolic play and language comprehension in autistic children. *American Academy of Child Psychiatry, 20,* 318-337.

United Nations Educational, Scientific and Cultural Organization. (2002). *Universal Declaration on Cultural Diversity.* Retrieved March 13, 2012, from http://www.unesco.org/education/imld_2002/unversal_decla.shtml#1.

van Kleeck, A. (1994). Potential cultural bias in training parents as conversational partners with their children who have delays in language development. *American Journal of Speech-Language Pathology, 3*(1), 67-78.

Venter, A., Lord, C., & Schopler, E. (1992). A follow-up study of high-functioning autistic children. *Journal of Child Psychology and Psychiatry and Allied Disciplines, 33*(3), 489-507.

Wallace, G. L., Inglebret, E., & Friedlander, R. (1997). American Indians: Culture, communication and clinical management. In G. L. Wallace (Ed.), *Multicultural neurogenics: A resource for speech-language pathologists providing services to neurologically impaired adults from culturally and linguistically diverse backgrounds* (pp. 193-226). San Antonio, TX: Communication Skill Builders.

Wetherby, A. (1986). Ontogeny of communicative functions in autism. *Journal of Autism and Developmental Disorders, 16,* 295-315.

Wetherby, A., & Prutting, C. (1984). Profiles of communicative and cognitive-social abilities in autistic children. *Journal of Speech and Hearing Research, 27*(3), 364-377.

Wetherby, A., Woods, J., Allen, L., Cleary, J., Dickinson, H., & Lord, C. (2004). Early indicators of autism spectrum disorders in the second year of life. *Journal of Autism and Developmental Disorders, 34*(5), 473-493.

Whalen, C., & Schreibman, L. (2003). Joint attention training for children with autism using behavior modification procedures. *Journal of Child Psychology and Psychiatry, 44*(3), 456-468.

Whalen, C., Schreibman, L., & Ingersoll, B. (2006). The collateral effects of joint attention training on social initiations, positive affect, imitation, and spontaneous speech for young children with autism. *Journal of Autism and Developmental Disorders, 36*(5), 655-664.

Wong, C., Kasari, C., Freeman, S., & Paparella, T. (2007). The acquisition and generalization of joint attention and symbolic play skills in young children with autism. *Research and Practice for Persons with Severe Disabilities, 32*(2), 101–109.

Wyatt, T. A. (2002). Assessing the communicative abilities of clients from diverse cultural and language backgrounds. In D. E. Battle (Ed.), *Communication disorders in multicultural populations* (3rd ed., pp. 415–450). Boston, MA: Butterworth-Heinemann.

08
강화된 환경교수

Terry B. Hancock & Ann P. Kaiser

자폐성 장애(Hancock & Kaiser, 2002; Hancock, Ton, & Crowe, 2008; Kaiser, Hancock, & Nietfeld, 2000; Kaiser, MacFarland, & Hancock, 2008; Olive et al., 2007), 아스퍼거 증후군(Kaiser et al., 2000), 달리 분류되지 않는 전반적 발달장애(PDD-NOS; Hancock & Kaiser, 2002; Kaiser et al., 2000; Kaiser et al., 2008; Olive et al., 2007)로 진단받은 아동을 위한 **강화된 환경교수(enhanced milieu teaching: EMT)**의 효과는 잘 입증되어 있다. 강화된 환경교수가 자폐 범주에 속하는 다양한 진단을 받은 아동에게 효과적으로 사용되고 있는 것은 사실이지만, 강화된 환경교수 전략을 사용했을 때 아동이 얼마나 빠르게 언어 기술을 습득하는지를 예측하는 데에 이러한 진단이 꼭 필요한 것은 아니다. 강화된 환경교수 관련 연구에 참여한 대부분의 아동은 이 중재에 반응할 가능성을 높이는 기본 언어 및 학습 전략을 가지고 있었다. 대체로 이들은 (1) 촉진 시 구어 모방이 가능했고, (2) 최소 10개 이상의 산출 어휘를 가지고 있었으며, (3) 평균 발화 길이(mean length of utterance: MLU)가 1.0에서 3.5단위였다. 강화된 환경교수의 다양한 변형은 아직 구어 의사소통을 하지 않는 자폐 범주성 장애 아동에게도 효과적이었다(전언어 단계의 아동을 위한 반응적 교육/환경교수에 대한 자세한 정보는 Warren et al.[2006]과 Yoder & Stone[2006a, 2006b] 참조; 강화된 환경교수와 음성산출 의사소통 기기[voice output

---

이 원고는 부분적으로 NIH의 연구비(R01 HD45745-01A1 and P50DC03282) 지원으로 집필되었음.

〈표 8-1〉 강화된 환경교수의 구성요소별 근거와 예

구성요소	근거	예시
환경 구성	• 요구를 촉진한다.	• 간식을 선택하게 하거나 구어 요구를 촉진하기 위해 때때로 간식을 조금씩만 제공한다.
	• 성인과의 놀이 및 상호작용을 유지하고 확장시키기 위해 아동의 참여를 촉진한다.	• 놀이 확장을 위해 부가적인 자료를 제공한다. 예를 들어, 농장놀이 시 물을 제공해서 동물을 목욕시키거나 물을 마시게 하도록 한다.
	• 물리적 환경 구성을 통해 아동의 행동 문제를 예방하고 관리 한다.	• 카펫 조각 같은 물리적 단서를 이용해 놀이 공간을 지정해준다. 아동의 손이 닿는 곳에 있는 놀잇감/자료의 수를 제한한다.
반응적 상호작용	• 아동을 긍정적 상호작용에 참여시킨다.	• 놀이나 대화에서 아동이 이끄는 대로 따르기 때문에 아동이 뭔가를 "수행"해야 한다는 부담을 주지 않는다.
	• 아동이 반응하도록 준비시킨다.	• 아동의 행동을 따라 하고 적절한 언어로 "맵(map, 역자 주: 하는 행동을 계속 따라가며 묘사하기)"한다. 두 가지 모두 아동이 성인의 의사소통에 주목할 수 있게 해준다.
	• 아동이 대화에 참여할 수 있도록 여유를 갖는다.	• 아동이 동등한 대화 파트너로 참여할 수 있는 충분한 시간이 주어지도록(최소 5초) 상호작용의 속도를 조절한다.
	• 특정 또는 모든 의사소통 시도를 강화한다.	• 아동의 모든 구어, 음성 또는 비구어 상호작용 차례에 맞추어 즉각적으로 반응한다.
아동의 목표 및 목표 수준의 언어 모델링	• 목표 언어에 대한 명확하고 구체적인 모델을 보여준다.	• 아동이 흥미 있어 하는 맥락 내에서 선정된 아동의 언어 목표 모두를 시범 보인다.
	• 목표를 자발적으로 모방할 수 있도록 준비시킨다.	• 선정된 목표를 강화된 환경교수 절차를 사용해서 촉진하기 전에 이 목표들을 삽입함으로써 아동의 반응을 확장한다.
환경교수 촉진	• 새로운 형태를 습득하도록 지원한다.	• 아동이 좋아하는 간식이지만 이름을 모르는 과일의 이름을 가르치기 위해 시범 촉진을 제공한다.
	• 구어 선택을 지원한다.	• 선택 질문에서 사과와 멜론의 이름을 사용한 시각적 선택지를 제공한다.
	• 질문에 답하도록 지원한다.	• 아동에게 간식으로 어떤 과일을 먹고 싶은지 묻는다.
	• 더 복잡한 요구를 시도하도록 신호를 준다.	• 멜론을 들고 아동이 선정된 언어 목표를 사용해서 요구하도록 기다린다.

communication aids: VOCAs]의 효과에 대한 정보는 Olive et al.[2007] 참조).

본 장은 기본적 구어 기술을 지닌 자폐 범주성 장애 아동을 위한 강화된 환경교수에 초점을 맞춘다. 아동은 구어 모방을 할 수 있을 때 환경 촉진 절차의 핵심인 성인의 시범에 반응할 수 있다. 이것은 다시 아동이 새로운 의사소통 형태를 기능적 환경에서 연습할 수 있게 해준다. 아동이 어느 정도 자발적으로 언어를 산출할 때 강화된 환경교수를 수행하는 성인은 아동의 반응에 따라 더 확장된 시범을 제공할 기회를 얻을 수 있고, 아동은 강화된 환경교수의 지원적 환경 내에서 기존 언어의 기능적 사용을 연습할 수 있게 된다. 강화된 환경교수 접근법은 언어 학습의 초기 단계에 있는 아동, 특히 발화를 자주 하지 않고 어휘를 배우고 있거나 초기 의미 관계를 배우고 있는 아동에게 매우 효과적인 것으로 보인다.

강화된 환경교수에는 네 가지 구성요소가 있다: (1) **환경 구성**(environmental arrangement), (2) **반응적 상호작용**(responsive interaction), (3) **특정 언어 모델링**(language modeling), (4) **환경교수**(milieu teaching)(〈표 8-1〉 참조). 이들 구성요소에 따라 강화된 환경교수를 사용할 때 성인은 아동이 성인에게 시작행동을 할 가능성을 높일 수 있는 성인-아동 간 상호작용을 위한 무대가 되어줄 수 있도록 환경을 구성한다(환경 구성). 성인은 또한 아동의 의사소통에 대한 반응으로 그리고 아동의 놀이와 관심 초점에 연계해서 아동의 기술 수준에 적절한 특정 언어 목표를 시범 보인다(모델링, 반응적 상호작용). 그 외에도 성인은 아동의 요구가 있을 때 아동의 목표 기술과 일치하는 더 정교한 언어를 촉진하는 것으로 반응하고(환경교수), 아동이 다양한 형식으로 촉진된 목표행동을 보이도록 기능적 강화를 제공한다. 기능적 강화는 요구한 물건에 접근하게 하고(환경교수), 성인과의 상호작용을 지속시키며(반응적 상호작용), 확장된 형태로 피드백을 제공하고(모델링), 아동 발화의 의미와 화용론적 기능을 확인하게(반응적 상호작용) 해준다.

1. 대상자와 중재 관련성 및 목표 결정을 위한 진단

강화된 환경교수 중재 연구에 참여한 자폐 범주성 장애 아동은 Preschool Language Scale-4(PLS-4; Zimmerman, Steiner, & Pond, 2002), 구어 모방 과제 그리고 표준화된 절차 및 놀잇감을 사용한 30분간의 언어 샘플 등의 전반적 언어 검사 도구를 통해 선정되었다. 제시된 단어 중 최소 80% 이상의 요구된 단어를 모방할 수 있고, 언어 샘플에 나타난 자발적 산출 단어가 최소 10개 이상이며, 평균 발화 길이가 3.0 이상인 아동이 중재에 참여하였다. 연구에 따르면 평균 발화 길이가 3.0 이상인 아동은 반응적 상호작용 전략만으로도 잘 학습한다(Kaiser, Hancock, & Lambert, 1997; Kaiser et al., 1996; Kaiser, Lambert, Hancock, & Hester, 1998). 선별 기준을 충족한 아동의 중재 전 언어 기술에 대한 보다 포괄적인 정보를 얻기 위해 부가적으로 표준화 검사와 부모 보고 및 관찰을 실시하였다. 아동의 어휘 지식에 대한 광범위한 정보를 얻기 위해 어휘력검사(Peabody Picture Vocabulary Test-4[PPVT-4]; Dunn & Dunn, 2007) 등으로 수용언어를 진단하고, 표현어휘력검사(Expressive Vocabulary Test-2(EVT-2) 등으로 산출 어휘를 진단하였으며, 맥아더-베이츠 의사소통 발달 평가(MacArthur-Bates Communication Development Inventory-2[MCDI-2]; Fenson et al., 2007)와 같은 부모 보고 어휘 검사를 실시하였다. 아동의 발화는 Systematic Analysis of Language Transcripts(SALT; Miller, 2008)를 사용해 전사하였다. 모든 검사결과는 적절한 어휘 및 문법적 목표를 선정하는 데 사용되었다.

자폐 범주성 장애의 진단을 위해서는 아동이 부모나 다른 잘 모르는 성인과 함께 있는 장면을 관찰함으로써 아동의 기능적 언어 사용과 다른 의사소통적 기술 사용 수준을 판별하는 것이 중요하다. 어휘 지식과 평균 발화 길이가 언제나 아동의 기능적 의사소통 기술에 대해 가장 잘 말해주는 것은 아니다. 자폐 범주성 장애 아동은 자신이 사용하는 기능적이고 자발적인 발화보다 긴 기계적으로 암기한 구절을 반복적으로 말하는 경우가 많기 때문에 실제보다 부풀려진 평균 발화 길이를 나타낼 수 있다. 부모에게 아동의 기계적으로 암기해서 말하는 구절을 적어달라고 부탁하여 산출 단어 개수와 SALT를 사용해 분석한 상호작용에서 나타난 평균 발화 길이 계산에서 제외시키는 것이 좋다. 이러한 방법은 교수목표 선정의 기반이 되는 아동의 기능적 언어의 복잡성과 다양성을 정확히 측정할 수 있도록 도와준다.

2. 이론적 배경

자폐 범주성 장애 아동을 위한 의사소통 중재를 살펴본 여러 연구에 의하면, 강화된 환경교수의 구성요소는 현대 응용행동분석 모델(Corsello, 2005; Ogletree, Oren, & Fischer, 2007; Prizant, Wetherby, & Rydell, 2000)과 발달적 화용론적 의사소통 접근법을 대표한다(Rogers, 2006). 강화된 환경교수는 서로 다른 구성요소가 "혼합된" 중재기 때문에(환경 구성, 반응적 상호작용, 모델링, 환경교수) 이 두 가지 이론적 관점 모두가 중재에 잘 나타나 있다.

1) 현대 응용행동분석

현대 응용행동분석은 언어 학습과 교수의 행동주의 관점에 기반을 두고 있지만(Hart & Rogers-Warren [Kaiser], 1978) 전통적인 응용행동분석 교수 접근보다는 더 자연적이고 언어 학습에 대한 교류적(transactional) 접근과 더 일치하는 점이 많다(Ogletree et al., 2007). Prizant와 그 연구진(2000)에 의하면 현대 응용행동분석 중재는 다음을 포함한다.

1. 우발적 언어 교수(Hart, 1985)
2. 자연적 언어 패러다임(Koegel & Johnson, 1989)
3. 환경교수(Kaiser, Yoder, & Keetz, 1992)

현대 응용행동분석의 핵심은 "자연적 일과의 교수적 가치, 양육자-아동의 양자관계, 주요 교수 맥락으로서 전형적인 의사소통 기회 조성"이다(Ogletree et al., 2007, p. 238). 현재 자폐 범주에 속하는 아동을 위해 사용되는 강화된 환경교수(Hancock et al., 2008; Kaiser et al., 2008)는 주로 부모가 실행하고 놀이, 책 읽기, 간식시간과 같은 일반적인 가정 일과에서 발생한다. 언어 교수를 위한 환경적 접근에서는 모델링, 모방, 촉진된 표현언어 기술 훈련이 핵심이다. 성인은 언제 무엇을 말해야 할지 알려주는 선행자극(모델, 시간지연, 요구[즉, 말하도록 질문하거나 지시함])을 제시함으로써 아동이 언어를 사용하도록 촉진한다. 아동이 이러한 촉진에 반응할 때 성인은 이들의 의사소통에 따른 후속결과를 제공함으로써 강화를 제공한다. 아동의 행동에 따른 성인의 조건적 반응은 행동주의 패러다임에서 중요한 역할을 한다. 왜냐하면 아동의 의사소통 빈도를 높여주는 강화로 기능하기 때문이다. 더욱이, 이것은 아동의 더 복잡한 언어에 대한 차별적 피드백을 제공해 준다. 성인의 조건적 피드백과 함께 이루어지는 모방과 산출 훈련은 이 패러다임에서 언어 학습을 가능하게 해주는 필수적인 아동의 행동이다. 환경교수에 삽입된 촉진 절차(유도모델, 요구모델, 시간지연, 우발교수)는 아동의 시작행동을 더 빈번하게 해주는 촉진 전략이다. 먼저, 아동은 성인의 시범이 주어지면 모방하도록 배운다. 다음으로, 점점 복잡해지는 질문에 대답하도록 배운다(요구모델). 마지막으로,

아동이 먼저 요구나 언급을 시작하며(시간지연, 우발교수) 결과적으로 점점 독립적인 언어 사용자가 된다.

현대 응용행동분석 중재는 전통적인 응용행동분석에 대한 몇 가지 비판(중재 성과의 일반화가 제한되고 중재 이후에 아동의 의사소통 기술의 유연성이 부족한 경우가 많음)을 다룰 수 있다. 현대 응용행동분석 관점은 언어 및 의사소통 기술의 습득과 새로 배운 기술의 유지 및 일반화 모두에 강한 관심을 기울인다. 자폐 범주성 장애 아동 및 일반아동에게 환경교수와 강화된 환경교수를 적용한 연구에서 (1) 환경(Alpert & Kaiser, 1992; Hancock & Kaiser, 1996; Kaiser et al., 2000), (2) 파트너(Hancock & Kaiser, 2002), (3) 특정 유형의 언어 구조(Warren, Gazdag, Bambara, & Jones, 1994), (4) 언어 발달의 전반적인 지표(Hancock & Kaiser, 2002; Kaiser et al., 2000) 각각에서 체계적인 일반화가 나타났다. 새로운 언어 형태가 습득됨에 따라 강화된 환경교수에서 성인의 촉진은 가장 높은 강도의 지원(시범)부터 가장 낮은 강도의 지원(촉진)으로 점차 소거된다. 이를 통해 아동은 전통적인 응용행동분석 교수에 참여할 때보다 더 유동적이고 새로 습득한 언어 기술을 독립적으로 사용할 수 있게 된다. 자폐 범주성 장애 아동은 사회적 의사소통 기술을 다른 환경과 사람에게 일반화하는 데 특히 어려움을 겪는다(Goldstein, 2002). 따라서 일상적인 의사소통 맥락에서 가르치고, 부모가 다양한 맥락에서 의사소통을 지원하도록 훈련하며, 다양한 사람과 환경에서 연습하게 하는 것은 이들에게 매우 중요하다.

2) 발달적 화용론적 의사소통 접근

발달적 화용론적 의사소통 접근은 (1) 전형적인 아동의 언어 발달, (2) 비전형적인 아동의 언어 발달과의 비교, (3) 전형적 또는 비전형적 의사소통 아동의 언어 발달에 부모와 환경이 미치는 영향에 관한 연구에 기반을 둔다. 이 모델의 특징은 아동이 의사소통을 이끄는 대로 따르고 아동의 모든 의사소통적 시도에 마치 그 모든 시도가 의도를 가지고 있는 것처럼 반응함으로써 아동의 시작행동을 촉진하는 촉진적 성인에 의한 접근법이라는 점이다(Ingersoll & Dvortcsak, 2006; Ogletree et al., 2007). 발달적 화용론적 의사소통 모델을 정의하는 몇 가지 특성은 감정의 공유와 구어적 차례 주고받기가 특징인 성인-아동 상호작용, 성인이 아동의 의사소통적 시도를 더 의미 있게 만들기 위해 제공하는 발판교수, 그리고 아동이 관심을 갖는 활동을 통해 의사소통을 교수함으로써 성인과의 상호작용에 대한 동기유발을 포함한다(Rogers, 2006).

아동과 부모 모두는 상호작용을 하고 있는 맥락 및 이 맥락의 일부로 제공되는 지원에 의해 영향을 받는다. 일반아동의 경우, 부모의 언어적 투입과 언어 체계에 관한 체계적인 예시를 필요로 하는 아동의 요구가 서로 잘 맞는다. 부모는 자신의 언어 투입과 피드백을 아동의 반응에 맞추어 조절하고 성인과 아동 파트너 간에 유려한 양방의 또는 교류적인 흐름이 생겨난다. 아동과 부모 간의 이와 같은 적합성은 지속적인 의사소통의 적절성 및 아동이 새로운 의사소통 형태와 전략을 습득하는 데에 반영된다.

발달적 화용론적 의사소통 모델에 따르면, 자폐 범주성 장애 아동은 자신의 초기 사회성, 인지, 의사소통 기술을 보다 복잡한 형태의 사회 의사소통 기술을 학습하게 되는 상호작용으로 가지고 온다. 아동의 이와 같은 특성은 부모나 다른 의사소통 파트너가 언어 학습의 기회를 제공하고 조절하는 기술과 능력을 방해하게 된다.

자폐 범주성 장애 아동은 일반적으로 말을 자주 하지 않고, 의사소통 파트너를 찾으려 하지 않으며, 적은 수의 단어를 사용하고, 부모가 말하는 의미를 이해하는 데 큰 어려움을 보인다(Landa, 2007). 부모는 자신의 언어 투입을 아동의 지식 수준에 맞추는 데 어려움을 겪는다. 학습에 필요한 언어 투입과 부모가 제공하는 투입이 일치하지 않을 수 있다. 의사소통 및 언어 학습의 교류적 관점에서 보면, 이와 같은 불일치는 상호작용의 빈도와 유용성을 감소시킬 수 있다. 중재의 관점에서 보면, 발달적 화용론적 의사소통 모델은 아동에게 주어지는 새로운 투입의 적절성을 알기 위해 아동의 현재 언어 수준을 이용하여 부모의 반응을 아동의 발화에 맞추게 해주는 역할을 한다(Camarata & Yoder, 2002). 아동의 의사소통 시도에 대한 부모의 반응성은 발판교수를 제공하거나 아동의 의사소통 시도를 직접적으로 강화하기 위해서 증가되어야 한다. 상호작용과 의사소통에서 아동이 이끄는 대로 따르고, 아동의 행동을 묘사하는 언어 시범을 제공하고, 아동의 발화를 확장하는 것은 아동의 관심과 개념적 이해에 잘 맞는 투입을 더 많이 할 수 있게 해준다. 부모는 다른 성인보다 아동의 의사소통 의도를 쉽게 이해하고, 따라서 아동이 의미 전달을 위해 사용할 수 있는 기능적 언어를 시범 보일 기회가 더 많기 때문에 이상적인 의사소통 파트너라고 할 수 있다. 이러한 반응적 상호작용 전략(아동이 이끄는 대로 따르기, 동등한 수준의 차례 주고받기, 언어 시범 및 확장)은 자폐 범주에 속하는 아동을 포함해서 언어가 심하게 지체된 경우에 보다 나은 언어 발달 성취를 가져다준다(Kaiser, Hester, & McDuffie, 2001; Yoder & Warren, 2004).

3. 임상적 배경

환경교수 전략은 지난 20년에 걸쳐 환경 구성과 반응적 상호작용 전략 및 유도모델, 요구모델, 시간지연, 우발교수를 포함시키는 것으로 확장되었다. 이렇게 확장된 환경교수 모델은 1990년부터 강화된 환경교수라고 불린다(Kaiser, 1993). 환경교수에 관한 초기 연구는 Hart와 Risley(1968, 1975)의 우발교수를 확장하고 구체화하였다. 이후로 환경교수를 다양하게 적용한 50편 이상의 연구가 진행되었다(Kaiser & Trent, 2007). 강화된 환경교수 모델은 네 가지 주요 구성요소를 잘 혼합한 것이다: (1) 아동의 활동 및 의사소통 파트너와의 참여를 촉진하기 위한 물리적 의사소통적 발판을 마련해주는 환경 구성하기(Ostrosky & Kaiser, 1991), (2) 사회적 대화 상호작용을 만들기 위한 반응적 상호작용 전략 사용하기(Weiss, 1981), (3) 아동을 다양한 단어에 노출시키기 위한 새로운 언어 형태 시범 보이기, (4) 아동의 요구에 대한 반응으로 환경교수 장면 제한하기. 강화된 환경교수의 임상적 배경에 대한 자세한 정보는 Hancock과 Kaiser(2006)의 연구를 참조하도록 한다.

강화된 환경교수의 몇몇 변화된 형태에 대한 임상적 연구가 자폐 범주성 장애 아동을 대상으로 진행되었다. 본 장에서 다룰 자폐 범주성 장애 아동을 대상으로 한 강화된 환경교수 연구는 다음의 최소 중재 기준을 충족시킨다: (1) 하루 전반에 걸친 일상적인 일과에서 이루어짐(놀이, 간식, 책읽기), (2) 더 복잡한 언어 기술을 지원하기 위해 촉진이 삽입됨, (3) 환경교수의 촉진 절차와 반응적 상호작용 전략이 균형 있게 사용됨, (4) 성인과 아동 간 의사소통 연관성을 지원하고 아동의 언어사용 기회를 늘리기 위해 환경 구성 전략을 삽입함. 또한, 본 장의 목적에 맞춰서 구어 의사소통을 하는 아동을 대상으로 한 강화된 환경교수 연구만을 포함시켰다. 전언어기 단계의 아동을 대상으로 한 다양한 강화된 환경교수의 임상적 배경에 대한 더 많은 정보는 반응성 교육/전언어기 환경교수(responsivity education/prelinguistic milieu teaching; RPMT; Warren et al., 2006; Yoder & Stone, 2006a, 2006b) 관련 문헌이나 언어 산출 의사소통 보조기기와 함께 사용하는 강화된 환경교수(Olive et al., 2007)를 읽어보기 바란다.

본 장에 포함된 연구는 1995년에서 2010년 사이에 자폐 범주성 장애 아동을 대상으로 한 강화된 환경교수를 다룬다(Hancock & Kaiser, 2002; Hancock et al., 2008; Kaiser et al., 2000; Kaiser et al., 2008). 특히, 강화된 환경교수가 (1) 주로 강화된 환경교수 중재자에 의해(Hancock & Kaiser, 2002), (2) 강화된 환경교수 훈련을 받은 부모에 의해(Kaiser et al., 2000), (3) 강화된 환경교수 중재자와 강화된 환경교수 전략 훈련을 받은 부모가 팀이 되어 아동과 함께 협력적으로(Hancock et al., 2008; Kaiser et al., 2008) 실행되었을 때의 중재에 대해 살펴보았다.

중재자가 수행하는 강화된 환경교수 연구(Hancock & Kaiser, 2002)와 부모가 수행하는 강화된 환경교수 연구(Kaiser et al., 2000)에 대한 자료는 세 가지 다른 자연적 중재 모델이 중도 언어지체 아동에게 가져오는 효과를 비교한 종단연구에서 선택하였다(Kaiser et al., 1998). 규모가 더 큰 연구(Kaiser et al., 1998)에서는 76명의 아동이 다음 세 중재 집단 중 하나에 무작위로 배정되었다: (1) 부모-실행 강화된 환경교수, (2) 중재자-실행 강화된 환경교수, (3) 부모-실행 반응적 상호작용. 두 연구 모두에서 특정 실험 집단(중재자-실행 강화된 환경교수 또는 부모-실행 강화된 환경교수)에 무작위로 배정되었으며 유지 단계까지 다 마친 자폐 범주성 장애 아동이 있었다. 두 연구의 결과, 훈련된 중재자(Hancock & Kaiser, 2002)나 훈련된 부모(Kaiser et al., 2000)에 의해 수행된 강화된 환경교수로 인해 자폐 범주성 장애 유아의 사회적 상호작용 기술이 증진되었다. 이 연구자들은 또한 강화된 환경교수가 아동이 집에서 가족과 상호작용하는 데 미치는 간접적인 효과에 대해서도 조사하였다.

1) 중재자-실행 강화된 환경교수

네 명의 자폐 유아와 그 어머니가 이 실험에 참여하였다(Hancock & Kaiser, 2002). 세 명은 남아였는데, 그중 두 명은 자폐로 진단을 받았고 한 명은 달리 분류되지 않은 전반적 발달장애로 진단을 받았다. 나머지 한 명인 여아도 달리 분류되지 않은 전반적 발달장애 진단을 받았다. 이들의 연령은 35~54개월이었으며, 지능지수는 50 이하에서 95까지인 것으로 측정되었다. Sequenced Inventory of Communication Development(SICD; Hedrick, Prather, & Tobin, 1975)로 측정한 표현언어 및 수용언어 기술은 20개월에서 28개월 수준이었고 중재 시작 전 평균 발화 길이의 평균값은 1.29(범위 1.03~2.00)였다.

이들은 5~7회의 기초선 회기와 24회의 중재 회기, 그리고 6회의 유지 회기(중재 후 6개월간 매달 한 번)를 마쳤다. 각 회기는 15분에서 20분 정도로 진행되었다. 기초선에서 중재자는 강화된 환경교수 전략을 사용하지 않았지만, 중재 및 유지 회기에서는 높고 정확한 중재 충실도로 강화된 환경교수 전략을 사용하였다. 아동의 사회 의사소통 사용에 대한 일반화 회기는 훈련을 받지 않은 부모와 함께 가정에서 9회기 동안 이루어졌다(기초선, 중재, 6개월간의 유지 회기마다 3회씩).

참여 유아들은 기초선 중에, 중재가 끝날 때 그리고 유지가 끝날 때 몇 가지 표준화 언어검사를 받았다. 검사에는 SICD(Hedrick et al., 1975), Peabody Picture Vocabulary Test-Revised(PPVT-R; Dunn & Dunn, 1981), Expressive One-Word Picture Vocabulary Test-Revised(EOWPVT-R; Gardner, 1990)와 두 개의 30분짜리 언어 샘플이 포함되었다. 표준화 검사와 관찰을 근거로 각 아동을 위해 두 단어 형태(즉, 행위자-행위, 행위-사물, 속성-사물, 두 단어 요구) 또는 세 단어 형태(즉, 행위자-행위-사물, 세 단어 요구)를 포함하는 초기 의미론적 언어 목표가 정해졌다.

연이은 관찰 자료는 네 아동 모두가 24회의 중재 회기에 걸쳐 특정 목표 언어 사용(촉진되거나 촉진되지 않은)과 관련해서 긍정적인 증가를 보였고 이 결과가 6개월 후 유지 관찰에서도 나타났음을 보여주었다(Hancock & Kaiser, 2002). 아동이 중재 회기에서 사용한 언어의 복잡성(세 아동의 평균 발화 길이 증가)과 다양성(모든 아동) 측면에서도 분명한 증가가 나타났다. 네 명 중 세 명의 아동에게서 이와 같은 긍정적인 효과는 가정에서 어머니와 하는 상호작용으로 일반화되었는데, 가장 큰 변화는 중재가 끝난 후 즉각적으로 나타났다.

중재자가 실행하는 강화된 환경교수(Hancock & Kaiser, 2002)는 다양한 환경과 검사도구로 측정된 아동의 사회 의사소통에 긍정적인 변화를 가져왔다. 또한, 이 변화는 강화된 환경교수 중재 훈련을 받지 않은 부모와의 상호작용으로 일반화되었다. 이 연구의 결과는 적은 양의 강력하고 집중적인 중재가 자폐 범주성 장애 아동의 언어 기술에 긍정적인 영향을 줄 수 있음을 보여준다. 또래에 비해 언어 지체가 심하지 않은 어린 아동의 경우에 언어 기술의 습득, 유지, 일반화가 가장 크게 나타났다. 다른 세 명의 아동에 비해 긍정적 변화 정도가 크지 않았던 한 아동은 긍정적 언어 변화를 위해 24회기 이상의 중재나 15분에서 20분 이상의 보다 집중적인 중재가 필요했을 수도 있다.

2) 부모-실행 강화된 환경교수

Kaiser, Hancock, Nietfeld(2000)는 자폐 범주성 장애 유아의 부모가 강화된 환경교수를 사용하도록 훈련한 효과를 검증하였다. 변형된 형태의 여섯 가정 간 단일대상연구를 사용해서 부모의 강화된 환경교수 전략 습득 및 일반화를 측정하였다. 이 연구에 참여한 남아 여섯 명은 32개월에서 54개월의 연령이었으며, 세 명은 자폐, 두 명은 달리 분류되지 않은 전반적 발달장애, 그리고 한 명은 아스퍼거 증후군 진단을 받았다. 유아들은 처음 SICD 검사에서 평균 24개월의 표현언어와 25개월의 수용언어 수준을 보였다. 중재를 시작할 때 평균 발화 길이의 평균값은 1.48(범위 1.00~2.37)이었다. 지능지수는 50 이하에서 85까지였지만 낮은 점수는 검사 중 반응을 보이지 않은 것과 관련된다. 참가 부모는 30~37세의 어머니로 평균 3년의 대학교육을 받았다. 모든 부모 훈련과 부모-아동 놀이 회기(기초선, 중재, 유지 회기)가 임상실 환경에서 수행되었다. 일반화 회기는 참여자의 가정에서 수행되었고 비디오로 녹화되었다(기초선, 중재 마칠 때, 유지 회기).

중재 시작 전에 아동은 다양한 표준화 언어검사를 받았다. 이 검사는 SICD, PPVT-R, EOPWPVT-R, MCDI를 포함하는 표준화 언어검사, 아동의 언어에 대한 부모 보고 검사, 그리고 아동과 숙련된 연구조교 간의 놀이 상호작용에서 얻은 두 개의 30분짜리 언어 샘플을 포함한다. 표준화 검사 결과, 관찰, 부모의견을 토대로 초기 의미론적 언어 목표가 정해졌다. 개별 목표는 하나의 명사와 행동 동사부터 세 단어 요구나 세 단어 형태(예: 행위자-행위-물건)로 다양했다. 검사는 중재와 유지 회기를 종료할 때 각각 반복되었다.

기초선 회기 후에 24회의 중재 회기가 진행되었다. 각 중재 회기는 45분이었고 부모에게 강화된 환경교수에 대한 정보를 제공하고, 부모가 놀이 환경에서 중재자의 즉각적인 지도를 받으면서 아동에게 강화된 환경교수 전략을 사용하고, 부모에게 가정에서의 절차 사용에 대해 제안하는 것으로 이루어졌다. 중재가 끝난 후, 유지 회기는 6개월간 매달 한 번씩 이루어졌는데 부모의 강화된 환경교수 전략 유지와 아동의 의사소통 기술 사용을 측정하기 위한 것이었다. 유지 회기에서는 지도나 피드백이 제공되지 않았다.

여섯 명의 부모 중 다섯 명이 24회기의 중재를 통해 강화된 환경교수 전략 전부를 목표 수준에 맞게 학습하였다. 부모들은 유지 회기에서도 습득한 전략을 보였는데, 기초선보다 높은 수준으로 유지되었으며 때로는 중재 마지막 회기보다 더 높은 수준을 보인 것으로 나타났다. 여섯 명의 부모 중 다섯 명은 중재 후 관찰에서 대부분의 강화된 환경교수 절차에 대해 일관성 있는 일반화를 보였으며 유지 관찰에서도 그 수행이 유지되었다.

여섯 명의 아동 모두에게서 언어 목표의 자발적인 사용이 증가하였고, 이는 임상실에서 수행된 유지 회기에서도 유지되었다. 여섯 아동 중 네 명에게서는 중재 후 평균 발화 길이나 어휘 다양성이 증가하였고, 유지 회기에서는 여섯 명의 아동 모두 이러한 변화를 보였다. SICD 검사(기초선과 유지 회기 사이에 수용언어 수준이 평균 10개월 증가하고 표현언어 수준은 9개월 증가함)와 EOWPVT-R 검사 결과(기초선과 유지 회기 사이에 평균 18개월 증가)에 따른 발달적 변화의 증거가 여섯 명 아동 모두에게서 명백하게 나타났다. 자폐 범주성 장애 아동의 부모가 실행한 이 첫 번째 연구에서, 부모는 효과적이고 효율적으로 전략을 실행할 수 있었고 아동은 부모가 사용한 강화된 환경교수로 관찰 결과나 검사 결과에서 긍정적인 사회 의사소통 기술의 성취를 보였다.

3) 부모와 중재자가 함께 실행하는 강화된 환경교수

다양하게 변화된 형태의 강화된 환경교수에 대한 이전의 연구를 살펴보면 아동은 부모 보다는 숙련된 중재자가 수행하는 강화된 환경교수를 통해 더 빠르게 언어 목표, 평균 발화 길이, 그리고 중재 회기 동안의 어휘 다양성을 달성하는 것으로 보인다(Kaiser et al., 2002). 그러나 부모가 강화된 환경교수를 실행할 때 아동은 습득한 언어를 가정으로 더 잘 일반화하고, 6개월에서 12개월 후의 유지 회기에서 표준화 검사상의 언어 발달 결과나 임상실 관찰 검사에서의 언어 복잡성에서 중재자에게만 배운 아동보다 더 큰 성취를 보였다(Kaiser & Hancock, 2000). 앞으로의 강화된 환경교수는 아동의 복잡한 언어 기술을 가속화시켜 줄 수 있는 숙련된 중재자와 아동이 사회 의사소통 기술을 다른 시간과 환경에 일반화하도록 지원해줄 수 있는 훈련된 부모가 함께 협력하는 모델이어야 한다.

Kaiser, Hancock과 그 연구진은 강화된 부모와 중재자가 함께 실행한 환경교수 중재가 세 명의 자폐 아동의 의사소통 기술에 미치는 영향에 대해 연구하였다(Hancock et al., 2008; Kaiser et al., 2008). 이 연구는 강화된 환경교수의 두 가지 모델이 인지장애와 중도 언어 지체를 보이는 아동의 언어 수행에 미치는 영향을 알아보는 더 큰 연구의 일부로 진행되었다(Kaiser, 2012). 이 더 큰 연구에서 아동은 다음과 같은 두 가지 중재 집단 중 하나에 무작위로 배정되었다: (1) 두 명의 숙련된 중재자가 임상실과 가정에서 실행, (2) 훈련받은 부모와 숙련된 중재자(부모 그리고 중재자)가 임상실과 가정에서 실행. 단일대상연구에 참가한 아동은 더 큰 연구를 실행할 때 부모와 중재자 집단에 무작위로 배정되었던 첫 세 명의 자폐 아동이었다.

이 세 명의 아동(남아 두 명과 여아 한 명)은 36개월에서 48개월이었고 모두 자폐 진단을 받았다. PLS-4(Zimmerman et al., 2002)에서 이들이 받은 표준 점수의 평균은 수용언어가 50점이고 표현언어가 58점이었다. 중재 전 평균 발화 길이 평균값은 1.13(범위 1.04~1.22)이었고 라이터 동작성 지능검사(Leiter International Performance Scale-Revised [Leiter-R]; Roid & Miller, 1997)의 비구어 지능지수는 62-76점이었다.

대상자 간 중다기초선 설계를 사용해서 부모 및 중재자가 수행한 강화된 환경교수가 아동의 언어에 미치는 영향을 평가하였다. 중다기초선 설계의 절차(Tawney & Gast, 1984)에 따라 기초선 관찰은 5회기에서 7회기 동안 또는 부모와 아동의 자료에서 안정된 수준과 경향이 관찰될 때까지 이루어졌다. 중재는 세 명의 부모-자녀 쌍에게 순차적으로 시작되었다. 중재 효과가 첫 번째 아동에게 나타나기 시작할 때(6회기에서 10회기), 다음 아동에게 중재가 시작되었다. 세 번째 아동에게도 같은 절차가 진행되었다. 중재는 36회기 동안 지속되었다. 임상실에서의 중재 유지 관찰은 중재 종료 후 6개월과 12개월에 수행되었다.

세 아동 모두 중재 전 검사결과에 따라 선택된 동일한 두 단어 목표 형태(행위자-행동, 행동-사물, 수식어-명사, 두 단어 요구)를 가지고 있었다. 회기는 임상실(24회기)과 아동의 집(임상실 회기 사이사이에 분산된 12회기)에서 실행되었다. 임상실에서 이루어진 각 중재 회기는 한 시간 정도 지속되었고 다음과 같이 네 부분으로 구성되었다: (1) 특정 강화된 환경교수 전략 훈련, (2) 중재자-실행 강화된 환경교수 회기, (3) 부모-실행 강화된 환경교수 회기, (4) 그날의 회기 검토 및 다음 회기를 위한 계획 수립. 가정 중재 회기에서는 부모가 집에서 하는 네 가지 활동(놀잇감 가지고 놀기, 간식 먹기, 책 읽기, 치우기) 중에 사용하는 목표 전략을 지원하였다.

중재가 끝나갈 무렵 부모는 자녀와 함께 일한 숙련된 중재자와 비슷한 수준으로 강화된 환경교수를 실행할 수 있었다. 세 명의 아동 중 두 명은 중재 도중의 검사와 중재 후 6개월 및 12개월 검사에서 목표 언어 사용, 평균 발화 길이, 어휘 다양성 모두 증가한 것으로 나타났다. 이들은 기초선과 12개월 후 유지 회기 사이에 PPVT 표준점수는 평균 23점, EVT 표준점수는 평균 28점 상승하였다.

이 연구(Kaiser et al., 2008)의 결과는 부모와 중재자가 함께 실행한 강화된 환경교수 중재가 자폐 범주성 장애 유아에게 새로운 언어 기술을 가르치는 데 효과적이고 효율적인 절차가 될 수 있음을 제안한다. 중재 회기가 시작되자마자 즉시 아동은 숙련된 중재자로부터 새로운 목표 형태와 더 정교한 언어를 배우기 위한 체계적인 중재를 받았고 동시에 부모는 강화된 환경교수의 각 구성요소를 기준에 이를 때까지 훈련받았다. 숙련된 중재자가 준비시킨 아동의 증가된 의사소통 시작행동과 반응은 부모가 새로 배운 강화된 환경교수 기술을 연습할 더 많은 기회를 제공해주었을 수 있다. 부모가 강화된 환경교수 전략 사용에 능숙해져 갈수록 이들은 가정에서 아동이 새로운 언어를 사용록하도 촉진하게 되었고 숙련된 중재자와 함께 하는 임상실 중재가 끝났을 때에도 중재를 지속할 수 있었다.

4) 현재까지의 증거 요약

지금까지 살펴본 세 개의 초기 연구(Hancock et al., 2008; Kaiser, 2012; Kaiser et al., 2008)는 강화된 환경교수가 부모나 중재자를 통해 자폐 범주성 장애 아동에게 실행될 때 효과적이라는 실증적 증거를 제공한다. 이 연구들은 강화된 환경교수의 체계적인 반복, 모델의 점진적인 발달, 아동과 훈련된 부모가 보이는 일관된 일반화 증거를 대표한다. 자폐 범주성 장애 아동을 위한 강화된 환경교수에 대한 앞으로의 연구는 이 연구들의 다음과 같은 단점을 보완할 수 있어야 한다: (1) 학술지에 실린 집단연구가 부족함, (2) 모든 연구가 같은 연구팀에 의해서 수행됨, (3) 아동 성과에서 보인 변동성, (4) 연구 참여자의 이질성.

4. 실행을 위한 요구사항

높은 중재 충실도를 유지하면서 강화된 환경교수를 실행하기 위해서는 많은 시간 투자를 요구하지만, 강화된 환경교수 훈련에 참여한 대부분의 부모는 아동 행동의 긍정적인 변화가 훈련과 연습에 사용한 시간보다 훨씬 더 가치 있었다고 말한다. 연구 프로그램에 참여한 많은 부모가 매주 2회씩 강화된 환경교수 회기를 위해 자녀와 함께 대학 부설 임상실에 방문하였다. 삼분의 일 정도의 부모는 훈련에 참여하기 위해서 50마일 이상을 운전해야만 했다. 시간이 지나면서, 부모의 시간 소비를 줄이고 가정 환경으로의 일반화를 증진시키기 위해 절차를 수정하게 되었다. 마지막 연구에서는 중재 회기의 삼분의 일(12회기)이 가정에서 실행되었다(Hancock et al., 2008). 필요한 경우에는 두 번째 스태프가 부모 지도자와 함께 참석해 형제자매를 돌보기도 하였으며, 따라서 부모와 부모 지도자는 참여 아동의 중재에 집중할 수 있었다. 가정 중재 회기는 일과 활동(간식, 정리, 책 읽기, 놀이)과 가족이 지정한 자료와 가정 내 상황을 이용하여 실행되었다.

중재자가 강화된 환경교수 훈련을 받기 위해 특정 전문적 요건을 갖추어야 하는 것은 아니지만, 대부분은 언어병리학이나 심리학 또는 특수교육 배경을 가지고 있었으며 자폐 범주성 장애 아동을 포함해서 장애 아동과 일한 경험이 있었다. 중재자는 강화된 환경교수의 개별 행동을 관찰 및 코딩하고, 강화된 환경교수의 원리와 구성요소에 관한 집중적이고 상호작용적인 워크숍에 참석하고, 숙련된 스태프의 체계적인 지도와 피드백을 받으면서 "연습 아동"에게 강화된 환경교수 전략을 수행하는 등의 훈련을 받는다.

성공적으로 훈련 프로그램을 마치고 나면 중재자는 숙련된 스태프와 짝을 이루고 그에게서 아동을 위한 강화된 환경교수 전략 사용에 대한 지속적인 피드백을 받는다. 중재자는 또한 코딩해서 요약한 자료를 통해 체계적인 피드백을 받고 매주 연구회의를 통해 지원을 받는다.

부모 지도자가 되고 싶은 중재자는 부가적인 훈련을 받아야 한다(Kaiser & Hancock, 2003; Kaiser, Hancock, & Windsor, 2007). 중재자가 여러 아동에게 강화된 환경교수를 능숙하게 사용할 수 있다고 할지라도, 다른 성인에게 중재에 관해 피드백을 주는 것은 전혀 다른 기술을 필요로 한다. 효과적인 부모 중재 및 지도 전략에 관한 정보는 읽기자료, 유인물, 비디오 장면을 통해 제공된다. 그런 후에 중재자는 지속적인 피드백과 지원을 제공해주는 숙련된 부모 지도자와 함께 실습 모델을 사용해 배운 정보를 적용한다(부모 지도자 훈련에 대한 자세한 정보는 Kaiser와 Hancock[2003] 및 Kaiser 등[2007] 참조). 부모에게 훈련을 제공할 수 있는 강화된 환경교수 중재자가 되기 위한 전체 훈련 과정은 코딩을 배우는 것부터 부모 지도자로 기능하는 것까지 6개월에서 1년 정도 걸린다. 이 실습 모델은 아동과 부모가 가장 효과적인 중재를 제공받도록 해주는 동시에 훈련받는 사람이 능숙하고 독립적이 되기 위한 전폭적인 지원을 확실히 받을 수 있게 해준다.

5. 주요 구성요소

강화된 환경교수의 네 가지 구성요소는 (1) 환경 구성, (2) 반응적 상호작용, (3) 특정 언어 모델링, (4) 환경교수 촉진(각 구성요소의 예시는 〈표 8-1〉 참조)이다. 자폐 범주성 장애 아동을 위해 각 구성요소를 실행할 때 특별한 어려움이 있을 수 있다. 자폐 범주성 장애 아동은 강화된 환경교수 절차의 실행을 어렵게 만드는 행동을 자주 보인다. 이러한 행동은 활동과 놀잇감에 대한 제한된 관심, 제한된 공동관심 기술, 활동 중에 성인과의 제한된 사회적 참여, 반복행동, 반향어, 기타 문제행동(예: 물건 던지기, 신체적인 공격) 등이다. 자폐 범주성 장애 아동에게 맞추기 위해서 그리고 중재를 더 효과적이고 기능적으로 만들기 위해서 강화된 환경교수 전략이 수정되었다. 이 수정에 대해서는 다음 부분에서 강화된 환경교수의 네 가지 구성요소를 설명하면서 다루고자 한다.

1) 환경 구성

환경 구성의 목표는 언어 교수 및 학습의 맥락을 만들어 내는 것이다. 아동이 관심을 보이는 자료와 활동을 고르고 배치하는 것은 아동의 참여와 성인과의 상호작용 증진을 지원한다. 일반적으로 아동이 활동에 관심을 보일 때 더 긴 시간 동안 성인과의 의사소통 상호작용에 참여하기 위한 동기유발이 가능하다. 그러나 자폐 범주성 장애 아동이 관심을 갖는 자료와 활동을 고르는 것은 어려운 일이다. 왜냐하면 이들은 제한된 관심을 보이는 경우가 많기 때문이다. 때로는 특정 놀잇감이나 자료에 너무 큰 관심을 보여 오직 그 놀잇감에만 관심을 보이기도 하고 또는 성인이 놀이에 참여하지 못하도록 거부하여 상호작용에서 성인을 제외시키기도 한다. 중간 정도로 선호하는 몇 개의 놀잇감 중에서 하나를 고르게 함으로써 (그리고 배타적인 놀이가 가능한 놀잇감은 제공하지 않음으로써) 아동의 흥미에 대한 즉각적인 진단을 할 수 있다. 흥미 영역이 제한되거나 놀이 기술이 부족한 아동에게는 놀이 회기를 시작할 때 놀잇감을 선택하게 하고 흥미를 잃으려고 하는 회기 중간중간에도 선택하게 해줄 수 있다. 순차적으로 제시되는 세트 자료를 선택하게 함으로써 공동 놀이의 시간을 연장할 수 있다(예: 자동차와 차고 세트를 제시한 후에 차에 탈 수 있는 사람을 보여주고, 세차를 할 수 있는 스펀지와 양동이를 보여주고, 차에 도색을 할 수 있는 붓과 가상 페인트를 제시함).

환경 구성은 두 가지 중요한 목표를 갖는다: (1) 새로운 단어와 다른 형태의 목표(언어 모델링 부분 참조)를 모델링하기 위한 맥락으로서의 놀이 일과를 수립하고 확장하기, (2) 언어 산출을 촉진하기 위한 환경교수 사용을 위한 기반 제공하기(환경교수 부분 참조). 첫째, 다양한 놀잇감, 활동, 놀이 계획 포함하기는 성인이 다양한 어휘와 문법 형태를 시범 보일 수 있도록 도와준다. 이미 형성된 놀이 일과 중에 소개되는 새로운 자료와 행위는 사물의 이름과 동작을 제시하는 구어 모델에 관심을 갖게 하는 데 사용될 수 있다. 일과는 결합된 행동 도식을 설명하는 발화 순서를 시범 보일 기회를 반복적으로 제공해준다(예: "이 아이는 소를 먹이고 있어. 그런 다음에는 같이 외양간으로 갈 거야. 또 그다음에는 잠을 잘 거야."). 둘째, 자료를 의도적으로 배치함으로써 아동의 요구를 촉진하고 아동이 요구하면서 새로운 형태의 언어를 산출할 수 있도록 촉진할 기회를 제공한다. 예를 들어, 성인은 (1) 성인만 열 수 있는 통에 아동이 흥미를 보이는 자료를 담아두고 아동이 그 통을 열게 하기 위해서는 성인에게 도움을 청해 성인과 상호작용을 해야만 하게 만들거나, (2) 기존의 놀이 일과에서 다음에 해야 할 행동을 못하게 막아 아동이 놀이 일과를 지속시키기 위해 특정 행동을 요구하게 만들거나("손 치워 주세요."), (3) 놀잇감을 구성하는 흥미로운 부속품을 (눈에 보이지만 손이 닿지 않는 곳에) 놓아 두어 아동이 이 부속품을 성인에게 요구하게 할 수 있다.

자폐 범주성 장애 아동은 놀잇감이나 놀이 일과에 대한 흥미가 제한된 경우가 많고, 이것은 모델링과 다양한 언어 형태의 촉진 기회를 제한한다. 아동이 오랜 시간 동안 가지고 놀 수 있는 놀잇감을 제시하는 것과 다른 놀잇감에 노출시켜서 성인이 다양한 어휘를 시범 보일 수 있게 하는 것 사이에는 섬세한 균형이 필요하다. 경우에 따라서는 이와 같은 균형은 아동이 좋아하는 놀잇감을 가지고 노는 동안에 성인이 천천히 새롭고 매혹적인 자료를 아동에게 소개함으로써 얻어지기도 한다. 이후에 성인은 아동이 좋아하는 놀잇감을 얻기 위해서는 새롭게 제시된 자료를 가지고 점점 더 오래 놀도록 요구할 수 있다. 예를 들어, 아동이 기차만 가지고 노는 경우, 성인은 놀이 회기를 기차로 시작하고 다른 자료를 더해가거나 아니면 더 긴 놀이 계획을 세우기 위해 놀이를 확장할 수 있다. 성인은 기차가 선로를 따라 기차 세척장으로 이동하게 할 수 있고, 여기서 아동은 비누를 뿌리고 물을 뿌려서 기차를 세척할 수 있다. 기차가 동물이나 사람으로 변할 수도 있다. 기차마다 미스터 포테이토 헤드(역자 주: 눈, 코, 입 등 각 부위가 분리되는 감자 모양의 인형) 한 조각씩을 싣고 가서 역에 도착하면 조립하게 할 수도 있다. 모델링을 통해 놀이를 확장하고 새로운 행동을 촉진하는 것은 자폐 범주성 장애 아동이 긴 시간 놀 수 있도록 도와주고 놀이 행동의 다양성을 증진시킨다.

2) 반응적 상호작용

놀이와 의사소통에서 아동의 주도 따르기, 구어 또는 비구어로 차례 주고받기, 아동의 행위를 구어로 설명하거나 매핑(mapping; 역자 주: 하는 행동에 대해 계속 따라가며 묘사하기)하면서 따라 하기 등의 전략은 강화된 환경교수의 구성요소인 반응적 상호작용에 포함되는 핵심 전략이다. 이 전략의 목표는 새로운 형태의 언어를 모델링할 기회를 제공하는 비구어 및 구어 의사사통에 아동을 참여시키고, 아동이 의사소통 파트너로 성인과 상호작용할 가능성을 높이는 것이다. 아동과 성인 간의 놀잇감 놀이나 비구어 상호작용은 언어 모델링의 맥락이 되어 준다. 그러나 자폐 범주성 장애 아동의 기능적 놀이 기술이 제한되거나 놀잇감을 반복적이고 부적절하게 가지고 놀거나 성인과의 상호작용 비율이 낮을 때에는 이러한 반응적 상호작용 전략을 실행하기가 쉽지 않다.

아동의 주도 따르기와 비구어적으로 따라 하기는 아동과 성인 간의 연계를 촉진하고 비구어 참여를 확대하려는 의도를 지니지만, 또한 성인이 아동의 행동에 후속적으로 반응할 때 기존의 행동을 강화하기도 한다. 이 전략의 효과적인 사용을 위해서 성인은 아동이 적절한 행동이나 놀이 행동을 할 때까지 기다려야 한다. 또한, 아동의 주도를 따르거나 아동의 행동을 따라 하는 것은 종종 아동과 반응적 성인 간의 비구어적 연계를 촉진하는 데 충분하다. 그러나 이 전략을 적용할 때에는 새로운 자료를 사용해서 아동의 놀이 행동을 확장시키거나 새로운 행동을 모델링함으로써 아동을 더 복잡한 놀이 계획과 일과 쪽으로 진전시켜 가도록 균형을 맞추어야 한다.

3) 언어 모델링

언어 모델링은 아동에게 진행 중인 성인과의 상호작용 내에서 목표 언어 형태에 대한 명백한 특정 모델을 제공한다. 언어 모델링은 또한 아동이 목표행동을 자발적으로 모방하도록 유도한다. 그러나 자폐 범주성 장애 아동에 따라서는 목표행동을 아동이 선택하는 언어 수준에 맞춰 모델링하기 어려울 수도 있다. 성인은 다양한 어휘를 모델링하도록 특별한 주의를 기울여야 하는데, 이것은 제한된 관심을 보이는 아동에게는 어려울 수 있기 때문이다. 부가적인 자료로 아동의 제한된 놀이 관심을 보완하는 것은 성인에게 더 다양한 어휘를 모델링할 수 있는 기회를 제공한다. 성인은 말을 따라 하고 시작할 때 대명사 반전("나"라고 말하고 싶을 때 "너"라고 말함)을 보이는 아동과 상호작용을 하게 되는 경우 모델링에 특별한 주의를 기울여야 한다. 아동이 "나"라고 말하도록 촉진하는 것은 대명사를 바르게 사용하도록 훈련하는 한 가지 방법이다(특히 아동이 요구할 때). 그러나 이것이 반드시 적절하게 언급하는 능력을 지원해주는 것은 아니다. 성인이 아동의 행동을 따라 하고 행동에 맞는 언어를 매핑하면서 "나"라는 언어 모델을 제공하는 것은 스스로의 행동을 언급하는 것을 배우고 있는 아동에게 중요한 전략이 될 수 있다. 예를 들어, 성인과 아동이 콩을 떠서 붓는 행동을 할 때 성인은 "나는 콩을 뜨고 있어"라고 말함으로써 행동을 매핑할 수 있다. 아동이 진행 중인 놀이 활동에서 이 말을 모방한다면 자신의 놀이에 대해 "나"를 바르게 사용해서 언급하는 것이 된다. 이러한 연습은 아동이 미래에 자발적으로 자신이 하고 있는 활동을 언급할 수 있게 만들어 줄 것이다.

4) 환경교수

환경교수의 촉진 전략은 아동이 새로운 의사소통 형태를 산출하도록 촉진하기 위해 설계되었다. 환경교수에서 촉진의 순서는 최대촉진(most-to-least) 지원 전략을 따른다. 따라서 아동은 모방에서부터 독립적으로 목표 형태를 시작하는 것까지 점진적으로 익혀 간다. 자폐 범주성 장애 아동의 구어 행동의 세 가지 특성이 촉진의 효과적인 사용을 방해할 수 있다: (1) 무분별한 모방, (2) 반향어, (3) 구어 촉진에 대한 저항. 자폐 범주성 장애 아동의 경우 개별 아동의 특정 구어 행동에 기초해서 각자에게 효과적일 수 있도록 촉진 절차를 수정해야 할 수도 있다. 아동이 모델링 상황에서 통제 촉진(controlling prompt)을 모방할 때, 통제 촉진은 소거되거나 중요성이 최소화될 수 있다. 모델 절차는 통제 촉진인 "말해 봐"로 시작하고 이것은 아동이 성인 모델을 모방해야 한다는 것을 알려준다. 자폐 범주성 장애 아동이 "말해 봐"라는 촉진을 포함하는 성인의 발화를 전부 따라 할 때, "말해 봐"라는 촉진을 없애고 아동이 해야 하는 말을 강조해서 말함으로써 성인이 모방을 요구하는 의도를 명확히 알 수 있게 해준다. 예를 들어, 아동이 주스를 향해 손을 뻗을 때 성인이 "주스 주세요라고 말해 봐."라는 촉진을 제공하면, 아동은 "주스 주세요라고 말해 봐."라고 말한다. 이럴 때 성인은 대신 "주스 주세요."라고만 촉진할 수 있다. 반향어가 있는 아동은 선택을 하는 대신 선택 요구를 반복할 수 있다. 예를 들어, 만일 성인이 "비눗방울 가지고 놀까 아니면 공 가지고 놀까?"라고 말할 때 아동이 질문을 그대로 반복해서 "비눗방울 아니면 공?"이라고 말한다면, 성인은 구어 선택과 동시에 시각적 지시대상을 제공함으로써 더 많은 지원을 제공할 수 있다. 성인은 "비눗방울 가지고 놀까 아니면 공 가지고 놀까?"라고 말하면서 아동에게 비눗방울과 공을 보여준다. 시각적 촉진과 구어 촉진의 동시제공을 통해 아동은 질문에 포함된 사물의 이름을 인지하는 동시에 시각적으로 선택을 진행시킬 수 있다. 만약 아동이 성인의 촉진을 다시 따라 하더라도, 아동은 원하는 사물에 손을 뻗거나 그것을 쳐다보는 식으로 선택을 알리게 된다. 이때, 성인은 아동이 정확하게 요구("공 주세요.") 할 수 있도록 완전한 지원을 해주는 모델을 제공할 수 있다. 환경교수에서는 어떤 촉진 절차를 사용하든지(모델, 요구모델, 시간지연, 우발교수) 성인은 항상 아동이 신체적으로 성인이나 물건을 향한다든가 물건을 향해 손을 뻗거나 쳐다보는 것을 통해 선호나 사회적 의도를 나타낼 수 있을 만큼 충분한 시간을 허용해야 한다.

반복 훈련의 형태로 구어 행동을 반복적으로 촉진하는 중재에 참여한 경험이 있는 아동의 경우 강화된 환경교수 절차에 삽입된 촉진에 반응하기를 거부할 수도 있다. 아니면, *오직* 촉진이 있을 때에만 반응하고 언어 사용에 있어 독립적인 시작행동을 보이지 않을 수도 있다. 이러한 행동을 보이는 아동에게는 처음에는 촉진을 제한하는 것이 유용할 수 있다. 환경 구성과 반응적 상호작용 전략을 사용해서 아동의 구어 및 비구어 참여를 높이는 것이 중재의 첫 단계가 되어야 한다. 촉진이 없더라도 새로운 형태의 언어 모델링은 강력한 중재가 될 수 있다. 촉진에 거부반응을 보이는 아동이 강화된 환경교수의 촉진에 반응하도록 만들기 위해서 성인은 촉진을 제공할 때 매우 가능성이 높은 상황을 선택해야 한다(예: 아동이 좋아하는 물건을 요구하는 경우 반응하고자 하는 의욕이 높음). 촉진-의존적 아동을 중재할 때 촉진 빈도를 감소시키면 처음에는 아동의 발화 빈도가 감소할 수 있다. 그러나 아동의 자발적인 의사소통 시도에 후속적으로 반응하거나 확장하거나 언급한다면 2~6회기 안에 아동의 발화 빈도가 증가하게 될 것이다. 강화된 환경교수의 목표가 새로운 언어 형태를 사용하는 생산적이고 자발적이고 의미 있는 의사소통이기 때문에 촉진-거부적이거나 촉진-의존적인 아동이 갖는 문제는 중재 단계 초기에 다룰 필요가 있다.

6. 의사결정을 위한 자료 수집

효과적인 중재를 위해서는 성인의 강화된 환경교수 중재 전략 사용과 아동의 의사소통 진보를 지속적으로 점검해야 한다. 본 장에서 소개된 강화된 환경교수 적용에 대한 연구에서는 성인-아동 상호작용을 녹화하고, 성인과 아동의 발화를 전사하고, 성인과 아동의 행동을 코딩하고, 자료를 요약하고 그래프로 그렸다. 아동과 성인의 평균 발화 길이, 다양성 그리고 발화 수에 대한 자료를 얻기 위해 각 전사된 회기마다 SALT 분석을 실시하였다. 이러한 수준의 자료 수집을 통해서 강화된 환경교수 전략이 높은 중재 충실도로 사용되었는지와 아동의 목표 언어 형태 사용에 진보가 있었는지를 점검할 수 있었다. 이 정도의 자료 수집에는 많은 시간과 비용이 들기 때문에 현장에서 강화된 환경교수를 사용할 전문가를 위한 다른 자료 수집 방법이 개발되었다.

강화된 환경교수 회기에 걸쳐 아동의 진보를 추적하기 위해 성인은 녹음 또는 녹화된 회기를 토대로 자료 기록지를 작성하거나 다른 성인이 회기를 관찰하고 아동의 행동 발생을 기록하게 할 수 있다. 아동의 목표행동이 자발적으로 산출된 것인지, 모방한 것인지, 아니면 성인의 촉진에 의한 것인지에 관해 자료를 수집할 수 있다. 아동의 목표행동 각각을 목록으로 만들고 성인은 각 목표행동의 예를 기록하거나 각 형태의 발생을 종합해서 기록한다. 아동의 발화를 어떻게 "코드"할 것인지 결정할 때, "자발적" 산출이란 성인이 직전에 발화한 것과 다른 발화로 정의된다. 자폐 범주성 장애 아동이 지연반향어를 보여 성인의 발화 직후에 모방이 일어나지 않는다면 아동의 발화가 자발적인지 결정하기는 어렵다. 일반적으로, 아동의 발화가 성인 발화 후 5초 이내에 일어나고 이전 발화의 전부 또는 일부를 반복할 때 "모방"으로 코드한다. 모델("개라고 말해")이나 선택 질문("개를 원하니 고양이를 원하니?") 등의 강화된 환경교수 촉진이 주어진 5초 이내에 아동이 목표 형태의 반응을 보이면 "촉진된" 발화로 코드한다. 성인은 또한 주어진 정보가 전반적인 강화된 환경교수 패키지의 실행에 중요한 경우, 특정 모델이나 확장을 기록할 수 있다. 아동이 목표 언어 형태를 자발적으로 또는 촉진된 형태로 사용하는지를 추적하는 것은 성인에게 아동이 그 형태를 숙달했는지 아니면 학습을 위한 성인의 지원이 더 필요한지를 알게 해준다.

아동의 사회 의사소통 목표에 따라 회기 중에 아동의 의사소통 기능을 추적하는 것 또한 중요할 수 있다. 많은 자폐 범주성 장애 아동에게 있어서 말하기를 늘리는 것은 아동이 대화 파트너가 되게 만드는 핵심적인 요소다. 중재자나 부모는 또한 각 아동의 진보를 점검하는 데 있어서 특정하고 중요한 언어 행동을 추적할 수 있다. 예를 들어, 만일 아동이 성인과 상호작용할 때 주로 대본에서 나온 말을 사용한다면(예: 비디오나 책에서 본 말을 반복하거나 개별 단어가 아닌 전체를 암기해서 하는 발화) 아동이 보다 자발적이고 유동적인 방법으로 의사소통을 시작했는지 알기 위해 대본에서 나온 발화의 수나 비율을 추적할 필요가 있다. 각 회기를 요약하고 아동의 목표 사용과 성인의 강화된 환경교수 사용을 그래프로 그리는 것은 자료 기반 성취 평가의 핵심이다. 이러한 자료는 부모에게 아동의 성취를 보고하고 개별화 교육 프로그램의 진보를 추적하는 데에도 사용된다.

7. 문화 및 언어 배경이 다른 아동을 위한 고려

자폐 범주성 장애 아동을 대상으로 한 연구가 문화적으로 다양한 배경을 지닌 가정(아프리카계 미국인, 아프리카인, 인도인)을 포함하는 것은 사실이지만, 중재 연구 참여자는 현재까지 영어를 주 언어로 사용하는 가정의 자녀들로 제한되어 왔다(Hancock & Kaiser, 2007; Kaiser & Hancock, 2000). 중재를 위한 놀잇감과 자료를 선택할 때 부모 지도자는 가족과 긴밀하게 협력해서 활동이 문화적 배경에 상관없이 가족의 가치에 부합하는지를 확인해야 한다. 또한, 적어도 삼분의 일 이상의 중재 회기가 가정에서 부모가 선택한 친숙한 놀잇감, 책, 음식을 가지고 실행된다. 중재가 자연적으로 발생하는 상호작용에 기반하고 있기 때문에 각 가족 내에서 부모와 아동이 일반적으로 상호작용하는 일과를 선택함으로써 강화된 환경교수를 수정해 가족의 상호작용 스타일과 일과 형태에 맞출 수 있다. 중재 연구에 참여한 부모는 스스로 선택해서 연구에 참여했기 때문에 그러한 연구의 결과와 경험이 자폐 범주성 장애 아동 가족이 지니는 문화 및 언어 다양성 범주 전체에 적용될 수 없다는 점도 간과해서는 안 된다. 강화된 환경교수가 저소득층 아프리카계 미국인 가정의 아동에게 사용되기도 했지만, 이들은 자폐 범주성 장애를 지니고 있지 않았다(Hancock, Kaiser, & Delaney, 2002 참조).

강화된 환경교수 훈련을 받은 연구자에 의해 수행된 다른 연구는 언어 및 문화 배경이 다양한 부모와 자폐 범주성 장애 아동을 포함하였다. Wang(2009)은 중국에서 부모 훈련 프로그램이 자폐 범주성 장애를 지닌 자녀와 부모의 상호작용에 미치는 영향을 조사하였다. 연구에 참여한 부모는 무작위로 훈련집단(n=5) 또는 통제집단(n=12)에 배정되었다. 참여 아동은 평균 5세(범위 3~9세)로 모두 자폐 범주성 장애 진단을 받았다. 훈련집단 부모는 20시간의 훈련을 받았는데, 16시간의 집단 훈련과 가정에서 아동과 부모가 함께 하는 개별지도 4시간을 포함하였다. 부모는 놀이 상호작용에서 아동의 주도를 따르고 강화된 환경교수 촉진 절차를 사용해서 아동의 의사소통 기술을 지원하는 등의 자연적 교수전략을 학습하였다. 중재 전후에 가정에서 자녀와의 놀이 상호작용 동안 두 중재 집단에 속한 부모를 관찰하였다. 녹화된 상호작용은 어머니 행동 평가척도(Maternal Behavior Rating Scale; Mahoney, 1999)를 사용해서 부모의 반응성, 애정, 성취 지향, 주도성에 따라 코딩되었다. 훈련 종료 후 훈련집단의 부모는 통제집단의 부모에 비해 자녀의 흥미에 더 민감하고, 놀이 상호작용에서 더욱 즐거워하며, 자녀에게 보다 더 따뜻함을 표현하고, 자녀의 행동에 더 적절히 반응하게 되었다. 비록 이 연구가 부모의 행동이나 자폐 범주성 장애 아동의 의사소통 기술의 변화 효과를 측정하지는 않았지만, 중국 내 자폐 범주성 장애 아동의 부모가 실행한 자연적 중재(강화된 환경교수와 같은)의 실행 가능성과 수용 가능성을 이해하게 해준 첫 번째 발걸음이었다. Wang은 중국의 자폐 범주성 장애 아동의 부모를 위한 효과적이고 자연적인 중재 프로그램을 더 개발해야 할 강력한 근거를 제시하였다. Wang에 따르면, 미국 내 자폐 범주성 장애 아동을 위한 부모-실행 중재는 일반적으로 아동이 학교나 중재자에게서 받는 주요 중재에 대해 보충적으로 제공되는 것이다. 반면에 중국에서는 교육/치료 자원이 제한되어 있기 때문에 부모가 자폐 범주성 장애 자녀의 주 중재자가 된다. 또한 비록 중재가 "서구 중산층 백인 문화의 가치와 관습"에 기반하고 있지만(2008, p. 102), 이 연구에 참여한 부모들은 기꺼이 이 전략을 자녀와의 상호작용에 적용하였다. Wang은 이러한 자연적 중재가 "중국인 가정의 요구를 다룰 수 있을 것으로 보인다"(p. 102)고 결론 내렸다.

언어적으로 다양한 배경의 부모에게 사용된 또 다른 강화된 환경교수 연구에서, Olive와 그 연구진(Olive et al., 2010)은 네 명의 한국인 어머니에게 강화된 환경교수 전략을 사용하도록 가르친 효과에 대해 분석하였다. 연구에 참여한 아동은 네 명의 21~54개월 아동으로, 두 명은 자폐 범주성 장애 진단을 받았다. 이들의 언어 목표는 한 단어 명사와 동사였고 어머니는 이들 목표를 한국어로 시범 보였다. 네 쌍의 어머니-아동 간 중다간헐기초선 설계를 사용하였다. 네 명의 어머니는 강화된 환경교수 절차 실행에 있어 서로 다른 능력을 나타냈고, 자녀들은 보통 정도의 의사소통 기술 변화를 보였다. 또한, 각 아동은 의사소통 기술을 두 번째 의사소통 파트너에게 일반화하였다. 중재 효과와 수용 가능성에 대한 부모의 의견을 알아보기 위해 평정 척도를 사용하였다. 어머니들은 강화된 환경교수 중재가 아동의 언어 기술 증진에 효과적이었다고 보고하였으며 중재가 그들의 가치와 일치하고 수용 가능하다고 말하였다.

이상의 두 연구(Olive et al., 2010; Wang, 2008)는 강화된 환경교수와 같은 자연적 언어 중재가 영어가 주 언어가 아닌 자폐 범주성 장애 아동에게도 효과적일 수 있으며, 언어 중재로서 그들의 부모에게 수용될 수 있음을 제안하는 초기 증거라고 할 수 있다. 물론, 강화된 환경교수가 문화 및 언어 배경이 다양한 자폐 범주성 장애 아동의 가족에게 효과적이고 적절한지 검증하기 위해서는 더 많은 연구가 필요하다.

8. 적용을 위한 고려

적용 사례: 아동

강희는 34개월 아동으로 최근에 달리 분류되지 않는 전반적 발달장애(PDD-NOS)로 진단 받았다. 강희의 어머니는 강희가 스스로 먼저 말하는 경우가 거의 없다는 점을 걱정하였다. 강희는 성인이 하는 말을 듣고 따라 하는 경우가 많았다. 새로운 사람을 만나면 "강희 안녕"이라고 말하였고 퍼즐을 맞춘 후에 신이나면 "강희 잘한다!"라고 말하였다. 강희는 선별을 통해서 강화된 환경교수 중재 연구 프로젝트에 참여할 대상자로 적격하다는 판정을 받았다(중재 전 진단결과는 〈표 8-2〉 참조). 강희와 어머니는 부모와 중재자가 함께 중재를 하는 집단에 무작위로 속하게 되었다.

기초선 기간 동안 강희는 지정된 중재자와 함께 10분씩 3회의 놀이 회기에 참여하였다. 중재자는 놀이시간에 정서적으로 긍정적인 행동을 보였지만 강화된 환경교수는 기준에 맞게 사용하지 않았다. 강희는 또한 엄마와 함께 10분씩 3회의 놀이 회기에 참여하였으며, 엄마는 이때 평소에 놀이하는 그대로 강희와 놀아주었다. 이 단계에서 추가 언어 진단을 위해 PPVT-4(Peabody Picture Vocabulary Test; Dunn & Dunn, 2007), EVT-2(Expressive Vocabulary Test; Williams, 2007), 임상실에서 수집한 20분짜리 언어 샘플 두 개, 그리고 집에서 수집한 20분짜리 언어 샘플 한 개를 사용하였다.

중재를 시작하기 전에 어머니와 함께 워크숍을 진행하였는데, 워크숍에서는 언어 발달, 행동, 놀이, 환경 구성, 강화된 환경교수의 기초가 되는 일과 등에 관한 개별화된 정보를 다루었다. 이 워크숍에서 부모 지도자와 어머니는 논의를 거쳐 중재기간 동안 강희의 목표로 다룰 특정 언어 형태의 목록을 작성하였다. 강희의 언어 목표를 무엇으로 정하면 좋을지에 대한 질문에 어머니는 강희가 (1) "엄마"라고 말하고, (2) "사과" "건포도" 등 좋아하는 몇 가지 건강한 음식의 이름을 말하고, (3) "너"라고 잘못 말하는 대신에 "나"라는 단어를 적절히 사용할 수 있기를 원한다고 답하였다. 부모 지도자는 강희가 기초선 회기와 언어 샘플에서 사용한 단어의 목록을 제공하였다. 어머니가 원하는 언어 목표에 기초선 기간 중에 강희가 사용했던 단어를 합쳐서 강희가 자신의 목표인 두 단어 발화(예: "나 도와줘요." "엄마 도와줘요." "사과 먹어요." "사과 주세요." "나 먹어요.")를 성공적으로 할 가능성을 높여주었다. 이는 아는 단어와 새로운 단어를 합쳐서 강희가 단어를 보다 융통성 있게 사용할 가능성을 높인 것이다.

강희와 어머니는 다음날부터 중재를 시작하였다. 중재 회기는 일주일에 세 번으로 두 번은 임상실에서 한 번은 집에서 이루어졌다. 임상실 회기 중에 부모 지도자와 어머니는 놀이 회기에서 어머니가 이용할 수 있는 전략에 대해 이야기를 나누었다. 부모 지도자는 언제나 어머니에게 전략이 적힌 유인물을 주었고 또한 역할놀이나 전략 사용 비디오 예시와 같은 다른 방법도 사용하였다. 다음으로, 어머니는 중재자가 10분의 놀이 회기에서 강희에게 강화된 환경교수 전략을 사용하는 장면을 관찰실에서 관찰하였다. 부모 지도자는 어머니와 함께 관찰하면서 중재자가 "그날의 전략"을 사용하는 예를 짚어서 설명해 주었다. 중재자가 회기를 끝내면 어머니와 부모 지도자는 놀이방에 들어가서 어머니가 같은 전략을 강희에게 사용하고 부모 지도자는 그 자리에서 지도와 모델링을 제공하였다. 회기 끝에 부모 지도자와 어머니는 어떤 놀잇감을 사용할지와 배운 전략을 어떻게 가정 일과에서 사용할 것인지 등의 가정 중재 회기를 위한 계획을 세웠다. 가정 중재 회기에서 어머니는 강희에게 책 읽기 5분, 함께 간식 먹기 5분, 함께 놀기 10분 동안 그리고 간단한 놀잇감을 활용한 정리활동에 참여하는 동안 강화된 환경교수 전략 사용을 연습하였다. 중재 단계는 36회기였는데 24회기는 임상실에서 12회기는 가정에서 진행되었고, 강화된 환경교수를 단계적으로 가르쳤다. 어머니의 각 전략 사용이 기준에 도달할 때마다 부모 지도자는 다음 전략을 가르치기 시작하였다.

36회기를 마치면서 강희는 중재 전과 기초선 단계에서 사용한 검사도구를 사용해 다시 검사를 받았다. 부모 지도자는 중재 결과를 논의하기 위해 어머니와 만났다(〈표 8-2〉 참조). 임상실 환경에서의 기초선 마지막 세 회기 동안과 중재 마지막 세 회기 동안 어머니가 사용한 강화된 환경교수 전략의 평균을 산출하고, 가정 환경에서의 기초선 마지막 두 회기 동안과 중재 마지막 두 회기 동안 어머니가 사용한 강화된 환경교수 전략의 평균을 산출하였다. 〈표 8-2〉에서 볼 수 있듯이, 중재 마지막에 어머니는 임상실과 가정 모두에서 강화된 환경교수 전략 전부를 설정 목표 수준 또는 그 이상으로 사용할 수 있었다. 강희는 임상실과 가정에서 진행된 엄마와의 놀이 회기에서 지속적으로 의사소통의 변화를 보였다. 전체 목표행동과 자발적 목표행동 수가 증가하였고, 평균 발화 길이가 증가하였으며, 어휘의 다양성이 증가하였다. 또한, 중재전후로 표준화 검사 결과가 모두 향상되었다. 중재를 종료하는 회의에서 어머니는 부모 지도자에게 배운 강화된 환경교수 전략을 사용해 앞으로도 계속해서 일과 전반에 걸쳐 강희의 언어를 지원해줄 수 있다고 느낀다고 보고하였다. 회의를 마칠 때 어머니는 "강화된 환경교수 언어 중재를 마치고 나서, 정작 이 중재가 우리 가족에게 얼마나 큰 변화를 가져왔는지 표현할 말을 찾을 수 없다는 것이 아쉽네요."라고 말하였다.

〈표 8-2〉 어머니와 강희에게 사용된 강화된 환경교수 결과 요약

어머니의 강화된 환경교수 중재 결과				
강화된 환경교수 전략 (기준)	임상실		가정	
	기초선	중재	기초선	중재
중단 오류 수 (<2)	81	0	68	1
차례 주고받기 비율 (성인:아동; 1.00)	5.76	1.06	4.88	.98
% 반응성 (>80%)	59	98	63	97
% 확장 (>50%)	4	74	2	69
목표 수 (>40)	7	88	5	73
정확한 환경 (5~10)	0	9	0	6
% 정확한 환경 (>80%)	0	92	0	89

강희의 강화된 환경교수 중재 결과				
언어 성과	임상실		가정	
	기초선	중재	기초선	중재
자발적 발화 수	12	52	15	61
전체 목표 수	2	27	1	22
자발적 목표 수	0	15	0	12
% 두 단어 이상의 발화	2	34	3	37
평균 발화 길이(MLU)	1.07	1.65	1.11	1.59
다양성	21	78	12	54

강희의 진단 결과		
진단	기초선 결과	중재 결과
PLS-Auditory	50	58
PLS-Express	61	69
PPVT-4	40	55
EVT-2	45	68
임상실 언어 샘플-평균 발화 길이(MLU)	1.04	1.56
임상실 언어 샘플-다양성	17	58
가정 언어 샘플-평균 발화 길이(MLU)	1.10	1.41
가정 언어 샘플-다양성	24	50

MLU, 평균 발화 길이; PLS, Preschool Language Scale (Zimmerman, Steiner, & Pond, 2002); PPVT-4, Peabody Picture Vocabulary Test (Dunn & Dunn, 2007); EVT-2, Expressive Vocabulary Test (Williams, 2007).

적용 사례: 청소년 또는 성인

강화된 환경교수 접근은 의사소통의 초기 단계에 있는 어린 아동을 위해 개발되었으며 나이가 많은 대상에게는 잘 사용되지 않는다.

9. 앞으로의 방향

강화된 환경교수 접근법은 2세 반에서 5세 사이의 자폐 범주성 장애 아동에게 효과적으로 사용되어 왔다(Hancock & Kaiser, 2002; Hancock et al., 2008; Kaiser et al., 2000; Kaiser et al., 2008). 강화된 환경교수가 나아갈 다음 단계는 다음과 같은 아동에게도 절차가 효과적인지 밝히는 것이다: (1) 아직 발화가 없는 자폐 범주성 장애 아동, (2) 2세 반 이하 또는 5세 이상의 자폐 범주성 장애 아동, (3) 자폐 범주성 장애 아동의 어린 형제자매라는 이유로 자폐 범주성 장애나 언어 지연의 위험에 놓인 아동.

아직 발화가 없는 자폐 범주성 장애 아동에게 효과적인 중재를 개발하는 것은 매우 필요한 일이다. Anderson, Lord와 그 연구진(2007)은 84명의 자폐 아동을 2세부터 추적한 연구로 29%의 아동이 9세에도 발화가 없었음을 발견하였다. 이 연구에 의하면, 비구어 지능지수와 공동관심이 구어 기술의 가장 강력한 예측 변인이었다. 현재 협력적인 복수지역 연구를 진행 중인데(무발화 자폐인의 인지 연구 센터; Center for Cognition in Nonverbal Individuals with Autism[CCNIA][1]), 이 연구는 최소 2년의 중재를 받은 이후에도 발화가 없는 5세에서 8세 사이의 자폐 범주성 장애 아동에게 강화된 환경교수와 공동관심 및 상징놀이 중재를 통합해서 사용하는 효과를 알아보기 위한 것이다(공동관심에 대한 자세한 논의는 7장 참조). 강화된 환경교수(Hancock & Kaiser, 2002; Kaiser et al., 2000)와 공동관심-상징놀이 중재(Kasari, Paparella, Freeman, & Jahromi, 2008) 모두 최소 기초 단계의 구어 기술(최소 10개의 단어)을 보이는 자폐 유아에게 효과가 있는 것으로 알려져 있다. 이어지는 연구에서 Kasari, Kaiser, Landa, Mathey는 이 두 중재를 합쳐

---

1) CCNIA Developmental and Augmented Intervention for Facilitating Expressive Language (Autism Speaks), 2009-2011. University of California, Los Angeles, principal investigator Connie Kasari; Vanderbilt University, principal investigator Ann Kaiser; Kennedy Krieger/Johns Hopkins University, principal investigator Rebecca Landa; Kenneday Krieger/Johns Hopkins University, investigator Pam Mathey.

더 나이가 많은 무발화 자폐 아동에게 적용할 수 있는지 결정하게 될 것이다.

자폐 범주성 장애로 진단 받은 형제자매가 있는 영아에게 강화된 환경교수가 효과가 있는지 알아보는 한 예비연구에서 강화된 환경교수를 보다 어린 아동에게 사용하였다(Kaiser et al., 2008; MacFarland, 2008). 이 연구에서 두 명의 아동과 부모에게 강화된 환경교수 전략 간 중다기초선 설계를 사용하였다. 참여 아동은 18개월이었고 자폐 범주성 장애 형제자매가 있었기 때문에 자폐 범주성 장애 또는 언어 지연의 위험을 지니고 있었다(Constantino, Zhang, Frazier, Abbacchi, & Law, 2010). 부모는 가정에서 이루어진 24회의 중재 놀이 회기에서 강화된 환경교수를 사용하도록 훈련을 받았다. 또한 일반화 자료가 독서 및 간식 시간에 수집되었다. 중재 마지막에 부모는 의사소통에서 아동과 더 균형 잡힌 차례 주고받기를 하게 되었고 언어 확장 및 정확한 환경교수 전략 사용의 증가를 보였다. 중재 회기 중에 아동의 전체 의사소통 시도가 늘어났고, 중재 전후로 Mullen Scales of Early Learning(Mullen, 1984) 점수가 크게 증가하였으며(중재 전 평균 표준점수 76, 중재 후 평균 표준점수 103), 부모의 MCDI 보고에 따른 표현 어휘 수가 증가하였고(중재 전 평균 단어 수 38, 중재 후 평균 단어 수 193), 20분짜리 언어 샘플 내에서 관찰된 평균 발화 길이와 어휘 다양성 및 알아들을 수 있는 단어의 빈도가 증가하였다. 이와 같은 예비연구 자료를 통해 강화된 환경교수가 자폐 범주성 장애 진단을 받을 위험이 높거나 관련 사회 의사소통 결함이 나타날 위험이 높은 아동의 의사소통 결함을 예방하는 데 효과적일 수 있다고 제안할 수 있다.

권장 도서

Hancock, T. B., & Kaiser, A. P. (2002). The effects of trainer-implemented enhanced milieu teaching on the social communication of children who have autism. *Topics in Early Childhood Special Education, 22*(1), 39-54.

이 연구는 자폐 범주성 장애 유아에게 훈련된 중재자가 사회 의사소통 기술을 가르치기 위해 강화된 환경교수를 사용한 효과를 검증하였다. 관찰 자료에 따르면 24회기 중재 이후에 모든 아동의 특정 목표 언어 사용이 긍정적으로 증가하였고, 이러한 결과는 6개월 후에도 유지되었다.

Hancock, T. B., & Kaiser, A. P. (2006). Enhanced milieu teaching. In R. J. McCauley & M. E. Fey (Eds.), *Treatment of language disorders in children* (pp. 203-236). Baltimore, MD:

Paul H. Brookes Publishing Co.
본 장은 강화된 환경교수 절차 및 이론적 임상적 배경을 부모-실행 중재 적용에 특별한 강조점을 두고 개관한다. 강화된 환경교수의 세 가지 구성요소에 대한 상세한 정보를 제공하고 두 아동의 사례를 통해 강화된 환경교수 적용 과정을 자세히 설명하였다.

Kaiser, A. P., Hancock, T. B., & Trent, J. A. (2007). Teaching parents communication strategies. *Early Childhood Services: An Interdisciplinary Journal of Effectiveness, 1*(2), 107-136.
이 논문은 심각하게 언어가 지체된 영유아의 가족에게 부모가 실행하는 강화된 환경교수를 가르치는 방법을 제안한다. 약 150가정을 대상으로 이루어진 연구결과를 바탕으로 한 권고사항을 제시하고 있다.

학습 활동

- 자폐 범주성 장애 아동에게 강화된 환경교수를 사용하기 위한 수정 방법을 나열하시오.
- 본 장은 자폐 범주성 장애 아동에게 강화된 환경교수를 사용할 때 다루어야 할 여러 가지 일반적인 행동 문제(예: 제한된 관심, 공동관심 문제, 다른 사람과 함께 하는 활동에의 제한된 참여, 반복행동, 반향어)에 대해 설명하였다. 당신이 자폐 범주성 장애 아동과 일할 때 경험했던 다른 행동 문제 하나를 선택하고 강화된 환경교수의 구성요소(환경 구성, 반응적 상호작용, 언어 모델링, 환경교수)를 어떻게 수정하면 아동에게 가장 효과적으로 제공할 수 있을지 서술하시오.
- 자폐 범주성 장애 아동의 부모에게 강화된 환경교수가 자녀에게 가장 효과적인 방법일 수 있는 이유에 대해 이야기한다고 가정하고 대본을 작성하시오.

참고문헌

Alpert, C. L., & Kaiser, A. (1992). Training parents as milieu language teachers. *Journal of Early Intervention, 16*(1), 31-52.

Anderson, D. K., Lord, C., Risi, S., Shulman, C., Welch, K., DiLavore, P. S., ... Pickles, A. (2007). Patterns of growth in verbal abilities among children with autism spectrum disorder. *Journal of Consulting and Clinical Psychology, 75*(4), 594-604.

Camarata, S., & Yoder, P. (2002). Language transactions during development and intervention: Theoretical implications for developmental neuroscience. *International Journal of Developmental Neuroscience, 20*, 459-467.

Constantino, J. N., Zhang, Y., Frazier, T., Abbacchi, A. M., & Law, P. (2010). Sibling recurrence and the genetic epidemiology of autism. *American Journal of Psychiatry, 167,* 1346-1356.

Corsello, C. M. (2005). Early intervention in autism. *Infants and Young Children, 18*(2), 74-85.

Dunn, L. M., & Dunn, D. M. (1981). *Peabody Picture Vocabulary Test-Revised.* Circle Pines, MN: American Guidance Service.

Dunn, L. M., & Dunn, D. M. (2007). *Peabody Picture Vocabulary Test-Fourth Edition.* Bloomington, MN: NCS Pearson.

Fenson, L., Marchman, V. A., Thal, D. J., Dale, P. S., Reznick, J. S., & Bates, E. (2007). *MacArthur-Bates Communicative Development Inventories (CDIs)* (2nd ed.). Baltimore, MD: Paul H. Brookes Publishing Co.

Gardner, M. F. (1990). *Expressive One-Word Picture Vocabulary Test-Revised.* Novato, CA: Academic Therapy Publications.

Goldstein, H. (2002). Communication intervention for children with autism: A review of treatment efficacy. *Journal of Autism and Developmental Disorders, 32*(5), 373-396.

Hancock, T. B., & Kaiser, A. P. (1996). Siblings'use of milieu teaching at home. *Topics in Early Childhood Special Education, 16*(2), 168-190.

Hancock, T. B., & Kaiser, A. P. (2002). The effects of trainer-implemented enhanced milieu teaching on the social communication of children who have autism. *Topics in Early Childhood Special Education, 22*(1), 39-54.

Hancock, T. B., & Kaiser, A. P. (2006). Enhanced milieu teaching. In R. J. McCauley & M. E. Fey (Eds.), *Treatment of language disorders in children* (pp. 203-236). Baltimore, MD: Paul H. Brookes Publishing Co.

Hancock, T. B., & Kaiser, A. P. (2007, March). *An ecological model for facilitating parent-generalization of newly learned naturalistic teaching strategies.* Paper presented at the biennial meeting of the Society for Research in Child Development, Boston, MA.

Hancock, T. B., Kaiser, A. P., & Delaney, E. M. (2002). Teaching parents of high-risk preschoolers strategies to support language and positive behavior. *Topics in Early Childhood Special Education, 22*(4), 191-212.

Hancock, T. B., Ton, J., & Crowe, C. (2008, February). *The effects of parent and therapist implemented enhanced milieu teaching on the language production of children with autism.* Poster presented at the Sixth Biennial Conference on Research Innovations in Early Intervention, San Diego, CA.

Hart, B. (1985). Naturalistic training techniques. In S. Warren & A. K. Rogers-Warren (Eds.),

Teaching functional language: Generalization and maintenance of language skills (pp. 63-88). Baltimore, MD: University Park Press.

Hart, B. M., & Risley, T. R. (1968). Establishing the use of descriptive adjectives in the spontaneous speech of disadvantaged preschool children. *Journal of Applied Behavior Analysis, 1,* 109-120.

Hart, B. M., & Risley, T. R. (1975). Incidental teaching of language in the preschool. *Journal of Applied Behavior Analysis, 8,* 411-420.

Hart, B. M., & Rogers-Warren, A. K. (1978). Milieu teaching approaches. In R. L. Schiefelbusch (Ed.), *Bases of language intervention* (Vol. 2, pp. 193-225). Baltimore, MD: University Park Press.

Hedrick, D. L., Prather, E. M., & Tobin, A. R. (1975). *Sequenced Inventory of Communication Development.* Seattle, WA: University of Washington Press.

Ingersoll, B., & Dvortcsak, A. (2006). Including parent training in the early childhood special education curriculum for children with autism spectrum disorders. *Journal of Positive Behavior Interventions, 8,* 79-87.

Kaiser, A. P. (1993). Teaching functional language. In M. E. Snell (Ed.), *Enhancing children' s communication: Research foundations for intervention* (pp. 347-379). Baltimore, MD: Paul H. Brookes Publishing Co.

Kaiser, A. P., & Hancock, T. B. (2000, April). *Supporting children's communication development through parent-implemented naturalistic interventions.* Paper presented at the Second Annual Conference on Research Innovations in Early Intervention, San Diego, CA.

Kaiser, A. P., & Hancock, T. B. (2003). Teaching parents new skills to support their young children's development. *Infants and Young Children, 16,* 9-21.

Kaiser, A. P., Hancock, T. B., & Lambert, W. (1997, March). *The effects of teaching parents two naturalistic language-teaching strategies.* Paper presented at the 30th Annual Gatlinburg Conference on Research and Theory in Mental Retardation and Developmental Disabilities, Riverside, CA.

Kaiser, A. P., Hancock, T. B., & Nietfeld, J. P. (2000). The effect of parent-implemented enhanced milieu teaching on the social communication of children who have autism. *Journal of Early Education and Development, 11*(4), 423-446.

Kaiser, A. P., Hancock, T. B., & Trent, J. A. (2007). Teaching parents communication strategies. Early Childhood Services: An Interdisciplinary *Journal of Effectiveness, 1*(2), 107-136.

Kaiser, A. P., Hemmeter, M. L., Ostrosky, M. M., Fischer, R., Yoder, P., & Keefer, M. (1996).

The effects of teaching parents to use responsive interaction strategies. *Topics in Early Childhood Special Education, 16*(3), 375-406.

Kaiser, A. P., Hester, P. P., & McDuffie, A. S. (2001). Supporting communication in young children with developmental disabilities. *Mental Retardation and Developmental Disabilities Research Reviews, 7*(2), 143-150.

Kaiser, A. P., Lambert, W., Hancock, T. B., & Hester, P. P. (1998, March). *Differential outcomes of naturalistic intervention on vocabulary growth.* Paper presented at the 32nd Annual Gatlinburg Conference on Research and Theory in Mental Retardation and Developmental Disabilities, Charleston, SC.

Kaiser, A. P., MacFarland, T., & Hancock, T. B. (2008, March). *Individual differences in parent-implemented enhanced milieu teaching: Effects on children with ASD.* Paper presented at the 41st Annual Gatlinburg Conference on Research and Theory in Intellectual and Developmental Disabilities, San Diego, CA.

Kaiser, A. P., & Roberts, M. Y. (in press). Parent-implemented enhanced milieu teaching with preschool children with intellectual disabilities. *Journal of Speech, Language, and Hearing Research.*

Kaiser, A. P., & Trent, J. A. (2007). Communication intervention for young children with disabilities: Naturalistic approaches to promoting development. In S. L. Odom, R. H. Horner, M. E. Snell, & J. Blacher (Eds.), *Handbook of developmental disabilities* (pp. 224-245). New York, NY: Guilford Press.

Kaiser, A. P., Yoder, P. J., & Keetz, A. (1992). Evaluating milieu teaching. In S. F. Warren & J. Reichle (Eds.), *Causes and effects in communication and language intervention* (Vol. 1, pp. 9-47). Baltimore, MD: Paul H. Brookes Publishing Co.

Kasari, C., Paparella, T., Freeman, S. F., & Jahromi, L. (2008). Language outcomes in autism: randomized comparison of joint attention and play intervention. *Journal of Consulting and Clinical Psychology, 76*(1), 125-137.

Koegel, R., & Johnson, J. (1989). Motivating language use in autistic children. In G. Dawson (Ed.), *Autism: New perspectives on diagnosis, nature and treatment* (pp. 310-325), New York, NY: Guilford Press.

Landa, R. (2007). Early communication development and intervention for children with autism. *Mental Retardation and Developmental Disabilities Research Reviews, 13,* 16-25.

MacFarland, T. L. (2008). *Naturalistic language intervention for at-risk siblings of children with ASD.* (Unpublished master's thesis). Peabody College at Vanderbilt University, Nashville, TN.

Mahoney, G. (1999). *The Maternal Behavior Rating Scale-Revised.* [Available from the author, Mandel School of Applied Social Sciences, 11235 Bellflower Rd., Cleveland, OH 44106-7164.]

Miller, J. (2008). Systematic analysis of language transcripts (SALT; English version 2008) [Computer software]. Middleton, WI: SALT Software, LLC.

Mullen, E. M. (1984). *Mullen Scales of Early Learning (MSEL).* Circle Pines, MN: American Guidance Service.

Ogletree, B. T., Oren, T., & Fischer, M. A. (2007). Examining effective intervention practices for communication impairment in autism spectrum disorder. *Exceptionality, 15*(4), 233-247.

Olive, M. L., de la Cruz, B., Davis, T. N., Chan, J. M., Lang, R. B., O'Reilly, M. F., & Dickson, S. M. (2007). The effects of enhanced milieu teaching and a voice output communication aid on the requesting of three children with autism. *Journal of Autism and Developmental Disorders, 37*(8), 1505-1513.

Olive, M. L., Kim, H. M., Kong, N., Kang, S., Choi, H., & O'Reilly, M. F. (2010). *Examining the use of enhanced milieu teaching with Korean families.* Unpublished manuscript. Minneapolis, MN: College of Education & Leadership, Walden University.

Ostrosky, M. M., & Kaiser, A. P. (1991). Preschool classroom environments that promote communication. *Teaching Exceptional Children, 23*(4), 6-10.

Prizant, B. M., Wetherby, A. M., & Rydell, P. J. (2000). Communication intervention issues for young children with autism spectrum disorders. In A. M. Wetherby & B. M. Prizant (Eds.), *Autism spectrum disorders: A transactional developmental perspective* (pp. 193-224). Baltimore, MD: Paul H. Brookes Publishing Co.

Rogers, S. J. (2006). Evidenced-based interventions for language development in young children with autism. In T. Charman & W. Stone (Eds.), *Social and communication development in autism spectrum disorders: Early identification, diagnosis, and intervention* (pp. 143-179). New York, NY: Guilford Press.

Roid, G., & Miller, L. (1997). *Leiter-R.* Wood Dale, IL: Stoelting.

Tawney, J. D., & Gast, D. (1984). *Single-subject research in special education.* Columbus, OH: Merrill.

Wang, P. (2008). Effects of a parent training program on the interactive skills of parents of children with autism in China. *Journal of Policy and Practice in Intellectual Disabilities, 5*(2), 96-104.

Warren, S. F., Bredein-Oja, S. L., Fairchild Escalante, M., Finestack, L. H., Fey, M. E., &

Brady, N. C. (2006). Responsivity education/prelinguistic milieu teaching. In R. J. McCauley & M. E. Fey (Eds.), *Treatment of language disorders in children* (pp. 47-76). Baltimore, MD: Paul H. Brookes Publishing Co.

Warren, S. F., Gazdag, G. E., Bambara, L. M., & Jones, H. A. (1994). Changes in the generativity and use of semantic relationships concurrent with milieu language intervention. *Journal of Speech and Hearing Research, 51,* 924-934.

Weiss, R. S. (1981). INREAL intervention for language handicapped and bilingual children. *Journal of the Division for Early Childhood, 4,* 40-52.

Williams, K. T. (2007). *Expressive Vocabulary Test, 2nd Edition.* Minneapolis, MN: Pearson Assessments.

Yoder, P., & Stone, W. L. (2006a). A randomized comparison of the effect of two prelinguistic communication interventions of the acquisition of spoken communication in preschoolers with ASD. *Journal of Speech, Language and Hearing Research, 49*(4), 698-711.

Yoder, P., & Stone, W. L. (2006b). Randomized comparison of two communication interventions for preschoolers with autism spectrum disorders. *Journal of Consulting and Clinical Psychology, 74*(3), 426-435.

Yoder, P., & Warren, S. F. (2004). Early predictors of language in children with and without Down syndrome. *American Journal on Mental Retardation, 109,* 285-300.

Zimmerman, I. L., Steiner, V. G., & Pond, R. E. (2002). *Preschool Language Scale* (4th ed.). San Antonio, TX: The Psychological Corporation.

09

조기 사회적 상호작용 프로젝트

Juliann J. Woods, Amy M. Wetherby, Shubha Kashinath, &
Rene Daly Holland

조기 사회적 상호작용(Early Social Interaction: ESI)은 자폐 범주성 장애로 진단 받았거나 위험을 지닌 영아와 그 가족을 위한 접근 방법이다. 이 방법은 원래 미국 교육부의 특수교육 프로그램 부처에서 재정 지원한(2002~2006) 모델 프로그램으로 개발되었다. 예비로 실행된 사전-사후 연구를 통해서 이 모델과 그 실행 가능성이 지지되었다(Wetherby & Woods, 2006). Autism Speaks와 국립정신건강보건소(National Institute of Mental Health)는 플로리다 주립대학교와 미시건 대학교에서 진행되고 있는 약 80명의 자폐 범주성 장애 영아와 그 가족을 위한 18개월에 시작되는 조기 사회적 상호작용의 무작위 실험연구 재원을 지원하고 있다. 본 장에서는 조기 사회적 상호작용의 기본 특성과 이러한 중재를 어린 아동과 그 양육자에게 실행하기 위한 이론적 배경을 설명하고자 한다.

조기 사회적 상호작용 프로젝트는 국립연구위원회(National Research Council[NRC], 2001)의 권고사항을 가족이 주도하는 자연적 환경 접근이면서 2004「장애인교육법」(PL 108-446) Part C 서비스 및 지원과 일치하는 맥락으로 병합시키기 위해서 개발되었다(American Speech-Language-Hearing Association[ASHA], 2008; National Early Childhood Technical Assistance Center[NECTAC], 2008; Sandall, Hemmeter, Smith, & McLean, 2005). 국립연구위원회의 권고사항을 조기개입 서비스를 전달하기 위한 Part C의 지침 안으로 병합하는 것은 증거 기반의 실제를 촉진하면서도 조기개입 팀에 의해서 전국적으로 제공되는 서비스 전달 체계 내에서 적용이 가능한 방법을 개발하도록 촉진하였다.

국립연구위원회(2001)는 출생부터 8세까지의 자폐 범주성 장애 아동을 위한 교육 중재 관련 연구를 체계적이고 엄격하게 검토하였으며 이들 중 상당히 많은 수의 아동이 중재에 반응하여 의미 있는 진보를 보인 것으로 보고하였다. 그러나 검토한 연구의 대부분은 자폐 범주성 장애를 지닌 유아를 대상으로 수행되었으며 매우 제한된 수의 연구만이 영아를 포함시켰다. 국립연구위원회의 검토는 광범위한 중재 기법을 살펴보았으며, 결과적으로 자폐 범주성 장애 아동을 위한 효과적인 중재의 필수적인 구성요소로 다음과 같은 특성을 판별해주는 수렴적인 증거가 존재하는 것으로 결론지었다(2001, p. 219).

- 자폐 범주성 장애 진단이 고려되는 즉시 가능한 한 빨리 시작되는 중재 프로그램
- 아동의 생활연령 및 발달 수준에 따라 다양한 프로그램에서 1년 내내 매주 5일씩 하루 종일 집중적인 교수 프로그램에 적극적으로 참여
- 충분한 양의 성인의 관심 제공
- 부모 훈련을 포함하는 가족 요소 병합
- 지속적인 프로그램 평가 및 아동의 진도 점검을 통한 프로그램의 수정 가능성

이 외에도 국립연구위원회는 필수적인 요소로 다음을 제시하였다: 기능적이고 자발적인 의사소통 교수에 대한 우선순위, 다양한 상황에 걸친 사회적 교수, 또래 상호작용에 초점을 맞춘 놀이 기술, 자연적인 상황에서의 기술 습득과 유지와 일반화, 문제행동을 다루기 위한 기능 진단과 긍정적 행동지원, 필요한 경우 기능적 학업 기술.

조기 사회적 상호작용 접근은 자폐 범주성 장애와 관련된 사회 의사소통 장애를 위한 특정 중재 전략 그 이상이다. 이것은 프로그램 계획, 즉 Part C의 시행령에 따른 그리고 해당 주의 표준과 지침을 충족시키는 개별화 가족 지원 프로그램(IFSP)의 개발과 점검, 중재, 전이를 위한 초기 및 지속적인 프로그램 진단 과정 및 절차를 포함하는 종합적인 발달적 접근이다. 본 장에서는 이러한 접근의 구성요소에 대해서 설명하고자 한다.

1. 대상자와 중재 관련성 및 목표 결정을 위한 진단

일반적으로 사회 의사소통 손상의 위험이 있는 것으로 판별되거나 자폐 범주성 장애의 초기 위험신호(예: 이름에 반응하지 않음, 따뜻하고 즐거운 경험을 공유하지 않음)를 보이는 3세 이하의 어린 아동이 중재 접근의 기본적인 취지를 반영하는 진단 과정에 참여한다. 가족은 진단 및 평가 전반에 걸쳐 자녀와 함께 참여한다. 가족은 아동과 가족이 선호하는 활동과 일과뿐만 아니라 문제가 되는 것들을 식별하기 위해서 자신의 우선순위와 염려에 대해서 설명한다. 표준화 진단 측정과 함께 전형적인 놀이 및 양육 일과 중 아동과 부모를 대상으로 하는 관찰이 진행된다.

1) 사회 의사소통 측정

의사소통 및 상징 행동 척도 발달 프로파일(Communication and Symbolic Behavior Scales Developmental Profile™: CSBS DP™) 샘플로부터 아동의 사회 의사소통 사용을 측정하기 위해서 표준 표집 절차(Wetherby & Prizant, 2002)를 사용한다. 부모는 조기개입 중재자와 함께 도입 부분의 양육 일과 및 놀이 상호작용에 참여해서 의사소통 평가를 완성한다. 부모는 자연스럽게 반응하고 자발적인 의사소통과 놀이를 격려하되 아동의 행동을 지시하지는 않도록 교육받는다. 평가는 10분 정도의 긴장을 풀기 위한 준비 시간을 거쳐 30~40분 정도 진행된다. 중재자는 먼저 아동에게 일련의 의사소통 유혹(검사도구로 구성되어 있는 태엽 놀잇감, 풍선, 비눗방울, 음식이 들어 있는 통, 놀잇감이 들어 있는 봉지, 어린이용 도서)을 제시한다. 다음으로 중재자는 놀이 행동에 대한 지식을 진단하기 위해서 아동에게 상징놀이를 위한 소꿉놀이 세트와 동물인형 또는 구성놀이를 위한 블록을 제공한다. 놀이 샘플은 아동의 기술이 평가될 수 있는 6개의 활동으로 구성된다. 또한 응시하고 따라가며 가리키기(검사자가 흥미로운 무엇인가를 쳐다보고 가리킨 후에 아동이 시선을 따라가며 가리키는지 기다리기)와 사물의 이름, 사람의 이름, 신체 부위에 대한 이해를 평가하는 회기가 활동 사이사이에 포함된다. CSBS DP의 신뢰도와 타당도에 대한 정보는 여러 문헌에 잘 소개되어 있다(Wetherby, Allen, Cleary, Kublin, & Goldstein, 2002; Wetherby, Goldstein, Cleary, Allen, & Kublin, 2003; Wetherby & Prizant, 2002 참조). 조기 사회적 상호작용의 대상으로 고려되는 아동에게는 임상실에서, 또는 지역 조기개입 프로그램의 협조를 받아 아동의 가정에서, 또는 조기개입 프로그램이나 가족, 의사, 기타 지역사회 기관의 의뢰로 CSBS DP를 실시할 수 있다.

2) 언어 단계 측정

각 행동 표본을 수집하는 동안 Wetherby와 Prizant(2002)가 구성한 표현언어 사용을 근거로 한 규준을 이용해서 아동의 언어 단계를 설명한다. 여기서 말하는 규준이란 다음과 같다: 구어 전—두 단어 미만, 초기 단일 단어 단계—2~5개의 단어, 후기 단일 단어 단계—6~9 단어, 다단어 단계—10개 이상의 단어 및 2개 이상의 단어 조합.

3) 교육과정 중심 진단

SCERTS® 모델은 자폐 범주성 장애 아동이 직면하는 가장 심각한 문제를 목표로 하는 교육과정 중심 진단 및 중재 접근이다. 이 교육과정은 사회 의사소통(social communication: SC) 및 정서 조절(emotional regulation: ER) 영역에서 아동의 개별화 중재를 위한 장단기목표를 수립함으로써 종합적이고 증거 기반의 프로그램을 실행하기 위한 계획을 제공한다. 또한 교류 지원(transactional support: TS) 영역에서의 장단기목표는 의사소통 파트너(부모, 형제자매, 또래)가 자연적인 환경에서 학습을 지원하도록 수립된다. SCERTS는 아동 중심적이고 활동을 기반으로 하며 발달에 근거를 둔 가족 중심의 접근이다.

SCERTS 프로그램 개발의 초기 단계는 SCERTS 진단(SCERTS Assessment Process: SAP)을 포함한다. 이 과정에서는 부모, 교사, 양육 제공자, 기타 친숙한 양육자를 포함하는 다양한 근거로부터 정보를 수집하며 다양한 장소와 의사소통 파트너에 걸쳐서 아동을 관찰한다. 이 과정의 목적은 (1) 발달상의 강점 및 요구에 대한 프로파일을 수립하고, (2) 의미 있고 동기 유발적인 목표를 설정하고, (3) 학습 상황과 적절한 중재 전략 및 지원을 선택하는 것이다. 아동의 목표를 선정할 때의 또 다른 고려사항은 가장 긍정적인 영향을 미칠 가능성이 있거나 가족에게 우선순위인 목표를 식별하는 것이다. SCERTS 프로그램 실행 전반에 걸쳐 주간 기록지 및 분기별 SCERTS 재진단을 포함하는 진도 점검을 정기적으로 실행한다.

SCERTS 교육 프로그램 개발을 위한 두 번째 단계에서는 SCERTS 활동 계획서를 작성한다. 이 과정에서는 매일의 활동 중에 사회 의사소통(SC) 및 정서 조절(ER) 목표와 파트너의 교류 지원(TS) 목표를 삽입하기 위한 일과표를 작성한다. 교육 활동은 다음과 같은 요소를 포함하는 방식으로 구조화된다: (1) 분명한 시작, 중간, 끝, (2) 공동의 관심 초점 및 공동의 상호작용, (3) 균형 있게 차례를 주고받는 아동과 파트너의 분명한 역할, (4) 언어 학습을 위한 기회, (5) 활동과 일과 전반에 걸친 예측 가능성.

2. 이론적 배경

1) 발달주의 및 행동주의 접근의 혼합

조기 사회적 상호작용은 목표 수립과 중재 계획을 위해서 발달주의 틀을 활용한다. 그러나 현대 자연적 행동주의 접근의 많은 주요 요소를 공유하며, 다는 아니더라도 이들 중 많은 측면(Prizant & Wetherby, 1998; Wetherby & Woods, 2008)에서 발달주의와 현대 행동주의 접근은 양립할 수 있다. 여기서는 조기 사회적 상호작용으로 병합된 발달주의 및 현대 행동주의 접근의 주요 구성요소를 설명하고자 한다.

(1) 목표를 정하기 위한 발달적 틀

문헌(예: Greenspan & Wieder, 1997; Klinger & Dawson, 1992; Prizant, Wetherby, & Rydell, 2000; Rogers & Lewis, 1989)에서 설명하는 자폐 범주성 장애를 위한 발달주의 중재 접근은 아동 중심적이다. 환경은 의사소통 기회를 제공하기 위해서 구성되며, 아동은 상호작용이나 교수 장면을 시작하고, 성인은 아동의 의도에 반응하고 아동의 행동을 모방하거나 확장함으로써 아동의 주도를 따른다. 환경 구성과 반응적 상호작용은 발달주의와 행동주의 접근을 혼합한 강화된 환경교수(EMT, 8장 참조)와 같은 접근에서도 볼 수 있다.

발달주의 모델의 또 다른 주요 요소는 아동의 개별화된 장단기 교수목표의 우선순위를 결정할 때 발달을 사용한다는 것이다. Bates와 그 연구진(Bates, 1976; Bates, Camaioni, & Volterra, 1975)의 발달적 화용론적 틀은 전형적인 발달에 있어서 아동이 어떻게 의도적인 의사소통으로부터 상징적인 의사소통과 언어적인 의사소통으로 발전해 가는지를 이해할 수 있도록 Piaget와 Vygotsky 모델을 넘어서게 하는 데에 중요한 역할을 하였으며, 중재자를 안내하기 위한 로드맵을 제공하였다(Bates, O'Connell, & Shore, 1987). 발달주의 이론은 언어 학습을 환경 내에서의 정서, 사람과의 상호작용, 경험을 기반으로 지식과 공유된 의미를 "구성하거나(construct)" 또는 형성하는 적극적인 과정으로 본다(Bates, 1979; Bloom, 1993; Tronick, 1989). Stern(1985)은 아동의 자아감과 사건 및 사물에 대한 경험을 공유하기 위한 언어 사용 능력에 기여함으로써 사회 의사소통 발달의 기초를 제공하는 다음과 같은 세 가지 발달적 성취를 설명하였다: "관심 초점 공유하기(interattentionality)" "의도 공유하기(interintentionality)" "감정 상태 공유하기(interaffectivity)." 이 세 가지 발달 성취는 신생아가 자기 스스로도 생각을 가지고 있으며 다른 사람도 생각을 가지고 있고 내적인 주관적 경험은 공유될 수 있음을 발견하면서 "상호주관적인 관계 맺기" 능력을 끌어내게 된다. 발달주의 입장에서 자폐 범주성 장애 아동의 언어 손상은 이와 같은 사회적 기초(즉, 공유된 관심, 공유된 의도, 공유된 감정)의 핵심 손상을 반영하며, 결과적으로 경험 공유하기의 어려움을 초래한다. SCERTS 진단 및 교육과정은 자폐 범주성 장애의 핵심 사회 의사소통 손상을 이해하고 발달적으로 적절한 중재를 안내하기 위해서 이와 같이 전형적인 발달에 대한 광범위한 문헌을 병합하였다.

화용론적-사회적 상호작용 이론은 언어 발달에 있어서 사회적 상호작용의 맥락에 매우 큰 강조점을 둔다(Bates, 1976; Bloom & Lahey, 1987; McLean & Snyder-McLean, 1978; Sameroff, 1987). 아동은 적극적인 신호를 통해서 다른 사람의 행동과 태도에 영향을 미치는 방법을 배우고 양육자의 사회적 반응을 통해서 점차 보다 복잡하고 관습적인 의사소통 수단을 학습해 가는 적극적인 참여자로 간주된다(Dunst, Lowe, & Bartholomew, 1990; Sameroff, 1987). 발달적 화용론적 이론의 지지자는 성공적인 의사소통이 상호성 및 상호협상을 포함하기 때문에 아동 발달은 단순히 아동이나 양육자에게 초점을 맞추기보다는 상호작용적인 맥락을 분석함으로써 이해될 수 있다고 믿는다(Bates, 1976; Bruner, 1978, 1981). Tomasello, Kruger, Ratner(1993)는 의사소통적 상징의 습득은 사회적 속성을 지닌다는 Vygotsky(1986)의 이론에 기반을 두고 아동이 언어를 발달시키기 위해서는 다음과 같은 두 가지 요소가 필수적이라고 제안하였다: (1) 아동에게 사건을 구성해주는 문화적 맥락, (2) 아동이 자신의 문화적 구조로부터 학습할 수 있는 특별한 역량. 언어 습득을 위한 문화적 구조화는 공동의 관심과 상세히 기술된 역할을 포함하는 문화적으로 미리 전해진 활동인 일과를 수반한다. 아동의 역량은 다른 사람의 의도를 이해하고 다른 사람의 관점에서 사건을 볼 수 있게 해주는 사회-인지적 기술을 필요로 한다.

Wetherby, Schuler, Prizant(1997)는 발달주의 관련 문헌으로부터 자폐 범주성 장애 아동에게 매우 중요하며 이들을 위한 발달 중재에 반드시 병합되어야 하는 세 가지 주요 원리를 식별하였다. 첫째, 사회 의사소통 발달은 구어 전 단계로부터 구어 의사소통에 이르는 연속성을 포함한다. 즉, 구어 전 의사소통의 발달은 의사소통을 위한 의도적인 언어 사용의 발달에 필수적인 전조라고 할 수 있다. 아직 말을 하지 않는 자폐 범주성 장애 아동을 위해서는 구어 전 의사소통 기술의 발달에 강조점을 두어야 하며 단어는 구어 전 의사소통 기술과 연결되어야 한다. 둘째, 유능한 의사소통자가 되는 것은 아동의 인지, 사회-정서, 언어 역량과 언어 학습 환경 간의 발달적 상호작용의 성과다. 이와 같은 영역 전반에 걸친 아동의 발달 프로파일은 의사소통 강화에 대한 의사결정의 기초를 제공해야 한다. 셋째, 발달적 틀 안에서 모든 행동은 발달 영역에 따른 아동의 상대적인 기능 수준을 참조해서 고려되어야 한다. 예를 들어, 자폐 범주성 장애 아동이 사용하는 많은 문제행동이 의사소통의 시도로 이해될 수 있다. 이상의 세 가지 원리는 SCERTS 모델로 병합되었으며 조기 사회적 상호작용 내에서 영아와 그 가족에게 맞추어졌다.

이와 같이 그동안 누적되어 온 풍성한 발달주의 이론과 연구는 또한 관계에 있어서의 능력이 사회적 맥락으로 어떻게 발달해 가는지와 이러한 양식이 발달이 이루어짐에 따라 어떻게 변화하는지를 이해하기 위한 틀을 제공한다. 자폐 범주성 장애 아동의 발달에서 나타나는 많은 모양과 순서는 그 습득 시기가 다르기는 하지만 전형적인 발달을 보이는 아동과 유사하다. 결과적으로, 자폐 범주성 장애 아동이 특정 시기에 보이는 기술(사회, 인지, 언어 영역에서 나타나는 차이)의 조합은 전형적인 발달에서는 나타날 가능성이 낮다. 발달 모델에 대한 지나치게 엄격한 해석은 "준비도 모델"을 야기하며, 결국 특정 수준의 능력은 그다음에 이어지는 기술을 가르치기 전에 반드시 성취하도록 요구된다(Wetherby et al., 1997). 그러나 발달주의 모델을 취한다고 해서 발달 점검표를 가르치는 것을 의미하지는 않는다. 발달적 틀은 단순하게 연속적인 의사소통 목표에 대한 안내를 제공하기보다는 오히려 아동의 행동상의 능력을 이해하고 적절하고 발달적으로 적합한 장단기목표를 개별화하기 위한 참조를 제공한다. 뿐만 아니라, 발달적 틀은 양육자가 전형적인 발달을 보이는 아동의 의사소통 및 언어 발달을 지원하는 데에 사용하는 전략을 자폐 범주성 장애 아동의 의사소통 및 언어 발달을 지원하기 위한 합리적인 전략으로 제공한다.

조기 사회적 상호작용을 포함하는 발달주의 접근은 자폐 범주성 장애 아동의 핵심 손상을 다루는 데에 초점을 맞추는데, 왜냐하면 그러한 기술의 향상이나 결여가 이들의 이후의 인지, 사회성, 언어 성취를 예측하기 때문이다. 이러한 핵심 손상 영역에서 강조되는 기술은 몸짓 사용을 확장하고, 구어 및 비구어 의사소통을 시작하고, 참조적 의미를 지닌 단어를 이해하고 사용하며, 공동관심을 시작하거나 반응하고, 상호작용 중에 상호성을 보이는 등을 포함한다. 핵심 손상 영역에서의 기술 형성의 중요성으로 인해서 조기 사회적 상호작용 중재자는 구어 체계를 시작하게 하고 인지 및 사회적 기반을 신장시키기 위한 비구어 의사소통 체계(예: 수어 또는 그림 의사소통)를 사용하도록 주장한다. 비구어 의사소통 체계는 아동의 의사소통 손상으로 인하여 자주 발생하는 문제를 감소시키기 위해서 부모와 자녀 간의 중요한 연결점을 제공해줄 수 있다. 그러므로 발달적 중재는 아동의 자폐 범주성 장애의 핵심 손상에 대해 직접적으로 목표를 수립할 뿐만 아니라 부모가 사회 의사소통 발달을 지원할 수 있게 해주는 전략도 목표로 삼는다.

(2) 가족 중심의 실제

발달적 중재에서 아동은 진단 및 중재 노력의 초점이며 **가족 중심 서비스 및 지원(family-centered services and supports)**으로부터 혜택을 받는 보다 큰 가족 체계의 한 부분으로 인식된다. 문화 및 가족의 가치는 과정 전반에 걸쳐 고려된다. 가족은 목표를 선정하는 과정과 관련될 때 그 목표의 성취를 위해서 더 많이 관여하는 경향이 있다. 연구에 의하면 부모는 공동의 목표를 향해서 함께 일하는 것이 자녀에게 긍정적인 영향을 미친다고 인식한다(Sperry, Whaley, Shaw, & Brame, 1999). 실제로 국립연구위원회(2001)는 가족 참여가 자폐 범주성 장애 아동을 위한 가장 강력한 연구 증거를 지닌 효과적인 중재의 주요 구성요소라고 인정하였다.

가족은 자폐 범주성 장애를 지닌 신생아 및 영아를 위해서 가장 많이 참여하게 되는데, 왜냐하면 이들의 연령과 돌봄에 대한 부모 의존도 때문이다. 중재 과정에 대한 부모 참여의 형태와 양은 주교사의 역할부터 관찰자나 정보제공자에 이르기까지 다양하지만 두 가지 결과는 분명하게 나타난다. 첫째, 20년이 넘도록 **부모 실행 중재(parent-implemented interventions)**는 다양한 유형의 발달지체를 지닌 아동과 특히 자폐 범주성 장애를 지닌 아동에게 적응, 행동, 사회성, 의사소통의 폭넓은 성취 측면에서 효과적인 것으로 나타났다(Koegel, Bimbela, & Schreibman, 1996; McClannahan, Krantz, &

McGee, 1982; Meadan, Ostrosky, Zaghlawan, & Yu, 2009; Schreibman, Kaneko, & Koegel, 1991; Seifer, Clark, & Sameroff, 1991). 둘째, 부모는 실제로 자녀에게 기능적이고 의미 있는 성과를 가르치기 위한 여러 가지 광범위하거나 특정한 중재 전략을 학습할 수 있다(Kaiser, Hancock, & Nietfeld, 2000). 부모가 매일의 활동 중에 중재 전략을 실행하도록 돕는 것은 자폐 범주성 장애를 지닌 어린 아동에게 필요한 강도의 적극적인 참여를 성취하기 위한 논리적인 방법이다(Wetherby & Woods, 2006).

부모 실행 중재의 효과에 대한 연구는 부모가 중재를 실행하도록 가르치는 방법에 대한 연구보다 훨씬 더 많다(Meadan et al., 2009). 부모 실행 중재에 대한 발달적 접근은 아동과 의사소통 파트너 모두의 학습 강점에 민감하며 중재 접근 중에 성인 학습(adult learning) 전략을 사용한다. 조기 사회적 상호작용(ESI)에 포함되는 연구가 지지하는 성인 학습 전략은 아동에 대한 성인의 경험과 관심을 형성하고, 선호하는 일과와 활동을 중재의 맥락으로 사용하며, 부모-자녀 상호작용과 중재 실행에 대한 시범과 피드백을 제공하도록 강조한다. 부모 실행 중재가 최적의 학습을 가져오기 위해서는 특정 일과와 활동 중에 충분한 교수 기회가 삽입될 수 있도록 부모와 함께 계획하고 문제를 해결하도록 요구한다(Strain, McGee, & Kohler, 2001). 예를 들어, 중재자 중심의 회기에서 사용되는 상호작용적 놀잇감, 시각적 지원, 사회적 게임 등을 소개할 때 조기 사회적 상호작용 중재자는 부모가 아동에게 무엇을 어떻게 언제 얼마나 자주 특정 전략을 사용해야 하는지 적절한 시범을 보이고 실제적인 방법을 안내해야 한다. 성인 학습 연구는 중재자가 없을 때 독립적인 의사결정과 일반화된 정보 사용을 증진시키기 위해서 중재자와 부모 간에 문제해결 전략을 사용하도록 지지한다. 또한 이와 같은 교수와 문제해결 상호작용에 더욱 가치를 두는 이유는 연구에 의해서 부모가 자녀와 함께 보내는 시간이 자녀와 상호작용을 함에 있어서 이들의 자신감과 효능감을 강화하고 가족 활동 중에 아동의 독립성을 증진시키고 가족의 삶의 질을 향상시키는 것으로 나타나기 때문이다(Turnbull & Ruef, 1997).

발달적 접근에서는 아동기 대부분의 학습이 매일의 활동과 경험의 사회적 맥락에서 발생한다고 간주한다. 이러한 매일의 일과와 활동과 장소의 생태학적 맥락(Bronfenbrenner, 1979; Dunst, Hamby, Trivette, Raab, & Bruder, 2000)은 학습이 발생하는 맥락인 양육자와 아동 간의 교류적인 상호작용 위한 방향을 잡아주는 역할을 한다(Sameroff, 1987; Seifer et al., 1991). 아동의 발달을 지원하기 위한 노력은 고립된 상황에서 아동과 일하는 중재자로부터가 아니라 다양한 사회적 상황에서 매일의 활동 중에 양육자나 친숙한 파트너와 있을 때 주로 이루어져야 한다. **자연적 환경(natural environments)**은 가족에게 전형적이거나 자연적인 매일의 일과, 활동, 장소를 말하며, 대체로 가정, 보육기관, 친척이나 친구의 집, 공원이나 교회와 같은 지역사회 장소 등을 포함한다. 옷 입기, 식사, 놀이와 같은 매일의 일과는 기능적이고 의미 있는 목표의 교수를 삽입할 수 있는 훌륭한 기회를 제공하며, 그래서 습득과 학습 일반화를 자연적으로 지원한다(Woods & Wetherby, 2003). 대부분의 어린 아동은 깨어 있는 시간의 대부분을 빈번한 놀이와 양육 일과에 참여하면서 보낸다. 최대한의 교수 기회와 지원적인 교수전략을 주의 깊게 분석해보면 이와 같은 일과는 관심의 공동 초점, 논리적이고 예측 가능한 순서, 차례 주고받기, 반복의 요소를 지닐 수 있다. 아동과 가족 성취의 일반화는 중재가 가족이 선호하는 일과와 맥락 안으로 삽입될 때 강화된다는 사실은 잘 알려져 있다(Dunst et al., 2000; Woods, Kashinath, & Goldstein, 2004). 더욱이, 중재를 기존의 가족 일과로 병합하는 것은 가족과 중재자가 적극적이고 상호 존중할 수 있는 파트너십을 개발하도록 맥락을 제공해준다.

(3) 자연적 교수전략

발달주의 및 현대 행동주의 접근은 모두 의사소통 손상을 지닌 아동에게 의사소통 및 언어 사용을 시작하도록 격려하는 교수전략의 중요성을 강조한다. 발달주의 문헌에서는 화용론적 경향이 의사소통 및 대화 능력을 발달시키기 위해서 아동의 주도를 따르는 전략을 이끌어 왔다(MacDonald & Carroll, 1992; Yoder, Warren, McCathren, & Leew, 1998). 발달주의 문헌은 의사소통과 언어를 강화하기 위한 양육자의 반응성과 힘 또는 통제의 균형을 아동에게 이전해야 한다고 강조한다(MacDonald, 2989; Prizant & Wetherby, 1998 참조). 만일 아동과의 상호작용에서 힘의 균형 또는 공동의 통제가 없다면 아동은 수동적인 파트너가 되거나 힘을 갖기 위해서 문제행동을 사용하게 될 것이다(MacDonald, 1989).

현대 행동주의 문헌은 언어 훈련에 대한 보다 자연적인 접근을 취하기 위한 방법으로 "우발적 언어 교수"를 설명하였다. 훈련자가 상호작용을 통제하는 비연속 개별시도 형식과는 반대로 우발교수 장면은 아동에 의해서 시작된다. 성인은 아동이 의사소통 행동(몸짓, 발성)을 시작하도록 기다리고, 아동과 아동의 주제에 관심의 초점을 맞추고, 언어 정교화를 요구하거나 모방할 수 있도록 구어 반응을 시범 보인 후에 아동의 언어가 정확한지 알려주고 아동이 요구한 것을 준다. 우발교수는 자폐 범주성 장애를 포함하는 중도장애 아동의 언어 교수에서 일반화를 강화하는 것으로 알려져 있다(Hancock & Kaiser, 2002; McGee, Morrier, & Daly, 1999).

문헌에서는 자연적 언어 중재(naturalistic language intervention)에서 의사소통의 시작을 격려하는 환경을 고안하는 수많은 전략을 설명한다(Prizant & Wetherby, 1998). 발달주의 문헌은 아동이 의사소통을 시작하게 하는 기회 또는 이유를 제공하기 위해서 환경을 "설계" 또는 구성하는 것에 대한 중요성을 강조한다. 현대 행동주의 문헌은 언어 사용을 일으키기 위한 특정 전략에 대해 설명해 왔는데, 자연적인 일과 중 결정적인 순간에 지연시키거나 아동의 확실한 목표 지향적인 행위를 완성시키기 위해서 필요한 사물을 제거함으로써 행동 연쇄 방해하기 등이 이에 해당된다(Kaiser, 1993; Rowland & Schweigert, 1993). 의사소통 시작하기를 우선순위로 만듦으로써 의사소통을 위한 자연적인 기회는 모든 장소에서 활용될 수 있다.

(4) 협력적 자문 접근

앞에서도 언급하였듯이, 부모가 실행하는 발달적 중재가 아동의 성취에 미치는 효과를 지지하는 상당한 증거가 있음에도 불구하고 부모가 중재 실행을 채택하고 사용하도록 촉진하는 효과적인 성인 교수 및 학습 방법에 대한 증거는 부족한 편이다. 성인 학습에 대한 연구를 종합한 최근의 문헌에서는 부모 실행 중재에서 사용하는 이전에는 폭넓게 사용되지 않았던 전략인 효과적인 자문과 지도 전략의 실행에 대한 증거를 제공한다(Bransford, Brown, & Cocking, 2000; Donovan, Bransford, & Pellegrino, 1999; Dunst & Trivette, 2009; Fixsen, Naoom, Blasé, Friedman, & Wallace, 2005). 조기 사회적 상호작용의 실행에 필수적이라고 알려진 요소는 다음과 같다. 첫째, 학습자(즉, 이 접근에서는 부모)가 학습 환경으로 들어갈 때 이들이 알고 있고 믿는 것을 설정해야 한다는 중요성이다. 부모는 아동이 어떻게 학습하고, 학습해야 할 중요한 것은 무엇이며, 어떻게 가르쳐야 하는지에 대한 신념과 가치를 지닌다. 부모가 조기개입에 대해 이해하는 바를 아는 것은 중재자로 하여금 동의할 수 있게 해준다. 예를 들어, 부모는 중재자가 직접 중재를 실행하도록 기대할 수 있으며 전문가는 부모보다 더 질적으로 우수한 중재를 제공할 수 있다고 믿을 수 있다. 이들은 또한 의학이나 교육 모델에서 제공되는 "치료"를 예상하고 일과 및 놀이 활동의 사용을 의심할 수도 있다.

성인 학습에 대한 연구를 검토한 『사람들은 어떻게 학습하는가: 두뇌, 생각, 경험과 학교(How People Learn: Brain, Mind, Experience, and School)』(Bransford et al., 2000;

Donovan et al., 1999)라는 책에서 보고된 결과는 내용을 잘 이해하는 것이 얼마나 중요한지 보여준다. 내용에 대한 이해는 성인의 조직화, 적용, 학습 일반화를 지원한다. 조기개입 시스템, 아동 발달, 자폐 범주성 장애 진단, 교수 및 학습 구성과 관련된 이론이나 용어가 익숙하지 않은 가족에게는 배워야 할 것이 너무 많다. 부모가 모든 사실과 세밀한 정보를 즉시 학습할 것이라고 기대하는 것은 비현실적이다. 지식과 기술이 발전되고 있는지 자주 검토하고 재점검하는 지속적인 일련의 지원이 요구된다.

성인은 학습 과정에 적극적으로 참여함으로써 또한 혜택을 받을 수 있다. 이들은 무엇을 학습해야 하는지와 어떻게 학습하고 싶은지를 가장 잘 판단한다(Bransford et al., 2000; Donovan et al., 1999). 가족 구성원을 의사결정에 포함시키는 것은 효과적인 성인 학습을 위해서뿐만 아니라 가족 중심의 실제를 위해서도 중요하다. 조기개입에서 지도의 실제는 참여하는 성인이 과정의 계획과 실행과 평가에 협조한다는 전제하에 이루어진다(Rush, Shelden, & Hanft, 2003). 아동과 비슷하게 성인도 맥락 내에서 가장 잘 배운다. 즉, 자녀의 중재를 관찰하거나 관련해서 이야기하기보다 자녀와 함께 중재에 직접 참여하는 부모는 무엇을 하고 그것이 왜 중요한지를 오히려 더 잘 이해하는 것 같아 보인다(Dunst & Trivette, 2009). 이러한 결과는 조기 사회적 상호작용에서 사용되는 일과와 놀이 활동을 판별하기 위한 체계의 필요성을 말해주고 있지만, 부모 실행 중재에 대한 연구에서는 아직까지 체계적으로 다루어지지 않고 있다.

조기 사회적 상호작용의 자문 과정에서 부모를 위한 지도 계획은 아동의 중재 계획과 일치하도록 개발된다(Buysee & Wesley, 2005). 성인 학습의 틀 내에서 부모의 역량을 세워나가기 위해서 아동과 부모를 위한 목표가 확인되고 논의되고 실행된다. 이것은 모든 부모는 학습에 대한 다양한 선호도와 동기를 지닌 독특한 학습자로 인식된다는 뜻이다. 양육자가 기존의 능력을 향상시키고 새로운 기술을 발달시키고 현재와 미래 상황에서 사용하기 위한 방법론을 좀 더 깊이 이해할 수 있도록 특정 교수 또는 지도 방법을 확인한다. 조기개입 제공자는 보다 전통적인 아동 중심의 중재가 제공하기에 좀 더 편안하고 쉽다고 보고하지만(Campbell & Halbert, 2002), 조기 사회적 상호작용은 **자문적 지도 접근**(consultative coaching approach)과 아동의 중재를 제공하기 위한 자신의 역량을 촉진하는 양육자와의 관계를 기반으로 이루어진다.

조기 사회적 상호작용을 실행하는 중재자는 양육자의 학습 선호도와 아동 및 가족의 다양한 일과에 중재를 삽입하는 능력에 맞는 특정 자문 전략을 학습한다. 중재자는 일련의 전략을 어떻게 실행했는지, 양육자의 수행에 맞추었는지, 그리고 양육자에게 제공한 피드백이 어떠했는지 등에 대해서 지도받는다. 가정과 집단 놀이 회기에서 수집한 비디오를 사용해서 중재자 또는 좀 더 경력 있는 선배 제공자는 새로운 팀 구성원을 관찰하고 문제를 해결하고 피드백을 제공할 수 있다.

3. 임상적 배경

조기 사회적 상호작용은 자폐 범주성 장애 영아에게 2004「장애인교육법」(PL 108-446) Part C에서도 규정하는 매일의 일과에 자연적인 교수전략을 삽입하여 부모가 실행하는 중재를 사용하도록 한 국립연구위원회(NRC, 2001)의 권고사항을 확장하기 위해서 고안되었다. 국립연구위원회의 권고사항은 그 당시 가장 강력한 증거를 사용해서 개발되었다. 이 권고사항을 지지하기 위해서 많은 새로운 연구가 수행되었다. 조기 사회적 상호작용은 새로운 모델이며, 따라서 증거 기반이 형성되고 있는 중이다. 그러나 모델은 두 개의 주요 증거를 기반으로 개발되었다. 첫째, 자폐 범주성 장애를 지닌 어린 아동이 보이는 핵심 손상에 대한 연구는 조기 사회적 상호작용에서 무엇을 목표로 삼을지에 대한 기초를 제공하였다. 둘째, 부모 실행 중재 전략에 대한 연구는 조기 사회적 상호작용 안으로 병합되었다.

1) 어린 자폐 범주성 장애 아동의 핵심 결함

자폐 범주성 장애를 지닌 어린 아동의 보다 이른 판별이나 핵심 손상을 다루는 중재의 중요성을 지지하는 연구가 점점 더 많이 이루어지고 있다. 이러한 연구는 자폐 범주성 장애를 지닌 영유아의 핵심적인 사회 의사소통 손상을 정의해 왔다. 자폐 범주성 장애 아동과 발달지체(DD)를 보이거나 전형적인 발달(TD; Sigman, Dijamco, Gratier, & Rozga, 2004)을 보이는 아동을 구분해주는 손상을 핵심 손상이라고 말한다. 두 개의 핵심적인 사회 의사소통 손상은 (1) 사람과 사물 간에 관심을 협응하기 어려워하는 것을 반영하는 공동관심의 손상과 (2) 몸짓, 단어, 놀이 행동을 통해서 전통적인 의미를 학습하기 어려워하는 것으로 나타나는 상징 사용의 손상이다(Charman et al., 1997; Dawson et al., 2004; Loveland & Landry, 1986; Mundy, Sigman, & Kasari, 1990; Sigman, Mundy, Sherman, & Ungerer, 1986; Stone, Ousley, Yoder, Hogan, & Hepburn, 1997;

Wetherby, Prizant, & Hutchinson, 1998).

수많은 종단연구에 의해서 초기 사회 의사소통 기술과 언어 성취 간에 관계가 있다는 증거가 제시되고 있다. Mundy와 그 연구진(1990)은 평균적으로 약 3세 9개월에 보이는 몸짓 공동관심에 반응하고 시작하는 행동은 자폐 범주성 장애 아동에게 있어서 13개월 후의 언어 발달을 예측해주는 주요 변인이라는 사실을 밝혔다. 그러나 반면에 초기 언어 점수, 정신연령, 생활연령, IQ 등의 비구어 측정의 어느 것도 주요 예측 변인은 아닌 것으로 나타났다. 이와 같은 결과는 51명의 자폐 범주성 장애 아동이 평균 4세에 보인 초기 공동관심 기술은 평균 약 13세 때의 표현언어 성취를 예측하는 것으로 나타난 추후 종단연구에 의해서도 입증되었다(Sigman & Ruskin, 1999).

자폐 범주성 장애를 지닌 것으로 판별된 자녀를 둔 부모의 대다수는 생후 2년 내에 발달상의 증후나 지체를 인지하곤 하는데, 가장 흔하게는 언어 발달에 있어서의 우려를 표명한다(Chawarska et al., 2007). 더욱이, 대부분의 가족은 아동이 18개월이 되기 전에 처음으로 소아과 의사에게 우려를 나타낸다(Howlin & Moore, 1997). 2세 이하의 자폐 범주성 장애 아동의 사회 의사소통 기술에 대한 관찰 연구는 두 가지 근거의 정보로부터 이루어지는데, 가정에서 촬영한 비디오에 대한 회고적 분석과 종단 예측 설계로부터다. 회고적 분석의 가장 많은 수는 나중에 자폐 범주성 장애로 진단받는 아동의 첫 번째 생일파티에서 촬영한 비디오테이프에 근거한다. Osterling과 그 연구진(Oseterling & Dawson, 1994; Osterling, Dawson, & Munson, 2002)은 발달지체 아동도 가리키기와 보여주기에서는 차이를 보이는 것이 사실이지만 자폐 범주성 장애 아동은 첫 번째 생일파티에서 이미 가리키기, 보여주기, 얼굴 쳐다보기, 이름 부른 사람 쪽으로 향하기 등의 네 가지 측면에서의 결여로 인하여 구분된다는 사실을 발견하였다. 이러한 결과가 흥미로운 것은 사실이지만 대상자 표집의 대표성과 행동이 연구된 맥락 모두에서 제한점이 있었으며 이러한 제한점은 예측연구의 필요성을 강조한다.

종단 예측 설계를 적용한 일련의 연구는 자폐 범주성 장애의 위험을 지닌 아주 어린 아동을 판별하기 위해서 일반 소아과 내원자를 선별한 후에 이들을 발달지체 및 전형적인 발달을 보이는 통제집단과 그 차이를 비교하였다. 일반 소아과 선별을 통해서 2세 전에 판별된 두 개의 집단을 포함하는 일련의 연구가 발표되었다. 첫 번째 집단은 영아기 자폐 점검표(Checklist for Autism in Toddlers[CHAT], Baron-Cohen et al., 1996; Charman et al., 1997; Swettenham et al., 1998)를 사용해서 판별된 아동으로 구성되었다. 두 번째 집단은 CSBS DP(Pierce et al., 2012; Wetherby et al., 2004; Wetherby, Watt,

Morgan, & Shumway, 2007; Wetherby, Brosnan-Maddox, Peace, & Newton, 2008)를 사용해서 판별되었다. 이들 연구로부터 나타난 결과는 사람과 사물 간에 시선 옮기기, 공동관심에 반응하기 및 시작하기, 대화 몸짓 사용하기, 의사소통 비율(일정 시간 동안 나타난 의사소통 행동의 수) 등에서의 핵심 손상이 18개월의 자폐 범주성 장애 아동을 발달지체 및 전형적인 발달을 보이는 아동과 구분해준다는 것이다. Charman과 그 연구진(2003)은 2세 후반에 이루어지는 공동관심 측정은 3세에서의 언어를 예측해준다는 사실을 발견하였다. Wetherby와 그 연구진(2007)은 대규모의 예측 측정을 하였으며, 그 결과 공동관심을 포함하는 많은 측정이 3세의 언어 성취를 예측하지만 2세의 언어를 이해하는 것이 가장 큰 예측 변인이라고 보고하였다. Wetherby와 그 연구진(2004)은 사회 의사소통 손상 외에도 2세에 자폐 범주성 장애 아동을 구분하게 해주는 사물이나 신체를 이용하는 반복적인 움직임에서 위험신호를 발견하였다. 더 큰 집단을 대상으로 이루어진 추후 연구에서 McCoy, Wetherby, Woods(2009)는 60명의 18~24개월 자폐 범주성 장애 아동을 30명의 발달지체 및 60명의 전형적인 발달을 보이는 아동과 구분해주는 20개의 행동을 발견하였다. 연구에서는 이러한 20개의 행동 중 8개를 절단점으로 한다면 87%의 민감도와 84%의 특이성(specificity)을 지니는 것으로 보고하였다. 위험신호의 총 수와 사회 의사소통 및 자폐 증후 측정 간에는 매우 큰 유의한 상관관계가 있는 것으로 나타났다. 이러한 결과는 자폐 범주성 장애의 조기 발견을 향상시키기 위해서는 위험신호를 한 가지만 보기보다는 종합적으로 사용해야 한다는 시사점을 강조한다.

종합하자면, 초기 위험신호에 대한 점점 더 많아지고 있는 연구는 자폐 범주성 장애 아동이 전형적인 행동의 결여 및 비전형적인 행동의 표출을 근거로 발달지체나 전형적인 발달을 보이는 아동과 구분될 수 있다는 사실을 보여준다. 따라서 이들은 자폐 범주성 장애의 조기 판별에 있어서 또한 조기개입의 목표로 반복적인 행동과 함께 사회 의사소통의 중요성을 강조한다. 또한 이러한 결과는 자폐 범주성 장애 아동이 영아일 때 이들을 판별하는 데 있어서의 다양성을 증가시키기 때문에 자폐 범주성 장애를 지닌 아주 어린 아동과 그 가족을 위한 적절하고 효과적인 중재의 절대적인 필요성을 강조한다.

2) 어린 자폐 범주성 장애 아동을 위한 부모 실행 중재

자폐 범주성 장애를 지닌 어린 아동을 대상으로 발달주의와 행동주의 접근을 잘 혼합한 중재자 실행 중재의 효과를 보여주는 잘 설계된 몇 개의 무작위 통제 실험이 실시되었다(Dawson et al., 2010; Kasari, Paparella, Freeman, & Jahromi, 2008; Yoder & Stone, 2006). 물론 부모 실행 중재가 아동의 의사소통에 긍정적인 영향을 미칠 수 있다는 사실은 폭넓게 받아들여지고 있지만 임상실 밖에서 부모가 실행하는 중재에 대한 연구는 부족하며, 게다가 다양한 상황으로의 중재 일반화를 조사한 연구는 더욱 부족하다. Kashinath, Woods, Goldstein(2006)은 다섯 명의 자폐 범주성 장애 유아 부모를 대상으로 자연적인 교수전략의 일반화된 사용을 촉진시키는 효과를 조사하였다. 교수전략 간의 중다기초선 설계를 이용해서 각 부모가 다음의 여섯 가지 전략을 사용하도록 교수하였다: 환경 구성, 자연적 강화, 시간지연, 후속 모방, 모델링, 몸짓/시각적 단서. 체계적인 일과 선택과 다양한 일과 중에 중재를 삽입하는 방법을 통해서 일반화가 계획되었다. 부모는 자녀의 관심 초점에 일치시키고 의사소통 목표를 다루기 위해 선정한 일과 중에 두 가지 교수전략을 사용하도록 학습하였다. 일과는 다음과 같은 여섯 가지 부류 중 하나로 분류되었다: 놀이 일과, 바깥놀이 또는 여가 활동, 양육 일과, 집안 허드렛일, 지역사회 활동, 기타 건강 또는 안전 일과. 예를 들어, 퍼즐, 책, 공, 비눗방울, 음악 놀잇감 등을 가지고 노는 놀이는 실내놀이 일과의 예가 될 수 있다. 기저귀 갈기, 손 씻기, 목욕하기, 식사하기는 양육 일과다. 연구결과에 의하면, 다섯 부모 모두 교수전략을 유능하게 사용하였으며 동일한 부류의 일과 내에서 또는 서로 다른 부류의 일과 간에 일반화된 사용을 보였다. 동일한 부류 내 또는 다른 부류 간 일과에 따라 전략 사용 빈도에서 일관성 있는 차이는 발견되지 않았다. 아동과 부모의 하루 전반에 걸친 분산된 사용을 입증하기 위해서 동일한 부류와 다른 부류의 훈련받지 않은 일과 중에 전략 사용을 측정함으로써 일반화 자료를 수집하였다. 중재는 다섯 명 중 네 명의 아동에게서 의사소통 성취에 대한 긍정적인 영향을 미친 것으로 나타났다. 다섯 부모는 모두 자녀의 의사소통을 촉진하는 데에 중재가 유용하다고 인지하였다.

Wetherby와 Woods(2006)는 조기 사회적 상호작용이 사회 의사소통 성취에 미치는 영향을 평가하기 위한 사전 노력으로 2세에 프로그램을 시작한 17명의 자폐 범주성 장애 아동을 대상으로 사전사후 비교 준실험연구를 실시하였다. 부모는 1년 동안 2주 간격으로 자연적인 환경에서 자연적인 교수전략을 학습하였다. 중재목표는 사회적 상호작용, 공동관심, 의사소통, 모방, 놀이, 정서 조절을 대상으로 발달적 틀에 따라 개별화되고 선택되었다(Prizant, Wetherby, & Rydell, 2000). 그 결과, CSBS DP로 측정한 13개 사회 의사소통 성취 중 11개에서 효과 크기가 큰 유의한 향상이 나타났다(Wetherby &

Prizant, 2002). 특히 공동관심 시작하기와 반응하기에서 유의한 변화가 나타났다는 사실은 그동안 이러한 변화를 보고한 연구가 거의 없었기 때문에 주목할 만하다.

연구 설계를 강화하기 위한 노력으로 조기 사회적 상호작용 집단은 3세에 조기개입 프로그램을 시작한 18명의 자폐 범주성 장애 아동 집단을 비처치 통제집단으로 삼아 비교되었다. 비교집단의 사회 의사소통 측정은 조기 사회적 상호작용 집단의 사후검사와 같은 연령에 이루어졌으며 서로 비교되었다. 따라서 비교집단은 처치가 없는 성숙의 잠재적인 효과에 대한 정보를 제공한다. 그러나 비교집단 아동은 더 어린 나이에 판별되지 않았고 사전검사 시기에 비교될 수 있는지가 결정되지 않았기 때문에 이들에 대한 사전검사는 이루어지지 않았다. 비교집단은 조기 사회적 상호작용 중재를 받은 집단과 의사소통 수단 및 놀이에서 비교되었으며 유의하게 낮은 성취를 보였는데, 사회 의사소통의 모든 측정에서 효과크기가 중간부터 큰 것으로 나타났다. 평균 31개월에 조기 사회적 상호작용 집단의 77%가 단어를 사용한 데 반해 비교집단은 56%가 사용하였다. 비교집단 아동이 더 일찍 판별되지 않았기 때문에 2세에 비교가 가능한지를 결정할 수 없었던 것은 이 연구의 제한점이다. 이와 같은 결과는 자폐 범주성 장애 영아의 사회 의사소통에 영향을 미치기 위해서 부모가 실행하는 중재를 사용할 수 있다는 고무적인 기대를 제공한다.

4. 실행을 위한 요구사항

자폐 범주성 장애를 지닌 아주 어린 아동에게 적절한 강도의 중재를 제공하는 것은 보건 및 교육 분야에서의 도전적인 과제다. 2004「장애인교육법」(PL 108-446) Part C에 의해서 제공되는 전문가 서비스는 주당 평균 2~3시간이다(Scarborough et al., 2004). 자폐 범주성 장애 아동을 위한 집중적인 서비스 지침을 개발한 소수의 주에서만 주당 20시간까지의 서비스를 제공한다. 자폐 범주성 장애를 지닌 신생아 및 영아의 최상의 성취를 위한 중재의 강도는 아직 결정되지 않았지만 주 5일간 매일 2시간씩을 최소한의 기준으로 하는 적극적이고 생산적인 참여에 소모한 시간의 양이 유아의 성취에 영향을 미치는 것으로 보고되었다(NRC, 2001). 다른 아동과 함께 활동에 참여하는 자폐 범주성 장애 아동은 단순하게 그곳에 있는 것만으로 학습하지는 않는다. 통합 기회는 자폐 범주성 장애 아동이 교재와 활동과 다른 아동과의 참여를 통해서 학습할 수 있도록 적절한 지원을 제공해야 한다(Strain et al., 2001). 조기 사회적 상호작용이 제안하듯이, 자연적인 환경에서 중재를 제공하는 것은 하루 전반에 걸쳐 학습을 극대화하고 따라서 자폐 범주성 장애 아동에게 중요한 적극적인 참여의 강도를 성취하게 하는 방법이다. 그러나 이를 위해서는 부가적인 프로그램 요소를 고려해야 한다.

1) 인력 준비

조기 사회적 상호작용 접근은 Part C의 권장사항과는 일치하지만 다른 유형의 지체나 장애를 지닌 대부분의 아동과 그 가족을 지원하기 위해서 필요한 일반적인 지식과 기술 그 이상을 포함하며, 따라서 자폐 범주성 장애 아동과 그 가족을 대상으로 일하기 위해서는 특화된 훈련을 받은 인력을 필요로 한다. 그 결과로 본 장에서는 몇몇 특화된 훈련 분야를 제공하였다. 조기 사회적 상호작용 제공자는 자폐 범주성 장애의 핵심 손상뿐만 아니라 자폐 범주성 장애를 지닌 영아가 보일 수도 있는 전형적이거나 비전형적인 행동에 대해서 먼저 알아야 한다. 아주 어린 아동에게 조기 사회적 상호작용을 적용할 때에는 생후 2~3년에 아동의 사회 의사소통 행동이 향상되거나 퇴보할 때 나타날 수 있는 변화인 초기 위험신호와 함께 행동이 위험신호로 여겨지게 되는 순서 또는 시기(예: 사물보다 사람에 관심을 덜 보이거나 사물을 가지고 반복적인 움직임을 보임)에 대해서도 알아야 한다. 조기 사회적 상호작용의 중재자는 아동이 문제행동을 보이는 경우 그러한 행동을 대체할 수 있는 의사소통을 교수하기 위해서 긍정적 행동지원의 사용에도 익숙해야 한다.

조기 사회적 상호작용 제공자는 SCERTS를 이용한 아동 진단 및 중재 계획에도 익숙해야 한다. SCERTS는 가정에서뿐만 아니라 부모-자녀 놀이집단과 보육 또는 지역사회 중심 프로그램에서 일과 중심의 개별화된 중재를 위한 교육과정으로 사용된다. SCERTS 사용을 배우려면 적절한 실행을 위한 훈련과 피드백 시간을 필요로 한다. 그러나 이러한 것들은 시간이 지남에 따라 오히려 "일과"가 되며 팀 구성원에게 종합적인 접근과 실행을 위한 조직화된 계획을 제공한다. 아동의 학습을 촉진해야 하는 다양한 양육자의 역량을 강화하기 위한 지도 전략을 적용하는 능력 또한 경험을 필요로 하며 기술을 갖춘 다른 중재자나 팀 구성원으로부터의 수행 피드백을 필요로 한다.

2) 양육자 및 팀의 참여

조기 사회적 상호작용은 모든 가족을 위한 것이 아닐 수도 있다. 지금까지 프로젝트를 중단한 가족은 거의 없었지만, 그래도 몇몇 가족은 가족 구성원으로서 시간을 할애하는 것에 대해 의문을 제기하였고 또 다른 몇몇 가족은 중재자가 직접 실행하는 접근을 선호하기도 하였다. 조기개입 팀의 2~4시간 지원으로 어떻게 아동을 주당 25시간 동안 참여시킬 수 있는지에 대한 질문과 관련해서 조기 사회적 상호작용 지침서인 "계산해보자! 누가 더 많은 중재를 받았는가?"는 가족 구성원이 무엇을 해야 하는지와 중재가 일과에 삽입될 때 치료를 위한 특별한 시간을 별도로 두지 않고도 투입할 수 있는 시간의 양을 보여주는 데에 도움이 된다([그림 9-1] 참조).

아동에게 삽입된 중재의 대부분을 제공하는 주 양육자가 있는 것은 매우 중요하다. 그러나 참여하는 가족의 대다수는 하루 전반에 걸쳐 기타 의사소통 및 사회적 상호작용 파트너로 참여한다. 예를 들어, 대호의 할아버지는 거의 매일 학교가 끝난 후 대호의 형을 집으로 데리고 와서 하루 60~90분간 바깥놀이 파트너를 일관성 있게 제공한다. 현우의 부모는 기회를 극대화하고 통제된 변인을 증가시키고 일반화를 강화하기 위해서 하루 일과의 형태와 시간을 분할하였다. 또 다른 가정에서는 육아 돌보미나 유모를 고용해서 중재의 일부분을 수행하도록 훈련시키기도 한다. 다양한 양육자의 활용은 아동과 가족의 성취를 강화할 수 있지만 모든 파트너가 유능하고 협동적으로 노력하게 만들어야 하는 중재자에게는 중요한 고려점을 제기한다.

조기 사회적 상호작용에서 팀을 구성하기 위해서는 시간과 관심과 지속적인 의사소통이 필요하다. 또한 팀의 구성은 성과와 가족 만족도를 향상시킨다. 어느 팀에서나 다 그렇듯이, 다수의 제공자는 일관성을 확보하기 위해서 아동의 성취, 일과 계획, 양육자 지원에 협력해야 한다. 다수의 제공자가 협력하지 않고 가족을 안내하지 않으면 "주인의식"은 전문가에게 넘어가기 때문에 간식시간은 감각과 섭식에 초점을 두는 작업치료사에게 속하게 되고 반면에 이야기와 놀이 시간은 의사소통을 증진시키려는 언어치료사의 분야가 되어버린다. 조기 사회적 상호작용에서는 일과 또는 활동이 서로 다른 전문 영역에 속하기보다는 아동과 가족에게 속한다. 가족은 3~4개의 다양한 분야의 중재자가 되어서 자신의 하루 일과를 특화된 절차로 채우도록 요구되어서는 안 된다. 이들은 부모일 뿐이다. SCERTS의 활용은 개별 아동과 가족을 위한 개별화된 계획과 영역 또는 분야와 상관없이 선정된 일과를 위한 가장 적절한 목표를 판별하도록 돕는다.

ESI **조기 사회적 상호작용 프로젝트** ESI

계산해보자!

누가 더 많은 중재를 받았는가?

재호

요일	월	화	수	목	금	합계
활동	작업치료 음악에 따른 율동 및 그네	언어치료 그림카드 명명하기와 차례로 놀잇감 작동하기		작업치료 음악에 따른 율동 및 그네	언어치료 그림카드 명명하기와 차례로 놀잇감 작동하기	
전문가 시간	45분	45분		45분	45분	3시간
아동 시간	45분	45분		45분	45분	3시간

재민

<table>
<tr><th>월</th><th>화</th><th>수</th><th>목</th><th>금</th><th rowspan="2">합계</th></tr>
<tr>
<td colspan="2">오전–30분
• 아침식사 중 음식 요구하기
• 기저귀 갈 때 사회적 게임하기(까꿍/반짝반짝)
• 옷 입을 때 차례로 노래 부르기
놀이시간–30분
• 간단한 행동 게임(공굴리기, 블록 쌓기, 놀잇감 작동하기)에서 차례 주고받기
• 책을 선정해서 그림 가리키기
• 더 해달라고 요구하기(비눗방울, 그네, 음악)
집안 허드렛일–15분
• 정리할 때 놀잇감을 엄마에게 주기
• 집안일이 끝나면 안아달라고 요구하기 위해서 엄마에게 팔 뻗치기
• 방 정리할 때 빨래는 바구니에 넣고 봉제완구는 침대 위에 놓기
점심식사–45분
• 점심식사 중 음식 요구하기
• 기저귀 갈 때 사회적 게임하기(까꿍/반짝반짝)
• 손 씻을 때 차례로 노래 부르기</td>
<td colspan="2">낮잠 준비하기–15분
• 안아달라고 엄마에게 팔 뻗치기
• 잠재우려고 앞뒤로 흔들면서 음악에 맞춰 사회적 게임하기
놀이시간–30분
• 간단한 행동 게임(공굴리기, 블록 쌓기, 놀잇감 작동하기)에서 차례 주고받기
• 책을 선정해서 그림 가리키기
• 더 해달라고 요구하기(비눗방울, 그네, 음악)
자동차 타기–15분
• 등하교 시 엄마와 노래 부르기
바깥놀이–30분
• 형과 그네 타고 공놀이하기
저녁식사–30분
• 저녁식사 중 음식 요구하기
• 설거지하는 아버지에게 컵과 접시 가져가기, 차례로 명명하기
목욕/잠들기–30분
• 욕조에서 가지고 놀 놀잇감 요구하기
• 아버지와 차례로 채우고 비우는 놀이하기
• 노래 부르며 신체 부위 "찾기"</td>
<td>오전–30분
• 아침식사 중 음식 요구하기
• 기저귀 갈 때 사회적 게임하기(까꿍/반짝반짝)
• 옷 입을 때 차례로 노래 부르기
놀이집단–90분
• 부모 및 또래와의 놀이
점심식사–45분
• 점심식사 중 음식물 요구하기
• 기저귀 갈 때 사회적 게임하기(까꿍/반짝반짝)
• 옷 입을 때 차례로 노래 부르기
낮잠 준비하기–15분
• 안아달라고 엄마에게 팔 뻗치기
• 잠재우려고 앞뒤로 흔들면서 음악에 맞춰 사회적 게임하기
엄마가 정해준 친구와의 놀이–1시간
• 친구와의 게임, 노래, 놀이, 간식 먹기
저녁식사–30분
• 저녁식사 중 음식물 요구하기
• 설거지하는 아버지에게 컵과 접시 가져가기, 차례로 명명하기
목욕/잠들기–30분
• 욕조에서 가지고 놀 놀잇감 요구하기
• 아버지와 차례로 채우고 비우는 놀이하기
• 노래 부르며 신체 부위 "찾기"</td>
</tr>
<tr><td>전문가 시간</td><td colspan="3">주 2회 1시간씩 가정방문</td><td>90분</td><td>3시간 30분</td></tr>
<tr><td>아동 시간</td><td colspan="3">매일 5시간</td><td>5시간</td><td>25시간</td></tr>
</table>

[그림 9–1] 계산해보자: 누가 더 많은 중재를 받았는가?

조기 사회적 상호작용 중재자는 팀에 의해서 가족 서비스 협력자로 역할하도록 선정될 수 있다. 서비스 협력자는 질 관리, 가족 만족도, 프로그램 목표와 서비스 성취 등과 관련해서 다양한 역할을 수행한다. 이들은 또한 자원으로의 접근, 다른 서비스나 지원에 대한 의뢰, 정보 제공 등에서 가족을 지원한다. 모든 팀 구성원, 특히 조기 사회적 상호작용 중재자는 양육자와 정보를 공유해야 한다. 중재자는 양육자가 배우기를 원하는 "방법론"을 지도함과 동시에 자폐 범주성 장애의 "무엇"과 "왜"를 설명하고 자폐 장애 진단 수용이나 섭식 문제나 문제행동의 예방 등 가족의 관심을 다루기 위한 정보를 제공해야 한다. 가족의 정보나 자원의 필요성을 다룸으로써 문제해결이나 의사결정 또는 다양한 장소나 일과로의 일반화를 위한 이들의 정보 활용 역량을 강화할 수 있다. 부모-자녀 놀이집단으로 여러 가족을 함께 모이게 만드는 것은 부모 간에 정보와 자원을 공유하도록 촉진하고 이들의 지원과 사회화를 함양할 수 있다.

5. 주요 구성요소

조기 사회적 상호작용의 주요 구성요소는 가족 주도 일과, 아동과 가족을 위한 개별화된 교육과정, 부모 실행 삽입 중재, 협력적 자문, 긍정적 행동지원, 팀 중심의 지역사회 협력이다.

1) 가족 주도 일과

2004「장애인교육법」Part C에서는 중재의 실제가 아동과 가족의 매일의 일과와 활동과 장소 내에서의 지원 및 서비스 전달이어야 한다고 강조한다(NECTAC, 2008). 가족의 매일의 일과와 활동에 중재를 삽입하는 것은 아동의 의사소통 파트너, 놀이 상대, 부모로서의 양육자 역할을 지원한다. 조기 사회적 상호작용은 가정에서, 지역사회 중심의 부모-자녀 놀이집단에서, 지역사회 내 보육 및 교육 프로그램에서 이루어진다. 부모와 아동에게 주어지는 일과와 활동과 기회는 장소에 따라 다르지만 목표는 유사하다. 모든 장소에서 중재자의 역할은 부모와 양육자가 아동과 긍정적으로 상호작용하도록 지도하고 상호작용 중에 아동이 참여하도록 지원하고, 양육자와 아동 간 상호작용 빈도를 증진시키고, 양육자가 아동에게 기능적이고 예측 가능하고 의미 있으면서 하루

전반에 걸쳐 발생하는 사회 의사소통 및 정서 조절 목표를 실천하기 위한 증거 기반의 중재 전략을 사용하도록 지도하는 것이다.

중재 회기는 아동의 관심, 가족의 선호도, 학교 일정, 중재를 위해서 판별된 특정 일과(예: 옷 입기, 간식과 식사, 목욕, 형제자매와의 놀이)에 맞추어 계획된다. 처음에는 부모 실행과 아동의 진보를 점검하기 위해서 매주 2회의 가정방문이 권장된다. 실제로 매주 이루어지는 가정방문의 횟수는 주로 가정 환경(예: 직장 일정, 새로운 자녀의 출생, 휴가, 질병)이나 하루 일과 중 성공적으로 중재를 삽입할 수 있는 가족의 역량에 따라 달라진다. 대부분의 가족은 학습을 위한 적절한 강도와 충분한 수준으로 하루 전반에 걸쳐 아동의 일과에 중재를 삽입하는 방법을 배우기 위해서 시간을 필요로 한다. 중재자는 강도를 유지하기 위해서 보충 회기를 제공할 수 있으며 가족이 지원되고 있는지를 확인하기 위해서 이메일이나 전화통화로 계속 연락해야 한다.

중재에 적합한 매일의 일과는 매우 분명해 보이기는 하지만 개별 가족의 관심, 신념, 독특한 특성에 따라 달라진다. 개별 아동과 가족에 따라 개별화된 맥락이 제공되기 위해서는(Bernheimer & Weismer, 2007) 가족은 자신들의 관심, 취미, 아동과 함께 하기를 원하는 시간, 문제가 되는 일과나 활동, 지역사회 참여, 정기적인 일정 등을 고려할 수 있도록 낮과 저녁과 주말 일정을 설명하는 그 이상이도록 격려되어야 한다. 대화를 통해서 아동의 현재의 관심과 동기 유발자뿐만 아니라 참여 수준, 독립성, 활동과 일과 내 참여 등을 식별해야 한다(Campbell, Milbourne, & Wilcox, 2008; McWilliam, 2005; Woods & Lindeman, 2008). 일과 중 부모와 아동을 관찰하는 것은 양육자가 아동의 참여와 의사소통을 지지하거나 방해하는 데에 이미 사용하고 있는 전략을 알게 해준다.

조기 사회적 상호작용은 아동과 부모 모두에게 교수와 학습의 우선순위를 지지하는 일과와 활동을 주의 깊게 선정함으로써 자폐 범주성 장애를 지닌 어린 아동을 위한 일과 중심의 중재를 실행한다. 가족과 중재자는 면담을 통해서 알아낸 목록으로부터 (1) 높은 빈도로 실행되거나 발생하고, (2) 아동과 가족에게 동기를 부여하며, (3) 공동관심, 의사소통, 기타 핵심 중재목표를 위한 다수의 기회를 포함하는 일과와 활동을 선택한다(Kashinath et al., 2006). 먼저 첫 번째 일련의 일과를 실행한 후에 연습 기회를 확장하고(예: 손 씻기는 이 닦기와 머리 빗기로 확장됨), 추가 놀이나 의사소통 파트너를 포함하고(예: 하교 후 할아버지, 놀이터 가기), 일반화를 지원하기 위한 일과와 활동의 유형을 늘리고(예: 친구 집에서 간식 먹기, 패스트푸드점 가기), 새로운 기술의 개발을 촉진하기 위해서(예: 공원에서 또래에게 놀이 시작하기, 애완견 돌보기) 다른 일과를 계획에 추가한다.

일과와 놀이 활동의 총 횟수와 실행 비율은 개별 가족과 아동에 따라 달라진다. 횟수는 다르지만 개별 가족을 위한 다양한 일과와 놀이 활동은 항상 하루 전반에 걸쳐 학습 기회를 분산시키고, 가족생활 중 기능적이고 의미 있는 사건 내에 참여하게 하며, 아동의 성장과 발달을 촉진하도록 격려하는 데에 사용된다.

Part C와 일치하는 조기 사회적 상호작용의 또 다른 요소는 가족에게 속한 물건, 놀잇감, 교재를 사용하되 이러한 것들이 가족의 일과와 장소 안에서 사용된다는 것이다. 예를 들어, 실내놀이 일과는 아동이 좋아하는 놀잇감, 음악, 또는 구성놀이 교재를 포함하며 실외놀이 교재는 아동의 공, 그네, 스쿠터 등으로 구성된다. 특별한 교구나 교재를 가정으로 가져오지는 않는다. 그러나 부모는 아동의 동기를 유발하고 현행 목표와 관련된 것이라면 가정에서 사용하기 위해서 부모-자녀 놀이집단에서 놀잇감이나 교재를 대여할 수 있다. 중재자는 부모가 각 일과 내에서 적절하게 새로운 것들을 소개함으로써 일과가 의식이 되어버릴 가능성을 감소시키고 추가 실행 기회를 증진시키기 위해서 다양성을 통제할 수 있도록 지원하는 것도 매우 중요하다.

2) 아동과 가족을 위한 개별화된 교육과정

SCERTS는 가정방문, 놀이집단, 지역사회 장소에서의 교육과정으로, 장단기 교수목표 진단과 연계하는 통로로, 그리고 진보를 점검하는 수단으로 사용된다. 사회 의사소통(SC)과 정서 조절(ER)은 자폐 범주성 장애 아동의 발달을 지원하기 위해 목표로 삼는 주요 발달상의 측면이며, 교류 지원(TS)은 이들의 가족을 위한 목표다. SCERTS에서는 아동에게서 나타나는 대부분의 학습은 매일의 활동과 경험의 사회적 맥락에서 발생한다고 본다(Prizant, Wetherby, Rubin, & Laurent, 2003; Prizant et al., 2006). 중재자는 매일의 활동 내에서 교류 지원을 실행함으로써 가족이 사회 의사소통 및 정서 조절에 있어서의 장단기목표를 수립할 수 있도록 교수한다. 이러한 교수는 매일의 학습 맥락에서 자폐 범주성 장애 아동과 상호작용을 하게 될 의사소통 파트너를 돕기 위해서 가정과 지역사회 장소 모두에서 그리고 개별 및 집단 수업 모두를 통해서 이루어진다.

가정 중심의 수업 외에도 각 아동은 플로리다 주립대학 의과대학의 자폐연구소에서 실시하는 종단연구인 첫 단어 프로젝트(FIRST WORDS Project, 2007)를 통하여 두 명의 중재자가 안내하는 부모-자녀 놀이집단에 참여하였다. 최대 10쌍의 부모-자녀(전형적인 발달을 보인 아동과 발달지체 아동이 혼합됨)가 놀이집단으로 서로 만났다. 신생아 집단은 6~13개월, 영아 집단은 14~24개월의 아동으로 구성되었다. 각 부모-자녀 쌍은 조기 사회적 상호작용 중에 최소 9주 동안 놀이집단에 참여하였다. 놀이집단은 음악, 도서, 가장놀이, 병원놀이, 인형놀이, 블록, 트럭, 놀잇감, 부엌과 식당, 액체놀이 활동 등의 놀이 영역으로 구성된 600 평방피트의 방에서 진행되었다. 각 놀이집단의 일과는 예측 가능한 시작하기와 종료하기 노래, 도서, 이 주의 새로운 놀이 영역을 포함하였다.

중재자는 매주 특정 주제에 대한 정보와 유인물을 제공한다. 주제는 어린 아동이 의사소통하는 방법과 이유, 자녀의 의사소통에 반응하는 방법, 매일의 일과와 놀이, 어린 아동을 위한 게임, 감각을 통한 학습, 자녀와 함께 책 읽기, 영아의 의사소통 및 행동, 또래와의 사회적 상호작용 및 놀이 등을 포함한다. 매주 정해진 주제를 학습하는 것 외에도 가족은 자녀와의 상호작용에 초점을 맞추고 다른 참여 아동과의 또래 상호작용을 지원하고 자신이 사용하는 전략에 대한 피드백을 받을 수 있는 기회를 갖게 된다. 중재자는 토론과 유인물, 질문에 대한 대답, 기회를 만들고 제안함으로써 시범을 보이고 개별 지도하기 등의 방법으로 가족에게 정보를 제공한다. 더 나아가서 놀이집단은 가족에게 같은 연령의 또래와 함께 하는 집단 내에서 자녀를 관찰하고 자폐 범주성 장애가 있거나 없는 자녀를 둔 부모와 교류할 수 있는 기회를 제공함으로써 자녀가 자폐 범주성 장애를 지녔다는 현실에 적응하는 데 도움이 될 수 있다.

3) 부모가 실행하는 삽입 중재

조기 사회적 상호작용은 부모가 실행하는 접근이다. 아동의 우선순위 목표와 첫 번째 일과 및 놀이를 판별한 후에 중재자와 부모는 일반적이고 특별한 중재 전략과 부모 지원을 사용해서 목표를 일과에 삽입하는 과정을 시작하게 된다. SCERTS 교육과정에서는 개별 아동의 목표와 부모 지원을 위해서 복수의 증거 기반의 전략을 판별한다. 중재자는 아동의 우선순위 목표에 적절하고 아동과 부모의 현행 지식과 기술에 가장 적합한 전략 또는 전략군에 대해서 체계적으로 부모를 자문한다. 아동을 위한 발달주의 모델과 부모를 위한 성인 학습을 기반으로 조기 사회적 상호작용 중재자는 아동이 사회 의사소통을 시작하도록 격려하고 아동의 관심 초점을 따르는 부모의 능력을 향상시키는 데에 가장 우선적으로 관련된 지원을 선택한다. 전략은 부모의 관찰된 기술 수준을 근거로, 전략의 사용이 아동의 의사소통 목표에 영향을 미칠 것이라는 증거를 기반으로, 전략이 일과 내에서 여러 번 실행될 수 있다는 부모의 판단에 의해서 개별화되어야 한다.

4) 성인 학습 체계에 있어서의 협력적 자문

조기 사회적 상호작용 중재자는 부모가 일과 안으로 중재를 삽입하도록 가르치는 방법을 개별화하며, 이렇게 함으로써 중재자나 부모가 선호하는 교수 및 학습 양식을 존중하면서 조정할 수 있다. 부모는 읽기 쉬운 유인물, 비디오 또는 가족이 선정한 일과 내에서의 특정 전략과 사례의 시범으로부터 선택할 수 있다. 중재자는 일련의 교수법을 따르고, 일과 내에서 전략을 시범 보이고, 부모가 질문을 할 기회를 제공하거나 부모가 실행하고 중재자는 관찰하면서 필요할 때 부모를 지원하는 방식의 안내에 따른 실습 기회를 제공한다([그림 9-2]).

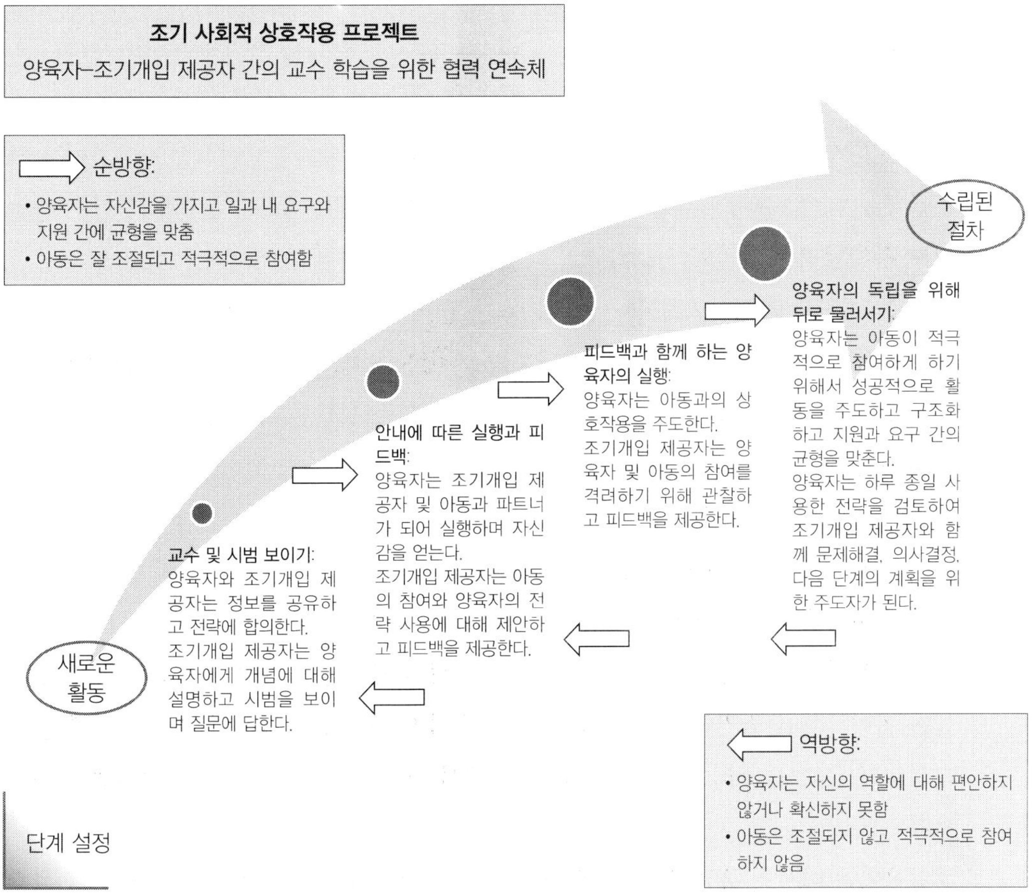

[그림 9-2] 조기 사회적 상호작용의 양육자-조기개입 제공자 간의 교수 학습을 위한 협력 연속체

부모와 중재자는 실행을 위한 전략 사용 및 잠재적인 방해요소에 대해 논의하고 일과에 따른 잠재적인 전략 사용의 추가 예시를 확인한다. 중재 만족도와 주인의식을 증진시키기 위해서 사용하게 될 교수법의 유형에 대한 부모의 의견을 구한다. 부모는 중재자와 함께 하는 정리하기나 계획하기 시간 중에 가장 좋은 방법에 대해 말하도록 격려된다. 매주 중재자는 선정된 일과 내에서 부모의 중재 실행을 관찰한다. 만일 중재자가 지도한 대로 부모가 목표를 삽입하거나 중재 전략을 사용하지 않는다면 중재자는 부모의 입장에서 어떤 것은 잘되고 어떤 것은 어려운지와 관련된 문제해결을 위해서 훈련을 검토한다. 이들은 양육자의 역량을 증진시키고 또 다른 계획을 세우기 위해서 함께 일한다. 양육자가 계획한 대로 실행하고 있다면 아동을 위해서 상호작용의 질을 강화하거나 아동의 독립성 및 의사소통의 정교함의 수준을 확장하기 위한 다음 단계에서는 무엇을 해야 할지 논의한다.

조기 사회적 상호작용은 아동과 양육자 모두의 성취를 위해서 체계적으로 실행된다. 예를 들어, 중재자는 양육자가 아동으로 하여금 목욕이나 자동차 놀이 중에 차례 주고받기를 확장하고 시작행동을 증진시키도록 후속적인 모방과 같은 특정 중재 전략을 사용하게 한다. 각 전략은 매번 방문할 때마다 아동의 목표를 다루고 선택된 일과와 관련되도록 특별히 양육자와 함께 결정한다. 이것은 아동의 현행 목표나 기능성을 연습할 수 있는 맥락을 고려하지 않은 채 모방 등의 일반적인 원리나 전략을 가르치는 접근과는 상반된다. 양육자의 학습 곡선에도 주의를 기울여야 한다. 이 사례에서 전략은 양육자에게는 새로운 것이며 아동에게 친숙하고 선호하는 일과인 목욕과 놀이로 삽입된다. 중재자는 후속 모방을 시범 보이고 일과 중에 연습하도록 안내하고 양육자와 아동을 관찰하고 피드백을 제공함으로써 양육자를 지원한다. 양육자의 자신감이 고조되면 중재자는 직접적인 지원을 줄이고 보다 간접적인 피드백을 제공하게 될 것이다. 전략은 아동의 사용을 확장하고 일반화를 촉진하기 위해서 부가적인 적절한 일과에 계속해서 삽입될 것이다. 이러한 과정 전반에 걸쳐 문제해결 방법이 사용되는데, 즉 중재자가 양육자의 이해도를 점검하기 위한 수단으로, 구어 연습을 통해서 양육자의 자신감을 증진시키기 위해서, 그리고 다양한 견해에 의해서 제공되는 문제해결력을 사용하기 위해서다.

양육자는 아동의 목표와 일과 내 전략 시행에 대한 자료를 수집하기 위한 가장 쉬운 방법을 결정할 기회를 갖게 된다. 예를 들어, 어떤 부모는 아동의 참여를 기록하기 위한 가장 쉬운 방법으로 일기나 로그 작성을 선택할 수 있으며, 또 다른 부모는 일과 즉시 메모할 수 있도록 목욕탕의 칠판이나 냉장고를 이용할 수 있다. 중재 충실도는 개별 가정방문이 다음의 요소를 포함하는지를 확인하기 위한 점검표를 스스로 작성하게 함으로써 검토될 수 있다.

- 이전 방문 후 지금까지 아동과 가족의 목표 및 중재 강도에 대한 검토
- 다양한 일과에 대한 부모의 관찰 및 참여
- 일과 내에서 특정 목표를 위한 중재를 실행하는 안내에 따른 실습
- 방문과 방문 사이에 이루어지는 언제, 얼마나 자주, 어디서 중재를 해야 하는지에 대한 논의
- 다음 방문에 대한 계획 수립

5) 긍정적 행동지원

조기 사회적 상호작용 중재자는 문제행동의 발생을 제한하기 위해서 고안된 방법을 포함하는 기능 진단과 긍정적 행동지원 실행에 대한 훈련을 받는다. 조기 사회적 상호작용을 시작하게 되는 아동은 중재 계획 중에 긍정적 행동지원을 필요로 할 수도 있고 그렇지 않을 수도 있다. 처음에는 초기 의사소통 및 사회적 상호작용 기술의 발달에 초점을 맞추어야 하며, 만일 그러한 발달이 성공적이라면 긍정적 행동지원의 필요성은 예방될 수 있다. 그러나 아동이 초기에 판별되지 않았거나 쉽게 이해되는 의사소통을 발달시키지 못한다면 문제행동이 나타날 가능성은 증가한다(Fox, Dunlap, Hemmeter, Joseph, & Strain, 2003). 긍정적 행동지원은 개별 아동을 기반으로 조기 사회적 상호작용 접근 안으로 병합된다. 그러나 문제행동을 예방하기 위한 환경 구성, 시각적 지원의 사용, 아동의 의사소통에 대한 반응의 중요성 등 긍정적 행동지원의 요소는 조기 사회적 상호작용의 기본적인 요소로 적절한 의사소통과 사회적 상호작용 학습을 위한 공통적인 기반을 제공한다.

6) 팀 중심의 지역사회 협력

조기 사회적 상호작용 중재자는 다양한 상황에서 아동의 주 서비스 제공자로 역할한다. 그렇게 함으로써 조기 사회적 상호작용 중재자는 양육자가 다양한 영역 또는 아

동 기술의 발달 영역에 따른 성취를 통합하도록 지도할 수 있다. 주 서비스 제공자를 두는 접근은 성취 또는 중재 방법에 대한 (잠재적인 갈등이 아닌) 협력을 촉진한다. 또한 의미 있는 매일의 일과와 활동 중에 이루어지는 양육자의 실행에 대한 통일된 접근을 촉진하기 위해서 보다 전통적인 훈련 내용과 전략을 교환할 수 있는 기회를 제공한다. 조기 사회적 상호작용 중재자는 아동과 가족의 필요를 충족시키기 위해서 팀과 협력하고, 팀이 가족과의 의사소통으로 일관성 있는 메시지를 전달하게 하고, 필요한 경우 지역사회 자원과도 협력한다. 지역사회 지원이 격려되고 추천된다.

또래와의 사회적 상호작용도 격려된다. 아동의 사회 의사소통 기술이 증가되면 지역사회 활동 중에 또래와 함께 할 수 있는 기회가 증진된다. 가정, 보육, 교육 프로그램의 조합은 조기 사회적 상호작용의 자연스러운 진전이다. 집단 환경에 대한 가족의 선호도와 접근은 자원, 가족의 가치관, 지리적인 조건에 따라 매우 다양하다. 조기 사회적 상호작용 내에서 어떤 가족은 매주 하루 또는 이틀 동안 자녀의 보육 또는 어머니의 오전 외출을 선택하기도 하고, 반면에 어떤 가족은 보다 공식적인 유아원 또는 유치원 프로그램을 선택하기도 한다. 또한 가족에 따라서는 덜 공식적이고 비용이 덜 드는 방법으로 사회적 상호작용을 지원하기 위해서 지역사회 협력 프로그램을 개발하여 놀이 데이트를 하기도 한다. 가족의 선택이 무엇이든지 간에 조기 사회적 상호작용 제공자는 보육 또는 유치원 교사에게 초기 훈련을 제공함으로써 의사소통, 상호작용, 긍정적 행동을 지원하기 위한 환경을 구성하고 필요한 경우 시각적 지원을 개발하고 장소 전이를 촉진할 수 있도록 도움을 제공한다. 부모에게 하는 것과 마찬가지로 교사에게도 일련의 자문 지원이 제공된다. 아동이 성공적으로 수행하고 교사가 자신감을 얻게 되면 조기 사회적 상호작용 중재자는 프로그램 내에서 아동과 함께 하는 시간을 줄이고 프로그램을 검토하기 위한 정기적인 자문 방문 일정을 수립하고 기존의 성취 목표를 수정하거나 새로운 목표를 추가하고 교사와 함께 문제를 해결함으로써 또래 간의 부가적인 사회 의사소통과 놀이 기회를 만들어내는 교사의 역량을 강화할 수 있다.

6. 의사결정을 위한 자료 수집

중재를 더 일찍 시작하면 할수록 아동을 위한 성과가 더 좋아진다는 신념을 근거로 조기 사회적 상호작용은 다양한 차원에서 자료를 수집한다. 첫째, 중재가 이루어지고 있는지를 아는 것은 중요하다. 중재에 소모된 시간의 양에 대한 자료는 중재자에 의해서 수집되며 조기 사회적 상호작용과 기타 팀 구성원 및 부모에 의해서 제공되는 시간을 모두 포함한다. 가족은 중재자와 함께 하는 매 회기마다 그동안 완수한 일과와 지역사회 활동과 새로 시작한 일과 또는 활동에 대한 정보를 공유한다. 강도나 일관성이 낮아지기 시작하면 부모와 중재자 간의 문제해결 절차가 시작되어야 한다. 이러한 절차는 아동의 연습을 촉진하기 위한 다른 가능한 파트너(예: 할아버지, 손위 형제자매, 고등학교 자원봉사자)나 활동(예: 어머니의 아침 외출, 조기 헤드스타트)을 판별하거나 다른 자녀가 학교에서 집으로 돌아오는 시간에 부모에게 좀 더 시간을 주기 위해서 현행 일과나 활동을 재구성하는 등의 방법을 포함한다. 강도가 중요하기는 하지만 한 부모만 중재를 제공할 필요는 없으며, 시간이 지남에 따라 추가 파트너가 일반화를 지원할 수도 있다.

아동의 자료는 관찰 대상 중재목표에 대해 회기마다 수집되며 SCERTS를 이용해서 4분기별 재진단을 통하여 갱신된다. 아동의 목표는 진보가 이루어지고 있는지를 확인하기 위해서 긴밀하게 점검될 필요가 있으며, 만일 진보가 이루어지지 않고 있다면 즉시 계획을 수정해야 한다. 다시 말하지만, 시간은 매우 중요하다. 마지막으로, 보다 덜 공식적이지만 부모의 지원 및 전략 사용에 대해서도 가정방문 중에 피드백을 통하여 점검하고 공유하게 된다.

조기개입 프로그램 내에서 효율적이고 활용 가능하기 위해서는 자료 수집의 관리가 가능해야 한다. 조기 사회적 상호작용 중재자는 아동의 성취, 실행된 일과와 활동, 양육자의 적용 등을 기록하기 위해서 가정방문 노트를 사용한다. 방문과 방문 사이에 양육자가 무엇을 할 것인지에 대한 계획은 가정방문의 중요한 요소로 실제로 어떤 일이 발생했는지에 대한 자료 수집과 관련된 다음 단계를 수립하게 해준다. 가족은 냉장고에 붙인 메모나 관찰 용지, 칠판, 이메일, 비디오 등의 다양한 방법을 사용해서 한 주 동안의 일과와 특정 목표에 대한 자료를 보고한다. 가족이 첨단기술을 사용할 수 있게 되면서 자료 수집은 매우 역동적인 과정이 되었다. 휴대전화를 통해서 비디오를 전송하는 일이 더욱 빈번해졌다.

7. 문화 및 언어 배경이 다른 아동을 위한 고려

가족-안내 서비스는 정의에 의하면 문화적으로 반응적이면서 존중하는 것을 뜻한다(Woods & Wetherby, 2003). 조기 사회적 상호작용은 특정 수업이나 활동을 부여하기보다는 가족의 매일의 일과와 활동에 함께 참여함으로써 이러한 원칙하에 이루어진다. 제공자는 가족의 신념뿐만 아니라 아동의 사회 의사소통 요구에 대한 가족의 우선순위와 우려를 존중하는 관계를 형성하면서 중재 과정 전반에 걸쳐 가족을 파트너로 인정하며 함께 일한다. 아동과 가족을 위해 개별화된 교육과정은 조기 사회적 상호작용 제공자로 하여금 아동과 가족의 강점과 흥미를 기반으로 일하게 하며 가족의 문화와 학습 양식에 가장 잘 맞고 편안한 증거 기반의 교수전략을 선택할 수 있게 해준다. 어떤 아동과 가족은 보다 전형적인 양육 일과나 집안 허드렛일을 시작하기 전에 공동관심과 차례 주고받기를 촉진하는 놀이나 익숙한 사회적 상호작용 게임 및 노래로 시작하기를 원할 수도 있다. 또 다른 가족은 자신들이 하고 있는 것을 최대한 활용하기를 원하며 실제로 목욕이나 빨래 개기 중에 목표를 삽입하는 것이 합리적이고 상호작용 기회를 증진시키고 가족의 삶을 진행시킨다고 생각한다. 조기 사회적 상호작용은 때때로 아동과 가족에게 조기개입의 시작점이 되어 준다. 개별화된 교육과정의 가족 교육 요소는 아동과 가족의 성공적인 성취를 위한 열쇠라고 할 수 있다. 가족은 조기 사회적 상호작용과 조기개입에 대해서도 익숙하지 않지만 자녀가 자폐거나 자폐의 위험을 지녔다는 진단이나 인식도 새롭다. 이 시기에 가족은 장애의 영향에 대해 우려하며 특별히 상처받기 쉬운 상태다. 이들은 자책, 비난, 분노, 좌절, 거부 또는 진단에 대한 의심을 포함하는 다양한 유형과 강도의 정서를 경험한다. 조기 사회적 상호작용 접근에서의 가족교육은 각 가정방문의 한 부분이며, 수업 전반에 걸쳐 질문에 답하고 가족의 이해를 확인하고 가족의 상황으로 내용을 적용하고 가족의 염려를 즉시 다루기 위해서 대화, 정보 공유, 문제해결의 방법으로 병합된다. 가족 또는 가족과 제공자와의 관계는 사용되는 특정 자문 전략을 안내해준다. 가족의 선호도, 문화, 학습 양식과 일치하도록 공동으로 전략을 선정한다.

제공자는 가족과 함께 이들의 이해와 실행을 증진시키기 위해서 아동의 진보에 핵심적이지만 문화에 의해서 영향을 받을 수도 있는 내용을 다룬다. 예를 들어, 가족은 간혹 대답만 하고 시작하지 않는 또는 “혼자 노는” “조용한” 아동과 있는 것이 편안할 수도 있다. 중재자는 지속적인 부모교육을 통해 의사소통과 상호작용을 강화하기 위해서 공동관심과 참여가 얼마나 중요한지 알려주어야 한다. 가족의 문화, 역사, 교육, 형편과는 상관없이 어떤 가족은 아동이 독립적이 될 수 있는 기회를 방지하고 자녀에 대한 사랑과 부모로서의 능력을 보여주기 위해서 대신 일과를 완수해주기를 선호하기도 한다. 다시 말하지만, 조기 사회적 상호작용 중재자는 연습의 기회와 독립성이 얼마나 중요한지 이해할 수 있도록 일련의 자문 전략에 따라 가족 구성원을 지원해야 한다.

지금까지 조기 사회적 상호작용 모델은 제한된 규모의 대상자를 참여시킨 연구에 의해서 지지되어 왔으므로 문화와 언어의 다양성을 제시한 사례는 거의 없었다. 그러나 다양한 지역에 걸친 대규모의 무작위 비교 연구가 진행되고 있으며, 그 결과는 중재 절차와 과정에 대한 정보를 제공하게 될 것이다. 본 장에서 설명한 참여자는 백인, 아프리카계 미국인, 히스패닉, 아시아계 가족을 포함해서 플로리다 탤러해시의 인구통계학적 분포를 대표하는 가족이다. 이중언어를 사용하는 가족은 한 가족뿐이었으며, 이 가족의 경우도 가족이 영어에 유창하여 아동을 위해 통역을 하였다. 그러나 유아를 위한 부모가 실행하는 접근 중 발달적이고 자연적인 중재를 사용한 다른 연구에서는 보다 다양한 문화적 샘플을 포함한다(예: Wang, 2008). 앞으로 조기 사회적 상호작용에 대해서 그리고 다양한 문화와 언어를 지닌 집단에 대한 수용 가능성에 대해서 더 많이 알 수 있기를 바란다.

8. 적용을 위한 고려

적용 사례: 아동

재호는 18개월에 의뢰되어 SCERTS 진단을 완료하고 개입을 시작하였다. 재호는 알아들을 수 있는 단어나 상징을 사용하지 않기 때문에 SCERTS 사회적 파트너 단계로 진단되었다. 가족의 SCERTS 진단보고서와 가정 내 다양한 활동에서 이루어진 SCERTS 진단-관찰에 따른 프로파일은 사회 의사소통(SC)과 정서 조절(ER)의 상대적인 강약점을 알게 해주었다. 재호는 이제 막 의도적인 의사소통을 사용하기 시작하였다. 가끔씩 시선을 다른 사람에게로 향하기는 하지만 아직까지 시선과 몸짓과 발성을 협응시키지는 못한다. 때때로 미소 짓고 웃기도 하지만 긍정적인 감정을 다른 사람과 나누거나 웃음으로 구별하여 반응하지는 않는다. 의사소통 비율은 낮으며, 주로 위로를 구하거나 사회적 게임을 계속하도록 요구할 때 의사소통을 사용한다. 다른 것을 하도록 요구하지 않으면 물건을 굴리는 일에 대부분의 시간을 보내며, 이러한 행동은 자기 조절 전략인 것 같아 보인다. 재호의 가족은 선호하는 놀이 일과로 거실이나 차에서 음악 듣기, 그네 타기, 작은 물건 모아서 굴리기가 있다는 것을 알아냈다. 재호는 성인의 상당한 지원 없이는 다양한 가족 또는 양육 일과에 참여하지 않았지만 발성으로 좋아하는 음식이나 음료수를 요구하였고 흔들의자에 앉아 흔들기를 통해 편안해했다.

SCERTS 진단을 사용해서 재호를 위한 첫 번째 목표가 정해졌는데, 사람과 사물 간에 시선 옮기기, 좌절할 때 위로 구하기, 관심을 얻기 위해 발성과 몸짓 병합하기, 차례 주고받기 형태로 익숙한 행동 모방하기, 익숙한 사물을 기능적으로 사용하기, 몸짓으로 선택하기가 포함되었다. 조기 사회적 상호작용 중재자와 가족 구성원은 재호의 특정 목표가 하루 전반에 걸친 일과 중에 어떻게 연습될 수 있을지에 대해 논의하였다. 부모를 위한 목표는 재호의 시작하는 모든 의사소통에 즉각적으로 재호를 다시 모방함으로써 반응하는 일관성 높이기, 재호가 요구나 선택을 할 때까지 좋아하는 자료에 접근하지 못하게 하는 등의 환경 구성하기, 재호가 자신에게 기대되는 바를 알 수 있도록 일과의 시작과 종료를 분명하게 하기 등을 포함하였다. 처음 몇 주 만에 재호는 좋아하는 게임 중에 아버지의 행동을 모방하기 시작하였다. 부모는 재호가 물건을 치우거나 미리 알리지 않고 다른 활동으로 변경하려고 할 때 좌절한다고 보고하였다.

재호의 부모는 재호의 참여를 지원하기 위해서 자세 잡기, 균형 있는 차례로 활동을 예측할 수 있게 만들기, 상호작용을 요구하거나 종료하기 위한 재호의 몸짓이나 음성 및 얼굴 신호에 반응하기, 재호가 차례를 지키거나 선택을 하도록 기다리기 등을 학습하였다. 중재 전략은 시리얼과 음료 일과에 삽입되었는데, 재호는 아침 식사 때 주스나 물 중에서 또는 시리얼 종류를 선택하도록 요구되었으며 더 달라고 요구할 수 있도록 조금씩만 제공되었다. 아침식사 시간에 재호의 어머니는 다른 자녀를 학교에 데려다 주어야 했지만 재호의 아버지는 반응할 수 있었다. 아버지는 아기 의자에 앉아 있는 재호와 마주하도록 의자를 놓고 앉아서 재호가 음료를 요구할 때까지 지켜보다가 선택한 것을 주고 그 이름(사과주스)을 시범 보였다. 재호가 음료를 마시면 커피를 마시면서 차례를 지키고 재호가 다시 하도록 기다린 후에 반응하였다. 목표를 삽입하는 과정은 적절하다고 여겨지는 모든 일과 중에 이루어졌으며 가족 구성원과 서비스 제공자가 공동으로 함께 계획하였다. [그림 9-3]에서 보는 것과 같이 가족이 재호의 적극적인 참여를 촉진하기 위해서 일과 중에 주당 25시간의 중재 전략을 삽입하는 방법을 학습할 수 있도록 시간이 지남에 따라 추가되었다. 가정과 지역사회에서 일과를 확장하는 것 외에도 재호의 가족은 조기 사회적 상호작용 중재자의 지원을 받아 3세가 되면 집단 상황에서 또래와 상호작용하고 조기개입으로부터 적절한 지역사회 또는 학교 기반의 서비스로 전이할 수 있도록 계획하는 기회를 갖기 시작하였다.

재호 가족의 일과 분류			
놀이 일과		양육 일과	
사물놀이/구성놀이 • 공놀이 • 볼링 게임 • 망치/공 놀잇감 • 자동차와 비행기	**가장놀이** • 배트맨 밥 먹이기 • 엄마와 식사 준비하기	위로/장애 관련 일과 • 아빠와 흔들의자 앉기 • 빈백 놀이/거실에서 음악 듣기	착탈의 관련 일과 • 옷 입기/벗기 • 신발 신기
신체 놀이 • 마당에서 달리기 • 농구 • 동네 산책하기 • 언니와 잡기 놀이하기 • 공원에서 미끄럼/그네 타기	**사회적 게임(역할)** • 아버지와 뒤엉켜 구르며 놀기	위생 관련 일과 • 손 씻기 • 기저귀 갈기 • 목욕하기	식사 관련 일과 • 간식 • 아침식사 • 점심식사 • 저녁식사 • 주스/음료 마시기
전학문 일과		지역사회 및 가족 일과	
책 읽기 • 무당벌레 책 • 『니모를 찾아서』 • 올드 맥도날드 책	노래와 리듬 • 컴퓨터에서 음악 듣기	**지역사회와 가족의 일** • 시장 보기 • 빨래방 가기 • 형제의 체조 수업	**집안 허드렛일** • 빨래 개기 • 요리하기와 식탁 차리기
컴퓨터, TV, 비디오 • 디즈니 영화 • 컴퓨터와 음악 CD	유체 놀이 • 크레용으로 색칠하기	**사회화 활동** • 도서관 가기 • 교회, 공원, 놀이터	**여가** • 외식하기 • 다른 도시에 사는 친척 방문하기 • 장시간 자동차 타기

[그림 9-3] 재호 가족의 일과 분류 및 예시

적용 사례: 청소년 또는 성인

조기 사회적 상호작용은 영아를 위해 고안된 중재로 나이가 많은 사람에게는 사용되지 않는다.

9. 앞으로의 방향

다양한 일과 중에 아동의 적극적인 참여를 지원하는 부모의 영향력에 강조점을 두고 조기 사회적 상호작용의 주요 요소를 알아보는 연구가 계속되고 있다. 자폐 범주성 장애의 위험신호를 보다 일찍 판별한다면 주요 사회성 및 의사소통 지체를 예방하고 장애의 진행을 막을 수 있는 고유의 기회를 제공할 수 있다. 조기 사회적 상호작용 서비스가 제공된 가족은 자녀가 12~18개월이 되기 전에 이미 발달에 대한 우려를 표명하고 다양한 위험신호를 식별하였다. 대중과 의사들의 인식이 증가하면서 위험신호에 대한 보다 빠른 식별이 이루어지고 있다. 결과적으로, 조기 사회적 상호작용을 위한 앞으로의 방향은 위험신호가 식별될 때 가족이 자폐 범주성 장애를 "앞서도록" 도와주는 간소화된 부모교육 프로그램을 개발하는 것이다. 개별 수업이나 부모-자녀 놀이집단을 통해서 부모를 교육하는 것은 예방의 도구로 역할할 수 있다. 이러한 맥락에서의 적절한 교육목표는 반응적인 상호작용, 가족이 선택한 의미 있는 활동에의 참여 증진, 공동관심 발달에 대한 부모의 관심을 지원한다.

조기 사회적 상호작용이 지역사회 조기개입 현장에서 효과적이기 위해서는 인력을 훈련하고 사용자에게 편리하고 쉽게 접근할 수 있는 지속적인 교육과 훈련 기회를 개발할 수 있는 역량을 갖출 필요가 있다. 조기 사회적 상호작용은 훈련 자료, 안내 책자, 비디오 사례를 갖춘 사이트를 운영한다(http://esi.fsu.edu). 그러나 가족이 삽입된 중재에 아동을 참여시킬 수 있을 정도로 유능해지기 위해서 필요한 자문이나 지도 전략을 학습하게 해주는 지원이 없이는 제공자는 높은 충실도로 절차를 실행하기 위한 자신감이나 효능감을 갖기 어렵다(Landry, Anthony, Swank, & Monseque-Bailey, 2009). 자문과 지도 중재 접근은 효과적인 것으로 알려지고 있지만 이 분야에서는 아직까지 폭넓게 사용되고 있지는 않다(Campbell & Halbert, 2002). Fixsen과 그 연구진(2005)은 제공자가 절차를 활용하지 않거나 않으려고 하는 이유로 복잡성, 익숙하거나 편안하지 않은 실행, 부가적인 훈련의 필요성을 들었다. 조기 사회적 상호작용은 Part C 조기개입 프로그램 내에서 협력적으로 실행되도록 고안되었지만 그러한 이상적인 상황은 일반적이기보다는 이례적이며 고도의 자격을 갖춘 제공자에 의해서 지속적인 훈련과 지도에 따라 실행된다. 이 접근법의 각각의 구성요소(가족이 주관하는 일과, 아동과 가족을 위한 개별화된 교육과정, 부모 실행 삽입 중재, 협력적 자문, 팀 중심의 지역사회 협력, 긍정적 행동지원)는 권장되고는 있지만 현재 일관성 있게 실행되지 않고 있으며 논란의 여지가 있는 것으로 여겨질 수도 있는 실행에서의 제공자 능력을 필요로 한다(Dunst & Trivette, 2009). 그러므로 조기 사회적 상호작용의 앞으로의 방향은 훈련과 멘토링의 기회를 더욱 광범위하게 전파하는 것이다.

권장 도서

조기 사회적 상호작용(Early Social Interaction) 웹 사이트(http://esi.fsu.edu)

이 사이트는 지속되는 연구와 함께 원래의 모델 프로젝트를 위해서 개발된 자료를 저장하기 위한 곳이다. 새로운 자료가 개발되면 계속 게시될 것이다. 이 사이트는 또한 조기 의사소통 판별 및 중재 자료에 대한 정보를 제공해주는 첫 단어(FIRST WORDS, http://firstowrds.fsu.edu/) 사이트와 가족이 주관하는 일과 중심의 중재에 대한 정보를 제공해주는 Tactics(http://tactics.fsu.eud) 사이트로도 연결된다.

Wetherby, A., & Woods, J. (2006). Effectiveness of early intervention for children with autism spectrum disorders beginning in the second year of life. *Topics in Early Childhood Special Education, 26,* 67-82.

이 논문은 조기 사회적 상호작용에 대한 최초의 준실험연구를 설명한다.

Autism Speacks 웹 사이트(http://autismspeaks.com)

이 상호작용적 웹 사이트는 자폐 범주성 장애의 조기 판별과 중재에 대한 최신의 정보를 포함한다. 특히 흥미로운 것은 조기 판별에 유용한 초기 위험신호를 보여주는 비디오 자료를 포함하고 있다는 것이다.

긍정적 행동 중재와 지원(Positive Behavioral Intervention and Supports: PBIS)의 기술적 지원 센터(Technical Assistance Center) 웹 사이트(http://www.pbis.org/)

이 사이트는 미국 교육부의 특수교육 프로그램 부처(Office of Special Education Program: OSEP) 지원으로 운영되며, 가족, 팀 구성원, 행정가에게 증거 기반의 실제와 실행을 지원하는 직접적인 방법론에 대한 광범위한 정보를 제공한다.

학습 활동

- 조기 사회적 상호작용의 과정과 절차가 가족 주도 및 발달주의 이론적 견해를 어떻게 반영하는지 설명하시오.
- 가족에게 의미 있는 일과를 식별하거나 구성하고 아동의 의사소통 및 참여를 위한 다양한 기회를 제공하기는 어려울 수 있다. 최상의 선택을 위한 목록이 존재하는 것도 아니고 모든 가족이 서로 다르다. 가장 촉진적인 맥락이면서 동시에 적절한 중재 강도를 촉진하는 상황을 공통으로 선정하기 위한 중요한 고려사항 목록을 개발하시오.
- 가희의 부모는 가희가 사회 의사소통 지체를 보이며 조기개입을 통해 혜택을 볼 수 있으리라고 동의하지만 왜 교사가 교수하지 않는지를 이해하지 못한다. 이들은 교사가 자신들보다 더 전문성을 지녔다고 생각하며, 교사의 방식에 동의하게 될까봐 겁을 내고 있다. 이럴 때 부모에게 무엇이라고 말할 것인가?
- 종호는 몇 개의 단일 단어를 말하며 가끔씩 좋아하는 음식이나 놀잇감을 요구하기 위해서 이 단어들을 적절하게 사용한다. 아버지는 종호가 말을 할 수 있다고 믿으며 교사가 두세 단어 조합을 가르쳐서 보육기관에서 좀 더 다른 아이들 같아 보이기를 원한다. 교사는 오히려 제한된 공동관심 및 차례 주고받기에 대해서 염려한다. 적절한 조기 의사소통 및 사회적 상호작용 목표를 선정하기 위해서 재호의 아버지와 어떻게 긴밀하게 함께 일할 수 있을지 설명하시오.
- 가족 구성원을 포함한 팀은 태호의 진보에 기뻐하고 있다. 상호작용을 시작하고, 익숙한 일과 중에 시선과 몸짓과 몇 개의 단어를 협응시키고, 놀잇감으로 기능적인 놀이를 하고, 몇 개의 행위를 조합하기 시작하였다. 그 외에도 반복적인 돌리기 행동이 감소되었다. 모든 사람이 다음 단계는 작은 집단이나 교실 상황으로 통합하는 것이라고 동의하였으나 가족이 선택한 프로그램 교사는 태호가 지금까지 받아 온 유형의 프로그램을 제공할 수 있을지 확신하지 못한다. 팀은 어떻게 조기 보육 및 교육 프로그램에서 연계적인 양육자 지원을 적용할 수 있을지 설명하시오.

참고문헌

American Speech-Language-Hearing Association. (2008). *Roles and responsibilities of speech-language pathologists in early intervention: Guidelines.* Available from http://www.asha.org/policy

Baron-Cohen, S., Cox, A., Baird, G., Swettenham, J., Nightingale, N., Morgan, K., ... Charman, T. (1996). Psychological markers in the detection of autism in infancy in a large population. *British Journal of Psychiatry, 168,* 158-163.

Bates, E. (1976). *Language and context: The acquisition of pragmatics.* New York, NY:

Academic Press.

Bates, E. (1979). *The emergence of symbols: Cognition and communication in infancy.* New York, NY: Academic Press.

Bates, E., Camaioni, L., & Volterra, V. (1975). The acquisition of performatives prior to speech. *Merrill-Palmer Quarterly, 21,* 205-226.

Bates, E., O'Connell, B., & Shore, C. (1987). Language and communication in infancy. In J. Osofsky (Ed.), *Handbook of infant development* (pp. 149-203). New York, NY: Wiley.

Bernheimer, L., & Weismer, T. (2007). "Let me tell you what I do all day...": The family story at the center of intervention research and practice. *Infants and Young Children, 20*(3), 192-201.

Bloom, L. (1993). *The transition from infancy to language.* New York, N.Y.: Cambridge University Press.

Bloom, L., & Lahey, M. (1978). *Language development and language disorders.* New York, NY: Wiley.

Bransford, J., Brown, A., & Cocking, R. R. (Eds.). (2000). *How people learn: Brain, mind, experience, and school.* Washington, DC: National Academy Press.

Bronfenbrenner, U. (1979). *The ecology of human development: Experiments by nature and design.* Cambridge, MA: Harvard University Press.

Bruner, J. (1978). From communication to language: A psychological perspective. In I. Markova (Ed.), *The social context of language* (pp. 17-48). Chichester, UK: Wiley.

Bruner, J. (1981). The social context of language acquisition. *Language and Communication, 1,* 155-178.

Buysee, V., & Wesley, P. (2005). *Consultation in early childhood settings.* Baltimore, MD: Paul H. Brookes Publishing Co.

Campbell, P. H., & Halbert, J. (2002). Between research and practice: Provider perspectives on early intervention. *Topics in Early Childhood Special Education, 22*(4), 213-226.

Campbell, P., Milbourne, S., & Wilcox, M. (2008). Adaptation interventions to promote participation in natural settings. *Infants and Young Children, 21*(2), 94-106.

Charman, T., Swettenham, J., Baron-Cohen, S., Cox, A., Baird, G., & Drew, A. (1997). Infants with autism: An investigation of empathy, pretend play, joint attention, and imitation. *Developmental Psychology, 33,* 781-789.

Chawarska, K., Paul, R., Klin, A., Hannigen, S., Dichtel, L., & Volkmar, F. (2007). Parent recognition of developmental problems in toddlers with autism spectrum disorders. *Journal of Autism and Developmental Disorders, 37,* 62-72.

Dawson, G., Rogers, S., Munson, J., Smith, M., Winter, J., Greenson, J., ... Varley, J. (2010). Randomized controlled trial of an intervention for toddlers with autism: The Early Start Denver model. *Pediatrics, 125,* e17-e23.

Dawson, G., Toth, K., Abbott, R., Osterling, J., Munson, J., Estes, A., & Liaw, J. (2004). Early social attention impairments in autism: Social orienting, joint attention, and attention to distress. *Developmental Psychology, 40,* 271-283.

Disabilities Education Improvement Act of 2004, 20 U.S.C. §1400 *et seq.*

Donovan, M. S., Bransford, J. D., & Pellegrino, J. W. (1999). *How people learn: Bridging research and practice.* Washington, DC: National Academy Press.

Dunst, C. J., Hamby, D., Trivette, C. M., Raab, M., & Bruder, M. B. (2000). Everyday family and community life and children's naturally occurring learning opportunities. *Journal of Early Intervention, 23*(3), 151-164.

Dunst, C., Lowe, L. W., & Bartholomew, P. C. (1990). Contingent social responsiveness, family ecology, and infant communicative competence. *National Student Speech Language Hearing Association Journal, 17,* 39-49.

Dunst, C. J., & Trivette, C. M. (2009). Using research evidence to inform and evaluate early childhood intervention practices. *Topics in Early Childhood Special Education, 29,* 40-52.

FIRST WORDS Project (2007). The Florida State University Research Foundation. Retrieved from http://firstwords.fsu.edu/

Fixsen, D. L., Naoom, S. F., Blasé, K. A., Friedman, R. M., & Wallace, F. (2005). *Implementation research: A synthesis of the literature.* Tampa: Florida Mental Health Institute, University of South Florida.

Florida State University, Early Social Interaction Project (n.d.). Continuum of partnership. Retrieved from http://eis.fsu.edu/index.php/early-esi.

Florida State University, Early Social Interaction Project (n.d.). Who receives more intervention-James or Jamaal? Retrieved from http://esi.fsu.edu/index.php/early-esi.

Fox, L., Dunlap, G., Hemmeter, M. L., Joseph, G., & Strain, P. (2003). The Teaching Pyramid: A model for supporting social competence and preventing challenging behavior in young children. *Young Children, 58*(4), 48-53.

Greenspan, S. I., & Wieder, S. (1997). Developmental patterns and outcomes in infants and children with disorders in relating and communicating: A chart review of 200 cases of children with autistic spectrum diagnoses. *Journal of Developmental and Learning Disorders, 1,* 87-141.

Hancock, T. B., & Kaiser, A. P. (2002). The effects of trainer-implemented enhanced milieu teaching on the social communication of children who have autism. *Topics in Early Childhood Special Education, 22*(1), 39-54.

Howlin, P., & Moore, A. (1997). Diagnosis of autism: A survey of over 1200 patients in the UK. *Autism, 1,* 135-162.

Individuals with Disabilities Education Improvement Act (IDEA) of 2004, PL 108-446, 20 U.S.C. §§1400 *et seq.*

Kaiser, A. (1993). Functional language. In M. Snell (Ed.), *Instruction of students with severe disabilities* (pp. 347-379). New York, NY: Macmillan.

Kaiser, A., Hancock, T., & Nietfeld, J. (2000). The effects of parent-implemented enhanced milieu teaching on the social communication of children who have autism. *Early Education and Development, 11,* 423-446.

Kasari, C., Paparella, T., Freeman, S., & Jahromi, L. (2008). Language outcome in autism: Randomized comparison of joint attention and play interventions. *Journal of Consulting and Clinical Psychology, 76,* 125-137.

Kashinath, S., Woods, J., & Goldstein, H. (2006). Enhancing generalized teaching strategy use in daily routines by parents of children with autism. *Journal of Speech, Language, and Hearing Research, 49,* 466-485.

Klinger, L., & Dawson, G. (1992). Facilitating early social and communicative development in children with autism. In S. Warren & J. Reichle (Eds.), *Causes and effects in communication and language intervention* (pp. 157-186). Baltimore, MD: Paul H. Brookes Publishing Co.

Koegel, R., Bimbela, A., & Schreibman, L. (1996). Collateral effects of parent training on family interactions. *Journal of Autism and Developmental Disorders, 26,* 347-359.

Landry, s. H., Anthony, J. L., Swank, P. R., & Monseque-Bailey, P. (2009). Effectiveness of comprehensive professional development for teachers of at-risk preschoolers. *Journal of Educational psychology, 101*(2), 448-465.

Loveland, K., & Landry, S. (1986). Joint attention and language in autism and developmental language delay. *Journal of Autism and Developmental Disorders, 16,* 335-349.

MacDonald, J. (1989). *Becoming partners with children.* San Antonio, TX: Special Press.

MacDonald, J., & Carroll, J. (1992). A social partnership model for assessing early communication development: An intervention model for preconversational children. *Language, Speech, and Hearing Services in Schools, 23,* 113-124.

McClannahan, L. E., Krantz, P. J., & McGee, G. G. (1982). Parents as therapists for autistic children: A model for effective training. *Analysis and Intervention in Development*

Disabilities, 2, 223-252.

McCoy, D., Wetherby, A., & Woods, J. (2009, May). *Screening children between 18 and 24 months using the systematic observation of red flags (SORF) for autism spectrum disorders: A follow-up study.* Oral presentation at the International Meeting for Autism Research, Chicago, Illinois.

McGee, G., Morrier, M., & Daly, T. (1999). An incidental teaching approach to early intervention for toddlers with autism. *Journal of the Association for Persons with Severe Handicaps, 24,* 133-146.

McLean, J., & Snyder-McLean, L. (1978). *A transactional approach to early language training.* Columbus, OH: Charles E. Merrill.

McWilliam, R. A. (2005). Assessing the resource needs of families in the context of early intervention. In M. J. Guralnick (Ed.), *A developmental systems approach to early intervention* (pp. 215-234). Baltimore, MD: Paul H. Brookes Publishing Co.

Meadan, H., Ostrosky, M., Zaghlawan, H., & Yu, S. (2009). Promoting the social and communicative behavior of young children with autism spectrum disorders: A review of parent-implemented intervention studies. *Topics in Early Childhood Special Education, 29*(2), 90-104.

Mundy, P., Sigman, M., & Kasari, C. (1990). A longitudinal study of joint attention and language developmental in autistic children. *Journal of Autism and Developmental Disorders, 20,* 115-128.

National Early Childhood Technical Assistance Center, Workgroup on Principles and Practices in Natural Environments. (2008). *Agreed-upon practices for providing early intervention services in natural environments.* OSEP TA Community of Practice-Part C Settings. Retrieved from http://www.nectac.org

National Research Council. (2001). *Educating children with autism.* Washington, DC: National Academy Press.

Osterling, J., & Dawson, G. (1994). Early recognition of children with autism: A study of first birthday home videotapes. *Journal of Autism and Developmental Disorders, 24,* 247-257.

Osterling, J., Dawson, G., & Munson, J. (2002). Early recognition of one year old infants with autism spectrum disorder versus mental retardation: A study of first birthday part home videotapes. *Development and Psychopathology, 14,* 239-252.

Pierce, K., Carter, C., Weinfeld, M., Desmond, J., Hazin, R., Bjork, R., & Gallagher, N. (2011). Detecting, studying, and treating autism early: The one-year well-baby check-up approach. *Journal of Pediatrics, 159*(3), 458-465.

Prizant, B. M., & Wetherby, A. M. (1998). Understanding the continuum of discrete-trial traditional behavioral to social-pragmatic developmental approaches in communication enhancement for young children with autism/PDD. *Seminars in Speech and language, 19,* 329-353.

Prizant, B., Wetherby, A., & Rydell, P. (2000). Issues in enhancing communication and related abilities for young children with autism spectrum disorders: A developmental transactional perspective. In A. Wetherby & B. Prizant (Eds.), *Autism spectrum disorders: A transactional developmental perspective* (pp. 193-234). Baltimore, MD: Paul H. Brookes Publishing Co.

Prizant, B. M., Wetherby, A. M., Rubin, E., & Laurent, A. (2003). The SCERTS® Model: A transactional, family-centered approach to enhancing communication and socioemotional abilities of children with autism spectrum disorder. *Infants and Young Children, 16,* 296-316.

Prizant, B. M., Wetherby, A. M., Rubin, E., Laurent, A., & Rydell, P. (2006). *The SCERTS® Model: A comprehensive educational approach for children with autism spectrum disorders.* Baltimore, MD: Paul H. Brookes Publishing Co.

Rogers, S. J., & Lewis, H. (1989). An effective day treatment model for young children with pervasive developmental disorders. *Journal of the American Academy of Child and Adolescent Psychiatry, 28,* 207-214.

Rowland, C., & Schweigert, P. (1993). Analyzing the communication environment to increase functional communication. *Journal of the Association for Persons with Severe Handicaps, 18,* 161-176.

Rush, D. D., Shelden, M. L., & Hanft, B. E. (2003). Coaching families and colleagues: A process for collaboration in natural settings. *Infants and Young Children, 16,* 33-47.

Sameroff, A. (1987). The social context of development. In N. Eisenburg (Ed.), *Contemporary topics in development* (pp. 273-291). New York, NY: Wiley.

Sandall, S., Hemmeter, M. L., Smith, B. J., & McLean, M. E. (2005). *DEC recommended practices: A comprehensive guide for practical application in early intervention/early childhood special education.* Longmont, CO: Sopris West.

Scarborough, A. A., Spiker, D., Mallik, S., Hebbeler, K. M., Bailey, D. B., Jr., & Simconsson, R. J. (2004). A national look at children and families entering early intervention. *Exceptional Children, 70,* 469-483.

Schreibman, L., Kaneko, W., & Koegel, R. (1991). Positive affect of parents of autistic children: A comparison across two teaching techniques. *Behavior Therapy, 22,* 479-490.

Seifer, R., Clark, G. N., & Sameroff, A. (1991). Positive effects of interaction coaching on infants with developmental disabilities and their mothers. *American Journal of Mental Retardation, 96,* 1-11.

Sigman, M., Dijamco, A., Gratier, M., & Rozga, A. (2004). Early detection of core deficits in autism. *Mental Retardation and Developmental Disabilities Research Reviews, 10,* 221-233.

Sigman, M., Mundy, P., Sherman, T., & Ungerer, J. (1986). Social interactions of autistic, mentally retarded and normal children and their caregivers. *Journal of Child Psychology and Psychiatry and Allied Disciplines, 27*(5), 647-656.

Sigman, M., Arbeile, S., Corona, R., Dissanayake, C., Espinosa, M., Kim, N., ... Ruskin, E. (1999). Continuity and change in the social competence of children with autism, Down syndrome, and developmental delays. *Monographs of the Society for Research in Child Development, 64,* 1-114.

Sperry, L. A., Whaley, K. T., Shaw, E., & Brame, K. (1999). Services for young children with autism spectrum disorder: Voices of parents and providers. *Infants and Young Children, 11,* 17-33.

Stern, D. (1985). *The interpersonal world of the infant.* New York, NY: Basic Books.

Stone, W., Ousley, O., Yoder, P., Hogan, K., & Hepburn, S. (1997). Nonverbal communication in 2and 3year old children with autism. *Journal of Autism and Developmental Disorders, 27,* 677-696.

Strain, P., McGee, G., & Kohler, F. (2001). Inclusion of children with autism in early intervention environments. In M. Guralnick (Ed.), *Early childhood inclusion: Focus on change* (pp. 337-363). Baltimore, MD: Paul H. Brookes Publishing Co.

Swettenham, J., Baron-Cohen, S., Charman, T., Cox, A., Baird, G., Drew, A., ... Wheelwright, S. (1998). The frequency and distribution of spontaneous attention shifts between social and nonsocial stimuli in autistic, typically developing, and nonautistic developmentally delayed infants. *Journal of Child Psychology and Psychiatry, 39,* 747-753.

Tomasello, M., Kruger, A. C., & Ratner, H. H. (1993). Cultural learning. *Behavioral and Brain Sciences, 16,* 495-552.

Tronick, E. (1989). Emotions and emotional communication in infancy. *American Psychologist, 44,* 112-119.

Turnbull, A. P., & Ruef, M. (1997). Family perspectives on inclusive lifestyle for people with problem behavior. *Exceptional Children, 63,* 211-227.

Vygotsky, L. (1986). *Thought and language* (A. Kozulin, Ed. & Trans.). Cambridge, MA: MIT

Press.

Wang, P. (2008). Effects of a parent training program on the interactive skills of parents of children with autism in China. *Journal of Policy and Practice in Intellectual Disabilities, 5*(2), 96-104.

Wetherby, A., Allen, L., Cleary, J., Kublin, K., & Goldstein, H. (2002). Validity and reliability of the Communication and Symbolic Behavior Scales Developmental Profile with very young children. *Journal of Speech, Language, and Hearing Research, 45,* 1202-1218.

Wetherby, A., Brosnan-Maddox, S., Peace, V., & Newton, L. (2008). Validation of the Infant-Toddler Checklist as a broadband screener for autism spectrum disorders from 9 to 24 months of age. *Autism, 12,* 487-512.

Wetherby, A., Goldstein, H., Cleary, J., Allen, L., & Kublin, K. (2003). Early identification of children with communication disorders: Concurrent and predictive validity of the CSBS Developmental Profile. *Infants and Young Children, 16*(2), 161-174.

Wetherby, A., & Prizant, B. (2002). *Communication and Symbolic Behavior Scales Developmental Profile*TM*-First Normed Edition.* Baltimore, MD: Paul H. Brookes Publishing Co.

Wetherby, A. M., Prizant, B. M., & Hutchinson, T. (1998). Communicative, social-effective, and symbolic profiles of young children with autism and pervasive developmental disorder. *American Journal of Speech-Language Pathology, 7,* 79-91.

Wetherby, A., Schuler, A., & Prizant, B. (1997). Enhancing language and communication development: Theoretical foundations. In D. Cohen & F. Volkmar (Eds.), *Handbook of autism and pervasive developmental disorders* (2nd ed., pp. 513-538). New York, NY: Wiley.

Wetherby, A., Watt, N., Morgan, L., & Shumway, S. (2007). Social communication profiles of children with autism spectrum disorders in the second year of life. *Journal of Autism and Developmental Disorders, 37,* 960-975.

Wetherby, A., & Woods, J. (2006). Effectiveness of early intervention for children with autism spectrum disorders beginning in the second year of life. *Topics in Early Childhood Special Education, 26,* 67-82.

Wetherby, A., & Woods, J. (2008). Developmental approaches to treatment of infants and toddlers with autism spectrum disorders. In F. Volkmar, A. Klin, & K. Chawarska (Eds.), *Autism spectrum disorders in infancy and early childhood* (pp. 170-206). NY: Guilford Press.

Wetherby, A., Woods, J., Allen, L., Cleary, J., Dickinson, H., & Lord, C. (2004). Early indicators of autism spectrum disorders in the second year of life. *Journal of Autism and Developmental Disorders, 34*, 473-493.

Woods, J., Kashinath, S., & Goldstein, H. (2004). Effects of embedding caregiver-implemented teaching strategies in daily routines on children's communication outcomes. *Journal of Early Intervention, 26*, 175-193.

Woods, J., & Lindeman, D. (2008). Gathering and giving assessment information with families. *Infants and Young Children, 21*(4), 272-284.

Woods, J., & Wetherby, A. (2003). Early identification and intervention for infants and toddlers at risk for autism spectrum disorders. *Language, Speech, and Hearing Services in Schools, 34*, 180-193.

Yoder, P., & Stone, W. (2006). Randomized comparison of two communication interventions for preschoolers with autism spectrum disorders. *Journal of Consulting and Clinical Psychology, 74*, 426-435.

Yoder, P., Warren, S., McCathren, R., & Leew, S. (1998). Does adult responsivity to child behavior facilitate communication development? In A. M. Wetherby, S. F. Warren, & J. Reichle (Eds.), *Transitions in prelinguistic communication* (pp. 39-58). Baltimore, MD: Paul H. Brookes Publishing Co.

10
또래 중개 지원 중재

Erik W. Carter, Lynn G. Sisco, & Yun-Ching Chung

자폐 범주성 장애를 포함한 장애 아동과 일반 아동의 사회적 상호작용 및 우정 촉진은 오랫동안 **통합교육**(inclusive education)의 핵심 원리로 여겨져 왔다(Ryndak & Fisher, 2003). 자폐 범주성 장애 아동 및 청소년은 또래와의 상호작용을 통하여 중요한 사회 의사소통 및 언어 기술을 발전시키고, 학업 및 기능적 생활 기술을 배우며, 정서적이고 도구적인 지원에 접근하고, 우정을 형성하며, 학교생활에 보다 적극적으로 참여할 수 있게 된다(Bellini, Peters, Brianner, & Hopf, 2007; Carter & Hughes, 2007; Kennedy, 2001). 또한 이들이 경험하는 관계는 소속감을 갖게 하고 독립심을 기르며 학교 참여를 증진시키고 전반적인 삶의 안녕과 질을 향상시킨다(Rubin, Bukowski, & Laursen, 2009; Schnorr, 1997). 이러한 혜택을 인식하게 되면서 전문가와 교사는 통합학교 내에서 또래 상호작용을 촉진시키기 위한 효과적인 전략을 알아내기 위해 중점적인 노력을 기울여 왔다.

자폐 범주성 장애 아동 및 청소년의 사회적 성취를 향상시키기 위해 교사나 부모 또는 다른 성인이 도구가 될 수도 있지만 자폐 범주성 장애 학생을 위한 사회 의사소통 및 기타 교육적 성과를 촉진시키는 데 있어서 또래가 효과적인 역할을 할 수 있다는 점이 점차 강조되고 있다. **또래 중개 지원 중재**(peer-mediated support interventions)는 교사나 보조교사를 비롯한 교직원의 감독하에 장애가 있는 나이가 비슷한 또래에게 지속적으로 사회적 및 학습 지원을 제공할 수 있도록 한 명 이상의 장애가 없는 또래를 배치하는 것이다(Carter & Kennedy, 2006). 일반적으로 이 중재는 이에 참여함으로써 혜택을 보게 될 자폐 범주성 장애 학생과 또래를 찾고, 또래에게 새로운 역할을 하도록 적응시키고, 이들이 교수적이거나 비교수적인 학교환경 또는 둘 다에서 상호작용할 수 있는 정기적인 기회를 제공하고, 그리고 참여하는 모든 학생이 예상된 혜택을 얻을 수 있도록 필요한 감독과 지원을 제공한다. 학생이 함께 활동하는 경험을 쌓게 되면 성인은 이들의 독립성을 촉진하기 위해 근접성과 직접적 지원을 점차 줄여나간다. 학령기 자폐 범주성 장애 아동의 경우, 이러한 지원 방식은 학생이 일반교육과정에 접근하고 교과 외 활동에 참여하도록 지원하기 위해 학교에서 폭넓게 사용하고 있는 개별적으로 할당된 성인(예: 보조교사, 특수교사)의 일대일 지원에 대한 효과적인 대안으로 떠오르고 있다(Giangreco, 2010).

광범위한 또래 중개 교수 및 중재 전략이 전문 학술지에 소개되고 평가되어 왔다(참조: Bellini et al., 2007; Carter, Sisco, Chung, & Stanton-Chapman, 2010; Goldstein, Kaczmarek, & English, 2001; Harper & Maheady, 2007; Janney & Snell, 2006; McConnell, 2002). 본 장에서는 다음과 같은 또래 중개 접근에 초점을 맞추었다: (1) 자폐 범주성 장애를 지닌 급우에게 지속적이고 직접적인 지원(vs. 간헐적이고 우발적인 지원)을 제공하도록 또래 활용하기, (2) 비슷한 연령대의 자폐 범주성 장애 학생과 장애가 없는 또래 사이의 사회적 상호작용 향상시키기(vs. 사회적 기술 습득, 성인과의 상호작용, 장애가 있는 급우와의 상호작용에 초점), (3) 통합 초등학교와 중・고등학교(즉, 1~12학년)에서 실행하기.

1. 대상자와 중재 관련성 및 목표 결정을 위한 진단

또래 중개 지원 중재는 주로 통합학급과 교과 외 활동 및 기타 학교 행사에 완전히 참여하기 위해 포괄적이거나 전반적인 지원이 필요한 중도장애 학생을 위해서 개발되었다. 이들은 자폐, 지적장애, 중복장애, 시청각장애 등으로 인하여 특수교육 서비스를 받고 있는 학생으로 자신이 살고 있는 주의 **대안적 평가**(alternative assessment)에 참여하는 학생일 수 있다(역주: 미국의 경우 각 주의 정규 학력평가에 참여하기 어려운 장애를 지닌 소수의 학생은 수정된 형태의 대안적 평가에 참여할 수 있음). 그러나 경도 또는 중등도 장애를 지닌(간헐적인 지원 요구를 갖는) 학생도 또래 중개 지원 중재 접근을 통해 혜택을 얻을 수 있다는 많은 증거가 보고되고 있다.

모든 특수교육 프로그램이 그러하듯이 중재 적합성, 실험설계, 전달 체계는 협력적 팀 모델 안에서 개별적으로 결정되어야 한다(Hunt & McDonnell, 2007; Hunt, Soto, Maier, & Doering, 2003). 일반적으로 또래 중개 지원 중재는 다음과 같은 특성을 한 가지 이상 보이는 자폐 범주성 장애 학생에게 적절한 것으로 여겨진다: (1) 또래와의 상호작용 또는 관계의 질적이거나 양적인 면 또는 둘 다를 다루는 **개별화 교육 프로그램**(individualized education program: IEP) 목표가 수립됨, (2) 근접성(예: 같은 학급이나 특별활동에 참여)에도 불구하고 동일 연령 또래와의 상호작용에 제한이 있음, (3) 사회성 또는 의사소통 기술 또는 둘 다에 상당한 어려움을 보임, (4) 학급이나 학교 활동에 참여하는 데 많은 지원이 요구됨. 또래와 함께 활동하고 또래로부터 지원을 받는 것에 대한 학생의 관심 역시 일차적으로 고려되어야 한다. 불행하게도, 이러한 고려사항 각각의 중요도를 알 수 있는 방법이나 이들로 인해 중재 패키지가 어떻게 수정되어야 하는지에 대해 알려주는 실험연구는 거의 없는 실정이다.

직접관찰을 통한 진단은 학령기 자폐 범주성 장애 아동을 위한 또래 중개 지원 중재의 적합성과 초점을 결정하기 위해 사용되는 주요 방법이다. 예를 들어, 교사나 보조교사 등의 교직원은 또래 중개 지원이 특별히 효과를 나타낼 환경(예: 특수학급, 교과 외 활동시간, 학교식당, 복도, 놀이터)과 교수적 맥락(예: 대규모 강의 또는 토론, 소집단 활동, 독립적인 자습시간)을 찾기 위해 직접관찰을 실행할 수 있다. 이러한 직접관찰은 특정 학교환경 내에 존재하는 기존의 상호작용 기회, 자폐 범주성 장애 학생이 그러한 상호작용 기회에 접근하는 방법과 정도, 사회적 참여에 영향을 미칠 수 있는 잠재적인 요인 등에 중점을 둔다(Boyd, Conroy, Asmus, McKenney, & Mancil, 2008; Carter, Sisco, Brown, Brickham, & Al-Khabbaz, 2008). 동시에 이러한 중재는 또래가 제공하는 학업 지원을 포함하기 때문에 일반교육과정에서의 학생의 교수목표의 특성도 분석되어야 한다.

자폐 범주성 장애 학생이 초 · 중 · 고 과정을 거치며 성장해 감에 따라 교실 안과 밖에서 자신이 받게 될 지원을 결정하는 데 보다 적극적으로 참여해야 한다(Test et al., 2004). 학생의 생각을 알려고 하는 경우가 흔하지는 않지만, 개인 중심의 계획과 선호도 진단은 학생에게 누구로부터 어떻게 지원을 받을지 결정하도록 발언권을 주기 위한 방법이 될 수 있다. 복잡한 의사소통 문제를 가진 학생의 경우, 이러한 선호도를 결정하기 위한 대안을 개발해야 한다(Canella, O'Reilly, & Lancioni, 2005). 예를 들어, 같이 활동하고 싶은 친구가 누구인지 표현할 수 있도록 돕기 위해서 급우들의 사진을 활용할 수 있다.

2. 이론적 배경

또래 중개 지원 중재는 학령기 자폐 범주성 장애 아동 및 청소년을 위한 사회적 상호작용 성과와 관련된다. 이 전략은 다양한 이론적 근거를 기반으로 하는데, 특별히 두 가지 이론이 이들 중재의 영향력을 이해하는 데 관련이 있다. 본 장에서 다루는 대부분의 또래 중개 전략은 사회적 상호작용 및 학습에 대한 행동주의 관점을 반영한다. 행동주의 이론은 행동의 선행사건과 후속결과, 그리고 이들과 추후 행동 발생과의 관련성에 중점을 둔다.

대부분의 또래 중개 지원 중재는 장애가 없는 또래로 하여금 장애가 있는 또래 파트너의 사회적이거나 학업적인 또는 기타 목표행동을 촉진하고 모델링하고 강화하게 한다. 특수교사나 연구자 또는 기타 교직원이 주도하는 초기 훈련 회기 동안 또래는 장애가 있는 파트너의 사회적 및 의사소통 행동을 유도하고 격려하는 방법, 이러한 행동이 적절하게 나타날 때 구어 또는 다른 강화를 사용하는 방법, 이러한 행동이 나타나지 않을 때 효과적인 사용을 모델링하는 방법을 학습한다. 협동활동 중에 장애가 있는 학생과 없는 학생이 서로 상호작용하도록 구성하는 것은 자폐 범주성 장애 학생이 중요한 사회적 행동을 연습하고 또래로부터 자연스러운 피드백을 받으며 새로운 강화와 연결할 기회를 확장시킨다. 또래와의 근접성은 학생의 의사소통 시도가 강화될 가능성을 증가시킴과 동시에 자폐 범주성 장애 학생을 향한 의사소통 시작행동을 증가시킨다. 다시 말해서, 이러한 중재는 또래가 자폐 범주성 장애 학생의 사회적 및 의사소통적 노력을 격려하고 촉진하며 지원할 수 있는 구조화된 맥락을 만들어 준다. 더욱이 대부분의 이러한 중재 접근에 포함되는 복수 또래는 다양한 친사회적 행동의 예시를 보여줌으로써 자폐 범주성 장애 아동의 일반화된 사회적 성과를 촉진할 수 있다(Stokes & Baer, 1977).

자폐 범주성 장애 학생과 장애가 없는 또래 간의 상호작용에 있어서의 질적 및 양적 향상 또한 부분적으로는 관찰학습의 결과라고 할 수 있다. 사회적 학습 이론(Bandura, 1977)에서는 사람은 환경 안에 있는 다른 사람이 보여주는 행동을 관찰하고 그 행동의 긍정적이거나 부정적인 성과를 보는 과정을 통해 학습한다고 본다. 이러한 틀은 또래가 장애를 지닌 급우의 사회적 또는 의사소통 발달에 중요한 영향을 미칠 수 있다는 점을 강조한다.

또래 중개 중재에 참여하는 또래는 자폐 범주성 장애를 지닌 파트너를 위해 연령에 적절한 사회성, 의사소통, 학업 및 기타 관련 기술에 대한 명백하고 우발적인 모델로 활약한다. 공동의 활동이나 상호의존적인 교수 구성(예: 협동학습 집단, 또래 지원자)에 참여함으로써 자폐 범주성 장애 학생은 친구들과 효과적으로 상호작용하는 또래를 관찰하고 그러한 행동이 사회적 상호작용 맥락 내에서 긍정적인 후속결과를 얻는 것을 관찰할 수 있는 많은 기회를 얻는다. 따라서 모든 사회성 및 의사소통 기술의 습득을 촉진하기 위해서 외부적인 강화가 필요한 것은 아니다. 자폐 범주성 장애 학생이 통합학급이나 학교의 다른 활동에 등록되어 있으면 이와 같은 또래 모델이 이미 존재한다. 그러나 또래 중개 구성은 자폐 범주성 장애 학생에게 접근할 수 있는 또래 모델의 근접성과 수를 증가시킨다. 더욱이, 이러한 구성은 또래 모델의 적합성과 특성을 부각시킬 수 있다. 예를 들어, 교사는 의사소통에 유능하고 대인관계 기술이 뛰어나며 사회적 지위가 높은 또래를 선발한다(예: Garrison-Harrell, Kamps, & Kravits, 1997; Jackson & Campbell, 2009). 또한 또래를 위한 초기 오리엔테이션과 훈련 회기에서는 또래 모델링의 중요성을 강조하고 자폐 범주성 장애 파트너에게 연령에 적절하고 상황에 맞는 기술을 시범 보일 수 있도록 특정 전략을 가르친다.

또한 또래 중개 지원 중재는 많은 초등 및 중・고등학교에 존재하는 사회적 상호작용의 현저한 장해물을 다룰 수 있는 것으로 보인다. 첫째, 장애를 가진 학생이 일반교육과정에 더 많이 접근하도록 촉진하기 위한 입법적 계획과 학교 개혁의 노력에도 불구하고 대부분의 자폐 범주성 장애 아동 및 청소년은 학교생활의 최소 60%를 장애가 없는 또래와 떨어져서 일반교실 밖에서 보낸다(U.S. Department of Education, 2009). 심지어 통합학급 안에서도 자폐 범주성 장애 학생은 진행되는 활동의 주변에 머무르거나 개별화된 교수를 위해 다른 장소에 배치되기도 한다. 또래 중개 중재는 지속적이고 공유된 활동의 맥락 안에서 자폐를 지닌 학생과 그렇지 않은 학생이 서로 상호작용할 수 있도록 교사가 허용하는 정기적인 기회를 만들어 낸다.

둘째, 일반교육 참여를 지원하기 위해 개별적으로 배치된 성인에 대한 과도한 의존은 학급 내에서 장애가 없는 또래와 사회적으로 상호작용할 기회를 의도치 않게 제한하게 된다(Carter et al., 2008). 자폐 범주성 장애 학생이 항상 보조교사나 특수교사에게 일대일 지원을 받게 된다면 또래는 대화를 시작하기 망설이게 되고 자신들의 상호작용이 언제나 성인을 통해 전달되어야 한다고 인식하거나 장애가 있는 급우는 스스로 효과적으로 의사소통할 수 없다고 생각할 수 있다. 이와 동시에, 자폐 범주성 장애 학생도 학업적, 정서적, 도구적으로 필요한 지원을 얻기 위해서 또래보다는 성인에게로 먼저 향할 가능성이 높아진다. 또래 중개 중재 구성은 장애가 있는 학생과 없는 학생이 서로에게서 배우고 서로 상호작용을 해야 한다는 기대사항을 소통하고 함께 시간을 보낼 수 있는 지지적인 환경을 제공한다. 이와 같은 접근은 또한 대부분의 학생이 학급 활동에 참여하는 전형적인 방법(또래 옆에서 그리고 또래 지원으로)을 더욱 잘 반영한다.

셋째, 학생에 따라서는 상동행동을 보이거나 비전형적인 방식으로 대화하거나 일반적인 학급 활동에 다소 다르게 참여하는 친구와 상호작용을 시작하고 진행하는 것을 처음에는 망설일 수도 있다. 또래는 교사나 보조교사가 제공하는 지속적인 지도와 지원을 포함하는 정보와 훈련을 통해 자폐 범주성 장애를 지닌 급우와의 상호작용 및 이들을 지원하는 자신의 능력에 대해 자신감을 가질 수 있다.

3. 임상적 배경

연구문헌 검토를 위해서 다음의 29개 실험연구를 고찰하였다: (1) 자폐 범주성 장애를 지닌 한 명 이상의 초등, 중등 또는 고등학교 학생을 포함한 연구, (2) 지속적인 또래 중개 지원 중재의 효율성을 평가한 연구, (3) 장애가 없는 또래와의 사회적 상호작용이 주요 중재목표인 연구. 또래 중개 지원 중재의 효율성을 논의하기 위해서 또래가 전달하는 지원이 *사회적 지원*(〈표 10-1〉 참조)인지 *학업 지원*(〈표 10-2〉 참조)인지에 따라서 그리고 그 지원을 제공하는 일반적 접근법에 따라서 이 연구들을 분류하였다. 그러나 대부분의 연구에서 또래 중개 지원은 자폐 범주성 장애 학생을 위한 사회성이나 자기관리 또는 의사소통 기술 교수, 성인의 촉진 노력, 추가적인 환경 구성 등의 다른 중재와 결합된 중다요소 패키지의 일부로 평가되었다. 따라서 사회성 및 의사소통 기술의 향상에 있어서 또래 중개 지원만의 기여도를 알아내는 것은 특히 어려운 과제로 남게 된다.

1) 연구 참여자

또래 중개 지원 중재가 발달장애 학생을 위해 광범위하게 고안되었음에도 불구하고 이 전략의 효율성은 최소 63명의 자폐 범주성 장애 학령기 아동 및 청소년을 대상으로 한 29편 이상의 실험연구를 통해 평가되었다(〈표 10-1〉과 〈표 10-2〉 참조). 이 연구에 참여한 대다수(94%) 학생은 자폐성 장애나 아스퍼거 증후군으로 진단 받았으며 (Hunt, Farron-Davis, Wrenn, Hirose-Hatae, & Goetz, 1997; Owen-DeSchryver, Carr, Cale, & Blakeley-Smith, 2008), 레트증후군 학생(Shukla, Kennedy, & Cushing, 1998, 1999)은 매우 적었다. 표준화된 진단 도구(자폐 행동 체크리스트[Autism Behavior Checklist], Krug, Arick, & Almond, 1980; 자폐 진단 관찰 스케줄[Autism Diagnostic Observation Schedule], Lord, Rutter, DiLavore, & Risi, 1999; 아동기 자폐 평정 척도[Childhood Autism Rating Scale], Schopler, Reichler, & Renner, 1988; 심리교육 프로파일 개정판[PsychoEducational Profile Revised], Schopler, Reichler, Dashford, Lansing, & Marcus, 1990)를 사용해서 얻어진 장애 진단 정보를 보고한 연구는 거의 없었다. 사회 의사소통 결함이 자폐 범주성 장애 학생의 특성으로 정의된다는 점을 고려한다면, 이와 같은 또래 중개 지원 중재의 적용은 놀랄 만한 일이 아니다.

또래 중개 지원 중재가 다양한 범위의 학생에게 효과적일 가능성이 있는 것은 사실이지만, 이 중재에 대해서 서술한 〈표 10-1〉과 〈표 10-2〉에 제시된 실험연구에 참여한 학생의 언어 및 의사소통 또는 행동과 관련해서 특별히 일관성 있는 프로파일이 발견되지는 않는다(Carter & Hughes, 2005; Goldstein, 2002 참조). 참여자의 91%는 의사소통 수준에 대한 일화적 기술이나 표준화된 진단(즉, Arizona Articulation Proficiency Scale; Fudala & Reynolds, 2000; Topeka Association for Retarded Citizens assessment system; Sailor & Mix, 1975)이 제시되었는데, 이 중 39명은 구어를 사용하였고 8명은 구어를 사용하지 않았으며 10명은 구어 능력이 보고되지 않았다. 구어 의사소통이 가능한 학생은 일반적으로 한 단어나 짧은 구 또는 반향어를 사용하였다. 많은 학생이 말을 보충하거나 대체하기 위해 보조가 필요하거나(예: 전자기기, 그림책) 필요하지 않은(예: 수정된 수어, 몸짓) 의사소통 양식에 의존하였다. 지능검사(예: 라이터 비언어성 지능검사[Leiter International Performance Scale], Leiter, 1969; 심리교육 프로파일 개정판[PsychoEducational Profile Revised], Schopler et al., 1990; 스탠퍼드 비네 지능검사[Standard-Binet Intelligence Scales], Thorndike, Hagen, & Sattler, 1986; 웩슬러 아동용 지능검사[Wechsler Intelligence Scale for Children], Wechsler, 1991)와 적응행동진단(예: 바인랜드 적응행동 검사[Vineland Adaptive Behavior Scales], Sparrow, Balla, & Cicchetti, 1984) 결과가 제시된 연구는 거의 없었다. 많은 참여자의 경우 지적장애라는 이차적인 특수교육 범주 하에서 특수교육을 받고 있거나 중도장애를 지닌 것으로 광범위하게 서술되었다. 마지막으로 참여 학생의

〈표 10-1〉 자폐 범주성 장애 아동을 위한 또래 중개 지원 연구: 사회적 지원

저자 (연도)	참여자[a] 환경	중재/중재 충실도/*실험설계*	주요 사회적 성과
Brady, Shores, McEvoy, Ellis, & Fox(1987)	2/2 남자 초등학교	• 또래 훈련자가 참여자를 상호작용에 참여시키기 위해 시작행동 전략을 사용하도록 교수함 • 중재 충실도 제시되지 않음 • *또래 훈련자 간 중다기초선 설계*	또래 훈련자(2/2)와 훈련받지 않은 또래(1/2)의 사회적 상호작용 빈도 증가, 참여자의 또래 시작행동에 대한 반응 증가(2/2), 또래 간 상호작용 지속시간 증가(2/2)
Garrison-Harrel, Kamps, & Kravits (1997)	3/3 여 1/남 2 초등학교	• 또래 지원망 + 보완 의사소통 및 사회적 기술 훈련 • 중재 충실도 제시되지 않음 • *대상자 간 중다기초선 설계 내의 상황 간 중다간헐기초선 설계*	또래 상호작용의 빈도와 지속시간 증가(3/3), 참여자와 지원망 또래가 상호작용하는 동안 의사소통판을 사용한 시간 증가(2/3)
Gonzalez-Lopez, & Kamps (1997)	2/4 여 1/남 1 초등학교	• 조건 A: 교수 없이 집단놀이 참여(기초선) • 조건 B: 집단놀이 내 참여자와 또래를 위한 사회적 기술 훈련 • 조건 C: 강화 + 중재 B • 높은 중재 충실도 • *반전설계(ABCAC)*	조건 B(1/2)와 조건 C(2/2)에서 또래 상호작용의 전체 지속시간 증가, 조건 B(1/2)와 조건 C(2/2)에서 또래 상호작용 평균 빈도 증가
Haring & Breen (1992)	1/2 남자 중학교	• 또래 지원망 + 자기점검 훈련 • 중재 충실도 제시되지 않음 • *대상자 간 중다기초선 설계*	지원망 또래와의 사회적 상호작용 증가(1/1), 적절한 반응 증가(1/1)
Harper, Symon, & Frea(2008)	2/2 남자 초등학교	• 또래가 전달하는 중심축 반응 중재 • 높은 중재 충실도 • *동시적 대상자 간 중다기초선 설계*	또래 관심 얻기(1/1)[b]와 놀이 시작행동 증가(1/1)[b], 차례 주고받기 증가(2/2)
Hunt, Farron-Davis, Wrenn, Hirose-Hatae, & Goetz(1997)	1/3 남자 초등학교	• 개별화된 중재 패키지: 또래 훈련 및 학급 회의, 보완 의사소통 훈련 및 상호작용적 미디어 사용, 성인 촉진 • 높은 중재 충실도 • *대상자 간 중다기초선 설계*	또래와의 사회적 상호작용 및 참여자가 시도하는 상호작용 증가(1/1), 또래를 향한 그리고 또래로부터 받는 언급을 통한 상호작용 증가(1/1)
Hunt, Staub, Alwell, & Goetz(1994)	1/3 남자 초등학교	• 조건 A: 협동학습 집단(기초선) • 조건 B: 조건 A에서의 참여자 반응을 촉진하기 위한 또래의 단서 및 피드백 제공 • 높은 중재 충실도 • *반전설계(ABAB)*	촉진된 의사소통 정반응 증가(1/1), 독립적 의사소통 반응 증가(1/1)

Kamps et al.(1992)	3/3 남자 초등학교	• 집단놀이 내 참여자와 또래를 위한 사회적 기술 훈련 • 중재 충실도 제시되지 않음 • *대상자 간 중다기초선 설계*	사회적 의사소통 빈도와 길이 증가(3/3), 사회적 상호작용 지속시간 증가(3/3), 참여자(3/3)와 또래(3/2)의 시작 및 반응 행동 증가
Kamps, Potucek, Lopez, Kravits, & Kemmerer (1997)	2/3 남자 초등학교	• 환경에 따른 또래 지원망 구성, 또래가 참여자에게 학업 및 사회적 지원을 제공하도록 훈련 제공 • 높은 중재 충실도 • *상황 간 중다간헐기초선 설계*	또래와의 사회적 상호작용 전체 지속시간 증가
Loftin, Odom, & Lantz(2008)	3/3 남자 초등학교	• 또래 반응 훈련 + 사회적 시작행동 및 자기점검 훈련 • 높은 중재 충실도 • *대상자 간 중다기초선 설계*	참여자의 사회적 시작행동 증가(3/3), 또래와의 사회적 상호작용에 참여하는 시간 증가(3/3)
Owen-DeSchryver, Carr, Cale, & Blakeley-Smith(2008)	3/3 남자 3 초등학교	• 또래에게 우정 인식 훈련과 참여자와의 상호작용 전략 교육 • 중재 충실도 제시되지 않음 • *대상자 간 중다 기초선 설계*	또래의 시작행동과 반응행동 증가(3/3), 또래의 시작행동에 대한 반응 증가(3/3), 또래를 향한 시작행동 증가(2/3)
Sasso & Rude(1987)	0/8 성별 미제시 초등학교	• 조건 A: 교수가 제공되지 않음(기초선) • 조건 B: 사회적 지위가 높은 또래를 위한 또래 시작행동 훈련 • 조건 C: 사회적 지위가 낮은 또래를 위한 또래 시작행동 훈련 • 중재 충실도 제시되지 않음 • *반전설계(ABAC, ACAB)*	훈련받지 않은 또래와의 긍정적인 사회적 시작행동과 반응행동이 조건 B에서 더 높게 증가[c]
Schleien, Heyne, & Berken(1988)	5/6 남자 초등학교	• 통합 체육의 특별한 친구 프로그램 • 중재 충실도 제시되지 않음 • *연령 수준(즉, 낮은 연령 vs. 높은 연령)에 따른 집단 비교 설계*	어린 연령 집단의 부적절한 놀이행동 감소(2/2)[c], 높은 연령 집단은 변화 없음(3/3)
Weiner (2005)	1/3 남자 초등학교	• 또래에게 참여자의 반응 수정을 요구하고 강화하도록 교육 • 중재 충실도 제시되지 않음 • *대상자 간 중다기초선 설계, 또래 간 중다간헐기초선 설계*	이해할 수 없는 반응의 수 감소 및 또래의 요구에 대한 수정 반응 증가(1/1), 또래와의 대화 주고받기 증가(1/1)

[a] 전체 연구 참여자 중 자폐 범주성 장애 학생의 수(논문에 명시된 경우에 한함)

[b] 다른 사회적 성과를 보인 참여자

[c] 자폐 범주성 장애인의 결과가 집단 결과로부터 분리되지 않음

〈표 10-2〉 자폐 범주성 장애 아동을 위한 또래 중개 지원 연구: 학업 지원

저자 (연도)	참여자[a] 환경	중재/중재 충실도/*실험설계*	주요 사회적 성과
Carter, Cushing, Clark, & Kennedy (2005)	2/3 여 1/남 1 중학교	• 조건 A: 또래 1인으로 구성된 또래 지원 • 조건 B: 또래 2인으로 구성된 또래 지원 • 중재 충실도 제시되지 않음 • *반전설계(ABAB, BABA)*	2명의 또래와 활동할 때 또래 지원을 동반한 사회적 상호작용 빈도가 더 많이 증가(2/2), 전반적인 상호작용의 질이나 다른 급우와의 상호작용 빈도에는 차이 없음(2/2)
Cole, Vandercook, & Rynders (1987)	2/53 성별 미제시 초등학교	• 조건 1: 특별한 친구 프로그램 • 조건 2: 또래 교수 프로그램 • 중재 충실도 제시되지 않음 • *프로그램과 연령 수준에 따른 집단 비교 설계(즉, 동일연령 대 혼합연령 짝)*	나이가 0~5세 더 많은 또래일 때 더욱 균형 있는 긍정적 효과[b], 참여자보다 아주 나이가 많거나 어린 또래는 비슷한 연령의 또래보다 더 많이 놀잇감 제공[b]
Cole, Vandercook, & Rynders (1988)	2/53 성별 미제시 초등학교	• 조건 1: 특별한 친구 프로그램 • 조건 2: 또래 교수 프로그램 • 중재 충실도 제시되지 않음 • *프로그램에 따른 집단 비교 설계*	조건 1보다 조건 2에서 더 많은 또래 보조 및 교수를 보임[b], 조건 1의 또래는 참여자보다 더 많은 놀잇감 요구하기를 보임[b]
Dugan et al.(1995)	2/2 여 1/남 1 초등학교	• 조건 A: 교사 강의(기초선) • 조건 B: 협동학습 집단 • 중재 충실도 제시되지 않음 • *반전설계(ABAB)*	또래와의 상호작용 전체 지속시간 증가(2/2)
Eichinger (1990)	2/8 남자 초등학교	• 조건 A: 또래와 짝을 이룬 교실활동 • 조건 B: 짝은 각자 개별적으로 활동하고 개별적인 피드백을 받음 • 조건 C: 짝과 함께 협력적으로 활동 • 중재 충실도 제시되지 않음 • *반전설계(ABAB, ACAC)*	조건 B보다 조건 C에서 더 긍정적인 효과가 있었고 더 자주 협력놀이를 함[b], 조건 B보다 조건 C에서 또래는 참여자에게 더 많은 말을 함[b], 조건 C보다 조건 B에서 더 중립적인 효과가 있었고 발화를 덜 함[b]
Hunt, Soto, Maier, & Doering(2003)	1/6 남자 초등학교	• 개별화된 교육과정 수정과 상호작용 지원의 통합된 지원 계획 • 높은 중재 충실도 • *대상자 간 중다기초선 설계*	또래와의 상호적인 상호작용 증가(1/1)
Johnson, Johnson, DeWeerdt, Lyons, & Zaidman(1983)	1/9 성별 미제시 중학교	• 조건 1: 협동학습 조건 • 중재 2: 개별적인 학습 조건 • 높은 중재 충실도(양적 측정 결과 없음) • *조건에 따른 집단 비교 설계*	조건 1에서 참여자와 또래에 의해 시작되는 더 많은 과제 및 사회적 상호작용[b], 조건 1에서 또래들은 참여자에게 더 많은 과제 및 사회적 상호작용 시도[b]

Kamps, Barbetta, Leonard, & Delquadri (1994)	3/3 남자 초등학교	• 학급 차원의 또래 교수 • 중재 충실도 제시되지 않음 • *반전이 있는 대상자 간 중다기초선 설계*	또래와의 사회적 상호작용 평균 지속시간 증가(3/3)
Kamps, Leonard, Potucek, & Garrison-Harrell (1995: 연구 1)	1/1 남자 초등학교	• 조건 A: 교사 강의(기초선) • 조건 B: 협동학습 집단 • 조건 C: 사회성 기술 교육 + 조건 B • 중재 충실도 제시되지 않음 • *반전설계(ABAC)*	조건 B와 조건 C에서 또래와의 사회적 상호작용 전체 지속시간 증가(1/1), 상호작용 빈도는 차이 없음(1/1)
Kamps, Leonard, Potucek, & Garrison-Harrell (1995: 연구 2)	2/2 여자 초등학교	• 조건 A: 교사 강의(기초선) • 조건 B: 협동학습 집단 • 조건 C: 사회성 기술 교육 + 조건 B • 중재 충실도 제시되지 않음 • *반전설계(ABAB)*	또래와의 사회적 상호작용 전체 지속시간 증가(2/2)
Kamps et al.(2002: 연구 1)	4/5 여 2/남 2 초등학교	• 조건 A: 원래 하던 대로 교수(기초선) • 조건 B: 협동학습 집단 • 조건 C: 사회성 기술 집단 • 중재 충실도 제시되지 않음 • *반전설계(ABAB, ACAC)*	조건 B(2/2)와 조건 C(2/2)에서 사회적 상호작용 빈도 증가 및 또래와의 상호작용 전체 지속시간 증가
Putnam, Rynders, Johnson, & Johnson(1989)	2/16 성별 미제시 초등학교	• 조건 1: 협력기술 교수 포함한 집단 학습 • 조건 2: 협력기술 교수 없는 집단 학습 • 중재 충실도 제시되지 않음 • *조건에 따른 집단 비교 설계*	또래는 조건 1에서 더 많은 사회적 행동을 보임[c]; 참여자의 사회적 행동은 차이 없음[c]
Sasso, Mitchell, & Struthers (1986)	4/4 남자 초등학교	• 조건 A: 교수가 없는 자유놀이(기초선) • 조건 B: 또래 교수 • 조건 C: 또래 훈련을 동반한 상호작용 활동 • 중재 충실도 제시되지 않음 • *반전설계(ABAC, ACAB)*	또래 조건 C(3/4)에서 협력적 상호작용을 더 많이 시작하고 조건 B(2/4)에서 교수적 상호작용을 더 많이 시작
Sasso, Mundschenk, Melloy, & Casey(1998: 연구 2)	3/3 여 1/남 2 초등학교	• 높은 사회적 지위를 가진 또래(HH), 낮은 사회적 지위를 가진 또래(LL), 높고 낮은 사회적 지위를 가진 또래(HL)를 짝으로 구성한 또래 시작행동 훈련 • *반전 설계가 삽입된 대상자 간 중다기초선 설계*	LL에서 더 많은 또래 시작행동(3/3), HH에서 더 많은 또래 반응행동(3/3), HH에서 비훈련 또래에게 더 많은 시작행동을 하고(2/3) HL에서 낮은 사회적 지위를 가진 또래에게 더 많은 시작행동(2/3), 세 가지 짝 구성 모두에서 상호작용 지속성 증가(3/3)

Shukla, Kennedy, & Cushing (1998)	1/3 여자 중학교	• 조건 A: 성인 지원(기초선) • 조건 B: 또래 지원자 지정 • 조건 C: 성인 감독을 받는 또래 • 중재 충실도 제시되지 않음 • *반전설계(ACABACAB)*	조건 B에서 또래 지원을 동반한 사회적 상호작용 빈도 증가(1/1), 조건 C에서 비훈련 또래와의 사회적 상호작용 증가(1/1)
Shukla et al.(1999)	1/3 여자 중학교	• 조건 A: 성인 지원(기초선) • 조건 B: 또래 지원자 지정 • 중재 충실도 제시되지 않음 • *반전설계(ABABAB-사회, BABAB-수학)*	조건 B에서 또래 지원과 훈련받지 않은 또래일 때 더 높은 사회적 상호작용 지속시간 및 빈도(1/1), 조건 B에서 또래가 더 많은 사회적 지원 행동을 보임

a 전체 연구 참여자 중 자폐 범주성 장애 학생의 수 (논문에 명시된 경우에 한함)
b 다른 사회적 성과를 보인 참여자
c 자폐 범주성 장애인의 결과가 집단 결과로부터 분리되지 않음

51%가 상동행동(예: 몸 흔들기, 돌기)을 하거나 문제행동(예: 공격행동, 불순응, 탠트럼)을 보이는 것으로 보고되었다. 종합하자면, 이 연구들은 복합적인 의사소통 문제를 지녔거나 많은 지원이 필요한 학생을 위한 또래 중개 지원 중재의 적절성을 시사한다.

2) 또래 중개 사회적 지원

대부분의 또래 중개 지원 중재는 다음과 같은 방법을 통하여 또래가 전달하는 사회적 지원을 강조한다: (1) 또래 상호작용 훈련(peer interaction training), (2) 또래 지원망 전략(peer network strategies)([그림 10-1] 참조).

(1) 또래 상호작용 훈련

또래와 관련된 문제는 발달장애 학생의 사회적 상호작용과 관계 맺기에 대한 잠재적인 장해물로 자주 인용된다(Siperstein, Norins, & Mohler, 2007). 이러한 장해물은 장애를 가진 학생과의 상호작용을 향상시키기 위해 또래에게 목표 정보나 전략 교수를 제공하는 것의 중요성을 강조한다. 예를 들어, 학생들은 자신이 자폐 범주성 장애를 지닌 급우와 사회적으로 상호작용하는 데 필요한 지식과 기술이 부족하다고 생각할 수 있다. 또한 학생에 따라서는 교사의 안내 없이는 장애가 있는 친구와 대화를 시작하고 진행하는 것에 대해 망설임이나 불확실함을 느낄 수 있다. 어떤 학생은 자폐 범주성 장

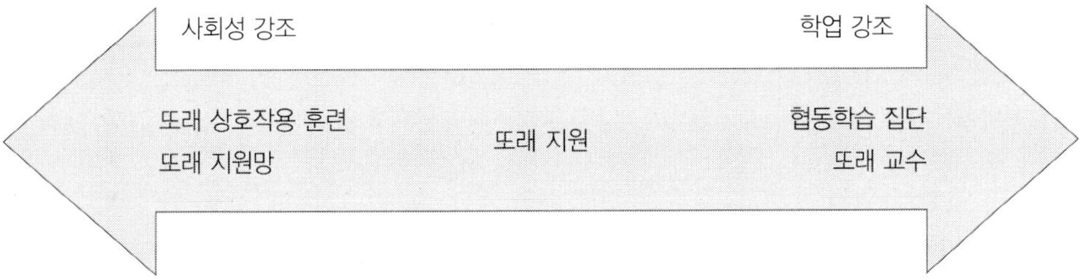

사회성 관련 지원 예시

- 학급 또래와의 상호작용 촉진하기
- 학급 또래가 대상 아동과 상호작용하도록 격려하기
- 다른 사람에게 소개하기
- 특정 사회성 관련 기술을 직접 교수하기
- 보조가 필요한 의사소통 도구 사용 촉진하기
- 의사소통 시도 강화하기
- 정서적 지지 및 조언 제공하기
- 스스로의 행동에 대한 자기관리 도와주기
- 적절한 사회성 기술 모델링하기

학업 관련 지원 예시

- 과제가 정확한지 확인하도록 도와주기
- 노트 필기 공유하고 도와주기
- 노트 외의 학급 자료 공유하기
- 강의 및 학급토론 내용을 다른 말로 설명해주기
- 질문이나 생각을 대답하도록 촉진하기
- 핵심개념이나 문제해결 방법 설명하기
- 구어나 보완대체 의사소통을 사용해서 대답한 내용 받아쓰기
- 과제 완성하도록 교수 제공하기
- 수업 내용을 확실히 이해했는지 검토하기
- 집단 활동에 참여하도록 도와주기
- 책이나 과제 소리 내어 읽기
- 간단한 과제 수정해주기
- 과제를 수행하지 않을 때 다시 하라고 알려주기
- 정리 도와주기

[그림 10-1] 또래 중개 사회적 지원

애 학생에 대해 부정적인 태도와 정확하지 않은 고정관념을 가질 수도 있다(Campbell, Ferguson, Herzinger, Jackson, & Marino, 2005). 또래 상호작용 훈련은 실험연구 문헌에서 사회적 상호작용을 촉진하기 위해 가장 보편적으로 사용되는 또래 중개 접근이다. 게다가 또래 상호작용 훈련은 본 장에서 설명하는 다른 중다요소 중재 접근의 중요한 구성요소이기도 하다(Garrison-Harrell, Kamps, & Kravits, 1997; Haring & Breen, 1992; Shukla et al., 1998, 1999).

Hunt, Staub, Alwell, Goetz(1994)는 또래 상호작용 훈련을 포함한 중재 패키지의 효율성을 알아보는 일련의 단일대상연구를 수행하였다. 연구진은 장애가 없는 2학년 학생들에게 협동학습 집단에서 자폐 범주성 장애를 지닌 파트너와 의사소통하기 위해 신호를 주고 촉진하고 강화하도록 교수하였다. 연구에 참여한 모든 학생이 통합학급의 구성원이기는 했지만 또래 선정을 위해서 사용된 구체적인 기준은 명시되지 않았다. 연구자는 매 수학시간 전에 또래들과 짧은 모임(모임의 지속시간은 제시되지 않음)을 갖고 이들의 지원 역할에 대해 상기시키고 수업 시간 동안 지속적으로 피드백을 제공하였으며, 시간이 지남에 따라 연구자의 참여는 점진적으로 줄여나갔다. 중재를 통해 자폐 범주성 장애 아동의 촉진된 또는 독립적인 의사소통 반응이 증가하였을 뿐만 아니라 새로운 협동학습 집단으로 그 효과가 일반화되었다. Hunt와 그 연구진(1997)은 파트너 체계를 확립하고 상호작용 활동을 구성하고 대화 책을 개발하고 또래 상호작용 훈련을 제공하는 요소로 구성된 개별화된 지원 패키지의 효율성을 평가하였다. 모든 또래는 자폐 범주성 장애 학생의 급우였으며 다른 선정 기준은 기술되지 않았다. 또래 상호작용 훈련은 매주 진행되는 학급 차원의 다양성 인식 활동과 함께 장애가 없는 또래가 아스퍼거 증후군 급우와 함께 대화책을 사용하고 차례 주고받기 체계를 적용하도록 교수하는 것이었다. 이 대화책 훈련은 8~15회기 동안 아스퍼거 증후군 학생에게 지속적으로 제공되었다. 다른 중재 요소의 지속기간에 대해서는 보고되지 않았다. 중다기초선 설계를 통하여 혼자 있는 시간의 감소뿐만 아니라 시작행동과 상호적 상호작용 및 의사소통 책 사용의 증가가 보고되었다.

중재에 따라서는 장애 학생을 직접적으로 중재하지 않고 또래에게만 훈련을 제공함으로써 사회적 상호작용을 증가시킨다(Brady, Shores, McEvoy, Ellis, & Fox, 1987; Sasso & Rude, 1987; Weiner, 2005). 예를 들어, Owen-DeSchryver와 그 연구진(2008)은 소집단 초등학생 또래 훈련에 초점을 맞추었다. 세 차례에 걸친 30~45분 회기에서 또래들은 우정인식 활동에 참여하고 대상 학생의 강점과 선호도에 대한 정보를 얻고 대상 학생과 상호작용하는 전략을 학습하였다. 참여 또래는 성실한 출석과 지시 따르기 능력에 기초하여 선정되었다. 참여한 자폐 범주성 장애 학생은 중다기초선 설계에서 또래 훈련 후 높은 사회적 시작행동과 반응행동의 비율을 보였다. 이 중재에서는 훈련받지 않은 또래에게서도 효과가 나타났는데, 이들의 자폐 범주성 장애 학생을 향한 시작행동이 증가하였다. Harper, Symon, Frea(2008)는 휴식시간 동안 자폐 범주성 장애 참여자의 또래에게 20분씩 7회기에 걸친 훈련을 제공하였다. 또래들은 규칙적으로 출석하고 영어에 능숙하며 높은 사회성 및 의사소통 기술을 보이는 봉사활동 경험이 있는 급우로 선정되었다. 연구진은 장애가 없는 3학년 학생들에게 자폐 범주성 장애 학생과의 사회적 상호작용을 촉진하기 위한 자연적인 사회적 촉진 전략(예: 관심 끌기, 활동을 다양하게 하기, 놀이에 대해 말해주기, 시도 강화하기, 차례 주고받기)을 교수하였다. 연구에 참여한 두 명의 자폐 범주성 장애 학생 모두 또래와의 접촉과 사회적 시작행동이 크게 증가하였고 또래에 대한 촉진이 소거된 후에도 이들의 수행은 유지되었다.

또 다른 연구에서는 또래 상호작용 훈련이 자폐 범주성 장애 학생에게 사회성 관련 기술을 교수함으로써 실행되었다(Gonzalez-Lopez & Kamps, 1997; Schleien, Heyne, & Berken, 1998). 예를 들어, Loftin, Odom, Lantz(2008)는 5~10분 정도의 회기를 통해 초등연령의 또래들에게 자폐 범주성 장애 학생의 관심을 얻고 점심시간 동안 이들의 사회적 시작행동에 긍정적으로 반응하도록 가르쳤다. 또래는 다른 급우를 돕고 성인과의 작업에 열정을 보이며 자폐 범주성 장애 학생이 선호하는 학생으로 선정되었다. 세 명의 자폐 범주성 장애를 지닌 참여자는 개별화된 사회적 상호작용과 자기감독(self monitoring) 교수(훈련 길이는 명시되어 있지 않음)를 받았다. 세 명 모두 또래를 향한 사회적 시작행동이 증가하였고 그중 두 명은 중재 후에도 효과가 유지되었다. Kamps와 그 연구진(1992)은 1학년 자폐 학생과 장애가 없는 또래에게 상업용 교육과정에 기초한 사회적 기술(예: 대화 시작하기 및 유지하기, 칭찬 교환하기, 차례 주고받기, 도와주기) 목표에 대한 훈련을 동시에 제공하였다. 또래 선정 기준은 명시되지 않았다. 각 사회적 기술 훈련은 10분씩 8~12회기에 걸쳐 이루어졌다. 참여 학생의 사회적 상호작용은 중재 후 즉각적으로 상당한 향상을 보였으며, 이는 1개월 후 유지기간에도 관찰되었다.

(2) 또래 지원망 전략

또래 지원망 중재는 장애 학생을 중심으로 구조화된 사회적 집단을 구성하여 학급 내에서 그리고 학교 일과에서 사회성 및 의사소통 성과를 돕기 위해 만들어졌다. 이 중재의 구성은 일반적으로 다음을 포함한다: (1) 잠재적인 대상 학생의 참여 의사를 알아보고 지원망 구성에 대한 의견 구하기, (2) 지원망 구성을 위한 첫 모임에 4~6명 정도의 소규모 또래 초대하기, (3) 또래 학생에게 또래 지원망의 목적과 대상 학생에 대한 배경정보(예: 관심, 취미, 재능, 선호도, 학교 활동 참여) 제공하기, (4) 지원망 구성원이 언제 어디서 대상 학생과 함께 시간을 보내고 지원할 것인지 결정하기, (5) 사회적 지원을 제공하고 학교 활동에 대상 학생의 참여를 증가시키며 발생할 수 있는 문제를 해결하기 위한 아이디어 공유의 목적으로 정기적인 모임 갖기. 교사나 보조교사는 중재를 시작하고 진행할 때 계속 참여하지만 이들의 역할은 시간이 지남에 따라 보다 촉진적이고 간접적으로 변해간다.

Garrison-Harrell과 그 연구진(1997)은 자폐 범주성 장애를 지닌 세 명의 초등학생에게 중다요소 중재 전략 내에서 또래 지원망 전략의 효과를 실험하였다. (또래 지명 척도에 의해 평가된) 높은 사회적 지위와 지시 따르기, 출석률, 연령에 적합한 사회성 및 언어 기술에 대한 교사의 판단을 기반으로 각 학생의 지원망을 구성하기 위한 5명씩의 장애가 없는 또래가 선정되었다. 이들은 30분씩 8회기에 걸쳐 **보완대체 의사소통 체계**(augmentative and alternative communication systems) 사용과 관련 사회성 기술(예: 시작행동, 반응행동, 차례 주고받기, 나누기)에 대한 훈련을 받았다. 각 자폐 범주성 장애 학생 또한 20분씩 18~21회기에 걸쳐 의사소통 체계의 사용에 대한 개별 훈련을 받았다. 장애 학생과 그 지원망 구성원 간의 상호작용 기회는 세 가지 이상의 학교 활동(예: 읽기, 국어, 점심시간, 컴퓨터, 휴식, 도서관)에 걸쳐 구성되었다. 중다기초선 설계에 따르면 또래 지원망 중재는 사회적 상호작용, 기능적 구어 행동 및 보완의사소통 체계 사용의 빈도와 지속시간의 증가와 관련된 것으로 나타났다. 일반화에 대한 자료는 측정되거나 보고되지 않았다.

Kamps, Potucek, Lopez, Kravits, Kemmerer(1997)는 자폐 범주성 장애를 지닌 초등학생을 위한 또래 지원망 중재 패키지의 효과를 검증하기 위해 여섯 가지 상황에 걸쳐 중다간헐기초선 설계를 사용하였다. 또래 지원망 구성원은 사회적 기술을 지녔으면서 자폐 범주성 장애 대상 학생과 부정적인 사건이 없었던 학생으로 선정하였다. 장애가 없는 또래 훈련 및 규칙적인 상호작용 활동(한 활동당 최소 10분씩 주 3~4회)을 진행함과 더불어 각 상호작용 활동의 마지막에 또래에게 언어 피드백과 시각적 강화를 제공하였다. 참여한 장애 학생들은 모든 상황에서 또래와의 상호작용 지속시간에 있어 상당한 증가를 보였고 두 명의 학생은 어느 정도의 일반화도 보였다. 이 두 개의 연구는 모두 참여한 장애 학생에게 사회성 및 의사소통 기술 교수를 동시에 제공하였다.

Haring과 Breen(1992)은 중다기초선 설계로 또래 지원망이 두 명의 중등도 장애 학생의 사회적 상호작용을 증가시키는 데 효과적인지 검증하였다. 참여한 한 학생은 자폐 범주성 장애와 반복행동 및 불순응 행동을 모두 보이는 학생이었다. Kamps와 그 연구진의 연구와는 달리, 이 중재는 학급 이외의 비교수적 환경(예: 복도, 학교식당, 학교 시작 전과 방과 후)에만 초점을 맞추었다. 자폐 범주성 장애 학생과 만난 경험(예: 관심사 공유하기, 같은 학급에 출석하기)이 있거나 자폐 범주성 장애 학생이 관심을 표현하는 또래를 지원망 구성원으로 선정하였다. 이 지원망은 4~5명의 또래 학생 모집, 주당 30분의 성인 촉진 및 피드백이 제공되는 계획 모임, 의도적인 상호작용 일정, 자폐 범주성 장애 아동에게 교사가 제공하는 사회성 기술 훈련(주당 15분씩 2회기), 장애 학생의 사회적 행동에 대한 또래의 강화로 구성되었다. 또래 지원망을 실행하기 전에 기초선 자료가 수집되었다. 또래 지원망 중재의 도입은 사회적 상호작용과 적절한 반응행동 및 또래와의 접촉 빈도에서 높은 증가를 가져왔다. 이 효과는 1개월 및 2개월 후의 유지관찰에서도 지속되었다. 그러나 이 연구에서는 장애 학생들도 손목 카운터를 사용하여 적절한 사회적 반응행동을 스스로 관리하도록 배웠다. 현재까지 또래 지원망 중재는 고등학교 수준에서는 평가되지 않고 있다.

3) 또래 중개 학업 지원

또래 중개 지원 중재는 또한 자폐 범주성 장애 학생의 학업 수행을 향상시키고 일반 교육과정 접근을 지원하기 위해서도 설계되었다([그림 10-1] 참조). 또래 교수(peer tutoring), 협동학습 집단(cooperative learning group) 및 또래 지원자 지정(peer support arrangement)은 이러한 중재 접근의 가장 널리 알려진 형태라 할 수 있다. 학업 활동을 수행하고 학급에 참여하도록 촉진하는 것이 이 중재의 핵심이지만 학생들이 함께 활동하도록 지속적인 기회가 제공되고 사회적 촉진 구성요소를 병합시킴으로써 사회적 상호작용 성과에 있어서도 부수적인 향상을 가져오는 것으로 보인다.

(1) 또래 교수

또래 교수는 장애가 있는 학생과 없는 학생의 학업 수행을 향상시키기 위한 교수적 구성에서 폭넓게 사용된다(Maheady, Harper, & Malette, 2001). 또래는 목표 영역에서의 기술 향상을 돕기 위한 직접적인 학업 지원을 제공함으로써 급우들을 위해 교수 중개인 역할을 하는 사람이다. 이 중재는 우선적으로 또래와 함께 참여하는 시간과 학업 기술 습득을 증가시키기 위해 실행되기는 하지만, 중재와 관련된 사회적 상호작용의 성과에 대해서도 몇몇 연구를 통해서 초점이 맞춰지고 있다.

Kamps, Barbetta, Leonard, Delquadri(1994)는 중다기초선 설계를 통해서 학급 차원의 또래 교수가 2, 3학년 통합학급에 다니는 자폐 범주성 장애 학생의 학업 수행과 사회적 상호작용에 미치는 영향을 평가하였다. 이 연구에서 또래 교수는 학급 차원에 기초를 두고 다음과 같이 실행되었다: (1) 매주 또래-학습자 짝 정하기, (2) 각 교수 회기에서 또래-학습자 역할 교대하기, (3) 교수자(tutor)는 학습자가 소리 내어 구문을 읽을 때 강화와 적절한 피드백 제공하기, (4) 개별 학생이나 집단에게 수행에 대한 강화와 피드백 제공하기. 또래는 모두 이 연구에 참여한 자폐 범주성 장애 학생과 같은 학급에 다니고 있다는 이유로 선정되었으며, 또래를 포함시키거나 배제시키기 위한 특별한 기준은 사용되지 않았다. 학생들은 주당 3~4회씩 25~30분의 또래 교수 회기에 참여하기 전에 45분씩 3회기 동안 이 중재방법에 대한 훈련을 받았다. 또래 교수 회기 이후 즉각적으로 읽기 유창성이 향상되었을 뿐만 아니라 자유 시간 중에 자폐 학생과 장애가 없는 학생 간에 더 자주 더 길게 사회적 상호작용이 나타났다. 유지와 일반화에 대해서는 보고되지 않았다.

Cole, Vandercook, Rynders(1987, 1988)는 또래 교수 또는 특별한 친구 프로그램(special friends programs)에서 나타난 중도장애가 있거나 없는 초등학생 106명의 상호작용을 비교하였다. 장애가 있는 학생과 없는 학생의 짝들이 학급에 따라 각 프로그램에 무선으로 배치되었다. 또래를 선정하기 위한 기준은 명시되지 않았다. 연구자가 8회의 모임에서 장애가 없는 또래들에게 훈련을 제공하였다(모임의 시간은 명시되지 않았음). 또래 교수는 장애가 없는 또래에게 기본적인 교수전략(예: 촉진, 후속강화), 의사소통 기술, 문제해결 기법을 가르치는 것으로 구성되었다. 특별한 친구 프로그램에 참여한 또래 훈련에서는 특정 장애에 대한 정보, 의사소통 및 놀이 기술, 통합과 우정에 대한 토론 등을 다루었다. 또한, 또래들은 전체 8주 동안 매주 15분씩 2~4회기의 상호작용 회기에 장애가 있는 자신의 파트너와 함께 참여하였는데, 이때 교사는 어느 프로그램에 참여하는가에 따라 교수 행동 또는 우정 행동을 강화하였다. 또래 교수 프로그램에서 장애가 있거나 없는 학생 간의 상호작용은 특별한 친구 프로그램에서의 상호작용보다 덜 상호적이었고 더 위계적이었다. 일반화에 대한 자료는 보고되지 않았다. 이와 비슷하게, Sasso, Mitchell, Struthers(1986)는 반전 설계를 적용한 단일대상연구로 네 명의 자폐 범주성 장애 학생의 또래 상호작용 특성에 있어서의 차이를 분석하였다. 연구진은 이전에 장애 학생과 만난 경험이 거의 없는 비슷한 연령의 또래를 선발하였다. 또래들은 상호작용 활동이 교수적인지 또는 비교수적인지에 따라 30분씩 2회기에 걸쳐 자신의 역할에 대한 훈련을 받았다. 교수적 활동에서는 자폐 초등학생과 또래 사이의 낮은 상호작용이 보고되었고, 모든 상호작용이 주로 교수적인 경향이 있었다. 유지와 일반화에 대한 자료는 보고되지 않았다.

(2) 협동학습 집단

협동학습 집단을 사용한다는 것은 일반적으로 학급을 소집단으로 나누고, 각 집단이 협력하여 활동하도록 공동의 목표를 세우고, 집단 내에서 각 학생의 특정 역할(예: 확인하는 사람, 촉진하는 사람, 기록하는 사람, 시간을 확인하는 사람)을 구체화하고, 목표를 성취하기 위해 모든 학생이 함께 활동하도록 요구함으로써 집단 책무성을 향상시키는 것을 말한다. 이러한 구성은 협동작업을 보상해주는 상호의존적인 후속결과를 확립해주고, 잦은 상호작용 기회를 제공하며, 모든 학생을 위해 사회적으로 지지적인 환경을 만들어낸다. 학급 전체를 위한 수업은 교사가 진행하지만, 또래들은 함께 활동할 때 집단의 다른 구성원과 직접적이거나 간접적인 지원을 주고받는다.

Johnson과 그 연구진은 집단실험설계를 사용하여 초등학교(Putnam, Rynders, Johnson, & Johnson, 1989)와 중학교(Johnson, Johnson, DeWeerdt, Lyons, & Zaidman, 1983) 과학수업에서 협동학습 집단의 효율성을 검증하였다. 협력해야 하는 상황(45~55분씩 10회기)에서 발달장애 학생은 2~3명의 장애가 없는 급우와 짝을 이루어 협력기술 교수(예: 자료나 생각 공유하기, 격려하기, 이해 확인하기)를 받았으며, 이때 집단의 수행과 관련해서 교사의 강화가 제공되었다. 두 연구 모두 장애 학생을 집단의 구성원으로 선정한 기준은 명시하지 않았다. 비교집단의 학생들은 혼자 활동하고 개별적인 수행에 대해 강화를 받거나(Johnson et al., 1983) 소집단으로 과제 수행에 대해 강화를 받았다(Putnam et al., 1989). 두 개의 연구 모두 협동학습 집단에서 활동한 또래들은 장애 학생에게 높은 사회적 시작행동(예: 향하기, 언급하기)을 보였다. 두 연구 모두 중재의 일반화 효과에 대해서는 서술하지 않았다. Eichinger(1990)는 반전 설계를 사용한 단일대상연구에서 초등학생의 사회적 상호작용 특성을 협동학습 집단과 개별학습 조건에서 비교하였다. 또래는 자원봉사 경험이 있는 집단에서 무선적으로 선정되었다. 각 장애 학생은 또래와 함께 매주 2회 30분씩의 휴식시간 회기에 참여하였다. 전반적으로(혼자 활동할 때와 비교하여) 협동학습 집단에서 장애 학생의 발화가 나타나지 않은 구간이 더 적었을 뿐만 아니라 긍정적인 감정과 협동놀이가 나타난 구간 비율이 의미 있게 높았다. 그러나 협동학습 조건하에서 또래가 장애 학생에게 더 많은 언급을 하였음에도 불구하고 이러한 사회적 상호작용이 자유놀이 시간으로 일반화되지는 않았다.

Kamps와 그 연구진은 반전 설계를 사용한 단일대상연구를 통하여 4학년 사회시간(Dugan et al., 1995; Kamps et al., 2002) 또는 3학년 읽기시간(Kamps, Leonard, Potucek, & Garrison-Harrell, 1995)에 통합된 자폐 범주성 장애 학생을 대상으로 협동학습 집단과 전통적인 교사 주도 수업의 효과를 비교하였다. 집단 구성원을 선정한 근거는 보고되지 않았다. 집단 구성원은 그 팀 안에서 역할을 부여받고 협동학습 절차와 집단 사회성 기술에 관한 훈련(20~25분)을 받았으며 이러한 절차 수행에 대한 교사나 보조교사의 강화를 받았다. 모든 자폐 범주성 장애 학생은 협동학습 집단에서 학업 참여 및 다른 수행에서의 효과뿐만 아니라 또래에게 보인 시작행동과 반응행동의 빈도 및 지속시간에서 현저한 증가를 나타냈다. Kamps와 그 연구진(2002)의 연구는 학생들의 또래 상호작용이 다른 학교 상황으로 일반화되기는 하지만 이러한 상호작용은 장애 학생이 포함된 구조화된 상호작용 프로그램(예: 또래 교수, 특별한 친구 프로그램)에 참여해본 경험이 있는 또래에게서 더 많이 발생할 수도 있다는 결과를 보여주었다. 이에 대해 구체적으로 분석한 것은 아니지만 기존의 친숙함이 이러한 중재에서 중요한 역할을 할 수도 있다는 것이다.

(3) 또래 지원자 지정

또래 지원자 지정은 통합학급에서 중도장애를 지닌 학생에게 학업 및 사회적 지원을 제공하기 위해 한두 명의 같은 반 또래를 지정하는 것을 말한다(Carter & Kennedy, 2006). 교사나 보조교사는 또래 지원자가 장애 학생에게 학업(예: 수행에 관한 피드백 제공하기, 핵심 개념 강조하기, 협력해서 과제 수행하기, 수업 내용 검토하기), 수업 참여(예: 참여 격려하기, 자료 나누기, 자기관리 전략 모델링하기), 의사소통(예: 사회성 기술 모델링하기, 보완대체 의사소통 체계 사용 격려하기, 의사소통 시도 강화하기) 및 사회적 상호작용(예: 공통 관심사에 대해 대화하기, 급우에게 소개하기)과 관련된 개별화된 교수목표를 지원하도록 가르친다. 학생들은 자신의 역할에 대한 소개를 받은 후 보조교사나 교사로부터 장애 학생을 지원하기 위해 필요한 정보와 안내를 받는다. 이 방법은 학업 및 사회적 참여 모두를 상대적으로 더 강조한다는 점에서 또래 교수와 차이가 있고, 또래가 제공하는 지원의 개별화된 특성과 참여하는 또래의 수가 더 적다는 점에서 협동학습 집단 중재와 다르다.

Shukla와 그 연구진(1998, 1999)은 반전 설계를 사용한 단일대상연구에서 중학교 통합 학급(예: 영어, 수학, 사회, 미술, 직업)에 있는 중도장애 학생의 사회적 상호작용에 있어서 개별적으로 제공하는 성인의 지원과 또래 지원이 추가된 성인의 지원 효과가 어떻게 다른지 비교하였다. Shukla와 그 연구진의 1998년 연구에서는 성적이 "C" 또는 그 이하인 또래를 선정하였다. 이들의 1999년 연구에서는 또래 선정 기준을 명시하지 않았다. 기초선 조건에서 보조교사 또는 특수교사는 대상 학생 옆에 앉아 일대일 지원(예: 체계적인 교수, 활동 수정, 행동지원 실행)을 제공하였다. 또래 지원자 지정은 참여하는 학생에게 전 학기에 걸쳐 체계적으로 소개되었고 소거되었다. 중재 조건 동안에 장애가 없는 또래는 특수교사나 보조교사로부터 1~3회 훈련을 받았고 훈련 이후에는 지속적인 피드백을 제공받았다. 성인에게 전적으로 지원을 받는 것보다 또래로부터 직접적인 지원을 받을 때 자폐 범주성 장애 학생의 사회적 상호작용이 더 길게 더 자주 나타났다. 또한 장애 학생은 급우들과 함께 활동할 때 더 다양한 사회적 지원 행동(예: 인사, 정보, 타인에게 다가가기, 자료 보조, 정서적 지원, 동료애)을 제공받았다. Shukla와 그 연구진의 1999년 연구에서 자폐 범주성 장애 학생은 한 달 후에도 수행을 유지하였다. Hunt와 그 연구진(2003)은 또한 읽기, 쓰기, 수학 시간에 중도장애 초등학교 학생을 위한 통합된 지원 계획(Unified Plans of Support)을 실행할 때 또래 지원자 지정 방법을 적용하였다. 장애가 없는 또래 학생을 선정하는 기준은 명시되지 않았다. 협력 팀은 각 학생을 위해 학교생활 전체에 걸쳐 사용될 성인 및 또래 지원을 상세하게 서술하였다. 중재를 통해 장애 학생의 교실 활동 참여가 증가했을 뿐만 아니라 시작행동 및 또래와의 상호적 상호작용이 증가했다는 결과가 보고되었다. 일반화 자료는 보고되지 않았다.

기존의 연구들은 또래 지원자 지정의 구성에 따라 장애가 없는 참여 학생의 사회적 성과가 다를 수 있음을 제시한다. Carter, Cushing, Clark, Kennedy(2005)는 반전 설계를 사용한 단일대상연구를 통하여 통합학급에서 주요 교과(예: 영어, 과학) 수업시간에 중재에 참여하는 또래의 수를 다양하게 하고 그 효과를 검증하였다. 교사의 평가로 중도장애를 지닌 급우에게 지원을 제공하는 데에 유능하다고 판단된 같은 반 또래가 선정되었다. 장애가 없는 또래들은 2~4일 동안 훈련을 받았고 이후에 특수교사 또는 보조교사의 점검과 피드백을 제공받았다. 1명보다는 2명의 또래가 장애를 지닌 중고등학생을 지원했을 때 이들 간의 사회적 상호작용이 현저하게 높은 수준으로 나타났다. 상호작용의 질이나 중재에 직접적으로 참여하지 않은 다른 급우와의 상호작용을 보인 구간의 비율에서는 명확한 차이가 나타나지 않았다. 유지 및 일반화 자료는 보고되지 않았다. 이러한 결과는 자폐 범주성 장애 초등학생이 2명 집단에 비해 3명 집단에서 더 높은 비율로 사회적 상호작용에 참여한다는 Sasso, Mundschenk, Melloy, Casey(1998)의 연구결과와 일치한다. 연령 및 높거나 낮은 사회적 지위에 근거하여 선정된 장애가 있는 또래는 특수교사로부터 1시간의 초기 훈련을 받았다. 자폐 범주성 장애 학생과 훈련을 받지 않은 또래 간의 사회적 상호작용은 중재가 시작된 후에도 변화하지 않았다.

4) 실험설계상의 특징

(1) 실험설계

자폐와 지적장애의 출현율이 낮을 뿐만 아니라 이 범주에 속하는 학생 간의 이질성으로 인하여 대다수의 연구(*n*=24, 83%)가 중재의 효율성을 평가하기 위하여 단일대상연구를 이용하였다는 점은 놀라운 일이 아니다. 그중 13개의 연구는 중다기초선 설계의 변형(예: 중다간헐기초선)을 채택하였고 11개의 연구는 반전 설계의 변형을 채택하였다. 대부분의 연구가 자폐가 있는 학생과 없는 학생으로 구성된 이질적인 집단을 대상으로 하였기 때문에 각각의 단일대상연구는 자폐 범주성 장애를 지닌 참여자에 대한 중재 효과의 반복이 3회 이하인 경우가 종종 있었으며, 집단 설계에서는 자폐 유무에 따른 결과를 분리하는 경우가 거의 드물었다. 이들 연구에서는 다음의 내용에 대한 연구는 거의 이루어지지 않았다: (1) 이 중재 방법들 중 어느 쪽이 더 효과적인지에 대해 조사하는 비교연구(예: Cole et al., 1987, 1988; Sasso et al., 1986), (2) 중재 변수가 어떻게 결과에 영향을 미치는지에 대한 매개변수와 구성요소 분석(예: Carter et al., 2005; Sasso et al., 1998). 현재로서는, 실행자가 어떤 중재 방법이 특정 성과나 학생을 위해 가장 효과적인지를 알고 싶을 때 참조할 수 있는 지침은 거의 없다고 할 수 있다.

(2) 사회성 관련 중재 성과

기존의 연구에서는 또래 상호작용에 대한 각각의 측정(예: 시작하기, 반응하기, 사회적 상호작용, 상호성/상호적 상호작용)이 주요 사회적 및 의사소통 성과를 대표하였다. 대화 교환의 질적인 측면(예: 애정, 대화 주제, 적절성, 상호작용의 질, 사회적 지원 행동)에 대해서는 연구가 덜 이루어졌으며(예: Carter, Sisco, Melekoglu, & Kurkowski, 2007; Shukla et al., 1999), 수행된 연구의 경우에도 제공된 전략을 통해 또래와의 상호작용 특성이 어떻게 변화할 것인지에 대한 통찰력을 거의 제공하지 못하였다. 게다가, 학생들의 언어 및 의사소통 기술 습득, 상동행동, 사회적 지위에 미치는 부수적인 영향에 대해 보고한 연구도 거의 없었다.

(3) 중재 충실도

중재 충실도 자료는 기존 연구(*n*=9)의 3분의 1 이하에서만 수집되었고, 이 중 6개의 연구만이 중재가 얼마나 의도한 대로 실행되었는지에 대한 수량 정보를 제시하였다.

게다가 이 연구 중 어느 연구도 충실도에서의 변수가 중재의 효율성에 어떻게 영향을 미칠 수 있는지를 조사하지 않았다. 충실도 자료를 제시한 경우 중재 충실도는 높은 것으로 보고되었다. 그러나 이 연구들 거의 다가 연구자에 의해 직접 실행되었고, 따라서 의도하지 않은 편견이 개입되었을 가능성이 높다는 점을 주목해야 한다. 연구자의 직접적인 실행이 줄어들 때 이 전략들이 지닌 효과가 어느 정도 유지되는지에 대해서는 거의 조사되지 않았다(Carter et al., 2007 참조). 그럼에도 불구하고, 사용하기 쉽다는 점과 참여한 교사들의 피드백은 이 전략들이 매일의 학교 환경에서 쉽게 사용될 수 있음을 시사한다.

(4) 일반화

중재의 영향이 시간에 걸쳐 유지될 수 있는지를 측정한 연구(n=7)는 전체 연구의 4분의 1도 안 된다. 이 연구들에서는 중재 효과가 중재 종료 후 2개월에 이르기까지 중재 수준 또는 그 이상으로 유지되었으며, 이는 이 중재들이 단기 효과를 지니고 있음을 보여준다. 사회성 및 의사소통 성과가 중재 조건에서 소개되지 않은 다른 장소나 또래로 일반화된 정도는 9개의 연구에서만 평가되었다. 보다 폭넓은 성과를 이끌어내기 위해서는 일반화를 증진시키려는 의도적인 노력(예: 다양한 본보기 사용하기, 장소나 또래 간의 공통적인 자극 포함시키기)이 이루어져야 할 것이다.

(5) 사회적 타당도

중재의 사회적 타당도에 대한 명백한 증거는 기존 연구의 3분의 1 이하의 연구(n=9)에서만 제시되었다. 사회적 타당도에 대한 지표를 제시한 연구에서는 중재목표는 중요하며 사회적 성과도 바람직하다고 여겨진 것으로 나타났다. 이 연구들에서 중재 절차의 사용상의 용이함은 덜 주목받았다. 그러나 일반교사, 특수교사, 보조교사 그리고 기타 학교 관계자들에 대한 설문조사에 의하면, 또래 중개 지원 중재 접근은 장애가 있는 학생과 없는 학생 간의 상호작용 증진에 효과적이고, 교사들이 활용 가능한 자원으로 실행하기에 매우 적당한 것으로 나타났다(Carter & Pesko, 2008; Odom, McConnell, & Chandler, 1994). 이와 비슷하게, 또래로 선발될지도 모르는 일반 아동 및 청소년과의 면담에서 이들의 중재 참여에 대한 의지와 이 중재에 참여하여 많은 것을 얻는다는 인식을 일관성 있게 확인할 수 있다(Copeland et al., 2004; Hughes et al., 2001; Kamps et al., 1998).

4. 실행을 위한 요구사항

교육적 중재의 채택을 연구하는 연구자들은 매일의 교수적인 실제와 연결되지 않거나 단순히 실행하기 너무 어렵다면 효과적인 방법론조차도 채택되거나 충실하게 실행되지 않는다고 경고하였다(Boardman, Argüelles, Vaughn, Hughes, & Klingner, 2005; Snell, 2003). 다행히, 발달장애 학생을 위한 또래 중개 지원 중재 접근에 대한 연구에 의하면 교사는 또래 중개 전략을 높이 평가하고 실행 가능하다고 여기는 것으로 나타났다. 실행을 위한 요구사항은 또래 중개 지원이 사용되는 형태와 구성에 따라 다소 다를 수 있지만 일반적으로 필요한 몇 가지 요구사항은 다음과 같다.

1) 특수교사

또래 중개 지원 중재에서는 장애가 없는 또래가 자폐 범주성 장애를 지닌 학교친구를 지원하는 데 직접적인 역할을 하는 것은 사실이지만, 교직원도 중재를 시작하고 점검하고 감독하기 위해 적극적으로 관여한다. 특수교사는 일차적으로 중재의 계획과 실행에 대한 책임을, 특히 확장적 지원이 필요한 학생에 대한 책임을 지닌다. 이것은 부분적으로 중도장애를 지닌 많은 학생이 전통적으로 통합학급과 교과 외 활동에서 개인적으로 지정된 성인으로부터 일대일 지원을 받아 왔기 때문이다. 게다가 특수교사는 일반적으로 학생의 개별적인 교육목표, 지원 요구, 교육사를 가장 잘 알고 있는 사람이다. 특수교사는 일반적으로 중재에 포함되는 또래의 오리엔테이션과 훈련 활동(주요 구성요소 부분 참조)을 주도하게 되는데, 특히 이러한 훈련이 교실 외부의 장소에서 이루어지게 되는 경우에는 더욱 그러하다. 예를 들어, 교사는 한두 번의 점심시간, 학교 수업 전후, 휴식시간 또는 자유시간에 또래 지원망이나 또래 지원자 지정에 포함된 장애가 없는 학생과의 오리엔테이션 시간을 가질 수 있다. 이러한 초기 훈련을 실행하는 데 필요한 시간은 또래가 제공하게 될 지원의 특성, 포함되는 또래의 수, 지원을 받게 될 학생의 특성, 그리고 지원을 필요로 하게 될 학교 내 상황에 달려 있다. 본 장에서 기술된 대부분의 중재는 단지 한두 차례의 초기 모임(약 20~45분)을 필요로 한다. 또한, 또래에 따라서는 한두 차례의 후속 모임을 통해 자신의 경험을 논의하고 걱정을 공유하고 생길 수 있는 어려움을 다루는 기회를 가짐으로써 도움을 받을 수도 있다.

2) 보조교사

보조교사 또한 또래 지원 중재를 실행함에 있어서 역할을 수행할 수 있다. 많은 학교가 자폐 범주성 장애 및 기타 발달장애를 지닌 학생의 일반교육과정과 교육과정 외 활동 참여를 지원하기 위해 개별적으로 지정된 보조교사에게 광범위하게 의존한다(Giangreco, 2010). 또래가 장애를 지닌 급우를 사회적 또는 학업적으로 또는 둘 다 지원하기 시작함에 따라 일대일 보조교사는 직접적인 지원을 점진적으로 줄이고 중재에 참여하는 장애가 있거나 없는 학생에 대한 지속적인 피드백과 보조를 제공하는 보다 유연한 역할을 맡게 된다. 예를 들어, 보조교사는 학생들이 함께 작업할 때 적절한 지원 전략 사용의 시범을 보일 수 있고, 또래 상호작용 및 협동작업을 촉진할 수 있으며, 학생의 성과에 대한 자료를 수집하거나 발생하는 문제를 해결하는 역할을 할 수 있다. 보조교사가 학급에 정기적으로 들어온다는 점을 고려한다면 또래를 위한 초기 오리엔테이션과 훈련에 보조교사도 참여하게 하는 것이 도움이 될 것이다. 보조교사는 또한 일반교사, 특수교사, 동아리 지도교사 또는 관련서비스(related services) 제공자와 정기적인 의사소통을 유지해야 한다.

3) 일반교사

통합학급에서 일반교사는 또래 중개 지원 중재를 계획하고 실행함에 있어서 비록 덜 직접적이기는 하지만 적극적인 역할을 하곤 한다. 일반교사는 그 학급의 특정 교육과정의 내용과 교수적 접근 결정에 대한 일차적인 책임을 지기 때문에 학생들이 성취해야 하는 학업 기준과 학습목표에 가장 친숙하다. 따라서 또래 중개 지원과 관련된 일반교사의 기대와 권장사항에 대해서 특수교사 및 교실 안에서 자폐 범주성 장애 학생을 지원하는 보조교사와 논의하는 것은 필수적이다. 일반교사는 또한 장애 학생에게 효과적으로 지원을 제공할 또래를 선별하는 데 도움을 준다.

4) 팀 기반의 계획

자폐 범주성 장애 학생을 위한 양질의 통합교육 경험의 주요 요소는 협력적 팀 구성이다(Hunt & McDonnell, 2007). 자폐 범주성 장애 학생의 의미 있는 참여를 지원하기 위해서는 일반적으로 학생의 사회적이고 교육적인 목표를 파악하기 위해 협력적으로 일할 특수교사, 일반교사, 보조교사 그리고 관련서비스 제공자가 필요하다. 또래 중개 지원 중재도 절대로 예외가 아니며, 특히 중재가 학교 내 다양한 맥락에 걸쳐서 제공될 때에는 더욱 그러하다(예: 또래 지원망 중재). 교육 팀은 자폐 범주성 장애 학생이 다양한 학교 환경에 참여하기 위해 필요로 하는 구체적인 또래 중개 및 성인 주도 지원의 개요를 구성하기 위해서 교수 활동 진단(Instructional Activities Assessment; Cushing, Clark, Carter, & Kennedy, 2005), 통합된 지원 계획(Unified Plans of Support; Hunt et al., 2003), 접근 이상의 모델(Beyond Access Model; Sonnenmeier, McSheehan, & Jorgensen, 2005) 등의 몇몇 개별화된 계획 모델을 사용할 수 있다.

5. 주요 구성요소

지금까지의 내용에서 알 수 있듯이 또래 중개 지원 전략은 유연성을 가지고 실행될 수 있는 사회성 및 의사소통 중재 접근법을 대표한다. 중재에 전형적으로 포함되는 핵심 구성요소는 다음과 같다: (1) 중재에 참여하여 이득을 얻을 자폐 범주성 장애 학생과 또래 선정하기, (2) 사회적 또는 학습적인 지원을 제공할 수 있도록 또래 준비시키기, (3) 학생들이 상호작용하고 서로 지원하도록 지속적인 기회 구성하기, (4) 대상학생과 또래를 감독하고 중재에 참여하는 학생들에게 필요한 안내 제공하기. 다음에서는 각 단계에 대해 자세히 설명하고 다른 중재 방법과 관련될 수도 있는 중재 변형에 대해 살펴보고자 한다.

1) 또래 선정하기

중재에 참여할 장애가 없는 또래를 선발할 때 사용되는 특별한 절차와 기준은 전문적인 연구문헌에서 상대적으로 거의 주목을 받지 못하였다. 선정 절차는 일반적으로 다음과 같은 결정을 포함한다: (1) 참여 또래의 수, (2) 또래가 지녀야 하는 특성, (3) 참여하도록 초청하는 방법. 이와 같은 중재에 일반적으로 참여하는 또래의 수는 실행되는 특정 방법에 따라 다르다. 예를 들어, 또래 교수나 또래 지원자 지정을 위한 구성은 일반적으로 두 명(또래 한 명) 또는 세 명(또래 두 명)으로 이루어지는데, 그 이유는 기본적으로 또래 지원의 학업적인 면에 초점을 두기 때문이다. 기존 연구에 따르면 3인조 구성이 더 높은 상호작용 비율과 관련되지만 학업 참여에 있어서는 비슷한 비율을 보인다(Carter et al., 2005). 협동학습 집단 중재의 경우 대체로 학급 차원으로 실행되기는 하지만 협동학습 집단에는 2~5명의 또래가 참여할 수 있다. 학급 차원으로 실행되는 경우 주어진 학급의 모든 학생이 협동학습 전략에 대한 지침을 받는다. 또래 지원망 중재는 다소 많은 수(즉, 4~6명)의 또래를 모집하며, 주로 참여하는 또래의 사회적 관계 집단의 크기와 장애 학생이 지원받게 될 환경(예: 수업 간 전이시간, 점심, 휴식, 등교 전과 방과 후)의 수에 의해 결정된다. 또래 중재를 위해 일반적으로 사용되는 구성 중에서 또래 상호작용 훈련은 훈련받는 또래의 수가 3명에서 학급 전체 학생(즉, 25명)에 이를 만큼 가장 유연하게 실행된다. 이 숫자는 기본적으로 자폐 범주성 장애 학생이 지정 학급이나 학교 활동 중에 마주치게 될 또래의 수를 기초로 한다. 대부분의 접근에서 장애가 없는 또래는 동일 학급이나 동아리 또는 기타 학교 활동으로부터 선정된다. 예외인 경우는 통합 연령 또래 교수(Kamps, Dugan, Potucek, & Collins, 1999)나 "역통합" 접근, 즉 장애가 없는 또래가 특수학급으로 오는 경우(예: 특별한 친구 프로그램)가 있다.

기존의 문헌에서는 *어떤* 학생이 또래 중개 지원 중재에 가장 효과적으로 참여할 수 있는지를 결정할 기준을 제시하지 않았지만, 선정 과정에서 고려할 수 있는 몇 가지 또래의 특성을 판별하였다. 예를 들어, 대상 자폐 범주성 장애 학생과 친분이 있고, 학교에 규칙적으로 출석하며, 나이에 맞는 사회적 기술을 보이고, 장애 학생과 관심사를 공유하는 또래의 경우 또래 중개 지원 중재에 참여하도록 초청받곤 한다. 목표로 하는 중재 성과가 우정의 발달을 포함하는 경우 또래의 사회적 지위나 성별 또는 가까운 곳에 주거하는 이웃인지 등이 고려될 수 있다. 또래 스스로도 이미 형성된 친구 관계망을 가지고 있을 때, 학생들이 동성일 때, 그리고 학생들이 학교 밖에서도 만날 수 있을 만큼 가까운 곳에 살 때 등의 조건에서 관계는 보다 발전될 가능성이 높다(Carter, Cushing, & Kennedy, 2009). 주요 성과 목표가 학업 수행인 경우에 또래는 기본적인 교수전략을 배울 의지와 능력을 입증해야 한다. 학습 중심의 중재를 위해서는 주로 학업 성취가 높은 또래가 선정되곤 하지만, 기존의 연구에 의하면 학업상의 어려움을 겪는 또래도 이러한 지원 역할을 맡음으로써 이득을 얻을 수 있는 것으로 보고되었다(Shukla et al., 1988). 전체 학급을 대상으로 하는 중재(예: 학급 차원의 또래 교수, 협동학습 집단)를 제외하고, 또래는 항상 지원 역할에 대한 관심과 해보겠다는 의지를 표현해야 한다. 실제로, 이와 같은 중재가 참여하는 모든 학생에게 서로 분명한 이득이 되게 하는 것은 중요하다.

이와 비슷하게, 중재에 참여할 또래를 모집하고 선정하기 위해 다양한 방법이 사용되어 왔다. 어떤 또래가 중재에 참여할지를 결정하는 데 있어서 가능한 한 최대한으로 자폐 범주성 장애 학생의 선호도를 따라야 한다. 그러나 학생에 따라서는 복합적인 의사소통 문제 또는 학급 내에서 제한된 우정관계를 보이며, 따라서 자신의 견해를 표현하는 데 어려움이 있을 수 있다. 이러한 경우 종종 다른 방법이 사용되기도 하는데, 교사나 동아리 지도교사의 추천, 일반학급 공고, "친구 지원망(circle of friends)" 절차, 교사가 정해주는 짝 등의 방법이 포함된다(Carter et al., 2009; Whitaker, Barratt, Joy, Potter, & Thomas, 1998).

2) 또래 준비시키기

또래 중개 지원 중재에 참여하는 또래는 참여에 대해 동의한 후 교직원으로부터 자신의 역할과 책임에 대한 일차적인 훈련을 받는다. 이러한 오리엔테이션 회기 중에 다루어지는 정보와 전략뿐만 아니라 훈련의 방법은 실행될 중재 접근에 따라 어느 정도 다를 수 있다. 더욱이, 다루어지는 내용은 특정 학교 환경 내에서 자폐 범주성 장애 학생의 개별화된 사회적 및 교육적 지원 요구를 반영하도록 맞춰진다.

그럼에도 불구하고, 또래와의 초기 모임에서는 몇 가지 공통적인 주제가 주로 다루어진다. 학생들이 아직 서로 잘 알지 못하는 경우에는 대상 학생의 흥미, 강점, 취미, 학교 활동과 전반적 교육목표(예: 더 많은 급우 만나기, 소그룹 활동에 더 적극적으로 참여하기, 의사소통 도구를 좀 더 빈번하게 사용하기)에 관한 일반적인 정보를 제공할 수 있다. 이러한 정보는 참여하는 학생들 간에 초기 대화를 위한 시작점을 제공한다. 예의 바른 언어 사용하기와 비밀 유지하기의 중요성 또한 강조된다. 또래에 따라서는 장애에 대해 제한된 지식과 경험을 지닐 수도 있기 때문에, 기존의 또래 훈련은 장애 인식 요소를 강조해왔다.

훈련의 기본적인 초점은 보통 자폐 범주성 장애를 지닌 파트너의 의사소통, 사회 참여, 그리고/또는 학업 참여를 지원하기 위해서 목표로 삼은 전략을 가르치는 데에 있다. 사회성 및 의사소통 성과가 기본적인 중재의 초점인 경우에는 대화 증진 기술이 특별히 강조되곤 한다. 예를 들어, 시작행동 유도하기, 보완대체 의사소통 도구 사용 촉진하기, 대화 주고받기 확장하기, 의사소통 도구 사용자와 상호작용하기, 부적절한 대화의 방향 재설정하기, 대화 시도 강화하기, 관련된 사회적 기술 시범 보이기 등을 위한 구체적인 전략을 소개할 수 있다.

학업 성과를 강조하는 접근(예: 또래 교수, 또래 지원자 지정)의 경우 또래는 촉진, 모델링, 강화, 교정 피드백과 같은 체계적인 교수 기법을 배울 수도 있다. 또한 공동작업 과제를 통한 학업 참여 증진시키기, 효과적으로 피드백 제공하기, 수업 내용 검토하기, 핵심 개념 강조하기, 수업 자료 공유하기 또는 자기관리 전략 시범 보이기 등의 전략을 소개받을 수도 있다. 상동적이거나 문제가 있는 행동의 의사소통적 의도에 대한 설명 또는 이러한 행동에 적절히 반응하는 방법에 대한 지침 등 대상 학생과 관련된 기타 구체적인 정보 또한 또래에게 공유될 수 있다. 학생들에게 관련된 정보를 제공하고 목표 기술을 준비시키는 것은 이들이 새로운 지원 역할을 수행함에 있어서 자신감과 효율성을 증가시킬 것이다. 또한, 학생들은 언제 성인(예: 보조교사, 특수교사, 관련서비스 제공자)을 찾아 필요한 도움을 받아야 하는지와 자신이 해서는 안 되는 역할(예: 먹이기, 화장실 가기, 신체적 공격 등의 행동 문제에 반응하기)은 무엇인지에 대해서도 알아야 한다.

다른 교직원도 이 책임을 맡을 수는 있지만 주로 특수교사나 보조교사(실행을 위한 요구사항 참조)가 초기 훈련 회기를 주도한다. 대부분의 연구에서 또래 훈련은 진행 중인 수업 활동에서 또래를 데리고 나오거나 학교 내 다른 장소(예: 다른 교실, 휴식이나 점심시간)에서 별도로 이루어졌다. 그러나 몇 가지 예외도 있었다. 협력 기술은 보통 협동학습 집단의 시작에 앞서 학급에서 모든 학생에게 동시에 교수되었다. 이와 비슷하게, 또래 상호작용 훈련도 모든 학생이 타인과 효과적으로 상호작용할 수 있는 역량을 증진시킬 수 있도록 학급 내 장애가 있거나 없는 모든 학생을 대상으로 동시에 이루어졌다(예: Brady et al., 1987; Kamps et al., 1992). 중재의 다른 요소와 마찬가지로 초기 훈련 회기의 수도 사용되는 접근방법, 참여하는 자폐 범주성 장애 학생의 개별화된 지원 요구, 참여하는 또래의 능력에 따라 크게 달라진다. 대체로, 대부분의 중재가 45~60분 길이의 상대적으로 매우 적은 훈련 회기(즉, 1~3회기)만으로도 사회적 상호작용 성과에 있어서 현저한 향상을 가져오는 것으로 평가된다.

3) 상호작용 기회 구성하기

또래 선정과 초기 훈련이 끝난 후, 교사는 이어서 학교 일과 중에 장애 학생과 장애가 없는 학생이 서로 상호작용할 수 있는 규칙적인 기회를 설정한다. 학교에서의 또래 상호작용에는 많은 장벽이 존재하는데, 자폐 범주성 장애 학생본 장애가 없는 또래와 함께 배우고 활동하는 기회가 제한된다는 점이 그중 가장 두드러진다고 할 수 있다. 자폐 범주성 장애 학생이 별도의 교실에서 교육을 받거나, 같은 식당의 다른 구역에서 점심을 먹거나, 다른 시간에 학교 복도를 이동하거나, 또는 교과 외 활동 또는 기타 학교에서 후원하는 활동에 참여하지 않을 때 장애가 없는 또래와의 상호작용 기회는 심각하게 줄어든다(Newman, 2007). 일반학급 내에서조차도 자폐 범주성 장애 학생은 자주 교실 구석에서 보조교사와 일대일로 공부하곤 한다(Carter et al., 2008). 상호작용이 허락되고 격려되는 공동의 활동을 수립하는 것은 또래 중개 지원 중재의 필수 요소라고 할 수 있다.

일반학급에서 상호작용을 위해 환경을 지원한다는 것은 보통 자폐 범주성 장애 학생과 또래의 좌석을 재배치하여 서로 가까이 앉게 하거나 모든 학생이 서로 쉽게 대화할 수 있는 상호작용 활동을 계획하는 것을 포함한다(예: 소집단 프로젝트, 놀이 기반 활동). 또래 지원자 지정이나 또래 교수 또는 협동학습 집단에서 수업시간 내내 또는 특정 수업시간 중에 자폐 범주성 장애 학생은 참여하는 또래와 나란히 앉는다. 이와 같은 상호의존적인 교수환경에서 학생들이 함께 활동함에 따라 이들의 사회적 상호작용은 학급교사에게 칭찬받고 격려 받으면서, 이러한 구성이 아니었다면 없었을 수도 있는 상호작용 기회를 창출하게 된다. 특수학급에서는 특별활동을 위해서나 전체 수업시간 동안 장애가 없는 또래를 다른 학급에서 데리고 온다.

중재가 교실 밖에서 실행되는 경우 점심시간, 휴식시간, 수업 간 이동시간 또는 교과 외 활동 시간 중에 학생들이 함께 시간을 보낼 수 있도록 시간이 지정된다. 물론 이러한 시간은 사회적 기회가 자연스럽게 존재하는 비교수적 시간이기는 하지만, 자폐 범주성 장애 학생은 이러한 기회에도 거의 접근하지 못한다. 학생의 일과를 조정하고 의도적인 사회적 지원을 수립하는 것은 대화의 시작이 상호적이 될 가능성뿐만 아니라 학생이 마주하는 사회적 및 의사소통적 기회를 증가시킨다.

기존의 연구에서 중도장애를 지닌 학생과 또래를 위해 구성된 활동의 유형은 이들 간의 상호작용 특성과 범위에 영향을 미칠 수도 있는 것으로 보고된다(Hughes, Carter, Hughes, Bradford, & Copeland, 2002; McMahon, Wacker, Sasso, Berg, & Newton, 1996). 특히 학습 또는 교수 활동은 좀 더 과제와 관련된 상호작용을 증진시키는 반면에, 오락 및 여가 활동은 친구 사이에서 보통 나타나는 사회적 대화를 촉진시키는 것으로 보인다. 이러한 발견은 교사가 또래 중개 중재 맥락을, 특히 중재를 통해 증진시키기를 희망하는 구체적인 사회적이고 의사소통적인 성과에 비추어 주의 깊게 고려해야 한다는 점을 시사한다.

4) 피드백과 지침 제공하기

장애가 있는 학생과 없는 학생이 공동의 활동에 참여할 때 성인은 또래가 효과적으로 지원할 수 있도록 이들의 상호작용을 감독한다. 또한, 성인은 모든 학생이 중재 참여를 통해 사회적으로 또는 학업적으로 이득을 얻고 있는지 확인해야 한다. 학생들이 함께 작업하기 시작함에 따라 성인이 제공하는 감독은 보다 강화된다. 예를 들어, 특수교사는 또래가 지원 전략을 정확하게 지속적으로 사용하고 있는지 판단하기 위해 학생을 지켜볼 수도 있고 이들이 필요한 정보와 지시사항을 알고 있는지 확인하기 위해 점검해볼 수도 있다. 또한, 교사는 자폐 범주성 장애 학생이 또래와 의사소통하기 위한 효과적인 방법을 가지고 있는지, 또래와의 시간을 즐기고 있는지, 그리고 자신의 개별화된 목표를 향해 지속적이고 적절한 진보를 보이고 있는지 등을 관찰할 수도 있다. 필요에 따라 성인은 진행 중인 활동에 대상 학생을 포함시키기 위한 아이디어를 공유하거나, 대안적인 지원 전략을 제시하거나, 새로운 교수 접근법을 모델링하거나, 학생이 과제를 하지 않을 때 재지시하거나, 예기치 않은 문제에 대한 해결방법을 고민해주거나, 또는 장애 학생의 더 많은 참여를 증진시키기 위한 적용과 수정을 소개함으로써 추가적인 도움을 제공할 수도 있다. 게다가, 성인은 초기에 학생과 또래를 위해 구어 또는 문자로 작성된 강화를 잦은 일정으로 제공한다. 이와 같은 피드백은 학생들이 함께 작업하는 진행 중인 학급 활동의 흐름 안에서도 종종 제공될 수 있다.

장애가 있는 학생과 없는 학생이 함께 작업하는 경험을 점점 더 많이 갖게 되면서 성인은 자신의 직접적인 참여를 줄이고 필요할 때만 피드백과 안내를 제공하는 보다 촉진적인 역할을 하게 된다. 학급 차원의 중재(예: 또래 지원자 지정, 또래 교수, 협동학습 집단)가 진행되면서 또래는 곧 수업이 시작될 때나 끝날 때 또는 특별한 필요가 생겼을 때에만 교사나 보조교사의 점검을 필요로 하게 된다. 또래 지원망 중재에서 성인 촉진자는 필요에 따라 예기치 않은 문제를 다루거나 집단을 재지시할 수 있는 가능성은 남겨둔 채로, 또래들이 점점 더 경험과 자신감을 갖게 됨에 따라 지원망 모임에 대한 지도의 책임을 점차 또래들에게 넘긴다. 성인은 학생들이 독립적으로 활동하게 하는 것과 의미 있는 상호작용을 촉진하기에 충분한 지원을 제공하는 것 사이에 적절한 균형을 맞추는 것이 좋다. 교육과정과 교수전략은 보통 학기가 진행됨에 따라 변하기 때문에 또래와 장애 학생이 자신들의 경험을 토의하고, 염려에 대처하고, 중재를 개선하기 위한 아이디어를 얻을 수 있도록 성인이 정기적으로 이들과 함께 점검하는 것이 바람직하다.

6. 의사결정을 위한 자료 수집

직접 관찰은 또래 중개 지원 중재가 의도한 대로 작동하고 원하는 성과를 촉진하고 있는지와 함께 추가적인 수정이나 다른 방법이 필요한지를 결정하는 데 사용되는 주요 방법이다. 함께 지내는 학생들을 관찰함으로써 교직원은 또래가 사회적 또는 교수적 지원을 충실하게 전달하고 있는지와 함께 자폐 범주성 장애 학생이 의사소통 및 사회적 상호작용 성과를 통해 이득을 얻고 있는지 여부를 확인할 수 있다. 예를 들어, 관찰은 학생의 사회적 상호작용 특성(예: 상호성, 적절성, 대화 주제, 전반적인 질), 학생이 사용하는 사회성 및 의사소통 기술(예: 시작, 반응, 확장, 애정, 의사소통 형태), 이러한 상호작용이 일어나는 환경(예: 소집단, 대집단, 이동, 자유시간), 상호작용에 포함된 개인(예: 또래 지원자, 다른 급우, 성인) 등에 초점을 맞추어 이루어질 수 있다. 또래 관계의 복잡성과 또래 상호작용이 평가되는 다양한 측면을 파악하기 위해서 교사는 원하는 사회적 성과의 우선순위를 정하고 조작적으로 정의해야 한다. 보조교사, 특수교사 또는 관련서비스 제공자는 또래 중개 지원 중재의 시작 전과 후의 공식적인 수업에서 또는 기타 학교 환경에서 관찰을 수행할 수 있다. 본 장에서 기술된 연구(〈표 10-1〉과 〈표 10-2〉 참조) 및 기타 연구(예: Carter & Hughes, 2005; Carter et al., 2010; Kennedy, Shukla, & Fryxell, 1997; Webster & Carter, 2007)에서 사용된 관찰 및 측정 방법은 학교에서 쉽게 채택하고 실행할 수 있는 방법이다.

이와 동시에, 몇몇 질적 연구는 학생이나 교사 면담이 직접적인 관찰을 보완해주는 가치를 지니고 있다고 강조한다(Broer, Doyle, & Giangreco, 2005; Copeland et al., 2004; Schnorr, 1997). 교사는 자폐 범주성 장애 학생에게 다음에 관해 질문할 수 있다: (1) 또래의 지원을 받은 경험, (2) 급우와 보내는 시간이 즐거운지, (3) 함께 하고 싶거나 더 잘 알고 싶은 급우, (4) 또래로부터 사회적 또는 학업 지원을 계속 받고 싶은지. 동시에, 교사는 참가한 또래가 다음에 대해 어떻게 생각하는지에 대해서도 비공식적으로 면담해야 한다: (1) 장애 학생과의 관계가 형성되고 있는지, (2) 진행 중인 상호작용으로부터 자기 스스로와 자신의 파트너가 이득을 얻는 방법을 인지하고 있는지, (3) 효과가 있거나 없는 지원 전략, (4) 파트너와의 상호작용을 증진시켜 줄 것이라고 생각하는 추가적인 정보, 도움, 지원. 앞에서도 언급하였듯이, 또래는 학교의 사회적 문화에 대한 고유한 관점을 지니고 있으며 때로는 장애를 지닌 급우의 사회적 참여를 증진시킬 통찰력 있는 의견이나 제언을 공유하기도 한다. 마지막으로, 학교 내 다른 교사나 교직원과의 대화를 통해 중재가 주목할 만한 사회적 또는 의사소통적 성과를 만들고 있는지, 사용되고 있는 기타 교수 또는 중재 접근과 잘 맞는지, 중재의 시작과 유지가 현실적인지, 그리고 다양한 학교 상황 전반에 걸쳐 학생들의 사회적 참여가 폭넓은 향상을 보이는지 등을 알아볼 수 있다.

7. 문화 및 언어 배경이 다른 아동을 위한 고려

전국 각지의 학교에서 자폐 범주성 장애 아동과 청소년을 포함하는 점점 더 다양한 학생들에게 서비스를 제공하고 있다(U.S. Department of Education, 2009). 또래 중개 지원 중재의 효과는 다양한 지역의 다양한 학생을 대상으로 입증되어 왔지만, 참여 학생의 문화 또는 언어 배경에 대한 정보가 보고된 실험연구는 상대적으로 거의 없다. 예를 들어, 본 장에서 살펴본 연구에서 63명의 자폐 범주성 장애 학생 중 5명에 대해서만 인종/민족 배경이 보고되었는데, 이들 중 3명은 유럽계 미국인, 한 명은 아시아계 미국인, 다른 한 명은 라틴계 미국인이었다. 이와 비슷하게, 참여하는 장애 학생과 또래의 사회경제적 지위에 대해서도 이용할 만한 정보가 거의 보고되지 않았다. 따라서 기존 연구는 문화 및 언어 배경이 다른 아동에게 중재를 실행할 때 고려해야 하는 점에 관한 직접적인 지침을 거의 제공하지 못한다.

중재 계획 과정에 학생과 부모를 참여시키기 위한 지원 전략과 연계된 목표와 중재 절차는 가족의 우선순위와 가치를 반영하도록 보장하기 위한 하나의 주요한 방법이다. 교육 계획 회의 중에 또래 중개 지원의 설계와 전달에 대한 부모의 의견을 물어야 한다. 또한, 부모는 자녀가 학교에서의 또래와의 관계에 대해 이야기하는지, 한다면 어떻게 이야기하는지에 대한 정보를 제공할 수 있다. 중재를 통해 또래 상호작용과 관계를 학교생활 이상으로 확장시키고자 한다면 부모 참여는 특히 중요하다(Laugeson, Frankel, Mogil, & Dillon, 2009; Turnbull, Pereira, & Blue-Banning, 1999).

8. 적용을 위한 고려

적용 사례: 아동

규미(9세)는 자폐 범주성 장애를 지닌 3학년 여학생으로 학교 일과 내내 일반학급에 참여하면서 일주일에 몇 번만 분리된 교실에서 언어치료를 받는다. 규미의 개별화교육계획 목표는 좀 더 원활하게 음성 출력 의사소통 보조기기를 사용하여 대화 시작행동의 빈도와 적절성을 증가시키고 급우와의 사회적 상호작용의 질을 향상시키는 데 초점을 두고 있다. 그러나 교실에서의 관찰 결과, 규미는 의사소통 도구를 잘 사용하지 않았고 급우들과 상호작용을 전혀 하지 않았으며 대부분 개별적으로 배정된 보조교사의 교수 및 지원을 받고 있었다. 몇 명의 급우들과 대화를 해본 결과, 이들은 의사소통 도구를 사용하는 친구와 상호작용하는 방법을 모르고 있었고 규미가 왜 상동행동(몸 흔들기, 손 흔들기)을 하는지 이해하지 못하였다.

규미가 결석한 두 번의 수업에서 특수교사와 일반교사는 모든 학생을 대상으로 또래 상호작용 훈련을 제공하였다. 우정의 중요성에 대해 이야기하고, 장애에 대한 일반적인 정보를 제공하였으며, 규미의 관심사와 강점을 반영하는 대화 주제에 대한 아이디어를 공유하고, 규미의 관심을 끌고 규미가 의사소통 기기를 사용하도록 격려할 수 있는 전략에 대해 이야기 나누었으며, 교실이나 식당 또는 휴식시간에 하는 활동에 규미가 참여하도록 도울 수 있는 방법에 대한 의견을 모았다. 또한, 학급 교사는 특정 수업 시간 중에 교실 내 협동학습 집단을 적용하였다. 국어 및 수학시간에 규미는 세 명의 또래와 소집단으로 활동하기 시작하였는데 이들은 각각 집단 프로젝트를 완수하기 위한 특정 역할을 배정받았다. 이 집단 안에서 규미 옆에 앉은 두 명의 또래에게는 추가적인 정보와 안내가 제공되었다.

학생들이 함께 작업하기 시작할 때, 보조교사는 규미와 의사소통하는 방법을 시범 보였고 필요한 추가적인 지원 전략을 소개하였다. 학생들은 서로서로 알아가기 시작하였고 함께 활동하는 것을 더 편안하게 느끼게 됨에 따라 보조교사는 점진적으로 직접적인 참여를 줄이고 교실 내 더 많은 학생들과 작업하기 시작하였다. 그러나 보조교사는 규미와 또래의 상호작용을 계속해서 관찰하고 사회성과 관련된 개별화교육계획 목표의 진전에 대한 자료를 수집하였다. 학기 전반에 걸쳐 규미는 학급의 다른 학생뿐만 아니라 협동집단의 학생들과도 더 자주 상호작용하는 모습이 관찰되었다. 또한 규미는 의사소통 기기를 사용하여 더 많은 대화를 시작하였고 학급 활동에 더 적극적으로 참여하기 시작하였다.

적용 사례: 청소년 또는 성인

청소년 및 성인에게 또래 중개 중재를 사용하는 경우에도 비슷한 접근방법을 사용할 수 있다.

9. 앞으로의 방향

학령기 자폐 범주성 장애 아동을 위한 또래 중개 지원 전략의 효율성을 평가하는 상당히 많은 연구가 축적되고 있는 것은 사실이지만, 이 중재들을 개선하고 참여하는 학생에게 미치는 영향에 대해 더 잘 알기 위해서는 추가적인 연구가 필요하다. 첫째, 지원을 제공하는 또래를 선정하고 훈련하는 단계는 중재 관련 성과에 영향을 미칠 수 있는 명백한 요소다. 또래의 특성이나 또래에게 제공하는 초기 훈련의 내용 및 전달방법이 이어지는 사회적 상호작용 및 기술 습득에 어떠한 영향을 미치는지 검증한 연구는 거의 없다. 따라서 보다 면밀한 검토가 필요하다.

둘째, 또래 중개 지원 중재의 즉각적인 영향은 잘 알려져 있지만, 이러한 구성을 통해 형성되는 사회적 상호작용 및 관계가 (1) 직접적으로 참여하지 않은 다른 또래에게 확장되는 정도, (2) 학교생활이나 그 밖의 다른 맥락으로 확장되는 정도, (3) 이후 여러 학기 및 학년에 걸쳐 유지되는 정도에 대해서는 잘 알려져 있지 않다. 앞으로의 연구는 이와 같이 중재의 일반화 및 장기적인 영향을 촉진시키기 위한 최선의 방법을 찾아야 할 것이다.

셋째, 본 장에 서술된 중재 접근은 또래로 하여금 자폐 범주성 장애를 지닌 급우에게 광범위한 사회성이나 학업 또는 기타 지원을 제공하게 하였다. 또래가 전달하는 특별한 지원이 학생의 사회성이나 의사소통 또는 기술 습득에 어떻게 도움을 주는지에 대한 면밀한 검토와 함께 이러한 구성 내에서 학생들이 서로 교환하는 특정 지원에 대한 더욱 세부적인 분석이 필요하다(Carter, Moss, Hoffman, Chung, & Sisco, 2011). 이러한 정보는 이와 같은 중재가 어떻게 작용하는지에 대한 이해를 풍성하게 해줄 것이며 오리엔테이션과 훈련을 어떻게 설계해야 하는지에 대해서도 알려줄 것이다.

넷째, 또래 중개 지원 중재가 사회적 상호작용의 증가를 촉진하는 것은 사실이지만 자폐 범주성 장애 학생의 언어 및 의사소통 기술 습득에 미치는 영향에 대해서는 알려진 바가 적다. 따라서 이와 같은 성과를 검증하기 위해 고안된 측정도구의 사용은 또래 중개 중재 연구에서 보다 정기적으로 다루어져야 한다.

마지막으로, 자폐 범주성 장애 청년의 중등 이후 교육 참여가 증가함에 따라 통합된 대학 프로그램에서의 또래 중개 지원 전략의 실행과 효과에 대한 많은 의문점이 제기되고 있다(Hendricks & Wehman, 2009). 본 장에서는 학령기 자폐 범주성 장애 학생에게 초점을 맞추었지만 이러한 전략을 다른 맥락이나 연령으로 확장시키는 연구가 필요하다.

권장 도서

다음의 논문이나 책 또는 책의 장들은 본 장에서 소개한 또래 중개 지원 중재 실행 요구와 경험적 증거를 확장시킨다.

Carter, E. W., Cushing, L. S., & Kennedy, C. H. (2009). *Peer support strategies for improving all students' social lives and learning*. Baltimore, MD: Paul H. Brookes Publishing Co.

이 책은 단계별 계획 지침서로 교사 및 행정가에게 학교에서 또래 지원 전략을 실행하는 방법에 대한 정보를 제공한다.

Carter, E. W., & Hughes, C. (2007). Social interaction interventions; Promoting socially supportive environments and teaching new skills. In S. L. Odom, R. H. Horner, M. Snell, & J. Blacher (Eds.), *Handbook on developmental disabilities* (pp. 310-329). New York, NY; Guilford Press.

본 장에서는 다양한 학년의 발달장애 학생을 위한 사회적 상호작용 중재에 관한 지난 10년간의 연구문헌을 고찰한다. 또래 지원자 지정, 협동학습 집단 구성, 사회성 기술 교수 등 발달장애 학생과 장애가 없는 학생 간의 사회적 상호작용을 증가시키는 것으로 입증된 중재 전략에 초점을 맞추었다.

Carter, E. W., & Kennedy, C. H. (2006). Promoting access to the general curriculum using peer support strategies. *Research and Practice for Persons with Severe Disabilities, 31*, 284-292.

이 논문은 일반 교육과정에 중도장애 청소년을 참여시키기 위한 접근으로 또래 지원 중재의 효과와 사회적 타당성에 대해 다루었다. 프로그램에 참여한 학생의 학업 및 사회적 유익을 뒷받침하는 연구뿐만 아니라 또래 지원 중재의 핵심적인 요소에 대해서도 설명한다.

Goldstein, H., Kaczmarek, L. A., & English, K. M. (Eds.) (2001). *Promoting social*

communication: Children with developmental disabilities from birth to adolescence. Baltimore, MD; Paul H. Brookes Publishing Co.
이 책은 출생부터 청소년기까지의 발달장애 아동의 사회성 및 의사소통 발달에 관한 연구를 고찰하였다. 실험연구결과가 지지하는 진단 및 중재 방법도 소개한다.

Thiemann, K., & Kamps, D. (2007). Promoting social-communicative competence of children with autism in integrated environments. In R. L. Simpson & B. S. Myles (Eds.), *Educating children and youth with autism* (pp. 267-298). Austin, TX: PRO-ED.
본 장에서는 통합된 사회적 상황에서 자폐 학생의 사회 의사소통 기능을 향상시키기 위한 목표와 중재를 추천한다. 이들 목표와 중재는 종합적인 사회성 프로그램의 긍정적인 효과와 통합된 사회적 상황에서 또래와의 기능적 의사소통 기술 교수의 효과를 입증한 연구에 기반을 두고 있다.

학습 활동

- 장애가 있거나 없는 학생은 관계를 향상시킬 수 있는 요인뿐만 아니라 학교에서 일어나는 또래 상호작용의 방해물에 대한 특별한 통찰력을 갖고 있다. 이들이 함께 일하고 서로를 알아갈 수 있게 해주는 정보, 지원, 기회에 대해 어떻게 생각하는지 알기 위해 학생들과 이야기를 나누어 본다. 그리고 학교에서 우정을 향상시키는 자신의 역할을 어떻게 인식하고 있는지 질문한다.

- 대부분의 또래는 자폐 범주성 장애 급우를 지원하도록 교사가 초대할 때 기꺼이 역할을 감당하려고 한다. 때로는 어떤 또래를 얼마나 많이 참여시키는지 결정하기가 어렵다. 중재에 어떤 또래를 참여시킬지 결정할 때 가장 중요하게 고려해야 하는 질적인 면과 특성은 무엇인가? 또래 중개 지원 중재의 일차적인 초점과 얻고 싶은 구체적인 사회성 및 의사소통 성과에 따라 대답은 어떻게 달라지는가? 지원을 제공할 또래를 선택할 때 자폐 범주성 장애 학생이 의미 있는 의견을 낼 수 있게 하기 위해서 어떤 단계가 필요한가?

- 또래 중개 지원 전략의 효과와 실행 가능성에 관한 연구결과는 매우 긍정적이다. 그러나 다른 모든 교육적 중재와 마찬가지로, 이 전략의 실행에 대한 많은 의문점이 제기되고 있다. 교사, 보조교사, 행정가, 부모 또는 다른 사람들은 자폐 범주성 장애 학생을 위한 또래 중개 지원 중재 실행에 대해 어떤 걱정을 하는가? 중재를 시작하고 진행할 때 이러한 염려를 어떻게 다루고 감소시킬 것인지 생각해본다.

참고문헌

(* 표시는 문헌분석에 포함된 논문임)

Bandura, A. (1977). *Social learning theory.* Morristown, NJ: General Learning Press.

Bellini, S., Peters, J. K., Brianner, L., & Hopf, A. (2007). A meta-analysis of school-based social skills interventions for children with autism spectrum disorders. *Remedial and Special Education, 28,* 153-162.

Boardman, A. G., Argüelles, M. E., Vaughn, S., Hughes, M. T., & Klingner, J. (2005). Special education teachers'views of research-based practices. *Journal of Special Education, 39,* 168-180.

*Brady, M. P., Shores, R. E., McEvoy, M. A., Ellis, D., & Fox, J. J. (1987). Increasing social interactions of severely handicapped autistic children. *Journal of Autism and Developmental Disorders, 17,* 375-390.

Broer, S. M., Doyle, M. B., & Giangreco, M. F. (2005). Perspectives of students with intellectual disabilities about their experiences with paraprofessional support. *Exceptional Children, 71,* 415-430.

Boyd, B. A., Conroy, M. C., Asmus, J. M., McKenney, E. L. W., & Mancil, G. R. (2008). Descriptive analysis of classroom setting events on the social behaviors of children with autism spectrum disorder. *Education and Training in Mental Retardation and Developmental Disabilities, 43,* 186-197.

Campbell, J. M., Ferguson, J. E., Herzinger, C. V., Jackson, J. N., & Marino, C. A. (2005). Peers'attitudes toward autism differ across sociometric groups: An exploratory investigation. *Journal of Developmental and Physical Disabilities, 17,* 283-301.

Canella, H. I., O'Reilly, M. F., & Lancioni, G. E. (2005). Choice and preference assessment research with people with severe to profound developmental disabilities: A review of the literature. *Research in Developmental Disabilities, 26,* 1-15.

*Carter, E. W., Cushing, L. S., Clark, N. M., & Kennedy, C. H. (2005). Effects of peer support interventions on students'access to the general curriculum and social interactions. *Research and Practice for Persons with Severe Disabilities, 30,* 15-25.

Carter, E. W., Cushing, L. S., & Kennedy, C. H. (2009). *Peer support strategies for improving all students'social lives and learning.* Baltimore, MD: Paul H. Brookes Publishing Co.

Carter, E. W., & Hughes, C. (2005). Increasing social interaction among adolescents with intellectual disabilities and their general education peers: Effective interventions. *Research and Practice for Persons with Severe Disabilities, 30,* 179-193.

Carter, E. W., & Hughes, C. (2007). Social interaction interventions: Promoting socially supportive environments and teaching new skills. In s. L. Odom, R. H. Horner, M. Snell, & J. Blacher (Eds.), *Handbook on developmental disabilities* (pp. 310-329). New York, NY: Guilford Press.

Carter, E. W., & Kennedy, C. H. (2006). Promoting access to the general curriculum using peer support strategies. *Research and Practice for Persons with Severe Disabilities, 31,* 284-292.

Carter, E. W., Moss, C. K., Hoffman, A., Chung, Y., & Sisco, L. G. (2001). Efficacy and social validity of peer support arrangements for adolescents with disabilities. *Exceptional Children, 78,* 107-125.

Carter, E. W., & Pesko, M. J. (2008). Social validity of peer interaction intervention strategies in high school classrooms: Effectiveness, feasibility, and actual use. *Exceptionality, 16,* 156-173.

Carter, E. W., Sisco, L. G., Brown, L., Brickham, D., & Al-Khabbaz, Z. A. (2008). Peer interactions and academic engagement of youth with developmental disabilities in inclusive middle and high school classrooms. *American Journal on Mental Retardation, 113,* 479-494.

Carter, E. W., Sisco, L. G., Chung, Y., & Stanton-Chapman, T. (2010). Peer interactions of students with intellectual disabilities and/or autism: A map of the intervention literature. *Research and Practice for Persons with Severe Disabilities, 35,* 63-79.

Carter, E. W., Sisco, L. G., Melekoglu, M., & Kurkowski, C. (2007). Peer supports as an alternative to individually assigned paraprofessionals in inclusive high school classrooms. *Research and Practice for Persons with Severe Disabilities, 32,* 213-227.

*Cole, D. A., Vandercook, T., & Rynders, J. E. (1987). Dyadic interactions between children with and without mental retardation: Effects of age discrepancy. *American Journal of Mental Deficiency, 92,* 194-202.

*Cole, D. A., Vandercook, T., & Rynders, J. E. (1988). Comparison of two peer interaction programs: Children with and without severe disabilities. *American Educational Research Journal, 25,* 415-439.

Copeland, S. R., Hughes, C., Carter, E. W., Guth, C., Presley, J., Williams, C. R., & Fowler, S. E. (2004). Increasing access to general education: Perspectives of participants in a high school peer support program. *Remedial and Special Education, 26,* 342-352.

Cushing, L. S., Clark, N. M., Carter, E. W., & Kennedy, C. H. (2005). Access to the general education curriculum for students with severe disabilities: What it means and how to accomplish it. *Teaching Exceptional Children, 38,* 6-13.

*Dugan, E., Kamps, D., Leonard, B., Watkins, N., Rheinberger, A., & Stackhaus, J. (1995). Effects of cooperative learning groups during social studies for students with autism and fourth-grade peers. *Journal of Applied Behavior Analysis, 28,* 175-188.

*Eichinger, J. (1990). Goal structure effects on social interaction: Nondisabled and disabled elementary students. *Exceptional Children, 56,* 408-416.

Fudala, J., & Reynolds, W. (2000). *Arizona Articulation Proficiency Scale* (3rd ed.). Los Angeles, CA: Western Psychological Services.

*Garrison-Harrell, L., Kamps, D., & Kravits, T. (1997). The effects of peer networks on social-communicative behaviors for students with autism. *Focus on Autism and Other Developmental Disabilities, 12,* 241-254.

Giangreco, M. F. (2010). One-to-one paraprofessionals for students with disabilities in inclusive classrooms: Is conventional wisdom wrong? *Intellectual and Developmental Disabilities, 48,* 1-13.

Goldstein, H. (2002). Communication intervention for children with autism: A review of treatment efficacy. *Journal of Autism and Developmental Disorders, 32,* 373-396.

Goldstein, H., Kaczmarek, L. A., & English, K. M. (Eds.). (2001). *Promoting social communication: Children with developmental disabilities from birth to adolescence.* Baltimore, MD: Paul H. Brookes Publishing Co.

*Gonzalez-Lopez, A., & Kamps, D. M. (1997). Social skills training to increase social interactions between children with autism and their typical peers. *Focus on Autism and Other Developmental Disabilities, 12,* 2-14.

*Haring, T. G., & Breen, C. G. (1992). A peer-mediated social network intervention to enhance the social integration of persons with moderate and severe disabilities. *Journal of Applied Behavior Analysis, 25,* 319-333.

Harper, G. F., & Maheady, L. (2007). Peer-mediated teaching and students with learning disabilities. *Intervention in School and Clinic, 43,* 101-107.

*Harper, C. B., Symon, J. B. G., & Frea, W. D. (2008). Recess is time-in: Using peers to improve social skills of children with autism. *Journal of Autism and Developmental Disorders, 38,* 815.

Hendricks, D. R., & Wehman, P. (2009). Transition from school to adulthood for youth with autism spectrum disorders. *Focus on Autism and Other Developmental Disabilities, 24,* 77-88.

Hughes, C., Carter, E. W., Hughes, T., Bradford, E., & Copeland, S. R. (2002). Effects of instructional versus non-instructional roles on the social interactions of high school students. *Education and Training in Mental Retardation and Developmental Disabilities, 37,* 146-162.

Hughes, C., Copeland, S. R., Guth, C., Rung, L. L., Hwang, B., Kleeb, G., & Strong, M. (2001). General education students' perspectives on their involvement in a high school peer buddy program. *Education and Training in Mental Retardation and Developmental Disabilities, 36,* 343-356.

*Hunt, P., Farron-Davis, F., Wrenn, M., Hirose-Hatae, A., & Goetz, L. (1997). Promoting interactive partnerships in inclusive educational settings. *Journal of the Association for Persons with Severe Handicaps, 22,* 127-137.

Hunt, P., & McDonnell, J. (2007). Inclusive education. In S. L. Odom, R. H. Horner, M. Snell, & J. Blacher (Eds.), *Handbook on developmental disabilities* (pp. 269-291). New York, NY: Guilford Press.

*Hunt, P., Soto, G., Maier, J., & Doering, K. (2003). Collaborative teaming to support students at risk and students with severe disabilities in general education classrooms. *Exceptional Children, 69,* 315.

*Hunt, P., Staub, D., Alwell, M., & Goetz, L. (1994). Achievement by all students within the context of cooperative learning groups. *Journal of the Association for Persons with Severe Handicaps, 19,* 290-301.

Jackson, J. N., & Campbell, J. M. (2009). Teachers'peer buddy selections for children with autism: Social characteristics and relationships with peer nominations. *Journal of Autism and Developmental Disorders, 39,* 269-277.

Janney, R., & Snell, M. E. (2006). *Social relationships and peer support* (2nd ed.). Baltimore, MD: Paul H. Brookes Publishing Co.

*Johnson, R. T., Johnson, D. W., DeWeerdt, N., Lyons, V., & Zaidman, B. (1983). Integrating severely adaptively handicapped seventh-grade students into constructive relationships with nonhandicapped peers in science class. *American Journal of Mental Deficiency, 87,* 611-618.

*Kamps, D. M., Barbetta, P. M., Leonard, B. R., & Delquadri, J. (1994). Classwide peer tutoring: An integration strategy to improve reading skills and promote peer interactions among students with autism and general education peers. *Journal of Applied Behavior Analysis, 27,* 49-61.

Kamps, D. M., Dugan, E., Potucek, J., & Collins, A. (1999). Effects of cross-age peer tutoring networks among students with autism and general education students. *Journal of*

Behavioral Education, 9, 97-115.

Kamps, D. M., Kravits, T., Lopez, A. G., Kemmerer, K., Potucek, J., Harrell, L. G., & Garrison, L. (1998). What do the peers think? Social validity of peer-mediated programs. *Education and Treatment of Children, 21,* 107-134.

*Kamps, D. M., Leonard, B., Potucek, J., & Garrison-Harrell, L. (1995). Cooperative learning groups in reading: An integration strategy for students with autism and general classroom peers. *Behavioral Disorders, 21,* 89-109.

*Kamps, D. M., Leonard, B. R., Vernon, S., Dugan, E. P., Delquadri, J. C., & Gershon, B. (1992). Teaching social skills to students with autism to increase peer interactions in an integrated first-grade classroom. *Journal of Applied Behavior Analysis, 25,* 281-288.

Kamps, D. M., Potucek, J., Lopez, A. G., Kravits, T., & Kemmerer, K. (1997). The use of peer networks across multiple settings to improve social interaction for students with autism. *Journal of Behavioral Education, 7,* 335-357.

*Kamps, D., Royer, J., Dugan, E., Kravits, T., Gonzalez-Lopez, A., Garcia, J., Carnazzo, K., ... Kane, L. G. (2002). Peer training to facilitate social interaction for elementary students with autism and their peers. *Exceptional Children, 68,* 173-187.

Kennedy, C. H. (2001). Social interaction interventions for youth with severe disabilities should emphasize interdependence. *Mental Retardation and Developmental Disabilities Research Reviews, 7,* 122-127.

Kennedy, C. H., Shukla, S., & Fryxell, D. (1997). Comparing the effects of educational placement on the social relationships of intermediate school students with severe disabilities. *Exceptional Children, 64,* 31-47.

Krug, D., Arick, J., & Almond, P. (1980). *Autism Screening Instrument for Educational Planning.* Austin, TX: PRO-ED.

Laugeson, E., Frankel, F., Mogil, C., & Dillon, D. (2009). Parent-assisted social skills training to improve friendships in teens with autism spectrum disorders. *Journal of Autism and Developmental Disorders, 39,* 596-606.

Leiter, R. G. (1979). *Leiter International Performance Scale.* Wood Dale, IL: C. H. Stoelting.

Loftin, R., Odom, S., & Lantz, J. (2008). Social interaction and repetitive motor behaviors. *Journal of Autism and Developmental Disorders, 38,* 1124-1135.

Lord, C., Rutter, M., DiLavore, P. C., & Risi, S. (1999). *Autism Diagnostic Observation Schedule.* Los Angles, CA: Western Psychological Services.

Maheady, L., Harper, G. F., & Malette, B. (2001). Peer-mediated instruction and interventions and students with mild disabilities. *Remedial and Special Education, 22,* 4-14.

McConnell, S. R. (2002). Interventions to facilitate social interaction for young children with autism: Review of available research and recommendations for educational intervention and future research. *Journal of Autism and Developmental Disorders, 32,* 351-372.

McMahon, C. M., Wacker, D. P., Sasso, G. M., Berg, W. K., & Newton, S. M. (1996). Analysis of frequency and type of interaction in peer-mediated social skills intervention: Instructional vs. social interactions. *Education and Training in Mental Retardation and Developmental Disabilities, 31,* 339-352.

Newman, L. (2007). *Secondary school experiences of students with autism.* Menlo Park, CA: SRI International.

Odom, S. L., McConnell, S. R., & Chandler, L. K. (1994). Acceptability and feasibility of classroom-based social interaction interventions for young children with disabilities. *Exceptional Children, 60,* 226-236.

*Owen-DeSchryver, J. S., Carr, E. G., Cale, S. I., & Blakeley-Smith, A. (2008). Promoting social interactions between students with autism spectrum disorders and their peers in inclusive school settings. *Focus on Autism and Other Developmental Disabilities, 23,* 15-28.

*Putnam, J. W., Rynders, J. E., Johnson, R. T., & Johnson, D. W. (1989). Collaborative skill instruction for promoting positive interactions between mentally handicapped and nonhandicapped children. *Exceptional Children, 55,* 550-557.

Rubin, K. H., Bukowski, W. M., & Laursen, B. (Eds.). (2009). *Handbook of peer interactions, relationships, and groups.* New York, NY: Guilford Press.

Ryndak, D., & Fisher, D. (Eds.). (2003). *The foundations of inclusive education: A compendium of articles on effective strategies to achieve inclusive education* (2nd ed.). Baltimore, MD: TASH.

*Sasso, G., & Rude, H. (1987). Unprogrammed effects of training high-status peers to interact with severely handicapped children. *Journal of Applied Behavior Analysis, 20,* 35-44.

*Sasso, G. M., Mitchell, V. M., & Struthers, E. M. (1986). Peer tutoring versus structured interaction activities: Effects on the frequency and topography of peer initiations. *Behavioral Disorders, 11,* 249-259.

*Sasso, G. M., Mundschenk, N. A., Melloy, K. J., & Casey, S. D. (1998). A comparison of the effects of organismic and setting variables on the social interaction behavior of children with developmental disabilities and autism. *Focus on Autism and Other Developmental Disabilities, 13,* 2-16.

Sailor, W., & Mix, B. (1975). *The Topeka Association for Retarded Citizens assessment system.* Austin, TX: PRO-ED.

*Schleien, S. J., Heyne, L. A., & Berken, S. B. (1988). Integrating physical education to teach appropriate play skills to learners with autism: A pilot study. *Adapted Physical Activity Quarterly, 5,* 162-192.

Schnorr, R. F. (1997). From enrollment to membership: "Belonging" in middle and high school classes. *Journal of the Association for Persons with Severe Handicaps, 22,* 1-15.

Schopler, E., Reichler, R., Dashford, A., Lansing, M., & Marcus, L. (1990). *PsychoEducation Profile Revised.* Austin, TX: PRO-ED.

Schopler, E., Reichler, J., & Renner, B. (1988). *The Childhood Autism Rating Scale.* Los Angeles, CA: Western Psychological Services.

*Shukla, S., Kennedy, C. H., & Cushing, L. S. (1998). Adult influence on the participation of peers without disabilities in peer support programs. *Journal of Behavioral Education, 8,* 397-413.

Shukla, S., Kennedy, C. H., & Cushing, L. S. (1999). Intermediate school students with severe disabilities: Supporting their social participation in general education classrooms. *Journal of Positive Behavior Interventions, 1,* 130-140.

Siperstein, G. N., Norins, J., & Mohler, A. (2007). Social acceptance and attitude change: Fifty years of research. In J. W. Jacobson, J. A. Mulick, & J. Rojahn (Eds.), *Handbook of intellectual and developmental disabilities* (pp. 133-154). New York, NY: Springer.

Snell, M. E. (2003). Applying research to practice: The more pervasive problem? *Research and Practice for Persons with Severe Disabilities, 28,* 143-147.

Sonnenmeier, R., McSheehan, M., & Jorgensen, C. (2005). A case study of team supports for a student with autism's communication and engagement within the general education curriculum: Preliminary report of the Beyond Access model. *Augmentative and Alternative Communication, 21,* 101-115.

Sparrow, S. S., Balla, D. A., & Cicchetti, D. V. (1984). *Vineland Adaptive Behavior Scale (VABS).* Circle Pines, MN: American Guidance Service.

Stokes, T. F., & Baer, D. M. (1977). An implicit technology of generalization. *Journal of Applied Behavior Analysis, 10,* 349-367.

Test, D. W., Mason, C., Hughes, C., Konrad, M., Neale, M., & Wood, W. M. (2004). Student involvement in individualized education program meetings. *Exceptional Children, 70,* 391-412.

Thorndike, R. L., Hagen, E. P., & Sattler, J. M. (1986). *The Stanford-Binet Intelligence Scale* (4th ed.). Itasca, IL: Riverside.

Turnbull, A. P., Pereira, L., & Blue-Banning, M. J. (1999). Parents'facilitation of friendships between their children with a disability and their friends without a disability. *Journal of the Association for Persons with Severe Handicaps, 24,* 85-99.

U.S. Department of Education. (2009). *28th annual report to Congress on the implementation of the Individuals with Disabilities Education Act, 2006.* Washington, DC: Author.

Webster, A. A., & Carter, M. (2007). Social relationships and friendships of children with developmental disabilities: Implications for inclusive settings. A systematic review. *Journal of Intellectual and Developmental Disability, 32,* 200-213.

Wechsler, D. (1991). *Wechsler Intelligence Scale for Children* (3rd ed.). San Antonio, TX: Harcourt Assessment.

*Weiner, J. S. (2005). Peer-mediated conversational repair in students with moderate and severe disabilities. *Research and Practice for Persons with Severe Disabilities, 30,* 26-37.

Whitaker, P., Barratt, P., Joy, H., Potter, M., & Thomas, G. (1998). Children with autism and peer group support: Using "circle of friends."*British Journal of Special Education, 25,* 60-64.

11
그림교환의사소통 체계

Richard L. Simpson & Jennifer B. Ganz

그림교환의사소통 체계(Picture Exchange Communication System: PECS)는 비구어거나 구어가 제한된 개인을 위해 고안된 보조가 필요한 그림/아이콘 기반의 보완 체계다(Charlop-Christy, Carpenter, Le, LeBlanc, & Kellet, 2002; Frost & Bondy, 2002). 그림교환의사소통 체계는 자폐 범주성 장애 학생만을 위한 것은 아니지만 자폐 관련 장애 진단을 받은 사람에게 가장 많이 사용된다. 1985년에 Bondy와 Frost(1994)에 의해 창안된 그림교환의사소통 체계는 **의사소통**(communication) 결함을 지닌 개인이 자신이 좋아하는 물건이나 활동을 얻어내기 위해 타인과의 접촉을 시작하도록 가르치는 데 중점을 둔다는 점에서 **보완대체 의사소통**(augmentative and alternative communication: AAC) 프로그램 중에서는 특이했다. 그러므로 그림교환의사소통 체계는 개인으로 하여금 자발적인 요구를 시도하게 함으로써 기능적인 사회적 의사소통 기술을 사용하도록 교수한다. 이러한 요구(교사나 치료사 또는 훈련자에게 자기가 원하는 물건의 아이콘이나 그림을 줌으로써 이루어지는)는 그림교환의사소통 체계 카드에 제시된 정해진 물건이나 활동을 얻게 해준다.

그림교환의사소통 체계는 여타의 보완대체 의사소통(AAC) 프로그램에 비해 몇 가지 이유로 인하여 주목할 만하다. 첫째, 복잡한 기술이나 고가의 장비 및 재료에 의존하지 않는다. 실제로, 그림교환의사소통 체계를 사용하기 위한 재료는 대부분의 교사가 쉽게 이용할 수 있다. 교사, 언어치료사, 부모 또는 그 외의 사람들은 그림교환의사소통 체계 프로그램을 다양한 환경에서 실행할 수 있으며, 카드나 아이콘 또는 그림교환의사소통 체계에 필요한 도구는 값싸고 일반적으로 이용할 수 있는 재료로 쉽게 만들 수 있다. 둘째, 학습자가 그림교환의사소통 체계 상징이나 그림을 제시할 때 원하는 물건이나 활동을 제공받음으로써 그림교환의사소통 체계는 의도적으로 사용자들에게 직접적인 강화를 제공한다. 따라서 그림교환의사소통 체계는 사회적 또는 간접적인 강화에 의존하지 않는다. 오히려 그림교환의사소통 체계의 그림 제시를 통해 요구하는 개인에게는 원하는 물건과 활동이 강화로 사용된다. 그림교환의사소통 체계는 구조화되어 있어서 해당하는 그림 및 아이콘에 지정된 물건의 이름을 말하거나 아니면 눈맞춤 같은 선행기술을 습득하도록 강요하지 않는다는 점도 매우 중요하다. 그림교환의사소통 체계는 또한 다양한 개인과 함께하는 많은 장면에서 사용하기가 상대적으로 쉽다. 그러므로 그림교환의사소통 체계는 본질적으로 기술 일반화를 증진시키기 위해 고안되었다. 더욱이, 그림교환의사소통 체계는 매우 다양한 사람들에게 사용되어 왔다. 물론 아동에게 가장 일반적으로 적용되었지만, 청소년에게도 성공적으로 사용되어 왔다. 마지막으로, 그림교환의사소통 체계는 발달 및 언어(language) 수준이 다양한 사람들에게 효과적으로 사용되어 오고 있다.

학습자가 그림이나 아이콘으로 원하는 활동이나 물건을 교환하도록 교수하는 데 있어서 그림교환의사소통 체계 프로토콜은 여섯 가지 기본 단계를 포함한다(Frost & Bondy, 2002). 〈표 11-1〉에서 보여주는 것처럼 I단계와 II단계에서의 교육은 개인에게 그림 및 아이콘을 원하는 물건이나 활동으로 교환하도록 가르치는 것이다. I단계 훈련에서는 학습자의 의사소통 파트너가 가까운 거리에 위치한다. II단계에서는 카드와 아이콘을 회수하고 교환할 수 있도록 약간 떨어진 위치로 이동시킨다. II단계 교육은 또한 학습자의 그림과 아이콘 레퍼토리를 늘리도록 교수하는데, 이는 더 많아지고 다양해진 활동과 항목에 접근할 수 있게 하기 위함이다. 단계 III에서는 학습자가 다양한 그림과 아이콘을 식별하는 교육을 받는다. 식별훈련은 그림교환의사소통 체계 학습자가 원하는 물건과 원하지 않는 물건을 선별하고 결국 다수의 원하는 물건 중에서 선택하도록 가르친다. IV단계 훈련에서는 학습자가 자신의 요구를 완전한 문장의 의사소통으로 확장하도록 교수한다. V단계에서는 학습자가 질문에 답하도록 교수하고 VI단계 훈련은 의견을 내는 것에 중점을 둔다.

〈표 11-1〉 그림교환의사소통 프로토콜의 기본적인 여섯 단계

교수 단계	교수
I	학습자는 원하는 물건이나 활동을 얻기 위해 단일 그림이나 아이콘의 교환을 학습한다. 교환훈련은 가까이에 위치한 두 명의 교사와 함께 이루어진다. 학습자는 자리를 떠나지 않고 교환하는 법을 학습한다.
II	학습자는 종류가 많아진 다양한 원하는 물건이나 활동을 얻기 위해 그림이나 아이콘의 교환을 학습한다. 그림과 아이콘을 회수하고 교환할 수 있도록 또한 점점 더 멀어지는 다양한 의사소통 파트너와 교환할 수 있도록 약간 떨어진 위치로 이동하게 된다.
III	학습자는 다양한 아이콘과 그림 중에서, 그리고 원하는 물건과 원하지 않는 물건 중에서, 그리고 일련의 원하는 물건 중에서 선택하도록 학습한다.
IV	학습자는 요구를 확장하기 위해 완성된 문장으로 의사소통하는 법을 학습한다.
V	학습자는 그림교환의사소통 체계 아이콘과 그림과 단어를 사용해서 질문에 답하는 법을 학습한다.
VI	학습자는 그림교환의사소통 체계 아이콘과 그림과 단어 사용을 확장하고 그림교환의사소통 체계를 사용해서 의견을 내는 방법을 학습한다.

1. 대상자와 중재 관련성 및 목표 결정을 위한 진단

언어 및 사회 의사소통 결함은 자폐 범주성 장애의 핵심 구성요소다(American Psychiatric Association[APA], 2000; Ogletree, 2008). 정확히 말해서, 의사소통의 심각한 정도는 말하기 기술이 부족한 사람부터 높은 구어 능력을 보이는 고기능 자폐인에 이르기까지 다양하다. 게다가 의사소통 능력은 삶의 질 측정은 물론 학령기 이후의 성과와도 정적 상관이 있다(Koegel, Koegel, Shoshan, & McNerney, 1999; Prizant, Wetherby, & Rydell, 2000). 따라서 기능적이고 효과적인 의사소통 기술의 발달은 자폐 범주성 장애를 지닌 대다수 개인의 일반적인 목표다. 이러한 목표를 성취하기 위해서 그림을 기반으로 한 보조가 필요한 보완대체 의사소통 체계(aided AAC systems)가 수십 년 동안 자폐 관련 장애 및 기타 발달지체, 특히 표현언어 및 기능적 의사소통 기술이 제한된 심각한 자폐적 성향을 보이는 사람들에게 폭넓게 사용되어 왔다(Fey, 1986; Mirenda, 2001).

그림교환의사소통 체계 접근은 자폐성 장애, 달리 분류되지 않는 전반적 발달장애(PDD-NOS), 레트 증후군, 소아기 붕괴성 장애 등 자폐 연속선상에 있는 다양한 학생에게 가장 적절하고 효과적인 것으로 여겨진다(Bondy & Frost, 2001; Ganz & Simpson,

2004). 그러나 그림교환의사소통 체계나 기타 보완대체 의사소통 체계가 특정 학습자에게 적합한 중재라고 말하는 것은 그 사람의 장애 진단명 때문이 아니다. 오히려 특정 개인을 위한 그림교환의사소통 체계 훈련의 적절성은 그 개인의 의사소통 기술의 기능이다. 즉, 그림교환의사소통 체계 훈련은 기능적인 의사소통 체계를 가지고 있지 않거나 표현언어가 제한된 경우에 가장 적절하다. 따라서 그림교환의사소통 체계는 보다 전형적이고 심각한 자폐 성향을 지닌 사람에 비해 일반적으로 표현언어에서 좀 더 전형적인 발달을 보이는 아스퍼거 증후군과 고기능 자폐 학습자에게는 별로 추천되지 않는다. 게다가 고기능 자폐 범주성 장애인에게서 공통적으로 나타나는 의사소통 손상의 본질적인 특성인 화용론(pragmatics)적 언어 사용과 사회적 언어의 유창성 문제는 다른 방법을 사용해서 가장 효과적으로 다루어질 수 있다(Wetherby & Prizant, 2005).

Ogletree와 Burns-Daniels(1993)에 의하면, 진단방법 또는 프로토콜은 의사소통 환경에 따른 전형적인 의사소통 행동 및 요구를 신뢰롭게 파악하고 최대한 효과적인 중재를 선택할 수 있도록 추가 정보를 제공해야만 유용하다고 할 수 있다. 이와 같은 제언과 논리에 따르면, 사회적으로 타당한 진단목표는 다음과 연관된 변수를 포함한다: (1) 의사소통 의도(예: 의사소통 형태[communicative forms]와 의사소통 기능[communicative functions]), (2) 상호작용 기술(예: 공동관심, 상호작용과 관련된 시작행동 및 반응행동), (3) 환경적인 고려(예: 의사소통 파트너와 환경에 대한 학생의 선호도)(Ogletree, Fischer, & Turowski, 1996). 이상의 주제와 맥락을 같이하여 잠재적인 그림교환의사소통 체계 사용자에 대한 진단은 다양한 방법을 필요로 한다. 부모, 가족 구성원, 교사, 양육자와의 비공식적인 면담은 타인과의 의사소통을 시도하기 위해 사용하는 전략뿐만 아니라 학생의 필요, 의사소통 방식, 선호하는 강화나 사물 또는 활동 등을 파악하도록 도와준다. 직접적인 관찰 또한 특정 개인에게 보완대체 의사소통 체계 사용이 적합한지 판단하는 데에 도움이 된다. 이러한 관찰은 또한 개인의 독특한 의사소통 형태, 기능, 사회적인 맥락, 환경, 의사소통 관련 자료 선호도, 의사소통 노력의 성과 등과 관련된 그림교환의사소통 체계 프로그램 설계를 위한 특정 방향을 제시해준다.

표준화된 규준참조 진단 도구, 적응행동 척도, 발달 척도 등을 포함하는 공식적인 진단 측정은 의사소통과 관련된 강점과 약점을 확인하도록 도와준다. 이와 같은 도구에는 조기언어발달검사(Test of Early Language Development; Hresko, Reid, & Hammill, 1999)와 브리건스 조기발달진단검사(Brigance Diagnostic Inventory of Early Development; Brigance, 2004) 등을 예로 들 수 있다. 마찬가지로, 자폐 아동을 위한 사회 의사소통 기술 진단(Assesment of Social and Communication Skills for Children with Autism; Quill, Bracken, & Fair, 2000)과 기초 언어 및 학습 기술 진단(Assesment of Basic Language and Learning Skills; Partington, & Sundberg, 1998)과 같은 비공식적인 방법도 학생의 강점과 취약점에 대한 전반적인 이해를 위해 필요한 자료뿐만 아니라 사회성 및 의사소통 정보를 얻는 데에 도움이 될 수 있다.

그림교환의사소통 체계 교수에 가장 적합한 개인을 파악하는 것과 관련해서, 피라미드 교육 컨설턴트(Pyramid Educational Consultants) 웹 사이트(2012b)가 "현재 우리는 그림교환의사소통 체계에 적합한 후보자를 알게 해주는 공식적인 평가방법을 가지고 있지 않다"라고 밝힌 점은 주목할 만하다. 그러나 피라미드 교육 컨설턴트는 적절한 후보자를 선별하기 위한 몇 가지 기본 질문을 제시하였다. 질문은 (1) 자신의 필요와 요구를 알리기 위한 기능적인 의사소통 체계를 가지고 있는지, (2) 의사소통 시도가 타인에게 어느 정도로 이해되는지, (3) 의사소통과 언어 체계가 자신의 필요와 요구를 조정하기에 충분한지, (4) 그러한 체계가 자발적인 의사소통과 여러 가지 질문에 대한 반응으로의 의사소통을 허용하는지 등을 다룬다. 이상의 질문 중 하나라도 "아니요"라는 답이 나온다면 그 학습자는 그림교환의사소통 체계의 후보로 적합하다는 추론이 가능하다.

2. 이론적 배경

정의에 의하면 자폐 관련 장애로 진단받은 개인은 일련의 의사소통 관련 문제를 지닌다(APA, 2000). 이러한 문제는 표현 의사소통의 완전한 결핍에서부터 타인과의 의사소통에 적절한 어휘를 사용하지 못하는 어려움에 이르기까지 폭넓은 표현 의사소통 장애를 포함한다(Wetherby & Prizant, 2005). 이러한 장애로 인해서 자폐 관련 장애를 지닌 개인에 대한 그림교환의사소통 체계의 역할은 명백하다. 즉, 그림교환의사소통 체계는 기본적이고도 중추적인 의사소통 문제인 의사소통 시작하기의 실패에 대처하기 위해 고안되었다. 아동의 장기적인 성과는 기능적인 의사소통 기술의 발달과 밀접하게 관련된다는 연구결과가 의사소통 시작하기 능력의 중요성을 강조한다(Koegel et al., 1999; National Research Council[NRC], 2001).

자폐 범주성 장애인은 효과적으로 의사소통하기 위한 동기 및 사회성 기술이 부족한 것으로 보고된다(Ogletree, Oren, & Fischer, 2007; Sigafoos, Drasgow, & Schlosser, 2003).

사회 의사소통 결함은 다른 사람에게로 향하거나 집중하지 못하고, 사회적 집단에게 적절한 감정 및 정서를 공유하거나 보여주지 못하며, 적절하게 눈맞춤하고 유지하지 못하고, 몸짓이나 가리키기와 같은 상징적 의사소통을 사용하지 못하는 어려움을 포함한다(Lord & Paul, 1997; Ogletree, 2008). 자폐 범주성 장애인이 자신의 필요를 의사소통하거나 환경을 조절하려는 시도로 일탈적이거나 그 외의 부정적인 형태의 행동을 사용하는 것 또한 흔한 일이다(Carr & Durand, 1986; Charlop-Christy et al., 2002).

이러한 중추적인 자폐 관련 특성과 어려움으로 인해 그림교환의사소통 체계는 기본적이고도 실질적인 역할을 맡게 된다. 즉, 그림교환의사소통 체계는 전형적인 구어 의사소통의 사회적 원리와 상응하는 형태로 기능적 의사소통 기술을 사용할 수 있도록 체계적으로 알려주는 교수적 체계를 제공함으로써 자폐 범주성 장애의 사회 의사소통 특성을 다룬다. 다시 말해서, 그림교환의사소통 체계의 사용자는 교환 가능한 아이콘과 그림으로 구어 단어를 대체하고 그렇게 함으로써 전통적인 대화와 유사한 방식으로 의사소통을 할 수 있게 된다. 예를 들어, 구어 단어의 레퍼토리가 제한된 자폐인이 교사 또는 다른 그림교환의사소통 체계 파트너에게 컴퓨터나 다른 원하는 물건의 아이콘을 제시함으로써 그 사용을 획득할 수 있다. 그림교환의사소통 체계의 사회적인 교환과정은 컴퓨터 사용을 요구하는 일반 학생의 구어, 시작행동, 반응행동 및 교환행동과 유사하다. 게다가, 전통적인 단어 교환에서 사용했던 것과 같은 개념적이고 근본적인 특성을 사용한다.

그림교환의사소통 체계의 중요한 이론적 기반은 행동주의(Skinner, 1953; Watson, 1930)와 응용행동분석의 원리 및 기법(Baer, Wolf, & Risley, 1968; Cooper, Heron, & Heward, 2007)이다. 응용행동분석의 원리에 따라 그림교환의사소통 체계는 구어 및 비구어 의사소통 기술이 환경적인 요인에 의해 통제되는 학습된 행동이라는 개념에 기반을 둔다. 또한 그림교환의사소통 체계는 촉진, 모델링, 형성법 등의 응용행동분석 요소를 사용한다(Alberto & Troutman, 2006; Cooper et al., 2007). 마지막으로, 그림교환의사소통 체계는 직접 관찰을 통한 진단, 신뢰할 만한 지속적인 자료 수집, 체계적인 자료 분석을 포함한다.

그림교환의사소통 체계의 또 다른 이론적 기초는 시각적 학습에 의존한다는 것이다. 자폐 범주성 장애를 지닌 많은 개인은 시각적 학습자로 여겨진다(Schopler, Mesibov, & Hearsey, 1995). 이러한 맥락에서, 시각적 방식은 자폐 관련 진단을 받은 개인의 학습을 구조화하는 가장 효율적이고 효과적인 수단으로 인식되곤 한다(Earles-Vollrath, Cook,

& Ganz, 2006; Hodgdon, 1995). 사진이나 아이콘과 같은 시각적 및 그래픽 상징은 자폐 범주성 장애인에게 오랫동안 추천되어 왔고, 많은 보완대체 의사소통 체계의 일반적인 특징이 되었다(Mirenda, 2001; NRC, 2001).

시각적 기반의 체계가 자폐 범주성 장애인의 학습과 기술 일반화를 촉진한다는 몇몇 연구가 보고되었다(Ganz, 2007; Heflin & Alaimo, 2007; Scheurmann & Webber, 2002; Van Bourgondien, Reichle, & Schopler, 2003). 예를 들어, Simpson과 그 연구진(2005)은 시각적 스케줄과 시각적 지원이 구조화된 프로그램의 핵심적인 특징일 뿐만 아니라 자폐 범주성 장애 학생을 위한 프로그램의 기본적인 구성요소라고 판단하였다. 특히 의사소통 기술을 교수함에 있어서 자극의 시각적 제시는 학습자가 처음에 기술을 배우고 기능적으로 사용하는 능력을 강화하는 것으로 보고된다(Mirenda, 2001; Ogletree et al., 2007). 의사소통과 관련된 사물의 시각적 표상은 자폐 범주성 장애인의 시각적인 강점과 시각적 자극의 구체성이라는 이점을 활용하는 것이다(Ogletree, 2003). 더욱이, Heflin과 Alaimo(2007)가 지적한 것처럼 시각적 체계의 일관되고 비역동적인 특징은 자폐 범주성 장애인이 타인과의 기능적 의사소통에 참여하고 공유된 맥락을 이해하는 데에 회상기억보다는 인식에 의존할 수 있도록 도와준다.

설명해야 할 마지막 고려사항은 그림교환의사소통 체계를 사용하는 개인의 동기 유발을 위해 사용하게 되는 직접적인 강화 체계와 관련된다. 그림교환의사소통 체계는 표현언어 장애를 지닌 개인이 확실하게 원하는 특정 결과물을 얻기 위해서 비구어 의사소통 행동을 시작하도록 가르친다. 이들은 실재하는 물건이나 행위를 얻기 위해 아이콘이나 그림 형태의 상징을 교환하도록 배운다. 그러므로 간접적인 훈련 방법(예: 선호하는 놀잇감을 받기 위해 명령에 따라 "컵"을 가리키도록 학습함)을 사용하는 많은 강화 프로그램과는 달리 그림교환의사소통 체계를 사용하는 학습자는 자신이 체계 내 의사소통 파트너에게 건네준 아이콘이나 그림으로 묘사된 물건으로 보상받는다.

3. 임상적 배경

그림교환의사소통 체계의 실행과 관련해서 효율성 및 효과 연구를 포함한 많은 연구가 수행되었다.

1) 효율성 연구

그림교환의사소통 체계는 지난 10년 동안 전문적인 문헌에서 점점 더 많은 관심을 받아왔다. 특히, 몇몇 효율성 연구가 수행되었는데, 효율성 연구는 명확하게 정해진 절차를 사용하는 통제된 환경하에 행해지는 연구를 의미한다(Robey & Schultz, 1998). 본 장에서의 문헌 검토를 위해서 개별적인 회기 및 임상 환경(학교나 유치원보다는 대학의 실험 현장)에서 실행된 연구와 그림교환의사소통 체계 훈련이 연구자에 의해 실행되거나 각 훈련 회기마다 연구자가 직접 관리 감독한 연구가 주로 포함되었다.

몇몇 효율성 연구에서 기능적인 의사소통 기술이 결여된 자폐 범주성 장애 아동을 가르치기 위해 그림교환의사소통 체계 프로토콜을 사용하였다(Angermeier, Schlosser, Luiselli, Harrington, & Carter, 2008; Beck, Stoner, Bock, & Parton, 2008; Ganz & Simpson, 2004; Ganz, Simpson, & Corbin-Newsome, 2008; Tincani, 2004; Yoder & Stone, 2006b). 이들 중 많은 연구는 또한 증가된 발화(Beck et al., 2008; Carr & Felce, 2007b; Ganz & Simpson, 2004; Tincani, Crozier, & Alazetta, 2006; Yoder & Stone, 2006a), 증가된 사회적 시작행동(Carr & Felce, 2007a), 바람직하지 못한 행동의 감소(Charlop-Christy et al., 2002), 그리고 이전에 배운 적 없는 물건을 요구하기 위해 그림교환의사소통 체계를 즉흥적으로 사용하기(Marckel, Neef, & Ferrari, 2006) 등을 포함하는 부수적인 목표행동에 미치는 영향을 보고하였다. 더욱이, 이들 중 몇몇 연구는 그림교환의사소통 체계를 다른 중재(Beck et al., 2008; Tincani, 2004; Yoder & Stone, 2006b)와 비교하거나 두 가지 다른 종류의 그림(Angermeier et al., 2008)을 사용하였다. 〈표 11-2〉는 이러한 주요 연구 중 몇 편을 요약해서 보여준다.

〈표 11-2〉 그림교환의사소통 체계 효율성 및 효과 연구에 대한 요약

출처 (저자/연도)	참여자	절차/방법	연구 설계	성과/연구결과
효율성 연구				
Angermeier, Schlosser, Luiselli, Harrington, & Carter (2008)	자폐 또는 전반적 발달장애 진단을 받은 4명의 6~10세 아동	개별 평가 장면에서 표준 PECS 프로토콜 에 따라 PECS 단계가 제공됨.	대상자 간 중다기초선 설계와 결합된 교대중재 설계	모든 학생은 PECS I단계와 II단계를 습득함. 두 명은 III단계를 습득하였고 시도의 80%의 독립적인 교환을 보임. 실제 사물과의 높거나 낮은 유사성을 지닌 그림 사물 간의 유의미한 차이는 발견되지 않았음.

Beck, Stoner, Bock, & Parton (2008)	4명의 유치원생(세 명은 자폐 범주성 장애로 한 명은 발달지체 및 자폐 관련 성향을 많이 보인다는 진단을 받음)	교실에서 표준 PECS 프로토콜에 따라 단계가 제공됨. 훈련은 매주 3~5회기 15~30분간 진행됨.	교대중재 설계 (PECS와 음성산출기 사용 학생의 의사소통 비교)	모든 학생이 PECS I단계를 습득하였고, 한 명은 III단계를 습득하였음.
Carr & Felce (2007a)	자폐 범주성 장애로 진단 받은 24명의 3~7세 아동	표준 PECS 프로토콜에 따라 PECS가 제공되었고, 4~5주 동안 주당 3~4회기 제공됨. 각 학생은 총 15시간의 교육을 받음.	실험통제집단 비교설계	PECS 사용 집단에서 아동의 성인을 향한 시작행동이 증가함. PECS 집단에서 아동의 구어발화가 증가함.
Carr & Felce (2007b)	자폐 범주성 장애 진단을 받은 4~7세의 아동	표준 PECS 프로토콜에 따라 4~5주 동안 매주 3~4회기 PECS를 제공함.	실험통제집단 비교 설계	PECS 집단의 구어단어가 증가함. 통제집단의 한 학생의 구어단어가 증가함.
Charlop-Christy, Carpenter, Le, LeBlanc, & Kellet (2002)	3명의 3~12세 자폐 아동	각 참여자는 매주 2회 15분씩 PECS 훈련을 받음.	중다기초선 설계 (PECS의 각 단계 습득에 얼마나 오래 걸리는지 살펴봄)	모든 학생이 IV단계까지 PECS를 학습함. 평균: 170분, 146시도
Ganz, & Simpson (2004)	자폐 범주성 장애 진단을 받거나 아동기 자폐 평정 척도(CARS)의 자폐 범위 점수를 받은 3명의 발달지체 아동(취학 전 아동 2명과 초등학생 1명)	각자 소속된 학급에서 매주 2~5회기, 회기당 15번의 시도로 PECS 회기 실행. 자료는 PECS의 능숙함, 이해 가능한 구어, 이해 불가능한 발성의 부재에 대해 수집함.	기준변동교대중재 설계	모든 학생이 PECS의 IV단계를 습득함. 몇몇 아동은 IV단계에서 자발적인 발화가 관찰됨.
Ganz, Simpson, & Corbin-Newsome (2008)	3명의 취학 전 아동(두 명은 자폐 범주성 장애로 한 명은 발달장애로 진단)으로 모두 아동기 자폐 평정 척도의 자폐 범위 점수를 받음	표준 PECS 프로토콜에 따라 41~110회기 동안 PECS 훈련이 제공됨.	대상자 간 중다기초선 설계	모든 학생은 기능적인 의사소통의 증가를 보임. 구어의 증가는 관찰되지 않음.

Lund & Troha (2008)	자폐 범주성 장애 진단과 시각장애를 지닌 12~17세의 3명의 학생	시각장애를 지닌 학생의 필요에 따라 촉각 상징을 이용한 PECS를 교수함.	중다기초선 설계	모든 학생에게서 PECS를 사용한 독립적인 교환의 발생이 증가함. 한 명의 학생은 PECS III단계를 습득함.
Marckel, Neef, & Ferreri (2006)	자폐 범주성 장애 진단을 받은 4세 및 5세 아동 2명	35~45회기의 PECS 훈련을 받음.	기준변동 설계 (PECS 단계들 간)	두 학생 모두 독립적으로 PECS의 요구하기와 문장 표시하기를 수행함.
Tincani (2004)	도시 외곽의 큰 초등학교 특수학급에 속한 2명의 자폐 아동	수어와 PECS를 교육함. PECS는 표준 프로토콜에 따라 실행됨. 수어는 유사 영어로 교육함.	수어 기술 습득과 PECS 교환을 비교하기 위한 교대중재 설계	한 학생은 PECS III단계까지 진전하였고 다른 학생은 수어를 사용하여 보다 많은 독립적인 요구하기를 보임.
Tincani, Crozier, & Alazetta (2006)	자폐로 진단받은 10세와 11세 남학생 2명	PECS의 표준 프로토콜에 따라 PECS를 제공함. 30회의 반응 기회가 제공된 회기.	중다기초선 설계	두 참여자 모두 PECS II단계까지 학습함. 한 명은 IV단계까지 진보함. 두 참여자 모두 PECS 훈련 동안 독립적인 요구가 증가됨.
Yoder & Stone (2006b)	자폐 범주성 장애 또는 PDD-NOS로 진단받고 20개 이내의 기능적인 단어를 사용하는 취학 전(18~60개월) 아동 36명	반응성 교육 및 전언어적 환경교수(RPMT)와 PECS를 6개월 동안 매주 3회 20분씩 적용함.	무작위 집단 설계	PECS 집단은 반응성 교육 및 전언어적 환경교수 집단보다 더 높은 일반화된 요구하기 비율을 보임. 중재 전에 공동관심을 보였던 아동은 전언어적 환경교수에서 더 우수하였음.
효과 연구				
Frea, Arnold, Vittimberga, & Koegel (2001)	4세 자폐 아동	참여자는 전형적인 유치원 상황에서 PECS I~III단계를 교육 받음.	상황 간 중다기초선 설계	PECS 사용 증가와 부적응 행동 사용의 감소를 보임.
Kravits, Kamps, Kemmerer, & Potucek (2002)	6세 자폐 여아	가정과 학교 환경에서 자연스러운 활동 중에 PECS I~III단계를 실행함.	상황 간 중다기초선 설계	자발적으로 그림 사용하기와 요구하기, 언급하기, 확장하기를 위한 구어 사용의 증가를 보임.
Magiati & Howlin (2003)	5~12세 자폐 범주성 장애 아동 34명	참여자의 교사가 먼저 PECS 사용을 배운 후 참여자에게 실행함.	통제집단 연구 설계	PECS 사용, 사용된 PECS 어휘의 수, 수어의 수, 구어와 구절의 수 그리고 자발적인 의사소통 수준에서 통계적으로 유의미한 발전이 있었으나, 문제행동에서의 의미 있는 감소는 없었음.

(1) 단일대상연구 설계의 효율성 연구

Angermeier와 그 연구진(2008)은 I~III단계의 그림교환의사소통 체계 교육에서 아이콘 상징을 더 많이 사용하는 것과 더 적게 사용하는 것을 비교하기 위해 네 명의 자폐범주성 장애 아동을 대상으로 단일대상 교대처치 설계 연구를 수행하였다. 자폐로 진단받거나 전반적 발달장애를 지닌 네 명의 초등학생 참여자는 연속 3회기 동안 각 회기마다 80% 이상의 시도로 그림카드를 사용한 독립적인 교환을 하면서 빠르게 I단계와 II단계를 습득하였고, 두 명의 참여자는 III단계를 습득하였다. 임상적인 진단에서 수집된 관찰 자료는 학습자에게 가르친 실제 물건과 아이콘의 유사한 정도는 학습 패턴과 상관이 없다는 것을 보여주었다. 즉, 학습하기 위한 실제 물건과 덜 유사한 아이콘이라고 해서 높은 유사성을 지닌 아이콘보다 더 쉽게 학습되는 것은 아니었다. 각 참여자마다 중재 종료 후 일주일간 유지 자료가 수집되었고, 이들은 모두 중재의 마지막 단계에서 보여준 기술의 수준을 유지하였다. 이 연구는 중재 충실도, 일반화, 사회적 타당도에 관한 자료 수집은 보고하지 않았다.

Beck과 그 연구진(2008)은 세 명의 자폐 범주성 장애를 지닌 아동을 포함하는 네 명의 취학 전 아동을 대상으로 단일대상 교대처치 설계를 사용하여 음성산출기와 그림교환의사소통 체계의 실행을 비교하였다. 네 번째 아동은 명확한 자폐 진단을 받은 것은 아니지만 발달장애를 지니고 있었다. 관찰회기 자료는 연구자와 학급관계자가 함께 하는 개별 회기 중에 수집되었다. 자폐 범주성 장애를 지닌 세 명의 참여자 가운데 두 명은 연속 3회기 중 2회기 동안 80% 이상의 시도로 I단계의 그림교환의사소통 체계의 독립적인 교환을 습득하였다. 더욱이, 자폐 범주성 장애를 지닌 참여자 가운데 한 명은 그림교환의사소통 체계의 첫 세 단계를 습득하였다. 반면에, 자폐 범주성 장애를 지닌 참여자 가운데 단 한 명만이 음성산출기 중재의 첫 단계를 습득하였다. 연구자는 또한 두 가지 조건에서 발화 사용에 대한 자료를 수집하였으며, 다양한 결과가 나타남을 발견하였다. 즉, 자폐 범주성 장애를 지닌 참여자 가운데 두 명은 어느 정도까지 구어 사용이 증가하였는데, 한 참여자의 발화는 음성산출기 상황에서 더 증가하였고 또 다른 참여자의 발화는 두 조건 모두에서 조금씩 증가하였다. 연구자는 중재 충실도에 관한 자료를 수집하였으며 그 결과 중재의 모든 단계에서 100%로 나타났다. 일반화 자료를 위한 관찰회기는 중재가 종료된 지 일주일 후에 자폐 범주성 장애를 지닌 참여자 가운데 한 명을 대상으로 그의 집에서 수행되었다. 일반화 회기가 얼마나 길었는지는 분명하지 않지만, 일반화 회기 동안 참여자의 그림교환의사소통 체계 사용은 3회, 음성산출기 사용은 17회에 이르는 것으로 보고되었다. 이와 같은 초기 일반화 자료는 그림교환의사소통 체계 의사소통을 훈련받지 않은 환경에서 지속적으로 사용하는 것에 대한 좋은 조짐으로 보이기는 하지만, 부가적인 정보 없이 이러한 해석에 대한 객관적인 판단을 내리기는 어렵다. 사회적 타당도는 보고되지 않았다.

Ganz와 Simpson(2004)은 세 명의 어린 아동(두 명의 취학 전 아동과 한 명의 초등학생)을 대상으로 그림교환의사소통 체계의 첫 네 단계를 실행하였다. 한 아동은 자폐 진단을 받았고 다른 두 아동은 발달지체 진단을 받았는데, 이들 모두 아동기 자폐 평정 척도(Childhood Autism Rating Scale: CARS; Schopler, Reichler, & Renner, 1988)의 자폐 범위에 속하는 점수를 받았다. Ganz와 Simpson은 단일대상 준거변동설계의 변형을 사용하였다. 연구자는 그림교환의사소통체계 교수가 참여자의 독립적인 교환, 이해할 수 있는 단어 사용, 비구어 발성에 미치는 영향을 조사하였는데, 자료는 개별적인 중재 회기동안 수집되었다. 모든 참여자는 그림교환의사소통 체계의 네 단계를 신속하게 습득하였고, 네 단계 동안 이해 가능한 기능적인 발화를 사용하기 시작하였다. 그러나 표현 어휘의 전반적이고 기능적인 사용은 지속적이지 않았고, 표현언어는 항상 이해 가능하지도 않았으며, 그림교환의사소통 체계 상징의 사용을 독립적으로 대체하지도 않았다. 중재충실도, 유지 및 일반화, 사회적 타당도에 관한 자료는 수집되지 않았다.

Ganz, Simpson, Corbin-Newsome(2008)은 Ganz와 Simpson(2004)의 연구를 복사하기 위해 세 명의 취학 전 아동을 대상으로 그림교환의사소통 체계를 실행하였는데, 이들 중 두 명은 자폐였고 한 명은 전반적인 발달지체로 아동기 자폐 평정 척도(CARS)에서 자폐 범위에 속하는 점수를 얻었다. 참여자 가운데 두 명은 IV단계까지의 그림교환의사소통 체계 훈련을 완수하였다. 대상자 간 중다기초선 설계를 사용하였다. 참여자 가운데 한 명은 총 89회기 동안 IV단계까지의 그림교환의사소통 체계를 학습하였다. 두 번째 참여자도 비록 I단계를 습득하는 데 29회기가 걸렸고 다른 단계에서는 더 긴 시간이 소요되었지만 그림교환의사소통 체계의 네 단계를 습득하였다. 세 번째 참여자는 그림교환의사소통 체계의 어느 단계도 습득하지 못하였다. 비록 한 참여자는 그림교환의사소통 체계의 마지막 단계에서 보다 유사한 단어를 사용하기 시작하였지만 어느 참여자에게서도 표현적 구어 의사소통은 많은 영향을 받지 않았다. 자료는 그림교환의사소통 체계 훈련 회기 중에 비연속 개별시도로 수집되었다. 중재충실도, 유지 및 일반화, 사회적 타당도에 관한 자료는 수집되지 않았다.

Tincani(2004)는 그림교환의사소통 체계와 수어를 비교하기 위해 자폐 범주성 장애를 지닌 두 명의 초등학생을 대상으로 교대처치 설계를 적용하였다. 두 명의 참여자 중 초기에 더 나은 운동모방 기술을 보인 한 명이 전반적으로 보통 수준의 비율(손 움직임의 43%를 정확하게 모방함)이긴 했지만 독립적인 요구하기를 위한 수어를 더 쉽게 학습한 것으로 나타났다. 다른 참여자는 그림교환의사소통 체계를 통해서 좀 더 쉽게 독립적인 요구하기를 학습하였다. 즉, 그림교환의사소통 체계 I단계 훈련에서 수어 훈련에서보다 세 배나 많은 독립적인 반응을 보였다. 두 중재 모두에서 증가된 발성이 나타났다. 더 나은 운동 모방 기술을 가진 아동은 그림교환의사소통 체계 훈련 회기에 비해 수어 회기 동안 평균 2배의 발성을 보였다. 그림교환의사소통 체계 사용에 있어서 우월했던 아동은 그림교환의사소통 체계와 수어 훈련 모두에서 유의미하게 증가된 발성을 보였다. 참여자는 각자의 "최상의 중재"를 사용해서 독립적인 요구하기 능력을 중재 조건의 비율에 가까운 수준으로 유지할 수 있었다. 결과적으로, 연구자는 "많은 자폐 아동을 포함해서 손 운동 모방 기술이 없는 학생에게는 적어도 초기의 요구하기 기술 습득을 위해서 그림교환의사소통 체계 훈련이 [수어보다] 더 적합하다"(p. 159)는 것을 알게 되었다. 또한 개방형 질문지를 사용해서 참여자의 부모와 교사를 대상으로 사회적 타당도를 평가하였는데, 그림교환의사소통 체계와 수어 중재 모두에 대해 긍정적인 피드백이 수집되었다.

Lund와 Troha(2008)는 자폐와 시각장애를 지닌 12세부터 17세에 이르는 세 명을 대상으로 그림교환의사소통 체계의 변형(촉각 상징을 사용하는)에 대해 연구하였다. 연구자는 대상자 간 중다기초선 설계를 사용하였다. 자료는 훈련 회기 중에 수집되었다. 단 한 명의 참여자만 그림교환의사소통 체계의 첫 세 단계(두 번의 연속된 회기 동안 80%의 독립적인 교환)를 습득하였으며, 다른 두 참여자의 독립적인 교환 비율도 기초선 수준에 비해서는 증가하였다. 중재충실도, 유지 및 일반화, 사회적 타당도에 관한 자료는 보고되지 않았다.

Tincani와 그 연구진(2006)은 세 명의 9~11세의 자폐 남아를 대상으로 그림교환의사소통 체계 교육을 통해 요구하기와 발화에 미치는 영향을 조사하는 두 개의 연구를 실행하였다. 연구자는 먼저 두 명의 대상자 간 중다기초선 설계를 적용하였으며, 그 다음으로 첫 번째 연구의 참여자 중 한 명에게 반전 설계를 사용하였다. 중다기초선 설계가 적용된 연구의 첫 구간에서 참여자 중 한 명이 그림교환의사소통 체계의 IV단계에서 유사 발성을 증가시켰다. 따라서 이 참여자에 대하여 반전 설계를 사용하여 두 번째 연구가 실시되었는데, 이는 강화가 구어(speech) 발달에 미치는 역할을 더 잘 이해하기 위함이었다. 그림교환의사소통 체계의 첫 네 단계 사용법을 학습한 참여자는 I단계까지만 습득한 다른 참여자와 비교해서 말로 하는 칭찬과 요구한 물건에 접근하기 직전에 짧은 시간지연이 주어질 때 증가된 유사 발성을 보였다. 그림교환의사소통 체계의 더 많은 단계를 배운 참여자가 즉각적인 유사 발성을 보이면 물건을 받고 즉시 칭찬을 받았다. 자료는 훈련 회기 중에 수집되었다. 비록 구체적인 자료는 제공되지 않았지만, 중재 충실도가 수집되었고 높은 수치로 보고되었다. 일반화 관찰 자료는 새로운 의사소통 파트너와 함께 연구의 마지막 네 회기 동안 수집되었다. 참여자마다 교사도 달랐고 독립적인 요구하기와 유사 발성의 비율도 다양했지만, 이 일반화 비율은 중재 종료 시점에 보고된 수준에 가까웠다. 유지와 사회적 타당도는 보고되지 않았다.

Charlop-Christy와 그 연구진(2002)은 자발적으로는 거의 말하지 않는 세 명의 3~12세 자폐 아동을 대상으로 다양한 기술을 다루기 위해 중다기초선 설계를 적용하였다. 자료는 그림교환의사소통 체계 훈련, 놀이, 학업 활동 회기 중에 수집되었다. 참여자는 모두 신속하게 그림교환의사소통 체계를 습득하였다. 모든 참여자에게서 자발적 발화와 모방 발화의 사용이 증가하고 눈맞춤과 공동관심 또는 놀이 사용이 증가하였으며, 초기에 문제행동을 보였던 두 명의 문제행동이 그림교환의사소통 체계 훈련 동안과 이후에 감소하였다. 습득한 기술은 그림교환의사소통 체계 훈련 이후 수 주 동안 유지되었다. 또한 장기 추적조사가 가능한 참여자를 중재 10개월 후에 평가하였는데 그림교환의사소통 체계의 사용과 구어에서의 습득이 유지되었다(추적조사 동안 문제행동에 대한 자료는 보고되지 않음). 중재 충실도와 사회적 타당도는 보고되지 않았다.

Marckel과 그 연구진(2006)은 두 명의 취학 전 자폐 아동을 대상으로 행동 간 중다기초선 설계를 적용하였다. 관찰 자료는 훈련 회기 중에 참여자의 집에서 수집되었다. 이들은 원하는 물건을 나타내는 그림이 충분하지 않거나 없을 때 이를 묘사하기 위해 기능이나 색상 또는 모양을 포함해서 요구하는 행동을 성공적으로 학습하였다. 이러한 학습 효과는 새로운 물건을 요구하기 위해서 기능이나 색깔 또는 모양을 사용하는 것으로 일반화되었다. 그러나 이러한 결과는 연구자의 일화기록으로 보고된 것으로 훈련에 참여한 사람 외의 다른 의사소통 파트너와의 일반화된 사용을 평가한 자료는 수집되지 않았다. 중재 충실도, 중재 효과의 유지, 사회적 타당도에 대한 자료는 보고되지 않았다.

(2) 집단연구 설계의 효율성 연구

Yoder와 Stone(2006b)은 무작위 집단 설계를 사용해서 그림교환의사소통 체계 교수(n=19)와 반응성 교육 및 전언어적 환경교수(n=17)가 공동관심, 차례 주고받기, 요구하기에 미치는 영향을 비교하였다. 참여자는 자폐 또는 달리 분류되지 않는 전반적 발달장애를 지닌 36명의 취학 전 아동이었다. 두 가지 중재가 6개월 동안 매주 3회 20분씩 실행되었다. 자료는 의사소통 및 사회성에 관한 표준화된 측정을 사용해서 중재 전과 후에 수집되었고 검사자 및 부모와 함께 하는 자유놀이와 반구조화 활동 중에 관찰 자료로 수집되었다. 그 결과, 반응성 교육 및 전언어적 환경교수 집단에서 더 높은 비율의 공동관심 시작하기와 차례 주고받기가 나타났으며 공동관심의 경우 처음부터 높은 공동관심 행동을 보인 아동의 경우에만 더 높게 나타났다. 그림교환의사소통 체계 교수 집단에서는 처음부터 공동관심 시작하기에서 낮은 비율을 보인 아동의 경우에 더 높은 비율의 요구하기 행동이 나타났다. 중재 충실도 자료가 수집되었고, 두 중재에서 모두 높은 충실도가 보고되었다. 유지와 사회적 타당도 자료는 수집되지 않았으나 중재 회기 및 조건 외에서도 기술이 일반화되는지에 대한 자료는 수집되었다.

Yoder와 Stone(2006a)은 또한 자발적인 말하기의 발생을 알아보기 위하여 6개월 동안 매주 3회 그림교환의사소통 체계(n=19)와 반응성 교육 및 전언어적 환경교수(n=17)의 무작위 비교를 수행하였다. 자료는 표준화된 측정, 검사자와의 자유놀이 동안의 관찰, 그리고 반구조화 활동을 통해 수집되었다. 결과는 반응성 교육 및 전언어적 환경교수보다 그림교환의사소통 체계에서 자발적인 말하기의 비율이 더 높게 나타난 것으로 보고되었다. 중재 충실도 자료가 수집되었고, 두 중재에서 모두 높게 나타났다. 유지와 사회적 타당도 자료는 수집되지 않았다.

Carr와 Felce(2007b)는 자폐로 진단 받은 10명의 4~7세 아동의 구어 단어 사용을 비교하였다. 실험집단과 통제집단에 비무선 할당 방법으로 그림교환의사소통 체계의 III단계까지 교육받은 아동(n=5)을 통제집단(n=5)과 비교하였다. 참여자는 관찰 회기 동안에 적어도 하나 이상의 구어 단어를 사용했기 때문에 더 큰 집단에서 선발되었다. 자료는 학급 관계자와 참여자의 상호작용을 2시간 동안 관찰하여 수집되었다. 결과는 그림교환의사소통 체계 집단의 모든 아동이 구어 단어의 증가를 보인 반면에 통제집단에서는 단 한 명만 증가한 것으로 나타났다. 중재 충실도, 유지, 사회적 타당도 자료는 수집되지 않았다.

Carr와 Felce(2007a)는 24명의 아동에게 그림교환의사소통 체계의 첫 세 단계를 실행하고 17명의 비무선 할당된 통제집단 아동과 적응행동 및 언어를 비교하는 통제 연구를 수행하였다. 적응행동 및 언어의 표준화된 평가와 연령에서 두 집단의 평균이 비교되었다. 자료는 참여자가 교사 및 보조교사와 함께 하는 학급 관찰을 통해 수집되었다. 그림교환의사소통 체계 집단에서는 상호작용 및 의사소통 시작행동이 증가되었으나 통제집단에서는 그렇지 않았다. 중재 충실도, 유지, 사회적 타당도 자료가 보고되었다.

(3) 효율성 연구의 요약

그림교환의사소통 체계의 효율성을 점검하는 기존의 문헌은 그림교환의사소통 체계 중재를 받은 아동은 이러한 경험으로부터 이득을 얻는 경향이 있다고 밝히고 있다. 이러한 이득은 기능적인 의사소통 시작행동의 증가, 발성 증가, 타인과의 상호작용 향상 등을 포함한다. 그러나 이와 같은 연구결과가 긍정적일수록 그림교환의사소통 체계의 효율성과 관련된 수많은 핵심 연구문제가 아직 답을 얻지 못한 채로 남아 있다. 예를 들어, 어떤 장애 진단 또는 기타 특성이 아동을 그림교환의사소통 체계 또는 다른 방법에 적합한 후보자로 만들어 주는지에 관한 정보가 비교적 제한적이다. 현재까지의 효율성 연구 역시 그 질적인 면에 있어서 다양하다. 즉, 지금까지 수행된 연구 중에서 최상의 연구조차도 대상과 절차를 잘 서술하지 못하고 있고 중재충실도 및 일반화 등의 정보를 제공하지 못하고 있다. 따라서 비록 그림교환의사소통 체계의 효율성에 대해 낙관할 수 있는 것은 사실이지만 아직도 이 분야에서 해야 할 일이 많이 남아 있다.

2) 효과 연구

효과 연구는 자연적인 환경과 조건에서 수행되는 연구를 말한다(Robey & Schultz, 1998). 본 문헌 검토를 위해 참여자의 교사나 부모가 직접 그림교환의사소통 체계 훈련을 실행하거나 대부분의 자료가 자연스러운 환경(예: 교실, 가정)에서 수집된 효과 연구를 포함시켰다. 자연적인 환경에서 그리고 그러한 환경에 포함된 훈련자가 실행한 그림교환의사소통 체계의 효과에 대한 연구는 전문적인 문헌으로 보고된 적이 거의 없다. 두 편의 효과 연구에서 그림교환의사소통 체계의 실행이 독립적인 요구하기의 증가를 도출한 것으로 보고되었다(Magiati & Howlin, 2003; Kravits, Kamps, Kemmerer, & Potucek, 2002). 또 하나의 추가 연구는 문제행동의 감소를 보고하였다(Frea, Arnold, Vittimberga, & Koegel, 2001).

Magiati와 Howlin(2003)은 자폐 범주성 장애를 지닌 34명의 아동을 대상으로 통제 연구를 수행하였다. 참여자의 교사들은 그림교환의사소통 체계를 사용하도록 교육받았고, 이후에 참여자에게 그림교환의사소통 체계를 실행하였다. 부모와 교사는 표준화된 체크리스트와 평가를 포함하는 측정에도 참여하였다. 자료는 네 차례에 걸쳐 수집되었는데, 중재 전 1회와 교사들의 그림교환의사소통 체계 훈련 뒤 6개월 동안 3회를 포함해 총 4회에 걸쳐 수집되었다. 그 결과, 전반적인 그림교환의사소통 체계 사용의 향상과 사용된 그림교환의사소통 체계 어휘 단어의 수, 그림교환의사소통 체계 사용의 빈도, 사용된 수어의 수, 사용된 구어 단어의 수, 사용된 구어 구절의 수, 그리고 사용된 자발적인 의사소통 수준에서 통계적으로 의미 있는 진전이 보고되었다. 문제행동 측정 점수는 유의미하게 향상되지 않았다. Magiati와 Howlin은 교사 보고를 통해 사회적 타당도를 측정하였는데, 비록 한 명의 교사가 그림교환의사소통 체계 실행의 어려움을 보고하기는 하였지만 일반적으로는 그림교환의사소통 체계를 높이 평가하는 것으로 보고되었다.

Kravits와 그 연구진(2002)은 6세 자폐 여아를 대상으로 상황 간 중다기초선 설계를 적용하였다. 이 연구에서는 가정과 학교 환경에서 그림교환의사소통 체계의 I~III단계를 실행하였으며, 자료는 참여자의 부모, 교사, 또래와의 상호작용이 포함된 자연적인 활동으로부터 수집되었다. 그 결과, 그림교환의사소통 체계 훈련 후 자발적인 그림 사용이 증가하였고 요구하기와 언급하기 및 확장하기를 위한 구어 사용이 증가하였다. 또래와의 그림교환의사소통 체계 사용의 일반화 역시 증가하였다. 중재 후 수 주 또는 수개월이 지난 유지 회기에서 그림교환의사소통 체계의 사용과 발화가 유지되었다. 중재 충실도와 사회적 타당도 자료는 수집되지 않았다.

Frea와 그 연구진(2001)은 장애가 없는 아동으로 구성된 유치원 환경에서 4세 자폐 아동을 대상으로 상황 간 중다기초선 설계를 적용한 연구를 실행하였다. 아동은 그림교환의사소통 체계의 I단계부터 III단계까지 학습하였고, 자료는 유치원의 자유놀이 중 영역 활동에서 수집되었다. 중재 결과 그림교환의사소통 체계 사용의 증가와 신체적 공격성을 포함한 문제행동의 감소가 보고되었다. 중재 충실도, 유지, 사회적 타당도 자료는 보고되지 않았다. 일반화 자료는 명시적으로는 보고되지 않았지만 그림교환의사소통 체계 훈련을 한 장소와 다른 맥락에서 모든 자료가 수집되었다.

4. 실행을 위한 요구사항

보조가 필요한 그림/아이콘 기반의 보완적 프로그램 설계에서 그러하듯이, 그림교환의사소통 체계는 몇 개의 기본적이면서 널리 사용될 수 있는 항목의 사용을 필요로 한다. 그림교환의사소통 체계 프로그램을 실행하기 위해 필요한 가장 기본적이고 필수적인 자료는 학생을 위해 개별화된 강화와 학생들이 원하는 물건을 얻을 수 있도록 학습하게 될 관련 그림과 아이콘이다. 이러한 물건과 활동은 학생 고유의 흥미, 요구, 원함을 바탕으로 선택된다. 일반적으로 이와 같은 강화는 잠재적인 학습자에게 이미 사용되고 있는 물건이나 활동이기 때문에 그림교환의사소통 체계 훈련을 위해서 특별히 구입하거나 구할 필요가 없다.

그림교환의사소통 체계에서의 훈련은 피라미드 교육 컨설턴트(Pyramid Educational Consultants)를 통해서 가능하다. 훈련은 전 세계에 걸쳐 정기적으로 제공된다. 교육비용은 다양한데, 일반적으로 기본 훈련은 미화 395달러, 심화 훈련은 295달러 정도다.

피라미드 교육 컨설턴트 훈련의 기초 인증 단계는 그림교환의사소통 체계 프로그램을 실행하고자 하는 개인을 위해 고안되었다. 피라미드 교육 컨설턴트 웹 사이트 상에 기재된 조건에 의하면, 실행 자격을 얻고자 하는 사람은 피라미드 교육 컨설턴트에서 주최하는 그림교환의사소통 체계 기초 워크숍 등록 후 2년 내에 참석했다는 증빙을 제출해야 하며 필기시험을 통과하고 다음의 기술을 증명할 수 있어야 한다.

- 그림교환의사소통 체계의 여섯 단계를 적용하는 능력
- 그림교환의사소통 체계의 오류 수정 프로토콜을 따르는 능력
- 그림교환의사소통 체계를 기능적인 활동의 일부로 적용하는 능력
- 그림교환의사소통 체계 관련 수업을 개발하는 능력
- 그림교환의사소통 체계의 모든 단계 중에 자료를 수집하는 능력
- 그림교환의사소통 체계 실행 보고서를 작성하는 능력

(Pyramid Educational Consultants, 2012a)

위의 조건을 완수한 사람에게는 "그림교환의사소통 체계 실행자 자격"이 주어지며, 피라미드 교육 컨설턴트 웹 사이트에 유자격 실행자로 등록되고 매 3년마다 갱신할

수 있다. 피라미드 교육 컨설턴트는 그림교환의사소통 체계 훈련의 각 단계를 완수한 개인의 권리 및 특권과 관련하여 명백한 규칙과 지침을 제시한다(Pyramid Educational Consultants, 2012a). 이러한 프로토콜과 정책에 대한 정보는 적절한 학생에게 그림교환의사소통 체계 사용하기, 그림교환의사소통 체계를 사용함에 있어서 다른 사람을 지도하고 감독하기, 동료와 가족에게 그림교환의사소통 체계의 사용을 시범 보이기 등을 포함한다.

피라미드 교육 컨설턴트는 또한 "그림교환의사소통 체계 감독자" 훈련을 제공한다. 이렇게 보다 수준 높은 훈련은 (1) 피라미드 교육 컨설턴트 프로토콜에 맞는 모든 단계의 그림교환의사소통 체계를 적용할 수 있는 지식 및 기술과 (2) 그림교환의사소통 체계 사용에 대해 생산적이고 긍정적인 피드백을 제공할 수 있는 능력을 가진 사람을 위한 것이다. 그림교환의사소통 체계 감독자 훈련을 완료한 사람은 승인 여하에 따라 직장 내에서 그림교환의사소통 체계 기초 훈련을 받은 동료에게 그림교환의사소통 체계의 전반적인 정보와 훈련을 제공할 수 있도록 허용된다. 그러나 이들은 직장 밖에서 그림교환의사소통 체계 워크숍 또는 다른 훈련을 제공하거나 "그림교환의사소통 체계 전문가"라는 직책을 사용하도록 허용되지는 않는다(Pyramid Educational Consultants, 2012a).

5. 주요 구성요소

그림교환의사소통 체계 교수의 핵심 구성요소와 단계에 대한 설명은 다음에 요약되어 있다. 그러나 여기서 설명하는 세부사항은 그림교환의사소통을 사용하려고 하는 사람이 그림교환의사소통 체계 매뉴얼(Frost & Bondy, 2002)을 좀 더 공부하고 실행 전에 기초 워크숍에 참석해야 하는 필요를 대신해주지는 않는다.

Frost와 Bondy(2002)는 그림교환의사소통 체계 실행을 위한 몇 개의 필수적인 핵심 요소를 설명하였다. 그림교환의사소통 체계의 가장 중요한 구성요소는 기능적인 장단기 교수목표다. 즉, 기술은 특별히 자발적이고 독립적인 교수를 목표로 타인과 의사소통을 하기 위해 그림 및 아이콘을 사용하고 자신의 필요와 생각을 이해시키도록 교수된다. 다음으로 그림교환의사소통 체계의 프로토콜은 어떤 물건이나 음식 또는 활동이 학생을 강화하는지 결정하는 것의 중요성을 강조하고 요구하기 및 사회적 응답하기를 포함하는 새로운 의사소통 기술의 학습을 증진시키기 위해 그리고 차별강화를 통해 적절한 행동을 강화하기 위해 그러한 강화를 사용하는 것의 중요성을 강조한다(Frost & Bondy, 2002; Skinner, 1957). 그림교환의사소통 체계는 또한 특정 맥락에서 부적절한 행동을 다루고 그러한 행동을 기능적으로 동등한 의사소통적인 행동으로 대체하게 해준다(Frost & Bondy, 2002). 마지막 요소는 일반화를 위한 계획 및 교수인데, 이는 비연속 개별시도 교수, 행동연쇄법, 자연적 교수, 촉진 및 단서 제시와 같이 효과적이면서 연구를 통해 입증된 교수전략을 사용하고 오류 수정 기법을 통해 학생의 실수를 줄여주는 것을 포함한다.

그림교환의사소통 체계에서의 교수는 몇 개의 핵심 의사소통 기술에 중점을 둔다(Frost & Bondy, 2002). 이는 다음과 같은 표현언어 의사소통 기술을 포함한다: (1) 강화사물 또는 활동 요구하기, (2) 도움 청하기, (3) 해야 하는 과제로부터 휴식 요구하기, (4) 원하지 않는 물건이나 활동 제안 거부하기, (5) 원하는 물건이나 활동 제안 확인하기. 그림교환의사소통 체계를 통해 목표하는 수용언어 의사소통 기술은 다음을 포함한다: (1) 기다리라는 지시 따르기, (2) 지시에 반응하기, (3) 전이 단서 및 시각적 스케줄 따르기. 이러한 기술은 그림교환의사소통 체계 교수의 여섯 단계와 그림교환의사소통 체계 매뉴얼에 제시된 부가적인 권장사항을 통해 교육된다(Frost & Bondy, 2002). 교사는 이러한 기술 중 학생에게 부족한 기술이 무엇인지 결정하고 체계적으로 다룰 수 있도록 계획을 수립해야 한다.

그림교환의사소통 체계 교수에 앞서 교사, 부모, 언어치료사 또는 기타 전문가를 포함한 중재자는 준비를 해야 한다(Frost & Bondy, 2002). 첫째, 하루 종일 그리고 다양한 환경에서 의사소통 기회를 위한 장을 마련해야 한다. 즉, 학생이 선호하는 물건에 너무 쉽게 접근하지 못하도록 환경을 설정한다(예: 보이지만 손에 닿지 않게 물건을 배치함, 선호 음식을 작은 조각으로 나누어 주거나 선호하는 물건에 일시적으로만 다가가게 함; Frost & Bondy, 2002; Hart & Risley, 1982; Wetherby & Prizant, 1989). 자료를 준비하기 전에 교사는 선호하는 강화물을 평가한다(Frost & Bondy, 2002). 이 단계에서는 양육자로 하여금 아동이 좋아하는 물건과 활동을 결정하게 하는데, 이는 다음과 같은 두 가지 방법으로 이루어질 수 있다: (1) 가장 쉽게 알아볼 수 있는 방법으로 아동이 어떤 물건과 활동을 자주 선택하는지 자유시간에 관찰하기, (2) 동시에 몇 개의 물건을 반복적으로 제시하면서 아동이 어떤 것을 선택하는 경향이 있는지 주목함으로써 공식적으로 판별하기(Bondy & Frost, 1994).

일단 몇 가지 강화물이 식별되고 의사소통 목표가 결정되면 교사는 그림교환의사소통 체계 자료를 준비한다(Frost & Bondy, 2002). 강화를 위한 물건 및 활동과 관련해서 이미 선정된 자료에 더하여 필요한 자료는 다음과 같다: (1) 보통 코팅해서 뒷면에 벨크로를 붙인 교환에 사용될 "그림"(예: 선 그림, 사진, 클립아트, 문자 단어), (2) 그림을 정리할 의사소통 바인더, (3) 몇 개의 그림을 이용해서 좀 더 복잡한 아이디어를 구성할 때 사용할 플라스틱 띠. 일단 자료가 준비되면 그림교환의사소통 체계 학습은 시작될 수 있다. 그러나 그림교환의사소통 체계 사용의 전반에 걸쳐 새로운 그림이 계속 만들어지고 의사소통 바인더에 추가된다.

그림교환의사소통 체계의 I단계는 학생이 원하는 물건을 바라볼 때 "의사소통 파트너"와 자발적으로 그림을 교환하도록 가르친다(Frost & Bondy, 2002). 언어 지체를 보이는 아동을 위한 대부분의 언어 프로그램은 물건을 명명하는 것으로 시작한다. 그러나 자폐 범주성 장애를 지닌 아동은 사회적인 목적(즉, 명명하기)보다는 선호하는 물건을 얻기 위한(즉, 요구하기) 의사소통의 동기가 더 크기 때문에 그림교환의사소통 체계 교육은 먼저 학생이 요구하도록 가르치는 데 중점을 둔다. 이 단계의 핵심 구성요소의 하나는 아동이 의사소통 파트너에게 다가가도록 가르치는 것이다. 자폐 범주성 장애를 지닌 많은 아동은 명확한 의사소통의 목적 없이 반향어 또는 반복된 말을 한다. I단계 목표 중 하나는 그림 교환을 통한 의사소통을 강화하는 것이다. I단계 기술을 가르치기 위해서는 반드시 두 명의 훈련자가 있어야 한다. 한 사람은 학생의 앞에 손이 닿을 수 있는 거리에 있어야 하고(의사소통 파트너), 다른 한 사람은 학생의 뒤에서 신체적인 촉진을 제공할 준비를 하고 있어야 한다(촉진자). 의사소통 파트너는 선호하는 강화물을 가지고 그 물건의 그림을 아동 앞의 바닥에 놓는다. 의사소통 파트너는 물건을 보여주면서 아동의 관심을 유도해야 하는데, 예를 들어 음식을 조금 먹거나 또는 아동에게 원하는 것을 물어보거나 사물의 이름을 명명하지 않으면서 아동의 관심을 그 사물로 끌어들이는 방식이다. 아동이 물건에 접근하면서 원하는 것을 가리킬 때 촉진자는 아동이 그림을 집어서 의사소통 파트너에게 다가가 손에 그림을 줄 수 있도록 돕는다. 그런 다음에 의사소통 파트너는 손을 펼쳐 받아 들고 즉시 원하는 물건을 주면서 언어적으로 그 물건의 이름을 말하고 아동을 칭찬한다. 아동이 잠시 물건을 접촉하는 동안 의사소통 파트너는 그림을 다시 아동의 앞에 놓는다. 그리고 의사소통 파트너는 그 음식을 다시 조금 더 제공하거나 물건이나 놀잇감을 회수함으로써(예: 물건을 부드럽게 다시 가져가면서 "이제 내 차례야"라고 말함) 절차를 다시 시작하고 유도한다. 촉진자는 몇 번의 시도를 통한 역연쇄법(backward chaining)을 통해 촉진을 줄인다. 학생이 I단계를 습득하는 동안 선호하는 항목에 대한 그림 교환의 기회가 다양한 상대와 다양한 환경에 걸쳐 다양한 항목으로 하루 종일 일어나야 하는데, 이 모든 것이 일반화를 증진시킨다.

II단계에서 학생은 그림의 일반화된 사용을 배우게 되는데, 그림을 획득하기 위해 조금 더 먼 거리로 이동하고 의사소통 바인더에서 그림을 독립적으로 꺼내고 다양한 환경에서 다양한 의사소통 파트너에게 그 물건을 전달하게 된다(Frost & Bondy, 2002). 중요한 목표는 I단계와 같은데, 다만 요구하기 의사소통을 보다 일관되게 하도록 교수하고 그림 및 의사소통 파트너를 향해 좀 더 먼 거리를 이동하게 만드는 것이 추가된다. II단계에서도 두 명의 훈련자가 필요한데, 한 사람은 의사소통 파트너 역할을 하고 다른 한 사람은 신체적 촉진자 역할을 한다. 학생의 그림 어휘는 계속 확장된다. 앞 단계에서와 마찬가지로 훈련자는 학생이 그림을 획득하거나 의사소통 파트너에게 가도록 구어 촉진을 제공하지는 않는다. 더욱이 이 단계에서는 두 훈련자 모두 학생에게 의사소통 기회가 있다는 신호를 주는 단서(예: 눈맞춤, 학생 쪽으로 기울이기, 얼굴 표정, 소리 나게 물건 흔들기)를 빠르게 제거할 필요가 있다. 이는 학생이 그러한 단서에 의존하지 않게 하고 원하는 어떤 것을 요구하도록 만들기 위함이다. I단계에서처럼 의사소통 파트너의 역할은 교대되어야 하는데, 이를 통해서 학생은 자신이 원하는 물건에 접근할 수 있는 사람(가능하면 또래 포함)에게 다가가도록 학습할 수 있다. 또한 그림교환의사소통 체계는 다양한 장소에서 다양한 물건으로 실행되어야 한다. 이 단계는 그림교환의사소통 체계 훈련 중 두 명의 훈련자가 필요한 마지막 단계다. 그러나 III단계에서 학생이 어려움을 보인다면 다수의 훈련자는 계속 사용될 수 있다.

I단계와 II단계에서 다양한 물건과 함께 그림교환의사소통 체계의 사용을 배우게 되는데, 이때 각 물건에 대한 그림은 한 번에 하나씩 제공된다. III단계에서는 그림을 식별하도록 학습한다(Frost & Bondy, 2002). 이 단계의 최종적인 목표는 학생이 자신이 원하는 물건 그림으로 구성된 의사소통 바인더의 많은 그림 중에서 그림을 선택할 수 있게 되는 것이다. III단계는 보통 의사소통 파트너와 학생이 의사소통 바인더를 사이에 두고 일대일로 마주 앉아서 하게 된다. 먼저, 두 개의 그림을 식별하도록 학습하는데 이때 하나는 선호하는 물건이고 다른 하나는 선호하지 않는 물건이다(IIIa단계). 이 단계에서 의사소통 파트너는 두 물건을 가지고 학생의 바인더 앞에 해당하는 그림을 놓는다. 학생이 하나의 그림에 다가갈 때, 파트너는 학생이 옳은(즉, 원하는 항목) 그림을 만지면 긍정적인 언어 강화를 제공하고 옳지 않은(즉, 원하지 않는 항목) 그림을 택하면

언어적으로 반응하지 않는다. 일단 학생이 그림을 교환하면 의사소통 파트너는 학생에게 해당하는 물건을 준다. 학생이 원하지 않는 물건을 받게 되면 그것을 밀어내거나 거절하게 될 것이고, 이때 의사소통 파트너는 오류 수정 기법으로 마무리한다. 이 기법은 네 단계로 구성된다. 첫째, 교사는 옳은 그림을 가볍게 두드린다. 그리고 구어로 (또는 필요하다면 신체적으로) 학생이 올바른 그림을 교사에게 주도록 촉진한다. 이후에 교사는 주의를 분산시키고(예: 학생에게 쉽고 간단한 과제 부여), 마지막으로 학생을 물건으로 유도함으로써 다시 시작한다.

IIIb단계는 하나 이상의 원하는 물건 중에서 식별하도록 교수한다(Frost & Bondy, 2002). 훈련은 식별을 위한 대응성(correspondence) 점검을 정기적으로 실시하고 학생의 의사소통 바인더에 제시된 그림의 수와 주어진 시간에 요구될 수 있는 물건 수를 점진적으로 증가시킨다는 점에서 IIIa단계와 유사하다. 대응성 점검은 학생에게 선택할 2개의 물건을 보여주고 학생이 성인에게 그림 1개를 건네주면 물건을 제공하고 어떤 물건을 선택하는지 지켜본다. 만일 학생이 교사에게 준 그림과 관련 없는 물건을 가져가면 성인은 이를 차단하고 오류 수정 기법을 실행한다. 이후에 아동이 가져가려고 했던 물건이 그 순간에 더 원했던 물건이라는 가정하에 그 물건과 그림을 가르친다. III단계 전 과정을 통해 교사는 학생이 자주 원하거나 원하지 않는 그림 및 물건을 다양화해야 하며, 의사소통 바인더에서 그림의 위치를 변동해야 한다. 결국, 학생은 자신의 의사소통 바인더에서 그림을 훑어봄으로써 다양한 물건을 선택할 수 있어야 하고 눈에 보이지 않는 물건을 요구하기 시작해야 한다.

IV단계는 학생에게 문장을 구성하도록 교수한다(Frost & Bondy, 2002). 궁극적으로, 학생은 독립적으로 문장띠(sentence strip)에 **나는–원해요**를 가리키는 그림을 올려놓고, 원하는 물건이나 활동의 그림을 **나는–원해요** 그림 오른쪽에 놓고, 그 문장띠를 의사소통 파트너에게 가져가게 된다. 이와 같은 과정은 역연쇄법을 통해 교수될 수 있다. 즉, 학생은 마지막 단계(즉, 문장띠를 의사소통 파트너에게 건네주기)를 제외하고 모든 단계를 실행하도록 먼저 신체적인 촉진을 받으며, 나머지 촉진은 과정의 끝으로부터 시작까지 점진적으로 줄어든다. 앞에서와 같이, 각 교환이 이루어지는 동안 문장띠를 들고 있거나 단어를 말하면서 가리키거나 아니면 파트너가 말해주는 단어를 가리키도록 학생을 신체적으로 촉진하면서 교환된 그림의 단어를 읽는다. 단, 학생이 물리적인 교환을 습득하면, 의사소통 파트너는 대개 문장 끝에서 시작하는 시간지연을 제공해도 좋다. 예를 들어, 의사소통 파트너가 "나는 ……을 원해요"라고 읽고 그 문장을 마무리 짓기 전

2~3초 동안 잠깐 멈출 수 있다. 항상 그런 것은 아니지만 학생에 따라서는 문장띠를 교환할 때 문장을 말하기 시작하기도 한다. 그러나 발화가 요구되는 것은 절대 아니다. 말이 동반되는지 여부와는 상관없이 그림교환의사소통 체계를 동반한 의사소통 시도가 강화된다.

학생이 요구하기를 위한 문장 구성을 습득하면, 다양한 유형(예: 색, 모양, 크기)의 물건이 주어질 때 어떤 물건을 선호하는지 명확히 표현하기 위한 서술어(descriptors)나 한정어(attributes)의 사용을 학습하게 된다(Frost & Bondy, 2002). 예를 들어, 학생이 색칠을 할 때 몇 가지 색을 더 선호한다면 원하는 색의 마커를 요청할 필요가 생길 것이다. 한정어 교육은 그림교환의사소통 체계의 독립된 단계로 고려되지는 않지만, 대신 남아 있는 단계 전반에 걸쳐 학습하게 된다. 문장 내 한정어 그림을 추가하는 것은 III단계의 식별 교육과 비슷한 방식으로 교수한다. 즉, 확실하게 식별할 수 있도록 오류 수정 절차뿐만 아니라 추가적인 그림 사용을 교수하기 위한 역연쇄법을 사용한다. 일반화를 촉진하기 위해서 반드시 각각의 특성(예: 큰 쿠키, 큰 크래커, 큰 공)을 지닌 다양한 물건을 가르쳐야 한다.

그림교환의사소통 체계의 V단계는 "너는 무엇을 원해?"라는 질문에 학생이 응답하도록 가르친다(Frost & Bondy, 2002). 이전 단계에서 그림교환의사소통 체계 교육은 자발적인 요구하기에 중점을 두었다. V단계를 학습한 후에 학생은 자발적인 요구하기와 "너는 무엇을 원해?"라는 질문에 답할 두 가지 기회 모두에 반응해야 한다. 먼저 의사소통 파트너가 "너는 무엇을 원해?"라고 질문하면서 학생의 의사소통 바인더 상의 나는-원한다 그림을 가리킴으로써 촉진한다. 이러한 촉진은 질문 후와 가리키기 전 사이에 시간지연을 적용함으로써 점진적으로 감소된다.

VI단계에서는 "무엇을 보고 있니?"와 "무엇을 듣고 있니?"와 같은 질문에 대한 반응의 하나로 자발적으로 언급하기를 배운다(Frost & Bondy, 2002). 이 단계는 V단계와 유사한 방식으로 학습하게 되는데, 언급하기(예: 나는-본다, 나는-듣는다)를 위한 문장-시작 그림이 추가된다. 그러나 이전 단계와는 달리 이 단계에서는 언급한 물건을 건네받지 않는다. 이러한 변화는 요구하기의 사회적 기능과 언급하기의 사회적 기능을 대조하는 방법을 제공한다. 이 단계 전반에 걸쳐 의사소통 파트너는 매일 언급하기를 할 수 있도록 다양한 기회를 제시한다. 결국 학생이 보고 듣는 물건에 대해 자발적으로 언급할 때까지 의사소통 파트너가 하는 질문은 점차적으로 줄어든다. 비록 공식적인 그림교환의사소통 체계는 여섯 개의 공식적인 단계와 한정어 수업으로 끝나지만 Frost와

Bondy는 많은 부가적인 표현언어 및 수용언어 기술 교수를 추천한다.

6. 의사결정을 위한 자료 수집

그림교환의사소통 체계는 응용행동분석에 기반을 둔 프로그램이 다 그러하듯이 I~VI단계 프로그램에 해당되는 의사소통 기술 습득의 진전 과정에서 지속적인 피드백을 제공하도록 구조화된 자료 기반의 프로그램이다. 특히, 진전은 학습자가 그림교환의사소통 체계의 각 단계에서 능숙해지기 위해 요구되는 시도의 횟수라는 측면에서 관찰된다. Frost와 Bondy(1994)는 각 단계에서 학생이 최소한 3일 동안 독립적으로 80% 또는 그 이상의 정반응을 보일 수 있을 때까지 훈련을 계속하도록 권장한다.

연구자와 실행자 모두 그림교환의사소통 체계 훈련과 관련된 표현언어 기술의 보다 폭넓은 발달을 추적하는 데에 관심을 보여 왔다. 그림교환의사소통 체계의 개발 초기에 Frost와 Bondy(1994)는 그림교환의사소통 체계를 경험한 아동이 말을 하기 시작한 것으로 보고하였다. 좀 더 최근의 보고는 그림교환의사소통 체계 훈련 후에 구어 단어 및 발화의 발달이 뒤따를 수 있다는 점을 확인하였다(Ganz & Simpson, 2004). 자료에 의하면, 이와 같은 반응은 예측 가능한 패턴을 따르고 있지 않으며 실제로 사용자에 따라서는 나타나지 않을 수도 있다(Ganz, Davis, Lund, Goodwyn, & Simpson, 2012). 그러나 이러한 현상은 명백한 사회적 가치를 지니며, 그렇기 때문에 적어도 몇몇 그림교환의사소통 체계를 가르치는 교사가 모니터하기를 원하는 변인이다.

실행자와 연구자는 또한 그림교환의사소통 체계 훈련이 문제행동과 특이한 반응에 미치는 영향을 조사하는 데 관심을 가져 왔다(Charlop-Christy et al., 2002; Ogletree et al., 2007). 마찬가지로, 그림교환의사소통 체계 기술의 학습자 일반화는 그림교환의사소통 체계 사용자의 관심의 대상이었다(Ganz, Sigafoos, Simpson, & Cook, 2008). 이와 같은 성과 변인은 명백한 중요성을 지니며, 따라서 평가 중에 주의를 기울일 가치가 분명히 있다.

7. 문화 및 언어 배경이 다른 아동을 위한 배려

중등도에서 중도에 이르는 장애를 지닌 영어학습자(English Language Learners: ELLs) 교수를 위한 최상의 실제 관련 문헌 보고는 거의 없는 실정이다(Mueller, Singer, & Carranza, 2006). 그러나 영어학습자인 일반 학생에 대한 추천은 우선적으로 제1언어의 숙달에 초점을 두고 제1언어와 영어를 둘 다 교육할 것을 장려한다(Donovan & Cross, 2002). Mueller와 그 연구진은 중등도에서 중도에 이르는 장애를 지닌 학생의 교사들은 특수교육 서비스에 더하여 이중언어 서비스를 위해 잘 준비되어 있지 않다는 점을 밝혔다. 그럼에도 이들은 가족 구성원과의 의논과 장기적인 삶의 결정에 기반을 두고 교수 언어에 대한 의사결정을 하도록 권고한다. 즉, 교수 언어는 제1언어를 사용하는 가족 구성원과 함께 살게 되거나 아니면 영어를 말하는 지역사회 환경에서 살게 되는 등 미래의 삶을 반영해야 한다.

그림교환의사소통 체계 접근은 어쩌면 언어 배경이 다양한 아동이 사용하기에 적합할 수 있다. 특히, 이 체계의 시각적인 특성은 다양한 언어 사용과 잘 맞는다. 비록 이러한 접근이 임상적으로 검증되지는 않았지만, 영어나 아동의 제1언어 중 하나, 아니면 두 언어 모두에서 문자로 된 단어와 그림을 짝짓는 것은 수용언어 및 표현언어와 어휘 발달을 지원함으로써 언어 습득을 촉진할 수 있다(Frost & Bondy, 2002). 교사 또는 보호자는 학생이 요구하거나 보다 복잡한 언어 기능을 수행하기 위하여 그림을 교환할 때, 구어로 한쪽 또는 양쪽 언어의 모델이 될 수 있다. 그러나 그림교환의사소통 체계의 첫 세 단계 이후로 넘어가면 몇 가지 부가적인 요인을 고려해야 한다. IV단계가 시작될 때 문장의 구성을 학습하게 된다. 이때 아동은 특정 언어에 특화된 구문론적이고 형태론적 구조를 보다 단순하게 다룰 수 있도록 기본적으로 한 언어만 사용해서 학습할 수 있다. 반대로, 많은 부모가 2개 국어를 사용하는 아동에게 취하는 접근과 비슷하게, 즉 아마도 아동의 제1언어는 가정에서 사용되고 학교 환경에서는 영어에 초점을 두면서 두 언어가 사용될 수도 있다. 각 방법에 대한 아동의 반응에 주의를 기울이면서, 다른 방법을 실행해볼 수도 있다. 이는 궁극적으로 학생 개인의 학습 자료 분석과 특히, 학생의 가족 구성원 등의 이해관계자와의 토론을 통해서 그리고 학교 또는 영어학습자 학생에 대한 책임 있는 교육청 관계자의 지원하에 내려져야 하는 결정이다.

8. 적용을 위한 고려

적용 사례: 아동

로희는 4세 6개월 된 자폐 아동으로 심각한 언어 지체를 보인다. 아동기 자폐 평정 척도(CARS; Schopler et al., 1988)에서 중증 자폐에 해당하는 50.5점을 받았다. 동네 공립유치원의 장애 아동을 위한 학급에 다니고 있다. 또한, 로희는 학교 수업 중 주당 10시간의 행동치료와 각 1시간씩의 언어치료 및 작업치료를 받는다.

로희는 몇 개의 유사 구어(예: car를 ca로)를 사용할 수 있지만, 말을 사용하는 경우는 드물고 자발적으로 말하는 경우는 거의 없으며 목소리는 거칠고 발성하기 힘들어 보인다. 관습적인 의사소통 수단 대신 원하는 물건을 움켜쥐는 행동을 자주 보이고 물건이 닿지 않는 곳에 있을 때에는 운다. 이전에 로희에게 수어 사용을 가르치려는 시도가 있었지만 어떤 수어도 지속적으로 사용하지 않았고 소근육 발달의 어려움으로 인해 모방할 수 있는 수어 사용도 방해를 받았다. 교사는 몇 차례에 걸친 자유놀이에서 자료를 수집하였는데, 문제행동(예: 자기자극을 위한 손 펄럭이기)이 관찰되었으며 눈맞춤과 공동관심 등의 기본적인 의사소통 기술의 전반적인 부재가 나타났다.

로희의 교사는 앞에서 기술한 행동과 의사소통 문제에 대처할 계획을 논의하기 위해 새 학기가 시작된 후 두 번째 달에 교육청 내 보조공학 전문가, 학교의 행동전문가, 그리고 로희의 어머니를 만났다. 보조공학 전문가는 로희가 그림교환의사소통 체계를 사용할 것을 추천하였다. 처음에 어머니는 그림교환의사소통 체계가 로희의 싹트기 시작하는 언어 발달을 방해하지 않을까 염려하기도 하였지만, 보조공학 전문가는 그림교환의사소통 체계 사용이 몇몇 자폐 범주성 장애 아동의 구어 향상과 상관이 있다는 것을 보여주는 전문적인 학술자료를 공유하였다. 팀은 처음 2주 동안 그림교환의사소통 체계를 시험 사용한 후에 로희의 기능적인 의사소통 체계의 사용이 눈에 띄게 늘어나고 문제행동이 눈에 띄게 줄어든다면 추가적인 교육을 더 하기로 동의하였다.

그림교환의사소통 체계 교육을 실시한 첫 2주 동안 보조공학 전문가는 교사에게 필요한 자료를 가져다주었으며, 강화 진단을 실행하고 로희에게 첫 두 단계를 가르치도록 도왔다. 대략 4주 정도의 교육 후에 로희는 그림교환의사소통 체계의 첫 네 단계까지 진전을 보였다. 비록 첫 세 단계 동안에는 말을 많이 하지 않았지만 좋아하는 물건을 위해서 문장띠를 교환하기 시작하면서 보다 자발적으로 유사 구어 단어를 사용하게 되었다.

적용 사례: 청소년 또는 성인

나이가 많은 아동(Charlop-Christy et al., 2002; Tincani et al., 2006) 및 청소년(Lund & Troha, 2008)을 위한 그림교환의사소통 체계 사용을 지지하는 연구는 매우 적은데, 그중 하나는 그림교환의사소통 체계 프로토콜을 상당히 많이 변형해서 사용하였다(Ganz, Sigafoos, et al., 2008). 비록 이 영역에서의 연구는 미흡하지만, 그림교환의사소통 체계에 의해 확장된 사회적 타당도는 명백하다. 효과적인 의사소통 기술의 부족은 행동 문제로 이어지는 경우가 많으며, 결과적으로 자폐 성인이 독립적인 또는 반독립적인 삶의 방식이나 고용을 획득하기 어렵게 한다는 것은 잘 알려져 있다(Koegel et al., 1999; Prizant et al., 2000). 따라서 그림교환의사소통 체계가 문제행동을 효과적으로 줄이고 기능적 의사소통을 증가시킨다면 그 사용은 사회적으로 정당화될 것이다.

한규는 16세 자폐 소년이다. 한규는 공립학교의 중등도 장애와 자폐를 지닌 학생을 위한 특수학급에 다닌다. 한규의 문제행동은 소리 지르기, 자해행동(예: 머리 부딪치기, 팔 물기), 타인에 대한 공격행동(예: 머리로 받기, 때리기)을 포함한 탠트럼이다. 학교의 행동전문가는 기능분석을 실행하여 이러한 행동의 기능이 대체로 원하는 음식이나 레크리에이션 도구를 얻기 위한 것이라는 것을 발견하였다. 한규는 말을 하지는 않지만 발성은 할 수 있다. 가리키기, 몇 개의 수어와 유사한 행동(주스, 쿠키) 사용하기, 의사소통 파트너를 원하는 물건으로 끌고 가기를 통하여 요구할 수 있다.

한규의 개별화교육계획 팀이 전환계획을 수립하기 시작할 때 한규의 부모는 한규가 가능한 한 독립적으로 또는 가능하다면 그룹 홈에서 살기를 원했기 때문에 앞으로의 생활환경에 대한 특별한 관심을 보였다. 학교에서 고용한 외부 상담가는 한규의 문제행동 개선과 효과적인 의사소통 능력의 향상을 강조하였다. 상담가는 한규가 우선적으로 그림교환의사소통 체계 사용을 학습하도록 추천하였고, 일단 습득한 후에는 팀이 음성출력 의사소통 보조기기를 고려하도록 권했다.

한규는 가만히 앉아 무릎에 손을 얹고 기다리면 보상으로 음식을 받는 순응훈련을 해왔다. 따라서 한규는 일반적으로 어린 아동이 원하는 물건을 얻기 위해 손을 뻗는 것과 같은 행동을 하지 않았다. 그림교환의사소통 체계 I단계에서 한규의 의사소통 파트너는 보다 미묘한 행동을 요구로 해석할 수 있어야 했고, 한규가 물건을 보면서 의사소통 파트너 쪽으로 몸을 약간 기울일 때 신체적 촉진자에게 신호를 주기 시작하였다. 이전에 받은 훈련에서 허락 없이 의자를 떠나는 행동은 제재되었기 때문에 II단계 훈련에서는 그림교환의사소통 체계 그림을 찾아오려고 의자에서 일어나는 행동을 위한 형성법 단계를 추가하였다. 그러나 일단 II단계 기준을 통과하자 한규는 다음 단계로의 진전이 가능했다. 이러한 진전에 차질이 없었던 것은 아니었다. 타인에게 자신의 요구를 의사소통하도록 그림교환의사소통 체계 프로그램의 사용을 강요했을 때 한규는 한 차례 이상 좌절한 경험이 있었다. 그러나 교사는 한규가 의사소통 바인더에 접근했을 때 문제행동의 빈도가 줄어든다는 것을 알게 되었다. 간단히 말해서, 그림교환의사소통 체계는 한규의 의사소통 능력을 발전시키기 위한 실용적인 도구였다.

9. 앞으로의 방향

그림교환의사소통 체계 관련 향후 연구에 관해서 몇 가지 권장사항이 제시된다. 그림교환의사소통 체계 사용의 일반화는 반드시 연구되어야 하는데, 특히 지금까지 대부분의 조사가 이루어진 학교나 임상적 환경이 아닌 다른 환경에서의 일반화가 연구되어야 한다. 또한, 학생이 의사소통 방해를 경험하는 환경에서의 일반화는 특별한 관심을 받아야 한다(Ganz, Sigafoos, et al., 2008). 이러한 방해로는 보조가 필요한 보완대체 의사소통 체계를 사용할 정도의 진전을 보이는 학생이 의사소통 장치가 손에 닿지 않거나 오작동하는 상황에 직면하는 경우, 또는 학생이 원하는 물건과 이용할 수 있는 그림이 서로 관계가 없는 상황에 직면하는 경우 등을 예로 들 수 있다.

또한, 어떤 자폐인이 그림교환의사소통 체계 교육을 통해 가장 큰 혜택을 받을 수 있는지를 변별하도록 돕는 연구가 필요하다(Ganz, Simpson, et al., 2008). 여기에는 그림교환의사소통 체계 사용으로 상당한 혜택을 보게 될 사람과 적극적인 의사소통 시작을 위해 그림교환의사소통 체계를 필요로 하는 사람 모두가 포함된다. 그림교환의사소통 체계는 특히 초기에 시간이 많이 드는 중재기 때문에 집중적인 개별화 중재가 필요한 학생에게만 사용하도록 권장된다. 더욱이 모든 학생이 그림교환의사소통 체계를 쉽게 배우는 건 아니기 때문에 향후 연구는 그러한 학생에게 유익할 수 있도록 그림교환의사소통 체계를 수정하는 방법에 대해서도 관심을 기울여야 할 것이다.

앞으로의 연구는 또한 그림교환의사소통 체계의 구성요소에 관해서도 이루어져야 한다. 비록 전체 구성 패키지가 자폐 범주성 장애를 지닌 특정인에게 효과가 있는 것으로 입증되었지만, 몇몇 구성요소나 단계만이 성공적인 사용의 열쇠일 수 있다. 그러한 핵심 구성요소를 확인할 수 있다면 방법의 복잡성을 줄이고 보다 효과적이고 효율적인 중재가 가능해질 것이다.

마지막으로 청소년이나 성인 관련 그림교환의사소통 체계 연구가 부족하다. 자폐 또는 심각한 언어 지체나 손상을 지닌 청소년과 성인에 대한 그림교환의사소통 체계의 사용은 분명히 잠재력이 있는 것으로 보인다. 그러나 추가적인 연구 없이 나이가 더 많은 대상자에 대한 이와 같은 잠재력을 효과적이고 효율적으로 실현하는 것은 불가능하다.

권장 도서

Bondy, A., & Frost, L. (1998). The Picture Exchange Communication System. *Seminar in Speech and Language, 19*, 373-389.

이 개관 논문은 이론적 배경과 응용행동분석의 근거를 포함하는 그림교환의사소통 체계의 주요 요소에 대해 논의한다. 또한 그림교환의사소통 체계의 가이드라인을 제시하고 그림교환의사소통 체계의 알려진 장점을 다른 보완대체 의사소통 체계와 비교해서 논의한다.

Charlop-Christy, M.H., Carpenter, M., Le, L., LeBlanc, L., & Kellet, K. (2002). Using the Picture Exchange Communication System (PECS) with children with autism: Assessment of PECS acquisition, speech, social-communicative behavior, and problem behaviors. *Journal of Applied Behavior Analysis, 35*, 213-231.

이 논문은 통제 연구 방법론의 사용을 통해 그림교환의사소통 체계의 임상적인 효과를 조사한 최초의 시도 중 하나다. 세 명의 자폐 아동을 대상으로 중다기초선 설계를 사용하였으며, 모든 참여자가 그림교환의사소통 체계 습득 기준을 충족시키고 동시에 구어를 증진시켰다.

Frost, L., & Bondy, A. (2002). *The Picture Exchange Communication System training manual* (2nd ed.). Cherry Hill, NJ: Pyramid Educational Consultants.

이 매뉴얼은 그림교환의사소통 체계의 기본 프로그램과 교육 단계를 설명한다. 그림교환의사소통 체계 사용의 기타 기본적인 요소들도 이 매뉴얼에 포함되어 있다.

Ganz, J., & Simpson, R. (2004). Effects on communicative requesting and speech development of Picture Exchange Communication System in children with characteristics of autism. *Journal of Autism and Developmental Disabilities, 34*, 395-409.

이 연구는 자폐 범주성 장애 및 관련 발달지체를 지닌 세 명의 유아를 대상으로 그림교환의사소통 체계가 표현언어에 미치는 영향을 조사하는 데 초점을 둔다. 연구자는 참여자가 그림교환의사소통 체계 프로토콜을 습득하였을 뿐만 아니라 어휘 산출과 문법적 복합성에서도 진전을 보인 것으로 보고하였다.

Mirenda, P., & Iacono, T. (Eds.) (2009). *Autism spectrum disorders and AAC*. Baltimore, MD: Paul H. Brookes Publishing Co.

이 책은 자폐 범주성 장애인이 사용하는 **보조가 필요한 보완대체 의사소통 체계**(aided AAC systems)와 **보조가 필요하지 않은 보완대체 의사소통 체계**(unaided AAC systems)를 포함하는 다양한 보완대체 의사소통 체계의 개관을 제시한다. 다양한 시스템에 대해 요약하고 자폐 범주성 장애인의 보완대체 의사소통 사용을 지지하는 연구를 기술하였다.

학습 활동

- 본 장에 서술된 그림교환의사소통 체계 절차에 따라서 그림교환의사소통 체계 훈련 회기에 대한 역할극을 한다. 역할극 활동은 다양한 연령 및 기능 수준의 자폐 아동이나 청소년을 대상으로 그림교환의사소통 체계 I단계에서 IV단계에 걸쳐 실행한다. 모의실행을 진행할 때 한 명은 자폐 아동이나 청소년 역할을 한다. 교사 또는 그림교환의사소통 체계 프로그램 실행자 역할을 맡은 사람은 본 장에서 설명한 대로 그림교환의사소통 체계를 실행한다. 그림교환의사소통 체계 절차를 실행하기 위해 두 명의 훈련자가 필요한 I단계와 II단계에서는 다른 사람이 교사 역할을 하는 사람을 돕는 역할을 한다. 활동과 관련된 또 다른 사람은 평가자 역할을 한다. 훈련이 끝난 후에 팀의 각 구성원은 역할을 바꿔서 주교사/치료사 및 지원 실행자로 참여해볼 기회를 갖는다.

- 앞에서 설명한 역할놀이 활동이 끝난 뒤에 팀 구성원은 보급을 위한 역할극을 한다. 이 활동에서는 교사/치료사 그리고 부모의 역할을 맡게 된다. 교사/치료사 역할을 하는 사람은 부모의 역할을 하는 사람에게 그림교환의사소통 체계 프로그램을 설명한다.

참고문헌

Alberto, P., & Troutman, A. (2006). *Applied behavior analysis for teachers* (7th ed.). Upper Saddle River, NJ: Merrill/Prentice Hall.

American Psychiatric Association. (2000). *Diagnostic and statistical manual of mental disorders* (4th ed., text revision). Washington, DC: Author.

Angermeier, K., Schlosser, R. W., Luiselli, J. K., Harrington, C., & Carter, B. (2008). Effects of iconicity on requesting with the Picture Exchange Communication System in children with autism spectrum disorder. *Research in Autism Spectrum Disorders, 2,* 430-446.

Baer, D., Wolf, M., & Risley, T. (1968). Some current dimensions of applied behavior analysis. *Journal of Applied Behavior Analysis, 1,* 91-97.

Beck, A. R., Stoner, J. B., Bock, S. J., & Parton, T. (2008). Comparison of PECS and the use of a VOCA: A replication. *Education and Training in Developmental Disabilities, 43,* 198-216.

Bondy, A., & Frost, L. (1994). The Picture Exchange Communication System. *Focus on Autistic Behavior, 9,* 1-19.

Bondy, A., & Frost, L. (2001). The Picture Exchange Communication System. *Behavior Modification, 25*(5), 725-744.

Brigance, A. (2004). *Brigance Diagnostic Inventory of Early Development-II.* North Billerica, MA: Curriculum Associates.

Carr, D., & Felce, J. (2007a). Brief report: The effects of PECS teaching to phase III on the communicative interactions between children with autism and their teachers. *Journal of Autism and Developmental Disorders, 37,* 724-737.

Carr, D., & Felce, J. (2007b). Brief report: Increase in production of spoken words in some children with autism after PECS teaching to phase III. *Journal of Autism and Developmental Disorders, 37,* 780-787.

Carr, E., & Durand, V. (1986). The social-communicative basis of severe behavior problems in children. In S. Reiss & R. Bootzin (Eds.), *Theoretical issues in behavior therapy* (pp. 219-254). New York, NY: Academic Press.

Charlop-Christy, M. H., Carpenter, M., Le, L., LeBlanc, L. A., & Kellet, K. (2002). Using the Picture Exchange Communication System (PECS) with children with autism: Assessment of PECS acquisition, speech, social-communicative behavior, and problem behavior. *Journal of Applied Behavior Analysis, 35,* 213-231.

Copper, J., Heron, T., & Heward, W. (2007). *Applied behavior analysis.* Upper Saddle River, NJ: Pearson and Merrill/Prentice Hall.

Donovan, S. M., & Cross, C. T. (Eds.) (2002). *Minority students in special and gifted education.* Washington, DC: National Academy Press.

Earles-Vollrath, T., Cook, K., & Ganz, J. (2006). *How to develop and implement visual supports.* Austin, TX: PRO-ED.

Fey, M. (1986). *Language intervention with young children.* Austin, TX: PRO-ED.

Frea, W. D., Arnold, C. L., Vittimberga, G. L., & Koegel, R. L. (2001). A demonstration of the effects of augmentative communication on the extreme aggressive behavior of a child with autism within an integrated preschool setting. *Journal of Positive Behavior Interventions, 3,* 194-198.

Frost, L., & Bondy, A. (1994). *The Picture Exchange Communication System training manual.* Cherry Hill, NJ: Pyramid Educational Consultants.

Frost, L., & Bondy, A. (2002). *The Picture Exchange Communication System training manual* (2nd ed.). Cherry Hill, NJ: Pyramid Educational Consultants.

Ganz, J. B. (2007). Classroom structuring methods and strategies for children and youth with autism spectrum disorders. *Exceptionality, 15*(4), 249-260.

Ganz, J. B., Davis, J., Lund, E., Goodwyn, F., & Simpson, R. L. (2012). Meta-analysis of PECS with individuals with ASD: Investigation of targeted versus non-targeted outcomes, participant characteristics, and implementation phase. *Research in Developmental Disabilities, 33,* 406-418.

Ganz, J. B., Sigafoos, J., Simpson, R. L., & Cook, K. E. (2008). Generalization of a pictorial alternative communication system across trainers and distance. *Augmentative and Alternative Communication, 24*(2), 89-99.

Ganz, J. B., & Simpson, R. L. (2004). Effects on communicative requesting and speech development of the Picture Exchange Communication System in children with characteristics of autism. *Journal of Autism and Developmental Disorders, 34,* 395-408.

Ganz, J. B., Simpson, R. L., & Corbin-Newsome, J. (2008). The impact of the Picture Exchange Communication System on requesting and speech development in preschoolers with autism spectrum disorders and similar characteristics. *Research in Autism Spectrum Disorders, 2,* 157-169.

Hart, B., & Risley, T. R. (1982). *How to use incidental teaching for elaborating language.* Lawrence, KS: H & H Enterprises.

Heflin, J., & Alaimo, D. (2007). *Students with autism spectrum disorders: Effective instructional practices.* Upper Saddle River, NJ: Pearson and Merrill/Prentice Hall.

Hodgdon, L. (1995). Solving social-behavioral problems through the use of visually supported communication. In K. Quill (Ed.), *Teaching children with autism: Strategies to enhance communication and socialization* (pp. 265-286). New York, NY: Delmar.

Hresko, W., Reid, D., & Hammill, D. (1999). *Test of Early Language Development.* Austin, TX: PRO-ED.

Koegel, L., Koegel, R., Shoshan, Y., & McNerney, E. (1999). Pivotal response intervention II: Preliminary long-term outcome data. *Journal of the Association for Persons with Severe Handicaps, 24,* 186-198.

Kravits, T. R., Kamps, D. M., Kemmerer, K., & Potucek, J. (2002). Brief report: Increasing communication skills for an elementary-aged student with autism using the Picture Exchange Communication System. *Journal of Autism and Developmental Disorders, 32,* 225-230.

Lord, C., & Paul, R. (1997). Language and communication in autism. In D. Cohen & F. Volkmar (Eds.), *Handbook of autism and pervasive developmental disorders* (pp. 195-225). New York, NY: Wiley.

Lund, S. K., & Troha, J. M. (2008). Teaching young people who are blind and have autism to make requests using a variation on the Picture Exchange Communication System with tactile symbols: A preliminary investigation. *Journal of Autism and Developmental Disorders, 38,* 719-730.

Magiati, I., & Howlin, P. (2003). A pilot evaluation study of the Picture Exchange Communication System (PECS) for children with autistic spectrum disorders. *Autism, 7,* 297-320.

Marckel, J. M., Neef, N. A., & Ferrari, S. J. (2006). A preliminary analysis of teaching improvisation with the Picture Exchange Communication System with children with autism. *Journal of Applied Behavior Analysis, 39,* 109-115.

Mirenda, P. (2001). Autism, augmentative communication and assistive technology: What do we really know? *Focus on Autism and Other Developmental Disabilities, 16*(3), 141-151.

Mueller, T. G., Singer, G. H. S., & Carranza, F. D. (2006). A national survey of the educational planning and language instruction practices for students with moderate to severe disabilities who are English language learners. *Research and Practice for Persons with Severe Disabilities, 31,* 242-254.

National Research Council (NRC), Committee on Educational Interventions for Children with Autism. (2001). *Educating children with autism.* Washington, DC: National Academy Press.

Ogletree, B. (2008). The communicative context of autism. In R. Simpson & B. Myles (Eds.), *Educating children and youth with autism* (pp. 223-265). Austin, TX: PRO-ED.

Ogletree, B., & Burns-Daniels, D. (1993). Communication-based assessment and intervention for prelinguistic infants and toddlers: Strategies and issues. *Infants and Young Children,* 5(3), 22-30.

Ogletree, B., Fischer, M., & Turowski, M. (1996). Assessment targets and protocols for nonsymbolic communicators with profound disabilities. *Focus on Autism and Other Developmental Disabilities, 11*(1), 53-58.

Ogletree, B. Oren, T., & Fischer, M. (2007). Examining effective intervention practices for communication impairment in autism spectrum disorder. *Exceptionality, 15*(4), 233-247.

Partington, J., & Sundberg, M. (1998). *The assessment of basic language and learning skills: An assessment, curriculum guide, and skills: An assessment, curriculum guide, and skills tracking system for children with autism and other developmental disabilities*. Pleasant Hill, CA: Behavior Analysts.

Prizant, B. M., Wetherby, A. M., & Rydell, P. J. (2000). Communication intervention issues for young children with autism spectrum disorders. In A. Wetherby & B. Prizant (Eds.), *Autism spectrum disorders; A transactional developmental perspective* (pp. 193-224). Baltimore, MD: Paul H. Brookes Publishing Co.

Pyramid Educational Consultants. (2012a). Certification for Individuals section. Retrieved February 15, 2012, from http://www.pecsusa.com/individuals.php

Pyramid Educational Consultants. (2012b). What types of children and adults are appropriate candidates for PECS? (Frequently Asked Questions, section Implementing PECS). Retrieved February 15, 2012, from http://pecs.org.uk/general/faq.htm

Quill, K., Bracken, K., & Fair, M. (2000). Assessment of social and communication skills. In K. Quill (Ed.), *Do-watch-listen-say: Social and communication intervention for children with autism* (pp. 54-74). Baltimore, MD: Paul H. Brookes Publishing Co.

Robey, R. R., & Schultz, M. C. (1998). A model for conducting clinical outcome research: An adaptation of the standard protocol for use in aphasiology. *Aphasiology, 12*, 787-810.

Scheurmann, B., & Webber, J. (2002). *Autism: Teaching does make a difference*. Belmont, CA: Wadsworth.

Schopler, E., Mesibov, G., & Hearsey, K. (1995). Structural teaching in the TEACCH system. In E. Schopler & G. Mesibov (Eds.), *Learning and cognition in autism* (pp. 243-267). New York, NY: Plenum.

Schopler, E., Reichler, R. J., & Renner, B. R. (1988). *The Childhood Autism Rating Scale (CARS)*. Los Angeles, CA: Western Psychological Services.

Sigafoos, J., Drasgow, E., & Schlosser, R. (2003). Strategies for beginning communicators. In R. Schlosser (Ed.), *The efficacy of augmentative and alternative communication* (pp. 324-341). New York, NY: Academic Press.

Simpson, R., deBoer-Ott, S., Griswold, D., Myles, B., Byrd, S. E., Ganz, J. B., ... Adams, L. G. (2005). *Autism spectrum disorders: Interventions and treatments for children and youth*. Thousand Oaks, CA: Corwin Press.

Skinner, B. F. (1953). *Science and human behavior*. New York, NY: Macmillan.

Skinner, B. F. (1957). *Verbal behavior*. Englewood Cliffs, NJ: Prentice Hall.

Tincani, M. (2004). Comparing the Picture Exchange Communication System and sign language training for children with autism. *Focus on Autism and Other Developmental Disabilities, 19*, 152-163.

Tincani, M., Crozier, S., & Alazetta, L. (2006). The Picture Exchange Communication System: Effects on manding and speech developmental for school-aged children with autism. *Education and Training in Developmental Disabilities, 41,* 177-184.

Van Bourgondien, M., Reichle, N., & Schopler, E. (2003). Effects of a model treatment approach on adults with autism. *Journal of Autism and Developmental Disorders, 33,* 131-140.

Watson, J. B. (1930). *Behaviorism.* New York, NY: Norton.

Wetherby, A. M., & Prizant, B. M. (1989). The expression of communicative intent: Assessment guidelines. *Seminars in Speech and Language, 10,* 77-91.

Wetherby, A., & Prizant, B. (2005). Enhancing language and communication development in autism spectrum disorders: Assessment and intervention guidelines. In D. Zager (Ed.), *Autism spectrum disorders: Identification, education, and treatment* (pp. 327-365). Mahwah, NJ: Lawrence Erlbaum.

Yoder, P., & Stone, W. L. (2006a). A randomized comparison of the effect of two prelinguistic communication interventions on the acquisition of spoken communication in preschoolers with ASD. *Journal of Speech, Language, and Hearing, 49,* 698-711.

Yoder, P., & Stone, W. L. (2006b). Randomized comparison of two communication interventions for preschoolers with autism spectrum disorders. *Journal of Consulting and Clinical Psychology, 74,* 426-235.

12
중심축 반응 중재

Yvonne Bruinsma & Erin K. McNerney

중심축 반응 중재(Pivotal Response Treatment: PRT)는 자폐의 핵심 결함을 다루기 위해 응용행동분석 기법과 발달주의 관점을 사용하는 실증적으로 타당함이 입증된 놀이 기반의 중재 접근법이다. 중심축 반응 중재는 포괄적인 서비스 전달 모델로 아동의 삶에 주요하게 관련된 사람 모두를 가르쳐서 전체 중재 시간을 증가시키는 데 초점을 둔다. 이상적으로는 깨어 있는 모든 시간이 교수 순간이다. 교수가 자연적인 환경에서 일과 중에 제공되기 때문에 중심축 반응 중재는 본질적으로 일반화를 목표로 한다. 가족 참여는 필수적이고 부모는 주요 중재자다.

1. 대상자와 중재 관련성 및 목표 결정을 위한 진단

중심축 반응 중재는 원래 자폐 아동에게 언어를 가르치기 위해 개발되었다(R. L. Koegel & Koegel, 2006). 그러나 시간이 지나면서 중심축 반응 중재가 자폐 아동에게 다양한 기술을 가르치는 데 유용하다는 것을 알게 되었다. 중심축 반응 중재의 효과에 관한 연구는 자폐 청소년이나 성인뿐만 아니라 아스퍼거 증후군이나 달리 분류되지 않는 전반적 발달장애 또는 언어나 인지적 지체 등의 다른 자폐 범주성 장애를 지닌 개인에게도 적용되었다(Dyer, Dunlap, & Winterling, 1990; L. K. Koegel & Koegel, 1986). 중심축 반응 중재에 기반을 둔 전략은 첫 단어(R. L. Koegel, O'Dell, & Koegel, 1987)나 기본 사회성 기술(Stahmer, 1995)을 가르치기 위해 사용될 수 있고, 발화 능력이 뛰어난 개인이 더 세련된 언어 및 사회성 기술(Boettcher, 2004)을 발달시키도록 돕기 위해 사용될 수 있다. 특정 집단이나 개인에게 중심축 반응 중재가 적용 가능한지를 결정해주는 표준화된 검사는 없다. 그러나 발달, 적응행동, 그리고 언어 평가를 사용해서 개인의 기술 수준을 가늠하고 프로그램 목표를 개발하는 데 도움을 주고 진보를 점검할 수 있다.

비록 중심축 반응 중재가 어떤 사람에게 유익할 것인지를 알려주는 검사는 없지만 Sherer와 Schreibman(2005)은 중심축 반응 중재에 주목할 만한 반응을 보이지 않는 아동에 비해 긍정적으로 반응하는 아동의 두 가지 특징적 행동 프로파일을 발견하였다. 중심축 반응 중재에 잘 반응하는 아동은 중재 시작부터 놀잇감에 대해 중간에서 높은 수준의 흥미를 보이고, 다른 사람이 가까이 있는 것을 견딜 수 있고, 낮거나 중간 정도의 비구어 상동행동을 보이며, 중간에서 높은 정도의 구어 자기자극 행동을 보이는 아동이었다. 중재가 끝난 후 이들의 언어 평가 점수는 상승하였고, 구조화된 사회적 상황에서의 적절한 놀잇감 놀이 기술과 언어 또한 증가하였다. 중심축 반응 중재에 반응을 보이지 않은 아동에서 이러한 결과는 나타나지 않았다. 그러나 연구에 의하면 대부분의 참여자는 이 두 극단의 사이에 위치하는 것으로 나타난다. 이 분야의 연구는 이제 시작되었으며 중재 적격성을 결정하기 위한 특정 검사나 개인이 중심축 반응 중재에 어떻게 반응할지 예측할 수 있는 행동 특성을 알려주기에는 아직 연구 자료가 불충분하다.

2. 이론적 배경

중심축 영역(pivotal areas, 문헌에서 중심축 반응 또는 중심축 행동이라고도 불림)은 그 영역을 목표로 삼을 때 다른 영역, 때로는 목표로 하지 않은 영역의 기능성과 반응성에까지 광범위한 부수적 변화를 가져오는 영역을 말한다. 중심축 반응은 한번 습득하면 자폐 아동의 광범위하고 일반화된 향상을 가져오게 된다(R. L. Koegel & Koegel, 2006).

중심축 반응 중재의 주요 목표는 다양한 영역의 기능성을 목표로 하고 개인이 통합 환경에서 살고 기능할 수 있는 기회를 제공함으로써 개인을 전형적인 발달궤도로 이동시키고자 하는 것이다. 이 방법은 아동의 동기 유발에 초점을 둔다. 동기 유발은 아동의 선택이나 차례 주고받기나 직접적이고 자연적인 강화물을 사용함으로써, 시도를 강화함으로써, 그리고 교수회기 내에 유지를 위한 과제를 분산시킴으로써 이루어진다. 이 전략들은 활동이나 환경이나 사람에 걸쳐 기술을 일반화하는 데 특별히 중요하다. 중심축 반응 중재를 아동의 자연스러운 환경 내 일과에 통합시킬 뿐만 아니라 교수회기를 만들어 냄으로써 중심축 반응 중재는 단순히 아동이 기술을 개발할 수 있게 되기를 바라면서 상황에 노출시키기만 하는 것이 아니라 아동이 목표행동을 연습할 수 있는 기회를 만들어 낸다. 이 중재는 아동이 교수 기회를 동기 유발 및 성공적인 학습을 담보하는 방향으로 구조화하는 데 도움을 주기 위해 성인과 또래 모두에 의지하게 한다. 중심축 반응 중재의 사용에 이론적 배경이 되는 네 가지 측면은 (1) 중재 설계 및 전달에 있어서의 가족 참여, (2) 자연적 환경에서의 중재, (3) 주요 중심축 목표행동의 중재, (4) 가정 및 학교 환경에서의 중재 수행이다.

1) 가족 참여

여러 해 동안의 연구에 의하면 부모교육은 장애 아동을 위한 효과적인 행동 중재의 필수 요소인 것으로 알려져 왔다(Baker et al., 2004). 이르게는 1971년에 Schopler와 Reichler가 부모를 발달적 치료 프로그램의 "공동 중재자"로 사용하였고, 아동이 치료사보다 부모와 함께 한 프로그램에서 더 나은 발달적 기술을 보였다는 것을 발견하였다. 또한, 부모가 치료사가 사용하는 것과 같은 전략을 배웠기 때문에 중재가 치료 환경에만 국한되지 않고 가정까지 지속될 수 있었다. 부모는 행동 절차를 실행하기만 하는 것이 아니라 중심축 반응 중재의 설계와 전달 모두에 공헌함으로써 자신들이 변화의 주체라고 생각하게 된다. 중재가 자연적 맥락과 가족 일과 내에서 이루어지기 때문에 부모는 어떤 일과와 어떤 기술이 목표가 될지 결정하는 데 있어서 큰 역할을 한다.

중심축 반응 중재에서 부모 참여와 자연적 일과를 강조하는 것은 발달이 아동 행동, 양육자 반응, 그리고 아동과 양육자 모두의 행동에 영향을 미치는 환경맥락 간의 상호작용에 의해 이루어진다(McLean, 1990; Sameroff, 1986; Snyder-McLean & McLean, 1978)는 발달의 교류적 모델(Sameroff, 1975)과 관련이 있다. 중심축 반응 중재에서 부모는 아동이 환경에 반응하고 상호작용하도록 동기를 유발시키는 전략을 사용함으로써 아동의 결함을 다루고, 이것은 다시 부모의 반응에 영향을 미친다. 이와 같은 방식으로 부모와 양육자는 아동의 발달에 결정적인 역할을 하게 된다.

2) 자연적 환경에서의 중재

자폐 아동은 학습된 기술을 유지하고 일반화하는 데 큰 어려움을 느낀다. 임상환경에서의 중재가 갖는 큰 단점은 아동이 습득한 기술이 다른 환경으로 유지되지 않고 다른 사람이나 장소나 활동으로 일반화되지도 않는다는 것이다. 중심축 반응 중재와 같은 자연적 언어 접근법의 주요 특성은 일반화와 유지가 중재에 원래부터 편입되어 있다는 점이다. 따라서 중심축 반응 중재는 가정, 학교 그리고 기타 지역사회 환경 등 아동이 매일 상호작용하는 환경에서 실행된다. 예를 들어, McGee, Krantz, Mason, McClannahan(1983)의 연구에서는 점심식사 준비 활동 중에 적용된 우발교수가 수용적 명명하기 기술을 증가시켰으며 이 기술은 훈련하지 않은 상황으로 일반화되었다.

3) 주요 중심축 행동

동기, 복수 단서(multiple cues)에 대한 반응성, 시작행동(self-initiations) 및 자기관리(self-management)를 포함하는 네 가지 중심축 행동이 많은 연구의 초점이 되었다. 각 행동에 대한 설명은 다음과 같다.

(1) 동기

연구에 따르면 자폐 아동은 종종 주변 사람의 의사소통적인 노력을 이해하지 못하고 반응과 강화의 후속적인 관계를 이해하는 데 어려움을 겪는다(R. L. Koegel & Egel, 1979; R. L. Koegel, O'Dell, & Dunlap, 1988). 이러한 어려움이 자폐 아동의 낮은 반응 수준을 초래하고 학습된 무기력의 형태로 여겨지기도 한다. 중심축 반응 중재의 초기 목표는 아동이 반응-강화 후속성(R. L. Koegel, Openden, Matos Fredeen, & Koegel, 2006)에 노출되게 하는 동기유발 전략(motivational strategies)을 사용해 학습된 무기력을 제거함으로써 기술 발달을 촉진하는 것이다. 만일 아동이 주변의 사회적 단서를 이해하고 해석하지 못한다면, 다른 사람과 상호작용하고 의사소통하려는 동기를 잃게 되고 교수회기 중에 배운 정보를 익히고 유지하지 못하게 될 가능성이 높다. 간단히 말하면, 아동의 동기가 높을수록 교수 활동에 참여하고 주변 사람과 관계를 맺을 가능성이 높아진다는 이론적 전제를 기초로 동기가 중심축 반응 중재의 주요 목표가 된다.

(2) 복수 단서에 대한 반응성

자폐 아동과 일반 또래는 복수 단서와 구성요소를 갖는 복잡한 환경적 자극을 인지하고 반응하는 방식에서 차이를 보인다(Rosenblatt, Bloom, & Koegel, 1995). 자폐 아동은 단서가 무관할 때조차, 자극 중 오직 하나의 단서(또는 부분의 자극)에만 관심을 보이는 *과다선택(overselectivity)*을 보인다. 예를 들어, 다른 사람이 말을 할 때 그 사람의 안경이나 손동작에 집중하게 되고 따라서 그런 단서가 없을 때는 그 사람을 인식하지 못할 수도 있다(Lovaas, Koegel, & Schreibman, 1979). 더욱이, 시각적인 정보와 구어 정보가 동시에 제시될 때에는 어떤 것이 더 적절한지는 상관없이 구어 정보보다 시각적인 정보에(또는 그 반대로) 집중하기도 한다. 과다선택은 사회적 행동 발달, 언어 습득, 새로운 행동 학습, 일반화 그리고 안전에 영향을 줄 수 있다(L. K. Koegel & Koegel, 1995).

(3) 시작행동

시작행동은 아동이 말하거나 행동하도록 지시 받지 않은 상황에서 먼저 다른 사람에게 보이는 구어 또는 비구어 행동으로 정의된다(R. L. Koegel & Koegel, 2006). 시작행동에는 독립적인 요구, 질문하기를 통한 시작행동, 놀이를 위한 시작행동, 사회적 대화를 위한 시작행동, 그리고 공동관심을 위한 시작행동 등의 다양한 행동이 있다. 모든 시작행동의 기반은 의사소통 상대의 발판교수 없이도 독립적으로 사회적 의사소통 목표를 달성하는 것이다(Matos Fredeen & Koegel, 2006). 일반 아동은 다양한 맥락에서 시작행동을 보이지만 자폐 아동은 사회적 상호작용을 시작하고 유지할 만큼의 시작행동을 보이지 않는 경우가 많다. 자폐 아동이 사회적 상호작용을 시작하도록 가르치는 전략은 언어, 사회성 기술, 그리고 화용론적 기술을 습득하도록 촉진한다(R. L. Koegel, Koegel, & McNerney, 2001). 시작행동을 할 수 있다는 것은 독립성 증진, 상호작용에 대한 조절력 증진, 그리고 상호작용 빈도 증진과 같은 혜택을 가져다준다.

(4) 자기관리

자기관리, 즉 스스로의 행동을 독립적으로 점검하고 바람직한 행동이나 목표행동을 사용해서 반응하는 것은 반응하고자 하는 개인의 동기에 직접적으로 관련된다. 왜냐하면 환경에서 요구하는 형태로 반응하는 데 계속적으로 실패하게 되면 개인이 다른 사람에게 과도하게 의존하게 될 수 있기 때문이다. 이러한 상황은 아동의 다른 사람에 대한 의존이 자신의 행동(반응)과 환경적인 후속결과(강화)가 관련이 없음을 가르치고 강화하면서 악순환을 초래할 수 있다(L. K. Koegel & Koegel, 1995). 자기관리는 환경에 대한 아동의 반응성과 반응으로 인한 자연적 강화를 얻을 확률을 함께 높여준다. 자기관리는 중재자가 없는 상황에서도 오랜 기간 동안 사용될 수 있고 다양한 자연적 환경(가정, 학교, 지역사회, 직장)에서 사용될 수 있다. 아동이 스스로의 행동을 판별하고 관리하도록 배우게 되면서 다른 사람에 대한 의존이 줄어드는 동시에 스스로의 기술도 키워 나갈 수 있게 된다.

4) 가정 및 학교 환경에서의 중재 실행

자연적 환경에서의 중재는 학교와 가정 환경 사이의 자연스러운 조화를 가져오고(R. L. Koegel, Koegel, Kellegrew, & Mullen, 1996) 따라서 하나의 포괄적인 프로그램(특정 환경만을 목표로 하는 여러 개의 관련 없는 프로그램이 아니라)을 사용할 수 있게 해준다. 미간행 졸업논문에서 McNerney(2003)는 부모를 가정 환경 내에서 가르치는 것이 어떻게 잠재적으로 학교 환경과의 조화를 이루기 위해 사용될 수 있을지를 연구하였다. 연구자는 자폐 아동이 소속된 유치원 교사(한 학급에는 한 명의 자폐 아동이 있었고 다른 학급에는 두 명의 자폐 아동이 있었음) 두 명에게 짧은 훈련을 제공하였다. 부모가 구어표현을 증진시키기 위해 중심축 반응 중재를 사용하는 모습이 담긴 비디오 영상을 보여주는 것도 훈련에 포함시켰다. 이들 일반교사들은 비디오 영상을 통한 의사소통 양식이 유익한 정보를 제공하였고, 유용하였으며, 자신들의 요구에도 맞는 것이었다고 평가하였다. 교사 훈련 이후에 세 명의 자폐 아동 모두가 학교에서 더 많은 기능적 발화(일반 또래의 평균에 가까울 정도로)를 하게 되었고, 교사들은 이들에게 더 많은 발화 기회를 제공하였으며, 더 중요하게는 더 많은 중심축 반응 중재 절차를 사용하게 되었다. 앞에서도 언급하였듯이, 중심축 반응 중재를 통해 가정의 자연적 일과 내에서 다양한 기술을 가르칠 수 있다. 이 방법은 또한 숙제(R. L. Koegel, Tran, Mossman, & Koegel, 2006) 등의 목표 학업기술을 가르치는 데에도 사용될 수 있고, 자기관리는 교실 내 과제수행 행동을 증가시키는 것으로 알려져 있다(L. K. Koegel, Harrower, & Koegel, 1999). R. L. Koegel과 Tran(2006)의 연구진의 연구는 유치원, 초등학교, 중학교, 고등학교에 걸쳐 학교 환경에서 사용되는 중심축 반응 중재의 예를 제시하였다.

3. 임상적 배경

1970년대 말 이후, 중심축 반응 중재의 효과를 입증하는 많은 연구가 수행되었다. 여러 해 동안 중심축 반응 중재는 "자연적 언어 패러다임(Natural Language Paradigm: NLP)"이라고도 알려져 왔다(R. L. Koegel, Koegel, & Surratt, 1992; R. L. Koegel, O'Dell et al., 1987). 그러나 이제는 중심축 반응 중재라고 가장 잘 알려져 있다. 중심축 반응 중재 모델을 지지하는 증거는 다음과 같이 나누어진다: (1) 중심축 반응 중재의 중심축 행동에 대한 효율성 연구, (2) 중심축 반응 중재를 사용한 부모교육 효율성 연구, (3) 전반적인 효과에 관한 연구.

1) 중심축 행동 변화의 부수적 효과를 검증한 효율성 연구

앞에서 논의한 바와 같이 중심축 행동은 한번 변화되면 다른 많은 행동에 영향을 주는 행동이다. 가장 많이 사용되는 비유는 연못에 돌을 던지는 것이다. 처음에 돌이 떨어지면서 물이 첨벙거린 것은 중심축 행동의 변화지만 첨벙거림으로 인해 퍼져 가는 물결은 부수적인 효과다. 연구에 따르면 네 가지 중심축 행동이 있다: 동기, 복수 단서에 대한 반응성, 시작행동, 자기관리. 여기서는 이러한 중심축 행동의 변화를 촉진하기 위해 다양한 중재를 사용한 연구에 대해 설명함으로써 이들 행동의 "중심축"적인 성격을 증명해보고자 한다. 즉, 이들 변인에 나타난 변화가 중재하지 않은 다른 주요 변인으로 광범위한 결과를 가져온다는 것을 증명해보고자 한다.

(1) 동기

일반적으로 중심축 행동으로서의 동기는 연구에서 다음과 같이 정의된다: (1) 사회적 및 환경적 자극에 대한 아동의 반응 횟수(아동 반응성이라고 불림), (2) 반응 대기시간의 감소, (3) 상호작용 중 아동이 보이는 정서의 질(예: 흥미, 열정, 행복)(L. K. Koegel, Koegel, Harrower, & Carter, 1999; R. L. Koegel & Koegel, 2006; Koegel, Koegel, & Carter, 1999). 임상적 관점에서 보면, 사회적 게임과 동기 변인에 관한 Ward(2009)의 훌륭한 저서에서 설명된 바와 같이 아동의 동기 수준을 알게 해주는 다른 변인도 존재한다. 예를 들어, 만일 아동의 동기 수준이 높다면 중재자는 더 적은 수의 덜 개입적인 촉진을 사용해서 반응을 얻을 수 있을 것이고 외부적 강화가 덜 필요하거나 필요하지 않을 수도 있다. 또한 반응 간 시간 간격이 짧고 반응 강도가 높은 것으로도 아동의 동기 수준이 높은 것을 알 수 있다(Ward, 2009).

동기가 광범위한 부수적 효과를 유발하는 중심축 행동이라는 많은 증거는 단일대상연구에서 찾을 수 있다. Koegel과 O'Dell의 연구진(1987)은 두 명의 자폐 범주성 장애 아동 간 중다기초선 설계를 사용해서 두 가지 중재를 비교하는 중요한 연구를 수행하였다. 두 아동 모두 발화가 없었고 4세와 5세였다. 기초선 기간은 각각 2개월 그리고 19개월 동안 지속되었고 이들은 전통적 교수방법을 통해서 단어를 구어적으로 모방하도록 배웠다. 이 "아날로그" 중재는 플래시 카드, 사회적 및 음식물 강화, 반복 시도, 손으로 하는 촉진, 그리고 형성법 절차를 사용하였다. 기초선 기간 동안 참여 아동은 매우 적은 수의 모방을 하거나 모방을 전혀 하지 않았고 중재 상황 내에서나 밖에서 모방 발화의 일반화가 나타나지 않았다. 기초선이 끝난 후 동기유발 전략을 교수 상황에 적용하였다. 이것은 아동의 선택, 과제 다양화, 덜 개입적인 촉진, 시도에 대한 강화, 그리고 자연적 강화(예: 놀잇감에 접근, 칭찬)를 포함하였다. 이러한 전략은 두 아동 모두에게서 즉각적이고 유의미한 반응을 증가시켰으며, 더욱 중요한 것은 모방 발화가 다른 환경과 성인에게로 일반화되었고 한 아동에게는 넉 달 뒤까지 유지되었다는 것이다. 회고하자면, 참여 아동의 수가 적고 중재 충실도를 조사하지 않았다는 점이 이 연구의 제한점이지만, 이 연구에서 나타난 반응 속도와 반응 일반화의 유의미한 증가는 부수적 효과를 검증하는 연구 및 동기유발 전략의 효과를 검증하는 많은 연구가 시작되게 만들었다. 동기유발 전략과 관련된 부수적인 효과는 발화 명료성 증가(R. L. Koegel, Camarata, Koegel, Ben-Tall, & Smith, 1998), 탠트럼과 신체적 공격행동 등의 문제행동 감소(R. L. Koegel, Koegel et al., 1992; Oke & Schreibman, 1990), 적절한 사회적 행동과 언어 사용 증가(Stahmer, 1999), 즐거움을 나누기 위한 시선 교차시키기 행동의 증가를 포함한다(Bruinsma, 2004).

동기유발 "패키지"를 검증하는 연구뿐만 아니라 다른 중재 모델과 차별화되는 중심축 반응 중재에 병합된 동기유발 전략에 대한 많은 연구가 이루어졌다. 여기서는 그중 네 개의 전략에 대해 심도 있게 논의하고자 한다. 먼저 설명할 두 가지 전략은 유지 과제 분산시키기와 아동의 선택 포함시키기(그리고 아동의 주도 따르기)로, 이들은 교수 기회를 조성할 때 중요하며 선행사건 중심 전략이라고도 불린다(즉, 아동의 반응 이전에 실행됨). 나중에 설명할 두 개의 전략은 자연적 강화 사용하기와 시도 강화하기로 후속결과 중심 전략이다. 중재자는 아동이 반응한 후에 이들 전략을 사용한다. 온전한 동기유발 전략 패키지는 세 가지 기타 전략(아동의 주의집중, 명확한 촉진, 후속강화)도 사용하지만, 여기서는 다루지 않는다. 왜냐하면 다른 중재 모델에서 사용하는 전략과 비슷하기 때문이다. 또한, 이들 전략에 대한 풍부한 증거가 이미 응용행동분석 연구에서 많이 제시되어 있다. 중심축 반응 중재의 구성요소를 지지하는 연구에 대한 보다 자세한 정보는 L. K. Koegel, Koegel, Harrower 등의 연구(1999)에서 참조할 수 있다.

유지 과제 분산시키기 이 선행사건 전략은 *과제 변동(task variation)*이라고도 불린다. 이미 학습한 과제인 *유지 과제(maintenance tasks)*와 새로운 과제인 *습득 과제(acquisition tasks)*를 교대로 제공하는 것을 말한다. 일반적인 응용행동분석 연구에서 논의되듯이, 유지 과제를 분산시키는 것은 행동 탄성(behavioral momentum)을 형성시키는 것에 비유되며(Belfiore, Lee, Scheeler, & Klein, 2002; Kennedy, Itkonen, & Lindquist, 1995), 일반적인 순응행동을 증가시키기 위해 사용되곤 한다(Singer, Singer, & Horner, 1987). 중심축 반응 중재에서 유지 과제는 적은 노력으로 성공할 확률이 높은 회기를 지속적으로 분산 제공함으로써 아동의 동기를 높게 유지하는 데에 사용된다. 몇몇 연구에 의하면 중재자가 습득 과제를 변동시키고 동시에 유지 과제를 습득 과제 사이에 무작위로 분산시킬 때 참여 아동의 반응 빈도와 안정성이 향상되고 긍정적인 정서(열정, 행복, 더 많은 관심, 더 나은 행동)에 대한 관찰자 평정점수도 증가한 것으로 나타났다(Dunlap, 1984; Dunlap & Koegel, 1980; L. K. Koegel & Koegel, 1986).

아동의 선택을 포함시키고 아동의 주도 따르기 이 동기유발 전략은 활동, 놀잇감, 주제, 교재 등의 자극 선택과 사용에 있어서 아동이 적극적인 역할을 하게 해준다. 아동의 선택을 포함시키는 것은 여러 행동주의 문헌에 잘 설명되어 있으며 많은 프로그램에서 효과적인 것으로 보고된다(자세한 내용은 Kern et al., 1998 참조). 중심축 반응 중재 패러다임 내에서 Carter(2001)는 자폐 범주성 장애 아동 세 명을 대상으로 게임놀이에 선택을 포함시킴으로써 보다 높은 수준의 적절한 사회적 놀이와 실용적 기술뿐만 아니라 방해행동의 감소까지 가져왔음을 반전 설계를 통해 설득력 있게 보여주었다. 선택 외에도, 교수회기 중에 성인이 주도하는 활동이 아닌 아동이 좋아하는 활동을 사용하는 것은 자폐 범주성 장애 아동의 사회적 회피행동을 감소시키고 대화 상호작용의 길이를 증가시켰다(R. L. Koegel, Dyer, & Bell, 1987). 또한 아동의 선호자극이 사용될 때조차도 아동의 주도를 따르고 아동이 목표 사물에 대해 의도적인 의사소통을 하거나 그 것에 지속적인 주의를 기울이는 것이 관찰될 때에만 교수 기회를 제공하는 것이 더 유용하다(Yoder, Kaiser, Alpert, & Fischer, 1993). Siller와 Sigman(2002)도 비슷한 증거를 제시하였다. 만일 부모가 자신의 행동을 아동의 행동과 "일치(synchronize)"시킬 수 있다면(아동의 주도를 따르고 방향을 전환하지 않음) 그 아동은 1년, 10년, 심지어 16년 후에도 공동관심과 언어 능력에서 향상을 보일 가능성이 더 커진다.

아동의 선택과 아동의 주도 따르기의 중요성에도 불구하고 중심축 반응 중재를 사용하는 교수는 체계적이어야 하고 아동에 의해 완전히 통제되어서는 안 된다(L. K. Koegel, Koegel, Harrower, & Carter, 1999). 부모는 아동의 주도를 따르고, 선택을 제공하고, 아동과 통제를 공유하도록 배우는 것이지 모든 통제를 포기하거나 완전한 통제권을 갖는 것이 아니다(L. K. Koegel, Koegel, Bruinsma, Brookman, & Fredeen, 2003; R. L. Koegel et al., 1989).

자연적 강화 자연적 강화(임의적 또는 인위적 강화에 반대되는)는 아동의 반응에 직접적으로 관련된 강화를 말한다. 예를 들어, 만일 아동이 "공"이라고 말하면 공을 받게 되고(자연적 강화) 공을 가지고 놀게 될 것이다. 반대로, 임의적 강화는 반응과 관련이 없다. 예를 들어, "공"이라고 말한 것에 대해 아동은 건포도를 받고 칭찬을 받는다. R. L. Koegel과 Williams(1980) 그리고 Williams, Koegel, Egel(1981)은 임의적 강화가 사용된 회기에 비해 자연적 강화가 더 빠르고 안정적인 목표기술(수용 및 표현 의사소통과 운동 모방 과제)의 습득을 가져온다는 것을 설득력 있게 설명하였다. 중심축 반응 중재에서 자연적 강화를 사용하는 것은 아마도 다양한 연구에서 반응 일반화와 자극 일반화라는 지속적이고 긍정적인 결과를 가져올 수 있는 하나의 이유라 할 수 있다(Schreibman, Stahmer, & Suhrheinrich, 2009). 반응-강화 간의 직접적인 관계를 강력하게 만드는 것은 자연적인 환경에서 행동이 일반적인 자극 통제하에 놓이게 하는 데 중요한 역할을 하는 것으로 보인다. 즉, 아동이 자연적인 환경에서 반응하고 자연적으로 발생하는 강화를 얻게 된다면(예: 부엌에서 컵에 담긴 주스를 보고 "음료수"라고 말한 뒤 주스를 받음), 아동은 "음료수"라고 말하는 것이 음료수를 마실 수 있게 해준다는 것을 신속하게 학습할 수 있다. 이와 같은 형태의 반응-강화 간 직접적인 관계는 중재자가 아동에게 컵 그림을 보여주고 아동이 그 이름을 말하는 방식(예: 음료수, 컵)이나 아동에게 토큰이나 사탕을 주는 방식과 대조된다. 두 가지 방식 모두 아동이 집에서 음료수를 보았을 때 그것을 요구할 가능성을 높이지 못한다.

상황에 맞는 시도 강화하기 이 동기유발 전략은 발성을 점차 비슷하게 형성해가는 대신에 "상황에 맞는" 의사소통 시도를 강화하는 것을 말한다. 상황에 맞는 시도는 일반적으로 과제와 관련된 의도를 가지고 과제나 의사소통 상대자를 향해서 보여주는 시도로 정의된다(R. L. Koegel et al., 1988; R. L. Koegel et al., 1989). R. L. Koegel과 그 연구진(1988)은 시도 강화하기가 네 명의 중도 의사소통 지체를 보이는 아동 모두에게 발성 동작 형성법을 사용하는 것보다 상당히 큰 효과를 가져다준 것으로 보고하였다. 더욱이 이들은 시도를 강화해주었을 때 더 행복해하는 것으로 평가되었고 더 적절한 행동을 보였다. 세 명의 아동에 대한 4년 후의 추적 연구에서 시도를 강화해주었던 두 명의 아동이 계속해서 진보를 보였고 한 단어에서 네 단어 문장을 말할 수 있었다. 동작 형성법을 사용했던 세 번째 아동은 계속해서 발화가 없었다.

(2) 복수 단서에 대한 반응성

자폐 범주성 장애 아동에게 복수 단서를 사용하는 것은 보다 구체적으로 말해서 조건적 식별을 가르치는 것으로, 근본적으로는 자극과다선택(stimulus overselectivity)을 표적으로 한다(Lovaas, Schreibman, Koegel, & Rehm, 1971; Rosenblatt et al., 1995; Schreibman, 1997). 과다선택이란 자폐 범주성 장애 아동이 사물의 모든 특징에 주의를 기울이는 데 어려움을 겪고 한정된 단서에 기반을 둔 부정확한 반응을 보이게 되는 것을 말한다. 예를 들어, 어떤 아동은 시각적 자극을 선호하는 반면에(예: "그만"을 나타내는 색칠된 카드 제시하기) 다른 아동은 청각적 자극을 선호할 수 있다(예: 시간이 다 되었음을 알려주는 경고음이나 알람 소리).

몇몇 연구에서 아동이 환경 내 복수 단서에 주의를 기울이도록 교수함으로써 자극과다선택을 줄일 수 있는 것으로 밝혀졌다(Burke & Cerniglia, 1990; R. L. Koegel, Dunlap, Richman, & Dyer, 1981; R. L. Koegel & Schreibman, 1977; R. L. Koegel, Schreibman, Britten, & Laitinen, 1979; Schreibman, Charlop, & Koegel, 1982). 복수 자극에 주의를 기울이는 것은 두 가지 접근을 통해 교수될 수 있다. 자극 촉진(Schreibman, 1975)의 범주에 속하는 첫 번째 방법은 자극의 관련 특성을 과장하는 것이다(예: 글자 "p"와 "b"의 선을 길게 늘여 서로 어떻게 다른지 강조하기). 일단 아동이 목표 자극("p" 또는 "b")을 구별할 수 있게 되면 과장된 특성은 천천히 소거되어 일반적인 글자 비율로 되돌아온다. 이 방법은 글자 인식이나 전치사 같은 학업 기술을 가르칠 때 특히 유용하다(Schreibman, 1975; Summers, Rincover, & Feldman, 1993; Wolfe & Cuvo, 1978).

두 번째 방법인 부수자극 촉진(extra-stimulus prompting)은 환경적 방해물과 구성을 이용해 아동에게 환경 내에서 지속적인 조건적 식별을 제공해주는 것이다. 이것은 아동이 정확하게 반응하고 강화를 얻기 위해서는 다양한 자극에 주의를 기울여야만 한다는 것을 의미한다. 예를 들어, 지속적인 중심축 반응 중재 프로그램의 일환으로 아동은 토마스 기차와 관련된 모든 자극(색, 크기, 성별, 표정, 굴뚝 개수, 측면판, 기차 몇 량을 끌 수 있는지 등)에 주의를 기울이도록 배운다. Burke와 Cerniglia(1990)은 자폐 범주성 장애 아동이 실제로 복수 구성요소 식별에 어려움을 겪는다는 사실을 발견하고 이들에게 복수 구성요소 식별에 주의를 기울이도록 가르쳤는데, 그 결과 복잡한 지시에 반응하는 기술에 있어서 일반화된 향상이 나타났다. 가장 중요하게는 훈련 후에 아동이 복수의 사회적 자극에 정확하게 반응하는 비율이 높아졌다는 것이다. 관련된 복수 단서에 주의를 기울이는 능력이 증진되면 학업(L. K. Koegel, Koegel, Harrower et al., 1999)과 사회적 기능 모두가 향상된다. 복수 단서에 주의를 기울이는 행동은 이 행동의 변화가 부가적이고 목표하지 않은 기술 영역의 변화까지 가져오기 때문에 중심축 행동인 것이다.

(3) 시작행동

시작행동은 중심축 행동으로 여겨진다. 시작행동은 개인이 자연적 환경에 속한 광범위한 사회적 및 기타 강화에 독립적으로 접근할 수 있게 해준다. 시작행동의 장기적인 중요성은 L. K. Koegel, Koegel, Shoshan, McNerney(1999)의 탐구연구에서 검증되었다. 이들은 문헌 검토를 통해 이후의 성취와 관련된 변인을 판별하였다. 유사한 중재를 받은 아동을 추적해보니 이들은 중재 7년에서 12년 후에 긍정적 성취를 이룬 집단과 성취를 이루지 못한 집단으로 구분되었다. 긍정적 성취를 이룬 집단은 화용론적 언어 사용, 표준화된 적응기술 점수, 그리고 사회적 및 학업적 기능을 포함하는 많은 평가에서 일반 또래와 비슷한 수준을 보였다. 성취를 이루지 못한 집단은 더 제한적인 환경에서 교육을 받고 있었고, 심각한 문제행동을 보였으며, 교육과정 이외의 활동에 참여하지 않고 있었다. 긍정적인 장기적 성취를 이룬 집단의 아동은 성취를 이루지 못한 집단의 아동에 비해 중재 전에 부모에게 자발적으로 보인 시작행동의 수가 훨씬 많았다. 이 연구의 두 번째 단계에서는 시작행동을 보이지 않았던 아동 네 명을 선택해서 질문하기, 주의를 끌기 위해서 말하기, 또래에게 시작행동을 하기 위해서 말하기, 그리고 도움 청하기 등의 다양한 시작행동을 가르쳤다. 6년 후에 두 번째 단계에 참여한 네 명의 아동 모두에게서 후속 자료를 수집하였다. 이들의 성취는 이전 첫 번째 단계 연구에서 긍정적 성취를 이룬 집단과 유사하였는데, 이들의 성취는 학업적 및 사회적으로 일반 또래와 비슷한 수준이었다.

특별히 자폐 범주성 장애 아동을 대상으로 질문하기를 교수한 효과를 알아본 세 개의 연구가 보고되었다. 이들 연구에서는 중재의 즉각적인 성공뿐만 아니라 중재 효과의 일반화와 유지도 나타났다(Esbenshade & Rosales-Ruiz, 2001; L. K. Koegel, Carter, & Koegel, 2003; L. K. Koegel, Camarata, Valdez-Menchaca, & Koegel, 1998).

질문하기를 통해 시작행동을 교수한 연구 외에도 비록 엄격한 의미에서 보면 중심축 반응 중재라고 할 수는 없지만 **자연적 교수(naturalistic teaching)**를 사용해서 시작행동을 교수한 연구들이 있다. 이 연구들은 애정을 위한 시작행동(Charlop & Walsh, 1986), 자발적인 요구를 위한 시작행동(Charlop, Schreibman, & Thibodeau, 1985), 일반적인 시작행동(Ryan, Hemmes, Sturmey, Jacobs, & Grummet, 2008), 또래를 향한 놀이 시작행동(Haring & Lovinger, 1989), 그리고 또래를 향한 사회적 시작행동(Oke & Schreibman, 1990; Pierce & Schreibman, 1995)을 포함한다.

1990년대 말부터 공동관심을 위한 시작행동 교수에 많은 관심을 갖기 시작하였다. 다양한 연구에서 기술은 효과적으로 습득되었으나 습득된 기술의 유지와 일반화는 여전히 어려운 것으로 보고되었다(Whalen & Schreibman, 2003; Whalen, Schreibman, & Ingersoll, 2006). 한 연구에서는 중심축 반응 중재를 사용한 동기유발이 가장 단순한 형태의 공동관심 시작하기(즐거움을 나누기 위해 시선 교차시키기) 행동을 증가시켜 줄 수 있다고 제안한다(Bruinsma, 2004).

Newman과 Ten Eyck(2005)는 세 명의 자폐 학생이 또래에게 시작행동을 하도록 성공적으로 가르쳤다. 처음에는 학생의 시작행동만 강화했지만 기술이 습득되고 나서는 스스로의 행동을 관리할 수 있도록 가르쳤다. 자기관리는 소거되었고, 기술은 시간이 지난 후에도 유지되었다.

(4) 자기관리

이 중심축 행동은 개인의 독립성의 필요를 강조한다는 점에서 시작행동과 비슷하다. 자기관리는 학생이 목표행동 발생을 인지하고 기록하도록 가르치는 짧은 식별 훈련을 마친 뒤에 스스로 행동을 점검하고 목표행동을 조절해 나가도록 요구한다(R. L.

Koegel, Koegel, & Parks, 1992). 자기점검(self-monitoring)은 성인이 지속적으로 감독해야 할 필요성을 줄여주고 학생이 스스로의 행동을 평가한 뒤 강화 여부를 결정하게 해준다. 이러한 교수 절차는 개인의 자율성을 높이고 스스로가 행동 변화 프로그램의 주도적인 참여자가 되도록 권한을 부여해준다(L. K. Koegel, Harrower, & Koegel, 1999; Lee, Simpson, & Shogren, 2007).

학생으로 하여금 스스로의 행동을 인식하고 책임지게 하는 것은 또한 목표하지 않았던 행동의 부가적인 변화를 가져올 수도 있다. 예를 들어, R. L. Koegel과 Frea(1993)의 연구에서는 두 명의 자폐 범주성 장애 청소년이 자기관리를 사용해서 특정 사회적 행동을 배운 후에 목표하지 않았던 광범위한 사회적 행동으로 일반화할 수 있었다. 연구의 목적을 알지 못하는 평가자가 이 학생들이 보이는 사회적 행동의 전반적인 적합성에 대해 주관적인 평정척도를 사용해 평가한 결과도 자기관리 이후에 향상되었다. 또한 지역사회, 학교, 가정 환경에서 사용되는 사회적 질문(예: "오늘 저녁에 뭐 먹었니?")에 대한 반응도를 높이기 위해 자기관리를 사용하였을 때 수가 중재를 하지 않았는데도 방해행동 감소가 부수적으로 나타났다(L. K. Koegel, Koegel, Hurley, & Frea, 1992). Stahmer와 Schreibman(1992)은 세 명의 자폐 범주성 장애 아동이 자기관리를 사용해서 감독이 없는 환경에서도 적절한 놀이에 참여하도록 성공적으로 가르쳤다. 이 행동은 다른 환경으로 일반화되었고 자기자극 행동이 감소하는 부수적인 결과가 동반되었다.

자기관리는 다양한 기능 수준과 목표행동에 걸쳐서 사용되어 왔다. 문제행동이나 상동행동과 같은 부적절한 행동의 감소(R. L. Koegel & Koegel, 1990), 부적절한 발화의 감소(Mancina, Tankersley, Kamps, Kravits, & Parrett, 2000), 방해행동 감소(R. L. Koegel, Koegel, & Parks, 1992)에 효과적임이 입증되었다.

때때로 부적절한 행동 감소와 적절한 행동 증가는 동시에 목표가 될 수 있다. 예를 들어, L. K. Koegel과 그 연구진은 두 명의 발달장애 아동을 대상으로 교실에서의 방해행동을 감소시키는 동시에 과제수행 시간을 증가시켰다(L. K. Koegel, Harrower, et al., 1999). 이러한 행동 변화는 자기관리 프로그램이 소거된 후에도 유지되었다. 몇몇 자기관리 연구는 이 프로그램이 과제수행 행동(Callahan & Rademacher, 1999), 일과 따르기(Newman, Buffington, O'Grady, & McDonald, 1995), 일상생활 기술(Pierce & Schreibman, 1994), 주제에 맞는 질문하기(Boettcher, 2004), 시작행동(Morrison, Kamps, Garcia, & Parker, 2001) 등의 특정 목표행동을 증가시키는 데 성공적임을 밝혔다. 자기관리에 관한 메타분석연구에서 Lee와 그 연구진(2007)은 적절한 행동을 증가시킨 11개의 단일대상연구가 자기관리의 효율성을 지지하는 것으로 보고하였다.

자기관리는 통합 환경에서 사용하기에 매우 적합한 중재다. 이것은 개입적이지 않고 통제권을 장애인에게 넘겨주는 과정을 통해서 중재자가 항상 감독하고 지시할 필요가 줄어든다. 간단히 말하면, 자기관리는 자폐 범주성 장애 아동에게 사용하기에 이상적인 전략이며 다양한 환경과 목표행동에 걸쳐서 그 효과가 입증되었다.

2) 중심축 반응 중재를 사용한 부모교육의 효율성 연구

부모교육은 자폐 범주성 장애 아동 중재 프로그램의 성공을 위해 필요한, 심지어 필수적인 구성요소로 널리 인정된다(National Research Council, 2001; Schreibman, 2000). 부모와 다른 보호자가 활발하게 참여하여 프로그램 구성요소를 온전히 수행할 수 있다면 아동의 기술과 적응행동의 지속적이고 장기적인 향상을 가져올 수 있다(R. L. Koegel, Schreibman, Britten, Burke, & O'Neill, 1982; Lovaas, Koegel, Simmons, & Long, 1973). 부모가 일과 전반에 걸쳐서 성공적으로 교수를 제공할 수 있다면 중재 시간이 급격하게 늘어나고 일반화 기회가 제공되는 것이다(R. L. Koegel, Koegel, Frea, & Smith, 1995).

중심축 반응 중재 모델에서 부모 훈련은 핵심 요소다. 많은 임상연구에서 부모는 중심축 반응 중재 전략을 성공적으로 수행하도록 배울 수 있었다(Brookman-Frazee, 2004; Bruinsma, 2004; Gillett & LeBlanc, 2007; Ingersoll & Dvortcsak, 2006; R. L. Koegel, Bimbela, & Schreibman, 1996; R. L. Koegel, Symon, & Koegel, 2002; Laski, Charlop, & Schreibman, 1988; Rocha, Schreibman, & Stahmer, 2007; Schreibman, Kaneko, & Koegel, 1991; Stahmer & Gist, 2001; Symon, 2005).

부모 훈련은 부모 자신에게도 부가적인 유익을 가져온다. 중심축 반응 중재 훈련을 받은 어머니는 아동과의 상호작용 시 스트레스가 줄고 더 긍정적인 애정 행동을 보이게 되었다고 보고하였다(Moes, 1995; Schreibman et al., 1991). 예를 들어, R. L. Koegel과 Bimbela의 연구진(1996)은 두 가지 교수 모델 중 하나를 배웠을 때 부모의 애정 행동에 나타나는 차이를 연구하였다. 한 집단의 부모는 중심축 반응 중재 전략을 사용하도록 배웠고, 다른 집단은 비연속 개별시도 교수 상황에서 개별 목표행동을 가르치도록 배웠다. 훈련 후에 독립적인 관찰자가 평가했을 때, 중심축 반응 중재 집단의 부모가 자녀와의 상호작용에서 훨씬 더 많은 긍정적 애정 행동을 보인다는 것을 알 수 있었다. 이러한 결과는 부모가 훈련을 끝까지 마무리하게 하는 데에 특별히 중요하게 작용할 수 있다.

Brookman-Frazee(2004)는 이와 비슷한 연구를 수행하였다. 중심축 반응 중재 회기에서 부모를 가르치는 대신에 부모와 협력할 때 부모의 스트레스 수준이 낮아지고 자신감은 상승하였다. 또한, 부모와 협력하는 경우에 아동은 더 높은 반응성과 더 긍정적인 애정 행동을 보였다. 마지막으로, 한 조사연구(R. L. Koegel, Schreibman, Johnson, O'Neill, & Dunlap, 1984)는 부모 훈련이 가져다주는 삶의 질 변인과 관련된 일반적인 부수효과에 대한 통찰을 제공한다. 이 연구에서 부모 훈련 이후에 부모는 아동의 일과 활동에 대한 지원을 훨씬 덜 제공하게 되었다고 보고하였는데, 이는 아마도 아동이 더 독립적으로 활동을 할 수 있게 되어서일 것이다. 또한, 부모 훈련에 참가한 가정은 더 많은 여가 활동을 하게 되었다. 이러한 삶의 질 변화는 가족의 매일의 삶에 지속적인 영향을 미치게 될 것이다.

지난 10년 동안 부모 훈련은 실용적인 이유에서 점점 더 중요해지고 있다. 자폐 범주성 장애 진단이 늘어남에도 불구하고, 아직 많은 영역에서 재정적 및 인적 자원이 부족하다. 이러한 격차로 인해 비용 효율적이고 효과적인 중재 모델의 필요성이 부각되었다(Symon, Koegel, & Singer, 2006). 중재자와 멀리 떨어져 살고 있는 가족의 요구에 부응하기 위해서 한 주간의 강도 높은 중심축 반응 중재 부모 훈련 프로그램이 개발되었다(R. L. Koegel et al., 2002). 이 프로그램에 참여한 부모는 중심축 반응 중재 전략 사용의 증가를 보였고 1년 후에도 이 기술을 유지하였다. 다른 후속연구에서 Symon(2005)은 한 주간의 훈련을 받은 부모가 집으로 돌아와서 다른 가족이나 서비스 제공자에게 이 절차를 가르칠 수 있었고, 따라서 초기 중재의 효과가 급격하게 확대되었음을 발견하였다.

중심축 반응 중재 부모 훈련의 비용 효과를 증진시키기 위한 다른 방법은 집단 훈련이다. 한 연구에서는 부모에게 중심축 반응 중재 기술을 가르치는 강도 높은 워크숍을 시도하였다(Openden, 2005). 일곱 가정에서 열 가정 정도의 집단 훈련에서 참가자는 4일 연속 5시간의 워크숍에 참석하였다. 워크숍은 강의, 비디오 예시, 부모가 자녀에게 중심축 반응 중재 절차를 사용하는 장면을 직접 녹화한 비디오에 대한 피드백 등으로 구성되었다. 대기명단에 이름을 올린 채 기다리는 통제집단을 사용해서 실험통제를 강화하였다. 총 37가정이 이 연구에 참여하였으며 통계 분석 결과, 중심축 반응 중재 동기유발 절차의 중재 충실도, 부모의 긍정적 애정 행동, 아동의 언어 기회에 대한 반응성, 그리고 아동의 기능적 발화를 포함하는 모든 변인에 있어서 집단 간 차이가 나타났다. Bryson과 그 연구진(2007)도 유사한 워크숍 모델을 사용하였는데, 이 모델은 뒷부분에서 자세히 설명하기로 하겠다.

두 번째 연구(Boettcher-Minjarez, Williams, & Hardan, 2011)에서는 17가정(어머니, 아버지 또는 두 사람 모두)을 대상으로 10주간의 집단 훈련을 제공하였다. 각 집단에는 약 8가정이 배정되었다. 10주간 매주 90분의 집단 훈련이 제공되었다. 대부분의 훈련 시간은 참여 부모와 자녀 간의 상호작용 비디오를 검토하는 것으로 구성되었다. 상담가가 최소 1회 이상, 7주 차에 그리고 필요하면 10주 차에 한 번 더 부모와 아동을 개별적으로 만났다. 10분간의 언어 관찰회기를 통해서 아동의 발화 수에서 중재 전후에 통계적으로 유의미한 차이가 나타났다. 이 결과는 고무적이며 훈련 형태에 대한 더 많은 연구가 필요함을 보여준다.

비용 효과적이고 효율적인 서비스를 제공하는 또 다른 방법은 또래, 형제자매 그리고 다른 보호자를 포함시키는 것이다. 또래 중재는 또래의 사회적 회피 수준과 자폐 범주성 장애 아동의 전반적 중재 성과 간에 상관관계가 있다는 것을 생각해볼 때 특별히 중요하다. 예를 들어, Ingersoll, Schreibman, Stahmer(2001)는 중재 전 또래의 사회적 회피를 통해 아동의 6개월 후의 언어 사용 성취를 예측할 수 있었음을 보고하였다. 또래 주도 중심축 반응 중재는 사회적 시작행동과 차례 주고받기를 증진시키고, 사회적 상호작용 시간과 놀이 시간 및 대화 시작을 증가시켰으며, 언어 사용과 공동관심 행동의 증가 또한 가져올 수 있었다(Harper, Symon, & Frea, 2008; Pierce & Schreibman, 1995, 1997).

중재에 또래를 참여시키는 또 다른 방법은 자폐 범주성 장애 아동과 일반 또래 사이의 사회적 상호작용을 증진시키기 위해 놀이 도중에 맥락적 지원을 제공하는 것이다(R. L. Koegel, Werner, Vismara, & Koegel, 2005; Werner, Vismara, Koegel, & Koegel, 2006). 맥락적 지원은 서로에게 강화가 되는 활동을 사용하고 성인이 협력적 놀이 구성을 촉진하는 방법으로 이루어진다(Kennedy & Itkonen, 1996). 맥락적 지원을 통해 자폐 범주성 장애 아동과 일반 또래 간의 호혜성과 애정이 증가하였다. Schreibman, O'Neill, Koegel(1983)은 형제자매를 중재에 포함시키는 것이 성공적이라고 보고하였으며, Brookman 등(2003)은 여름 캠프 보조교사 등 다른 보호자의 참여 또한 긍정적인 결과를 가져오는 것으로 보고하였다.

중심축 반응 중재를 대규모로 적용한 몇몇 초기연구가 수행되었으며, 그중 두 개의 주목할 만한 연구가 긍정적인 결과를 보고하였다. 이 두 개의 연구는 중심축 반응 중재의 효율성을 서로 약간 다른 맥락에서 측정하였다. 첫 번째 연구는 지역사회 중심 부모교육 중심축 반응 중재 프로그램의 성과를 검증하였다(Baker-Ericzén, Stahmer, & Burns,

2007). 부모는 12주에 걸친 부모교육 프로그램에 등록하고 주당 1시간의 개별적인 중심축 반응 중재 훈련을 받았다. 임상환경에서 교육이 이루어졌고 훈련 제공자는 부모가 자녀와 상호작용하는 동안에 중심축 반응 중재 원칙에 따른 피드백을 제공하였다. 부모는 배운 기술을 가정과 지역사회에서 연습하는 숙제도 수행하였다. 총 158명의 부모가 연구에 참여하였다. 참여 가정은 인종이나 사회경제적 지위 면에서 다양했다. 아동의 연령은 24개월에서 113개월이었고 평균 49.36개월이었다. 훈련을 통해 부모의 중심축 반응 중재 사용 능력이 어떻게 변했는지는 이 연구에서 보고되지 않았다. 왜냐하면 이전의 12주 부모교육 프로그램 연구에서 부모의 중심축 반응 중재 기법 사용 능력이 향상된 것을 이미 밝혔기 때문이다(Stahmer & Gist, 2001). 아동의 성취는 바인랜드 적응행동 검사(Vineland Adaptive Behavior Scales; Sparrow, Balla, & Cicchetti, 1984)를 통해 측정되었다. 중재 전후로 적응행동 영역뿐만 아니라 다른 네 영역(의사소통, 일상생활 기술, 사회성, 운동 기술)에서도 표준화 점수의 유의미한 증가가 측정되었다. 연구진이 인정하였듯이, 부모 보고에 의해서 결과를 측정했기 때문에 부모가 중재 후 자녀의 변화에 대해 편파적으로 보고할 가능성이 있고 따라서 결과는 제한적이라고 할 수 있다. 그럼에도 불구하고 바인랜드 적응행동 검사는 타당도와 신뢰도가 입증된 검사고, 특히 짧은 부모교육 프로그램을 통해서 얻은 이와 같은 결과는 여전히 고무적이라 할 수 있다.

두 번째 연구는 캐나다 Nova Scotia에서 이루어진 대규모 중심축 반응 중재 복사연구에 참여한 두 참가자에 대한 상세한 프로그램 설명과 초기 자료를 제공한다(Bryson et al., 2007). 이 프로젝트는 다음과 같은 세 단계로 구성되었다: (1) 워크숍 형태로 부모와 행동 중재자를 포함하는 관련자를 직접 훈련, (2) 프로젝트의 훈련 제공자 훈련, (3) 중재 팀의 기술, 중재 충실도, 아동 성취에 관한 후속 자료 수집. 첫 단계에서 27명의 아동이 부모와 행동 중재자를 포함하는 대부분의 중재 팀과 함께 훈련에 참여하였다. 이들 팀은 자폐 범주성 장애나 기본적인 응용행동분석 개념 등의 일반적인 주제를 다루는 2~3일간의 훈련 전 워크숍에 참석하였다. 그런 후에 경험이 풍부한 훈련자가 제공하는 중심축 반응 중재 훈련을 한 주간 제공받았다. 워크숍은 강의 및 녹화된 자녀와의 상호작용에 대한 피드백으로 구성되었다. 워크숍 후에 참가자들을 대상으로 사회적 타당도를 검사하였는데 매우 긍정적인 결과가 나타났다. 두 번째 단계에서는 5일간의 훈련 제공자를 훈련하는 워크숍이 진행되었다. 이 워크숍의 목적은 다섯 명의 훈련 제공자에게 중심축 반응 중재 훈련을 실제로 다른 사람에게 제공하는 방법과 자료를 수집하고 아동의 프로그램을 설계하는 방법을 가르치는 것이었다. 이 워크숍은 고도로 개별화되어 있어서 녹화된 수행 장면을 보면서 직접 피드백을 제공하였다. 훈련을 받은 사람들은 이 워크숍 또한 매우 긍정적인 것으로 평가하였다.

프로젝트의 세 번째이자 마지막 단계에서는 프로젝트 실행과 성과에 대한 자료를 수집하였고, 이 연구에서는 두 명의 참가자를 대상으로 한 초기 자료를 보고하였다. 이 두 참가자는 중심축 반응 중재 전략 수행의 충실도만 증가한 것이 아니라, 아동의 언어(기능적 발화의 수)가 중심축 반응 중재 이후 크게 늘어나는 동안에도 이 증가된 충실도가 유지되었다.

마지막 관련 연구는 Delprato(2001)가 실행한 주요 문헌연구다. 이 연구는 비연속 개별시도 교수와 중심축 반응 중재를 비교한 여덟 개의 연구를 분석하였다. 그중 두 연구에서는 비연속 개별시도 교수와 우발교수(중심축 반응 중재와 공통점이 많은 자연적 접근)를 비교하였다. Delprato(2001)는 다음과 같은 결론을 내렸다.

> 어린 자폐 아동의 언어 반응을 유의하게 발달시키는 데에 있어서 비연속 개별시도 교수에 비해 자연적인 행동 훈련이 지니는 잠재적인 우월성을 지지하는 수많은 연구가 있으며, 이들 연구의 기여도를 제한하는 주요 요인은 실제 환경에서의 검토가 부족했다는 점이다 (p. 323).

Delprato(2001)는 중심축 반응 중재의 성과에 대한 대규모의 포괄적이고 다양한 발달 영역을 고려하는 연구와 함께 비연속 개별시도 교수와 보다 자연적인 중재 모델(중심축 반응 중재와 같은)을 비교하는 연구가 더 많이 필요하다고 결론지었다. 그러나 Sherer와 Schreibman(2005)이 지적하였듯이, 하나의 모델이 모든 사람에게 맞는 것은 아니라는 점을 고려한다면 어떤 중재 모델이 어떤 아동과 가정에 가장 효과적인지 밝히는 연구 또한 이들 연구와 함께 또는 더 시급하게 이루어져야 할 것이다.

4. 실행을 위한 요구사항

중심축 반응 중재는 가족의 현재 일과를 최소한으로 수정함으로써 쉽게 통합될 수 있도록 설계되었다. 여기서는 누가 중재를 수행하고, 어떻게 수행하며, 아동은 얼마나 많은 중재를 받아야 하고, 중재에 관한 훈련은 어떻게 받을 수 있으며, 중재는 어떻게 정확하게 수행될 수 있는지에 대한 실제적인 질문에 대답하고자 한다.

1) 중재자

누가 중심축 반응 중재를 효과적으로 사용할 수 있는지에 대한 특별한 요구사항은 없다. 중심축 반응 중재는 원래 부모가 "공동 중재자"로 수행할 수 있도록 개발되었기 때문에 매우 사용자 중심적이다. 즉, 어려운 용어를 거의 사용하지 않고 개념은 대부분의 일반인이 이해할 수 있도록 설명된다. 그러나 개인의 기본적인 특성에 따라 어떤 사람은 더 효과적으로 중심축 반응 중재를 수행할 수도 있다. 공동 중재자로 더 효과적일 수 있는 사람은 아동의 중재 프로그램에 적극적으로 관여하고, 목표기술 영역을 인지하고 있으며, 중심축 반응 중재 전략을 배우기 위한 훈련에 기꺼이 참여하고, 전략 사용의 충실도에 관한 피드백을 기꺼이 수용하는 사람이다. 또한, 중심축 반응 중재는 자연적 환경에서 진행되는 놀이 중심 접근이기 때문에 형식된 교육과정을 따르는 것이 아니라 잘 노는 능력(그리고 즐겁게 놀 수 있는 능력)이 성공적인 중심축 반응 중재 중재자의 핵심적인 특성이다.

중심축 반응 중재 기법, 특히 동기유발 전략은 부모가 수행함으로써 자폐 범주성 장애 아동의 학습이 하루 일과 전반에 걸쳐 일어날 수 있도록 개발되었다. 사실, 부모는 "중재의 핵심 구성요소"로 여겨진다(R. L. Koegel, Openden, et al., 2006, p. 9). 더욱이, 관련된 사람들이 하루 일과와 활동 내에서 자연적으로 발생하는 교수 기회를 잘 따라갈 수 있을 때 중재 강도가 증가하기 때문에 유모나 조부모를 포함하는 모든 보호자는 동기유발 전략 사용법을 배우도록 권장된다.

2) 교수 환경

중심축 반응 중재 모델의 개발자는 이 모델이 개인의 전형적인 환경에서 사용되도록 개발하였으며 통합 환경을 옹호한다(L. K. Koegel, Koegel, Harrower, et al., 1999). 서비스는 가정 및 학교 그리고 다른 지역사회 환경에서 제공된다. 교수 환경은 보다 구조화된 환경을 제공하기 위해서나 더 많은 의사소통적 유혹을 만들어내기 위해서 쉽게 수정될 수 있다. 프로그램 초기부터 또래 및 형제자매를 참여시킴으로써 다양한 의사소통 상대로의 일반화를 촉진한다.

부모나 중재자가 가정에서 아동과 함께 중재를 할 때 기술 연습은 가정의 모든 곳에서 진행되며 놀잇감과 활동은 전형적인 것들로 제시된다. 아동의 흥미와 발달 수준 그리고 실제 연령에 맞는 놀잇감을 사용한다. 여러 부분으로 구성되거나 바꿀 수 있는 부분이 있는 놀잇감은 중심축 반응 중재 회기에 사용하기에 좋다. 왜냐하면 이러한 놀잇감은 자연스러운 나누기 및 차례 주고받기의 기회를 제공해주기 때문이다. 하나로 구성된 놀잇감은 특별히 부모가 막 중심축 반응 중재를 배웠을 때에는 적절하지 않다. 이러한 놀잇감은 아동과 주도를 공유하기 어렵게 만든다. 또한, 가정에서 매일 이루어지는 일상생활은 교수 기회의 지속적인 흐름을 만들어준다.

3) 중재 강도

국립연구위원회(National Research Council, 2001)는 자폐 범주성 장애 아동을 위해 주당 20~25시간의 서비스를 제공할 것을 권고한다. 중심축 반응 중재 모델에서 아동은 깨어 있는 모든 시간 동안 시스템 전반에 걸친 강도 높은 서비스를 받는다. 서비스는 보통 처음에 가장 강도가 높고, 아동이 점점 반응적이 되고 스스로 자기관리와 시작 행동을 통해 교수 기회를 만들어 가도록 배우게 되면서 소거된다(L. K. Koegel, Koegel, Harrower, et al., 1999).

4) 중재 충실도

중심축 반응 중재의 동기유발 전략을 바르게 수행하는지의 여부는 보통 서비스 제공자나 부모와 아동 간의 상호작용을 녹화한 자료를 보면서 전문가가 점수를 매겨 평가한다. 중재자와 부모의 행동은 10개의 1분짜리 비디오 자료에 나타난 일곱 가지 전략 사용 여부를 중심으로 평가되는데, 자세한 방법은 뒷부분에서 설명된다. 중재 충실도의 기준은 부모가 10개의 1분짜리 비디오에서 모든 전략에 대해 80% 이상에 도달하는 것이다.

5) 중심축 반응 중재 훈련

12시간의 부모 훈련 과정을 통해서도 긍정적인 변화가 보고된 것은 사실이지만

(Stahmer & Gist, 2001), 한 아동을 대상으로 중재 충실도가 완성될 때까지는 보통 20시간에서 30시간의 기본적인 동기유발 전략에 관한 훈련이 필요하다(Bryson et al., 2007; R. L. Koegel et al., 2002). Bryson과 그 연구진(2007)은 Nova Scotia 지역에서 자신들이 수행한 중심축 반응 중재 프로그램에서 강의, 워크숍, 그리고 부모와 중재자의 녹화된 상호작용에 대한 피드백을 통해 참가자들이 30시간의 훈련 후 중재 충실도를 어떻게 달성했는지 자세히 설명하였다.

일반적으로, 중심축 반응 중재 부모 훈련은 임상가가 먼저 시범을 보이고 부모가 아동과 일과에서 놀이를 하는 동안 직접 피드백을 제공하는 방법으로 진행된다(R. L. Koegel et al., 2002). 부모를 위한 피드백은 매우 자세하고, 긍정적이고, 격려하는 방식으로 제공된다. 그리고 부모는 훈련과 서비스 전달 과정 전반에 걸친 의사결정에 참여하는 권한을 갖는다.

많은 서비스 제공자가 중심축 반응 중재를 제공함에도 불구하고 처음에는 공식적인 훈련이나 자격증이 없었다. 대부분의 제공자는 학회 워크숍이나 캘리포니아 대학 샌타바버라 캠퍼스나 샌디에이고 캠퍼스에 위치한 중심축 반응 중재 클리닉에서 구할 수 있는 중심축 반응 중재 지침서를 읽음으로써 훈련받았다. 현재는 공식적인 자격증 프로그램이 캘리포니아 대학 샌타바버라 캠퍼스에 개설되어 있다. 이 프로그램은 기초부터 심화된 수준까지 다양한 자격증 과정을 제공한다. 자격증은 중심축 반응 중재의 절차적 정확성을 보장하고 잘 훈련된 중재자를 양성함으로써 중심축 반응 중재의 올바른 수행에 대한 공신력을 높여 줄 것이다.

5. 주요 구성요소

중심축 반응 중재는 매우 유동적인 중재다. 이 중재는 아동과 상호작용을 하는 누구나(부모, 형제자매, 또래, 교사 등) 사용할 수 있고, 아동의 일과 중 교수 기회가 발생하는(또는 만들어지는) 어떤 시간에든지 제공될 수 있다. 일반적인 목표 영역은 수용 및 표현 언어와 자발화, 놀이 기술 및 사회적 상호작용, 자조기술 그리고 전학문적 및 학문적 개념을 포함한다. 그러나 이 외에도 다양한 목표 영역을 포함할 수 있다. 중심축 반응 중재에서는 여러 목표를 동시에 다루기도 하는데, 그 이유는 한 활동 내에서 언어, 놀이, 사회적 상호작용 기회를 모두 만들어 낼 수 있기 때문이다. 한 영역(예: 언어) 내

〈표 12-1〉 중심축 반응 중재 기법의 적용과 예

기법	전략	설명	적용과 예
선행사건 중심 중심축 반응 중재 전략	아동의 주의를 끌고 교수 기회 만들기	• 교수 기회를 만들기 전에 아동의 주의를 끌고 그래서 아동이 강화에 반응할 수 있는 기회를 만든다. 지시가 명확하고 아동의 연령과 발달 수준에 적합해야 한다. • 제시되는 기회는 아동의 기대되는 반응에 기반을 둔다(예: 요구, 시작행동, 질문). 항상 목표 영역을 염두에 둔다(언어, 사회성, 놀이).	• 가까운 거리를 유지한다. • 몸을 기울여 눈맞춤을 한다. • 아동의 어깨를 두드린다. • 주의를 끄는 단서를 사용한다(예: "이거 봐!" "이거 어때"). • 기대하면서 쳐다본다. • 기다린다. • 유도한다. • 질문한다. • 선택을 제공한다. • 지시한다. • 물건을 주지 않고 기다린다. • 적은 분량을 준다. • 목표하는 바람직한 행동을 시범 보인다.
	복수 단서 포함시키기	• 다양한 특성을 갖는 물건을 사용해서 관련된 모든 단서에 주의를 기울일 수 있게 한다(크기, 모양, 색 등).	• 다양한 색의 크고 작은 블록을 준비한다; 아동이 특정 단서를 사용해 블록을 요구하게 한다(예: 큰 블록 또는 빨간 블록). • 아동이 다양한 지시나 질문에 반응할 수 있게 한다(예: "무슨 색 블록이야?" "작은 블록 찾아봐." "블록 두 개 가져.").
	유지 과제 분산시키기	• 이미 학습한 더 쉬운 반응을 습득(더 어려운) 과제에 분산시킨다. • 행동 탄성을 형성시킨다. 빠른 속도를 유지한다.	• 간단한 개념/과제와 더 어려운 문제를 뒤섞는다. • "재미있는" 과제를 수행한다. • 놀이를 위한 시간을 갖는다(행동 수행 여부에 관계없는 강화).
	주도 공유하기	• 아동이 좋아하거나 선택한 놀잇감과 자료를 사용한다. • 아동의 주도를 따른다. • 교수 자료를 선택할 때 동기유발을 고려한다.	• 장소, 자료, 완성 순서, 주제 등에 대한 선택 기회를 제공한다. • 아동이 관심을 보이는 놀잇감을 관찰하고 그런 자료를 사용해서 교수 기회를 만들어 낸다. • "동기유발"이 되고 좋아하는 놀잇감을 교수 기회에 사용한다. • 자료 사용의 차례를 주고받는다.

후속결과 중심 중심축 반응 중재 전략	즉각적이고 후속적으로 강화하기	• 아동이 반응-강화 관계를 확실히 배울 수 있도록 아동의 시도를 가능한 한 신속하게 강화한다. 강화는 아동이 시도를 하면 제공된다. 목표행동을 향한 시도를 하지 않으면 제공되지 않는다.	• 예를 들어, 아동이 "자동차"라고 말하면 즉각적으로 차를 받는다. • 만일 아동이 "자동차"라고 말하도록 촉진을 받고도 반응을 하지 않으면, 차를 받지 않는다. 지시의 난이도를 줄이는 것이 중요할 수 있다. 예를 들어, 아동이 "자동차"라는 단어 전체를 말하는 대신에 그와 비슷한 소리를 내도록 촉진하는 것이다.
	시도 강화하기	• 상황에 맞는 시도는 반드시 강화되어야 한다. • 목표에 더 가까운 시도를 하면 더 큰 강화를 받는다. • 시도는 명확하고, 모호하지 않으며, 목표에 따른 것이어야 한다.	• 어려운 과제를 시작할 때, 요구한 대로 단어의 일부를 말할 때 또는 다른 노력을 보일 때 강화한다.
	자연적이고 직접적인 강화 사용하기	• 강화는 기능적이고 반응과 직접적으로 관련되어야 한다. • 훈련 중에도 자연적인 환경에서와 같은 강화를 얻을 수 있어야 한다.	• 아동이 "주스"라고 요구하고 주스를 받고, 건포도 알을 세고 강화로 건포도를 받으며 또는 좋아하는 활동을 하기 위해 자신의 이름을 적고 시작한다.

출처: Openden, Symon, Koegel, & Koegel (2006).

에서의 기술은 보통 순차적으로 목표로 삼는다. 하지만 그 순서는 아동마다 다르고, 장단기 교수목표는 개별 아동의 특정 요구에 따라 개별화되어야 한다(R. L. Koegel, Openden, et al., 2006). 중심축 반응 중재 방법은 표준화된 교육과정을 따르지는 않지만 특정 핵심 영역이 중심축 반응 중재 프로그램의 공통적인 요소로 여겨진다(R. L. Koegel, Openden, et al., 2006, pp. 24-27에 나오는 〈표 1-2〉 참조).

1) 중심축 반응 중재 전략

중심축 반응 중재에는 일곱 개의 핵심 전략이 사용된다(〈표 12-1〉). 이들 전략은 다음과 같이 두 가지 종류로 나누어진다: (1) 반응을 제공하기 위한 기회 제시와 관련된 전략과 (2) 아동의 반응 후에 주어지는 강화와 관련된 전략. 예를 들어, 교수할 때 중재자는 교수 기회를 제시하기에 필요한 상황을 먼저 만들어 내야만 한다. 중재자가 식별 자극이나 기회를 제시하고 아동은 반응을 하게 된다. 그 반응은 목표 반응(또는 만족스러운 시도나 근접한 시도)이거나 무반응이거나 부정확한 반응이거나 또는 부적절한 행동일 것이다. 어떤 경우든지 아동의 행동은 반응으로 받아들여지고 중재자는 반드시 적절한 후속결과 또는 강화를 제공해야 한다.

(1) 아동의 주의를 끌고 유지하기

교수는 명확하고, 간결하고, 과제에 적합하고, 끊김이 없고, 아동이 상대방이나 주어진 과제에 주의를 기울일 때 제시되어야 한다. 교수는 아동이 주의를 기울이지 않거나 떼를 쓰거나 상동행동을 할 때는 제시되어서는 안 된다.

(2) 주도 공유하기

아동의 선택이라고도 알려진 주도 공유하기는 중재자나 부모가 교수 환경에 대한 조절을 유지하는 것과 아동이 활동이나 자극 사물에 대해 선택하는 사이의 균형을 포함한다. 이것은 아동이 "마음대로 하기"를 뜻하지는 *않는다*. 자극 사물, 활동, 환경 또는 활동의 순서를 선택하도록 제안하고 흥미 있는 사물이나 활동을 결정하도록 아동의 주도를 따름으로써 균형을 얻을 수 있다. 어떤 순간에도 아동이 완전히 조절하게 해서는 안 된다. 아동은 선택을 하도록 격려되고 자극 사물을 가지고 차례를 주고받도록 학습하게 되는데, 이때 성인 또는 또래와의 주고받는 상호작용을 하게 된다. 교수는 활동, 게임 또는 다른 자연적 일과에서 발생한다. 적어도 매 분마다 아동의 반응을 위한 세 번의 기회를 제공하는 것이 이상적이지만, 그 속도는 아동과 활동에 따라 더 빠르거나 느릴 수 있다.

(3) 유지 과제 분산시키기

유지 과제는 이미 학습한 기술을 사용하게 만든다. 유지 과제는 습득 과제와 함께 자주 분산되어 제시되어야 하고, 행동 탄성(behavioral momentum)을 유지하기 위해 사용되고, 어려운 과제 이전에 주어지고, 전체적 교수 회기의 성공률을 높이기 위해 사용된다. 유지 과제는 아동이 능숙하게 할 수 있는 어떤 것(예: 한 단어나 고개 끄덕이기로 반응하기)도 가능하다. 때때로, 유지는 단순히 외부적인 요구가 없는 상태에서 아동이 사물을 가지고 조금 더 오래 놀 수 있게 하는 것일 수도 있다. 중심축 반응 중재에서 유지 과제와 습득 과제 제시를 위한 정해진 비율이나 계획은 없다. 왜냐하면 과제 제시는 아동의 동기와 행동 탄성에 기반을 두어야 하기 때문이다. 경우에 따라서는 두세 개의 습득 과제마다 한 번씩 유지 과제를 분산시키는 것을 통해 잘할 수도 있고, 때로는 훨씬 적은 유지 과제를 분산시켜도(예: 일곱 개 정도의 습득 과제마다 한 번씩) 높은 동기를 가지고 잘 참여할 수도 있다.

(4) 복수 단서에 대한 아동의 반응성 다루기

복수 단서에 대한 아동의 반응성을 다루는 것은 자극과다선택과 관련된 잦은 문제를 감소시키는 데 도움을 준다. 이것은 아동으로 하여금 지시에서 두 개나 그 이상의 요소에 주의를 기울이고 반응하도록 요구하는 것을 포함한다(예: 초록 블록, 작은 소). 이러한 요소는 아동의 발달 단계에 적절하게 삽입되어야 한다. 예를 들어, 3세 일반 아동에게서 세 개 이상의 다른 단서(예: "큰" "파란" "동그란")에 주의 기울이기를 기대할 수 없는 것처럼 자폐 범주성 장애 아동의 발달 단계에 맞춘 기대 수준을 채택해야 한다.

(5) 후속적으로 강화하기

강화는 목표행동이 발생하는 즉시 제공되어야 한다. 목표행동(또는 시도)의 발생에 후속적으로 뒤따라야 하며 끊어짐 없이 효과적이고 적절하게 제공되어야 한다.

(6) 시도 강화하기

반응이 목표했던 것과 완전히 일치하지 않더라도 상황에 적절한 시도를 강화함으로써 지속적인 반응을 보일 수 있도록 아동을 격려하는 것은 중요하다. 정확하게 반응하기 위한 합리적인 시도라면 강화를 해주어야 한다. 만일 아동이 특정 기술을 이미 습득하고 능숙하게 사용한다면 아동의 시도가 항상 강화될 필요는 없다. 강화를 받을 만한 시도인지를 결정하기 위해서는 아동의 기술 발달 수준의 정도와 환경적인 요소(예: 아프거나 배가 고프거나 잠이 부족한지 여부)를 고려해야 한다.

(7) 명확하고 직접적인 반응–강화 관계 제공하기

강화는 반드시 목표행동에 대한 (가능한 한 최대로) 자연적인 후속결과여야 한다. 강화는 목표행동에 직접적으로 관련되어야 한다(예: 아동이 물을 요구하면 물을 받음). 중심축 반응 중재에서 강화는 보통 사회적 칭찬(예: "와!" "잘했어!")과 함께 사용된다. 하지만 이렇게 할 때 아동이 반응–강화 후속관계를 잘 배울 수 있도록 주의를 기울여야 한다(예: "물"이라고 말하는 것은 물을 받는 결과와 연결되어야 하고, "잘했어!"와 연결될 필요는 없음).

6. 의사결정을 위한 자료 수집

중심축 반응 중재는 응용행동분석에 기반을 두기 때문에 포괄적인 자료 수집 체계 없이는 프로그램의 실행이 불가능하다. 중재 전반에 걸쳐 아동에 대해서와 중재자에 대한 모든 자료가 수집되어야 하며, 이는 중재자가 아동의 진보를 점검하고 평가할 수 있게 해줄 뿐만 아니라 기술이나 행동목표를 조절할 수 있게 해준다. 그럼에도 불구하고, 자료 수집은 부모에게나 심지어는 경험이 있는 중재자에게도 어려운 일이다. 구조화된 회기 중에 책상에서 자료를 수집하는 것은 아동과 그 또래들과 함께 놀이터 구름다리에 거꾸로 매달린 채 자료를 수집하는 것과는 매우 다르다! 더욱이 자료 수집은 중재로 인해 자폐 범주성 장애 아동이 또래와 달리 두드러지지 않도록 신중하게 이루어져야 한다. 자료 수집에 대한 다음의 제안은 임상적 경험의 결과로, 실험을 통해 검증된 것은 아니다.

1) 부모 자료

부모의 자료 수집에 대한 중요성은 쉽게 간과되곤 한다. 그리고 부모가 정기적으로 자료를 수집하도록 동기를 유발하기도 어렵다. 경험에 의하면, 간단한 전략이 이 어려움을 덜어주고 절차를 간편하게 만들어 줄 수 있다. 첫째, 주중 회기 때 부모와 함께 자료를 검토하고 부모와 그들이 수집한 자료를 의사결정 과정에 반영함으로써 어떻게 자료가 사용되는지 부모에게 보여줄 수 있고, 부모에게 팀의 주요 구성원으로서의 권한을 줄 수 있다. 둘째, 자료 기록지를 수정해서 체크리스트로 사용하게 하거나(예: 행동의 선행사건에 대한 체크리스트) 또는 부모에게 아동의 행동의 예를 하루에 한 번 짧은 시간 동안에만 수집하게 할 수 있다. 마지막으로, 매주 부모 상담 시간 동안 아동의 기술과 부모의 기술 모두에 대한 자료를 수집할 수 있다.

2) 아동 자료

자연적인 환경에서 지속적인 자료 수집이 어렵기 때문에 관찰회기를 녹화함으로써 정확한 자료 수집에 도움을 받을 수 있다. 그러나 녹화자료를 보면서 점수를 매기는 것은 시간이 많이 들고 비용 효과적이지도 못한 과정이다. 기술에 따라서는 대표적인 관찰회기가 자연적 환경에서 이루어질 수 있다. 예를 들어, 전반적인 언어 발달 진보 상황은 10분간의 상호작용을 기록함으로써 추적해볼 수 있고, 이를 통해 촉진 수준, 평균 발화 길이, 아동의 반응성, 그리고 특정 언어 목표 같은 다양한 변인을 기준으로 점수를 매길 수 있다. [그림 12-1]은 언어 관찰 기록지의 예를 보여준다. 이러한 관찰회기는 아동의 진보가 없을 때 문제해결을 도와주기도 하는데, 예를 들어 중재자가 잘못된 형태의 촉진을 사용하고 있거나 모델 촉진에 과도하게 의존하고 있을 수도 있다.

일반적으로 지역사회 프로그램에서는 각 아동을 위한 다양한 기록지를 바인더에 보관한다. 현재 사용하는 기록지를 클립보드에 끼우고 중재자가 회기 전체에 걸쳐서 아동의 목표에 대한 자료를 수집한다. 중재자가 한 가지 목표만을 위해 일하는 경우는 거의 없기 때문에(유지 과제를 분산시키고 과제를 변동시켜 제공하기 때문에), 특정 기간에 자료를 수집해야 할 목표를 하나씩 정하는 것이 도움이 된다. 어떤 중재자는 지역사회에 있을 때나 아동을 따라다녀야 할 때 작은 인덱스카드나 손바닥에 쓰기도 한다. 간단한 빈도 조사를 위해서는 시간기록 장치 기능이 있는 골프시계나 손목시계를 사용하기도 한다.

7. 문화 및 언어 배경이 다른 아동을 위한 고려

모든 임상 중재 프로그램에서는 프로그램의 성과를 나타내고 유지하기 위해서 반드시 문화 및 언어 배경이 다른 아동과 가족의 필요에 민감해야 한다. 중심축 반응 중재 모델은 문화 및 언어가 다양한 가족에게 잘 적용되는데, 왜냐하면 부모교육과 부모의 역량강화를 강조하는 점 때문이다. 이 모델은 부모가 존중받고 있고 자신의 의견이 중요하게 여겨진다고 느끼는 것(Zionts, Zionts, Harrison, & Bellinger, 2003)의 중요성에 대한 연구뿐만 아니라 협력적 파트너십(Turnbull, Blue-Banning, Turbiville, & Park, 1999)에 대한 연구의 초점과 일치한다.

언어 관찰 기록지

날짜: ______________________ 중재자: ______________________

환경: ____

시작 시간: ______________________ 종료 시간: ______________________

비고: I-독립적/자발적; TD-시간지연; OE-개방형; MP-모델 촉진; Echo-반향어; NR-무반응; S-자기자극 발성; Inc-부정확; #-발화 길이

10분간 기록 회색 빈칸에 합계 계산

I	TD	OE	MP	Echo	NR	S	Inc	#	발화 기록
전체 기회 수:									

Treatment of Autism Spectrum Disorders: Evidence-Based Intervention Strategies for Communication & Social Interactions by Patricia Prelock & Rebecca J. McCauley

[그림 12-1] 언어 관찰회기 기록지의 예

또한 중심축 반응 중재는 중재를 개별화 할 때 가족의 일과를 파악하고 사용하도록 그 중요성을 강조하는 생태문화적 틀(Gallimore, Weisner, Bernheimer, Guthrie, & Nihira, 1993; Sze & Koegel, 2006)에 잘 맞는다. 가족의 일과는 중재가 삽입되어야 하는 맥락이며, 따라서 중재는 여기서 반드시 성공해야만 한다는 제약이 되기도 한다(O'Donnell, Tharp, & Wilson, 1993). 가족의 일과를 중재의 기반으로 사용하기 때문에 문화적 배경과 선호도가 쉽게 적용될 수 있다. Moes와 Frea(2000, 2002)의 두 연구에서는 행동 변화 절차 도중에 환경적인 변인을 포함시켰을 때 더 긍정적인 변화가 일어난다는 것을 알 수 있었다. 이들 연구는 중심축 반응 중재의 동기유발 절차를 가족의 일과와 일상 활동에 삽입하는 데 있어서의 부모교육의 중요성을 지지하며, 이러한 변인을 포함시키는 것은 의미 있고 지속가능한 중재를 개발하는 데에 매우 중요하다는 점을 시사한다.

문화 및 언어 배경이 다른 가족에게 서비스를 제공하는 데 있어서 중요한 두 가지 밀접하게 관련된 개념은 "적합도(goodness of fit)"(Bailey et al., 1990)와 "맥락 적합성(contextual fit)"이다(Albin, Lucyshyn, Horner, & Flannery, 1996). 적합도 개념은 가족의 특성과 중재 서비스 간의 일치도에 관한 것인 반면에 맥락 적합성은 이 개념을 다양한 맥락과 변인으로 확장한 것이다. 한 사례에서 Santarelli, Koegel, Casas, Koegel(2001)은 어떻게 중심축 반응 중재 부모교육 프로그램이 저소득층 히스패닉계 가정의 요구를 충족시키고 더 나은 적합도를 제공하기 위해 수정되었는지 묘사하였다. 스페인어를 사용하는 상담가를 배정하고, 아버지가 집에 있는 늦은 시간에 가정에서 서비스를 제공하였으며, 제한된 문해 기술을 극복하기 위해 간단한 체크리스트로 작성된 자료 수집 도구를 제공하고, 확대가족을 중재에 포함시키도록 수정하였다(Santarelli et al., 2001). 이러한 수정은 중재 개별화와 중심축 반응 중재의 적합도를 높이기 위한 노력의 좋은 예라고 할 수 있다.

요약하자면, 중심축 반응 중재 서비스 전달 모델은 문화 및 언어 배경이 다른 가족에게 서비스를 제공하는 데 매우 적합하다. 중심축 반응 중재가 일과 중에 자연적으로 발생하는 교수 기회뿐만 아니라 부모교육에 초점을 두는 것은 개별 가정에 쉽게 적용할 수 있는 문화적으로 민감한 모델을 제공하는 기반이 된다. 더욱이 Sze와 Koegel(2006)이 밝혔듯이, 가족의 문화 또는 민족 배경과 잘 맞는 동기 요인을 일과 전반에 걸쳐 삽입하는 것은 가족이 전문가와 협력하려는 동기를 높이고 행동 수정 과정이 잘 유지되게 할 수 있다.

8. 적용을 위한 고려

적용 사례: 아동

동우는 3세 4개월에 중심축 반응 중재를 시작하였다. 일반 아동인 누나(5세), 아버지, 어머니와 함께 산다. 동우는 몇몇 글자, 숫자 1~10, 그리고 색을 안다. "이리 와" "앉아" 등의 기본적인 지시는 이해하지만 거의 따르지는 않는다. 때로는 단어와 비슷한 소리(예: 물을 달라는 뜻으로 므므라고 함)를 내지만, 보통은 말을 거의 하지 않고 다른 사람을 잡아당기거나 소리를 지르거나 탠트럼을 보이는 방법으로 자신의 요구를 전달한다. 같은 행동을 계속하고 행동의 경직성을 보인다. 새로운 활동을 해야 할 때마다 같은 방식으로만 반복하려고 한다. 예를 들어, 하루는 뒤뜰에 앉아 있는 동우에게 새로운 요구르트를 주었다. 그 후로 동우는 요구르트를 줄 때마다 뒤뜰로 달려가서 먹었다. 동우는 자신의 일과가 방해될 때마다 30분에서 60분간 떼를 썼다. 누나나 부모와 상호작용하는 것을 좋아한다. 간지럼 태우기와 잡기놀이를 좋아한다. 간단한 퍼즐을 맞추거나 책을 보거나 비디오 시청을 즐긴다.

중심축 반응 중재는 동우의 동기가 가장 잘 유발되는 활동을 찾는 것부터 시작되었다. 동우는 토마스 기차 비디오를 반복해서 보는 것을 좋아하고, 보는 중에 부모가 다른 활동을 위해 데려 가려고 하면 저항하였다. 상담가가 동우의 집에서 매주 두 시간씩 부모에게 기본 응용행동분석 전략과 중심축 반응 중재 기법을 가르쳤다. 처음에는 부모에게 동우의 동기유발을 위해서 좋아하는 비디오를 사용해 구어 요구를 증진시키게 하였다. 간간이 비디오를 잠시 중단시키고 동우가 "틀어요"라고 말하면 계속 볼 수 있게 촉진하는 방법을 교수하였다. 동우가 점차 익숙해진 후에는 부모에게 다른 좋아하는 활동(간지럼 태우기, 잡기놀이)과 새로운 (그리고 덜 익숙한) 활동을 좋아하는 비디오와 함께 분산시켜 제시하도록 교수하였다. 토마스 기차 비디오를 보는 시간이 점점 줄어들기 시작하였다. 동우는 하루 내내 점점 단어에 가까운 말(책, 퍼즐, 공, 잡기, 간지럼 등)을 더 많이 하기 시작하였다. 부모는 잡기놀이 순서에 참여시키거나 서로 공을 차는 등의 방식으로 누나를 일과에 포함시킬 수 있는 방법을 배웠다. 교수에 동기유발 활동이 포함되면서 동우의 수용언어 또한 향상되었다(공 잡아, 동물 퍼즐 찾아봐, 빨간 블록 찾아봐, 앉아 등). 동우가 놀이 행동을 모방하려 하고 또 순서대로 하려고 함에 따라 놀이 기술도 향상되었다. 부모가 중심축 반응 중재를 계속 진행함에 따라서 동우의 어휘도 급격히 증가하였다. 애정 행동도 증가하였고, 부모는 동우가 누나나 부모와 함께 사회적 게임을 하는 것을 더 즐기게 되었다고 보고하였다. 때로는 일과의 변화(가족이 공원으로 걸어갈 때 평소와 다른 길로 가기로 함)에 저항하기도 하지만, 일과에 대해 좀 더 유연성을 갖게 되었고 더 이상 긴 시간 동안 떼를 쓰지 않게 되었다. 동우의 부모 또한 변화를 만들기 시작하였다. 탠트럼을 방지하기 위해 같은 일과만을 따르는 대신에 새로운 것을 시도하고 새로운 장소에 가기 시작하였다.

1년 후 동우는 부모에 의하면 "다른 아이"가 되어 있었다. 더 이상 토마스 기차 비디오를 보지 않고, 자동차나 블록 등의 놀잇감을 가지고 놀거나 책을 보거나 퍼즐 맞추기를 더 좋아한다. 동우는 숨바꼭질, 잡기놀이 그리고 부모와 함께 축구공 차기를 즐긴다. 자신이 원하는 것을 요구할 수 있고, 원하지 않는 것을 다른 사람에게 말할 수 있고, 기본 의문문(6하의문문)을 만들 수 있다("그거 뭐야?""그거 어디 있어?"). 다른 사람과 놀이를 시작할 수도 있다("와서 놀자!"). 동우는 일과의 변화를 최소한의 저항만 보이며 견뎌낼 수 있다. 비록 아직도 약간의 반복적인 행동(perserverative behavior)을 하지만, 이제는 많은 다른 즐기는 활동 레퍼토리가 있기 때문에 쉽게 다른 활동을 하게 할 수 있다. 동우의 부모는 계속해서 하루 종일 중심축 반응 중재를 사용한다. 동우가 새로운 기술을 배워야 하기 때문에 매일 지속적인 문제에 직면하는 것은 사실이지만, 부모는 단 1년 전만 해도 할 수 있을 거라고 상상도 못했던 일들을 이제 할 수 있다고 말한다.

적용 사례: 청소년 또는 성인

소미는 부모와 두 동생(9세와 7세)과 함께 살고 있는 13세 소녀다. 일반 중학교 1학년에 다니고 있다. 소미는 구절과 문장을 사용해서 의사소통을 한다. 연령에 적합한 학업 과제를 수행할 수 있다(여러 단계나 지시를 포함하는 과제는 때때로 어려워하지만). 하지만 소미가 상담을 받도록 의뢰되었을 때, 교사와 부모는 소미가 친구가 없고 쉬는 시간에 자신의 특정 관심사(도로 지도나 자동차 광고 보기, 좋아하는 TV쇼를 그대로 따라 하기)와 관련된 혼자 하는 활동을 한다고 말했다. 수업시간에 소미는 과제를 하지 않는 경우가 잦기 때문에 수업을 따라가기 위해서는 많은 언어 촉진을 필요로 한다. 집에서 소미는 자신의 방에서 같은 행동(관심사 중의 하나)을 반복하면서 시간 보내기를 좋아한다. 숙제를 하라고 하면 때때로 탠트럼을 보이기도 한다. 동생들과 상호작용을 별로 하지 않는다. 부모는 가족이 함께 어디 가는 일이 드물다고 말했다. 왜냐하면 소미가 그렇게 하는 것을 싫어하고, 나가는 경우에도 관심 끄는 일이 생기면 가족을 떠나서 돌아다니는 일이 잦기 때문이다.

소미의 부모는 중심축 반응 중재에 대해 6개월 전부터 배우기 시작하였고 매주 네 시간씩 집에서 상담을 받았다. 상담가는 또한 매달 소미의 학교에 방문해서 교사를 상담하였다.

소미의 부모는 중심축 반응 중재 전략을 배웠다. 이들은 이 전략을 사용하면 소미가 더 온전한 문장으로 더 빠르게 반응한다는 것을 금방 알게 되었다. 소미와 부모는 숙제할 때나 교실에서 과제수행 행동을 증진시키기 위한 자기관리 시스템의 사용법을 배웠다. 소미는 정해진 시간 동안 스스로가 "과제수행" 중인 것을 인식하는 방법을 신속하게 학습하였다. 처음에는 스스로가 "과제를 하지 않을 때"(과제를 하는 대신 다른 곳을 쳐다봄)를 인식하는 데 어려움을 느꼈다. 몇 번의 역할놀이 이후에 소미는 과제수행 행동과 과제수행을 하지 않는 행동을 구분할 수 있게 되었고, 스스로에게 집에서 좋아하는 활동이나 물건을 "살 수 있는" 토큰을 "지불하는" 것을 즐겼다. 스스로의 행동(과제수행)을 관리하는 소미의 능력이 증가하면서, 부모는 소미가 숙제를 하도록 동기를 유발할 수 있는 간단한 방법을 배웠다. 즉, 여러 숙제를 지도의 각 장소에 위치시키고 소미가 도로 지도를 따라가게 하는 것으로 선호하는 것을 활동에 포함시키는 것이다(이것은 또한 소미가 어떤 길을 따라갈 것인지 택할 수 있고 따라서 숙제의 순서를 정할 수 있기 때문에 주도 공유하기에 해당된다).

소미가 목표 영역에서 진보를 보임에 따라 학급 내 또래와의 활동 참여도 증가하였다. 교사는 소미가 여전히 쉬는 시간을 혼자 보내지만 또래에게 더 많이 말을 한다고 보고하였다. 소미의 부모는 집에서 소미와 동생들의 상호작용을 촉진하는 방법을 배웠다. 처음에는 숨바꼭질, 스무고개, 물건 찾기 게임 등의 특정 게임을 이용했다. 학교에서는 또래와의 사회적 상호작용을 증진시키기 위해 자기관리 시스템을 개발하였다. 9개월간의 중재 이후에 소미는 대화에 더 많이 참여하고, 같은 반 친구에게 좋은 말을 해주고, 상호작용을 시작하는 방법을 알게 되었다. 교사는 소미가 교실에서와 쉬는 시간에 이러한 기술을 사용한다고 보고하였다. 부모는 구조화된, 시간 제한이 있는, 재미있는 활동(예: 과자 굽기, 구슬팔찌 만들기)을 계획해서 소미가 친구를 초대하고 이러한 기술을 연습할 수 있도록 도와주었다. 부모는 소미가 여전히 "친구"는 별로 없지만 여러 번 친구를 초대해서 놀기도 하였고, 그중 한 친구는 두 번 같이 놀았는데 두 번째는 친구가 먼저 초대한 것이라고 말하였다. 소미는 여전히 제한된 관심을 보이지만 더 많은 사회적 기술을 배우면서 관심사가 크게 늘어가고 있다. 실제로 부모는 소미가 자동차 잡지가 아닌 10대들이 보는 잡지를 보고 있는 것을 목격하기도 하였다.

9. 앞으로의 방향

지난 10여 년간 중심축 반응 중재는 통합 상황에서 서비스를 제공하고 중재 접근성을 극대화할 수 있도록 시스템 전반에 걸친 접근법을 사용하는 강력하고 포괄적인 중재 모델로 부각되었다. 중심축 영역에 대한 연구와 다양한 대상과 중재자에 걸친 중심축 반응 중재 교수전략에 대한 연구가 많은 증거를 제공한다. 더욱이, 중심축 반응 중재 중재자들의 자격증 시스템이 도입되면 지역사회 중재자 간의 중재 충실도가 높아지고 높은 질적 수준을 유지할 수 있게 될 것으로 예상된다. 자격증 과정과 인증 기술의 유지가 향후 연구의 필수 구성요소가 될 것이다.

현재까지 지역사회 프로그램에서 광범위하게 중심축 반응 중재를 사용한 연구는 드물다. 비록 소수의 연구가 초기 자료를 발표했지만 최종 결과는 아직 알 수 없다. 중심축 반응 중재의 효과를 더 강화하기 위해서 광범위한 성과 연구와 통제집단을 사용한 더 일반적인 장기 성과에 관한 연구가 이루어져야 한다. 더욱이 Schreibman(2000)이 제안하였듯이, 중재 성과 예측변수 판별과 개인의 학습 특성에 맞춘 행동 프로파일에 대한 연구가 필요하다. 마지막으로, 고기능 자폐 청소년과 성인을 위한 중심축 반응 중재 적용 연구가 상대적으로 부족하다.

더 많은 연구와 개발이 필요한 몇몇 부가적인 영역이 있다. 첫째, 비록 어떤 아동이 중심축 반응 중재를 통해 가장 많은 효과를 얻을 수 있는 가에 대한 연구가 어느 정도 이루어지기는 했지만(Sherer & Schreibman, 2005), 아동 변인에 관한 보다 포괄적인 모델을 개발해서 아동 특성, 중재 전략 종류, 그리고 목표 종류에 따른 중재 효과를 최대화할 수 있다. 이러한 모델은 아동에게 맞춰지고 특정 목표 기술에 적합하게 맞춰진 고품질의 중재를 제공할 수 있는 좀 더 혼합된 접근으로 나아갈 수 있도록 해줄 것이다. Thompson(2011)은 중심축 반응 중재 연구자에게 하나의 예시가 되어 줄 수 있는 혼합 중재 모델의 예를 제시하였다. 아동의 특성, 그리고 그 특성이 예측변수로서 아동 성취에 미치는 영향력, 그리고 성취 자료에 관련된 질문을 완전하게 다루는 연구가 필요하다.

지속적인 연구가 필요한 두 번째 영역은 중재자 훈련이다. 초기의 또는 지속적인 중심축 반응 중재 훈련을 받은 후의 중재자 수행이 어떠한지 보여주는 연구는 아직까지 없다. 그리고 중재자 훈련이나 특정 중재자 훈련 모델(예: 비디오 모델링 대 개인교습 대 수업)에 관한 연구도 없다. 더욱이, 중심축 반응 중재가 다양한 기술에 사용되었음에도 불구하고, 표현 의사소통 기술 교수에서 이루어진 중재 충실도를 제외하면 중재 충실도에 관한 연구가 매우 부족하다. 중심축 반응 중재가 점점 더 널리 사용됨에 따라, 모델의 정확한 사용을 담보하기 위한 일관되고 정확한 중심축 반응 중재 기법 사용의 측정과 점검은 필수적이라고 할 수 있다.

권장 도서

Koegel, L. K., & Lazebnik, C. (2009). *Growing up on the spectrum: A guide to life, love, and learning for teens and young adults with autism and Asperger's*. New York, NY: Penguin.

Koegel, R. L., & Koegel, L. K. (1995). *Teaching children with autism: Strategies for initiating positive interactions and improving learning opportunities*. Baltimore, MD: Paul H. Brookes Publishing Co.

Koegel, R. L., & Koegel, L. K. (2006). *Pivotal Response Treatment for autism: Communication, social, and academic development*. Baltimore, MD: Paul H. Brookes Publishing Co.

Ward, S. (2009). *What you need to know about motivation and teaching games: An in-depth analysis*. Raleigh, NC: Lulu Publishing.

학습 활동

토론 주제, 추천 활동, 서면 과제에 관한 몇 가지 아이디어는 다음과 같다. 이러한 활동에는 특정 아동을 중심으로 부모 중재자 또는 보조교사가 참여할 수 있다.

토론 주제

- 어떤 기술은 쉽게 자연적 강화를 얻게 해준다(예: 좋아하는 물건을 말로 요구하기). 그러나 다른 기술은 보다 많은 계획을 필요로 한다. 예를 들어, "이리 와서 앉아"라는 지시에 따르는 것이나 색과 모양을 배우는 전학문 기술처럼 일상에서 자연스럽게 강화되지 않는 기술이 있다. 학습 활동에 동기유발 전략을 포함시키고 자연적 강화를 제공하는 방법을 논의해보자. 예를 들어, "이리 와"에 반응하도록 가르칠 때, 처음에는 아동을 부른 후 다가오는 의미 있는 시도를 하면 안아주고, 칭찬해주고, 좋아하는 물건이나 놀잇감을 주는 게임을 하는 것으로 시작할 수 있다.

추천 활동

- 교수 기회 계획: 아동의 일과 전반에 걸쳐 학습이 일어날 수 있다. 기회를 극대화시키기 위해 아동의 일과를 검토하고 주요 일과(아침식사, 등교 준비, 오후 자유시간, 심부름, 목욕, 취침 준비) 목록을 작성한다. 주중이나 주말을 생각하면서 해본다. 먼저 한 일과(예: 간식 시간)에서 기술을 가르칠 수 있는 모든 방법을 생각해서 작성한다. 예를 들어, 간식 시간에 선택을 제공하고 특정 음식을 요구하게 하거나 아동이 요구받은 식기나 물건을 건네주도록("큰, 파란색 컵

주세요.") 하는 등이다. 자연적 강화는 간식을 먹는 것이다. 일과마다 이렇게 해본다. 하루에 얼마나 많은 교수 기회를 계획할 수 있는지 알면 놀라게 될 것이다.

- 학습을 위한 놀이: 놀잇감을 모으거나 적어도 10개의 놀잇감 또는 활동 목록을 만든다. 활동의 파트너(다른 성인이나 나이가 더 많은 아동이 도울 수 있다)를 찾고 놀이를 시작한다. 활동 내에서 할 수 있는 한 많은 일들을 생각해본다. 놀잇감을 그 기본 사용방법대로만 사용해서 놀이할 필요는 없다는 것을 기억한다. 아이디어를 글로 써보고 적어도 한 가지 놀잇감으로 할 수 있는 열 가지 다른 놀이 방법을 생각해본다. 각 놀잇감과 활동에 대해 이와 같이 해본다.

서면 과제

- 주도 공유하기: 세 가지 활동(예: 기차놀이, 비눗방울 놀이 등)을 생각해내고 각 활동에서 주도를 공유할 수 있는 방법을 생각해본다(예: 아동에게 기차를 주지 않고 기찻길 한 조각만 주기).
- 창의성 활동지: 아동이 좋아하는 활동(블록놀이, 퍼즐 맞추기 등)을 최소한 다섯 개 이상 적는다. 그리고 아동의 습득목표(예: 두 단어로 요구하기, 색 이름 듣고 이해하기, 전치사 관련 지시 따르기 등) 세 가지 이상의 목록을 만든다. 다음에는 첫 번째 놀이 활동 중에 어떻게 각 목표를 가르칠 수 있을지 적는다. 예를 들어, 블록 쌓기를 하면서 아동은 "큰 블록"(구어적 요구)을 요구하고, 두 개의 블록이 주어졌을 때 특정 색의 블록을 고르고("빨간 블록 가져와"), 블록을 특정 위치에 놓을 수 있다(블록을 "차 안에" 놓자). 각 활동에 대해 이와 같이 해본다. 어떻게 하면 각 활동이 자연스럽게 강화될 수 있을지 생각해본다.

참고문헌

Albin, R. W., Lucyshyn, J. M., Horner, R. H., & Flannery, K. B. (1996). Contextual fit for behavioral support plan: A model for "goodness of fit." In L. K. Koegel & R. L. Koegel (Eds.), *Positive behavioral support: Including people with difficult behavior in the community* (pp. 81-98). Baltimore, MD: Paul H. Brookes Publishing Co.

Bailey, D. B., Simeonson, R. J., Winton, P. J., Huntington, G. S., Comfort, M., Isbell, P. ... Helm, J. M. (1990). Family focused intervention: A functional model for planning, implementing, and evaluating individualized family services in early intervention. *Journal of the Division for Early Childhood, 10,* 156-171.

Baker, B., Brightman, A., Blacher, J., Heifetz, L., Hinshaw, S., & Murphy, D. (2004). *Steps to independence: A skills training guide for parents and teachers of children with special needs* (4th ed.). Baltimore, MD: Paul H. Brookes Publishing Co.

Baker-Ericzén, M., Stahmer, A., & Burns, A. (2007). Child demographics associated with outcomes in a community-based Pivotal Response Training program. *Journal of Positive*

Behavior Interventions, 9(1), 52-60.

Belfiore, P., Lee, D., Scheeler, C., & Klein, D. (2002). Implications of behavioral momentum and academic achievement for students with behavior disorders: Theory, application, and practice. *Psychology in the Schools, 39*(2), 171-179.

Boettcher, M. A. (2004). *Teaching social conversation skills to children with autism through self-management: An analysis of treatment gains and meaningful outcomes* (Unpublished doctoral dissertation). University of California, Santa Barbara.

Boettcher-Minjarez, M., Williams, S. E., & Hardan, A. Y. (2011). Pivotal Response group training program for parents of children with autism. *Journal of Autism and Developmental Disorders, 41*, 92-101.

Brookman-Frazee, L. (2004). Using parent/clinician partnerships in parent education programs for children with autism. *Journal of Positive Behavior Interventions, 6*(4), 195-213.

Brookman, L., Boettcher, M., Klein, E., Koegel, R., Koegel, L., & Openden, D. (2003). Facilitating social interactions in a community summer camp setting for children with autism. *Journal of Positive Behavior Interventions, 5*(4), 249-252.

Bruinsma, Y. (2004). *Increases in the joint attention behavior of eye gaze alternation to share enjoyment as a collateral effect of Pivotal Response Treatment for three children with autism* (Unpublished doctoral dissertation). University of California, Santa Barbara.

Bryson, S. E., Koegel, L. K., Koegel, R. L., Openden, D., Smith, I. M., & Nefdt, N. (2007). Large scale dissemination and community implementation of Pivotal Response Treatment: Program description and preliminary data. *Research and Practice for Persons with Severe Disabilities, 32*(2), 142-153.

Burke, J., & Cerniglia, L. (1990). Stimulus complexity and autistic children's responsivity: Assessing and training a pivotal behavior. *Journal of Autism and Developmental Disorders, 20*(2), 233-253.

Callahan, K., & Rademacher, J. (1999). Using self-management strategies to increase the on-task behavior of a student with autism. *Journal of Positive Behavior Interventions, 1*(2), 117-122.

Carter, C. (2001). Using choice with game play to increase language skills and interactive behaviors in children with autism. *Journal of Positive Behavior Interventions, 3*(3), 131-151.

Charlop, M., Schreibman, L., & Thibodeau, M. (1985). Increasing spontaneous verbal responding in autistic children using a time delay procedure. *Journal of Applied Behavior Analysis, 18*(2), 155-166.

Charlop, M., & Walsh, M. (1986). Increasing autistic children's spontaneous verbalizations of affection: An assessment of time delay and peer modeling procedures. *Journal of Applied Behavior Analysis, 19*(3), 307-314.

Delprato, D. (2001). Comparisons of discrete-trial and normalized behavioral intervention for young children with autism. *Journal of Autism and Developmental Disorders, 31*(3), 315-325.

Dunlap, G. (1984). The influence of task variation and maintenance tasks on the learning and affect of autistic children. *Journal of Experimental Child Psychology, 37*(1), 41-64.

Dunlap, G., & Koegel, R. (1980). Motivating autistic children through stimulus variation. *Journal of Applied Behavior Analysis, 13*(4), 619-627.

Dyer, K., Dunlap, G., & Winterling, V. (1990). Effects of choice making on the serious problem behaviors of students with severe handicaps. *Journal of Applied Behavior Analysis, 23*(4), 515-524.

Esbenshade, P., & Rosales-Ruiz, J. (2001). Programming common stimuli to promote generalized question-asking: A case demonstration in a child with autism. *Journal of Positive Behavior Interventions, 3*(4), 199-210.

Gallimore, R., Weisner, T., Bernheimer, L., Guthrie, D., & Nihira, K. (1993). Family responses to young children with developmental delays: Accommodation activity in ecological and cultural context. *American Journal on Mental Retardation, 98*(2), 185-206.

Gillett, J., & LeBlanc, L. (2007). Parent-implemented natural language paradigm to increase language and play in children with autism. *Research in Autism Spectrum Disorders, 1*(3), 247-255.

Haring, T., & Lovinger, L. (1989). Promoting social interaction through teaching generalized play initiation responses to preschool children with autism. *Journal of the Association for Persons with Severe Handicaps, 14*(1), 58-67.

Harper, C., Symon, J., & Frea, W. (2008). Recess in time-in: Using peers to improve social skills of children with autism. *Journal of Autism and Developmental Disorders, 38*(5), 815-826.

Ingersoll, B., & Dvortcsak, A. (2006). Including parent training in the early childhood special education curriculum for children with autism spectrum disorders. *Journal of Positive Behavior Interventions, 8*(2), 79-87.

Ingersoll, B., Schreibman, L., & Stahmer, A. (2001). Brief report: Differential treatment outcomes for children with autistic spectrum disorder based on level of peer social avoidance. *Journal of Autism and Developmental Disorder, 31*(3), 343-349.

Kennedy, C. H., & Itkonen, T. (1996). Social relationships, influential variables, and change across the lifespan. In L. K. Koegel, R. L. Koegel, & G. Dunlap (Eds.), *Positive Behavior Support: Including people with difficult behavior in the community* (pp. 287-304). Baltimore, MD: Paul H. Brookes Publishing Co.

Kennedy, C., Itkonen, T., & Lindquist, K. (1995). Comparing interspersed requests and social comments as antecedents for increasing student compliance. *Journal of Applied Behavior Analysis, 28*(1), 97-98.

Kern, L., Vorndran, C., Hilt, A., Ringdahl, J., Adelman, B., & Dunlap, G. (1998). Choice as an intervention to improve behavior: A review of the literature. *Journal of Behavioral Education, 8*(2), 151-169.

Koegel, L. K., Camarata, S., Valdez-Menchaca, M., & Koegel, R. L. (1998). Setting generalization of question-asking by children with autism. *American Journal on Mental Retardation, 102*(4), 346-357.

Koegel, L. K., Carter, C., & Koegel, R. L. (2003). Teaching children with autism self-initiations as a pivotal response. *Topics in Language Disorders, 23*(2), 134-145.

Koegel, L. K., Harrower, J., & Koegel, R. (1999). Support for children with developmental disabilities in full inclusion classrooms through self-management. *Journal of Positive Behavior Interventions, 1*(1), 26-34.

Koegel, L. K., & Koegel, R. L. (1986). The effects of interspersed maintenance tasks on academic performance in a severe childhood stroke victim. *Journal of Applied Behavior Analysis, 19*(4), 425-430.

Koegel, L. K., & Koegel, R. L. (1995). Motivating communication in children with autism. In E. Schopler & G. B. Mesibov (Eds.), *Learning and cognition in autism* (pp. 73-87). New York, NY: Plenum.

Koegel, L. K., Koegel, R. L., Bruinsma, Y., Brookman, L., & Fredeen, R. (2003). *Teaching first words to children with autism and communication delays using pivotal response training: A training manual.* Santa Barbara, CA: University of California.

Koegel, L. K., Koegel, R. L., Harrower, J., & Carter, A. (1999). Pivotal response intervention I: Overview of approach. *Journal of the Association for Persons with Severe Handicaps, 24*(3), 174-185.

Koegel, L. K., Koegel, R., Hurley, C., & Frea, W. (1992). Improving social skills and disruptive behavior in children with autism through self-management. *Journal of Applied Behavior Analysis, 25*(2), 341-353.

Koegel, L. K., Koegel, R. L., Shoshan, Y., & McNerney, E. (1999). Pivotal response intervention II: Preliminary long-term outcome data. *Journal of the Association for Persons with Severe Handicaps, 24*(3), 186-198.

Koegel, R. L., Bimbela, A., & Schreibman, L. (1996). Collateral effects of parent training on family interactions. *Journal of Autism and Developmental Disorders, 26*(3), 347-359.

Koegel, R. L., Camarata, S., Koegel, L. K., Ben-Tall, A., & Smith, A. (1998). Increasing speech intelligibility in children with autism. *Journal of Autism and Developmental Disorders, 28*(3), 241-251.

Koegel, R. L., Dunlap, G., Richman, G., & Dyer, K. (1981). The use of specific orienting cues for teaching discrimination tasks. *Analysis and Intervention in Developmental Disabilities, 1*(2), 187-198.

Koegel, R. L., Dyer, K., & Bell, L. (1987). The influence of child-preferred activities on autistic children's social behavior. *Journal of Applied Behavior Analysis, 20*(3), 243-252.

Koegel, R. L., & Egel, A. (1979). Motivating autistic children. *Journal of Abnormal Psychology, 88*(4), 418-426.

Koegel, R. L., & Frea, W. (1993). Treatment of social behavior in autism through the modification of pivotal social skills. *Journal of Applied Behavior Analysis, 26*(3), 369-377.

Koegel, R. L., & Koegel, L. K. (1990). Extended reductions in stereotypic behavior of students with autism through a self-management treatment package. *Journal of Applied Behavior Analysis, 23*(1), 119-127.

Koegel, R. L., & Koegel, L. K. (2006). *Pivotal Response Treatments for autism: Communication, social, and academic development.* Baltimore, MD: Paul H. Brookes Publishing Co.

Koegel, R. L., Koegel, L. K., & Carter, C. (1999). Pivotal teaching interactions for children with autism. *School Psychology Review, 28*(4), 576-594.

Koegel, R. L., Koegel, L. K., Frea, W., & Smith, A. (1995). Emerging interventions for children with autism: Longitudinal and lifestyle implications. In R. L. Koegel & L. K. Koegel (Eds.), *Teaching children with autism: Strategies for initiating positive interactions and improving learning opportunities* (pp. 1-15). Baltimore, MD: Paul H. Brookes Publishing Co.

Koegel, R. L., Koegel, L. K., Kellegrew, D., & Mullen, K. (1996). Parent education for prevention and reduction of severe behavior problems. In L. K. Keogel, R. L. Koegel, & G. Dunlap (Eds.), *Positive behavioral support: Including people with difficult behavior in the community* (pp. 3-30). Baltimore, MD: Paul H. Brookes Publishing Co.

Koegel, R. L., Koegel, L. K., & McNerney, E. (2001). Pivotal areas in intervention for autism. *Journal of Clinical Child Psychology, 30*(1), 19-32.

Koegel, R. L., Koegel, L. K., & Parks, D. R. (1992). *How to teach self-management to people with severe disabilities: A training manual.* Santa Barbara, CA: University of California.

Koegel, R. L., Koegel, L. K., & Surratt, A. (1992). Language intervention and disruptive behavior in preschool children with autism. *Journal of Autism and Developmental Disorders, 22*(2), 141-153.

Koegel, R. L., O'Dell, M., & Dunlap, G. (1988). Producing speech use in nonverbal autistic children by reinforcing attempts. *Journal of Autism and Developmental Disorders, 18*(4), 525-538.

Koegel, R. L., O'Dell, M., & Koegel, L. (1987). A natural language teaching paradigm for nonverbal autistic children. *Journal of Autism and Developmental Disorders, 17*(2), 187-200.

Koegel, R. L., Openden, D., Matos Fredeen, R., & Koegel, L. K. (2006). The basics of Pivotal Response Treatment. In R. L. Koegel & L. K. Koegel (Eds.), *Pivotal Response Treatments for autism: Communication, social, and academic development* (pp. 3-31). Baltimore, MD: Paul H. Brookes Publishing Co.

Koegel, R. L., & Schreibman, L. (1977). Teaching autistic children to respond to simultaneous multiple cues. *Journal fo Experimental Child Psychology, 24*(2), 299-311.

Koegel, R. L., Schreibman, L., Britten, K. R., Burke, J. D., & O'Neill, R. E. (1982). A comparison of parent training to direct child treatment. In R. L. Koegel, A. Rincover, & A. L. Egel (Eds.), *Educating and understanding autistic children* (pp. 260-279). San Diego, CA: College-Hill Press.

Koegel, R. L., Schreibman, L., Britten, K., & Laitinen, R. (1979). The effects of schedule of reinforcement on stimulus overselectivity in autistic children. *Journal of Autism and Developmental Disorders, 9*(4), 383-397.

Koegel, R. L., Schreibman, L., Good, A., Creniglia, L., Murphy, C., & Koegel, L. K. (1989). *How to teach pivotal behaviors to children with autism: A training manual.* Santa Barbara, CA: University of California.

Koegel, R. L., Schreibman, L., Johnson, J., O'Neill, R. E., & Dunlap, G. (1984). Collateral effects of parent training on families with autistic children. In R. F. Dangel & R. A. Polster (Eds.), *Behavioral parent-training: Issues in research and practice* (pp. 358-378). New York, NY: Guilford Press

Koegel, R. L., Symon, J., & Koegel, L. K. (2002). Parent education for families of children with autism living in geographically distant areas. *Journal of Positive Behavior Interventions, 4*(2), 88-103.

Koegel, R. L., Tran, Q. H., Mossman, A., & Koegel, L. K. (2006). Incorporating motivational procedures to improve homework performance. In R. L. Koegel & L. K. Koegel (Eds.), *Pivotal Response Treatments for autism: Communication, social, and academic development* (pp. 81-92). Baltimore, MD: Paul H. Brookes Publishing Co.

Koegel, R. L., Werner, G., Vismara, L., & Koegel, L. K. (2005). The effectiveness of contextually supported play date interactions between children with autism and typically developing peers. *Research and Practice for Persons with Severe Disabilities, 30*(2), 93-102.

Koegel, R. L., & Williams, J. (1980). Direct versus indirect response-reinforcer relationships in teaching autistic children. *Journal of Abnormal Child Psychology, 8*(4), 537-547.

Laski, K., Charlop, M., & Schreibman, L. (1988). Training parents to use the Natural Language Paradigm to increase their autistic children's speech. *Journal of Applied Behavior Analysis, 21*(4), 391-400.

Lee, S., Simpson, R., & Shogren, K. (2007). Effects and implications of self-management for students with autism: A meta-analysis. *Focus on Autism and Other Developmental Disabilities, 22*(1), 2-13.

Lovaas, O., Koegel, R., & Schreibman, L. (1979). Stimulus overselectivity in autism: A review of research. *Psychological Bulletin, 86*(6), 1236-1254.

Lovaas, O., Koegel, R., Simmons, J., & Long, J. (1973). Some generalization and follow-up measures on autistic children in behavior therapy. *Journal of Applied Behavior Analysis, 6*(1), 131-166.

Lovaas, O., Schreibman, L., Koegel, R., & Rehm, R. (1971). Selective responding by autistic children to multiple sensory input. *Journal of Abnormal Psychology, 77*(3), 211-222.

Mancina, C., Tankersley, M., Kamps, D., Kravits, T., & Parrett, J. (2000). Reduction of inappropriate vocalizations for a child with autism using a self-management treatment program. *Journal of Autism and Developmental Disorders, 30*(6), 599-606.

Matos Fredeen, R., & Koegel, R. L. (2006). The pivotal role of initiations in habilitation. In R. L. Koegel & L. K. Koegel (Eds.), *Pivotal Response Treatments for autism: Communication, social, and academic development* (pp. 3-31). Baltimore, MD: Paul H. Brookes Publishing Co.

McGee, G., Krantz, P., Mason, D., & McClannahan, L. (1983). A modified incidental-teaching procedure for autistic youth: Acquisition and generalization of receptive object labels. *Journal of Applied Behavior Analysis, 16*(3), 329-338.

McLean, L. K. (1990). Communication development in the first two years of life: A transactional process. *Zero to Three, 11*, 13-19.

McNerney, E. K. (2003). *Videotape communication behavior school and clinic and its effects on teacher behavior and generalization of expressive language to classroom settings for children with autism* (Unpublished doctoral dissertation). University of California, Santa Barbara.

Moes, D. (1995). Parent education and parenting stress. In R. L. Koegel, & L. K. Koegel (Eds.), *Teaching children with autism: Strategies for initiating positive interactions and improving learning opportunities* (pp. 79-93). Baltimore, MD: Paul H. Brookes Publishing Co.

Moes, D., & Frea, W. (2000). Using family context to inform intervention planning for the treatment of a child with autism. *Journal of Positive Behavior Interventions, 2*(1), 40-46.

Moes, D., & Frea, W. (2002). Contextualized behavioral support in early intervention for children with autism and their families. *Journal of Autism and Developmental Disorders, 32*(6), 519-533.

Morrison, L., Kamps, D., Garcia, J., & Parker, D. (2001). Peer mediation and monitoring strategies to improve initiations and social skills for students with autism. *Journal of Positive Behavior Interventions, 3*(4), 237-250.

National Research Council. (2001). *Educating children with autism.* Washington, DC: Author.

Newman, B., Buffington, D., O'Grady, M., & McDonald, M. (1995). Self-management of schedule following in three teenagers with autism. *Behavioral Disorders, 20*(3), 190-196.

Newman, B., & Ten Eyck, P. (2005). Self-management of initiations by students diagnosed with autism. *Analysis of Verbal Behavior, 21,* 117-122.

O'Donnell, C., Tharp, R., & Wilson, K. (1993). Activity settings as the unit of analysis: A theoretical basis for community intervention and development. *American Journal of Community Psychology, 21*(4), 501-520.

Oke, N., & Schreibman, L. (1990). Training social initiations to a high-functioning autistic child: Assessment of collateral behavior change and generalization in a case study. *Journal of Autism and Developmental Disorders, 20*(4), 479-497.

Openden, D. A. (2005). *Pivotal Response Treatment for multiple families with children with autism: Probable efficacy and effectiveness of a group parent education workshop* (Unpublished doctoral dissertation). University of California, Santa Barbara.

Openden, D., Symon, J. B., Koegel, L. K., & Koegel, R. L. (2006). Developing a student respite provider system for children with autism. *Journal of Positive Behaviour Interventions, 8*(2), 119-123.

Pierce, K., & Schreibman, L. (1994). Teaching daily living skills to children with autism in unsupervised settings through pictorial self-management. *Journal of Applied Behavior*

Analysis, 27(3), 471-481.

Pierce, K., & Schreibman, L. (1995). Increasing complex social behaviors in children with autism: Effects of peer-implemented pivotal response training. *Journal of Applied Behavior Analysis, 28*(3), 285-295.

Pierce, K., & Schreibman, L. (1997). Using peer trainers to promote social behaviors in autism: Are they effective in enhancing multiple social modalities? *Focus on Autism and Other Developmental Disabilities, 12,* 207-218.

Ryan, C., Hemmes, N., Sturmey, P., Jacobs, J., & Grummet, E. (2008). Effects of a brief staff training procedure on instructors' use of incidental teaching and students' frequency of initiation toward instructors. *Research in Autism Spectrum Disorders, 2,* 28-45.

Rocha, M., Schreibman, L., & Stahmer, A. (2007). Effectiveness of training parents to teach joint attention in children with autism. *Journal of Early Intervention, 29*(2), 154-172.

Rosenblatt, J., Bloom, P., & Koegel, R. L. (1995). Overselective responding: Description, implications, and interventions. In R. L. Koegel & L, K, Koegel (Eds.), *Teaching children with autism: Strategies for initiating positive interactions and improving learning opportunities* (pp. 33-42). Baltimore, MD: Paul H. Brookes Publishing Co.

Sameroff, A. (1975). Transactional models in early social relations. *Human Development, 18,* 65-79.

Sameroff, A. (1986). Environmental context of child development. *Journal of Pediatrics, 109,* 192-200.

Santarelli, G., Koegel, R., Casas, J., & Koegel, L. (2001). Culturally diverse families participating in behavior therapy parent education programs for children with developmental disabilities. *Journal of Positive Behavior Interventions, 3*(2), 120-123.

Schopler, E., & Reichler, R. (1971). Parents as co-therapists in the treatment of psychotic children. *Journal of Autism and Childhood Schizophrenia, 1*(1), 87-102.

Schreibman, L. (1975). Effects of within-stimulus and extra-stimulus prompting on discrimination learning in autistic children. *Journal of Applied Behavior Analysis, 8*(1), 91-112.

Schreibman, L. (1997). The study of stimulus control in autism. *Environment and behavior* (pp. 203-209). Boulder, CO: Westview Press.

Schreibman, L. (2000). Intensive behavioral/psychoeducational treatments for autism: Research needs and future directions. *Journal of Autism and Developmental Disorders, 30*(5), 373-378.

Schreibman, L., Charlop, M., & Koegel, R. (1982). Teaching autistic children to use extra-stimulus prompts. *Journal of Experimental Child Psychology, 33*(3), 475-491.

Schreibman, L., Kaneko, W., & Koegel, R. (1991). Positive affect of parents of autistic children: A comparison across two teaching techniques. *Behavior Therapy, 22*(4), 479-490.

Schreibman, L., O'Neill, R., & Koegel, R. (1983). Behavioral training for siblings of autistic children. *Journal of Applied Behavior Analysis, 16*(2), 129-138.

Schreibman, L., Stahmer, A., & Suhrheinrich, J. (2009). Enhancing generalization of treatment effects via Pivotal Response Training and the individualization of treatment protocols. In C. Whalen (Ed.), *Real life, real progress for children with autism spectrum disorders: Strategies for successful generalization in natural environment* (pp. 21-40). Baltimore, MD: Paul H. Brookes Publishing Co.

Sherer, M., & Schreibman, L. (2005). Individual behavioral profiles and predictors of treatment effectiveness for children with autism. *Journal of Consulting and Clinical Psychology, 73*(3), 525-538.

Siller, M., & Sigman, M. (2002). The behaviors of parents of children with autism predict the subsequent development of their children's communication. *Journal of Autism and Developmental Disorders, 32*(2), 77-89.

Singer, G., Singer, J., & Horner, R. (1987). Using pretask requests to increase the probability of compliance for students with severe disabilities. *Journal of the Association for Persons with Severe Handicaps, 12*(4), 287-291.

Snyder-McLean, L., & McLean, J. (1978). Verbal information gathering strategies: The child's use of language to acquire language. *Journal of Speech and Hearing Disorders, 43*(3), 306-325.

Sparrow, S. S., Balla, D. A., & Cicchetti, D. V. (1984). *Vineland adaptive behavior scales.* Circle Pines, MN: American Guidance Service.

Stahmer, A. (1995). Teaching symbolic play skills to children with autism using pivotal response training. *Journal of Autism and Developmental Disorders, 25*(2), 123-141.

Stahmer, A. (1999). Using pivotal response training to facilitate appropriate play in children with autistic spectrum disorders. *Child Language Teaching and Therapy, 15*(1), 29-40.

Stahmer, A., & Gist, K. (2001). The effects of an accelerated parent education program on technique mastery and child outcome. *Journal of Positive Behavior Interventions, 3*(2), 75-82.

Stahmer, A., & Schreibman, L. (1992). Teaching children with autism appropriate play in unsupervised environments using a self-management treatment package. *Journal of Applied Behavior Analysis, 25*(2), 447-459.

Summers, J., Rincover, A., & Feldman, M. (1993). Comparison of extraand within-stimulus prompting to teach prepositional discriminations to preschool children with developmental disabilities. *Journal of Behavioral Education, 3*(3), 287-298.

Symon, J. (2005). Expanding interventions for children with autism: Parents as trainers. *Journal of Positive Behavior Interventions*, 7(3), 159-173.

Symon, J. B., Koegel, R. L., & Singer, G. H. S. (2006). Parent perspectives of parent education programs. In R. L. Koegel & L. K. Koegel (Eds.), *Pivotal Response Treatments for autism: Communication, social, and academic development* (pp. 93-115). Baltimore, MD: Paul H. Brookes Publishing Co.

Sze, K., & Koegel, R. L. (2006). Ecocultural theory and cultural diversity in intervention programs. In R. L. Koegel & L. K. Koegel (Eds.), *Pivotal Response Treatments for autism: Communication, social, and academic development* (pp. 117-127). Baltimore, MD: Paul H. Brookes Publishing Co.

Thompson, T. (2011). *Individualized autism intervention for young children: Blending discrete trial and naturalistic strategies.* Baltimore, MD: Paul H. Brookes Publishing Co.

Turnbull, A., Blue-Banning, M., Turbiville, V., & Park, J. (1999). From parent education to partnership education: A call for a transformed focus. *Topics in Early Childhood Special Education, 19*(3), 164-172.

Ward, S. (2009). *What you need to know about motivation and teaching games: An indepth analysis.* Raleigh, NC: Lulu Publishing.

Werner, G. A., Vismara, L. A., Koegel, R. L., & Koegel, L. K. (2006). In R. L. Koegel & L. K. Koegel (Eds.), *Pivotal Response Treatments for autism: Communication, social, and academic development* (pp. 199-216). Baltimore, MD: Paul H. Brookes Publishing Co.

Whalen, C., & Schreibman, L. (2003). Joint attention training for children with autism using behavior modification procedures. *Journal of Child Psychology and Psychiatry, 44*(3), 456-468.

Whalen, C., Schreibman, L., & Ingersoll, B. (2006). The collateral effects of joint attention training on social initiations, positive affect, imitation, and spontaneous speech for young children with autism. *Journal of Autism and Developmental Disorders, 36*(5), 655-664.

Williams, J., Koegel, R., & Egel, A. (1981). Response-reinforcer relationships and improved learning in autistic children. *Journal of Applied Behavior Analysis, 14*(1), 53-60.

Wolfe, V., & Cuvo, A. (1978). Effects of within-stimulus and extra-stimulus prompting on letter discrimination by mentally retarded persons. *American Journal of Mental Deficiency, 83*(3), 297-303.

Yoder, P., Kaiser, A., Alpert, C., & Fischer, R. (1993). Following the child's lead when teaching nouns to preschoolers with mental retardation. *Journal of Speech and Hearing Research, 36*(1), 158-167.

Zionts, L., Zionts, P., Harrison, S., & Bellinger, O. (2003). African American families' perceptions of cultural sensitivity within the special education system. *Focus on Autism and Other Developmental Disabilities, 18*(1), 41-50.

13
상황이야기

Tiffany L. Hutchins

자폐 범주성 장애는 사회성, 행동, 의사소통 기능에 있어서 결함을 보이는 것으로 특징지어지며, 이러한 능력은 매우 큰 편차를 보인다(American Psychiatric Association, 2001). 사회인지(social cognition), 즉 사람이 자신과 다른 사람을 알고 사회적 지식을 습득하고 사용하고 이해하는 과정과 관련된 결함 또한 자폐 범주성 장애의 일반적인 특징이다. 결과적으로 자폐 범주성 장애인은 관련 있고 의미 있는 사회적 정보를 파악하고 해석하는 데 어려움을 보이곤 한다. 이러한 어려움은 결국 다시 가족, 학교, 지역사회 생활에 참여하는 데 개인의 능력을 제한시키는 문제행동을 야기하게 된다(Crozier & Tincani, 2005; Dunlap & Fox, 1999). 그러므로 사회적 이해를 향상시키고 문제행동을 감소시키기 위한 전략은 자폐 범주성 장애인의 삶의 질을 상당히 향상시킬 수 있으며 교육적 기회로의 접근을 가능하게 해준다(Carr et al., 2002; Crozier & Tincani, 2005).

상황이야기(Social Stories™)는 자폐 범주성 장애의 핵심 결함을 중재하기 위한 가장 인기 있는 전략 중 하나다(Hess, Morrier, Heflin, & Ivey, 2008; Reynhout & Carter, 2009). 1993년 전직 교사이자 교육 컨설턴트인 Carol Gray에 의해 소개된 상황이야기는 "사회적 정보로의 직접적인 접근"을 제공하여 자폐 범주성 장애인의 사회적 이해를 촉진하기 위해 주의 깊게 작성된 개별화된 이야기다(Gray & Garand, 1993, p. 2). 상황이야기에는 "사람, 기술, 사건, 개념, 사회적 상황을 객관적으로 묘사하기 위한 특정 형식과 지침"이 있다(Gray, 1998, p. 171). 대부분 글로 작성되는 경우가 많은데, 주로 이야기책 형식으로 만들어지며 간단한 문장과 제목으로 구성된다. 상황이야기 문맥에서 전달되는 주요 메시지는 항상 그런 것은 아니지만 흔히 시각적 지원(선그림, 아이콘, 사진, 비디오)이나 다른 미디어(녹음테이프)를 사용해 보강되기도 한다. 상황이야기에서 많이 사용되는 목표는 문제 상황의 맥락에서 관련 있는 정보를 공유하는 것이다. 이 정보는 기대되는 행동에 대한 제안뿐만 아니라 상황이 언제 어디서 일어나는지, 누가 관련이 있는지, 무슨 일이 왜 일어나는지에 대한 기술을 포함한다(Gray, 1998). 상황이야기 중재는 또한 위협적이지 않고 긍정적이며 인내심 있고 비판적이지 않은 지원을 위한 것으로, 자존감 보존이 결정적인 요소로 고려되어야 한다(Gray, 2010).

상황이야기는 인지와 언어 능력이 다양한 자폐 범주성 장애 유치원생, 학령기 아동, 청소년에게 수많은 유형의 사회적, 행동적, 의사소통 기능을 교수하기 위해 사용되고 있다. 가장 심각한 어려움을 지닌 자폐 범주성 장애인을 위한 상황이야기의 효과에 대한 결론은 아직 불명확하다(Scattone, Tingstrom, & Wilczynski, 2006). 상황이야기는 다양한 서비스 전달 모델에서 활용되고 있으며(예: 시간제 특수학급, 전일제 특수학급), 특히 일반학급에서 자폐 범주성 장애 학생의 통합을 촉진하는 데 유용하게 사용될 수 있다(Chan & O'Reilly, 2008; Gray & Garand, 1993; Greenway, 2000; Swaggart et al., 1995).

1. 대상자와 중재 관련성 및 목표 결정을 위한 진단

상황이야기는 원래 자폐 범주성 장애 학생을 위하여 개발되었지만 몇몇 연구에 의해서 아주 어린 일반 아동뿐만 아니라(Briody & McGarry, 2005; Burke, Kuhn, & Peterson, 2004), 학습장애(Kalyva & Agaliotis, 2009; Moore, 2004), 난독증(Haggerty, Black, & Smith, 2005), 언어장애(Schneider & Goldstein, 2010), 약체 X 증후군(Kuttler, Myles, & Carlson, 1998), 과독증(Soenksen & Alper, 2006)의 경우에도 사용될 수 있는 것으로 지지되고 있다. 레트증후군 또는 소아기 붕괴성 장애를 지닌 학생에게 사용하고 평가한 연구는 없는데 이는 비교적 낮은 발생률 때문일 것으로 추측된다.

초기에 Gray와 Garand(1993)는 상황이야기가 학습하도록 훈련이 가능하고 기본적인 언어 기술을 가지고 있는 지적장애를 지닌 학생에게 가장 유익한 것으로 보인다고 가정하였다. 이와 같은 가정에 따라 이들의 초기 보고는 고기능 자폐와 아스퍼거 증후군을 위해 효과적인 상황이야기를 어떻게 구성해야 하는지에 중점을 두었다. 나중에 Gray(1998)는 약간의 수정을 가한다면 상황이야기가 보다 중도의 자폐인에게도 성공적으로 사용될 수 있다고 제안하였다. 상황이야기 중재는 몇몇 연구에 의해서 고기능 자폐나 아스퍼거 증후군(예: Bledsoe, Smith, & Simpson, 2003; Rogers & Myles, 2001; Sansosti, Powell-Smith, & Kincaid, 2004; Scattone, 2008)뿐만 아니라 달리 분류되지 않는 전반적 발달장애(PDD-NOS; Dodd, Stephen, Hupp, Jewell, & Krohn, 2008; Ivey, Heflin, & Alberto, 2004; Kuoch & Mirenda, 2003)와 자폐성 장애(예: Lorimer, Simpson, Myles, & Ganz, 2002; Mancil, Haydon, & Whitby, 2009; Norris & Dattilo, 1999)를 지닌 학생에게도 효과적인 것으로 지지된다. 그러나 심각한 지적 손상을 보이거나 매우 제한된 언어 기술을 지닌 자폐 범주성 장애인을 위한 상황이야기의 효율성에 대한 조사는 비교적 드물고 이 집단에게 사용하기 위한 증거는 불명확하다(Barry & Burlew, 2004; Quirmbach, Lincoln, Feinberg-Gizzo, Ingersoll, & Andrews, 2009; Swaggart et al., 1995 참조).

2. 이론적 배경

어떤 것들은 내가 이해하기가 어렵다…… 나는 단지 머릿속에 그러한 사회적 연결망을 가지고 있지 않다.

—스티븐(가명), 아스퍼거 증후군으로 진단된 11세 소년—

사회적 이해와 관련된 자신의 어려움에 대한 스티븐의 명료한 설명은 자폐 범주성 장애의 일반적인 특징이 무엇인지를 강조한다. 상황이야기 사용의 근본적인 전제는 정확하고 의미 있는 정보를 공유하여 사회적 이해 발달을 촉진한다는 것이다(Gray, 1998, 2010; Gray & Garand, 1993). Gray는 상황이야기가 행동 변화를 위한 직접적인 도구로 의도되어진 것이 아니라고 강조하였다. 대신에 "상황이야기를 통해서 나타나는 행동의 향상에 대해 이론적으로 설명하자면 사건과 기대를 더욱 잘 이해하게 되면서 나타나는 결과물이라는 것이다"(Gray, 2010, p. xxxi).

상황이야기의 사용이 사회적 이해에 어떻게 영향을 미치는지 그 구조를 언급하고 보여주기 위해 다양한 용어와 설명이 사용되었다. Gray(1998)는 상황이야기의 주요한 성공 요인으로 생각의 원리(theory of mind)를 시사하였다. 생각의 원리는 폭넓게 적용하는

경우 사회인지(social cognition), 생각 읽기(mind-reading), 조망 수용(perspective-taking) 등의 용어와 같은 뜻으로 사용되며, 여기서는 자신과 타인의 내적인 정신세계에 대해 추론하고 다른 사람과 자신의 관점이 다를 수 있음을 이해하는 능력으로 정의된다. Gray(1998)가 주장한 바에 의하면, "생각의 원리는 대부분의 사람에게 '비밀코드', 즉 주요 정보를 담고 있으면서 말로 하지 않는 의사소통 체계이자 자폐 범주성 장애인을 피해가는 체계로의 접근을 제공한다"(p. 160).

더욱이 Gray(1998)는 자폐 범주성 장애의 사회인지 결함의 요인으로 취약한 중앙응집력 개념을 적용하였다. 취약한 중앙응집력은 정보를 처리할 때 전체적인 정보보다 세부적인 것을 주로 처리하는 인지적 양식(Frith, 1989; Happe, 1999)으로 자폐 범주성 장애는 **취약한 중앙응집력(weak central coherence)**을 보이는 것으로 보고된다. 예를 들어, 여러 가지 다른 것들 중에서 정확한 사회적 판단을 한다는 것은 맥락 내에서 사회적 단서를 읽고 의미 있고 관련 있는 정보를 뽑아내기 위해 그것들을 물리적 및 사회적 환경과 연결시키는 능력을 필요로 한다. 사회적 정보에 대한 이와 같은 게슈탈트적 이해는 일반인에게는 일상적인 성취일 수 있지만 자폐 범주성 장애인에게는 드물게 나타나며 따라서 이것은 "일상적인 만남과 활동을 이해하고 의미 있게 연관 짓는 능력에 영향을 미치는 또 다른 '비밀'에 대한 인식을 높인다"(p. 169). 간단히 말해서, Gray(1998)는 생각의 원리에 있어서의 결함과 취약한 중앙응집력의 인지적 방식을 취하려는 자폐 범주성 장애인의 기질이 맞물려 이들의 사회적 지식으로의 접근을 제한한다고 제안하였다. 상황이야기의 이론적 배경은 상황이야기가 "사회적 상호작용과 관련된 이러한 비밀을 실제적이고 명백한 사회적 정보로 번역해준다"는 것이다(Gray, 1998, p. 169).

Rowe(1999)는 또 다른 전문용어를 사용하였는데, 사회적 이해를 향상시키기 위한 상황이야기 사용을 강조하는 이론적인 작동원리를 설명하기 위해 **도식(schemata; schema의 복수형)** 개념을 언급하였다. Davenport(1993)의 이론에서 가져온, Rowe가 설명하는 도식이란 다음과 같다.

> 그것들이 무엇이고 어떻게 다루어야 하는 지에 관한 정신적 표상 또는 생각. 우리는 모두 나이프와 포크로 음식을 먹거나 길을 건너거나 가게에서 물건을 사기 위한 도식을 가지고 있다. 젓가락으로 먹거나 수영을 하거나 또는 가게의 점원이 되기 위한 도식은 모든 사람이 가지고 있지는 않다(Rowe, 1999, p. 14).

Rowe(1999)는 효과적인 의사소통은 공유된 도식에 달려 있기 때문에 내재된 도식을 명확하게 드러내주는 상황이야기는 이해를 잘할 수 있도록 돕는다고 주장하였다. 즉, 상황이야기는 공유된 틀 속으로 경험을 조직화하도록 돕는다는 것이다(Rowe, 1999).

*생각의 원리, 취약한 중앙응집력, 도식*이라는 용어는 자폐와 심리학 관련 문헌에서 풍성한 역사를 가지고 있고 널리 사용된다. 본 장에서는 상황이야기 사용을 통하여 변화될 것이라고 여겨지는 자폐 범주성 장애인의 인지적 손상 또는 인지적 방식의 특성을 파악하기 위해 이러한 용어들이 거론된다. 이와 같은 변화는 결국 보다 적절한 행동을 일으킬 수도 있다.

1) 기본 가정

상황이야기 사용의 기본이 되는 한 가지 중요한 가정은 자폐 범주성 장애의 사회적 손상은 단순히 개인에게만 내재된 것이 아니라 오히려 사람 간의 사회적 공간에 있다는 것이다. Gray(1998)는 사람들은 세상을 다르게 인식하는 사람에게 적용하면 틀릴 수도 있는 보편적인 사회적 이해에 기반을 둔 다양한 가정을 만든다고 주장한다. "그 결과는 공유된 사회적 손상으로, 즉 동일한 사건에 대해 서로 다르게 인식하지만 동등하게 타당한 두 가지 반응을 뜻한다"(p. 168). 그러므로 우리는 대부분의 사회적 상황에서 만드는 가정을 포기함으로써 가장 의미 있는 중재를 개발할 수 있다. 이를 위해 중재자는 자폐 범주성 장애의 사회인지에 대한 깊은 이해가 필요하다(Gray, 1998). 상황이야기는 사용자(즉, 이야기를 사용하게 될 대상)가 어떻게 사회적 상황을 경험하고 해석할 것인지에 대한 사려 깊은 고려 후에 그 사람의 관점에서 작성된다.

상황이야기는 개별화되고 개인적으로 관련되기 때문만이 아니라 활동의 속성 그 자체가 자폐 범주성 장애인에게 특히 유용한 것으로 밝혀진 실제에 부합하기 때문에 효과적일 수 있다(Hutchins & Prelock, 2006; Smith, 2001). Smith(2001)가 언급하였듯이, 상황이야기는 자폐 범주성 장애인의 강점, 즉 시각적인 단서가 있는 교수를 선호한다. 상황이야기는 영구적이기 때문에 중요한 다른 사람(예: 부모, 교사, 지역사회 구성원)과 함께 공유할 수 있어서 상황에 따라 이야기를 읽고 다시 검토할 수 있다. 상황이야기는 아동의 언어 수준과 어휘에 맞는 간단한 언어로 작성된다. 상황이야기는 특정 상황에 관한 것이고 정해진 관습을 사용하여 예측할 수 있는 양식으로 작성된다. 사실에 기반을 두고 있으며 정확하지만 평범하지는 않다. 왜냐하면 사람들이 어떻게 생각하고 느끼는지에 대해 직접적으로 초점을 맞추고 있어서 "아동의 생각의 원리를 보충해주기 때문이다."(Smith, 2001, p. 339). 상황이야기는 또한 본질적으로 아동에 대한 조심스러운 관찰, 아동과의 토론, 그리고 아동을 가장 잘 아는 사람(부모)으로부터의 정보 수집을 통하여 개발되어야 한다는 점에서 가족 중심적이다.

2) 중재목표

상황이야기는 특정 기능적 제한점을 *직접적*으로 목표로 삼기 위한 것이 아니라 향상된 사회적 이해를 통해서 폭넓은 범위의 기능적 성과를 *간접적*으로 다루는 것이다. 현장과 연구에서 실제로 다루어진 그러한 폭넓은 범위의 성과는 정말로 놀랄 만하다. 연구된 성과 중에는 탠트럼(예: Hutchins & Prelock, 2008), 공격행동(예: Swaggart et al., 1995), 자해행동(예: Del Valle, McEachern, & Chambers, 2001) 등의 파괴행동(예: Scattone, Wilczynski, Edwards, & Rabian, 2002)의 감소도 포함된다. 상황이야기는 또한 보다 적절한 행동 일과를 수립하기 위하여(예: Del Valle et al., 2001; Toplis & Hadwin, 2006), 일과의 변화를 소개하기 위하여(Del Valle et al., 2001), 그리고 익숙하지 않은 사건에 익숙해지게 하기 위하여(예: Gray & Garand, 1993) 사용되어 왔다. 상황이야기는 또래의 관심끌기(Soenksen & Alper, 2006; Theimann & Goldstein, 2001), 선택하기와 독립적으로 놀기(Barry & Burlew, 2004), 또래 개입과 참여 향상(Delano & Snell, 2006; Ivey et al., 2004)과 같은 사회적 기술을 촉진하기 위해서도 사용되고 있다. 상황이야기는 또한 자폐 범주성 장애 아동의 반향어(Brownell, 2002; Kuttler et al., 1998), 방해하기(Lorimer et al., 2002), 시끄럽게 말하기(Brownell, 2002)를 감소시키는 등 의사소통상의 손상을 교정하기 위해서도 사용된다.

Kokina와 Kern(2010)이 실시한 메타분석에 의하면 적절한 사회적 기술을 가르치는 것보다 문제행동의 감소를 목표로 한 상황이야기가 더 효과적일 수도 있는 것으로 나타났다. 그러나 연구자들은 사회적 상호작용 목표를 달성하기 위해 선수기술 또는 사회적 이해가 필요한지와 필요하다면 무엇이 필요한지에 대해서는 거의 고려하지 않은 것으로 나타났는데(Kokina & Kern, 2010), 이는 미래 연구를 위한 중요한 방향으로 이장의 후반부에서 보다 상세히 설명될 것이다.

상황이야기의 부가적인 목표로 몇 가지만 예를 들자면 불안(O'Conner, 2009), 신체적인 비활동성(Zimbelman, Paschal, Hawley, Molgaard, & St. Romain, 2007), 수면장애

(Burke et al., 2004; Moore, 2004), 지저분한 식사(Bledsoe et al., 2003), 감각 문제(Marr, Mika, Miraglia, Roerig, & Sinnott, 2007), 그리고 성교육(Tarnai & Wolfe, 2008) 등이 있다. Gray(1998, 2010)가 제안한 또 다른 적용은 학업기술 교수하기와 개인의 성취 인지하기인데, 이들에 대해서는 아직까지 연구가 부족하다(Kokina & Kern, 2010). 결과적으로, 상황이야기 중재는 광범위한 사회적, 의사소통적, 행동적인 성과를 다루기 위해 사용되고 있다. 이론적인 관점에서 보면, 중재가 개인의 발달 수준에 반응적이기만 하다면 향상된 사회인지로 인해서 혜택을 받을 수 있는 그 어떤 행동도 상황이야기의 적절한 목표가 될 수 있다.

3. 임상적 배경

수많은 연구의 결과를 특징짓는 한 가지 방법은 효율성(efficacy) 연구와 효과(effectiveness) 연구를 구분하는 것이다. 엄격한 실험 조건하에서 중재의 유용성을 보여주는 효율성 연구는 일반적으로 매일의 실제 조건하에 중재의 유용성을 보여주는 효과 연구에 앞서서 수행된다(Robey & Schultz, 1998). 상황이야기는 개별화된 교수전략이기 때문에 광범위한 장소와 서비스 전달 모델에 걸쳐서 자폐 범주성 장애인과 함께 일하는 과학자–중재자의 요구에 잘 맞는다. 그 결과, 상황이야기 연구는 임상적인 성과 연구의 표준 모델을 따르지 않는다. 즉, 효과 연구는 많지만 효율성 연구는 부족하다. 〈표 13–1〉은 현재까지 실행된 학술지 게재 단일대상연구를 요약해서 보여준다(학위논문 및 일화 자료를 사용한 사례연구는 포함하지 않음).

1) 단일대상연구

상황이야기 연구의 역사는 비교적 짧지만 점점 더 활성화되고 있으며 주로 단일대상연구가 주를 이룬다. 〈표 13–1〉의 조사를 통해서 알 수 있듯이, 소수의 연구가 준실험설계인 AB(A–기초선, B–중재) 설계를 사용하였다. 나머지 연구는 보다 견고한 설계(예: ABA, ABAB, 중다기초선 설계)를 사용하였지만, 이 중 몇 개는 한 명의 대상자만 참여시켰기 때문에 인과관계를 끌어내고 결과의 일반화를 평가하기에는 한계가 있다. 대부분의 연구(33개 중 21개)는 긍정적인 결과를 보여주었으며, 추가적인 11개의 연구는 혼합된 결과(즉, 몇몇의 개인 또는 행동에 대한 긍정적인 성과를 가져왔으나 다른 사람들과 행동에는 아님)를 보였고 한 연구(Hanley-Hochdorfer, Bray, Kehl, & Elinoff, 2010)는 의미 있는 결과를 입증하지 못했다. 결과적으로, 단일대상연구 문헌의 대략적인 검토를 통해서 상황이야기를 사용한 중재는 기대되는 접근이지만 성과에는 상당한 차이가 있다는 것을 알 수 있었다.

결정적으로, 상황이야기와 다른 교수방법을 결합하여 사용한 연구가 주를 이루기 때문에 상황이야기를 독립적으로 사용할 때의 효과를 단정하기가 어렵다. 〈표 13-1〉에서 볼 수 있듯이, 함께 사용된 방법은 비디오 모델링, 시각적 스케줄, 토막만화대화, 토큰경제, 촉진, 역할놀이, 음악치료 등이다. 흥미롭게도, Reynhout와 Carter(2006)는 상황이야기를 단독으로 사용한 연구와 다른 교수전략을 결합하여 사용한 연구에서 연구들 간 효과 크기의 차이를 거의 발견하지 못하였다. Schneider과 Goldstein(2010)은 상황이야기를 단독으로 사용한 것과 관련해서 큰 효과를 발견하였으나, 시각적 스케줄이 소개되자 그 효과 크기는 증가하였다. 결과적으로 연구자는 다음과 같이 결론을 내렸다. "최적화된 수행을 위해서는 추가적인 요소가…… 유용할 수도 있다"(p. 149).

상황이야기 연구는 대체로 일반화, 유지, 사회적 타당도에 관한 자료 부족으로 인해 비판받고 있다(예: Nichols, Hupp, Jewell, & Zeigler, 2006; Reynhout & Carter, 2006). 그러나 보다 최근 연구(예: Chan & O'Reilly, 2008; Crozier & Tincani, 2005, 2007; Graetz, Mastropieri, & Scruggs, 2009)는 분석할 때 이 중 두 가지 이상을 포함하는 경향이 있으므로 이러한 발전에 대해 여기서 간단히 논의하고자 한다. *중재효과에 대한 일반화* 검사는 상대적으로 자주 수행되지는 않았지만 몇몇 연구자는 훈련되지 않은 상황(예: Hagiwara & Myles, 1999; Hutchins & Prelock, 2008; Kuttler et al., 1998; Mancil et al., 2009) 또는 행동(예: Hutchins & Prelock, 2006; Theimann & Goldstein, 2001)에 대한 일반화를 보고하였다.

상황이야기 중재 후에 *기술 유지*를 검사한 연구는 혼합된 결과를 나타내고 있다. 예를 들어, Theimann과 Goldstein(2001)은 자폐로 진단된 5명의 아동에게 사회적 의사소통 기술을 목표로 상황이야기 중재를 추가적인 교수전략(예: 연계 반응하기, 요구 시작하기)과 함께 실행하였다. 이들은 유지 단계에서 아동의 수행이 기초선 수준으로 회복된 것이 중재의 인과관계에 대한 강한 논점을 제공하는 것은 사실이지만 유지 자료가 "설득력 있지 않다(p. 443)"는 결론을 내렸다. 이 중재에서는 사회적 기술을 목표로 하였고, 기술의 어려움, 훈련 기간, 성인의 촉진, 시각적 단서의 소거가 유지가 잘 안 된 이

〈표 13-1〉 학술지 게재 단일대상연구 요약(학위논문과 일화 자료를 사용한 사례연구 제외)

연구	대상자수	연령(세)	진단	실험설계	중재목표	성과 자료	기타 교수전략	결과
Adams, Gouvousis, VanLue, & Waldon (2004)	1	7	자폐 범주성 장애	ABAB	울기, 바닥에 쓰러지기, 치기 및 소리 지르기	숙제 회기 중 목표행동의 누계, 부모 및 교사의 주관적 설문	언어 단서	+
Barry & Burlew (2004)	2	7, 8	자폐	대상자 간 중다 기초선	선택하기, 교실에서의 적절한 놀이, 또래와의 놀이 방법	선택하기 중 촉진의 정도, 적절한 놀이의 지속시간, 교사의 일화기록	촉진, 교정피드백, 촉진, 또래 모델링, 교사 주도의 교수적 단계	+
Bernad-Ripoll (2007)	1	9	아스퍼거 증후군	AB	스스로의 감정 인식 및 이해, 적절한 반응 찾기	(1) 감정 찾기와 (2) 감정 설명하기 및 적절한 반응하기의 정확도 비율	사진, 비디오테이프, 강화	+
Bledsoe, Smith, & Simpson (2003)	1	13	아스퍼거 증후군 및 ADHD	ABAB	음식 흘리기 행동 감소 및 입 닦기 행동 증가	점심시간 중 행동 빈도	없음	+
Brownell (2002)	4	6~9	자폐	ABAB	TV 토크(역주: TV에서 본 광고나 대사 같은 내용을 외워서 되풀이하기), 지시 따르기, 조용한 목소리 사용하기	60분의 관찰 회기 중 목표행동의 누계	Mayer-Johnson의 그림 상징, 구어 촉진, 음악(노래) 형태	+
Chan & O'Reilly (2008)	2	5, 6	자폐	행동 간 중다간헐	부적절한 사회적 상호작용, 적절한 손 들기, 부적절한 발화, 적절한 사회적 시작행동	60분의 관찰 회기 중 목표행동에 대한 기회의 빈도 및 비율	구어 촉진, 이해에 관한 질문, 역할극	+
Chan et al. (2011)	3	8	자폐	대상자 간 중다 기초선	적절한 앉기, 집단 수업 중 교사에게 집중하기, 독립적으로 활동하기	30분 회기 중 목표행동 수행에 관한 10초 간격 비율	이해에 관한 질문	+

Crozier & Tincani (2005)	1	8	자폐	ABAC	학급 활동 중 방해하는 말하기	30분 관찰에서 허락 없이 방해하는 말하기	상황이야기에서의 촉진 유무 비교	+
Crozier & Tincani (2007)	3	3, 3, 5	자폐	ABAB	적절히 앉기, 또래와 말하기, 또래와 적절한 놀이하기	10분 동안 목표행동의 전체 지속시간; 10분 동안 목표행동의 빈도 누계	이해에 관한 질문, 구어 촉진, 색깔 아이콘	+
Delano & Snell(2006)	3	6, 6, 9	자폐/ 일반또래	대상자 간 중다간헐	또래와의 적절한 사회적 참여행동, 부적절한 사회적 참여행동, 참여행동의 부재	행동의 지속시간, 10분 동안 행동의 빈도	이해에 관한 질문, 또래와의 놀이, 구어 촉진	+
Dodd, Stephen, Hupp, Jewell, & Krohn (2008)	2	9, 12	PDD-NOS	행동/ 대상자 간 중다 기초선	타인에 대한 과도한 "지시"의 감소, 칭찬의 증가	놀이시간 중 목표행동의 빈도	이해에 관한 질문, 사진, 클립아트	+/–
Graetz, Mastropieri, & Scruggs (2009)	3	12, 12, 13	자폐	대상자 간 중다 기초선	체육시간 중 독립적으로 서 있기, 적절한 음성의 높낮이, 손 내리고 자료를 입에 대지 않기	45분의 관찰시간 또는 20분 동안 15초 간격으로 부적절한 행동을 한 시간 비율	대사가 제시된 (말풍선) 사진, 이해 질문 그리고/또는 언급하기	+
Hagiwara & Myles (1999)	3	7, 7, 9	자폐	상황 간 중다 기초선	손 씻기, 과제 행동	손 씻기 단계 완수하기 비율, 20분 관찰 중 과제 행동의 발생 당 평균 지속시간	컴퓨터를 통한 비디오 자기모델링, 구어 촉진	+/–
Hanley-Hochdorfer, Bray, Kehl, & Elinoff (2010)	4	6, 9, 11, 12	아스퍼거 증후군 (3)/ 자폐 (1)	AB	구어 시작행동, 또래를 향한 후속적인 반응행동	점심시간 15분 관찰시간 중 목표행동의 빈도	이해에 관한 질문	–

Hutchins & Prelock (2006)	2	6, 12	자폐 범주성 장애	AB	자매에 대한 부정적인 행동 줄이기, 다른 사람이 지겨워할 때 선호하는 활동을 멈추는 능력 증가시키기	엄마의 주관적인 매일의 일기 자료	토막만화대화	+/−
Hutchins & Prelock (2008)	1	5	자폐 범주성 장애	ABA	평정심 유지, 상황에 맞는 말 사용 및 타인의 입장 취하는 능력 향상시키기	엄마의 주관적인 매일의 일기 자료	토막만화대화	+
Ivey, Heflin, & Alberto (2004)	3	5, 7, 7	PDD-NOS	ABAB	과제수행 지속하기, 지시 및 규칙 따르기, 제공되는 자료 사용하기, 목표 어휘 사용하기, 요구하기(4가지 유형의 새로운 사건을 통해 측정)	10분 관찰시간 중 목표행동의 누계	사진, 삽화, 구어 및 몸짓 촉진, 행동 모델링	+
Kuoch & Mirenda (2003)	3	3, 5, 6	자폐(2)/ PDD-NOS(1)	ABA(2) ACABA(1)	공격, 탠트럼, 섭식 문제, 부적절하게 자신의 신체 만지기, 게임 놀이 기술	분당 반응행동 누계(관찰 길이를 다양하게 함)	만화그림, 구어 촉진, 구어 교정 피드백	+
Kuttler, Myles, & Carlson (1998)	1	12	자폐, 약체 X 증후군, 간헐적인 폭발행동	ABAB	탠트럼의 전조행동 감소시키기(부적절한 발화 및 바닥에 쓰러지기)	교실, 점심시간에 탠트럼의 전조행동 누계	Mayer-Johnson 그림, 토큰경제	+
Lorimer, Simpson, Myles, & Ganz (2002)	1	5	자폐	ABAB	탠트럼 전조행동 감소시키기	방해하는 구어 행동 누계 및 탠트럼의 빈도/일수	Mayer-Johnson 의 선그림	+
Mancil, Haydon, & Whitby (2009)	3	6, 7, 8	자폐	ABABCBC	또래 밀기(잡기, 만지기, 밀치기)	5분마다 밀기 행동의 평균 빈도	구어 촉진, 또래 사진, 파워포인트 버전의 상호작용적 문자	+

Marr, Mika, Miraglia, Roerig, & Sinnott (2007)	4	4, 4, 4, 5	자폐	ABA	배치된 자리에 있기, 상동행동 감소	관찰회기 중 목표행동의 비율	'감각 이야기' 삽화, 구어 및 신체 촉진	+/−
Norris & Dattilo (1999)	1	8	자폐	AB	부적절한 사회적 행동 감소시키기(혼잣말 하기, 혼자 노래하기), 적절한 대체 행동 증가시키기	점심시간 8분 관찰시간 중 부적절하거나 적절한 또는 또래와의 발생하지 않은 사회적 상호작용에 대한 10초 간격 비율	그림 상징, 행동 관리 체계, 이해에 관한 질문	+/−
Ozdemir (2008)	3	7, 8, 9	자폐	대상자 간 중다 기초선	방해행동(큰 목소리로 말하기, 의자 넘어뜨리기, 점심시간에 새치기하기)	20분 관찰시간 중 방해행동의 15초 부분 간격 비율	말풍선 대사가 표시된 막대사람 그림, 보조교사 사진	+
Pasiali (2004)	3	7, 8, 9	자폐	ABAB	식사시간 동안 이상한 발화, 비디오기기의 적절한 사용 증가, 부엌에서 "뒤지는" 행동 감소	목표행동에 대한 일상적 누계	음악 듣기, 리듬악기 연주하기, 노래하기, 그림 스케줄	+/−
Sansosti & Powell-Smith(2006)	3	9, 10, 11	아스퍼거 증후군	대상자 간 중다 기초선	스포츠맨십, 또래와 대화 유지하기, 또래놀이에 참여하기	15분 관찰 동안 목표행동의 15초 부분 간격 비율	상황이야기 읽기	+/−
Scattone (2008)	1	9	아스퍼거 증후군	행동 간 중다 기초선	눈맞춤, 미소, 시작행동	5분 관찰 동안 목표행동의 10초 간격 비율	비디오 모델링(성인 2명), 이해에 관한 질문	+/−
Scattone, Wilczynski, Edwards, & Rabian (2002)	3	7, 7, 15	자폐	대상자 간 중다 기초선	의자 넘어뜨리기, 여학생 쳐다보기, 소리 지르기	20분 관찰 동안 목표행동의 10초 부분 간격 비율	이해에 관한 질문, 구어 촉진	+

Scattone, Tingstrom, & Wilczynski (2006)	3	8, 8, 13	자폐(2)/ 아스퍼거 증후군 (1)	대상자 간 중다 기초선	적절한 사회적 상호작용 증가시키기	10분 관찰 동안 적절한 사회적 상호작용에 대한 10초 부분 간격 비율	이해에 관한 질문, 구어적 촉진	+/−
Schneider & Goldstein (2010)	3	6, 6, 9	언어 및 사회성 결함	대상자 간 중다 기초선	지시 따르기, 과제 완수하기, 눈맞춤하기, 손들기	다양한 관찰 길이의 과제 수행 행동에 대한 10초 간격 비율; 5분 관찰 동안 15초 간격 비율	Mayer-Johnson 그림, 이해에 관한 질문	+
Swaggart et al.(1995)	3	11, 7, 7	자폐(2)/ PDD-NOS(1)	AB	인사하기, 공격행동 감소시키기, 장난감 나누기	공격행동의 수/일수, 목표행동을 보인 회기의 평균 비율	삽화, 반응대가, 촉진	+
Thiemann & Goldstein (2001)	5	6, 7, 8, 11, 12	자폐(4), 언어 및 사회성 결함(1)	기술/ 대상자 간 중다 기초선	후속적인 반응행동, 관심 확보하기, 언급 시작하기, 요구 시작하기	10분 회기 중 15초 간격으로 기록된 행동의 수, 교사 및 대학원생의 사회적 행동에 대한 주관적 평정	이해 검토, 역할극, 그림 및 글 단서, 구어 단서, 비디오 피드백, 토큰경제	+/−
Toplis & Hadwin (2006)	5	평균 7.5	행동 문제	ABAB	학교 점심시간 중 방해행동 감소시키기	점심시간 동안 적절한/부적절한 행동의 누계	삽화, 그림 아이콘, 구어 및 신체 촉진	+/−

* + 중재와 관련된 효과; − 효과 없는 결과; +/− 혼합된 결과

* 실험설계 구간: A 기초선, B 중재, C 두 번째 중재

유를 설명할 수 있는 것으로 언급하였다. 반대로, 다른 연구는 유지에 대한 설득력 있는 증거를 제시하였다. 예를 들어, Chan과 O'Reilly(2008)는 두 명의 학생에게 적절한 사회적 행동을 가르치기 위해 이해도 점검(즉, 이해를 검사하기 위해 질문하기)과 역할놀이를 연합한 상황이야기를 사용하였다. 적절한 사회적 행동은 증가하였고 부적절한 행동은 감소하였으며, 그 효과는 10개월 후 유지되었다. 기존 자료가 부족하고 그 결과가 혼합되어 있다는 점으로 미루어 볼 때, 효과의 유지와 일반화를 예측하는 요인에 대한 더 많은 연구가 계속해서 필요하다.

상황이야기의 *사회적 타당도*는 부모와 전문가가 평가하는 중재의 실행 가능성과 효과를 측정하기 위해 면담, 설문지, 형식적 및 비형식적 평정척도 형태의 자료를 통해 수집한다. 사회적 타당도를 평가하기 위한 다른 전략은 장애인의 행동과 전형적인 발달을 보이는 또래 행동을 비교하는 것이다(Chan et al., 2011). 사회적 타당도 자료가 수집된 경우에 그 결과는 매우 긍정적이었다. 사회적 타당도 연구에서 Reynhout와 Carter(2009)는 자폐 범주성 장애 아동과 함께 일하는 45명의 교사를 조사하였다. 교사는 다음에 대해 동의하였다.

> 상황이야기는 수용할 만하고(100%) 효과적인 중재로(93%) 다양한 아동(78%) 및 행동과 기술(93%)에 적절하다. 다양한 환경에서 쉽게 실행할 수 있으며(93%) 다른 중재와 상호보완적이다(100%). 그에 반해서 소수의 교사(45%)가 상황이야기가 일반화된 행동 변화를 이끈다고 하였으며 오직 53%만이 상황이야기가 잘 유지된다는 점에 동의하였다(p. 241).

2) 집단연구

상황이야기의 효율성을 조사하기 위해 수행된 연구 중 학술지에 게재된 집단연구는 거의 없다. Smith(2001)는 상황이야기 중재를 실시하기 위해 몇몇 교사를 훈련한 첫 번째 집단연구를 실시하였다. "전혀 아니다"와 "완전히 그렇다"에 기반을 둔 0~10점 척도를 사용해서 중재 효율성에 대한 주관적인 교사평가를 실시한 결과 19개의 이야기 중 16개의 이야기가 중간 이상의 평가를 받았다. 이것이 상황이야기의 유용성에 대한 증거이긴 하지만, Smith(2001)와 또 다른 연구진(Ali & Fredrickson, 2006)은 이 연구에서 몇 가지 방법론적 결함을 발견하였으며(예: 추가 중재의 사용, 사회적 바람직성에 의한 편향 작동), 따라서 결과는 상당히 신중하게 해석되어야 한다.

실험적으로 통제된 대규모 집단연구가 필요함에 따라, Quirmbach와 그 연구진(2009)은 인지 및 언어 기술이 서로 다른 45명의 자폐 범주성 장애 아동에게 단일 중재 방법으로 상황이야기의 효율성을 살펴보았다. 게임놀이에서의 의사소통에 관한 표준 상황이야기(즉, 모든 아동에게 동일한 상황이야기)가 사용되었다. 상황이야기는 인사하는 방법과 적절한 상호작용을 시작하는 방법(예: "안녕" "나랑 게임할래?" "다음에는 어떤 게임하고 싶어?")을 설명하였다. 사진이나 아이콘은 포함하지 않았다.

사전사후 검사 결과, 45명의 학생 중 30명의 참여자가 놀이기술의 향상을 보였다. 놀이기술은 유사한 게임놀이 맥락으로 일반화되었고, 중재 일주일 후에도 유지되었다. 흥미롭게도 Quirmbach와 그 연구진(2009)은 상황이야기의 구어 이해 기술이 성공을 예측하는 데에 가장 크게 기여한다는 것을 발견하였다. 이들은 매우 낮은 수준의 구어 이해력을 가진 사람(즉, 웩슬러 아동용 지능검사[WISC-IV; Wechsler, 2003]의 구어이해 지표에서 표준점수 69점 이하인 경우)은 사진을 포함하지 않은 상황이야기에서 이득을 얻지 못할 수 있다고 결론지었다. 다른 한편으로 연구진은 중재의 목표가 지나치게 높았을지도 모르고, 그 때문에 매우 낮은 이해력을 가진 아동에게 부적절했을 수도 있다는 것을 인정하였다. 더욱이, 연구에서 사용한 상황이야기는 너무 길고 많은 복잡한 문장을 담고 있었다(예: "내가 게임을 끝낼 때 '너는 무슨 게임을 원해?'라고 물으면 다른 사람들을 기쁘게 만들 수도 있다"). 따라서 Quirmbach와 그 연구진(2009)의 연구결과가 상황이야기가 가장 제한된 수용언어를 가진 아동에게 효율적이지 않다는 것에 대한 반론의 여지가 없다는 증거가 될 수는 없다. 오히려 그 결과는 실제로 아동의 발달 수준에 따른 중재 조정의 중요성을 강조하는 것일 수 있다.

3) 기술연구 및 양적 고찰

상황이야기 관련 문헌에 대한 기술(Ali & Fredrickson, 2006; Karkhaneh et al., 2010; Nichols et al., 2006; Rust & Smith, 2006; Sansosti et al., 2004) 및 양적 고찰(Kokina & Kern, 2010; Reynhout & Carter, 2006, 2011; Test, Richter, Knight, & Spooner, 2010)을 통해 몇 가지 공통적인 주제를 발견할 수 있다. 대부분의 저자는 많은 증거가 상황이야기가 유망한 중재임을 제안하고 있음에 동의한다. 그럼에도 불구하고, 이들은 거의 모두가 이 연구 기반에 상당히 많은 방법론적 한계가 있음을 인정한다. 이는 중재 변인의 오염과 실험통제 부족, 빈약한 설계, 미미한 중재 효과, 중재 충실도와 신뢰도와 성과 유지 및 일반화를 제시한 연구의 전반적인 부족 등을 포함한다. 이러한 다양한 문제가 상황이야기를 증거 기반의 실제로 인정하기는 시기상조라는 결론을 이끌고 있다(Kokina & Kern, 2010; Test et al., 2010).

다른 문헌연구의 결론은 보다 긍정적이다. 예를 들어, Ali와 Fredrickson(2006)은 상황이야기를 지지하는 데에 사용된 단일대상연구 설계가 전통적으로 낮은 수준의 증거로 여겨지기는 하지만 연구 간 그리고 연구 내의 내적 타당도와 외적 타당도를 수립할 수 있는 방법이 존재한다고 지적하였다. "단일대상연구 설계를 사용한 수용 가능한 연구의 수와 종류가 많아짐에 따라 일관성 있는 결과에 대한 신뢰가 증가할 수 있다"(Ali & Fredrickson, 2006, p. 372). 증거에 대한 이러한 접근은 상황이야기를 효과가 입증된 11개의 중재 중 하나로 분류한 국가표준프로젝트(National Autism Center, 2009)의 결론과도 일치한다. 국가표준프로젝트는 자폐인에 따라서는 이 중재가 유익한 효과를 가져다줄 수 있다는 확실한 결론을 내리기에 충분한 질적, 양적, 그리고 일관된 증거가 있는 것으로 보고하였다. 물론 본 장의 뒷부분에서 설명하는 바와 같이 몇 가지 연구문제는 앞으로도 지속적인 연구를 필요로 한다.

4. 실행을 위한 요구사항

Carol Gray는 자신이 제시한 지침에 충실한 상황이야기를 개발할 수 있도록 효과적인 선택을 지원하기 위한 자료와 훈련 기회에 관한 정보를 제공하는 웹 사이트(http://thegraycenter.org)를 운영한다. Gray가 개발하고 정의 내린 것처럼 상황이야기를 사용하는 방법을 배울 수 있는 한 가지 방법은 워크북을 동반한 DVD 워크숍(Carol Gray와 함께 상황이야기 작성하기)에 참석하는 것이다. 『새로운 상황이야기 책 10주년 기념판(The New Social Story Book: 10th Anniversary Edition)』(Gray, 2011)은 Gray의 상황이야기를 사용하기 위한 가장 최신 지침을 설명한다. 이 책은 상황이야기 사용을 연습할 수 있는 일련의 사용 지침서와 차용 및 적용할 수 있는 150개 이상의 표준 상황이야기를 포함하고 있다. 웹 사이트에는 또한 Carol Gray와 고도로 훈련된 다른 사람들의 강연 일정이 제공된다.

일반적으로, 상황이야기를 구성하기 위해 필요한 자료는 휴대하기 쉽고 비싸지 않다. 상황이야기는 전통적으로 종이에 쓴 글로 구성된다. 그러나 비디오와 오디오 녹음, 사진, 삽화를 포함하여 다양한 획기적인 추가물이 적절하게 사용될 수 있다(Test et al., 2010). 가장 흔하게 쓰이는 시각적 지원은 메이어 존슨(Mayer-Johnson) 또는 보드메이커 사진이라고 불리는 그림 의사소통 상징(Picture Communication Symbols: PCS)과 같은 사진과 삽화다. 이러한 사진을 사용하려면 무엇을 원하는지에 따라 컴퓨터, 워드프로세싱 소프트웨어, 사진 제작 소프트웨어, 보드메이커 등이 필요하다. 상황이야기 사용자는 또한 컴퓨터를 이용한 상황이야기(Mancil et al., 2009) 또는 특정인의 융통성과 흥미를 강화할 수 있는 기타 기술적인 확장(Doyle & Arnedillo-Sanchez, 2011)을 고려할 수도 있다.

5. 주요 구성요소

Gray는 상황이야기의 특성과 상황이야기를 개발하고 실행하기 위한 과정을 설명하였다. Gray의 가장 최근 준거(2010)는 이전 버전(예: Gray, 1995, 1998; Gray & Garand, 1993)을 수정한 것이다. 또한 다른 연구자와 중재자(예: Nichols et al., 2006; Scott, Clark, & Brady, 2000; Swaggart et al., 1995; Tarnai & Wolfe, 2008)도 상황이야기 중재 실행을 위한 자신들의 권장사항을 제안하였다. 그 결과, 상황이야기는 거의 20년 동안 계속해서 점진적으로 발전해온 지침에 따라 개발되고 있다. 여기서는 실행을 위한 가장 공통적이고 핵심적인 요소를 종합해서 제시하고자 한다. 중재의 평가를 위해서 반드시 필요한 기초선 및 중재 자료 수집에 대해서는 뒷부분에서 보다 상세히 논의될 것이다.

1) 주제 결정

상황이야기 중재의 첫 번째 단계는 주제를 결정하는 것이다. Gray(2010)는 중재자가 잠재적 이야기 주제를 만들어내기보다는 주제를 찾을 수 있게 해주는 적절한 자료 수집의 중요성을 강조하였다. 다음의 예는 구어를 사용하는 자폐 범주성 장애인과 작업할 때 이루어진 철저한 자료 수집의 가치를 보여준다.

> 김 교사의 1학년 학급 학생인 영규는 수학을 어려워한다. 도움을 청하기 위해 단 한 번 손을 든 적이 있다…… 나는 영규가 더 배울 수 있도록 그림 그리기를 시도하기로 하였다…… 그림을 그리는 동안, 영규는 "나는 다시는 손을 들지 않을 거예요. 선생님은 수학에 대해 아무것도 몰라요."라고 말하였다. 나는 왜 그렇게 생각하는지 물었다. "제가 손을 드니까 선생님이 오셔서 말씀하셨어요. '그래 영규야, 첫 번째 숫자가 뭐지?' 선생님, 우리 선생님은 숫자도 몰라요." 상황이야기 주제를 무엇으로 할지가 명확해졌다. 나는 두 개의 상황이야기를 작성하였다. 한 가지는 영규의 선생님이 무엇을 알고 있는지에 대한 설명이고…… 두 번째는 선생님들이 이미 답을 알고 있는 질문을 왜 하는지를 설명하였다. 두 개의 이야기를 읽은 후 즉시 영규는 다시 손을 들기 시작하였다(Gray, 2010, pp. xxxiv-xxxv).

문헌 고찰과 실제적인 경험에 따르면 상황이야기의 주제는 문제행동을 일으키는 상황을 들여다봄으로써 가장 자주 파악된다. 핵심 주제는 사회성 기술 교육과정이나 문제행동을 다루는 다른 긍정적인 중재가 실패한 후에 계속 문제가 되는 상황을 조사해봄으로써 파악할 수도 있다(Gray, 1995). 또한 사전에 미리 정확한 정보를 가지고 개인을 지원하기 위해서 새로운 상황이나 일과의 변화가 어떻게 경험될지를 예측해볼 수도 있다(Gray, 1998). 자주 간과되기는 하지만, 상황이야기는 "첫 번째 이야기"로 훌륭한 주제가 될 수 있는 성공에 대해 다루는 것이 좋은데, 이는 상황이야기라는 교수전략을 긍정적으로 소개해주기 때문이다. 이와 관련해서, 상황이야기 사용을 통해 문제행동의 개선이 입증되면 성공을 인정하고 자신감을 높이기 위해 그 이야기를 수정할 수도 있다. 실제로 Gray(2010)는 상황이야기의 최소한 50% 이상은 개인이 잘하고 있는 것을 칭찬하도록 권고한다. "그 이유는 간단하다. 상황이야기가 새로운 개념과 기술을 가르치는 데 도움이 될 수 있다는 것으로 미루어볼 때 칭찬에 의미와 세부 정보를 더하는 데 있어서도 그만큼 강력할 수 있을 것이다"(Gray, 2010, p. xxxv).

2) 개별화된 정보 수집

"상황이야기는 이를 사용하는 사람들의 신뢰를 받을 만한 가치가 있는 자료다. 이를 성취하기 위해서 작성자는 정확한 정보를 수집할 필요가 있다"(Gray, 2010, p. xxxiii). 실제로, 주제 파악과 정보 수집 단계는 서로서로 정보를 주고받는 역동적인 과정으로 보아야 한다. 일단 주제가 결정되면 상세하고 관련 있고 개별화된 정보를 수집해야 하는데, 이는 자주 간과되곤 하는 중요한 과정이다(Gray, 2010). 문헌에서 제시하는 몇몇 예시는 풍부한 자료 수집의 실제를 보여준다(Crozier & Tincani, 2005; 2007; Delano & Snell, 2006; Hutchins & Prelock, 2008; Lorimer et al., 2002). 예를 들어, Hutchins와 Prelock(2008)은 부모와 교사로부터 정보를 수집하기 위해 협동적인 가족 중심 접근을 사용하였다. 그리고 적절한 중재목표와 내용을 결정하기 위해 면담, 아동 행동 관찰, 기록 검토, 공식적인 언어 및 사회인지 평가를 실행하였다. Crozier과 Tincani(2005)는 행동(빈도, 맥락, 전조, 선행사건, 후속결과, 원인, 동기)을 이해하고 자신들이 만든 상황이야기가 정확히 목표행동을 다루는지 확인하기 위해 교사 면담, 아동 관찰, 동기 진단 척도(Motivation Assessment Scale: MAS; Durand & Crimmins, 1992)를 사용하였다.

이러한 예시는 상황이야기 작성을 돕기 위해 수집된 정보는 공식적, 비공식적, 직접적, 간접적인 방법을 창의적으로 활용할 수 있음을 보여준다. 더 나아가 부모, 연구자,

그리고 기타 전문가는 행동의 원인과 목적을 더 잘 이해하기 위해 다양한 기술을 사용함으로써 그 행동 이상을 보도록 격려된다. 이상적으로 팀은 관찰이나 관련인과의 면담 또는 자원이 허락된다면 행동의 목적과 그것을 다루는 전략을 파악하기 위한 문제해결 과정으로 설계된 **기능적 행동진단**(functional behavioral assessment: FBA)을 실행할 수 있다. 기능적 행동진단의 형식을 사용했던 연구는 그렇지 않은 연구보다 더 큰 효과크기를 산출했다고 결론지은 메타분석(Kokina & Kern, 2010)이 이를 뒷받침한다.

상황이야기 작성자는 Gray가 추천한 과정에 대한 안내가 도움이 된다는 것을 알게 될 것이다. Gray(2010)는 정확한 관련 정보를 수집하기 위해 2단계 과정을 설명하였다. 첫 번째 단계는 상황을 규정하는 관련 단서를 결정하기 위한 제3자의 "벽에 붙은 파리(fly on the wall)"(p. xxxiv) 관점을 포함한다(역자 주: 상황에 전혀 영향을 주지 않는 조용한 관찰자). 두 번째 단계는 관찰자가 맥락 내에서 개인의 관점을 가정함으로써 경험이 그 개인의 인식에 비추어 고려된다. 정보 수집 과정은 "관련 단서, 사건의 일반적인 순서, 상황과 관련된 사람들의 생각, 그리고 [자폐 범주성 장애인]의 관점"에 중점을 두어야 한다(Gray, 1998, p. 174). 정보 수집 과정의 중요성은 아무리 말해도 지나치지 않다. 이 과정은 맥락 변인과 개인의 행동 간의 명확한 연결을 제공함으로써 상황이야기 내용에 직접적으로 영향을 미친다(Sansosti et al., 2004).

3) 상황이야기 개발

수집된 정보를 신중하게 고려함으로써 상황이야기를 작성하게 된다. 상황이야기는 개인의 관점을 반영하기 위해 일반적으로 1인칭으로 작성되지만 사회적 기사(Social Article; Gray, 2010)로 불리는 3인칭 이야기는 나이가 많거나 보다 상위수준의 사용자에게 권장된다. 사회적 기사는 "글에서 '유아적'이거나 또는 비난하는 특성"을 최소화하기 위해 종종 뉴스 형식(예: 칼럼, Times New Roman 글자체)을 취한다(Gray, 2010, p. xlvii). 그에 반해서, 어린 대상자 또는 하위 수준의 발달을 보이는 사람은 각 페이지에 큰 글자로 1~2개의 간단한 문장만을 적은 짧은 이야기로부터 더 큰 도움을 얻을 수 있다(예: Swaggart et al., 1995). "목표 상황에 포함된 가장 특징적인 사건, 단어, 몸짓을 강조함과 동시에 상관없는 정보는 보통 제거된다"(Nichols et al., 2006, p. 91). 상황이야기의 길이와 복잡함(그리고 글자체, 형식의 선택)은 나이, 구어 이해, 읽기 수준, 주의집중 시간과 같은 개별적인 요인에 따라 결정되어야 한다(Attwood, 1998).

긍정적인 행동 중재로서의 상황이야기의 내용은 긍정적인 용어로 서술되어야 한다. 따라서 "나는 침착해야 한다는 것을 기억하도록 노력할 것이다"와 같은 문장은 적절한 반면에 "나는 때리거나 소리 지르지 않을 것이다"와 같은 문장은 부적절하다. 상황이야기는 개인에게 의미 있는 어휘와 발달적으로 적절한 언어를 사용해서 작성되어야 한다. 게다가, 융통성 있는 언어(예: 때때로, 보통)가 문자 그대로 더 정확하기 때문에 융통성 없는 언어(예: 항상, 결코)보다 더 선호된다.

Gray(2010)는 상황이야기를 제목과 다음의 세 가지 기본적인 부분으로 구성하도록 제안한다: (1) 주제를 분명하게 보여주는 소개, (2) 관련된 세부사항을 추가한 본문, (3) 이야기를 요약하고 핵심적인 메시지를 강조하는 결론. 문장의 수와 종류는 시간이 흐르면서 변하기는 했지만, Gray는 상황이야기를 특정 문장 유형으로 구성할 것을 제안하였다. 상황이야기 지침이 발전해온 것에 익숙한 사람들은 설명문, 조망문, 지시문, 긍정문, 통제문, 협조문에 익숙할 것이다. Gray(2010)가 가장 최근에 제시한 문장 유형은 〈표 13-2〉에서 보는 바와 같은데, 이들은 개념적으로 이전의 유형과 비슷하다.

〈표 13-2〉 상황이야기의 문장 유형

문장 유형	설명
설명문	맥락 그리고/또는 관련은 있지만 말로는 잘 표현하지 않는 상황, 사람, 활동, 기술 및 개념의 측면을 묘사하는 사실적이고 객관적이고 가정과 논박에서 자유로운 진술
조망문	개인의 내적 상태 또는 그들의 지식, 사고, 느낌, 신념, 의견, 동기, 신체적 조건이나 건강을 정확히 참조하거나 묘사하는 진술
사용자 지시문	제안하는 반응 또는 반응 선택을 묘사함으로써 행동 또는 사용자를 조심스럽게 안내하는 진술
팀 지시문	제안하는 반응이나 반응 선택 또는 자기 지도 전략을 묘사함으로써 사용자 또는 사용자의 팀 구성원의 행동을 안내하는 진술
자기 지시문	회상하고 그 내용을 실제로 적용하기 위해서 개인적인 전략을 확인하려고 사용자가 작성한 진술
긍정문	주변 진술의 의미를 강화하고 주어진 문화에서의 보편적으로 공유되는 가치 또는 의견을 표현하는 진술
미완성문	이해를 확인하기 위해 빈칸을 채우게 하는 진술로 사용자로 하여금 상황의 다음 단계, 다른 사람의 반응, 자기 자신의 반응을 추측해보도록 격려함

출처: Gray(2010).

Gray(2010)는 상황이야기의 문장은 반드시 설명문, 조망문, 긍정문, 미완성문의 총수를 사용자, 팀, 개인에게 지시하는 문장의 총수로 나눈 값이 2 또는 그 이상이어야 한다는 지침을 따라야 한다고 주장하였다. 이 비율(이 또한 여러 해 동안 바뀌어 왔다)은 상황이야기가 "*지시하기보다는 묘사해야 한다*"(원본에서 이탤릭체로 서술하였음, Gray, 1998, p. 179)는 개념으로부터 도출된 것이다. 이러한 주장은 사회적 이해를 향상시키기 위한 교수전략으로서 상황이야기의 목표와 이론적 기초를 반영하는 것이지만 비율에 대해서는 실증적인 지지가 부족하고 많은 사람들이 이 비율의 유용성과 적절성에 대해 의문을 제기한다. 특히, Gray의 비율을 따르지 않았는데도 효과적이었던 몇몇 상황이야기의 예가 문헌에 보고되었다(Reynhout & Carter, 2006, 2011 참조).

실제로, Quirmbach와 그 연구진(2009)은 "표준화된" 이야기(즉, Gray의 비율을 따르는 이야기)를 "지시적 이야기"(즉, 지시문만을 사용한 이야기)와 비교하여 문장 유형을 체계적으로 분리하였다. 이들은 Gray의 주장과는 반대로 "상황이야기를 활성화시키는 주요 요소는 지시적인 문장으로부터 오는 것으로 보인다"(p. 315)고 결론을 내렸다. 조망문을 조사한 연구에서 Okada, Ohtake, Yanagihara(2008)는 조망문이 없는 상황이야기가 긍정적인 효과를 가져올 수는 있지만 조망문을 추가함으로써 목표행동의 향상을 가속시킬 수 있음을 발견하였다. 현재 서로 다른 문장 유형이 어떻게 다르게 영향을 미치는지는 불명확하며, 상황이야기 사용자가 정해진 비율을 따라야 하는지에 대해서는 주장이 상반된다. 당분간 논리적으로 옹호할 수 있는 한 가지 제안은 상황이야기 비율에 대한 집착을 피하는 것이다. 내용이 "특정 맥락과 중재의 목표에 반응적인지"에 우선적인 중점을 두는 것이 더 적절할 수 있다(Hutchins & Prelock, 2006, p. 49).

상황이야기와 병용될 수 있는 시각적 지원의 가치에 대한 Gray의 생각 역시 시간이 지남에 따라 수정되어 왔다. 상황이야기에서의 그래픽 사용은 산만하거나 부정확한 해석을 이끌 수 있다는 점에서 초기에는 권장되지 않았다(Gray & Garand, 1993). 이러한 고려사항은 정보(이미지를 포함한)를 있는 그대로 해석하는 자폐 범주성 장애인의 성향을 고려한다면 특히 중요하다. "예를 들어, 만일 삽화에 한 아이가 파란 카펫 위에 앉아 있는 고양이 옆에 앉아서 신발 끈을 매려고 하는 모습이 그려져 있다면, 학생은 이것을 신발 끈은 오직 파란 카펫 위에 앉아 있는 고양이 옆에 앉아서만 매야 한다고 해석할 수도 있다"(Gray & Garand, 1993, p. 4).

이후에 Gray(1998)는 자폐 범주성 장애인의 이해를 돕기 위해 시각적 지원을 사용하는 것에 대한 강력한 당위성을 보여주는 임상 경험과 연구에 비추어 자신의 이러한 입장을 재고하였다. 실제로, 연구에 의하면 상황이야기에 이미지를 포함시킴으로써 더욱 많은 성공을 가져올 수 있다(Kokina & Kern, 2010). Gray는 현재 다양한 형태를 취할 수 있는 시각적 자극의 적절성에 대한 중요성을 강조한다. 어떤 선택을 하든지 시각적 지원의 목표는 정보를 강조하거나 요약하고, 흥미를 사로잡고, 이해를 향상시키는 것이어야 한다(Gray 2010). Gray는 특정 시각적 지원이 효과적인지 아닌지를 결정할 때 고려해야 하는 몇 가지 질문을 제시하였다.

- 사용자가 이러한 형태의 삽화를 사용하기 위한 선수기술을 가지고 있는가?
- 사용자는 이전에 이와 같은 삽화 유형에 흥미를 보인 적이 있는가?
- 두 가지 또는 그 이상의 삽화 형태를 조합하는 것이 가장 효과적일 것인가? (2010, p. xliii)

상황이야기 작성자는 이야기의 내용에 대해 사려 깊은 것만큼 시각적 지원의 사용에 대해서도 사려 깊어야 하고, 이미지가 미치는 부정적인 영향의 가능성도 고려해야 한다. 결정적으로, 상황이야기는 사용자의 정서적 및 신체적인 안전을 고려해서 개발되어야 한다. 이와 관련해서 Gray는 다음과 같은 사례를 제시하였다.

> 한 어머니가 해변에서 수영을 하려고 하는 아들 한수에 대한 이야기를 작성한다. 어머니는 물속에 있는 한수의 사진을 넣는다. 사진에는 한수 외에 아무도 없다. 사진이 찍할 때 아버지는 뷰파인더 범위 밖이기는 했지만 한수의 바로 오른쪽 옆에 있었다. 그 사진을 보이는 그대로 해석한다면(즉, 한수의 눈과 마음을 통해 본다면) 한수가 혼자 수영할 수 있다고 허락하는 것으로 보일 수도 있다(2010, p. ×××i).

이미 작성된 이야기(예: 『학교에서 줄 서기[Standing in Line at School]』)로 구성된 다양한 책을 구입하여 활용할 수 있다(예: Gray, 2000, 2001; Gray & White, 2002). 이와 같은 책을 사용하는 것이 개별화된 정보를 사용해야 한다는 권장사항을 어기는 것처럼 보이기는 하지만(Ali & Fredrickson, 2006), 만일 신중한 검토 후에 선택하고 선택 후에 개인의 필요에 맞게 조정한다면 이러한 이야기의 사용도 타당해 보인다(Ali & Fredrickson, 2006; Gray, 2010).

4) 추가적인 지원 고려

추가적인 지원의 사용은 좋은 성과를 촉진하기 위한 수단으로 상황이야기 관련 연구문헌에서 폭넓게 권장되고 있다(Gray, 2010; Nichols et al., 2006; Tarnai & Wolfe, 2008). 추가적인 지원을 고려할 때, 상황이야기 작성자는 이전에 개인에게 성공적이었거나 그렇지 않더라도 이해, 참여, 흥미를 향상시킬 만한 잠재력을 가지고 있는 전략(예: 그림 스케줄, 촉진, 모델링, 역할놀이, 토큰경제, 멀티미디어 프레젠테이션, 비디오 모델링)을 고려해야 한다. 선수기술이나 이해도를 판별하고 적절한 환경적 지원을 제공하는 것은 실행에 있어서 중요하며, 상황이야기가 자폐 범주성 장애인에게 특히 어려운 사회적 기술을 가르치기 위해서 개발될 때에는 필수적이다(Kokina & Kern, 2010).

5) 상황이야기 검토 및 공유

상황이야기를 사용하기 전에 대상자를 접하고 주제에 대해 잘 아는 부모와 교사 또는 다른 사람들과 초안을 공유하는 것이 좋다. 이상적으로 이들은 정보 수집 과정에 참여하게 될 것이고 내용을 비판적으로 검토하기에 적절하다. 목표는 수정이 필요한 부정확한 내용을 발견하거나 세부사항을 놓치지 않는 것이다(Gray, 1998).

이후에 상황이야기는 검토 일정(누가, 언제)을 개괄적으로 보여주는 실행 계획 및 사용될 추가적인 교수전략과 함께 다른 관련 있는 사람들에게 배부될 수 있다(Gray, 1998). 이 과정은 공유된 책임과 팀의 참여를 촉진해주는 잠재력을 지닌다(Gray, 1998). 더욱이, 이것은 다양한 사람들이 같은 사회적 정보를 가지고 있다는 것을 개인에게 보여줌으로써 다양한 맥락에 걸쳐 핵심 메시지를 강화하도록 도울 수 있다(Gray, 1995).

6) 상황이야기 소개

상황이야기는 개인에게 편하고 위협적이지 않은 방법으로 소개되어야 한다(Gray, 1998, 2010). "너를 위해 쓴 이야기가 있어"와 같은 간단한 문장으로도 충분하지만, 소개의 복잡성과 내용은 상황에 따라 달라질 수 있다. 개인은 페이지를 넘기거나 또는 가능하다면 독립적으로 읽도록 격려받을 수 있다. 개인이 독립적으로 상황이야기 읽기에 책임을 질 때 상황이야기 중재가 더 효과적이라는 몇 가지 증거가 있다(Kokina &

Kern, 2010). 새로운 또는 도전적인 상황 직전에 상황이야기를 읽게 하는 미리 보여주기(priming) 절차가 종종 사용되기도 한다(Scattone, 2007).

상황이야기는 중재의 단일 또는 복수의 목표를 다루기 위해 적용될 수 있다. 복수의 목표가 판별되는 경우 이들은 동시에(Kokina & Kern, 2010) 또는 위계적으로(예: Gray, 2010) 소개될 수 있다. 한 번의 노출이나(예: Gray, 2010) 몇 차례의 반복으로(예: Hutchins & Prelock, 2006, 2008; Norris & Dattilo, 1999) 새로운 기술과 이해를 가르치는 것이 가능하다. 따라서 변화에 영향을 주기 위해(만일 변화가 발생한다면) 요구되는 제시 횟수는 매우 다양할 것으로 예상된다. 상황이야기는 개별화된 중재기 때문에 읽기 일정과 관련된 권장사항은 "불필요한 반복 없이 검토하기에 충분할 정도로 자주 읽는 것"이다(Gray, 1995, p. 229).

7) 이해도 점검 및 수정

상황이야기에 대한 개인의 반응을 면밀히 관찰하는 것(Gray, 1995, 1998, 2010; Tarnai & Wolfe, 2008)은 이야기 요소의 의미가 부족하거나 잘못 해석될 때 수정할 수 있도록 도와준다. 이해도 점검은 이해도 점검표 사용(Gray, 1998), 말 또는 글로 하는 질의응답, 빈칸 채우기 활동(Tarnai & Wolfe, 2008) 등을 포함하여 다양한 방법으로 실시될 수 있다. 메타분석(Kokina & Kern, 2010; Reynhout & Carter, 2006)에 따르면, 이해도 점검을 포함하는 상황이야기가 포함하지 않는 것보다 더 나은 결과를 보인다고 결론을 내릴 수 있다. "그러므로 상황이야기를 사용할 때 전문가와 부모는 최소한의 간단한 이해도 점검을 수행할 것을 권장한다(Kokina & Kern, 2010, p. 24)."

8) 일반화 훈련, 유지, 소거

성취가 이루어진 후의 보편적인 권고사항은 기술의 일반화를 촉진하기 위해 고안된 절차를 실행하는 것이다(Nichols et al., 2006; Swaggart et al., 1995; Tarnai & Wolfe, 2008). 이와 관련된 연구가 부족하기는 하지만(Sansosti et al., 2004), 중재에 또래 포함시키기, 보다 폭넓은 상황에서 다른 사람이 상황이야기 읽어 주기, 새롭게 습득한 기술과 관련 있는 다른 상황을 포함하도록 상황이야기 확장하기 등이 권장된다. Gray(2010)가 주장하였듯이 "'은퇴한' 상황이야기 같은 것은 존재하지 않는다." 왜냐하면 이전에 사용된

이야기는 새롭고 관련 있는 정보를 공유하기 위해 업데이트 될 수 있기 때문이다.

실제에서의 또 다른 권고사항은 성공적인 상황이야기를 유지하는 동시에 읽기 사이의 시간을 연장하거나 또는 적절할 때 개인에게 더 많은 독립적 읽기의 책임을 넘겨줌으로써(Swaggart et al., 1995) 체계적으로 소거해야 한다는 것이다. 이 단계에서 상황이야기 중재를 위한 새로운 주제를 고려하곤 한다.

6. 의사결정을 위한 자료 수집

임상가와 교육자는 자신의 교육적 실제에 책임을 지도록 소비자, 전문가 조직, 입법부 그리고 법원으로부터 점점 더 많은 압력을 받고 있으며, 중재를 위한 의사결정을 지원하고 안내하는 객관적인 자료를 제공하도록 요청을 받아 왔다(Gast, 2010). 상황이야기는 폭넓은 환경에서 다양한 전문가에 의해 실행되는 맞춤형 중재기 때문에 그 효과를 평가하기 위해서 많은 방법이 적용되어 왔다. 〈표 13-1〉은 성과를 진단하기 위해 사용된 연구방법에서 분명하게 드러나는 다양성을 보여준다. 이는 활동(예: 휴식, 단체활동) 또는 고정된 시간 동안의 행동 빈도, 활동에 참여한 시간의 비율, 반구조화된 과제 제시에 대한 정반응 비율, 행동 일과 중 완수된 단계의 수, 행동에 대한 주관적인 매일의 평정, 바람직한 행동을 가능하게 하기 위해 필요한 촉진의 횟수, 시간/사건 표집법(예: 10초 구간의 행동 발생율), 그리고 사회적 타당도를 평가하기 위한 다양한 방법(예: 면담, 설문지)을 포함한다. 상황이야기 관련 문헌에서는 또한 가장 적절한 성과가 바람직하지 않은 행동의 감소인지 바람직한 행동의 증가인지 또는 둘 다에 초점을 맞추는지에 관한 약간의 논쟁이 보고된다(Nichols et al., 2006; Rust & Smith, 2006). 간단히 말해서, 의사결정을 이끄는 증거로서 자료의 특성과 그 적절성은 중재 대상과 목표, 개인과 상황, 자원과 관련된 실질적인 고려점으로부터 온다. 어떤 경우라도 성공의 지표로 채택되는 것은 개인의 생활에 기능적이고 의미 있는 것이 무엇인지를 반영할 수 있도록 명확하게 정의되고 개별화되어야 한다(Ali & Fredrickson, 2006).

연구와 실제에서 기초선과 중재 회기의 자료는 중재를 평가하기 위해 종종 AB 또는 간단한 시계열 설계(time-series design)로 수집된다. 이러한 설계로는 오직 상관관계에 관한 결론만을 내릴 수 있다(Gast, 2010). 그러나 교육적이고 임상적인 상황에서 간단한 AB 설계는 이 같은 상황에서 시행하기 어렵거나 불가능한 더 광범위한 실험설계(ABA,

ABAB, 중다기초선 설계)보다 선호되기도 한다. 실행자는 중재 효과를 점검하기 위하여 기초선, 중재, 반전 단계에 걸친 간단한 관찰회기의 사용을 고려해야 할 수도 있다.

Gray와 Garand(1993)는 상황이야기 중재가 효과적이라면 그 결과는 종종 극적이고 일주일 내에 나타난다고 하였다. Swaggart와 그 연구진(1995)은 만일 2주 후까지도 바람직한 행동 변화가 나타나지 않는다면 그 프로그램은 수정되어야 한다고 권고하였다. 그러나 상황이야기 중재의 역동적인 특성을 고려한다면 중재와 관련된 결정을 촉진하기 위해 제공될 수 있는 단일 준거나 시간 간격은 존재하지 않는다. 이러한 경고는 원하는 수준의 기능(만일 이것이 정말 발생한다면)에 도달하기 위해 상황이야기를 읽어야 하는 횟수는 개인 및 행동에 따라 매우 다양한 것으로 예상되며 수많은 경우에 중재의 효과는 서서히 나타날 것이라는 사실의 측면에서 특히 중요하다(Gray, 1998).

만일 상황이야기 중재가 효과적이지 않다면 작성자는 부족한 변화가 다음의 몇 가지 요인 때문일 수 있다는 가능성을 생각해보아야 한다(Gray & Garand, 1993). 읽기 일정, 상황이야기의 정확성과 내용(단어와 이미지), 사용된 언어의 복잡성, 개인의 동기, 중재목표의 적절성이 포함된다. 이러한 이유 때문에 상황이야기를 포기하기 전에 상황이야기나 그 실행 계획을 점검하고 다시 생각해보고 변경할 것을 권한다. 왜냐하면 바람직한 결과를 확보하기 위해서는 조정이나 추가적인 지원이 필요할 수 있기 때문이다(Gray, 1995).

7. 문화 및 언어 배경이 다른 아동을 위한 고려

거시적 또는 미시적인 문화나 언어의 차이는 상황이야기를 개발할 때 아동을 가장 잘 아는 가족과 협력해야 한다는 중요성을 강조한다. 상황이야기의 목표는 관련 있는 사회적 정보를 공유하는 것이며, 그 내용은 문화적으로 또는 언어적으로 다양한 배경의 개인에 따라 서로 다를 것이다. 실제로 문화 배경이 다른 구성원은 자기-의존과 사회적 순응의 중요도에 대한 생각이 다르고 적절한 사회적 상호작용에 대한 해석이 다르다. 예를 들어, 감소된 눈맞춤은 자폐 범주성 장애의 손상된 비구어 행동의 한 부분으로 여겨진다. 그러나 권위자와의 직접적인 눈맞춤은 아시아 문화와 기타 몇몇 문화에서는 무례한 신호로 여겨질 수 있다(Bernier, Mao, & Yen, 2010). 이러한 상황에서 눈맞춤을 증진시키기 위한 상황이야기의 개발은 부적절하다. 왜냐하면 이것은 개인의 문화의 사회적인 규준을 어기게 할 수 있기 때문이다. 따라서 중재목표가 문화적으로 관련된 가족의 목표와 일관성 있기 위해서는 가족이 다양한 발달기술의 우선순위를 어떻게 생각하는지 그 차이점을 고려하는 것이 필수적이다. 실제로, 전문가는 가족이 가장 염려하는 특정 손상을 향상시키는 데에 초점을 맞추는 것이 유용하다는 것을 알게 될 것이다(Mandell & Novak, 2005).

상황이야기의 내용 개발을 위한 가족 참여는 또한 적절한 언어를 사용하기 위해서도 중요하다. 가족은 그 언어가 발달적으로 적절한지와 개인의 삶에서 통용되는 어휘를 포함하는지에 대한 정보를 제공할 수 있다. 요약하면, 가족과의 협력은 문화 및 언어 배경이 다양한 공동체의 개인에게는 특히 중요한 상황이야기 중재의 기본적인 요소로 여겨져야 한다. 가족과의 협의는 중재목표가 문화적으로 적절한 방법으로 병합될 수 있게 해줄 뿐만 아니라 계속해서 가족을 참여하게 하고 궁극적으로 결과를 향상시키는 잠재력을 지닌다(Bernier et al., 2010).

물론 상황이야기의 구조와 명시적 특성(예: 우리 엄마는 내가 이를 닦을 때 좋아한다)은 이 중재가 친숙하지 않은 가족뿐만 아니라 문화 및 언어 배경이 다양한 사람들에게는 이상하게 보일 수도 있다. 이와 같은 이유로 인하여 상황이야기에 대한 당위성은 명확해야 하고, 모든 문장의 정확도가 보존된다는 조건과 함께 문체의 수정이 고려되어야 한다. 개인의 삶에서 관련 있는 사람과 사물을 나타내는 적절한 시각적 지원 또한 사용되어야 한다. 보드메이커를 사용하는 경우 다양한 인종 또는 민족 배경의 사람들에게 적합한 다양한 상징을 사용할 수 있다.

8. 적용을 위한 고려

적용 사례: 아동

이 이야기는 우리 아들이 문제를 끝까지 충분히 생각하도록 도와줍니다. 이건 정말 효과가 있어요. 나는 학교의 모든 사람에게 "상황이야기에 열광해보라!"고 말하고 다니고 있습니다.

– 자폐 범주성 장애로 진단 받은 5세 소년의 어머니–

사회인지를 촉진하고 문제행동을 개선하기 위한 상황이야기의 효과를 검증하는 연구에서 우리는 재호(가명)와 그 어머니를 만났다(Hutchins & Prelock, 2008). 그 당시 재호는 5세였으며 자폐성 장애로 진단받았다. 재호는 일반학급에 다니면서 학교의 언어치료사와 특수교사로부터 서비스를 받고 있었다. 중재의 첫 번째 단계로 관찰, 어머니 및 교사 면담, 사회성과 의사소통 및 "생각의 원리" 기능을 평가하기 위한 표준화 검사 실시, 기록 검토(즉, 개별화 교육 프로그램과 장애 진단 평가)를 포함하는 정보 수집 과정을 시작하였다. 우리의 목표는 부모의 우선순위에 반응적이면서 재호의 언어 및 사회인지 발달 수준을 민감하게 반영하는 중재목표를 판별하기 위해 재호의 강점과 문제행동을 이해하는 것이었다.

우리는 재호가 감성적이고 부모를 기쁘게 하기 위해 노력하는 다정한 아이라는 것을 알게 되었다. 재호는 양호한 수용언어 기술을 보였으며 "생각의 원리" 능력을 보이기 시작하였다. 이것은 공동관심 장면에 일관되게 참여하는 능력, 얼굴표정을 알아보는 능력, 욕구에 기반을 둔 감정을 이해하는 능력(예: 원하는 것을 얻을 때 사람들은 행복하다)을 포함한다. 확장된 사회적 이해와 보다 적절한 행동 발달을 지원하기 위해 이와 같은 강점을 활용하는 계획을 세웠다. 특히, 수정과 전환을 요구하는 상황에서 주로 발생하는 "고의적인" "저항적인" 그리고 "폭발적인" 공격행동을 판별하기 위해서 우리가 참고한 정보를 하나로 모았다.

정보 수집을 기반으로 소규모 연구 팀이 상황이야기를 개발하였다. 언어 수준이 적절한 지, 재호에게 의미 있는 단어가 선택되었는지, 모든 문장이 정확한지를 확실히 하기 위해 주의를 기울였다. 언어 수준과 내용의 정확성을 위해 어머니에게 상황이야기를 검토하고 수정하도록 부탁하였다.

재호가 참여한 연구는 ABA 설계로 진행되었다. 기초선, 중재, 반전 구간에서 행동 평정과 매일의 일기 형식의 주관적인 자료가 수집되었다. 어머니에게 재호가 어려워하는 상황에서 "평정 유지하기"와 "단어 사용하여 말하기" 능력을 평가하도록 요청하였다. 중재 구간에서 우리는 재호의 집에서 5주 동안 15회 이상 재호에게 상황이야기를 읽어 주었다(주당 3회 정도). 조정 및 변화가 필요했던 최근의 어려웠던 사건을 재호가 그림으로 그리고 그것에 대해 이야기하는 토막만화대화(대화하는 동안 시각적 지원을 사용하는 관련된 이야기 중심의 중재 방법; Gray, 1994)가 각 상황이야기에 앞서 제공되었다. 연구의 ABA 각 조건 동안 재호의 행동에 대한 어머니의 주관적인 평가는 [그림 13-1]에서 보는 바와 같다. 어머니는 또한 집과 학교에서의 재호의 행동과 관련해서 몇 가지를 언급하였다(보다 자세한 내용은 Hutchins & Prelock, 2008 참조). 중재 조건 중에 어머니는 "일반적으로 대부분의 상황에서 더 잘 평정을 유지한다" "재호는 속상할 때 나에게 와서 '나 화났어요.' 라고 말하고 도움을 청한다" 등을 언급하였다.

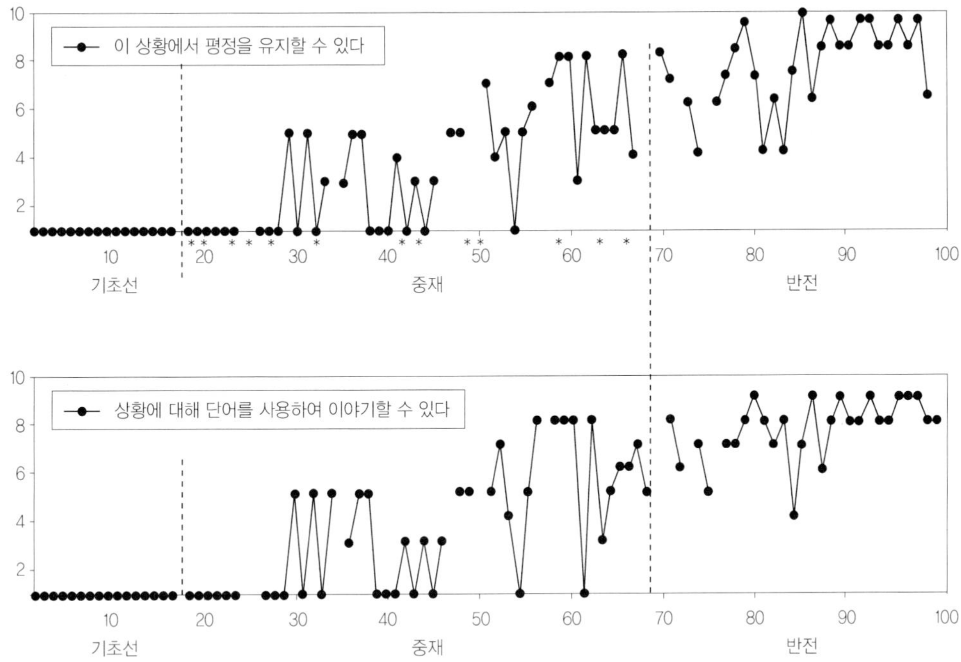

[그림 13-1] 문제 상황에서 재호의 "평정 유지하기"와 "단어로 말하기"에 대한 어머니의 주관적인 평정(*는 상황이야기를 읽은 날)

출처: Hutchins, T. L., & Prelock, P. A. (2008). Supporting theory of mind development: Considerations and recommendations for professionals providing services to individuals with autism spectrum disorder. *Topics in Language Disorders, 28*(4), 340-364; 승인 하에 수정되었음.

이 사례는 상황이야기 중재의 몇 가지 중요한 특징을 설명한다. 첫째, 문헌 검토에서 드러난 것처럼 상황이야기는 다른 교수전략과 결합되곤 한다. 이 사례에서 상황이야기는 사회인지를 향상시키기 위한 효과적인 동반 전략인 토막만화대화와 결합되었다(Gray, 1998). 이 예는 또한 정보 수집 절차의 중요성을 강조하고 연구자, 가족, 교사가 집과 다른 환경에서 사용하기 위한 적절하고 효과적인 중재 전략을 개발하기 위해 협력할 수 있는 한 가지 방법을 묘사하고 있다. 이 예는 상황이야기 중재를 평가하기 위해 사용된 다양한 자료 수집 기법을 강조한다. 중재에 대한 재호의 반응을 평가하기 위하여 몇 가지 방법이 사용될 수 있었지만 어머니의 주관적인 일기를 (양적 및 질적 자료 모두) 사용한 것은 몇 가지 이유로 인해 이 연구의 목적에 부합하였다. 즉, 적절하고 개인의 필요에 맞춘 정보의 수집을 가능하게 하였으며 실현 가능하고 사회적으로 타당하였다. 다른 연구에서도 보고된 바와 같이(예: Norris & Dattilo, 1999), 변화가 감지되기 위해서는 이야기를 몇 차례 반복해야 했고 중재를 철회한 반전 구간에서도 긍정적인 효과는 유지되었다. 재호의 어머니는 상황이야기에 대한 새로운 열정을 보여주었으며 즉시 학교 팀에게 "상황이야기에 열광해보라"고 말하였다.

적용 사례: 청소년 또는 성인

> 정규는 우리 문화의 누가, 무엇을, 어디서, 언제, 어떻게, 왜를 이해하고 자신을 거기에 맞추고 소속되는 방법을 알기 위해 특정한 시각적 인지적 보조장치를 필요로 한다.
>
> –달리 분류되지 않는 전반적 발달장애로 진단된 17세 소년의 어머니

달리 분류되지 않는 전반적 발달장애(PDD–NOS)로 진단된 17세 정규는 일반학급에 다니며 지역 고등학교의 언어치료사, 특수교사, 사례관리자, 보조교사로부터 서비스를 받는다. 정규는 어머니와 긴밀한 유대관계를 지닌 감성적인 청년이다. 그는 풍경(wind chimes)과 음악을 사랑하였고 다양한 악기를 매우 뛰어나게 연주하는 재능을 보였다. 이전의 평가에 의하면 정규는 구어 이해에 결함을 보이고, 표현언어는 2~5단어의 문장으로 제한되며, 읽기와 쓰기에 상당한 강점을 지닌다. 정규의 의사소통을 향상시키기 위해서 한 가지 중요한 목표로 낮고 속삭이는 그리고 침묵으로 이어지는 경향이 있는 목소리를 다루기로 하였다. 검사를 통해서 정상적인 구조와 후두의 기능을 확인한 후 정규는 대학의 언어병리학자와 음성치료를 시작하였다. 정규는 더 크고 이해하기 쉬운 "멋진 목소리"를 찾기 위해 몇 주 과정 동안 열심히 노력하였다. 그러나 불행하게도 임상실에서 이룬 성취를 다른 상황으로 일반화하는 데 실패하였다.

정규가 "멋진 목소리"를 낼 수 있었기 때문에 상황이야기는 특정 목표를 위해 개발되었다. 한 가지 목표는 "멋진 목소리" 사용의 사회적 중요성에 대한 이해를 향상시키는 것이었다. 또 다른 목표는 정규와 자주 직접적으로 접촉하는 참여자를 모집하는 것이었다. 우리는 정규의 다른 목소리 산출과 관련된 "누가, 무엇을, 언제, 어디서, 왜"에 대하여 알기 위해 정규, 어머니, 그리고 대학의 언어병리학자와 협력하였다. 동기 진단 척도(Motivation Assessment Scale: MAS; Durand & Crimmins, 1992)의 사용과 정규에 대한 이전의 관찰은 이러한 노력을 촉진하였다.

"나의 멋진 목소리 사용하기"라는 제목을 붙인 상황이야기의 초안은 내용의 정확도를 확보하기 위해 어머니로부터 얻은 정보를 기초로 작성되었고 수정되었다. 상황이야기는 Gray(2010)의 권장사항을 반영하였다. 그림에 관해 질문하자 정규는 이야기 안에 보드메이커 그림이 있는 것이 좋다고 답하였으며, 따라서 그림 의사소통 상징(Picture Communication Symbols)이 추가되었다. 핵심 메시지를 강조하기 위해 특정 글자체와 서식이 사용되었다. 그런 후에 정규에게 이야기를 소개하고 간단하게 본문과 이미지에 대한 이해도를 확인하였다. 정규의 상황이야기는 [그림 13–2]에서 보는 바와 같다.

상황이야기 출력본과 전자자료는 기술의 습득과 일반화를 촉진하기 위해 다양한 맥락에서 상황

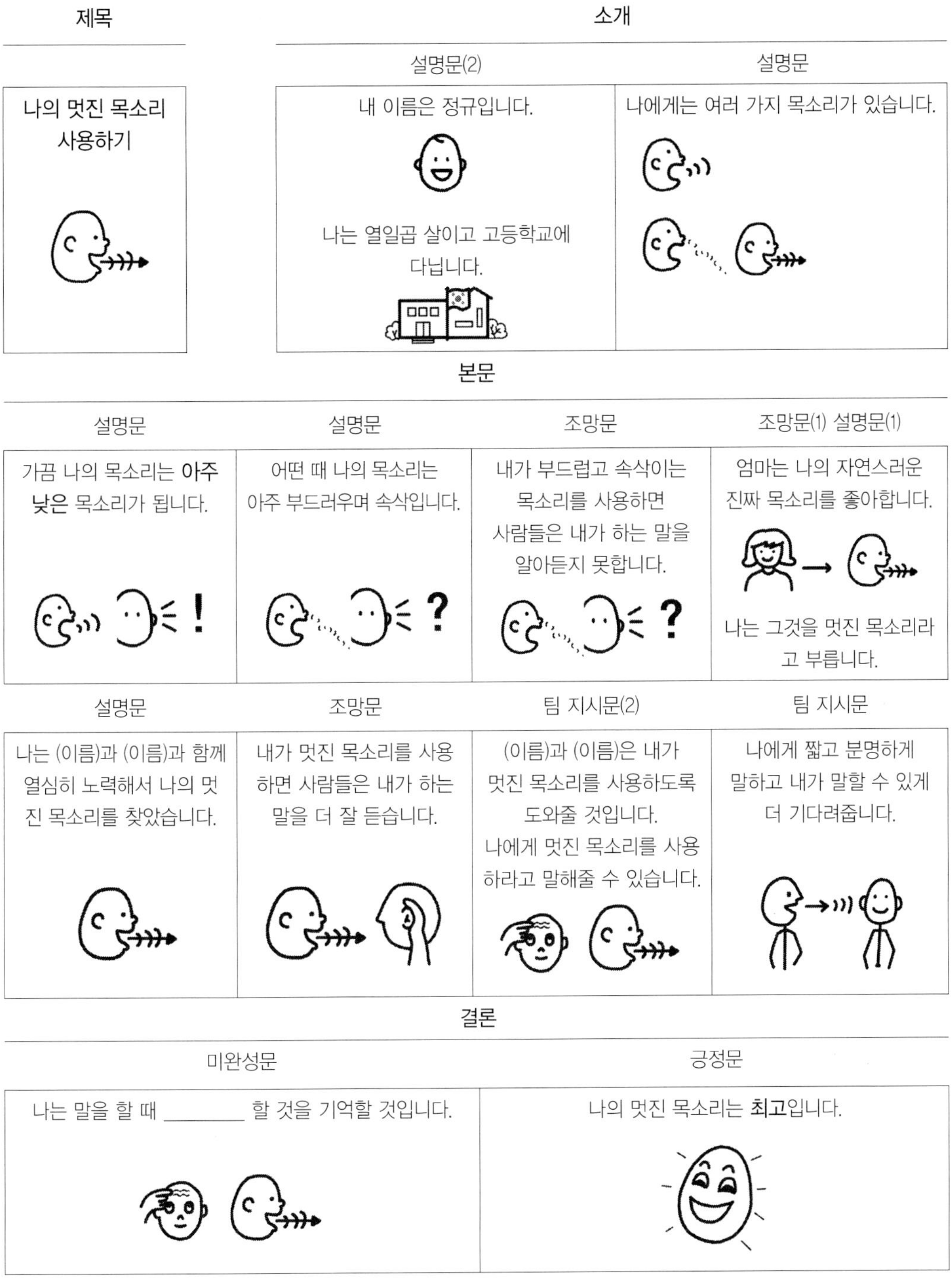

[그림 13-2] 정규의 상황이야기

이야기를 읽는 것에 동의한 정규, 정규 어머니, 학교 언어치료사, 보조교사, 특수교사, 사례관리자에게 공유되었다. 상황이야기의 전자자료는 아이팟 터치(iPod Touch)를 자주 사용하는 정규에게 특히 중요하다고 여겨졌으며, 이러한 미디어의 사용은 이야기에 대한 흥미와 접근성을 향상시킬 것으로 기대되었다. 이야기가 자주 읽힐 수 있도록 정규를 포함한 모든 참여자가 몇 주 동안 일주일에 한 번 또는 두 번 정도 상황이야기를 읽기로 동의하였다. 정규가 "멋진 목소리"를 사용하는지 추적하기 위해 학교 팀은 몇 주 동안 ABA 설계를 사용한 자료 수집 계획을 수립하였다.

상황이야기 개발에 대한 이 사례는 상황이야기 중재의 협력적인 과정으로서의 특성을 강조한다. 팀은 의사소통 파트너로서 정규의 성취에 중요하다고 여겨지는 주제를 알아냈다. 검사와 논의와 관찰을 통해서 정규가 강점을 보이는 영역의 목표를 정하였는데, 이는 발달적으로 적절한 목표를 선정할 가능성을 높였다. 이와 같은 협력적인 과정을 통하여 팀은 정규를 지원하기 위해 할 수 있는 몇 가지를 파악하기 시작하였다. 특히 정규가 다른 사람이 짧은 문장으로 말하고 반응할 시간을 길게 줄 때 "멋진 목소리"를 더 많이 사용한다는 것을 알게 되었다. 팀으로 함께 일하는 것은 상황이야기 읽기 스케줄을 개발하고 평가를 위한 자료 수집 절차를 개발하는 데 도움이 되었다. 요약하면, 협력적인 절차는 생각을 다듬고, 실현 가능한 계획을 편성하고, 정규의 성취를 지원하기 위한 책임을 공유하게 해준다. 실제로, 상황이야기가 점점 인기를 얻게 되는 이유는 사용자에게 미치는 영향뿐만 아니라 작성자에게 미치는 영향에 의해서도 설명될 수 있을 것이다(Ali & Fredrickson, 2006).

9. 앞으로의 방향

상황이야기 관련 문헌은 앞으로의 연구를 위한 중요한 방향을 보여주는 다수의 질문을 제기한다(Ali & Fredrickson, 2006; Nichols et al., 2006; Sansosti et al., 2004 참조). 부족하거나 혼합된 증거를 기반으로 주요 연구의 방향을 제시하자면 다음과 같다:

- 어떤 변인이 기술의 유지를 예측하는가?
- 다양한 맥락에 걸쳐 여러 읽어주는 사람을 포함하는 중재 절차는 훈련되지 않은 상황과 사람에게 일반화될 가능성을 높이는가?
- 상황이야기 중재는 성인에게 효과적이고 적절한가? 이들을 위해 수정이 필요하다면 어떤 수정이 가장 적절한가?

- 개인의 특성(예: 나이, 구어 능력, 읽기 수준) 중 어떤 변인이 상황이야기의 성공을 예측하는가?
- 개인이 성취한 것이나 이미 잘하고 있는 것을 칭찬하는 상황이야기의 효과는 무엇인가?
- 시각적 지원의 사용 여부를 결정하기 위한 좋은 방법은 무엇이며, 만일 사용한다면 이미지의 수와 종류를 선택하기 위해 어떤 방법을 사용할 수 있는가?
- 검토를 위한 특별한 일정(제시 횟수, 중재 강도 및 기간, 소거 절차 등)은 성공을 예측하는가? 이러한 일정은 개인의 특성에 따라 어떻게 달라지는가?

또한, 특정 중재목표가 더 잘 변화되는지 아닌지를 결정할 필요가 있다. Kokina와 Kern(2010)은 상황이야기로 사회적 기술을 가르치는 것보다 문제행동을 감소시키는 것을 목표로 하는 것이 더 효과적일 수 있다고 제안하였다. 그러나 아직까지 특정 목표의 성취는 개인의 동기나 강약점에 좌우되는 것으로 보인다(Kokina & Kern, 2010). 연구자와 전문가는 상황이야기에서 발달적으로 적절한 언어의 중요성을 인정하지만, 특정 사회-인지 이해가 발달적으로 적절한 목표인지 아닌지를 고려한 연구는 거의 없다(Hutchins & Prelock, 2008). 사회-인지 목표의 선택에서 발달적 적절성의 중요성을 조사하는 것은 상황이야기의 이론적 기초가 사회적인 이해를 향상시키는 것에 있다는 점을 고려할 때 매우 중요하다.

이와 같은 연구의 방향은 상황이야기의 이론적 가정을 조사해야 한다는 필요성에 대한 연구문제를 제기한다. 상황이야기가 효과적이라면 그러한 성과는 보다 진보된 사회적 이해로부터 나오거나 논리 또는 암기학습으로 해결하는 비인식론적 전략 사용으로부터 나올 수 있다. 이와 같이 택일적인 설명을 구분하는 것은 유지 및 일반화를 위한 중요한 시사점을 지닌다. 만일 상황이야기가 행동적 증상이 아닌 사회적 이해에서의 핵심적인 손상을 교정할 수 있다면, 그러한 이해에서의 변화는 그 이해와 관련된 폭넓은 행동과 상황에 걸쳐 지속적이고 긍정적인 변화를 가져올 수 있어야 한다. 반대로, 만일 행동의 학습만 일어난 것이라면 일반화가 감소하고 아마도 유지도 감소하는 증거가 분명하게 나타날 것이다. 결과적으로, 많은 연구가 행동에 초점을 맞춰 왔음을 고려한다면 앞으로 상황이야기가 감정과 사회적 인지의 의미 있는 변화를 일으키는지를 민감하게 평가할 수 있는 방법을 개발할 필요가 있다(Ali & Fredrickson, 2006).

상황이야기가 인식론적 또는 비인식론적 변화를 일으키는지의 문제는 다양한 유형의 문장(특히, 지시문과 조망문)의 유용성과 Gray(2010)가 제안한 확장비율(ratio of extension)에 대한 논쟁의 핵심에 있는 것으로 보인다. 그러나 두 가지 문제가 이러한 논의를 더 복잡하게 만든다. 첫째, Gray의 유형 분류 체계에서 문장은 종종 다양한 기능을 한다. 예를 들어, "엄마는 나의 자연스러운 진짜 목소리를 좋아합니다."라는 문장은 설명문(엄마가 목소리에 대해 어떻게 언급하는지에 대한 정보 제공)과 조망문(엄마의 내적 상태에 관한 정보 제공)의 요소를 모두 가지고 있다. 둘째, 효과에 영향을 미칠 수도 있는 기타 문장 또는 이야기 요소를 조사할 필요가 있으며 몇몇 연구자는 이미 몇 개의 후보를 분석하기 시작하였다(예: Okada, Ohtake, Yanagihara[2008]는 문장의 일반성과 특수성이 차이를 가져올 수 있다고 주장함). 분명한 것은 상황이야기 구성을 위한 권장사항을 결정하기 위해 평가될 수 있는 몇 가지 요소가 존재한다. 이러한 연구를 지속함으로써 Gray의 전통적인 문장 유형을 넘어서서 상황이야기 내용의 새롭고 관련된 특징을 발견하게 될 수도 있을 것이다.

권장 도서

Ali, S., & Fredrickson, N. (2006). Investigating the evidence based of Social Stories™. *Educational Psychology in Practice, 22*(4), 355-377.

이 논문은 상황이야기 연구를 고찰하고 선택된 연구의 강점 및 약점을 설명한다. 상황이야기의 증거 기반을 발전시키기 위한 방법에 대한 현재까지의 결론을 제공한다.

Gray, C. (2010). *The new Social Story book*. Arlington, TX: Future Horizons.

이 책은 상황이야기를 정의하는 Gray의 가장 최근의 준거를 설명한다. 상황이야기를 능숙하게 작성하기 위한 일련의 지침과 훈련을 제공한다. 또한 이 책은 실제 사용에 적용할 수 있는 150개 이상의 표준 상황이야기를 포함하고 있다.

Hutchins, T. L., & Prelock, P. A. (2008). Supporting theory of mind development: Considerations and recommendations for professionals providing services to individuals with autism spectrum disorder. *Topics in Language Disorders, 28*(4), 340-364.

이 논문은 자폐 범주성 장애인의 교육 계획에 도움을 줄 수 있는 "생각의 원리"에 대한 발달적 관점을 서술한다. 효과적인 상황이야기 중재의 협력적 접근에 대한 일화를 제공한다.

Rust, J., & Smith, A. (2006). How should the effectiveness of Social Stories™ to modify the

behavior of children on the autistic spectrum be tested? *Autism, 10*(2), 125-138.
이 논문은 상황이야기 문헌에서 나타난 다양성을 재검토하고 상황이야기의 효과를 평가할 때 고려되어야 할 몇 가지 요인에 초점을 맞춘다.

학습 활동

- 『새로운 상황이야기 책(The New Social Story™ Book)』(Gray, 2010)이라는 제목의 책을 읽는다. 이 책에는 상황이야기 작성 능력을 개발하기 위한 일련의 지침과 훈련이 제공되어 있다. 책에 있는 활동을 수행한다.

- 빈센트의 사례에서 어떤 접근을 취해야 할지 생각해본다. 빈센트는 일반학급에 다니는 자폐로 진단받은 여섯 살 난 아프리카계 미국인 소년이다. 언어치료사는 적절하고 상호적인 사회적 상호작용 참여를 제한시키는 빈센트의 행동에 대해 우려한다. 그중에서도 가장 우려되는 점은 대화 흐름에 끼어들기 위해 큰 소리로 말하거나 다른 사람을 방해하는 성향이다. 이러한 행동이 중재를 위한 적절한 목표인지를 결정하기 위해 어떤 정보를 수집할 것인가? 행동을 보다 잘 이해하기 위해서 어떤 정보가 도움이 된다고 생각하는가?

- 스튜어트의 사례에서 어떤 접근을 취해야 할지 생각해본다. 스튜어트는 여섯 살 난 유럽계 소년으로 달리 분류되지 않는 전반적 발달장애(PDD-NOS)로 진단되었다. 공식적인 검사를 통해 인지, 수용언어, 표현언어에 큰 결함을 보이는 것으로 밝혀졌다. 스튜어트의 읽기 이해 수준은 불분명하지만 쓰기는 상대적으로 강하며 쓰기, 낙서, 책 보기를 좋아하는 것으로 보인다. 특수교사는 스튜어트가 또래나 다른 사람들에게 낙인 받는 행동을 한다고 보고하였다. 아마도 감각적인 문제 때문인 것 같은데, 끊임없이 코와 귀를 후빈다. 스튜어트는 인지 및 언어 프로파일을 고려할 때 상황이야기 중재에 좋은 후보자인가? 만일, 상황이야기 중재를 실행하게 된다면 상황이야기가 스튜어트의 자존감을 지키는 방법으로 또한 긍정적인 행동 중재의 방법으로 제시될 수 있도록 하기 위해서 어떤 전략을 사용할 수 있는가? 중재의 성과는 명확하게 정의될 수 있어야 하고 아동의 삶에서 개인적으로 관련 있고 의미 있어야 한다는 점을 염두에 두고 중재 효과를 평가하는 한 가지 방법을 판별한다.

- 다음의 상황이야기를 검토하여 각 문장이 Gray(2010)의 7가지 유형(설명문, 조망문, 긍정문, 팀 지시문, 사용자 지시문, 자기 지시문, 미완성문) 중 무엇에 해당하는지 판별한다. 다른 문장보다 유형을 파악하기 힘든 문장은 어떤 유형이었는가? 특정 문장 유형에 해당되지 않거나 여러 문장 유형에 다 해당된다고 생각되는 문장이 있는가? 이러한 현상은 상황이야기가 특정 문장 유형의 비율에 따라서 작성되어야 한다는 Gray(2010)의 주장과 관련해서 어떤

시사점을 지니는가?

점심시간에 줄서서 기다리기

내 이름은 민희다.
나는 소망초등학교에 다닌다.
내가 학교에 있을 때, 나는 주로 다른 아이들과 함께 점심을 먹는다.
우리는 거의 매일 음식을 받기 위해 줄을 선다.
가끔씩 나는 줄 서서 기다리는 것이 싫다.
나는 내 차례를 기다리지 않고 줄 앞으로 걸어 나갈 수도 있다.
이것을 "새치기"라고 부른다.
내가 새치기를 하면 다른 아이들은 기분이 나쁘거나 속상할 수도 있다.
새치기는 다른 아이들에게 공평하지 않다. 왜냐하면 그 아이들은 먼저 기다리고 있었기 때문이다.
만일 내가 아이들 앞으로 새치기를 하면 그 아이들은 더 오래 기다려야 한다.
이것이 바로 줄 서서 기다리기가 필요한 이유다.
나는 줄 서서 내 차례를 기다려야 한다는 것을 기억하도록 노력할 것이다.
나는 내가 새치기를 하면 모든 사람이 줄에서 더 오래 기다려야 한다는 것을 생각할 수 있다.
담임선생님과 학교의 다른 선생님들도 내가 공평함에 대해 기억하고 기다릴 수 있도록 나를 도와 줄 수 있다.
점심시간에 줄 서서 기다려야 한다면 그것은 괜찮은 일이고 나도 괜찮다.
점심시간에 내 차례를 기다리는 것은 단지 ________________ 일이다.

참고문헌

Adams, L., Gouvousis, A., VanLue, M., & Waldon, C. (2004). Social story intervention: Improving communication skills in a child with autism spectrum disorder. *Focus on Autism and Other Developmental Disabilities, 19*(2), 87-94.

Ali, S., & Fredrickson, N. (2006). Investigating the evidence base of Social Stories™. *Educational Psychology in Practice, 22*(4), 355-377.

American Psychiatric Association (2001). *Diagnostic and statistical manual of mental disorders* (4th ed.). Washington, DC: American Psychiatric Association.

Attwood, T. (1998). *Asperger's Syndrome: A guide for parents and professionals.* Philadelphia,

PA: Jessica Kingsley Publishers.

Barry, L. M., & Burlew, S. B. (2004). Using Social Stories™ to teach choice and play skills to children with autism. *Focus on Autism and Other Developmental Disabilities, 19*(1), 45-51.

Bernad-Ripoll, S. (2007). Using a self-as-model video combined with Social Stories™ to help a child with Asperger syndrome understand emotions. *Focus an Autism and Other Developmental Disabilities, 22*(2), 100-108.

Bernier, R., Mao, A., & Yen, D. (2010). Psychopathology, families, and culture: Autism. *Child and Adolescent Psychiatric Clinics of North America, 19,* 855-867.

Bledsoe, R., Smith, B. S., & Simpson, R. (2003). Use of social story intervention to improve mealtime skills of an adolescent with Asperger syndrome. *Autism: The International Journal of Research and Practice, 7,* 289-295.

Briody, J., & McGarry, K. (2005). Using Social Stories™ to ease children's transitions. *Young Children, 60,* 38-43.

Brownell, M. D. (2002). Musically adapted Social Stories™ to modify behaviors in students with autism: Four case studies. *Journal of Music Therapy, 39*(2), 117-144.

Burke, R. V., Kuhn, B. R., & Peterson, J. L. (2004). Brief report: A "storybook" ending to children's bedtime problems: The use of a rewarding social story to reduce bedtime resistance and frequent night waking. *Journal of Pediatric Psychology, 29,* 389-396.

Carr, E. G., Dunlap, G., Horner, R. H., Koegel, R. L., Turnbull, A. P., Sailor, W., ... Fox, L. (2002). Positive behavior support: Evolution of an applied science. *Journal of Positive Behavior Interventions, 4*(1), 4-6.

Chan, J. M., & O'Reilly, M. F. (2008). A Social Stories™ intervention package for students with autism in inclusive classroom settings. *Journal of Applied Behavior Analysis, 41,* 405-409.

Chan, J. M., O'Reilly, M. F., Lang, R. B., Boutot, E. A., White, P. J., Pierce, N., & Baker, S. (2011). Evaluation of Social Stories™ intervention implemented by pre-service teachers for students with autism in general education settings. *Research in Autism Spectrum Disorders, 5,* 715-721.

Crozier, S., & Tincani, M. J. (2005). Using a modified social story to decrease disruptive behavior of a child with autism. *Focus on Autism and Other Developmental Disabilities, 20*(3), 150-157.

Crozier, S., & Tincani, M. J. (2007). Effects of Social Stories™ on prosocial behavior of preschool children with autism spectrum disorders. *Journal of Autism and Developmental Disorder, 37,* 1803-1814.

Davenport, G. C. (1993). *An introduction to child development.* London, UK: Collins Educational.

Delano, M., & Snell, M. E. (2006). The effects of Social Stories™ on the social engagement of children with autism. *Journal of Positive Behavior Interventions, 8*(1), 29-42.

Del Valle, P. R., McEachern, A. G., & Chambers, H. D. (2001). Using Social Stories™ with autistic children. *Journal of Poetry Therapy, 14*(4), 187-197.

Dodd, S., Stephen, D., Hupp, A., Jewell, J. D., & Krohn, E. (2008). Using parents and siblings during a social story intervention for two children diagnosed with PDD-NOS. *Journal of Developmental and Physical Disabilities, 20,* 217-229.

Doyle, T., & Arnedillo-Sanchez, I. (2011). Using multimedia to reveal the hidden code of everyday behavior to children with autism spectrum disorders (ASDs). *Computers and Education, 56,* 357-369.

Dunlap, G., & Fox, L. (1999). A demonstration of behavioral supports for young children with autism. *Journal of Positive Behavioral Interventions, 1*(2), 77-87,

Durand, V. M., & Crimmins, D. B. (1992). *The motivation assessment scale.* Topeka, KS: Monaco & Associates.

Frith, U. (1989). *Autism: Explaining the enigma.* Oxford, UK: Blackwell.

Gast, D. L. (2010). *Single subject research methodology in behavioral sciences.* New York, NY: Taylor & Francis.

Graetz, J. E., Mastropieri, M. A., & Scruggs, T. E. (1009). Decreasing inappropriate behaviors for adolescents with autism spectrum disorders using modified Social Stories™. *Education and Training in Developmental Disabilities, 44*(1), 91-104.

Gray, C. (1994). *Comic Strip Conversations.* Arlington, TX: Future Horizons.

Gray, C. (1995). Teaching children with autism to "read" social situations. In K. A. Quill (Ed.), *Teaching children with autism: Strategies to enhance communication and socialization* (pp. 219-241). New York, NY: Delmar Publishers.

Gray, C. (1998). Social Stories™ and comic strip conversations with students with Asperger syndrome and high-functioning autism. In E. Schopler (Ed.), *Asperger syndrome or high functioning autism?* (pp. 167-194). New York, NY: Plenum Press.

Gray, C. (2000). *The new Social Story book: Illustrated edition.* Arlington, TX: Future Horizons.

Gray, C. (2010). *The new Social Story book.* Arlington, TX: Future Horizons.

Gray, C. (2011). *The new Social Story™ book: 10th anniversary edition.* Arlington, TX: Future Horizons.

Gray, C., & Garand, J. D. (1993). Social Stories™: Improving responses of students with autism with accurate social information. *Focus on Autistic Behavior, 8*(1), 1-10.

Gray, C., & White, A. L. (2002). *My Social Stories™ book.* London, UK: Jessica Kingsley Publishers.

Greenway, C. (2000). Autism and Asperger syndrome: Strategies to promote prosocial behaviors. *Educational Psychology in Practice, 16*(3), 469-486.

Haggerty, N. K., Black, R. S., & Smith, G. J. (2005). Increasing self-managed coping skills through Social Stories™ and apron story-telling. *Teaching Exceptional Children, 37,* 40-47.

Hagiwara, T., & Myles, S. B. (1999). A multimedia social story intervention: Teaching skills to children with autism. *Focus on Autism and Other Developmental Disabilities, 14,* 82-95.

Hanley-Hochdorfer, K., Bray, M. A., Kehl, T. J., & Elinoff, M. J. (2010). Social Stories™ to increase verbal initiation in children with autism and Asperger's disorder. *School Psychology Review, 39*(3), 484-492.

Happe, F. (1999). Autism: Cognitive deficit or cognitive style? *Metaphor and Symbolic Activity, 10,* 275-295.

Hess, K. L., Morrier, M. J., Heflin, L. J., & Ivey, M. L. (2008). Autism treatment survey: Services received by children with autism spectrum disorders in public school classrooms. *Journal of Autism and Developmental Disorder, 38,* 961-971.

Hutchins, T. L., & Prelock, P. A. (2006). Using Social Stories™ and comic strip conversations to promote socially valid outcomes for children with autism. *Seminars in Speech and Language, 27*(1), 47-59.

Hutchins, T. L., & Prelock, P. A. (2008). Supporting theory of mind development: Considerations and recommendations for professionals providing services to individuals with autism spectrum disorder. *Topics in Language Disorders, 28*(4), 340-364.

Ivey, M. L., Heflin, J., & Alberto, P. (2004). The use of Social Stories™ to promote independent behaviors in novel events for children with PDD-NOS. *Focus on Autism and Other Developmental Disabilities, 19,* 164-176.

Kalyva, E., & Agaliotis, I. (2009). Can Social Stories™ enhance the interpersonal conflict resolution skills of children with LD? *Research in Developmental Disabilities, 30,* 192-202.

Karkhaneh, M., Clark, B., Ospina, B. M., Seida, J. C., Smith, V., & Hartling, L. (2010). Social Stories™ to improve social skills in children with autism spectrum disorder: A systematic review. *Autism, 14*(6), 641-662.

Kokina, A., & Kern, L. (2010). Social Story™ interventions for students with autism spectrum disorders. *Journal of Autism and Developmental Disabilities, 40,* 812-826.

Kuoch, H., & Mirenda, P. (2003). Social story interventions for young children with autism spectrum disorders. *Focus on Autism and Other Developmental Disabilities, 18,* 219-227.

Kuttler, S., Myles, B. S., & Carlson, J. K. (1998). The use of Social Stories™ to reduce precursors to tantrum behavior in a student with autism. *Focus on Autism and Other Developmental Disabilities, 13,* 176-182.

Lorimer, P. A., Simpson, R. L., Myles, B. S., & Ganz, J. B. (2002). The use of Social Stories™ as a preventative behavioral intervention in a home setting with a child with autism. *Journal of Positive Behavioral Interventions, 4,* 53-60.

Mancil, R. G., Haydon, E., & Whitby, P. (2009). Differentiated effects of paper and computer-assisted Social Stories™ on inappropriate behavior in children with autism. *Focus on Autism and Other Developmental Disabilities, 24*(4), 205-215.

Mandell, D. S., & Novak, M. (2005). The role of culture in families'treatment decisions for children with autism spectrum disorders. *Mental Retardation and Developmental Disabilities, 11,* 10-115.

Marr, D., Mika, H., Miraglia, J., Roerig, M., & Sinnott, R. (2007). The effects of sensory stories on targeted behaviors in preschool children with autism. *Physical and Occupational Therapy in Pediatrics, 27*(1), 63-79.

Moore, P. S. (2004). The use of Social Stories™ in a psychology service for children with learning disabilities: A case study of a sleep problem. *British Journal of Learning Disabilities, 32,* 133-138.

National Autism Center. (2009). *National Standards Project-findings and conclusions: Addressing the needs for evidence-based practice guidelines for autism spectrum disorders.* Randolph, MA: Author. Retrieved from http://www.nationalautismcenter.org

Nichols, S. L., Hupp, S. D., Jewell, J. D., & Zeigler, C. S. (2006). Review of Social Story interventions for children diagnosed with autism spectrum disorders. *Journal of Evidence-Based Practices for Schools 6*(1), 90-120.

Norris, C., & Dattilo, J. (1999). Evaluating effects of a social story intervention on a young girl with autism. *Focus on Autism and Other Developmental Disabilities, 14,* 180-186.

O'Conner, E. (2009). The use of social story DVDs to reduce anxiety levels: A case study of a child with autism and learning disabilities. *Support for Learning, 24*(3), 133-136.

Okada, S., Ohtake, Y., & Yanagihara, M. (2008). Effects of perspective sentences in Social Stories™ on improving the adaptive behaviors of students with autism and related disabilities. *Education and Training in Developmental Disabilities, 43*(1), 46-60.

Ozdemir, S. (2008). The effectiveness of Social Stories™ on decreasing disruptive behaviors of children with autism: Three case studies. *Journal of Autism and Developmental Disorders, 38*, 1689-1696.

Pasiali, V. (2004). The use of prescriptive therapeutic songs in a home-based environment to promote social skills acquisition by children with autism: Three case studies. *Music Therapy Perspectives, 22*(1), 11-20.

Quirmbach, L. M., Lincoln, A. J., Feinberg-Gizzo, M. J., Ingersoll, B. R., & Andrews, S. M. (2009). Social Stories™: Mechanisms of effectiveness in increasing game play skills in children diagnosed with autism spectrum disorders using a pretest posttest repeated measures randomized control group design. *Journal of Autism and Developmental Disorders, 39*(2), 299-321.

Reynhout, G., & Carter, M. (2006). Social Stories™ for children with disabilities. *Journal of Autism and Developmental Disorders, 36*, 445-469.

Reynhout, G., & Carter, M. (2009). The use of Social Stories™ by teachers and their perceived efficacy. *Research in Autism Spectrum Disorders, 3*, 232-251.

Reynhout, G., & Carter, M. (2011). Evaluation of the efficacy of Social Stories™ using three single subject metrics. *Research in Autism Spectrum Disorders, 5*, 885-900.

Robey, R. R., & Schultz, M. C. (1998). A model for conducting clinical-outcomes research: An adaptation of the standard protocol for use in aphasiology. *Aphasiology, 12*(9), 787-810.

Rogers, M. G., & Myles, B. S. (2001). Using Social Stories™ and comic strip conversations to interpret social situations for an adolescent with Asperger syndrome. *Intervention in School and Clinic, 38*, 310-313.

Rowe, C. (1999). Do Social Stories™ benefit children diagnosed with autism in mainstream primary schools? *British Journal of Special Education, 26*, 12-14.

Rust, J., & Smith, A. (2006). How should the effectiveness of Social Stories™ to modify the behavior of children on the autistic spectrum be tested? *Autism, 10*(2), 125-138.

Sansosti, F. J., Powell-Smith, K. A., & Kincaid, D. (2004). A research synthesis of social story interventions for children diagnosed with autism spectrum disorders. *Focus on Autism and Other Developmental Disabilities, 19*, 194-204.

Sansosti, F. J., & Powell-Smith, K. A. (2006). Using Social Stories™ to improve the social behavior of children with Asperger syndrome. *Journal of Positive Behavior Interventions, 8*(1), 43-57.

Scattone, D. (2007). Social skills interventions for children with autism. *Psychology in the*

Schools, 44(7), 717-726.

Scattone, D. (2008). Enhancing the conversation skills of a boy with Asperger's disorder through Social Stories™ and video modeling. *Journal of Autism and Developmental Disorders, 38,* 395-400.

Scattone, D., Tingstrom, D. H., & Wilczynski, S. M. (2006). Increasing appropriate social interactions of children with autism spectrum disorders using Social Stories™. *Focus on Autism and Other Developmental Disabilities, 21*(4), 211-222.

Scattone, D., Wilczynski, S. M., Edwards, R. P., & Rabian, B. (2002). Decreasing disruptive behaviors of children with autism using Social Stories™. *Journal of Autism and Developmental Disorders, 32*(6), 535-543.

Schneider, N., & Goldstein, H. (2010). Social Stories™ improve the on-task behavior of children with language impairment. *Journal of Early Interventions, 31*(3), 250-264.

Scott, J., Clark, C., & Brady, M. (2000). *Students with autism: Characteristics and instructional programming for special educators.* San Diego, CA: Singular.

Smith, C. (2001). Using Social Stories™ to enhance behavior in children with autistic spectrum difficulties. *Educational Psychology in Practice, 17*(4), 337-345.

Soenksen, D., & Alper, S. (2006). Teaching a young child to appropriately gain attention of peers using a social story intervention. *Focus on Autism and Other Developmental Disabilities, 21*(1), 36-44.

Swaggart, B. L., Gagnon, E., Bock, S. J., Earlies, E. L., Quinn, C., Myles, B. S., & Simpson, R. L. (1995). Using Social Stories™ to teach social and behavioral skills to children with autism. *Focus on Autistic Behavior, 10,* 1-15.

Tarnai, B., & Wolfe, P. S. (2008). Social Stories™ for sexuality education for persons with autism/pervasive developmental disorder. *Sexual Disability, 26,* 29-36.

Test, D. W., Richter, S., Knight, V., & Spooner, E. (2010). A comprehensive review and meta-analysis of the Social Stories™ literature. *Focus on Autism and Other Developmental Disabilities.* Advance online publication. doi:10.1177/1088357609351573

Theimann, K. S., & Goldstein, H. (2001). Social Stories™, written text cues, and video feedback: Effects on social communication of children with autism. *Journal of Applied Behavior Analysis, 34*(4), 425-446.

Toplis, R., & Hadwin, J. A. (2006). Using Social Stories™ to change problematic lunchtime behavior in school. *Educational Psychology in Practice, 22*(1), 53-67.

Weschler, D. (2003). *Weschler intelligence scales for children* (4th ed.). San Antonio, TX: The Psychological Corporation.

Zimbelman, M., Paschal, S., Hawley, S. R., Molgaard, C. A., & St. Romain, T. (2007). Addressing physical inactivity among developmentally disabled students through visual schedules and Social Stories^{TM}. *Research in Developmental Disabilities, 28,* 386-396.

14

비디오 모델링

Tom Buggey

자폐 범주성 장애 학생은 부모와 교육자에게 큰 도전이 된다. 과제에 주의를 기울이기 어렵고 자신을 교육하는 사람들에게 주의를 기울이지 않고 피하려고 특별히 생각해낸 것처럼 보이는 다양한 방어를 하는 아동을 어떻게 교육할 것인가? 이들을 교육하는 시간의 상당히 많은 부분은 적절한 행동과 점차 더 복잡해지는 학업 기술의 모델을 제공하는 데 사용된다. 만일 자폐인이 보이는 사회적 장벽을 뚫고 들어갈 수 없다면 교수 효과는 나타나지 않을 것이다. 이 딜레마를 다루기 위한 하나의 방법은 교수 매체로 비디오 모델을 사용하는 것이다.

텔레비전과 컴퓨터 화면은 많은 아동과 청소년에게 자석처럼 작용한다. 이 매체 하나만으로도 강력한 유인책이 되지만 이 광범위한 매력 외에도 왜 비디오 기반 교수가 자폐인을 위한 특별한 중재로 발전할 가능성이 있는지에 대한 다양한 이유가 있을 수 있다. 비디오 모델링은 이와 같은 가능성을 고려하면서 발전되어 왔다. 비디오 모델링은 누군가가 보여주는 기술이나 행동의 이미지를 봄으로써 그 기술이나 행동을 발전시키는 교수 방법으로 정의된다. 모델은 또래, 성인, 애니메이션이 될 수 있으며 자기 모델링의 경우 자기 스스로 보여주는 사람이 될 수 있다. 비디오 모델링은 새로운 기술 및 행동을 가르치거나 향상시키거나 또는 문제행동을 대체하거나 없애기 위하여 사용된다. 모든 비디오 모델링 형식의 가장 중요한 핵심적인 특징은 보여주는 행동이 항상 긍정적이라는 것이다. 이 전략은 '하지 *말아야* 할 것'은 다루지 않는다. 보통 '자기관찰(self-observation)'(Piersel & Kratochwill, 1979)로 불리는 비디오 교수의 또 다른 형식이 있는데, 이것은 관찰자가 성공뿐만 아니라 실수를 통해서 배울 수 있도록 있는 그대로의 비디오 장면이 분석되는 것을 말한다. 스포츠 팀은 과거에 했던 경기 비디오를 보면서 자기관찰을 사용하여 수행 정도를 분석한다. 이와는 달리, 비디오 모델링 영상물에서는 대체로 녹화하는 동안 생긴 모든 부적절한 행동과 오류의 증거를 제거하므로(Dowrick, 1983) 이 방법은 긍정적 행동지원과도 잘 맞는다.

비디오 모델링은 출생에서 2세 6개월까지의 매우 어린 아동을 제외시키기도 하지만 보통 전 연령 범위에 걸쳐 효과적인 것으로 여겨진다. 이 연령대에 대한 효과를 뒷받침할 만한 연구가 아직은 없다. 게다가 몇몇 연구결과는 중도 인지장애를 복합적으로 보이는 중도 자폐인은 비디오 모델링에서 이익을 얻지 못할 수도 있음을 보고한다(Buggey, 2009). 그러나 비디오 모델링은 충분한 증거를 통해서 자폐 범주 내에서 중등도부터 중도 범위로 분류된 아동에게 효과적일 수 있음이 보고되고 있다(예: Bellini, Akullian, & Hopf, 2007; Buggey, Toombs, Gardner, & Cervetti, 1999; LeBlanc et al., 2003).

비디오 모델링은 응용행동분석 등의 다른 중재를 보충하기 위해 사용될 수 있으며 주요 중재로도 사용될 수 있다. 비디오카메라와 비디오 편집 소프트웨어 대한 어느 정도의 기본적인 기술을 가지고 있고, 발달적 위계에 대한 지식을 가졌다면 누구나 비디오 모델링을 사용하기에 적절한 비디오를 제작할 수 있다. 비디오 제작은 **비디오 모델링(video modeling)**의 세 가지 주요 유형에 따라 그 복잡성이 달라진다: **성인/또래 모델링(adult/peer modeling)**, **관점 모델링(point-of-view modeling)**, **자기 모델링(self-modeling)**. 비디오 영상의 실제 편집은 다양한 방법에 걸쳐 동일하지만, 촬영할 장면을 구성하는 배열 전략은 매우 다르다. 성인과 또래 모델링 비디오는 영화의 "주인공"이 전적으로 협력적이며 쉽게 지도할 수 있기 때문에 제작하기가 비교적 간단하다. 관점 모델링 또한 제작하기가 꽤 간단하다. 비디오를 만드는 사람은 행동을 과제분석하여 아동의 눈높이에 맞게 카메라로 일련의 단계를 따라간다. 아동의 관점인 척하는 카메라의 관점은 중요한 교수적 요소가 된다. 자기 모델링은 더 복잡한데, 왜냐하면 비디오를 만드는 사람이 촬영된 영상을 조작하고 학습자가 평상시보다 더 잘하는 것처럼 보이도록 장면을 편집해야 하기 때문이다. 이 작업은 모델이 사회적 상호작용에 부끄러움이 있거나 지시 따르기에 어려움이 있는 경우 더욱 어려울 수 있다.

비디오 모델링은 비교적 새로운 방법이기 때문에 이를 어떻게 진행해야 하는지에 대한 기록이 거의 없다. 비디오 모델링은 심리상담, 심지어 직업상담뿐만 아니라 작업치료, 물리치료, 언어치료와도 관련성이 있다. 또한 학업 교수에도 효과적으로 사용되어 왔다. 어떤 형태로 사용할 것인지, 어디서 사용할 것인지, 누가 제작의 책임을 질 것인지 등을 결정할 때 중요한 요소는 관여하는 제작자의 활용 가능한 시간이라 할 수 있다. 관점 모델링을 사용하는 비디오는 아마도 한 시간 내로 제작될 수 있을 것이다. 성인과 또래 모델링 비디오는 그보다는 다소 오래 걸리고 더 많은 조절과 참여자가 필요할 것이다. 자기 모델링 비디오는 협력적인 "배우"와 함께 이상적인 조건에서 제작한다면 다른 유형과 비슷한 정도의 시간이 들겠지만 일반적으로는 더 오래 걸린다.

모델링 비디오를 제작하기 위해 시간을 들여야 한다는 사실은 비디오를 제작할 수 있는 사람을 제한한다. 학급 교사는 일정상 비디오 모델링에 전념할 수 있는 시간이나 유연성을 갖기 어렵다. 상담가, 치료사, 부모는 비디오를 만들기 위해 필요한 시간과 자원을 보다 쉽게 만들 수 있다.

1. 대상자와 중재 관련성 및 목표 결정을 위한 진단

비디오 모델링은 경도 자폐나 아스퍼거 증후군부터(Delano, 2007; Sansosti & Powell-Smith, 2008; Scattone, 2008) 중도 자폐(Buggey et al., 2005)에 이르기까지 범주의 전 범위에 있는 자폐인에게 성공적으로 적용되어 왔다. 레트 증후군과 소아기 붕괴성 장애와 같은 드문 형태의 자폐 범주성 장애인을 대상으로는 연구가 실행되지 않았다. 이는 이러한 장애가 있는 아동이 적었기 때문으로 보인다.

비디오 모델링으로 가장 큰 이득을 얻을 수 있는 사람이 누구인지에 대한 기록은 거의 없다. 비디오 모델링 중재 사용을 배제해야 하는 의뢰인의 특성에 관한 연구도 역시 없다. 비디오 모델링이 성공적이기 위해서 연령이나 인지 능력의 제한 기준이 있을 것이라고 가정하는 것은 논리적이다. 비디오 모델링이 성공적이지 않았다는 소수의 연구문헌은 유아기 아동을 대상으로 하는 연구였는데, 이들의 연령이나 발달 수준이 연구결과에 결정적인 요인이었을 수 있다(Buggey, Hoomes, Sherberger, & Williams, 2011; Clark, Beck, Sloane, Jenson, & Bowen, 1993). 자기 모델링과 연계되곤 하는 선수기술은 자기인식이다(Dowrick, 1983). 이 주장은 다른 형태의 모델링이 성공적으로 수행된다는 점을 고려한다면 의심스러운 부분이 있다. 18~24개월에 전형적으로 발달하는(Lewis & Brooks-Gunn, 1979) 자기인식은 다른 많은 발달 기술과 동시에 나타나며, 이 다른 영역의 발달은 자기 모델링에 결정적인 요인일 수 있다. 분명한 것은 이러한 논쟁을 잠재우기 위해서는 이 분야에 대한 더 많은 연구가 필요하다는 것이다.

비디오 모델링이 어떤 사람에게 효과적인지를 결정하기 위해 사용할 수 있는 표준화 검사나 준거참조검사는 없다. 비디오 모델링을 실행하기 전에 이루어지는 많은 평가는 직접 관찰의 형태를 취한다. 관찰의 핵심은 텔레비전이 개인의 관심을 끄는지 아닌지를 알아내는 것이다. 비록 비디오가 대부분의 사람들의 관심을 끄는 것처럼 보이고 자폐인에 따라서는 비디오에 선택적인 관심을 보이기도 하지만 모두가 다 그런 것은 아니다. 비디오 모델링에서 사용되는 다른 관찰 도구는 본 장의 뒷부분에서 다루게 될 기능적 행동진단 및 교육과정 중심 측정과 관련된다.

2. 이론적 배경

비디오 모델링은 몇몇 연구 활동(예: Dowrick, 1983; Wright & Smith, 2009)과 이론(Bandura, 1969, 1997)에 의해 지지된다. 몇몇 연구자(예: Buggey, 2005; Hine & Wolery, 2006; Nikopoulos & Keenan, 2007)는 자폐인에게 비디오 모델링을 사용하는 것에 대해 관심을 가져왔다. 자녀를 가르치기 위해 비슷한 접근을 사용한 가족들의 일화적 증거(Neumann, 1990; J. Benkert, personal communication, March 3, 2009)와 자폐인 본인의 추천이 이 중재를 추가적으로 지지한다. 예를 들어, Temple Grandin의 추천은 큰 영향을 미쳤다. Grandin 박사는 자폐인으로 콜로라도 대학교의 축산학과 교수다. 『나는 그림으로 생각한다(Thinking in Pictures)』라는 책에서 Grandin(2010)은 비디오 모델링이 특히 자폐인에게 왜 효과적인지에 대한 최소 두 가지 이유를 제시하였다. 첫째, 비디오 이미지는 사회적으로 위협을 주지 않는다. 사람과의 상호작용 중에 자폐인이 자주 보이는 정서적인 장벽은 2차원의 비디오 영상의 경우 반드시 나타나는 것은 아니며, 비디오 캐릭터와의 맥락에서는 사회적 의무(또는 불이익)가 없다. 비디오 모델링이 왜 효과적인가에 대한 두 번째 이유는 언어보다는 시각적 기반으로 사고하는 자폐인의 성향과 관련된다(Bauman, 1999; Bryan & Gast, 2000). Grandin은 자신의 사고 과정을 다음과 같이 기술하였다.

> 나는 그림으로 생각한다. 단어는 나에게 두 번째 언어와 같다. 나는 구어와 문자 언어 모

> 두 컬러 영화로 바꿔서 소리를 넣어 완성하고 내 머릿속에서 VCR 테이프처럼 재생한다. 누군가 나에게 말을 하면 그 사람의 말은 즉시 그림으로 변환된다(p. 1).

만일 많은 수의 자폐인이 이러한 경우에 해당된다면, 비디오 모델링은 특히 강력한 교수 방법으로 제시될 수 있을 것이다.

비디오 모델링이 특별히 자폐인에게 효과적이고 사용하기에 적합한지에 대한 추가적인 이유가 몇 가지 있다. 아동 자신이 모델이 된다는 사실은 중요한 의미를 갖는다. Bandura(1969, 1997)는 모델이 미치는 영향에 대한 많은 연구를 수행하였다. 그는 가장 효과적인 모델은 시청자와 가장 비슷한 특징을 갖는 사람이라는 것을 알아냈다. 이것은 성별, 연령, 인종뿐만 아니라 흥미롭게도 능력 등의 특성과도 관련된다. 가장 좋은 모델은 성공의 귀감이 아니라 관찰자보다 약간 더 진보된 사람이다. 이러한 발견은 비디오 자기 모델링이 다른 형태의 모델링에 비해 갖게 되는 두 가지 장점을 시사한다. 첫째, 관찰자 자신보다 더 친숙한 관찰자를 찾는 것이 불가능할 수 있다는 것이다. 두 번째 장점은 첫 번째 장점과도 관련되는데, 모델은 관찰자보다 약간만 더 진보된 사람일 것이라는 것이다. 모델과 관찰자가 동일인이라고 할지라도 모델은 목표 기술에 있어서 더 진보된 것으로 촬영될 것이다. Bandura는 이후 저서에서 자기 모델링을 모델링의 가장 순수한 형태로 다루었다. Bandura의 논리에 따르면 아동이 관찰자일 때, 성인은 가장 약한 모델로, 또래는 좀 나은 모델로, 자기 자신은 최고의 모델로 여겨진다. 그러나 또래 모델과 자기 모델을 비교한 연구는 비슷한 결과를 나타내는 경향이 있다(McCurdy & Shapiro, 1988; Schunk & Hanson, 1989). 비디오라는 매체 때문에 다양한 모델 유형에 걸쳐 비슷한 결과가 나타나게 되는 것이라고 설명할 수도 있지만, 분명히 이 분야는 더 많은 연구를 필요로 한다.

Bandura 연구의 또 하나의 측면은 **자기효능감(self-efficacy)** 또는 과제를 성공적으로 수행했을 때 자신의 능력에 대해 사람들이 느끼는 자신감에 관한 것이다(Bandura, 1997). 자기효능감은 종종 자신의 성공과 직접적으로 관련된다. 아동이 성공하는 것을 보여줌으로써 성공 가능성에 대한 직접적인 증거를 제공하는 것은 자기효능감에 강한 영향을 미칠 수 있다.

운동 생리학의 몇몇 연구는 수행하는 모습을 시각적으로 그려보는 것이 자기효능감을 높이거나 정보를 제공하는 이상의 역할을 한다고 보고하는데, 이는 인간의 생리를 변화시킬 수도 있다. Wright와 Smith(2009)는 이두박근 발달에서 5가지 서로 다른 근력 훈련 요법을 비교하는 연구를 수행하였다. 한 집단은 컬 머신(curl machine)에서 두 가지 운동을 하였고, 다른 한 집단은 아령 들기 운동을 하는 자신의 모습을 머릿속으로 그려보게 하였다. 또 다른 집단은 한 가지 운동은 컬 머신 위에서 하고 다른 운동을 하는 것과 동일한 시간 동안 아령 들기를 하는 자신의 모습을 담은 비디오를 보았다. 나머지 두 집단은 통제집단과 자기 모델링만 사용하는 집단으로 각각 구성되었다. 6주 후 근력이 증가된 집단은 운동만 한 집단과 운동과 자기 모델링을 함께한 집단뿐인 것으로 나타났다. 이러한 결과는 논리적이며 운동과 관련해서 "고통 없이는 얻는 것도 없다"는 이론을 타당화해준다. 놀라운 것은 자기 모델링과 운동을 결합한 집단이 근력에 있어 28%를 성취하고 운동만 한 집단이 25%를 성취했지만 이 두 집단 간에는 유의한 차이가 없었다는 사실이다. 이 연구의 타당성에 관한 연구는 더 필요하고 진행 중이다. 하지만 만일 같은 결론이 반복적으로 도출된다면, 자기 모델링이 운동생리학에서의 변화를 촉진할 수 있는 것으로 제안할 수 있을 것이다. 자기 모델링의 단독 사용이 근력에 있어 변화를 가져오지 않았다는 사실은 적어도 운동학습에 있어서는 아마도 기능적인 요소가 향상을 촉진하는 데에 필수적이라는 점을 보여준다.

고려해야 할 마지막 요인은 자기 모델링이 어떻게 기억에 영향을 미치고 결과적으로 습관에 영향을 미치는가다. Kehle과 그 연구진은 정서장애가 있는 아동과 함께 작업한 후에 이 가능성에 대해 다루었다(Kehle, Bray, Margiano, Theodore, & Zhou, 2002). 이들은 아동이 자신이 긍정적인 적응행동을 하는 것을 보게 된다면 새로운 시각적 기억을 추가할 뿐만 아니라 오래된 문제행동에 대한 기억을 대체하게 될 것이라는 가설을 세웠다. 만일 이것이 사실로 나타난다면, 몇몇 사례에서 행동 변화가 매우 빨리 이루어질 수 있었던 이유와 자기 모델링이 다른 형태의 중재를 통해서는 변화가 어려운 습관적 행동의 변화에 효과적인 이유를 성공적으로 설명해줄 것이다. 이것은 미래 연구가 필요한 또 다른 영역이다.

자기 모델, 성인 모델, 또래 모델로 구성되는 모델링의 유형은 모델이 되는 사람이 다르다는 주요 차이가 있을 뿐 거의 비슷하다고 여겨지는 경향이 있다. 하지만 뇌는 자기 자신의 이미지와 다른 사람의 이미지를 각기 다른 영역에서 처리하고 이러한 이미지에 대한 생리학적 반응도 다르다는 것을 보여주는 강한 증거가 있다(Kircher et al., 2000). 자기 자신의 이미지를 보는 것은 또래나 낯선 사람을 보는 것보다 강한 전기 피부 반응과 심박수를 일으킨다. 이렇게 고조된 신체적인 측면은 보다 높고 보다 지속적인 흥미로 전환될 수 있지만, 이를 지지하는 증거가 아직 없을 뿐만 아니라 보다 강한 생리학적 반응이 자폐 아동에게도 적용되는지 알지 못한다.

비디오 모델링으로 다룰 수 없는 것은 거의 없다. 관찰 가능하고 측정 가능한 것은 모두 비디오 형태로 만들 수 있다. 자폐인에게 비디오 모델링을 사용한 많은 연구는 얼굴에 나타난 감정 인식(Golan & Baron-Cohen, 2006), 놀이 참여 시간 확장(Bellini et al., 2007), 사회적 언어 기술 훈련(Buggey, 2005; Maione & Mirenda, 2006; Scattone, 2008; Wert & Neisworth, 2003) 등의 사회적 기술 훈련에 중점을 두어왔다. 몇몇 연구자는 비디오 모델링을 사용하여 학업 기술을 훈련시키는 일에 초점을 맞추었다(Delano, 2007).

3. 임상적 배경

자폐인에게 비디오 모델링을 사용한 연구 자료는 급속히 많아지고 있다. 대부분의 연구는 참여자나 행동 간 중다기초선 설계인 단일대상연구를 사용하였으며 비디오 모델링 방법의 효과를 측정하는 데 목적을 두었다. 결과는 광범위한 행동과 연령에 걸쳐서 꾸준하게 긍정적인 성과를 보였다. 몇몇 연구에서 드러난 비디오 모델링의 효과를 평가하는 데 있어서의 어려움 중 하나는 이 연구들이 응용행동분석, 촉진 및 단서, 시연 모델링과 같은 다른 교수전략과 짝을 이루어 연구되었다는 점이다(Charlop-Christy, Le, & Freeman, 2000; Dauphin, Kinney, Stromer, & Koegel, 2004; Gena, Couloura, & Kymissis, 2005). 결과적으로 이러한 연구에서는 변화의 원인이 무엇인지 결정하기 어렵다.

모든 형태의 비디오 모델링 연구의 또 다른 단점은 대부분의 연구가 한 명에서 세 명의 참여자를 대상으로 하는 단일대상연구에 의존한다는 것이다. 그러므로 연구의 가치가 있음에도 불구하고, 상대적으로 소수의 아동이 참여하기 때문에 그 결과의 일반화 가능성에 대한 정보가 제한된다. 이러한 단점에도 불구하고 결과는 고무적이다. Bellini와 Akullian(2007)은 비디오 모델링을 사용해서 성취한 전반적으로 긍정적인 결과를 확인하였다. 이들은 성인과 또래를 사용한 비디오 모델링과 아동의 현재 능력보다 조금 더 향상된 능력으로 수행하는 자신의 모습을 편집한 비디오 자기 모델링 두 가지 모두에서 자폐 아동을 대상으로 한 연구의 메타분석을 수행하였다. 성인과 또래 비디오 모델링 연구 15개와 자기 모델링 연구 8개를 포함해서 23개의 연구가 분석되었다. 두 기법 모두에서 중간 정도의 중재 효과가 나타났다. 전반적으로, 중복되지 않는 자료의 비율 또는 PND(단일대상연구에서 중재 효과를 보는 하나의 방법)는 또래와 성인 모델링은 81%, 자기 모델링은 77%였다. 이 차이는 통계적으로 유의미하지 않았다. 마찬가지로, 유지와 일반화 효과에 대한 결과는 긍정적이었으며, 두 방법 간에 유의미한 차이는 없었다. Bellini와 Akullian(2007)은 자기 자신이나 타인을 활용한 비디오 모델링은 자폐 아동의 사회성, 언어, 기능적 기술 훈련에 성공적이었다고 제안하였다. 이들은 또한 두 가지 형태의 비디오 모델링은 미국특수교육협회(Council for Exceptional Children: CEC)의 연구 기반 실제의 준거에 부합한다고 언급하였다. 마지막으로, 이들은 비디오 모델링의 표본 수가 일반적으로 적고, 더 많은 연구가 필요하다고 주의를 주고 있다. 다음 부분에서는 자폐 범주성 장애인에게 다양한 형태의 비디오 모델링을 사용한 연구를 설명하고자 한다.

1) 타인 모델

(1) 성인 모델

모든 형태의 비디오 모델링에 관한 문헌 검색을 통해서 McCoy와 Hermansen(2007)은 자폐인을 위한 모델로 성인을 활용한 8개의 연구를 검토하였다. 8개의 연구 중 6개는 사회적 기술 발달을 다루었고, 하나는 기능적 기술(구매하기)을 목표로 삼았으며, 나머지 하나는 철자 기술 교수에 중점을 두었다.

Charlop-Christy와 Daneshvar(2003)은 6세부터 9세까지 세 명의 소년에게 조망수용 기술을 훈련하였다. 성인이 조망수용 과제를 시연하는 장면을 짧은 비디오로 만들어서 아동에게 보여주었다. 효과를 평가하기 위해 대상자 간 중다기초선 설계가 사용되었다. 세 명의 참여자 중 두 명이 조망수용에서 상당한 향상을 보였다. Charlop-Christy와 그 연구진(2000)은 또한 5명의 자폐 아동의 기능적, 사회적, 언어 기술 교수에서 비디오 모델링과 시연 모델링을 비교하고자 하였다. 각 아동의 요구에 기반하여 목표행동을 선택하였다. 효과를 평가하기 위해 두 조건을 다루는 아동 내 중다기초선 설계와 함께 대상자 간 중다기초선 설계가 사용되었다. 연구자는 비디오 모델링을 사용하여 배운 행동이 더 빨리 습득되었고 습득된 행동은 여러 비슷한 조건에 걸쳐서 일반화(일반화 관찰회기에서 측정)되었다고 보고하였다. 그러나 이러한 결과는 실제 시연 조건에서는 나타나지 않았다. PND 비율은 중재에서 82%, 일반화에서 100%였다.

세 명의 7~13세 자폐 소년에게 조망수용 기술을 교수한 또 다른 연구(LeBlanc et al., 2003)에서 연구자는 세 개의 조망수용 과제를 배열하여 아동이 수행하게 하였다. 과제는 인형이 물건(예: 콩)을 숨기고 아동은 특정 인형이 어디서 그 콩을 찾아야 하는지 알아내는 것이었다. 평가를 위해 두 과제 간 중다기초선 설계가 사용되었다. 세 번째 과제는 훈련되지 않은 일반화 평가를 위한 과제였다. 기초선 기간 동안에는 어떤 아동도 이 과제들에 대해 정확하게 반응하지 않았다. 성인이 과제를 완성하는 비디오가 만들어졌다. 비디오는 모델을 보여줄 뿐만 아니라 아동을 돕기 위한 핵심적인 단서를 확대해서 보여주었다. 비디오를 본 후에 아동들은 두 과제를 숙달했으나 그 기술을 훈련되지 않은 과제로 전이시키지는 못하였다. 세 명의 참여자 중 두 명이 첫 과제에서는 향상되기까지 반복 실행(각각 3회기, 4회기씩 반복)을 필요로 하였다. 두 번째 과제의 숙달은 세 아동 모두에게서 거의 즉각적으로 나타났다.

성인에 의한 비디오 모델링을 다룬 한 연구는 습득에서는 긍정적인 성과를 보였으나 일반화에서는 낮은 성과를 보였다(MacDonald, Clark, Garrigan, & Vangala, 2005). 연구자는 4세와 7세 소년 두 명에게 "대본(script)"을 사용하는 가상놀이를 훈련시키기 위해 모델로 성인을 활용하였다. 이들은 중재와 유지에서 거의 100%에 가까운 PND 효과 크기를 보였음에도 불구하고, 대본으로 만들어진 놀이에서는 향상을 보였지만 다른 형태의 놀이에서는 어떠한 변화도 보이지 않았다. 대본놀이 회기를 조사한 또 다른 연구에서도 비슷한 결과가 보고되었다(D'Ateno, Mangiapanello, & Taylor, 2003). 성인이 적절한 행동을 시범 보이는 장면을 보여준 후 대본놀이 회기(PND=92%)에서 구어 상호작용과 신체 상호작용 모두 증가하였지만 새로운 놀이 상황에서는 아무런 변화가 나타나지 않았다(PND=22%).

Maione와 Mirenda(2006)는 5세 자폐 아동을 위한 사회적 상황에서 구어 시작하기의 모델로 성인을 활용한 연구에서 보다 성공적인 결과를 보고하였다. 평가를 위해 행동 간 중다기초선 설계가 사용되었다. 비디오테이프는 세 가지 놀이 시나리오에서 두 명의 성인이 놀고 이야기하는 장면으로 구성되었다. 비디오 시청 후에 아동은 같은 상황에서 같은 자료를 사용하여 잘 아는 두 명의 또래 중 한 명과 놀았다. 세 활동 중 두 활동에서 아동의 사회적 언어 사용이 증가되었다. 비디오 피드백(또래와의 이전 놀이회기 비디오)과 구어 촉진이 적용된 활동에서는 사회적 언어 사용이 증가되기는 하였지만, 비디오 모델링이 단독으로 사용된 세 번째 활동에서는 효과가 나타나지 않았다.

Scattone(2008)의 연구에서는 대화 기술이 종속변인으로 측정되었다. 연구자는 상황 이야기를 사용하여 만든 구절에 근거한 적절한 대화 기술을 시범 보이는 두 명의 성인 모델을 사용하였다. 아스퍼거 증후군인 9세의 참여자는 두 명의 성인이 눈맞춤, 미소 짓기, 시작하기와 같은 사회적 대화 기술을 사용하여 상호작용하는 비디오를 시청하였다. 비디오 모델링 소개 후 눈맞춤과 시작하기에서 빠른 향상을 보였지만 미소 짓기에서는 낮은 습득을 보였다. 이 연구에서 사용된 방식처럼 비디오 모델링과 상황이야기를 함께 사용하는 것은 개별 방법의 상대적인 강점 분석을 방해한다.

상황이야기와 컴퓨터 기반 모델링을 함께 사용한 유사한 연구가 Sansosti와 Powell-Smith(2008)에 의해 수행되었다. 6~10세 아스퍼거 증후군 아동 세 명에게 성인이 이들의 사회적 및 의사소통적 요구를 다루기 위하여 작성한 상황이야기를 시범 보이는 영화를 보여주었다. 이들의 세부 기술 수행 자료는 쉬는 시간 동안 운동장과 비구조적인 활동이 진행되는 다른 시간에 수집되었다. 평가 목적을 위해 대상자 간 중다기초선 설계가 사용되었다. 참여 아동은 비디오를 본 후에 사회적 의사소통 비율이 증가된 것으로 나타났다. 그러나 이들 중 두 명에게는 사회적 강화 체계가 사용되었다. 두 주 후 유지관찰에서 세 명 모두 증가된 수행을 유지한 것으로 나타났다.

(2) 또래 및 형제자매 모델

몇몇 연구는 비슷한 연령의 또래 또는 형제자매를 모델로 사용하였다. 이 연구들의 공통적인 종속변인은 놀이를 하는 동안 말하기였다. Charlop과 Milstein(1989)은 세 명의 아동을 대상으로 참여자 간 중다기초선 설계를 사용하여 대화 기술을 촉진하는 연구를 수행하였다. 세 명의 아동은 개별적으로 또래 두 명이 놀이하면서 놀잇감에 대해 대화하는 장면을 비디오로 시청하였다. 결과는 긍정적이었으며, 새로운 기술은 관련 상황으로 일반화되었다(PND=87%). 아동의 진보는 중재가 끝난 후 15개월 동안 점검되었는데 모든 행동은 그 기간 동안 유지되었다(PND=100%).

Taylor, Levin, Jasper(1999)는 놀이 중 형제와 구어로 말하는 기술을 훈련시키기 위해 또래와 성인 모델링을 연합하여 사용하였다. 평가를 위해 대상자 간 중다기초선 설계가 사용되었다. 아동은 자신의 형제가 성인과 구어로 상호작용하는 영상을 본 후에 동일한 성인과 함께 대본놀이를 연습하는 회기를 가졌다. 평가는 각각의 분리된 세 개의 놀이 활동 간에 실행되었고, 세 활동 모두에서 아동은 대본의 대사를 사용하였다.

Reagon, Higbee, Endico(2006) 또한 4세 자폐 아동의 모델로 형제자매를 참여시켰다. 이 연구의 기초선에서 참여자와 형제자매는 4개의 시나리오(카우보이, 소방관, 교사, 의사)와 관련된 놀이 용품을 제공받았고 교수 없이 놀이하도록 요구되었다. 비디오는 동일한 상황에서 형제자매가 전형적인 발달을 보이는 또래와 함께 놀이에 참여하는 장면을 촬영하여 제작되었으며, 자폐 아동은 이를 시청하였다. 대학 내 유치원 환경의 놀이 회기에서 아동과 형제자매는 네 개의 시나리오 모두에서 가상놀이에 성공적으로 참여하였다. 일반화와 유지를 확인하기 위해 가정에서 관찰회기가 실시되었고 두 가지 모두에서 긍정적인 결과가 나타났다.

Nikopoulos와 Keenan(2003) 또한 7명의 자폐 아동(9~15세)의 구어 행동을 촉진하기 위한 목적으로 놀이 중 또래가 성인과 상호작용하는 장면을 비디오로 제작하였다. 아동들은 또래가 간단한 놀이 활동에서 실험자 중 한 명과 상호작용하는 장면을 보여주는 비디오를 개별적으로 시청하였다. 대상자 간 중다기초선 설계의 결과 7명의 학생 중 4명에게서 놀이를 하는 동안 사회적 상호작용이 증가하였다. 새로운 행동은 다양한 장소와 또래와 놀잇감으로 일반화되었으며 2개월 후 재평가 회기에서 유지되었다. 모든 아동을 평가했을 때 중재 단계의 효과 크기는 강력하지 않았지만(PND=29%) 유지와 일반화에서는 보다 큰 효과 크기가 나타났다(각각 PND=80%와 100%). 연구자는 두 번째 연구를 수행하였는데, 이 연구에서는 6.5~7세 자폐 아동 3명을 대상으로 보다 복잡한 사회적 시작행동을 훈련하였다(Nikopoulos & Keenan, 2007). 비디오 모델링과 함께 구어 지시와 행동 연습도 사용되었다. 결과는 이전 연구와 같았지만, 세 명의 아동 모두 PND 80% 이상의 효과 크기를 보이면서 참여와 사회적 시작 및 반응 행동에서 상당한 성취를 보였다. 첫 번째 연구에서와 마찬가지로 행동 변화는 2개월 후에도 유지되었다.

Nikopoulos와 Keenan(2004)은 세 명의 자폐 아동의 사회적 시작행동과 놀이행동을 촉진하기 위해 비디오 모델링을 사용하여 세 번째 연구를 수행하였다. 연구에 사용된 방법은 Nikopoulos와 Keenan(2003)의 연구에서 사용된 방법과 매우 유사했다. 세 명의 아동 모두가 상호 놀이와 사회적 시작행동에서 목표한 바를 습득한 것으로 나타났다(중재 PND=71%, 유지 PND=100%).

Apple, Billingsley, Schwartz, Carr(2005)는 5세 고기능 자폐 아동 2명에게 칭찬 주고받기를 훈련하였다. 이들은 또래가 칭찬에 반응하는 시범을 보이는 장면의 비디오와 칭찬을 시작하는 비디오를 각각 시청하였다. 성인은 비디오에서 내레이션을 하고 칭찬 주고받기에 대한 규칙을 삽입하였다. 칭찬에 반응하기 훈련에서는 비디오 모델링 하나만으로도 효과적이었으나(PND=71%), 시작행동을 하게 만들기 위해서는 후속강화가 추가적으로 필요하였다. 유지에 있어서는 효과 크기가 그다지 크지 않은 것으로 나타났다(PND=58%).

많은 수의 비디오 모델링 연구가 사회적 기술의 촉진을 다룬다. 학업이나 기능적 기술 교수를 다루는 연구는 매우 적다. Haring, Kennedy, Adams, Pitts-Conway(1987)는 세 명의 20세 자폐인(2명은 남성, 1명은 여성)이 교실에서 배운 구매 기술을 주변에 있는 세 개의 가게로 일반화시킬 수 있는지 조사하였다. 참여자는 관습적인 기술을 사용하도록 훈련받은 후에 가게에서 쇼핑을 하는 동안 평가받았다. 이들은 중재기간 중에 기술을 성공적으로 습득하였으나 가게로의 일반화 증거는 나타나지 않았다. 초기 훈련은 구매 단계를 완성하는 장면을 보여주는 1~3분의 또래 모델링 비디오를 소개하는 것으로 이루어졌다. 비디오를 시청한 후에 사회적 상호작용과 실제 이루어진 거래의 측면에서 참여자의 구매 기술이 증가하였다(중재 PND=97%, 유지 PND=100%).

2) 컴퓨터 기반 모델링 프로그램

비디오를 보여주는 보편적인 방식은 DVD/VCR 플레이어와 컴퓨터를 활용하는 것이다. 컴퓨터는 상호적이면서 프로그램 작동이 가능하다는 장점을 지니며, 몇몇 연구자는 이러한 장점을 최대한 활용할 수 있는 소프트웨어 프로그램을 만들었다.

Simpson, Langone, Ayres(2004)는 사용자가 직접 비디오 클립을 삽입할 수 있는 교사 제작 컴퓨터 프로그램을 사용하였다. 네 명의 자폐 아동이 이 연구에 참여하였다. 프로그램은 또래가 공유하고 지시를 따르고 인사하기를 보여주는 비디오로 구성되었다. 아동이 비디오 클립을 본 후에 집단 활동에 참여하는 모습이 관찰되었다. 연구자는 아동이 비디오를 보기 시작한 후로 세 개의 목표행동 사용에 있어서 급속한 증가를 보인 것으로 보고하였다(중재 PND=97%).

많은 수의 자폐 아동이 매일의 일상 속에서 예측 가능성을 확보할 수 있도록 시각적 스케줄을 사용한다. 단계나 순서를 보여주기 위해서 아동의 사진이 사용된다면 그것은 일종의 자기 모델링의 형태라고 할 수 있다. 몇몇 연구에서는 비디오와 함께 시각적 스케줄을 강화하기 위해 컴퓨터를 사용해 왔다. Kimball, Kinney, Taylor, Stromer(2004)는 자폐 유아에게 그림, 소리, 비디오가 포함되어 있는 활동 스케줄을 만들기 위해 어떻게 파워포인트를 사용하였는지 설명하였다. 정해진 활동에서 또래가 아동에게 같이 하자고 초대하는 장면(같이 놀자!)을 묘사한 5초 비디오가 제작되었다. 이 멀티미디어 활동 스케줄에 대한 반응은 인상적이었다. 아동은 스케줄을 따랐으며 심지어 녹음된 교사의 촉진을 모방하기 시작하였다. 흥미롭게도, 아동은 이러한 발화를 또 다른 노트북 형태의 시각적 스케줄에도 적용하였다. 기술은 일반화되었다. 이 연구의 연구자 중

몇 명은 자폐 아동에게 사회극 놀이를 가르치기 위해 활동 스케줄에 비디오를 삽입하여 사용한 또 다른 연구(Dauphin et al., 2004)에 참여하여 협력하였다.

Dauphin과 그 연구진(2004)은 사회극 놀이(작은 모형 인형을 가지고 다른 사람과 함께 하는 놀이)에 참여한 4세 자폐 아동을 보조하기 위해 컴퓨터 기반 활동 스케줄에 비디오 모델을 사용하였다. 여기서 비디오 모델은 사회극 놀이 상황에서 무슨 말을 하고 행동을 해야 하는지를 설명한 또래들이었다. 그 외에도 세 개의 작은 모형 인형이 세 가지 행동을 하는 장면을 묘사한 3×3의 매트릭스가 사용되었다. 이들은 비디오를 계획하고

상업용 비디오 모델링 자료

비디오 모델링의 성공과 인기로 인하여 다음과 같은 상업용 자료가 개발되었다.

- 볼티모어에 위치한 케네디 크리거 센터에서 특별히 자폐 아동 및 청소년을 위해 Model Me Kids라는 사회적 기술 훈련 비디오 시리즈를 출간하였다.
  http://www.modelmekids.com/autism-video-samples.html
- Watch Me Learn은 사회적 기술 교수뿐만 아니라 학업 영역도 다루는 비디오 모델링 제품이다.
  http://www.watchmelearn.com/
- Social Skill Builder는 3~18세 학생을 위한 광범위한 또래 모델링 비디오를 제공한다. 지역사회와 학교의 사회 및 안전 문제를 다룬 DVD가 포함되어 있고 생일파티에 중점을 둔 DVD가 하나 더 들어 있다.
  http://www.socialskillbuilder.com/
- Coulter Videos는 시청자를 위한 교수적인 안내에 따라서 또래가 적절한 행동을 모델링하는 장면을 보여주는 Manners for the Real World라는 제목의 비디오를 제작하였다.
  http://www.coultervideo.com/manners.htm
- Carol Gray와 Mark Shelley는 스토리무비(Storymovies)를 출간하였으며, 이것은 인기 있는 상황이야기 주제를 비디오와 또래 모델링으로 제작한 비디오 시리즈물이다.
  http://www.specialminds.org/story.html/
- Accelerations Education Software에서 만든 The Activity Trainer는 개별화된 사용을 위한 170개의 비디오와 사진을 제공하고, 시각적 스케줄과 연습지를 사용해서 새로운 기술을 매일의 일상생활로 일반화하도록 도울 수 있는 활동이 제공된다. 이 소프트웨어는 또한 자기 모델링이 가능하도록 가정과 학교에서 찍은 영상을 추가하는 기능을 갖추고 있다.
  http://www.dttrainer.com/jos

결과를 평가하기 위해 사용되었다. 연구자는 아동이 기존의 매트릭스에 있던 세 개의 활동을 습득하였고, 연이어 소개된 세 개의 다른 매트릭스에 소개된 아홉 개의 활동을 추가적으로 습득했다고 보고하였다. 학습된 모든 활동에서 아동은 두 개의 추가적이고 독특한 활동을 시작하였으며, 이는 비디오 모델링의 일반화 촉진 효과를 입증하는 것이다.

3) 만화영화로 만들어진 모델

만화 형식의 캐릭터 애니메이션은 또래 모델링의 형태로 고려될 수 있다는 측면에서 자폐 아동의 기술 훈련을 위해 사용되어 왔다. Keen, Brannigan, Cuskelly(2007)는 5명의 취학 전 자폐 남아에게 조작적 조건화 기법과 함께 배뇨에 초점을 맞춘 화장실 사용하기 만화영화 비디오를 사용하였다. 통제집단에게는 조작적 조건화만 사용하였다. 연구의 종속변인은 화장실에서의 배뇨 행동이었다. 실험집단은 만화영화로 제작된 비디오를 본 후에 통제집단보다 상당히 더 많은 진보를 보였다. 그러나 중재 종료 6주 후에 수행된 평가에서 5명 중 3명만 기술을 유지하였고 2명만이 새로운 상황으로 기술을 일반화시켰다.

캠브리지 대학교의 자폐연구센터에서 실행된 연구는 자폐인이 만화영화 캐릭터가 감정을 묘사하는 비디오를 봄으로써 다른 사람의 정서를 읽고 파악할 수 있게 된다고 주장한다(Golan & Baron-Cohen, 2006). 연구진은 14개의 정서를 나타내는 사람 얼굴을 가진 기차를 DVD로 제작하였다. 여기에 사용된 이미지는 기차 앞의 표정이 실물과 같다는 점을 제외하고는 인기 있는 TV 프로그램인 〈토마스와 친구들(Thomas the Tank Engine)〉과 유사했다. 경도 자폐를 지닌 19명의 청년이 아무 훈련도 받지 않은 비슷한 또래로 구성된 통제집단과 비교되었다. 제시된 14개 정서를 식별하는 학습에서 통제집단보다 자폐 성인이 의미 있게 높은 수행을 보였다. 또한 전형적인 발달을 보이는 또래로 구성된 집단보다도 의미 있게 높았다. 그러나 일반화는 어느 정도 제한되었으며, 연구자는 이 분야에서 교수적 보충이 필요하다고 제안하였다.

4) 자기 모델

비디오 자기 모델링은 관찰자와 모델이 같은 사람이라는 점에서 다른 형태의 모델링과 다르다. 자기 모델링이 다른 형태의 모델링보다 기술적으로 조금 더 어려운 이유는 모델이 현재 가지고 있는 모습보다 좀 더 향상된 기술이나 적절한 행동을 하는 것처럼 보여야 하기 때문이다. 비디오는 아동의 현재 수준보다 우위의 수준이나 더 적절한 방식으로 기능하는 것처럼 보이기 위해서 보다 창의적으로 편집되어야 한다. 과거에는 이러한 유형의 모델링에 대한 편집 요구사항이 연구나 현장에서의 적용을 단념하게 만드는 요인으로 작용했을 것이다. 그러나 매킨토시의 아이무비(iMovie)나 PC의 무비메이커(Movie Maker)와 같이 사용하기 편리한 비디오 편집 소프트웨어의 출현으로 비디오 편집은 비교적 쉬운 과정이 되었다. 편집 과정에서 사용할 장면 수집을 위해서는 약간의 창의적인 생각이 요구되지만, 실제로 이러한 장면은 아동으로 하여금 행동 및 상황을 모방하게 하거나 역할극을 하게 함으로써 얻을 수 있다. 요청이나 요구에 응하지 않는 자폐인의 경우에 드문 행동을 포착하거나 또래를 이용하여 행동을 끌어내기 위해 매우 긴 시간의 촬영이 필요할 수도 있다.

Dowrick(1983)은 다음과 같은 두 가지 형태의 자기 모델링을 정의하였다: (1) **피드포워드(feedforward)**와 (2) **긍정적 자기검토(positive self-review)**. 비디오 자기 모델링의 피드포워드 방식에서는 자신의 새로운, 그러나 발달적으로 적절한 행동을 수행하는 비디오를 보게 된다. 피드포워드는 아동으로 하여금 미래에 언젠가는 자신도 그렇게 될 것임을 보게 하는 것이다. 미래를 바라보는 이러한 비전이 바로 그 미래를 향한 성장의 가속화를 주도하게 되는 것이다. 이때 아동에게 적합한 합리적인 수준의 기대를 보여주는 이미지를 제시함으로써 현재 수준과 너무 동떨어진 프로젝트가 되지 않도록 매우 신중할 필요가 있다.

Dowrick(1983)이 정의한 비디오 자기 모델링의 두 번째 형태는 긍정적 자기검토다. 이 방법은 이미 습득한 기술의 유창성이나 능숙함을 얻기 위해 자기 자신의 비디오를 보는 것이다. 미국의 하이다이빙 종목 금메달리스트인 Laura Wilkinson은 각 경기에 앞서 이 방법을 사용한다. 자신의 최상의 다이빙 장면을 시청하는데, 비디오에는 코치와 부모님이 격려하는 이미지도 포함되어 있다. 이것이 바로 긍정적 자기검토다. Laura는 이미 기술을 가지고 있지만 향상시키기 위해 노력하는 것이다. 자기검토의 결과는 피드포워드보다는 드라마틱하지는 않다. 이것은 자기검토의 경우에 이미 더 향상될 여지가 거의 없을 정도로 행동의 시작이나 기초선에서의 비율이 피드포워드보다 더 높기 때문이다. 이 분야를 연구하는 연구자가 거의 없다는 사실은 놀라운 일이 아니다.

비디오 자기 모델링은 1970년대 초반 이후에 중재로서의 인기가 서서히 나타나기 시작하였다. 비디오 자기 모델링의 사용은 비디오 편집 소프트웨어를 구하고 사용하기가 쉬워지면서 더욱 급속도로 확대되었다. 마찬가지로, 특히 자폐 아동을 위한 자기 모델링의 효과를 알아보는 연구 또한 가속화되기 시작하였다.

5) 자폐 범주성 장애인을 위한 자기 모델링 적용

비디오 모델링 관련 연구의 대부분은 놀이 및 언어 사용과 같은 일종의 사회성 기술을 목표로 하는 경우가 많다. 학업 기술을 다루는 몇 안 되는 연구 중 하나(Delano, 2007)는 13, 15, 17세 아스퍼거 증후군 학생을 대상으로 쓰기 기술에 중점을 두었다. 특히 쓰는 속도 또는 유창성과 에세이에 포함된 요소의 수를 측정하였다. 결과를 평가하기 위해 반응 간 중다기초선 설계가 사용되었다. 그 결과 모든 학생에게서 단어와 에세이 요소의 수가 증가하였다. 모든 학생은 비디오 중재 종료 후 1주~3개월 동안 실행된 후속 관찰회기에서 단어 쓰기 기술을 유지시켰다. 그러나 증가된 에세이 요소는 유지되지 않았다.

세 명의 중등도 자폐 청소년이 참여한 한 연구는 구어로 반응하기를 가르치는 데 중점을 두었다(Buggey et al., 1999). 놀이 회기 동안 10개의 놀이 관련 질문을 하였다. 반응이 적었음에도 불구하고 한 달 이상 주 2회씩 진행한 놀이 회기를 통해 2분 길이의 비디오를 만들기에 충분한 수의 행동이 수집되었다. 모든 학생이 자신의 비디오를 시청한 뒤에 반응이 증가하였다. 각 질문에 대한 분석을 통해 기초선 기간 동안에 특정 질문에 대해서 대답하지 않았던 참여자 중 두 명이 중재 기간 동안 100% 대답한 것으로 나타났다. 습득된 행동은 비디오 모델링 종료 한 달 후에도 유지된 것으로 나타났다. 연구자는 드물게 나타나는 행동을 수집하기 위해 시간을 할애해야 하는 이와 같은 형태의 비디오 자기 모델링은 교사나 치료사에게 너무 큰 짐이 될 수 있다고 제언하였다.

본 장의 저자는 3.5~5세의 취학 전 아동을 대상으로 연구를 수행하였다. 한 연구는 막 4세가 된 자폐 소년에 대한 연구였다(Buggey, 2005). 밀지 않기, 구어로 반응하기, 촉진 없이 대화 시작하기의 세 가지 행동 간 중다기초선 설계로 연구를 진행하였다. 밀기 행동은 학생에게 긍정적인 상호작용과 적절한 신체접촉을 촬영한 테이프를 보여주면서 사라졌다. 두 가지 언어 행동 역시 비디오를 따라 하면서 유의미한 증가를 보였다. 각 행동에 대한 효과 크기는 미는 행동 88%, 반응하기 90%, 대화 시작하기 100%로 나타났다. 언어 영화는 아동이 말했던 개별적인 단어를 녹화하고 이들을 여러 단어의 문장으로 편집하여 만들었다.

Buggey와 그 연구진(2011)은 취학 전 자폐 아동의 사회적 시작행동이 가능한지를 알아보기 위해 연구를 진행하였다. 4세 아동들은 상황이야기와 사회적 상호작용 촉진을 위해 소개된 같은 학급 내 짝궁 프로그램에 반응을 보이지 않았다. 참여 아동은 촬영을 위해 1~2명의 또래와 함께 놀이터로 갔다. 또래에게는 자폐 아동과 상호작용하도록 교수하였고 촉진을 제공하였다. 사회적 상호작용의 최상의 예시를 보여주는 장면을 선정하여 3분짜리 비디오를 제작하였다. 아동은 아침에 자신의 비디오를 보았으며, 자료는 약 한 시간 후 놀이터로 가서 놀이하는 장면으로부터 수집되었다. 4명 중 3명은 또래와의 사회적 시작행동에서 상당한 향상을 보였으며, 2명은 그네 타기와 미끄럼 타기 또는 성인에게 말하기와 같은 다양하고 새로운 행동을 보였다. 한 명의 유아는 열정적으로 비디오를 보았으나 행동이 증가되지는 않았다. 이 유아는 다른 유아들에 비해 조금 더 어렸으므로 연령 또는 성숙이 이 사례에서 중요한 요소였는지에 대한 의문이 제기되었다. 자기 모델링 비디오를 시작할 수 있는 효과적인 연령에 대해서는 알려지지 않았다. 연령이 미치는 영향이 아동의 발달 및 장애 유형에 따라 다르다 하더라도 3세 이하의 아동에 대한 비디오 자기 모델링의 효과에 대해서는 거의 알려진 바가 없다.

Wert와 Neisworth(2003)는 4명의 취학 전 자폐 유아에게 자발적인 요구하기를 연습시키기 위하여 자기 모델링 비디오를 사용하였다. 결과를 평가하기 위해서 중다기초선 설계가 사용되었다. 유아들에게 비연속 개별시도를 통하여 물건 요구하기를 훈련시켰으나, 요구하기 행동 결과는 기계적이었으며 자발적인 물건 요구하기로 일반화되지 않았다. 촉진된 요구하기가 촉진과 함께 자기 모델링 비디오에 포함되었으며 부정적인 행동은 편집에서 삭제되었다. 그 결과 4명의 참여 유아 모두 유의미한 증가를 보였다. 자발적인 요구하기가 800%에서 1200%까지 나타났다.

비디오 자기 모델링이 자폐 범주성 장애 유아에게 미치는 영향에 대해 조사한 또 다른 연구에서 Bellini와 그 연구진(2007)은 아동의 사회적 참여 기술을 다룸과 동시에 교사의 중재 실행 능력을 평가하였다. 이 연구에 참여한 2명의 4세 유아는 놀이 상황에서 지나치게 사건을 조작하지 않고도 유아를 촬영하고 기초선을 수립하기에 충분한 사회적 기술을 지니고 있었다. 놀이에 참여하는 장면을 자르거나 붙여서 2분 길이의 비디오로 만들었다. 이 연구에서의 종속변인은 유아가 다른 사람과 놀이에 참여하는 시간의 비율이었다. 유아들은 자유놀이 시간 직전에 개별적인 장소에서 비디오를 본 뒤 놀이를 하기 위해 교실로 돌아왔다. 결과는 놀이에 참여한 시간의 비율이 가파르게 증가한 것으로 나타났다. 교사는 비디오 자기 모델링이 수행하기 쉽고 학급의 정규 일과를 거의 방해하지 않는다고 보고하였다. 유지 측정에서는 시간이 지나도 행동이 감소하지 않은 것으로 나타났다.

6) 비교연구

모델링 형식을 비교하는 연구가 많지 않다는 것은 다소 놀랄 만하다. 그중 한 연구에서 Sherer와 그 연구진(2001)은 4~11세의 자폐 범주성 장애 아동 5명을 대상으로 또래 모델링과 자기 모델링 전략을 비교하였다. 종속변인은 일련의 구어 질문에 반응하기였다. 평가를 위해서 중다기초선 설계와 교대처치 설계를 연합해서 사용하였다. 5명 중 3명의 아동이 100%의 과제 정확도를 나타낸 반면에 2명의 아동은 매우 제한된 향상을 보였다. 목표행동 습득율에서는 자기 모델링과 또래 모델링의 두 방법 간에 별 차이가 없었다. 연구자는 가장 높은 성취를 보인 3명의 아동은 상당한 시각적 학습자인 것으로 보인다고 강조하였다.

비디오 모델링 방법에 대한 또 다른 비교연구에서 Gena와 그 연구진(2005)은 3명의 취학 전 자폐 범주성 장애 유아의 정서 기술을 훈련하기 위해서 또래 비디오 모델링과 전통적인 교사 모델링을 사용하여 비교하였다. 두 방법은 구어 칭찬 및 정반응에 대한 토큰이 함께 사용되었고 조건에 따라 서로 다른 교정 프로토콜이 추가되었다. 시연(라이브) 모델링을 위해서는 중재자가 올바른 행동을 시범 보이고 구어 촉진이 제공되었다. 비디오 모델링 절차에서는 또래가 보여주는 정반응과 중재자 촉진이 포함된 비디오를 사용하였다. 그 결과, 정서적인 반응 향상에 두 가지 방법이 모두 동등하게 적합한 것으로 나타났으며 결과는 다른 사람과 다른 상황으로 일반화되었다.

7) 관점 모델링

최근에 연구되기 시작한 비디오 모델링의 또 다른 유형인 관점 모델링은 과제를 통해 조망적 관점으로 바라보게 하는 것이다. 카메라를 관찰자 시선에 맞추어 과제를 안내하고 성취하게 만든다. 이 방법은 자기 모델링과도 관련되지만 아동이 자기 자신을 보지 못한다는 점이 다르다. 오히려 지금 보고 있는 것이 자신의 조망적 관점에서 보는 것이라는 것을 상상할 수 있어야 한다. 이와 같은 점 때문에 앞에서 설명한 자기효능감과 관련된 자기 모델링의 긍정적인 측면이나 비디오 배우로서 자신을 보는 것에서 나오는 흥분은 사라질 수도 있다.

관점 모델링은 모델을 조정하거나 촬영하기 위해 요구하지 않아도 된다는 장점이 있다. 이러한 장점은 아동이 모방할 준비가 되지 않은 경우 매우 유용하다. Hine과 Wolery(2006)는 이러한 방법을 두 명의 자폐성 장애 여아에게 놀잇감을 가지고 노는 기술을 가르칠 때 사용하였다. 아동의 나이는 30~43개월이었으며 비디오 모델링 연구에 참여한 가장 어린 참여자들이었다. 정원 가꾸기와 요리하기 과제가 종속변인으로 선택되었다. 과제는 각각 6개와 5개의 행동 단계로 나누어졌으며 평가는 관찰회기 중 얼마나 많은 단계를 보였는지를 측정하는 것으로 이루어졌다. 평가를 위해서는 중다간헐기초선 설계를 사용하였다. 두 번째 아동의 요리하기 과제를 제외한 각 놀이 회기에서 행동 빈도는 상당히 높게 증가하였다. 촉진과 강화가 후속적으로 제공되었으며 결과는 향상되었다.

Schreibman, Whalen과 Stahmer(2000)는 전이 중에 심각한 방해행동을 보이는 3명의 자폐 아동에게 적절한 전이행동을 촉진하기 위해 “비디오 미리 보여주기(video priming)”라고 불리는 방법을 사용하였다. 비디오 미리 보여주기 중재에서 아동은 유사한 전이 상황이 시작되기 전에 과제분석된 관점 영상물을 시청하였다. 연구결과를 평가하기 위해 중다기초선 설계를 사용하였다. 비디오 시청 후 학생의 방해행동이 현저하게 감소하거나 완벽하게 제거된 것으로 나타났다. 비디오에서 보여주지 않은 다른 전이 상황에서도 관찰 및 평가가 이루어졌으며 향상된 행동은 다양한 상황으로 일반화되었다.

자폐 아동에게 관점 모델링을 사용한 유일한 다른 연구의 저자인 Shipley-Benamou, Lutzker와 Taubman(2002)은 5세 자폐 아동 세 명에게 기능적인 생활기술을 가르치기 위해 관점 모델링을 사용하였다. 이들은 자신들이 이전에 분명한 어려움을 보였던 쇼핑몰이나 약국 또는 식품점 가기 등의 지역사회 활동과 관련된 관점 비디오를 시청하였다. 화면에서는 오직 촬영하는 사람의 손만 보였다. 아동에게는 친구들이 하고 있는 것을 보라고 지시하였다. 비디오에 주의를 집중할 수 있도록 영상 시작 부분에 이들이 가장 선호하는 만화를 짧게 추가하였다. 연구자들은 이러한 유형의 비디오 모델링이 목표기술을 습득하기 위한 촉진으로 효과적이며, 비디오 중재를 소거했을 때와 1개월 후 평가에서도 유지되었다고 결론을 내렸다. 관점 모델링은 촬영이 쉽고 최소한의 편집만을 필요로 하기 때문에 추가 연구를 실시할 가치가 있다. 또한 자폐 아동에게 학교, 집, 치료실에서 시도해볼 필요도 있다. 비디오 모델링 적용과 관련해서 말할 수 있는 한 가지는 얻을 것은 많으며 잃을 것은 적다는 것이다. 효과적이지 않다고 할지라도 부정적인 결과가 나타날 가능성은 거의 없다.

4. 실행을 위한 요구사항

비디오 모델링은 다룰 수 있는 행동이 다양하다는 장점 외에도 비디오카메라와 VCR 또는 DVD 플레이어 등 최소한의 기본적인 장치만 있으면 거의 누구나 사용할 수 있다는 장점을 지닌다. 만일 컴퓨터로 매킨토시의 아이무비(iMovie)나 PC의 무비메이커(Movie Maker) 같은 편집 소프트웨어만 이용할 수 있다면 적은 훈련만으로도 적당한 비디오를 만들 수 있다. 비디오를 만드는 데 할애해야 할 시간의 양은 다루어질 행동 유형, 연기자의 협력 정도, 사용되는 비디오 모델링의 유형 등의 다양한 요소로 인해서 달라진다. 만일 노래를 모델로 활용한다면 짧은 리허설 후 한 번에 찍을 수 있다. 더욱이 이 상황에서는 편집이 거의 필요 없다. 이 비디오는 VCR 및 DVD 플레이어를 이용해 테이프나 DVD로 바로 변환될 수 있고, 또는 최소한의 편집을 위해 컴퓨터로 다운로드할 수 있다.

마찬가지로 관점 모델링도 짧은 시간 안에 만들 수 있다. 이러한 유형의 비디오를 만들 때에는 한 사람만 필요하다. 손으로 수학 계산문제를 단계적으로 푸는 장면을 보여주어야 한다면 삼각대나 카메라로 촬영할 사람이 필요하다. 이때 모델의 손이 보여야 한다. 관점 모델링은 또래, 성인, 자기 모델링처럼 광범위한 행동을 위해서 사용되기는 어렵다. 대부분의 언어적인 행동은 보여지는 모델이 필요하다. 그러나 사회적 행동과 학업 행동 또는 많은 기능적 기술이 관점 모델링에 적합하다. 취업 인터뷰 모델링이 좋은 예라고 할 수 있다. 사무실의 문 열기, 손을 내밀고 면접관에게 예의바르게 인사하기, 기타 등등, 면접관에게 감사하다고 말하고 나오기까지 구성할 수 있다. 물론 이러한 경우에는 면접관으로서 연기할 다른 사람이 필요하다.

자기 모델링은 특히 지시를 잘 따르지 않거나 모방하기 어려운 아동인 경우 실행하기가 더 복잡하다. 이러한 아동에게 이와 같은 방법을 사용하기 위해서는 드물게 나타나는 행동을 포착하기 위해 보다 긴 촬영기간이 필요하고 보다 집중적인 편집이 필요하다.

비디오 모델링은 중재의 매우 평등한 방법이라 할 수 있다. 장비에 대한 사용자 매뉴얼을 읽는 것 외에는 추가적인 훈련이 필요하지 않기 때문에 누구나 주요 실행자가 될 수 있다. 마찬가지로 필요한 기술을 가지고 있는 사람이라면 누구나 모델이 될 수 있다. 결과적으로, 비디오 모델링은 교육과정에 가족 구성원을 포함시키는 좋은 통로가 된다.

치료사가 비디오 계획 및 편집에서 핵심적인 역할을 해야 하는 몇몇 예외적인 경우가 있을 수 있다. 특정 자세를 강조하거나 근육의 움직임을 강조하기 위해서는 작업치료사와 물리치료사가 필요하다. 마찬가지로 언어와 말하기 기술에서는 언어병리학의 전문지식이 필요하다. 이들 전문가와 교사는 최소한 비디오 모델링을 통해서 다룰 수 있는 발달의 위계와 발달적으로 적합한 행동에 대한 정보에 대해서 상담 받을 수 있어야 한다. 이와 같은 특화된 분야에서 잠재적인 목표행동을 결정하기 위해서는 전문적인 평가도 필요할 수 있다. 사회적 행동을 다루고 이것이 긍정적 행동지원 계획의 일부일 때에는 기능적 행동진단(Hanley, Iwata, & McCord, 2003; Sturmey, 1994)이 비디오 모델링과 연계되어야 한다. 만일 정해진 프로토콜이 있거나 스태프 중에 비디오 전문가가 없다면 비디오 모델링 과정에서의 역할은 긍정적 행동지원 회의에서 결정될 수 있다.

비디오를 제작하는 데 소모된 시간을 만회할 수 있게 해주는 비디오 모델링의 가장 중요한 장점 중 하나는 올바른 행동에 대한 휴대 가능하고 시각적인 결과물을 만들어 낸다는 것이다. 비디오 모델링 영화는 개인을 교수하는 데 사용될 뿐만 아니라 그 아동과 관련된 다른 전문가나 가족에게 기대행동을 보여주는 데에도 사용될 수 있다. 현재 많은 치료사, 특히 학교 시스템 내에서 일하는 치료사에게는 자문의 의무가 있다. 모델링 비디오는 아동을 직접적으로 교수하려는 목적뿐만 아니라 관련서비스 제공자, 가족, 교사와의 정확한 의사소통을 위한 체계를 제공한다는 두 가지 목적을 동시에 달성하게 해준다.

비디오와 마찬가지로 비디오를 찍기 위한 장비(전통적으로 비디오카메라)도 휴대용이다. 원하는 행동의 특정 장면을 교실, 집, 직장, 놀이터와 같이 자연스러운 환경을 포함하여 거의 모든 환경에서 촬영할 수 있다. 특정 장면은 컴퓨터로 편집하기 위해 전환된다. PC나 매킨토시 컴퓨터 모두 비디오 편집을 위해 사용하기 쉬운 소프트웨어를 제공한다. 매킨토시 컴퓨터는 비디오 편집을 위한 준비가 된 채로 출시되기 때문에 비디오를 편집하고 디스크에 기록하기 위해 필요한 모든 것이 컴퓨터에 설치되어 있다. PC를 이와 유사하게 활용하기 위해서는 약간의 변형이나 추가비용이 필요할 수 있다. 예를 들어, 비디오 카드를 설치하고 DVD나 CD로 기록하기 위한 소프트웨어를 다운받거나 구입하는 것이다. 두 가지 컴퓨터 플랫폼 모두에서 필요한 것 중 하나는 하드디스크의 저장 용량을 충분히 마련하는 것이다. 이동식 하드디스크 드라이브는 상대적으로 저렴하며, 비디오 저장을 위한 현명한 방법이다. 3분짜리 비디오도 상당한 메모리가 필요하다. 이와 같은 하드드라이브를 추가적으로 사용하면 그 어떤 새로운 컴퓨터도 비디오 모델링 센터가 될 수 있다. 비디오 모델링과 관련된 다른 기술과 마찬가지로 영상 저장용 하드디스크 드라이브를 소지함으로써 사용자 융통성이 증진될 수 있다. 드라이브를 분리해서 교실로 가져가 다른 컴퓨터에 접속하여 동영상을 다운로드할 수 있다. 이러한 접근은 DVD나 CD를 복사할 필요가 없게 해준다. 왜냐하면 동영상은 교실 (또는 가정)의 컴퓨터에도 있기 때문이다.

비디오 모델링 제작자(자녀와 작업한 부모 제외)가 주의해야 할 점은 모든 참여자의 동의를 얻는 것이다. 모든 참여자는 비디오 모델링 수행에 대해서도 동의해야 할 뿐만 아니라, 중재가 완성되면 그 비디오를 누가 볼 것인지 또는 중재가 끝나고 나면 비디오를 어떻게 처리할 것인지 등에 대한 명확한 이해를 공유해야 한다. 비디오 모델링이 치료 또는 교수의 정규 부분이 된다면 과정의 모든 단계에 대한 명확한 프로토콜이 수립되어야 한다.

〈표 14-1〉 비디오 모델링의 유형별 장단점

유형	장점	단점
또래/성인	• 쉽게 연출할 수 있다. • 유지가 잘 된다.	• 모델이 높은 관심을 불러일으키지 않는다. • 일반화에 대한 결과가 일관적이지 않다.
자기	• 자신감 부족이 문제가 되는 경우에 유용하다. • 다른 유형에 비해 높은 관심을 불러일으킬 수 있다. • 일반화가 잘된다.	• 연출하기 어려울 수 있다. • 편집이 더 복잡하다.
관점	• 쉽게 연출할 수 있다. • 실제 생활을 묘사한다. • 편집의 필요가 적다.	• 행동의 범위가 제한적이다. • 아직 연구가 거의 없다.
애니메이션	• 아동에게 인기 있는 형식이다. • 보통 전문적으로 제작된다.	• 모델과의 관련성이 적다. • 행동의 범위와 구체성이 제한적이다.

5. 주요 구성요소

비디오 모델링으로 다룰 수 있는 행동은 거의 제한이 없다. 관찰 가능한 어떠한 기술이나 행동도 비디오 모델링으로 다룰 수 있다. 수학 계산이나 언어 습득과 같이 일반적으로 "순서"에 따라 가르치고 배우는 기술은 비디오로 다룰 수 있다. 그러나 행동 간 중다기초선 설계를 사용한 몇몇 연구를 제외하고는 같은 아동에게 비디오 모델링을 종단적으로 또는 지속적으로 적용한 연구는 없다(Buggey, 2005; Maione & Mirenda, 2006). 발달적 순서가 비디오 모델링으로 어떻게 가르쳐질 수 있는지 보여주는 한 예는 표현언어에서의 과거시제 어미, 관사, 복수어미 같은 형태소의 사용이다. 형태소 습득의 발달순서는 Brown(1973)에 의해서 잘 설명되었다. 일반적으로 아동은 28~36개월 사이에 현재 진행형 어미를 발달시키고, 전치사 안(in)과 위(on)를 사용하며 s로 복수형을 만든다는 것을 배운다. 형태소 사용 진단은 아동의 발달 정도를 보여준다. 발달 순서에서의 다음 단계는 또래가 말할 때 볼 수 있으며 또는 아동이 더 발달된 형태소를 모방할 수 있는 경우라면 스스로 모델이 될 수도 있다. 아동의 발달보다 한 단계 앞선 모델을 제공하는 것은 가능하며 그래서 일련의 발달 단계 전 과정에 걸쳐 계속해서 또래 모델링을 제공할 수 있다.

부적응적인 사회적 기술은 이와 같은 발달 순서가 없는 행동이기는 하지만 유사한 방식으로 다루어질 수 있다. 다양한 문제행동을 보이는 아동은 자신의 부정적인 행동을 유발하는 상황에서 적응적인 행동을 하는 사람의 비디오 모델을 볼 수 있다. 만일 아동이 이러한 상황에서 역할놀이를 할 수 있다면 아동은 다시 한번 더 스스로의 모델이 될 수 있다. 만일 성공한다면 다른 행동에 대하여 동일한 기법을 사용할 수 있다. 연구가 부족하기 때문에, 아동이 비디오를 보다가 아예 중재가 효과가 없어지는 포화지점에까지 이르기도 하는지 또는 중재의 참신함(특히 비디오 자기 모델링)이 점점 사라질지의 여부에 대해서는 아직까지 알지 못한다.

6. 의사결정을 위한 자료 수집

비디오 모델링 중재의 자료 수집은 단일대상연구(Kazdin, 1982)와 교육과정 중심 측정(Salvia & Hughes, 1990)에서 사용되는 동일한 형태를 따라야 한다. 이러한 유형의 자료 수집을 위해서는 행동의 비율이나 지속시간에 대한 기초선 자료를 수립하고 중재 기간에 이 비율 및 지속시간을 추적하고 유지를 관찰한다. 또한 종종 기능적 행동진단과 함께 사용되기도 하는데, 이때 팀의 다양한 구성원이 기초선 수립을 위한 자료를 기록하고 중재 효과를 측정하기 위한 자료를 수집한다. 이러한 자료 수집 과정이 이미 준비되어 있다면 비디오 모델링 중재의 효과를 측정하기에 충분할 것이다. 그래프는 효과를 시각적인 증거로 제공하고 다른 사람들과 진행 과정을 의사소통할 수 있게 도와준다. 교육과정 중심 측정에서는 아동 스스로가 자신의 진보를 도표로 기록하도록 과제를 주기도 한다. 이것은 행동에 영향을 미칠 수 있는 변수를 통제해야 하는 연구 프로젝트에서는 수용되기 어렵지만, 현장에서 적용할 때에는 효과적인 보충 역할을 해준다. 의료적 문제, 다른 교수인력의 존재 여부, 환경 조건의 변화와 같이 행동에 영향을 줄 수 있는 기타 변인을 항상 의식해야 하는데, 이는 이러한 변인을 고려해서 자료를 해석해야 하기 때문이다.

부모는 자료 수집에 기여할 수 있으며 중재가 가정에서 수행되는 경우에는 우선적인 기록자가 될 수도 있다. 중재가 학교에서 실행되는 경우에도 중재의 효과가 환경에 따라 일반화되는지 결정하기 위해 부모는 여전히 자료를 수집할 수 있다.

7. 문화 및 언어 배경이 다른 아동을 위한 고려

문화와 언어의 다양성에 대한 민감성은 비디오 모델링에 거의 내재해 있기 때문에 조정이 거의 필요하지 않다. 자기 모델링의 경우는 특히 더 그러한데, 이는 아동 자신이 스스로의 모델이 되기 때문이라는 당연한 이유로 인한 것이다. 또래나 성인 모델링에서는 문화와 언어적인 측면에서 가능한 한 가까운 사람을 모델로 선택할 필요가 있다. 이러한 접근법은 문화적인 다양성에 민감할 뿐만 아니라 Bandura(1969)의 누가 최상의 모델인지에 대한 연구결과와도 일치한다.

8. 적용을 위한 고려

적용 사례: 아동

이 사례연구에서는 자기 모델링이 중재로 선택되었다. 또래 또는 성인 비디오 모델링도 사용할 수 있었지만 비디오 자기 모델링의 이 사례는 비디오 모델링의 가장 복잡한 예시를 제공할 것이다. 성규는 현재 8세로 5세에 교육청에서 아스퍼거 증후군으로 진단을 받았다. 성규는 몇 가지 과제에 대해 지나치게 집착하고 학업 수행 중에 산만한 경향이 있다. 〈스타트랙〉의 열렬한 팬이고 방송된 모든 줄거리에 대해서 이야기할 수 있다. 성규는 자주 〈스타트랙〉에 대한 대화를 이끌어내려고 시도한다. 교장선생님은 성규의 파괴적인 행동을 해결할 방법을 찾기 위해 부모와의 회의 일정을 정했다. 부모와 교사 모두 성규가 비난과 좌절에 직면할 때 보이는 탠트럼을 가장 심각한 문제로 지적하였다. 이 파괴적인 행동은 종종 오랜 시간 동안 팔다리를 흔들고 우는 신경질적인 탠트럼 형태로 나타난다. 이러한 본격적인 장면은 30분 동안 지속되고 그 후에 토라지는 행동이 학교생활 반나절 동안 지속된다. 성규의 탠트럼은 시작하기 전에 전조 또는 경고가 앞서는데, 팔짱을 끼고 아래를 보는 행동이다. 이 문제행동을 다루기 위해 집과 학교에서의 수개월 동안 행동수정 계획이 적용되었지만 효과는 거의 나타나지 않았다.

성규의 팀은 탠트럼을 유발하는 이유가 무엇인지 알아보고 발생하는 이유에 대한 가설을 수립하기 위해 기능적 행동진단을 수행하기로 하였다. 기능적 행동진단은 긍정적 행동지원 계획의 개발에 앞서 진행된 것이다. 팀의 모든 구성원이 발생시간, 지속시간, 행동 관련 환경적 선행사건을 포함하여 탠트럼과 관련된 정보를 모으는 데 책임을 맡았다. 관찰 일주일 후에 팀은 결과를 확인하기 위해 다시 만났다. 팀은 먼저 학교에서의 특정 행동에 중점을 두기로 하였으며, 학교에서 향상을 보이기 시작하면 가정으로 관심을 돌리기로 하였다. 학교에서는 다음과 같은 몇 가지 특정 사건이 성규의 탠트럼을 촉발하는 것으로 나타났다: (1) 답을 아는 데 호명되지 않거나, (2) 다른 친구가 새치기를 하거나, (3) 소집단 활동에서 숙제나 과제 수행 시 항목을 틀리거나, (4) 자신이 하고 싶은 것을 허락받지 못할 때. 이러한 네 가지 상황은 좋은 행동에 대한 비디오의 주인공이 될 수 있다는 말을 들은 성규의 협조로 **스토리보드(storyboard)**에 그려졌다. 네 컷의 스토리보드([그림 14-1])는 영화의 장면으로 제공되었다.

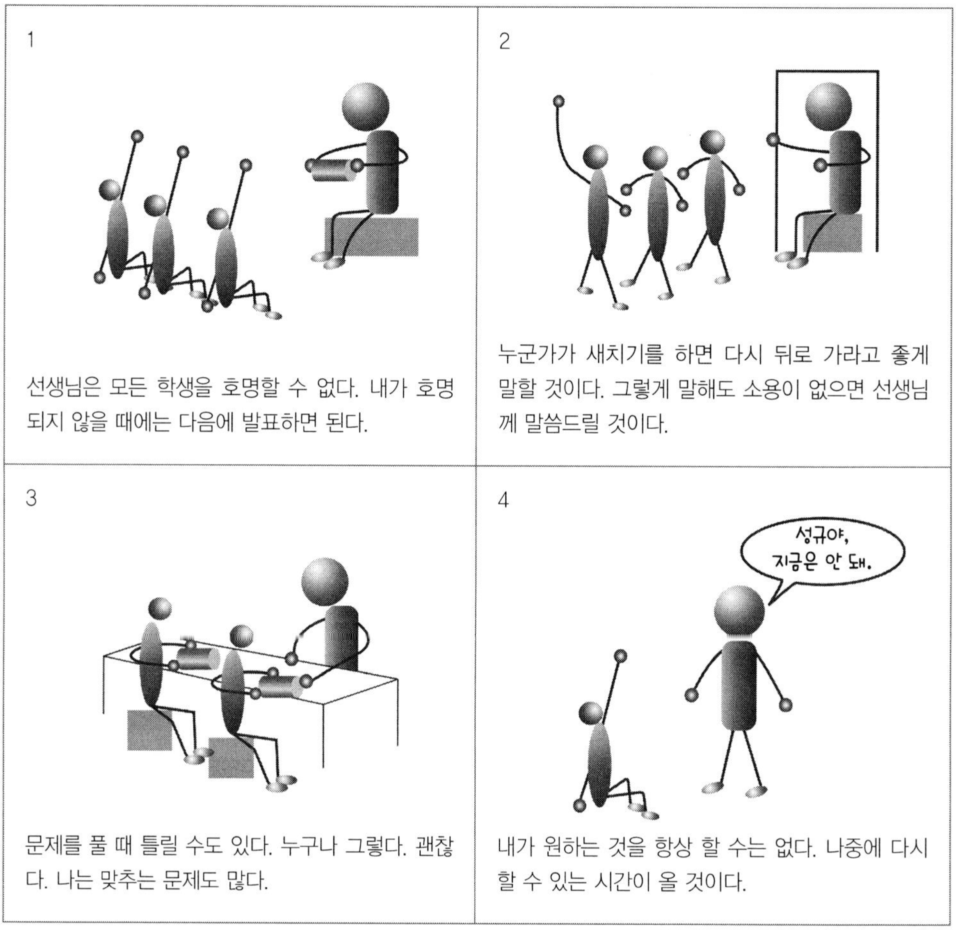

[그림 14-1] 성규의 바람직한 행동 영화를 위한 스토리보드

성규의 학급친구 두 명에게 함께 출연해줄 것을 요청하였다. 비디오 촬영을 위해서 학급의 다른 친구들이 도서관에 있는 동안 출연 학생들과 교사는 교실로 왔다. 비디오 자기 모델링 훈련을 받은 상담교사가 제작자 겸 촬영감독이었다. 학생들과 교사는 스토리보드를 따르고 대사를 말하고 상담교사의 지도에 따랐다. 마찬가지로 성규도 각각의 상황에 맞게 대사를 말하였다. 한 번은 성규가 탠트럼의 전조를 보이기 시작한 적도 있었지만 모두 즐겁게 촬영하였다. 성규에게 영화를 만든다는 것을 상기시켰을 때 행동을 멈추었다. 교사와 상담교사는 애플 아이무비 소프트웨어를 사용하여 함께 비디오를 만들었다. 촬영된 장면은 카메라에서 아이무비로 다운로드되었다. 역할극을 사용하였기 때문에 편집은 거의 필요하지 않았다. 장면 사이사이에 전환 부분을 넣었고 성규가 미소짓거나 손을 드는 행동을 보여주는 고정 장면이 도입부에 추가되었다. 상담교사가 목소리로 행동을 묘사하였다("이것은 성규의 영화입니다. 성규가 어려운 상황을 어떻게 헤쳐 나가는지 함께 봅시다!"). 이렇게 소개한 후에는 친구들의 환호성(아이무비 소프트웨어에 포함된 소리)이 이어졌다. 영화의 끝부분에도 상담교사가 "성규 잘했어"라고 말하는 것과 함께 동일한 환호성이 추가되었다.

성규는 연구에 참여하고 있었기 때문에 비디오를 시청하기 전에 시간을 지연시켜 역할극과 촬영이 행동에 영향을 주는지 알아보았다. 그 결과, 비디오 시청 전에 성규의 탠트럼은 하루에 평균 20분 정도 발생하는 것으로 나타났다. 학교에 도착해서 수업이 시작되기 전에 테이프를 보기 시작한 후 그 학년도에는 단 한 번도 탠트럼을 보이지 않았다. 흥미로운 것은 6개월의 추적 기간 중에 몇 차례의 탠트럼 전조를 시작하였으나 매번 스스로 조절하고 탠트럼을 바로 멈추었다.

> 나는 어떤 중재나 교육에 대해서도 "삶을 변화시키는"이라는 용어를 사용한 적이 없다, 지금까지는. 성규가 비디오테이프를 보기 시작한 날을 마감하면서 나는 갑자기 깨달았다. 오늘은 탠트럼이 일어나지 않았어…… 흠. 다음날 나는 기쁨으로 조용히 소리치고 있었다.
>
> —성규의 교사—

적용 사례: 청소년 또는 성인

세라는 19세 중증 자폐인이다. 대부분의 의사소통에서 그림 상징을 사용한다. 말을 할 수는 있으나 세라의 표현언어 대부분은 반향어다. 세라는 전환 계획의 한 부분으로 기능적인 생활기술에 대해 훈련을 받았다. 세라의 학습목표 중 하나는 잠자리를 준비하는 것이었다. 교사와 부모는 이 기술을 훈련시키기 위해 또래 모델링 비디오를 사용하기로 하였다. 세라의 학교 친구 한 명이 모델이 되었다. 잠자리 준비하기를 과제분석하고 사용할 침대시트를 올바르게 가져오는 것부터 베개를 푹신하게 부풀리는 것까지 8개의 단계로 나누었다. 친구가 세라의 집에 와서 침대를 정리하는 장면을 촬영하였다. 친구는 각 단계를 신체를 움직여 수행했을 뿐만 아니라 언어 설명(지시)도 하였다. 예를 들어, "이제 우리는 담요와 시트를 접어야 해. 그렇게 하면 침대 위쪽에 베개를 올려놓을 수 있게 되지." 세라는 학교에서 귀가하면 비디오를 보았다. 그리고 그녀가 비디오를 보고 싶다고 하면 비디오를 볼 수 있도록 허락하였다. 비디오를 보고 난 다음 날부터 세라는 촉진을 받은 것도 아닌데 잠자리를 정리해 보려고 하였다. 촉진 없이 단계를 모두 수행하지는 못했지만, 그 전에는 시도조차 하지 않았었다. 어머니가 촉진을 제공할 수 있었으며 세라가 어려워하는 몇몇 단계를 완성해주었다. 어머니에게는 개입을 최소한으로 하고 꼭 필요할 때에만 개입하라고 안내하였다. 일주일 이내에 세라의 잠자리 정리하기 행동은 숙달되었다. 세라는 비디오에서 친구를 보는 것을 좋아하였고 몇 주 동안 비디오를 보겠다고 요청하였다. 세라가 비디오에 대한 흥미를 잃고 시청을 중단한 뒤에도 잠자리를 정리하는 능력은 변하지 않았다. 세라의 부모는 다른 기술에도 비디오 모델링을 시도하기로 하였다.

9. 앞으로의 방향

비디오 모델링에 대한 연구는 아직은 부족하지만 점점 많아지고 있으며 상대적으로 최근에 발전하고 있다. 따라서 효과와 사용에 대한 많은 의문이 아직 해결되지 않고 남아 있다. 효과적인 활용을 위한 연령 하한선이 점점 더 분명해지고 있기는 하지만, 이러한 연령을 대상으로 한 연구는 주로 사회성 기술에 초점을 맞추고 있다. 다른 행동에 대해서는 연령 제한이 달라질 수도 있다는 것이다. 3세 아동의 언어와 기능적인 행동에 초점을 맞춘 연구가 이루어져야 할 것이다.

마찬가지로, 효율성의 한 요인으로서의 인지 발달에 대해서는 거의 알려진 바가 없다. 비디오 모델링이 효과가 없다고 말할 수 있는 특정 인지적 지체의 기준이 있는가? 연령이나 인지 능력과 관련해서 비디오 모델링 유형 간에 차이가 있는가?

비디오 모델링의 장기간 사용과 관련된 정보는 거의 없는 실정이다. 비디오 매체에 대한 흥미는 시간이 지나면서 줄어드는가? 사람들은 이 방법에 내성이 생기는가? 다양한 유형의 비디오 모델링이 흥미를 지속시킨다는 측면에서 어떻게 서로 다른지를 비교하는 방법도 알지 못한다. 자기, 또래, 관점, 성인 모델링의 효과를 비교하는 현재까지의 연구는 특정 행동에 초점을 맞추고 있다. 학습된 행동의 일반화나 유지와 관련해서 유형 간 차이가 있는지도 알지 못한다. 이 점과 관련해서는 오직 소수의 연구만이 다양한 유형의 비디오 모델링을 비교하여 이루어지고 있다. 각 방법이 지니는 상대적인 강점을 아는 것은 실무자가 사용을 결정할 때 정보에 근거할 수 있도록 도와준다.

비디오 모델링 기술을 훈련시키는 것과 관련된 연구는 거의 없다. 편집 소프트웨어가 비디오 제작을 훨씬 더 쉽게 해주는 것은 사실이지만 부모와 전문가는 비디오를 제작할 만한 시간과 기술을 가지고 있는가? 임상 및 학교 상황에서 비디오를 제작하고 보여주기에 가장 적합한 전문가는 누구인가?

마지막으로, 다양한 형태의 비디오 모델링을 통해 다룰 수 있는 행동의 범위를 결정하기 위한 더 많은 연구가 수행되어야 하며, 이러한 특정 형태의 모델링을 특정 행동에 짝짓는 것이 유용한지를 결정하는 연구 또한 필요하다.

권장 도서

Buggey, T. (2009). Seeing is believing; *Self-modeling applications with children with autism and other developmental disabilities*. Bethesda, MD: Woodbine House.

Buggey는 특별히 비디오 자기 모델링을 다루는 현존하는 유일한 책을 집필하였다. 이 책은 행동을 선택하고 스토리보드를 구성하고 적절한 장면을 선정하고 비디오를 편집하기 위한 지침을 제공한다. 또한 자폐 아동 관련 이론 및 연구에 대한 지원 정보를 제공한다. 이 책은 부모와 전문가를 위해 쓰였고 비교적 저렴하다.

Grandin, T. (2010). *Thinking in pictures and reports from my life with autism*. New York, NY: Vintage Books.

Grandin은 자신의 대표 저서에서 자신의 사고하는 방식과 언어를 자신이 해석할 수 있는 시각적 이미지로 전환하는 방법을 설명하였다. 이 책이 비디오 모델링에 대해 직접적으로 다루고 있지는 않지만 Grandin은 이 접근이 강력한 시각적 학습자인 자폐 범주성 장애인에게 왜 효과적인지에 대한 통찰을 제공한다.

Kehle, T., & Bray, M. (Eds.) (2012). *Psychology in the Schools* [entire issue], *49*(1), 1-103.

Psychology in the Schools 학술지의 이 호는 전체가 비디오 자기 모델링에 대한 내용으로 구성되었다. Melissa Bray, Tom Buggey, Peter Dowrick, Thomas Kiehl 등 이 분야의 선각자들이 집필한 논문은 자기 모델링 이론에서부터 자폐성 아동에게 사용하는 일반적인 자기 모델링 기법에 이르기까지 전반적인 주제를 다룬다.

Nikopoulus, C. (2006). *Video modeling and behavior analysis: A guide for teaching social skills to children with autism*. London, UK: Jessica Kingsley Publishers.

Nikopoulus는 응용행동분석과 비디오 (또래) 모델링의 두 가지 연구 기반의 기법을 결합하기 위한 실제적인 가이드를 제공한다. 이 책에서는 비디오를 제작하고 중재 계획으로 병합시키는 방법을 설명하고 또한 이 방법을 지지하는 이론과 연구에 대한 배경정보를 제공한다.

Sigafoos, J. (2007). *How to use video modeling and video prompting*. Austin, TX: PRO-ED.

자폐 아동을 위한 비디오 모델링 사용에 관한 저서는 이 책과 Nikopoulus의 책 두 권밖에 없다. Sigafoos는 비디오 모델링 교수법의 사용에 대해 서술하였는데, 여기서 비디오는 행동에 대한 완전한 모델이 포함된 것으로 정의하였다. 비디오 촉진은 전체 길이의 비디오를 과제의 특정 단계를 촉진하는 더 작은 단위로 나누는 방법을 말한다. 이 책은 부모나 전문가에게 행동 선정하기, 과제분석, 기초선 설정, 자료 수집 및 장치 선택하기에 관한 추가적인 정보를 제공해주는 안내서다.

학습 활동

추천 활동

- 영화 만들기: 비디오 편집 소프트웨어를 사용해서 어떤 형태의 비디오든지 만들어 본다. 방학이나 생일 비디오가 효과적일 것이다. 이 활동의 핵심은 편집 소프트웨어에 익숙해지는 것이다. 비디오 편집 소프트웨어 절차에 익숙하지 않은 사람도 널리 사용되는 소프트웨어가 얼마나 사용하기 편리한지 알고 놀라게 될 것이다.

- 두 개의 스토리보드 만들기: 하나의 스토리보드는 새로운 행동을 가르치는 데 중점을 두고 다른 스토리보드는 대체행동에 초점을 맞춘다. 새로운 행동을 가르치기 위해서 한 가지 기술을 선택한다. 그리고 각 단계를 과제분석하고 격자판에 배치할 수 있는 단순한 그림으로 변환시킨다. 대체행동을 가르치기 위해서는 먼저 원하지 않는 행동을 유발하는 것이 무엇인지 결정하기 위해서 기능적 행동진단을 수행한다(가상으로 수행할 수 있음). 그리고 그 원하지 않는 행동을 대체할 수 있는 적절한 방법을 선택한다. 적절한 반응을 단순한 그림으로 변환시킨 후 스토리보드 격자판에 붙인다.

토론 주제

- 자기 모델링에서 긍정적 및 부정적 행동이 모두 포함된 편집되지 않은 비디오를 보게 하는 것의 찬반을 논한다.
- 사용의 용이함 측면에서 비디오 모델링의 세 가지 주요 형태(자기, 또래, 관점)의 장단점을 논한다. 비용 효과(주로 시간과 효율성 측면에서)를 분석하는 등 각 모델링 형태가 갖는 잠재력에 대한 논의로 확장시켜 논의할 수도 있다.
- 또래 모델링 비디오는 수정될 필요가 있는 가장 일상적인 행동을 다루기 위해서 제작될 수 있다. 가장 먼저 비디오를 만들어야 한다고 생각되는 행동 목록을 작성한다(가장 폭넓게 사용할 수 있거나 자폐 아동에게 부족한 주요 기술을 다루는 비디오).

복습 문제

- 비디오 모델링이 자폐인에게 특히 효과적인 이유가 무엇인지 설명하시오.
- 또래 비디오 모델링을 만드는 데 필요한 단계를 제시하고, 이 단계들이 자기 및 관점 비디오 모델링과 어떻게 다른지 설명하시오.
- 비디오 모델링의 사용을 지지하는 이론적 배경을 설명하시오. 이론적 배경 중 모든 유형의 비디오 모델링에 적용 가능한 것과 한두 가지 비디오 모델링 유형에 적용 가능한 것을 구분해서 설명하시오.

참고문헌

Apple, A. L., Billingsley, F., Schwartz, I. S., & Carr, E. G. (2005). Effects of video modeling alone and with self-management on compliment-giving behaviors of children with high-functioning ASD. *Journal of Positive Behavior Interventions, 7*(1), 33-46.

Bandura, A. (1969). *Principles of behavior modification.* New York, NY: Holt, Rinehart & Winston.

Bandura, A. (1997). *Self-efficacy: The exercise of control.* New York, NY: Freeman.

Bauman, M. L. (1999). Autism: Clinical features and neurobiological observations. In H. Tager-Flusberg (Ed.), *Neurodevelopmental Disorders* (pp. 383-399). Cambridge, MA: MIT Press.

Bellini, S., & Akullian, J. (2007). A meta-analysis of video modeling and video self-modeling interventions for children and adolescents with autism spectrum disorders. *Exceptional Children, 73,* 261-284.

Bellini, S., Akullian, J., & Hopf, A. (2007). Increasing social engagement in young children with autism spectrum disorders using video self-modeling. *School Psychology Review, 36,* 80-90.

Brown, R. (1973). *A first language: The early stages.* London, UK: George Allen & Unwin.

Bryan, L. C., & Gast, D. L. (2000). Teaching on-task and on-schedule behaviors to high-functioning children with autism via picture activity schedules. *Journal of Autism and Developmental Disorders, 30*(6), 553-567.

Buggey, T. (2005). Applications of video self-modeling with children with autism in a small private school. *Focus on Autism and Other Developmental Disabilities, 20,* 180-204.

Buggey, T. (2009). *Seeing is believing: Self-modeling applications with children with autism and other developmental disabilities.* Bethesda, MD: Woodbine House.

Buggey, T., Ayers, P., Morris, C., Wichlinski, A., Decker, M., Smith, A., & Vanderpool, B. (2005). A picture is worth...Improving reader's self-efficacy through self-modeling. *Tennessee Reading Teacher, 33.*

Buggey, T., Hoomes, G., Sherberger, M. E., & Williams, S. (2011). Facilitating social initiations of preschoolers with autism spectrum disorders using video self-modeling. *Focus on Autism and Other Developmental Disabilities, 26,* 25-36.

Buggey, T., Toombs, K., Gardner, P., & Cervetti, M. (1999). Self-modeling as a technique to train response behaviors in children with autism. *Journal of Positive Behavior Intervention, 1,* 205-214.

Charlop-Christy, M., & Daneshvar, S. (2003). Using video modeling to teach perspective taking to children with atusim. *Journal of Positive Behavior Interventions, 36*(2), 12-21.

Charlop-Christy, M., Le, L., & Freeman, K. (2000). A comparison of video modeling with in vivo modeling for teaching children with autism. *Journal of Autism and Developmental Disorders, 30,* 537-552.

Charlop, M. H., & Milstein, J. P. (1989). Teaching autistic children conversational speech using video modeling. *Journal of Applied Behavior Analysis, 22*(3), 275-285.

Clark, E., Beck, D., Sloane, H., Jenson, W., & Bowen, J. (1993). Self-modeling with preschoolers: Is it different? *School Psychology International, 14,* 83-89.

D'Ateno, P., Mangiapanello, K., & Taylor, B. A. (2003). Using video modeling to teach complex play sequences to a preschooler with autism. *Journal of Positive Behavior Interventions, 5*(1), 5-11.

Dauphin, M., Kinney, E. M., Stromer, R., & Koegel, R. L. (2004). Using video-enhanced activity schedules and matrix training to teach sociodramatic play to a child with autism. *Journal of Positive Behavior Interventions, 6*(4), 238-250.

Delano, M. E. (2007). Improving written language performance of adolescents with Asperger syndrome. *Journal of Applied Behavior Analysis, 40*(2), 342-351.

Dowrick, P. W. (1983). Self-modeling. In P. W. Dowrick & J. Biggs (Eds.), *Using video: Psychological and social applications* (pp. 105-124). New York, NY: Wiley.

Gena, A., Couloura, S., & Kymissis, E. (2005). Modifying the affective behavior of preschoolers with autism using *in-vivo* or video modeling and reinforcement contingencies. *Journal of Autism and Developmental Disorders, 35*(5), 545-546.

Golan, O., & Baron-Cohen, S. (2006). Systemizing empathy: Teaching adults with Asperger syndrome or high-functioning autism to recognize complex emotions using interactive multimedia. *Development and Psychopathology, 18*(2), 591-617.

Grandin, T. (2010). *Thinking in pictures and other reports from my life with autism.* New York, NY: Vintage Books.

Hanley, G. P., Iwata, B. A., & McCord, B. E. (2003). Functional analysis of problem behavior: A review. *Journal of Applied Behavior Analysis, 36,* 147-185.

Haring, T. G., Kennedy, C. H., Adams, M. J., & Pitts-Conway, V. (1987). Teaching generalization of purchasing skills across community settings to autistic youth using videotape modeling. *Journal of Applied Behavior Analysis, 20*(1), 89-96.

Hine, J. F., & Wolery, M. (2006). Using point-of-view video modeling to teach play to preschoolers with autism. *Topics in Early Childhood Special Education, 26*(2), 83-93.

Kazdin, A. E. (1982). *Single-case research desings: Methods for clinical and applied settings.* New York, NY: Oxford University Press.

Keen, D., Brannigan, K. L., & Cuskelly, M. (2007). Toilet training for children with autism: The effects of video modeling. *Journal of Developmental and Physical Disabilities, 19*(4), 291-303.

Kehle, T. J., Bray, M. A., Margiano, S. G., Theodore, L. A., & Zhou, Z. (2002). Self-modeling as an effective intervention for students with serious emotional disturbance: Are we modifying children's memories? *Psychology in the Schools, 39*(2), 203-207.

Kimball, J. W., Kinney, E. M., Taylor, B. A., & Stromer, R. (2004). Video enhanced activity schedules for children with autism: A promising package for teaching social skills. *Education and Treatment of Children, 27,* 280-298.

Kircher, T. T., Senior, C., Phillips, M. L., Benson, P. J., Bullmore, E. T., Brammer, M., ... David, A. S. (2000). Towards a functional neuroanatomy of self-processing: Effects of faces and words. *Cognitive Brain Research, 10,* 133-144.

LeBlanc, L. A., Coates, A. M., Daneshvar, S., Charlop-Christy, M. H., Morris, C., & Lancaster, B. M. (2003). Using video modeling and reinforcement to teach perspective-taking skills to children with autism. *Journal of Applied Behavior Analysis, 36,* 253-257.

Lewis, M., & Brooks-Gunn, J. (1979). *Social cognition and the acquisition of self.* New York, NY: Plenum Press.

MacDonald, R., Clark, M., Garrigan, E., & Vangala, M. (2005). Using video modeling to teach pretend play to children with autism. *Behavioral Interventions, 20*(4), 225-238.

Maione, L., & Mirenda, P. (2006). Effects of video modeling and video feedback on peer-directed social language skills of a child with autism. *Journal of Positive Behavior Interventions, 8*(2), 106-118.

McCoy, K., & Hermansen, E. (2007). Video modeling for individuals with autism: A review of model types and effects. *Educational and Treatment of Children, 30*(4), 183-213.

McCurdy, B. L., & Shapiro, E. S. (1988). Self-observation and the reduction of inappropriate classroom behavior. *Journal of School Psychology, 26,* 371-378.

Neumann, L. (1994). *A visual teaching method for children with autism* (2nd ed.). Croton, MD: Willerik Publishing.

Neumann, L. (1999). *A visual teaching method for children with autism.* Croton, MD: Willerik Publishing.

Nikopoulos, C. K., & Keenan, M. (2003). Promoting social initiation in children with autism. *Behavioral Interventions, 18*(2), 87-108.

Nikopoulos, C. K., & Keenan, M. (2004). Effects of video modeling on training and generalization of social initiation and reciprocal play by children with autism. *European Journal of Behaviour Analysis, 5*(1), 1-13.

Nikopoulos, C. K., & Keenan, M. (2007). Using video modeling to teach complex social sequences to children with autism. *Journal of Autism and Developmental Disorders, 37*(4), 678-693.

Piersel, W. C., & Kratochwill, T. R. (1979). Self-observation and behavior change: Applications to academic and adjustment problems through behavioral consultation. *Journal of School Psychology, 17*(2), 151-61.

Reagon, T. S., Higbee, K. A., & Endico, K. (2006). Teaching pretent play skills to a student with autism using video modeling with a sibling as model and play partner. *Education and Treatment of Children, 29*(3), 1-12.

Salvia, J., & Hughes, C. A. (1990). *Curriculum-based assessment: Testing what is taught.* New York, NY: Macmillan.

Sansosti, F. J., & Powell-Smith, K. A. (2008). Using computer-presented Social StoriesTM and video models to increase the social communication skills of children with high-functioning autism spectrum disorders. *Journal of Positive Behavior Interventions, 10*(3), 162-178.

Scattone, D. (2008). Enhancing the conversation skills of a boy with Asperger's disorder through Social StoriesTM and video modeling. *Journal of Autism and Developmental Disorders, 38*(2), 395-400.

Schreibman, L., Whalen, C., & Stahmer, A. C. (2000). The use of video priming to reduce disruptive transition behavior in children with autism. *Journal of Positive Behavior Interventions, 2*(1), 3-11.

Schunk, D. H., & Hanson, A. R. (1989). Self-modeling and children's cognitive skill learning. *Journal of Educational Psychology, 81,* 155-163.

Sherer, M., Pierce, K. L., Paredes, S., Kisacky, K. L., Ingersoll, B., & Schreibman, L. (2001). Enhancing conversation skills in children with autism via video technology: Which is better, "self"or "other"as a model? *Behavior Modification, 25*(1), 140-158.

Shipley-Benamou, R., Lutzker, J. R., & Taubman, M. (2002). Teaching daily living skills to children with autism through instructional video modeling. *Journal of Positive Behavior Interventions, 4*(3), 166-177.

Simpson, A., Langone, J., & Ayres, K. M. (2004). Embedded video and computer based instruction to improve social skills for students with autism. *Education and Training in*

Developmental Disabilities, 39(3), 240-252.

Sturmey, P. (1994). Assessing the functions of aberrant behaviors: A review of psychometric instruments. *Journal of Autism and Developmental Disorders, 24*(3), 293-304.

Taylor, B. A., Levin, L., & Jasper, S. (1999). Increasing play-related statements in children with autism toward their siblings: Effects of video modeling. *Journal of Developmental and Physical Disabilities, 11*(3), 253-264.

Wert, B. Y., & Neisworth, J. T. (2003). Effects of video self-modeling on spontaneous requesting in children with autism. *Journal of Positive Behavior Interventions, 5*, 300-305.

Wright, C., & Smith, D. (2009). The effect of PETTLEP imagery on strength performance. *International Journal of Sports and Exercise Psychology, 7*, 18-31.

15
앞으로의 방향

Rebecca J. McCauley & Patrica A. Prelock

이 마지막 장에서는 독자, 자신의 중재가 이 책에서 설명된 연구자, 그리고 자폐 범주성 장애를 지닌 아동과 청소년과 성인을 위한 효과적인 의사소통 및 사회적 상호작용 중재를 개발하고 실행할 필요가 있는 현재와 미래의 보다 광범위한 연구자와 전문가를 위한 다음 단계에 대해 서술하고자 한다. 먼저 앞부분에서는 이 책에서 저자들이 제시한 내용을 요약한 후에 문헌에서 현재 진행되고 있는 좀 더 포괄적인 맥락의 논의로 연결함으로써 연구자를 위한 앞으로의 방향을 검토하였다. 뒷부분에서는 자폐 범주성 장애인의 필요를 다루기 위해 현재 진행 중인 의사결정을 어떻게 발전시킬 수 있으며 자폐의 속성과 중재에 대해 어떻게 정보와 지원을 계속 탐색할 수 있을지에 대한 제언을 제시함으로써 이 책에서 언급한 세 유형의 주요 독자(가족, 전문가, 학생과 교수)를 위한 앞으로의 방향을 고려하고자 한다.

1. 연구자를 위한 앞으로의 방향

아마도 이 절의 제목을 읽는 독자는 이 내용이 현재와 미래의 연구자에게만 관련된다고 생각할 수도 있다. 그러나 모든 독자는 이 부분을 검토하는 데에 시간을 투자하기 바란다. 만일 독자가 자신의 자녀가 자폐 범주성 장애로 진단을 받은 부모거나 또는 현재 전문가지만 연구자는 *아니더라*도 기존의 연구문헌에 대한 이해는 적어도 세 가지 측면에서 관련성을 주장할 수 있다. 첫째, 다른 사람의 관심을 촉발할 수 있는 독자의 관심과 능력은 향후 연구의 성공에 매우 중요한 역할을 한다. 연구는 참여자를 모집하고 자신의 현장에 중재를 적용하고 직접적으로 관찰하는 중재자와 실험연구에 참여할 의사가 있는 자폐 범주성 장애인 가족에게 달려 있다. 연구 노력에 대한 이와 같은 기여가 없다면 중재는 지역적인 실행과 시작 이상으로 발전할 수 없으며 그 혜택은 단지 중재 센터나 큰 결과를 만들어내는 중재자와 가까이 있는 사람들에게만 국한될 것이다. 뿐만 아니라, 더 많은 수의 참여자는 연구자가 보다 강력한 연구 설계(예: 무작위 대조군 연구)를 할 수 있게 해주는데, 왜냐하면 대부분의 다른 것도 마찬가지지만 이러한 설계는 많은 수의 참여자가 참여함으로써 무엇이 작용하고 왜 작용하는지에 대한 보다 확실한 결과를 끌어내는 데에 도움이 되기 때문이다. 마지막으로, 가족과 전문가는 인식을 증진시키고 기금 모금을 위한 노력을 통해서 중재 연구에 필요한 비용과 물리적인 지원을 마련하는 데에 필요한 보다 광범위한 지원을 만들어낼 수 있다.

둘째, 가족 및 직접 실행하는 중재자에게 있어서 연구문헌상의 격차를 학습하는 것은 자신의 경험을 약간 다른 견지에서 검토해볼 수 있게 해준다. 예를 들어, 가족 구성원이 자폐 범주성 장애인과 그 가족을 위한 더욱 밝은 미래를 향해 일하고 있는 많은 연구자에 의해서 대표되는 보다 폭넓은 지원 공동체를 경험할 수 있도록 도와줄 수 있다. 또한 가족이 기존의 지식 기반의 부족을 인지하고 그러한 부족을 다룰 수 있는 방법을 알게 된다면 현행 중재에 대해서와 이러한 중재를 제공하는 전문가에 대해서 덜 좌절하게 될 것이다. 마찬가지로, 중재자는 발전을 위해서 적극적인 노력이 기울여지고 있다는 사실을 알게 된다면 그러한 중재에 대해 덜 좌절할 것이다.

마지막으로 세 번째는 개별 가족 구성원과 중재자는 연구문제의 필요성을 발견하게 됨으로써 연구자가 되거나 기존의 연구자에게 협조하는 등 보다 직접적으로 실행하게 된다는 것이다. 과학은 새로운 견해가 연구문제에 영향을 미칠 때 더욱 풍성해지는 것으로 여겨진다. 특히, 자폐 범주성 장애의 어려움뿐만 아니라 강점도 보는 사람들의 견해는 과학적인 교류에 반가운 균형을 제안하게 될 것이다. 본 장의 뒷부분에서 논의하겠지만, 자폐 범주성 장애인을 위한 양질의 중재가 예외가 아닌 일반적인 것으로 받아들여지게 된다면 그러한 파트너십은 단순하게 정치적인 혜택이기보다는 오히려 필수적인 것으로 여겨지게 될 것이다.

간단하게 말해서, 이 책의 모든 독자는 미래의 연구 설계와 자폐 범주성 장애인의 의사소통 및 사회적 상호작용을 위한 완벽하게 효과적인 중재로 향하는 잠재적인 통로에 대한 최소한의 간략한 노출을 통해 얻는 것이 있으리라고 생각된다. 이 책을 읽기 시작할 때 가졌던 자신의 견해와는 상관없이 독자는 보다 잘 이해받고 있다는 감정을 넘어서서 연구의 노력에 대한 자신의 관계에 대해 더욱 열정을 보이게 될 것으로 기대된다.

1) 검토된 중재를 위한 앞으로의 방향 요약

이 책의 각 장을 집필한 저자는 각 중재에 대한 전문성을 기반으로 신중하게 선택되었기 때문에 연구 필요성에 대한 이들의 언급은 예리한 통찰력을 제공할 가능성이 높다. 결과적으로 이 부분에서는 특정 중재 접근이 지니는 고유한 필요와 함께 공통적인 주제를 확인하면서 이들의 주장을 요약하고자 한다. 앞으로의 방향에 대한 저자들의 논의는 다음과 같이 네 가지로 정리된다: (1) 중재 성과를 검증하는 데에 사용되는 측정 방법 향상시키기, (2) 중재가 현재 추천되고 있는 개인의 요구를 보다 효과적으로 충족시킬 수 있도록 조정하기, (3) 중재가 보다 효과적으로 사용될 수 있는 대상자 확장하기, (4) 전문가나 가족의 중재 실행을 시작하고 지원하는 데에 사용되는 방법 향상시키기.

(1) 성과 검증에 사용되는 방법론 강화

중재의 초기 연구에서는 비교적 이상적인 환경에서 제한된 수의 단기 성과를 조사하였다(Fey & Finestack, 2009). 제한된 성과를 측정하는 것은 중재가 실제로 차이를 가져왔는지를 확인하기 위한 연구 설계의 진실성을 위해서 필요한 것으로 여겨졌음에도 불구하고 많은 문제가 해결되지 않은 채 남아 있었으며, 이것은 연구자뿐만 아니라 실행자나 가족에게도 좌절스러운 결과였다. 이렇게 해결되지 않은 문제를 위해 필요한 가장 중요한 유형의 측정 중 하나는 참여자가 성인과 뿐만 아니라 또래와 갖게 되는 사회적 상호작용의 질을 충분히 반영할 수 있는가 하는 것이다(예: Wegner, 3장 보완대체 의사소통[AAC] 전략; Wilczynski, Rue, Hunter, & Christian, 4장 기본적인 행동 중재 전략; Gerber, 5장 발달–개인차–관계 중심[DIR] 모델; Durand, 6장 기능적 의사소통 훈련[FCT]). 중재의 대상인 자폐 범주성 장애인을 위한 사회적 상호작용을 향상시키는 데에 고도의 관심이 기울여지고 있음에도 불구하고 그 성취를 기록할 수 있는 합리적인 측정 방법을 알아내기는 어려운 것으로 입증되었다.

사회적 상호작용의 질적인 성취를 기록하는 측정 방법을 알아내는 것 외에도 각 장의 저자가 필요하다고 확인한 기타 유형의 측정 방법들도 개별적인 중재 맥락에서 제기되었으며, 이러한 측정 방법을 보다 폭넓게 적용하고자 하는 잠재적인 가치는 명백한 것으로 보인다. 예를 들어, 기능적 의사소통 훈련을 설명한 6장에서 저자는 기술의 발달을 지원하도록 도와주는 환경을 진단하는 방법이나 잠재적인 의사소통 파트너에 의해서 수용될 수 있는 의사소통 전략(예: 부정적인 행동을 대체하기 위해 사용되는 행동)을 선정하기 위한 방법에 대한 보다 많은 정보가 필요하다고 하였다. 보완대체 의사소통 전략과 관련해서 3장의 저자 역시 그러한 중재가 언어 발달에 미치는 영향을 측정하는 방법이 필요하다고 지적하였다. 중재의 주요 초점이 의사소통에 맞춰져 있다는 사실을 고려한다면, 보완대체 의사소통 전략에 있어서 언어 발달을 더욱 조사해야 한다는 주장은 이해할 만하다. 독자들도 기억하겠지만 발달의 초기 단계와 관련된 9장(조기 사회적 상호작용 프로젝트)의 저자들은 자폐 범주성 장애 중재를 위한 최상의 실제로 폭넓게 권장되고 있는(National Research Institute, 2001) 조기개입을 촉진하기 위한 수단으로 자폐 범주성 장애의 조기 판별을 가능하게 해주는 측정 방법을 촉구하였다. 간단히 말해서, 이 책의 저자들이 주장하는 강화된 측정 방법은 자폐 범주성 장애인의 의사소통 및 사회적 상호작용에 대한 보다 신속하고 광범위한 영향을 미치기 위한 의도를 지닌다.

(2) 개별적인 요구를 충족시키기 위한 보다 효과적인 중재 조정

중재를 소개한 저자들은 자신의 연구에 포함된 참여자가 중재의 도움을 받는 정도가 매우 다양하며 따라서 보다 일관성 있는 긍정적인 결과를 보여주기 위한 추후 연구가 필요하다는 사실을 쉽게 인지하였다. 여러 저자가 제안한 이와 같은 목적을 달성하기 위한 한 가지 전략은 중재에 더 잘 반응할 것이라고 예측할 수 있게 해주는 개인적인 특성을 알아내기 위한 연구를 수행하는 것이다(예: Wegner, 3장 보완대체 의사소통 전략; Wilczynski et al., 4장 기본적인 행동 중재 전략; Simpson & Ganz, 11장 그림교환의사소통체계[PECS]; Bruinsma & McNerney, 12장 중심축 반응 중재[PRT]). 제안된 또 다른 연구 전략은 효과를 향상시키기 위해서 기존의 중재에서 수정된 매개 변인(예: 서비스 전달 조건, 일반화 계획의 특성, 강도)을 알아내는 것이다(예: Wilczynski et al., 4장 기본적인 행동 중재 전략; Hutchins, 13장 상황이야기). 자폐 범주성 장애인의 다양성을 고려한다면 개인의 요구가 더 잘 충족될 수 있게 해주는 이와 같은 방법론에 대한 관심은 앞으로 한동안, 심지어 연구자가 보다 광범위하게 효과적인 방법을 알아내기 위해서 연구할 때조차도 계속해서 연구의 필요성으로 남을 것이다.

(3) 중재가 효과적으로 사용될 대상자 확장

앞으로의 방향에 대한 저자들의 논의에서 나타난 또 다른 주제로 이들이 연구하고 있는 중재가 폭넓은 범위의 개인에게 유용할 수 있다는 계속되는 주장을 다루고자 한다. 특히, 저자들은 아스퍼거 증후군과 같은 자폐 범주성 장애의 하위집단이 중재 반응성 측면에서 아직 연구되지 않았다는 사실을 지적하였다(Wilczynski et al., 4장 기본적인 행동 중재 전략). 또 다른 대상자 집단은 기존의 참여자 집단과는 연령이 다른, 즉 더 어리거나(예: Hancock & Kaiser, 8장 강화된 환경교수[EMT]) 더 나이가 많은, 특히 청소년이나 성인 집단(Carter, Sisco, & Chung, 10장 또래 중개 지원 중재; Bruinsma & McNerney, 12장 중심축 반응 중재; Hutchins, 13장 상황이야기)을 포함한다. 마지막으로, 저자들이 판별했지만 아직 연구되지는 않았으며 그러나 연구되고 있는 중재로부터 혜택을 얻을 수 있을 것으로 여겨지는 두 집단은 (1) 자폐 범주성 장애 진단이 연상되는 유형의 어려움을 보이거나 손위 형제자매가 진단을 받았다는 이유로 초기 위험에 놓인 개인(예: Hancock & Kaiser, 8장 강화된 환경교수)과 (2) 자폐 범주성 장애 외의 확인된 신경발달장애와 관련된 의사소통 및 사회적 상호작용 어려움을 보이는 개인(예: Kasari, Kasambira Fannin, & Stickles Goods, 7장 공동관심 중재; Buggey, 14장 비디오 모델링)이다. 비록 이 주제가 개인의 요구에 따른 중재 조정과 밀접하게 관련되어 있지만 이것은 중재의 목적과 잠재적인 방법론에 영향을 미치는 최소한의 몇몇 중요한 특성을 공유하는 하위집단을 알아내기 위한 것이다.

(4) 전문가 및 부모의 중재 실행 시작과 지원에 사용될 방법론 강화

분명한 것은 어떤 중재 접근도 그 궁극적인 성공은 중재를 연구하는 사람보다는 실제로 삶 속에서 적용하는 사람이 얼마나 효과적으로 실행할 수 있는가이다. 그러므로 연구는 자폐 범주성 장애인이 의사소통과 사회적 상호작용에서 그들의 완전한 잠재력에 도달할 수 있도록 돕기 위해서 매일매일 중재를 사용할 책임을 진 부모와 전문가의 필요를 다루어야 한다. 연구 환경과는 달리 중재가 규칙적으로 사용되는 매일의 상황은 결코 "순수"하지 않다. 도움을 받는 개인과의 전문적이고 개인적인 관계 안에서 많은 목표를 다루면서, 중재의 실질적인 사용자는 중재 개발자보다는 책에 나온 그대로의 방법론에 초점을 맞출 필요가 적어진다. 게다가 이들은 관련 배경이나 이론적 또는 절차적 지식이 상대적으로 거의 없는 새로운 중재를 접하게 되곤 한다. 의사소통 및 사회적 상호작용을 위한 중재가 중재를 사용하는 사람들의 행동과 의사결정 과정을 통해서 이루어지도록 만들어졌다는 사실은 실행을 어렵게 만드는 것이 명백하다. 이것은 연구자가 실행을 하게 될 사람에게 실패하지 않는 매뉴얼을 단순하게 전달하는 것 이상으로 실행의 과정을 훨씬 더 복잡하게 만든다. 통제된 실험 환경에서 나타난 효율성 결과는 그것이 실험실에서 학교, 가정, 임상실로 전환될 때 중재 충실도라고 불리는 것을 보장해주지는 않는다. 이러한 환경은 진정한 효과가 입증되어야 하는 실제 상황이다.

따라서 몇몇 장의 저자들이 주요 연구의 필요성으로 자폐 범주성 장애인을 위한 의도된 혜택이 실현되기 위해서 명백한 관심을 필요로 하는 요소로 실행을 지적한 것은 놀라운 일이 아니다. 필요한 절차 중에는 중재를 실행하게 될 부모, 교사, 기타 다른 사람들에게 적절한 교수 방법의 개발이 포함된다(Wegner, 3장 보완대체 의사소통 전략; Gerber, 5장 발달-개인차-관계 중심 모델; Durand, 6장 기능적 의사소통 훈련; Kasari et al., 7장 공동관심 중재; Woods et al., 9장 조기 사회적 상호작용 프로젝트; Bruinsma & McNerney, 12장 중심축 반응 중재 참조). 증거 기반의 중재 실행과 관련된 어려움은 성인 학습자의 특별한 상황과도 관련될 뿐만 아니라 학습자가 가장 높은 수준으로 참여하고 문제를 해결할 수 있게 하면서 중요한 절차상의 요소를 갖추도록 도와주는 수준에서 학습이 발생해야 한다는 필요성과도 관련이 있다.

어떤 접근은 장시간에 걸친 때로는 일생에 걸친 중재 중에 광범위한 기술을 습득하고 유지하도록 요구하기도 한다(예: 기능적 의사소통 훈련이 재발하는 문제행동을 다루도록 도와주기 위해서 필요한 상황). 특히 이와 같은 접근에서 효과적인 전략이란 사용자가 직면하는 동기 및 기억 요구를 다루어야 한다. 해당 연구의 예를 제공하자면, Durand (6장)는 문제행동을 최소화하도록 돕기 위해서 고안된 접근인 기능적 의사소통 훈련의 실행에 대한 초기 연구를 지적하였다. 중재를 실행하는 사람의 낙관론이 실행의 성취에 영향을 미친다는 결과를 보여주는 연구(Durand, 2007)를 근거로 Durand와 그 연구진은 가족과 교사가 보다 낙관적이 되도록 도와주는 방법을 개발하기 시작하였다(Durand, 2011; Durand & Hieneman, 2008; Durand, Hieneman, Clarke, & Zona, 2009). 따라서 가족과 교사들 사이에 낙관론을 증진시키는 것은 이들이 지속적으로 기술을 사용할 수 있도록 지원하는 수단으로 여겨지며, 결과적으로 중재가 역할 할 수 있는 기회를 제공하는 것이다. 이와 같은 노력은 계속해서 중재를 사용하게 될 중재 연구자와 중재자가 성공적인 실행을 위한 책임을 공유하도록 도와줄 수 있다. 수없이 많은 경기장에서와 같이 동맹은 가장 강력한 방어를 구축하게 해주는데, 이 경우 자폐 범주성 장애가 개인의 의사소통과 사회적 상호작용 발달 및 기능을 약화시키는 영향력에 대응해서 가장 강력한 방어를 구축하게 해준다.

2) 증거 기반의 중재 실행과 관련된 어려움에 대한 광범위한 견해

각 장의 저자들이 제시한 실행의 어려움은 이 문제에 관심을 갖는 많은 다른 연구자의 부가적인 반향을 일으켰다. 그러므로 여기서는 실행에 대한 논의를 좀 더 확장해 보고자 한다. 특히, 자폐 범주성 장애의 사회적 및 행동적 표출에 초점을 맞춘 중재 연구의 미래에 심오한 영향을 미치게 될 두 가지 주요 발전에 독자의 관심을 이끌고자 한다. 첫째는 자폐 범주성 장애인의 가정 공동체에서 현장 전문가와 가족의 실질적인 실행을 조사하는 것이다. 둘째는 연구자가 행동을 수정하고 의사소통 및 사회적 상호작용 기술을 향상시키는 방법에 대한 자신의 생각을 처음 검증한 이래 실제로 사용하게 되는 시점에 이르기까지의 과정을 재조사하는 것이다(예: Fey & Finestack, 2009; Smith et al., 2007). 이러한 두 가지 발전은 연구자가 과거에 늘 그래왔던 것에 비해서 더 이른 시기인 중재 개발 과정 초기부터 사용자 중심의 방법과 자료를 소개할 수 있게 해준다.

중재를 어떻게 조명해야 하는가에 대한 첫 번째 변화로 실질적인 진단과 중재 실행을 검증하는 연구가 다양한 분야에서 관심을 받아 왔다(Delprato, 2001; Gresham, Beebe-Frankenberger, & MacMillan, 1998; Heflin & Simpson, 1998; Reichow, Volkmar, & Cicchetti, 2008). 이러한 경향은 임상적인 의사결정 과정에 대한 연구의 내적 장점뿐만 아니라 전문가의 임상적 판단과 의견, 선호도, 대상 개인과 가족 구성원의 가치에 대한 소중함을 인정하는 증거 기반의 실제에서 나온 자연적인 파생물로 여겨질 수 있다(예: Dollaghan, 2007; Sackett, Richardson, Rosenberg, & Haynes, 1997).

따라서 의사소통 및 사회적 상호작용 기술과 관련된 자폐 범주성 장애 관련 문헌은 언어병리학자가 자폐 범주성 장애인에게 서비스를 제공함에 있어서 중요한 역할을 함에도 불구하고 이들이 자폐 범주성 장애인에 대해서 무엇을 알고 있으며 실제로 자폐 범주성 장애인을 어떻게 진단하고 중재하는지를 확인하기 위한 방향의 연구는 거의 보고된 바가 없다(Filipek et al., 1999). 예를 들어, 소수의 연구만이 언어병리학자의 지식(Cascella & Colella, 2004; Schwartz & Drager, 2008)과 임상(Felderhoff, Gonzales, & Wendel, 2008)에 대해 조사하였다. 마찬가지로, 아주 소수의 연구만이 경쟁적으로 관심을 요구하는 많은 중재에 대한 부모의 사용을 조사하였다(예: Goin-Kochel, Myers, & Mackintosh, 2007; Green et al., 2006). 이러한 작업이 미국과 같은 서양에서 시작되고 있는 순간에 인도나 중국과 같은 다양한 비서구 문화권에서도 동일한 이슈를 다루기 위한 유사한 작업이 이루어지고 있다(예: Deshmukh & McCauley, 2010; McCabe, 2010).

개인이 중재 결정과 실행을 어떻게 다루는지를 조사하는 연구 외에도 기관이 대규모로 이러한 결정을 어떻게 다루고 있는지를 조사하는 유사한 연구가 수행되고 있다. 예를 들어, Downs와 Downs(2010)는 태평양 연안 북서부의 교육 서비스 부처, 교육청, 신경발달센터를 대상으로 이들의 실제 실행과 국립연구위원회(NRC, 2001)의 권장사항을 비교하는 조사연구를 실시하였다. 이와 같은 형태의 연구는 실행 과정의 복잡성을 명확하게 해주고 따라서 자폐 범주성 장애인을 위한 잠재적인 혜택이 가능하도록 도와준다.

실행 과정에 대한 생각을 변화시키는 첫 번째 단계가 발달과 실행 간에 나타날 수 있는 실수의 속성을 이해하는 것이라면, 두 번째 단계는 중재가 원래 어떻게 개발되었었는지를 다시 고려해보는 것이다. 2011년에 출간된 논문에서 Dingfelder와 Mandell은 새로운 기술(예: 자폐 범주성 장애를 위한 새로운 중재)이 확산되고 실행되는 사회적 체계에 강조점을 두는 "개혁 보급론(diffusion of innovation theory)"(p. 597)에 대해 논의하였다. 그렇게 함으로써 이들은 Downs와 Downs(2010)의 연구과 같은 연구의 중요성을 강조하였다. Dingfelder와 Mandell은 다소 암울한 관점의 논의를 시작하면서 자신들의 목적이 "왜 자폐를 위한 효율적인 중재가 중재와 환경의 필요성 및 역량 간 적합도를 둘러싼 모든 것인 지역사회 환경 내에서 거의 채택되지도 실행되지도 유지되지도 않는지에 대한 이유"(p. 597)를 설명하는 것이라고 밝혔다. 이들은 나아가서 중재 개발 과정 중 훨씬 더 초기에 그러한 환경의 필요성과 역량을 고려함으로써 이와 같은 실망스러운 결과가 만성적인 문제가 되지 않을 수도 있다고 제안하였다.

2011년 논문에서 Dingfelder와 Mandell은 개혁 보급론을 설명하였는데, 이 이론은 주로 새로운 공중 정신 및 예방 건강 측정이 특정 환경에서의 잠재적인 사용자에게 보급되고 이들에 의해서 채택되고 실행되고 마침내 유지되는 속도와 성취를 조사한 작업을 기반으로 한다(예: Rogers, 2003). 증거 기반의 중재가 직면하고 있는 몇 가지 어려움을 제시하기 위해서 이 연구진은 비연속 개별시도 교수(DTI; Wilczynski et al., 4장 기본적인 행동 중재 전략 참조)를 채택할 것인지 중심축 반응 중재(PRT; Bruinsma & McNerney, 12장 참조)를 채택할 것인지를 고려하는 공립학교 관리자가 제기할 수 있는 질문에 대해 설명하였다. 이러한 비교의 결과를 요약하는 것은 본 장의 범위를 벗어나지만, 〈표 15-1〉은 새로운 중재를 기존의 방법론이나 채택될 수 있는 다른 중재와 비교할 수 있는 관리자의 의사결정에 내포될 수 있는 Dingfelder와 Mandell이 제안한 질문을 보여준다. 이러한 질문에 관심을 기울이는 이유는 Dingfelder와 Mandell이 연구자가 새로운 중재 개발의 전 과정에 걸쳐 반드시 고려해야 한다고 제안했기 때문이다. 또한 이들은 다음과 같은 사항을 분명하게 추천하였다: 중재의 실사용자가 초기부터 관여하기, 중재의 일상적인 적용 중에 사용될 자료 개발 초기부터 더 큰 관심 갖기, 어떤 요구와 혜택이 실제로 중재와 관련되는지에 대한 향상된 기록, 실행 가능성을 조사하는 연구에 더 큰 가치 부여하기. 이들의 추천사항 중 많은 부분이 실행 문제를 다룬 다른 사람들의 연구를 단순하게 부연하거나 확장한 것이긴 하지만(예: Lord et al., 2005; Smith et al., 2007), 이들의 주장은 성패가 단순히 성공적인 성과를 방해하는 성가신 방해물을 극복하는 것만이 아니라 그렇게 하지 않으면 극복할 수 없는 장해물이 될 수도 있는 것을 잠재적으로 제거하는 데에 달려 있다는 사실을 분명하게 해주었다.

〈표 15-1〉 중재 보급, 채택, 실행, 유지에 대한 의사결정 관련 질문

- 어떤 중재가 더 좋은가……
  ……무슨 증거를 기반으로 하는가?
  ……어떤 아동을 대상으로 하는가?
  ……어떤 성과를 위해서인가?
- 새로운 프로그램이 제안하는 상대적인 혜택을 고려할 때 변화에 들어가는 비용은 가치가 있는가?
- 이 프로그램은 실행에 필요한 모든 요소를 다 갖추고 있는가?
- 이 프로그램은 현재 팀이 가지고 있는 자원으로 실행할 수 있는가?
- 중요한 구성원(예: 부모, 교사)가 이 프로그램을 수용할 것인가?

출처: Dingfelder & Mandell (2011).

3) 진행 중인 중재 연구에 대한 부가적인 어려움

각 장의 저자는 결론 부분에서 이 책에서 설명한 대부분의 중재 연구가 주로 영어를 사용하는 가정의 참여자를 대상으로 실행되었다는 사실을 강조하지는 않았다. 사람들은 자폐 범주성 장애가 신경발달장애로 문화적 또는 언어적 환경과 상관없이 아동에게 유사한 영향을 미칠 것으로 예상한다. 그러나 실제로는 자폐 범주성 장애의 영향이 문화에 따라 어떻게 다르게 인지되는지에는 큰 차이가 있을 수 있다(Dyches, Wilder, Sudweeks, Obiakor, & Algozzine, 2004; Wilder, Dyches, Obiakor, & Algozzine, 2004). 예를 들어, 자폐 범주성 장애의 영향을 보다 처벌적인 것으로 여기거나 연령에 적절한 형태의 의사소통 및 사회적 상호작용으로부터 확연하게 다른 것으로 받아들이는 등 문화와 언어 집단에 따라 다르게 인지한다(Daley & Sigman, 2002). 더욱이, 자폐 범주성 장애인이나 그 가족과의 관계에 있어서 가족 구성원 및 전문가의 적절한 역할은 문화에 따라 매우 다르며(예: Daley, 2004; Daley & Sigman, 2002; Kalra, Seth, & Sapra, 2005), 따라서 이들의 중재목표도 달라질 수 있다(Wilder et al., 2004). 정의에 의하면, 의사소통 및 사회적 상호작용을 위한 중재는 문화의 본질에 초점을 맞추기 때문에 모든 구성원(가족, 자폐 범주성 장애인, 전문가)의 언어 또는 문화 배경이 어떻게 중재에 영향을 미치는지에 대한 더 나은 이해가 요구된다. 그러나 동시에 서로 다른 다양한 문화와 언어를 지닌 집단의 구성원이 자폐 범주성 장애인의 의사소통 및 사회적 상호작용을 향상시키기 위해 동참할 때 발생하는 최소한의 위험을 피하기 위해서 많은 다양한 집단의 전문가와 가족 구성원을 도와줄 수 있는 자원이 존재한다(예: 미국 말-언어-청각협회[ASHA], 2004; Richmond, 2011).

2. 독자를 위한 앞으로의 방향

1) 자폐 범주성 장애인의 부모와 가족

(1) 지속적인 의사결정

자폐 범주성 장애인의 부모거나 가족인 독자는 이 책을 읽으면서 책의 시작 부분에서 한 약속에 부응하고 있다는 인상을 받았기를 바란다. 그 약속은 자폐 범주성 장애에 관한 영원히 끝나지 않는 집중수업의 일부로 작성하도록 요구되었던 강의계획안에 몇 개의 유용한 방안과 해석 가능한 읽을거리를 추가하려고 노력하겠다는 것이었다. 책을 읽는 모든 순간이 자폐 범주성 장애를 지녔을지도 모르는 사람을 포함해서 당신이 소중히 여기는 사람 옆에 단순히 있어주는 등의 여러 가지 의무로부터 벗어나게 해주는 시간임을 이해하면서 이 책은 의사소통과 사회적 상호작용 분야에서 어떻게 최상의 도움을 받을 수 있을지와 관련된 지속적인 의사결정에 대한 몇 개의 추가적인 생각을 제안한다. 첫째, 어떤 중재도 완벽한 증거를 제시하거나 특정 아동을 위해 완벽할 수는 없지만 더 나은 또는 더 나쁜 중재가 존재하는 것은 사실이다. 둘째, 이 책에서 설명한 것과 같은 중재들은 생각해볼 만한 좋은 시작점이 될 수 있다. 이들은 다양한 견해로부터 면밀하게 조사되었으며, 주로 성과에 대한 재정적인 이해관계가 없는 사람들에 의해서 이루어졌다. 더욱이, 이 중재들은 과학적인 기반 덕택으로 추가적인 정밀조사가 가능해졌다. 자녀의 프로그램을 위한 잠재적인 가치를 지닌 구성요소를 대표하는 완전한 중재 목록을 제시할 수는 없지만 이들이 보여주는 많은 특성은 부모가 고려할 만한 가치가 있는 어떤 중재에서도 명백하게 나타날 것이다. 마지막으로, 부모가 중재에 대해 지속적으로 결정을 내릴 때 부모와 함께 일하는 전문가는 그 자녀의 어려움과 어렵게 얻은 의사소통 및 사회적 상호작용 성취를 가장 가까이에서 관찰하는 사람으로서 부모의 견해를 존중해야 한다. 부모의 견해를 존중하는 것은 현재 자폐 범주성 장애 분야에서 일하는 전문가 모두는 아니더라도 대부분을 연합시키는 핵심 이념이다. 연구자가 어떻게 중재를 개발하고 그 중재를 전문가는 어떻게 사용하는지와 관련해서 이미 찾아보고 얻어낸 부가적인 지식을 기반으로 부모는 자녀와 함께 일하는 사람들이 부모의 그러한 특별한 지식으로부터 혜택을 받기 위한 역량을 증가시킬 수 있다.

(2) 추가 자료

이미 잘 이해하고 있듯이, 이 책에서 공유하는 정보와 견해는 자폐 범주성 장애를 위한 중재를 다루는 일부만을 보여준다. 합리적인 양의 가치 있는 정보를 제공하고자 하는 목표를 따르기 위해서 계속해서 정보에 접근할 수 있도록 지원하고 기존의 연구를 평가하고 주요 전략을 실행하도록 돕기 위한 몇몇 자료를 선정하였다. 이러한 특정 자료를 공식적으로 검토하지는 않았지만 가족에게 가장 도움이 되는 정보에 대해서 수년 동안 가족과 이야기한 결과를 근거로 이러한 내용이 유용할 것이라고 믿는다. (더욱이, 이 책을 읽는 부모 독자는 개정판에 포함되어야 할 다른 자료에 대해서 조언해주기 바란다.) 〈표 15-2〉는 여기서 선택한 두 권의 책, 두 개의 단체, 두 개의 웹 사이트 자료의 목록과 관련 설명을 보여준다. 독자 중에는 더 많은 자료를 탐색하기 원할 수도 있다. 이렇게 열정적인 독자를 위해서는 본 장에서 제시하는 〈표 15-3〉과 〈표 15-4〉 두 개의 표를 검토하도록 제안한다. 물론 이 표에서 제시하는 자료는 전문가 또는 학생과 교수를 염두에 두고 선택한 것이지만 〈표 15-2〉의 자료와 마찬가지로 부모의 관심 및 요구와도 관련될 수 있을 것이다.

〈표 15-2〉 부모와 가족을 위한 추천 자료

	자료	내용
도서	Moor, J. (2008). *Playing, laughing, and learning with children on the autism spectrum: A practical resource of play ideas for parents and carers* (2nd ed.). Philadelphia, PA: Jessica Kingsley Publishers.	이 책은 활동을 다룰 수 있을 정도의 작은 단계로 나누는 방법과 작은 성취를 기반으로 그리고 테크놀로지(예: 컴퓨터, 인터넷, 디지털카메라)를 사용함으로써 아동의 관심과 동기를 얻는 방법을 보여준다. 또한 부모를 위하여 최근 자료에 접근할 수 있게 해주는 웹 사이트를 소개한다.
	Organization for Autism Research. (2003). *Life journey through autism: A parent's guide to research.* Arlington, VA: Author.	이 안내책자는 자폐가 무엇이며 어떻게 진단이 이루어지는지에 대한 정보를 제공한다. 또한 자폐 관련 연구의 현황과 연구를 읽고 평가하기 위한 전략의 개요를 제공한다.
단체	Autism Speaks (http://www.autismspeaks.org)	2005년에 설립된 이 단체는 미국 내에서 가장 큰 과학 및 옹호 단체로 성장하였다. 이 단체의 목적은 자폐인과 그 가족의 필요를 옹호하고 자폐의 원인과 예방과 치료를 위한 연구기금을 마련하고 자폐 관련 인식을 증진시키는 것이다.
	Autism Society of America (ASA) (http://www.autism-society.org)	미국자폐협회(ASA)는 자폐로 인해 영향을 받는 모든 사람들의 삶을 향상시키기 위해 헌신된 미국 내에서 가장 큰 풀뿌리 단체다. 이들의 풀뿌리 노력은 자폐인이 직면하는 매일의 그리고 일생에 걸친 문제에 대한 대중의 인식을 고양하고, 적절한 서비스를 옹호하고, 중재와 교육과 권리와 연구에 대한 최신의 정보를 제공하는 역할을 포함한다.
웹 사이트	http://www.nationalautismcenter.org	국립자폐센터(NAC)는 자폐 범주성 장애를 지닌 아동과 청소년을, 그리고 증거 기반의 실제를 추구하는 메이 인스티튜트(May Institute)의 센터를 지원하는 비영리단체다. NAC는 자폐 범주성 장애에 대한 신뢰로운 정보를 제공하고, 최상의 실제를 권장하고, 가족과 서비스 제공자와 지역사회를 위한 종합적인 자원을 제공한다. 국립자폐센터는 2009년에 자폐 범주성 장애 아동을 위한 효과적이고 연구로 타당화된 교육 및 행동 중재를 위한 기준을 수립하기 위해서 다년도 중재 평가 프로젝트인 국가표준프로젝트(National Standard Project)에 대한 보고서를 발간하였다. 이 프로젝트는 지금까지 자폐 범주성 장애 아동을 위한 중재와 관련해서 가장 종합적인 분석을 제공한다.

	http://www.thegraycenter.org	사회적 학습과 이해를 위한 그레이 센터(Gray Center for Social Learning and Understanding)는 자폐 범주성 장애로 인해 영향을 받은 사람들을 위한 지도와 자문 서비스를 제공하고 자폐 범주성 장애인 및 이들과 상호작용하는 사람들의 강점을 성장시키기 위해 일하는 비영리 단체다. 이 웹 사이트는 상황이야기(Social Stories™)와 관련된 중재 정보에 접근할 수 있게 해주는데, 구체적으로는 상황이야기가 무엇이며, 어떻게 작성하며, 어떻게 사용하는가에 대해서 알려준다. 상황이야기 예시, 상황이야기 책, 이야기 영화, 워크숍에 대한 설명도 제공한다. 이 웹 사이트는 또한 사회적 반응 피라미드(Social Response Pyramid)라는 교육 도구와 사회적 효과를 이해하도록 지원하는 관련 자료를 제공한다.

2) 자폐 범주성 장애인을 대상으로 일하는 전문가

(1) 지속적인 의사결정

전문가는 자녀가 자폐 범주성 장애로 진단 받은 부모가 경험하는 것과 유사한 상황에 놓일 수 있다. 다양한 질의 수많은 정보가 존재하고 학습해야 할 것들이 너무나도 많지만 이에 대한 안내와 이를 위해 투자할 수 있는 시간은 매우 부족하다. 이 책에서 제시한 중재에 대한 설명은 중재가 어떻게 개발되어 왔는지를 좀 더 이해하고 따라서 어떤 추가 학습이 필요한지를 알도록 도와줌으로써 실질적인 방법으로 학습을 진보시켜줄 것이라고 기대한다. 중재 중에는 이미 과거의 경험과 교육을 통해서 잘 알고 있는 것도 있을 것이며, 새로운 것도 있을 것이다. 각 장의 저자는 동일한 구조를 통해서 중재를 소개하였으므로 친숙하거나 새로운 중재 모두 보다 분명한 초점을 가지고 평상시보다 광범위한 맥락에서 접할 수 있다. 또한, 전문가가 스스로의 견해뿐만 아니라 부모의 견해를 고려하라는 이 책의 도전을 수용한다면 이 책을 읽음으로써 앞으로 자폐 범주성 장애인이 스스로의 의사소통 및 사회적 상호작용의 핵심적인 어려움과 씨름할 때 이들과 보다 효과적으로 일하기 위한 끊임없는 여정을 위해 연료를 공급받게 될 것이다.

(2) 추가 자료

〈표 15-3〉은 자폐 범주성 장애의 영향을 받는 개인과 그 가족을 지원하는 팀에게 도움이 되는 것으로 입증된 몇 개의 일반적인 정보 출처를 추가적으로 보여주는데, 이러한 정보의 출처는 자폐 범주성 장애인을 대상으로 일하는 특정 전문가를 위해서 개발된 것이다. 각 전문 분야의 독자는 자신의 전문 분야에서 제공하는 자료에 대해서는 매우 익숙할 수 있지만 다른 분야의 자료에 대해서는 덜 익숙할 것이다. 따라서 독자는 자신의 전문 분야에서 제공하는 자료뿐만 아니라 자폐 범주성 장애 관련 문제를 주로 다루는 전문 분야 구성원에게 제시되는 자료에 대해서도 검토하기를 제안한다. 자폐 범주성 장애의 영향을 받는 아동 및 성인과 그 가족과 함께 일하는 모든 독자는 또한 〈표 15-1〉에서 제시한 일반인에게도 쉬운 자료를 검토함으로써 도움을 받을 수 있을 것이다.

〈표 15-3〉 자폐 범주성 장애인을 대상으로 일하는 전문가 집단을 위한 추가 자료

집단	자료	설명
자폐 범주성 장애 아동, 청소년, 성인을 대상으로 일하는 전문가	Ohio Center for Autism and Low Incidence(OCALI)에서 운영하는 Autism Internet Modules(AIM)	선행사건 중심 중재로부터 촉진, 반응 방해/재지시, 시간지연, 시각적 지원까지 다양한 주제에 대한 시각적 그래픽과 비디오 사례를 포함하는 37개의 모듈로 구성되어 있다. 이 모듈을 사용하는 사람은 자료 사용을 위해서 서명하고 프로젝트의 연구 참여를 위해서도 서명해야 한다.
	http://autismpdc.fpg.unc.edu	이 사이트는 AIM과 OCALI(이 표의 첫 번째 칸 참조)로 연결될 뿐만 아니라 관련 주제에 대한 간략한 증거 기반의 실제를 포함한다.
	Vargas, C. M., & Prelock, P. A. (Eds.), (2004). *Caring for children with neurodevelopmental disabilities and their families: An innovative approach to interdisciplinary practice*. Malwah, NJ: Erlbaum.	이 책은 자폐를 포함한 다양한 신경발달적 장애를 지닌 아동과 청소년을 위한 지역사회 중심의 진단과 중재 계획에 대한 간학문적이고 가족 중심적이면서 강점 기반의 문화적으로 적절한 접근을 제공한다.

교육자	Larkey, S. (2005). *Making it a success: Practical strategies and worksheets for teaching students with ASD.* Philadelphia, PA: Jessica Kingsley Publishers.	이 책은 자폐 범주성 장애 아동이 사회적 기술뿐만 아니라 학업 성취와 놀이와 전반적인 행동을 향상시키도록 도와주기 위한 전략을 보여준다.
	MacKenzie, H. (2008). *Reaching out and teaching the child with autism spectrum disorder: Using learning preference and strengths.* Philadelphia, PA: Jessica Kingsley Publishers.	이 책은 아동의 학습 선호도, 강점, 흥미가 동기를 강화하고 학습을 촉진하기 위해서 어떻게 사용될 수 있는지 보여준다. 3세부터 12세까지의 자폐 범주성 장애 아동의 독립적인 학습 기술을 개발하기 위한 종합적인 모델을 제시한다.
	Magnusen, C. L. (2005). *Teaching children with autism and related spectrum disorders: An art and a science.* Philadelphia, PA: Jessica Kingsley Publishers.	이 책은 교사가 자폐 범주성 장애 아동을 가르치면서 매일의 문제를 다루고 이들과 마주하게 되는 상황을 수정하기 위한 실제적인 전략을 강조한다.
	Ruble, L. A., & Dalrymple, N. J. (2002). COMPASS: A parent-teacher collaborative model for students with autism. *Focus on Autism and Other Developmental Disabilities, 17,* 76-83.	이 논문은 부모와 교사가 자폐 범주성 장애 학생을 위해서 협력하고 함께 일하도록 촉진하기 위해 고안된 모델을 설명한다.
	Simpson, R. L., & Smith Myles, B. (2007). *Educating children and youth with autism(2nd. edition): Strategies for effective practice.* Austin, TX: PRO-ED. (역주: 이소현 역, 2010, 시그마프레스)	이 책은 장애 진단, 교육진단, 교수전략, 교육과정, 행동 관리, 의사소통, 통합에 대한 현행 실제에 대하여 교육자를 안내한다.
의사	Myers, S. M., & Johnson, C. P. (2007). Management of children with autism spectrum disorders. *Pediatrics, 120*(5), 1161-1182.	이 논문은 2007년 미국 소아과학회가 검토한 최상의 실제의 개요를 제공한다. 이와 같은 임상보고서는 출간 5년 후(즉, 2012년)에 자동으로 만기되는 것으로 설명되어 있다.
	Perez, J. M., Gonzalez, P. M., Comi, M. L., & Nieto, C. (Eds.). (2006). *New developments in autism: The future is today.* Philadelphia, PA: Jessica Kingsley Publishers.	이 편저는 세계적으로 잘 알려진 전문가에 의한 자폐 범주성 장애 연구에 대한 종합적인 개요를 제공하며, 조기 판별과 서비스 전달에 있어서의 부모와 전문가 간 협력의 가치를 강조한다.

	Stoddart, K. P. (Ed.).(2004). *Children, youth, and adults with Asperger syndrome: Integrating multiple perspectives*. Philadelphia, PA: Jessica Kingsley Publishers.	이 편저는 다양한 영역을 포함하며 아스퍼거 증후군에 대한 임상, 연구, 개인적인 견해의 개요를 제공한다.
작업치료사	Janzen, J. E. (2002). *Understanding the nature of autism: A guide to the autism spectrum disorders* (2nd ed.). Austin, TX: PRO-ED. (역주: 2012년 3판 출간)	이 책은 알려진 중재가 아동의 특정 요구에 맞도록 지원되기 위한 통합적인 접근을 제공한다.
	Tomchek, S. D., & Case-Smith, J. (2009). *Occupational therapy practice guidelines for children and adolescents with autism*. Bethesda, MD: AOTA Press.	자폐 범주성 장애인을 대상으로 일하는 작업치료사를 위한 중요한 내용을 보여주는 지침으로 구성되어 있다.
물리치료사	Bhat, A. N., Landa, R. J., & Galloway, J. C. (2011). Current perspectives on motor functioning in infants, children and adults with autism spectrum disorders. *Physical Therapy, 91*, 1116-1129.	이 논문은 이 주제에 대한 간학문적 접근을 보여준다. 물리치료 논문집에 게재되었지만 두 번째 저자는 잘 알려진 언어병리학자다.
	Kurtz, L. (2007). *Understanding motor skills in children with dyspraxia, ADHD, autism and other learning disabilities: A guide to improving coordination*. Philadelphia, PA: Jessica Kingsley Publishers.	이 책은 전형적이거나 비전형적인 운동 기능 발달을 인지하고 운동 기능상의 어려움을 돕거나 지원하는 방법을 찾기 위한 방법을 제안한다. 또한 저자는 운동장이나 교실 또는 가정에서 학생의 협응을 지원하기 위한 교수전략을 제안한다.
심리학자	Hewitt, S. (2005). *Specialist support approaches to ASD in mainstream settings*. Philadelphia, PA: Jessica Kingsley Publishers.	이 책은 자폐 범주성 장애나 관련 행동상의 어려움을 지닌 학생이 일반학급에 통합될 수 있기 위해서는 학교에서 전문가 지원이 필요하고 중요하다는 것을 보여준다.
	Miller, L. (2009). *Practical behavior management solutions for children and teens with autism: The 5P approach*. Philadelphia, PA: Jessica Kingsley Publishers.	이 책은 5P, 즉 자료 수집(profiling), 우선순위화(prioritizing), 문제 분석(problem analysis), 문제해결(problem solving), 계획(planning)을 통해서 독립적인 기술 개발을 촉진하고 격려하는 행동 중재의 틀을 제시한다.

사회복지사	Forrester-Jones, R., & Broadhurst, S. (2007). *Autism and loss*. Philadelphia, PA: Jessica Kingsley Publishers.	이 책은 사별, 가족이나 친구, 소유나 건강과 같은 자폐 범주성 장애인이 시간이 흐름에 따라 경험할 수도 있는 다양한 유형의 상실에 대해서 다룬다.
	Paxton, K., & Estay, I. A. (2007). *Counseling people on the autism spectrum: A practical manual*. Philadelphia, PA: Jessica Kingsley Publishers.	자폐인은 종종 정서 표현, 조절, 인식에 있어서 주목할 만한 어려움을 보이곤 하며 우울증과 불안의 위험을 지닌다. 이 책은 범주에 속한 개인이 자신의 정서와 불안을 다룰 수 있는 방법을 보여준다.
언어치료사	American Speech-Language-Hearing Association(ASHA). (2006). *Guidelines for speech-language pathologists in diagnosis assessment, and treatment of autism spectrum disorders across the life span*. Available from http://www.asha.org/policy	이 문서는 미국의 언어병리학 관련 전국적인 협회인 ASHA의 공식적인 성명서이다. 이 문서는 ASHA의 지식과 기술 관련 내용의 실행을 안내하기 위해 작성되었다(다음 칸의 내용 참조).
	American Speech-Language-Hearing Association(ASHA). (2006). *Knowledge and skills needed by speech-language pathologists for diagnosis, assessment, and treatment of autism spectrum disorders across the life span*. Available from http://www.asha.org/policy	이 문서는 미국의 언어병리학 관련 전국적인 협회인 ASHA의 공식적인 성명서이다. 이 문서는 자폐 범주성 장애 전문가들로 구성된 소위원회에 의해서 작성되었다.
	Bogdashina, O. (2004). *Theory of mind and the triad of perspectives on autism and Asperger syndrome: A view from the bridge*. Philadelphia, PA: Jessica Kingsley Publishers.	이 책은 다른 사람의 입장이 되어 보는 것이 어떻게 자폐 범주성 장애인뿐만 아니라 그와 함께 일하는 서비스 제공자에게 보다 넓은 견해를 제공할 수 있는지에 대한 혁신적인 시각을 보여준다.
	Potter, C., & Whitaker, C. (2001). *Enabling communication in children with autism*. Philadelphia, PA: Jessica Kingsley Publishers.	이 책의 저자는 주요 교육적인 목표로 자발적인 의사소통을 격려해야 한다고 주장하며, 자폐 범주성 장애와 제한된 구어 기술을 보이는 아동이 목표한 연구 기반의 전략 지원으로 이들을 강화해주는 환경 내에서 의사소통할 수 있는 방법을 보여준다.

Tantam, D. (2009). *Can the world afford people with autistic spectrum disorders?* Philadelphia, PA: Jessica Kingsley Publishers.	이 책은 사회적 행동을 형성시키는 데에 있어서의 비구어 의사소통의 역할과 자폐 범주성 장애인에게서 나타나는 이러한 손상 이해의 중요성을 탐색한다. 저자는 비구어 의사소통에서의 차이를 아는 것이 보다 긍정적인 발달을 형성시키는 데에 얼마나 도움이 되는지를 설명한다.

2) 학생과 교수

(1) 지속적인 의사결정

이 책에서 다루는 다른 독자 집단은 실제 개인(그들의 자녀, 형제자매, 의뢰인, 학생 등)을 염두에 두었던 반면에 학생과 심지어 이들의 교수는 훨씬 더 추상적인 수준에서 의사소통과 사회적 상호작용을 위한 중재 문제를 다루어 왔을 것이다. 따라서 학생 독자는 이 책을 통해서 중재가 어떻게 개발되고 연구되고 자폐 범주성 장애를 지닌 하위집단의 필요를 충족시킬 수 있는지에 대한 기본적인 감각을 얻을 수 있기 바란다. 그러나 의사결정과 관련된 지속적인 성장은 이 책에서 설명한 중재에 대해서뿐만 아니라 중재가 어떻게 개발되었는지에 대해 제공한 정보의 적용에 달려 있다. 그러므로 여기서는 사고를 확장시켜줄 네 가지 연습을 제시하고자 한다.

1. 특별히 흥미롭다고 생각하거나 이미 좀 알고 있다고 생각하는 중재 중 한 가지에 대해서 '아동에 대한 적용'이나 '청소년 또는 성인에 대한 적용' 부분을 읽는다. 그런 다음에 다른 접근 중에서 대상자를 위한 대안으로 또는 추가 중재로 사용될 중재 한 가지를 선택할 수 있는지 고려한다. 그 다른 접근이 개인의 프로그램에서 사용되거나 추가될 때 예상되는 장단점은 무엇인가?
2. 잠재적인 효율성을 지지하기 위해서 어떤 연구가 실행되었는지와 추후 연구가 필요하다고 저자가 설명한 부분에 대해 주의 깊게 살펴보면서 특별히 흥미롭다고 생각하는 중재를 선택한다. 중재가 어떻게 개발되었는지 염두에 두면서 그 접근을 위한 합리적인 다음 단계로 여겨질 수 있는 연구를 집단 구성원과 함께 계획한다.
3. 본 장에서는 연구자가 중재가 개발되는 과정 중에 수정을 함으로써 그러한 접근

이 매일의 일상에서 실행하는 가족이나 중재자에게 보다 실제적이 될 수 있게 하려고 고려할 수도 있다는 점을 소개하였다. 부모와 또래는 중재에 포함되는 매우 중요한 의사소통 파트너기 때문에 연구자가 현장 파트너를 고려하기 위해서 이미 시작한 방법들을 살펴보면서 이 책의 중재를 재검토한다. 이러한 방법이 각각 어떻게 추진될 수 있는지에 대한 방안과 함께 목록을 작성한다.

4. 의사소통과 사회적 상호작용에 있어서 과거에 경험하였거나 현재까지 지속되고 있는 자신의 어려움에 대해 매우 상세하게 설명한 자폐 범주성 장애인에 의해서 수많은 직접경험이 기록되었다. 그중 소개하고 싶은 책은 다음과 같다: Temple Grandin(1996)의 『나는 그림으로 생각한다: 자폐인의 내면세계에 대한 모든 것(Thinking in Pictures and Other Reports form My Life with Autism)』(역주: 홍한별 역, 2006, 양철북), John Elder Robison(2007)의 『나를 똑바로 봐(Look Me in the Eye: My Life with Asperger's』(역주: 한창호 역, 2009, 아름드리미디어), Kamran Nazeer(2006)의 『바보를 보내다: 자폐의 다른 쪽 이야기(Send in the Idiots: Stories from the Other Side of Autism)』. 이들 중 한 권을 읽고 매우 성공적인 삶을 사는 성인이 보고한 계속되고 있는 어려움에 대해 기록한다. 이들 어려움 중 어떤 것들이 이 책에서 설명한 중재에 의해서 다루어졌거나 다루어질 수 있는가? 다루어질 수 없는 것은 무엇인가? 그러한 중재에 접근할 수 있을 때 중재에 참여할 것인지 아니면 참여하지 않을 것인지에 대한 이유를 이해하도록 돕기 위해서 저자는 무엇이라고 설명하였는가?

(2) 추가 자료

〈표 15-4〉는 자폐 범주성 장애에 대한 정보를 더 깊이 조사해 볼 수 있게 해주는 것으로 알려진 다양한 웹 사이트, 저서, 단체의 목록을 보여준다. 독자가 하게 될 것으로 예상되는 조사의 많은 부분은 정보를 더 수집하는 것이겠지만 가능한 한 가장 정중하고 생산적인 방법으로 보다 구체적인 행동(자폐 범주성 장애인의 가족에게 지원을 제공하거나 보조인으로 역할하기 등)을 취하기 위한 수단으로 조사하기 원할 수도 있는 단체의 목록도 포함하였다.

〈표 15-4〉 학생과 교수를 위한 자료

	자료	설명
인쇄물	National Research Council. (2001). *Educating children with autism.* Washington, DC: National Academy Press.	이 책에서는 국내 및 세계적으로 잘 알려진 다양한 영역의 자폐 전문 임상 연구자들이 자폐 범주성 장애를 지닌 어린 아동을 위한 일반적인 프로그램 구성요소에 대해 문헌을 검토하였다.
	Prelock, P. A. (2006). *Autism spectrum disorders: Issues in assessment and intervention*. Austin, TX: PRO-ED.	이 책은 자폐를 위한 진단과 중재에 대한 종합적인 시각을 제공하며, 특별히 자폐 범주성 장애인의 의사소통, 놀이, 사회적 상호작용을 이해하고 다루는 데에 초점을 맞추었다.
	Reichow, B., Doehring, P., Cicchetti, D. V., & Volkmar, F. R. (Eds.). (2011). *Evidence-based practices and treatments for children with autism.* New York, NY: Springer.	이 책은 자폐 범주성 장애 아동을 위하여 장애의 핵심 손상을 다루는 데에 사용되는 교육, 약물, 감각, 행동, 의사소통, 사회성 및 기타 건강 관련 중재 접근을 포함하는 기존의 다양한 처치를 검토하였다. 각 장은 가장 자주 사용되는 중재 전략을 요약하고 그 사용을 지지하는 현행 과학적 증거를 제시하였다.
	Volkmar, F., Paul, R., Cohen, D., & Klin, A. (2005). *Handbook of autism and pervasive developmental disorders-Third edition.* Hoboken, NJ: Wiley. (역주: 2014년 4판 출간)	이 책은 자폐 범주성 장애인의 일생에 걸친 장애진단, 교육진단, 중재에 있어서 필요한 중요한 영역을 정의하기 위하여 세계적으로 잘 알려진 연구자와 임상가를 함께 모았다.
웹 사이트	http://www.ninds.nih.gov/disorders/autism/detail_autism.htm	국립보건소(National Institutes of Health: NIH)가 운영하는 사이트로 자폐 관련 자료표를 제공한다.
	http://www.cdc.gov/ncbddd/autism/	질병통제센터(Center for Disease Control: CDC)의 사이트로 정보 저장소 또는 자폐 정보 센터의 역할을 한다.
	http://www.firstsigns.org/	자폐 범주성 장애 진단의 잠재적 위험신호를 알려주는 초기 표식이나 발달상의 신호를 강조한다.
	http:/www.osepideasthatwork.org/	미국 교육부의 특수교육 프로그램 부서(Office of Special Education Programs)에서 만든 사이트로 자폐 범주성 장애를 포함하는 장애 학생을 위한 최상의 중재 프로그램을 찾을 수 있도록 돕기 위해서 “연구 기반의 성과물, 출판물, 자료”에 쉽게 접근하게 해준다.
	http://www.ncepmaps.org/Autism-Spectrum-Disorders.php	미국 말-언어-청각협회(ASHA)는 자폐와 관련된 체계적인 검토와 지침과 기술적인 보고서를 포함하는 관련 연구와 자료에 쉽게 접근할 수 있도록 자폐를 위한 증거 기반의 지도를 개발하였다.

〈표 15-1〉에 제시하지 않은 단체	Organization for Autism Research (OAR) (http://www.researchautism.org/)	자폐연구소(OAR)는 특히 자폐 범주성 장애의 영향을 받는 사람들이 제기하는 주요 질문에 대한 답을 제공하기 위해서 응용연구에 주요 초점을 맞추는 유일한 기관이다.
	Autism Speaks (http://events.autismspeaks.org/site/c.nuLTJ6MPKrH/b.4385867/k.BF59/Home.htm)	Autism Speaks의 학생 분과로 2008년에 만들어졌다. 지역 분과를 통해서 대학생들이 자신의 지역 내 자폐 커뮤니티를 지원하면서 지역사회 안에서 인식, 옹호, 모금 행사를 주최한다.

3. 결론

자폐 범주성 장애는 퍼즐로 묘사되는 경우가 많은데, 특히 자폐 범주성 장애인의 실제 삶의 경험과 동떨어진 외부인에게는 더욱 그러하며 이들의 부모, 가족 구성원, 친구 또는 일상에서 알고 지내는 사람들인 경우에조차도 그러하다. 의사소통과 사회적 상호작용의 어려움은 이와 같은 퍼즐의 핵심 요소로 포함되며, 따라서 자폐의 핵심 손상을 감소시키기 위한 효과적인 중재를 개발하고 보급하려는 끊임없는 노력의 초점이 되고 있다. 자폐 범주성 장애인이 보이는 여러 가지 형태의 퍼즐을 해결하기 위해서는 이 책에서 설명하고 함께 참여한 모든 집단(가족 구성원, 전문가, 학생과 교수, 연구자)의 잘 알고 임하는 협력이 필요할 것이다. 이들의 개인적인 그리고 집단으로서의 노력은 자폐 범주성 장애로 인하여 영향을 받게 되는 개인, 가족, 지역사회를 위해서 분명히 더 나은 성과를 만들어 갈 것이다.

참고문헌

American Speech-Language-Hearing Association. (2004). *Knowledge and skills needed by speech-language pathologists and audiologists to provide culturally and linguistically appropriate services.* Available from http://www.asha.org/policy

American Speech-Language-Hearing Association. (2006). *Guidelines for speech-language pathologists in diagnosis, assessment, and treatment of autism spectrum disorders across the life span.* Available from http://www.asha.org/policy

American Speech-Language-Hearing Association. (2006). *Knowledge and skills needed by speech-language pathologists for diagnosis, assessment, and treatment of autism spectrum disorders across the life span.* Available from http://www.asha.org/policy

Bhat, A. N., Landa, R. J., & Galloway, J. C. (2011). Current perspectives on motor functioning in infants, children and adults with autism spectrum disorders. *Physical Therapy, 91,* 1116-1129.

Bogdashina, O. (2004). *Theory of mind and the triad of perspectives on autism and Asperger syndrome: A view from the bridge.* Philadelphia, PA: Jessica Kingsley Publihsers.

Cascella, P. W., & Colella, C. S. (2004). Knowledge of autism spectrum disorders among school speech-language pathologists. *Focus on Autism and Other Developmental Disabilities, 19*(4), 245-252.

Daley, T. C. (2004). From symptom recognition to diagnosis: Children with autism in urban India. *Social Science and Medicine, 58,* 1323-1335.

Daley, T. C., & Sigman, M. D. (2002). Diagnostic conceptualization of autism among Indian psychiatrists, psychologists and pediatricians. *Journal of Autism and Developmental Disorders, 32*(1), 13-23.

Delprato, D. J. (2001). Comparisons of discrete-trial and normalized behavioral language intervention for young children with autism. *Journal of Autism and Developmental Disorders, 31,* 315-325.

Deshmukh, R., & McCauley, R. J. (2010, November). *Speech-language pathologists' practices for autism in India.* Poster presentated at the annual conference of the American Speech-Language-Hearing Association, Philadelphia, PA.

Dingfelder, H. E., & Mandell, D. S. (2011). Bridging the research-to-practice gap in autism intervention: An application of diffusion of innovation theory. *Journal of Autism and Developmental Disorders, 41,* 597-609.

Dollaghan, C. A. (2007). *The handbook for evidence-based practice in communication disorders.* Baltimore, MD: Paul H. Brookes Publishing Co.

Downs, R. C., & Downs, A. (2010). Practices in early intervention for children with autism: A comparison with the National Research Council recommended practices. *Education and Training in Autism and Developmental Disabilities, 45*(1), 150-159.

Durand, V. M. (2007). Positive family intervention: Hope and help for parents with challenging children. *Psychology in Mental Retardation and Developmental Disabilities, 32*(3), 9-13.

Durand, V. M. (2011). *Optimistic parenting: Hope and help for you and your challenging child.* Baltimore, MD: Paul H. Brookes Publishing Co.

Durand, V. M., & Hieneman, M. (2008). *Helping parents with challenging children: Positive family intervention. Facilitator guide.* New York, NY: Oxford University Press.

Durand, V. M., Hieneman, M., Clarke, S., & Zona, M. (2009). Optimistic parenting: Hope and help for parents with challenging children. In G. D. W. Sailor, G. Sugai, & R. Horner (Eds.), *Handbook of positive behavior support* (pp. 233-256). New York, NY: Springer.

Dyches, T., Wilder, L. K., Sudweeks, R. R., Obiakor, F. E., & Algozzine, B. (2004). Multicultural issues in autism. *Journal of Autism and Developmental Disorders, 34*(2), 211-222.

Felderhoff, J., Gonzales, M. D., & Wendel, R. M. (2008, February). *Assessment methods used in Texas elementary schools for diagnosing pervasive developmental disorders(PDDs).* Poster presented at the annual convention of the Texas Speech, Language and Hearing Association, San Antonio, TX.

Fey, M. E., & Finestack, L. H. (2009). Research and development in child language intervention: A five-phase model. In R. G. Schwartz (Ed.), *Handbook of child language disorders* (pp. 513-531). New York, NY: Psychology Press.

Filipek, P. A., Accardo, P. J., Baranek, G. T., Cook Jr., E. H., Dawson, G., Gordon, B., ... Vokmar, F. R. (1999). The screening and diagnosis of autistic spectrum disorders. *Journal of Autism and Developmental Disorders, 29*(6), 439-484.

Forrester-Jones, R., & Broadhurst, S. (2007). *Autism and loss.* Philadelphia, PA: Jessica Kingsley Publishers.

Goin-Kochel, R. P., Myers, B. J., & Mackintosh, V. H. (2007). Parental reports on the use of treatments and therapies for children with autism spectrum disorders. *Research in Autism Spectrum Disorders, 1,* 195-209.

Grandin, T. (1996). *Thinking in pictures: And other reports from my life with autism.* New York, NY: Vintage Books.

Green, V. A., Pituch, K. A., Itchon, J., Choi, A., O'Reilly, M., & Sigafoos, J. (2006). Internet survey of treatments used by parents of children with autism. *Research in Developmental Disabilities, 27,* 70-84.

Gresham, F. M., Beebe-Frankenberger, M. E., & MacMillan, D. L. (1999). A selective review of treatments for children with autism: Description and methodological considerations. *School Psychology Review, 28,* 559-575.

Heflin, L. J., & Simpson, R. L. (1998). Interventions for children and youth with autism: Prudent choices in a world of exaggerated claims and empty promises. Part I: Intervention and treatment option review. *Focus on Autism and Other Developmental Disabilities, 13,* 194-211.

Hewitt, S. (2005). *Specialist support approaches to ASD in mainstream settings*. Philadelphia, PA: Jessica Kingsley Publishers.

Janzen, J. E. (2002). *Understanding the nature of autism: A guide to the autism spectrum disorders* (2nd ed.). Austin, TX: PRO-ED.

Kalra, V., Seth, R., & Sapra, S. (2005). Autism-Experiences in a tertiary care hospital. *Indian Journal of Pediatrics, 72*(3), 227-230.

Kurtz, L. (2007). *Understanding motor skills in children with dyspraxia, ADHD, autism, and other learning disabilities: A guide to improving coordination*. Philadelphia, PA: Jessica Kingsley Publishers.

Larkey, S. (2005). *Making it a success: Practical strategies and worksheets for teaching students with ASD*. Philadelphia, PA: Jessica Kingsley Publishers.

Lord, C., Wagner, A., Rogers, S., Szatmari, P., Aman, M., Charman, T., ... Yoder, P. (2005). Challenges in evaluating psychosocial interventions for autistic spectrum disorders. *Journal of Autism and Developmental Disorders, 35*(6), 695-708.

MacKenzie, H. (2008). *Reaching out and teaching the child with autism spectrum disorders: Using learning preference and strengths*. Philadelphia, PA: Jessica Kingsley Publishers.

Magnusen, C. L. (2005). *Teaching children with autism and related spectrum disorders: An art and a science*. Philadelphia, PA: Jessica Kingsley Publishers.

McCabe, H. (2010). Employment experiences, perspectives, and wishes of mothers of children with autism in the People's Republic of China. *Journal of Applied Research in Intellectual Disabilities, 23*, 122-131.

Miller, L. (2009). *Practical behaviour management solutions for children and teens with autism: The 5P approach*. Philadelphia, PA: Jessica Kingsley Publishers.

Moor, J. (2008). *Playing, laughing, and learning with children on the autism spectrum: A practical resource of play ideas for parents and carers* (2nd ed.). Philadelphia, PA: Jessica Kingsley Publishers.

Myers, S. M., & Johnson, C. P. (2007). Management of children with autism spectrum disorders. *Pediatrics, 120*(5), 1162-1176.

National Research Council. (2001). *Educating children with autism*. Washington, DC: National Academy Press.

Nazeer, K. (2006). *Send in the idiots: Stories from the other side of autism*. New York, NY: Bloomsbury USA.

Organization for Autism Research. (2003). *Life journey through autism: A parent's guide to research*. Arlington, VA: Author.

Paxton, K., & Estay, I. A. (2007). *Counseling people on the autism spectrum: A practical manual.* Philadelphia, PA: Jessica Kingsley Publishers.

Perez, J. M., Gonzalez, P. M., Comi, M. L., & Nieto, C. (Eds.). (2006). *New developments in autism: The future is today.* Philadelphia, PA: Jessica Kingsley Publishers.

Potter, C., & Whitaker, C. (2001). *Enabling communication in children with autism.* Philadelphia, PA: Jessica Kingsley Publishers.

Prolock, P. A. (2006). *Autism spectrum disorders: Issues in assessment and intervention.* Austin, TX: PRO-ED.

Reichow, B., Doehring, P., Cicchetti, D. V., & Volkmar, F. R. (Eds.). (2011). *Evidence-based practices and treatments for children with autism.* New York, NY: Springer.

Reichow, B., Volkmar, F. R., & Cicchetti, D. V. (2008). Development of the evaluative methods for evaluating and determining evidence-based practices in autism. *Journal of Autism and Developmental Disorders, 38,* 1311-1319.

Richmond, A. S. (2011). Autism spectrum disorder: A global perspective. *Perspectives on Global Issues in Communication Sciences and Related Disorders, 1,* 39-46. doi:10.1044/gics1.2.39

Robinson, J. E. (2007). *Look me in the eye: My life with Asperger's.* New York, NY: Crown/Random House.

Rogers, E. M. (2003). *Diffusion of innovations* (5th ed.). New York, NY: Free Press.

Ruble, L. A., & Dalrymple, N. J. (2002). COMPASS: A parent-teacher collaborative model for students with autism. *Focus on Autism and Other Developmental Disabilities, 17,* 76-83.

Sackett, D. L., Richardson, W. S., Rosenberg, W., & Haynes, R. B. (1997). *Evidence-based medicine: How to practice and teach EBM.* New York, NY: Churchill Livingstone.

Schwartz, H., & Drager, K. D. R. (2008). Training and knowledge in autism among speech-language pathologists: A survey. *Language, Speech, and Hearing Services in Schools, 39,* 66-77.

Simpson, R. L., & Smith Myles, B. (2007). *Educating children and youth with autism: Strategies for effective practice* (2nd ed.). Austin, TX: PRO-ED.

Smith, T., Scahill, L., Dawson, G., Guthrie, D., Lord, C., Odom, S., ... Wagner, A. (2007). Designing research studies on psychosocial interventions in autism. *Journal of Autism and Developmental Disorders, 37,* 354-366.

Stoddart, K. P. (Ed.). (2004). *Children, youth, and adults with Asperger syndrome: Integrating multiple perspectives.* Philadelphia, PA: Jessica Kingsley Publishers.

Tantam, D. (2009). *Can the world afford autistic spectrum disorder? Nonverbal communication, Asperger syndrome, and the interbrain.* Philadelphia, PA: Jessica Kingsley Publishers.

Tomchek, S. D., & Case-Smith, J. (2009). *Occupational therapy practice guidelines for children and adolescents with autism.* Bethesda, MD: AOTA Press.

Vargas, C. M., & Prelock, P. A. (Eds.). (2004). *Caring for children with neurodevelopmental disabilities and their families: An innovative approach to interdisciplinary practice.* Mahwah, NJ: Erlbaum.

Volkmar, F., Paul, R., Cohen, D., & Klin, A. (2005). *Handbook of autism and pervasive developmental disorders-Third edition.* Hoboken, NJ: Wiley.

Wilder, L. K., Dyches, T. T., Obiakor, F. E., & Algozzine, B. (2004). Multicultural perspectives on teaching students with autism. *Focus on Autism and Other Developmental Disabilities, 19*(2), 105-113.

White, S. W., Keonig, K., & Scahill, L. (2007). Social skills development in children with autism spectrum disorders: A review of the intervention research. *Journal of Autism and Developmental Disorders, 37,* 1858-1868.

용어 사전

SCERTS® 아동 중심이고, 활동 중심이며, 발달에 기반을 두고, 가족 중심인 교육과정 중심 진단 및 중재 접근(Prizant, Wetherby, Rubin, Laurent, & Rydell, 2006). 사회 의사소통(SC) 및 정서 조절(ER) 영역에서 자폐 범주성 장애 아동이 직면하는 가장 심각한 문제를 목표로 함. 의사소통 파트너(부모, 형제자매, 또래)가 자연적인 환경에서의 학습을 지원할 수 있도록 교류 지원(TS) 영역의 장단기목표를 수립함. (9장)

가족 중심 서비스 및 지원(family-centered services and supports) 부모가 자녀의 발달을 강화하도록 그 능력을 신장시키고 아동과 가족을 하나로 하는 서비스를 계획하고 중재 관련 의사결정을 할 때 가족의 적극적인 참여를 촉진하는 서비스 및 지원. (9장)

강화(reinforcement) 학습자의 반응이 미래의 유사한 상황에서 나타날 가능성을 증가시키는 자극의 변화(바람직한 결과를 제시하거나 바람직하지 않은 상황을 제거함)를 끌어냄. 차별강화는 강화가 한 가지 조건하에서는 주어지지만 다른 상황에서는 주어지지 않을 때 발생한다고 말함. (4장)

강화된 환경교수(enhanced milieu teaching: EMT) 3세대 자연적 교수전략으로 환경교수 원리를 기본으로 하며 매일의 의사소통 맥락에서 반응적 대화 기술과 언어 모델링을 체계적으로 추가함. (8장)

개별적인 정보처리 프로파일(individual processing profile) 감각 조절, 감각 처리, 감각-감정 처리, 운동 계획 및 순서 능력에 대한 설명. (5장)

개별화 교육 프로그램(individualized education program: IEP) 장애 학생을 위한 교육 및 관련서비스를 판별하고 구성하도록 작성된 서류. (10장)

공격행동(aggression) 다른 사람을 겨냥하여 그 사람에게 고통이나 해를 끼치는 결과를 초래하곤

하는 행동. (6장)

공동관심/공동참여(joint attention/joint engagement) 다른 사람과 공유하기 위한 목적으로 다른 사람의 관심을 흥미로운 사물이나 사건으로 향하게 하기 위해서 사용하는 행동이나 신호(예: 가리키기, 보여주기, 건네주기, 응시하기)로 이러한 사물이나 사건을 취하려고 하는 것은 아님. 아동이 언어 파트너(양육자, 또래, 교사)도 관심을 보이고 있는 사물에 관심을 보일 때를 말함. (7장)

관계 및 의사소통 관련 신경발달장애(neurodevelopmental disorders of relating and communicating) 발달 영역 내에서의 또는 발달 영역 간의 아동의 기능 수준 및 개인차와 관련된 네 가지 유형의 프로파일. 관계 맺기, 상호성, 공동의 문제해결 능력을 지닌 문제가 덜한 아동부터 참여와 상호성에 있어서의 일시적인 능력을 보이고 언어, 사회 정서 발달 또는 적응기술의 퇴보를 경험하는 아동까지 포함함. (5장)

관련서비스(related services) 장애 아동이 특수교육으로부터 혜택을 받기 위해서 필요로 할 수 있는 발달적, 교정적 또는 기타 지원적인 서비스(예: 언어치료, 청각학, 작업치료, 사회복지). (10장)

관점 모델링(point-of-view modeling) 시범 행동의 모든 장면이 관찰자의 눈높이와 관점에서 촬영된 비디오 모델링의 한 형태. (14장)

구어 행동(verbal behavior) 청자에 의해서 강화되는 구어 및 비구어 의사소통 행동. B. F. Skinner는 현재 자폐 범주에 속하는 많은 아동의 교육과정 목표를 안내하는 데에 사용되고 있는 수많은 구어 행동을 식별하였음. (4장)

그래픽 상징(graphic symbols) 보조가 필요한 보완대체 의사소통 체계 내에서 의미를 표현하는 방법. 이러한 표현에는 그림, 사진, 선 그림, 블리스상징(blissymbols), 활자, 전통적인 철자 등이 있음. (3장)

긍정적 자기 검토(positive self-review) 최상의 수행 장면을 봄으로써 이미 학습한 기술을 연마하는 데에 사용되는 자기 모델링의 한 형태. (14장)

기능적 동등성(functional equivalence) 두 개의 행동이 같은 기능을 지니기 때문에 학생의 행동 레퍼토리 중에서 서로 대체할 수 있음을 설명하는 개념. (6장)

기능적 의사소통 훈련(functional communication training: FCT) 문제행동을 기능적으로 동등한 대안적인 의사소통으로 대체하는 방법으로 문제행동을 다루는 중재 전략. (6장)

기능적 정서 발달 단계(Functional Emotional Developmental Levels: FEDLs) 출생 후 유치원까지의 전형적인 아동 발달의 기초를 설명하는 사회적-정서적-상징적 기능의 여섯 단계를 말함. 이 체계는 발달-개인차-관계 중심(DIR) 접근에서 사용됨. (5장)

기능적 정서 진단 척도(Functional Emotional Assessment Scale: FEAS) 발달-개인차-관계 중심(DIR) 접근에서 사용되는 1차적인 진단 도구. 기능적 정서 진단 척도는 아동의 기능적 정서 발달단계(FEDLs)와 아동과 양육자 간 상호작용의 속성을 알아내기 위하여 사용됨. 따라서 이 척도는 아동의 개인 프로파일을 근거로 중재 계획을 세우고 아동의 진보를 측정하는 기초선을 제공하는 역할을 함. (5장)

기능적 행동진단(functional behavior assessment) 행동 또는 일련의 행동에 영향을 미치는 것으로 보이는 변인을 진단하기 위해 사용되는 기법. 즉각적인 선행사건 및 후속결과나 보다 동떨어진 사건(배경사건)을 주로 포함함. (6, 13장)

놀이 일과(play routines) 놀이 활동 중에 놀잇감으로 어떻게 놀이하고 사물을 어떻게 사용할지에 대한 계획. 놀이 일과는 반복적이고 예측 가능한 순서의 사건으로 구성된 단계를 포함함. 하나의 또는 일련의 단계나 일과 중에 사용되는 언어는 일관성이 있지만 새로운 단계나 행위가 일과에 추가될 수도 있음. 새로운 단계 및 어느 정도의 예측 가능성은 일과가 지루해지는 것을 막거나 아동이 계속 참여하게 만들기 위해 필요함. (7장)

대본 언어(scripted language) 의사소통을 하기 위해서 그 의미와 의도를 사용할 수 있는 영화, 텔레비전 프로그램, 노래, 책에 나오는 대화의 일부를 모방한 대본. (5장)

대체진단(alternative assessment) 지역 전체를 대상으로 실시하는 표준화된 진단의 내용이나 양식에 반응할 수 없는 중도장애 학생을 위해서 표준성취도를 진단하는 대안적인 방법(예: 생활기술 포트폴리오, 작업 샘플). (10장)

도식(schema, schemata, schemas) 사건, 사고, 행동을 이해하기 위한 개념적 틀. (13장)

동기 가동(motivational operation: MO) 특정 자극의 강화 효과를 증가시키고 식별자극이 주어질 때 강화되어 온 모든 행동에 대한 반응을 일시적으로 증가시키는 환경 변인. (4장)

동기 진단 척도(Motivation Assessment Scale) 기능적 행동진단의 한 유형. 목표행동의 선행사건 및 후속결과에 대한 16개 질문으로 구성되어 있음. (6장)

동기유발 전략(motivational strategies) 아동이 상호작용하고 반응하고 새로운 기술을 학습하기를 원하게 될 가능성을 증가시키는 교수전략(유지를 위한 분산, 주도 공유하기, 자연적인 강화, 시도 강화 등). (12장)

또래 교수(peer tutoring) 개인, 소집단, 학급 전체를 대상으로 또래에게 교수 지원을 제공하기 위하여 학생을 준비시키고 배치함. (10장)

또래 모델링(peer modeling) 자신의 나이와 거의 비슷한 사람이 과제를 수행하는 방법을 보는 것. (14장)

또래 상호작용 훈련(peer interaction training) 장애가 있는 급우와의 사회적 상호작용의 질과 양을 증진시키기 위해서 장애가 없는 또래에게 교수되는 정보 또는 전략. (10장)

또래 중개 지원 중재(peer-mediated support interventions) 한 명 이상의 장애가 없는 또래가 성인의 감독하에 장애가 있는 나이가 비슷한 또래에게 지속적으로 사회적 또는 학업 지원을 제공함. 이러한 중재는 장애가 있는 급우와의 사회적 상호작용의 질과 양을 증진시킬 수 있음. (10장)

또래 지원망 전략(peer network strategies) 장애 학생이 학교에서 학업 및 사회생활에 보다 온전히 참여할 수 있도록 돕기 위해서 특별히 그 학생을 중심으로 응집력 있는 사회적 집단을 구성하고 지원하기. (10장)

또래 지원자 지정(peer support arrangements) 중도 장애를 지닌 급우에게 학업 및 사회적 지원을

제공하기 위해서 같은 반에서 한 명 또는 두 명의 또래를 정함. (10장)

마루놀이(Floortime) 기능적인 정서 발달이 촉진되는 자발적이고 발달적으로 적절하고 때로는 일대일로 이루어지는 특정 형태의 치료적 상호작용. (5장)

말(speech) 의미 있는 구강 소리 및 음절의 산출. 소리를 내기 위해 사용되는 음성과 소리를 만들기 위해 사용되는 조음은 말의 기본 구성요소임. (11장)

모달리티(modalities) ICDL-DMIC의 언어 패러다임(ICDL, 2005)에서 언어를 습득하고 성공적인 의사소통자가 되는 과정에 핵심이라고 여겨지는 초기 발달의 측면. 모달리티는 공유된 관심, 감정교류, 상호성, 공유된 의도, 공유된 형태와 의미, 초기 담화, 감각 처리 및 선별, 운동 계획 등을 말함. 이와 같은 모달리티는 DIR 접근에서 광범위하게 고려됨. (5장)

문제행동(challenging behaviors/problem behaviors) 자기 자신이나 다른 사람을 향한 신체적인 공격, 탠트럼, 언어 공격, 자기자극 행동과 같은 행동으로 형태에 따라서는 사회적 상호작용을 방해하고 학생의 진행 중인 교육 및 사회적 진보를 방해함. (6장)

반응(response) 행동의 단일 출현. 비연속 개별시도 상황에서 학습자에 의한 모든 행위는 반응으로 간주됨. 즉, 특정 행위를 하지 못하는 것은 (예를 들어, 앉아서 허공을 응시함) 후속결과를 요구하는 반응으로 간주됨. (4장)

반응적 상호작용(responsive interaction) 강화된 환경교수(EMT)의 네 가지 핵심 요소 중 하나로 아동의 주도, 따라 하기와 매핑(mapping), 시작행동에 반응하기, 대화 중 아동의 흥미를 유지시키는 의미 있는 내용의 피드백 제공하기를 포함하는 일련의 행동 전략. (9장)

발달-개인차-관계 중심 모델(Developmental, Individual-Difference, Relationship-Based: DIR Model) 발달장애 아동을 대상으로 하는 간학문적 접근 방법으로 아동의 기능적인 정서 발달 수준, 개인적인 정보처리 프로파일, 아동과 양육자 간의 관계를 다룸. (5장)

발판교수(scaffolding) 아동의 학습을 지원하기 위해서 사용되는 교사의 일시적이고 수정 가능한 지원 구조(예: 시각적 촉진, 구어 촉진, 기술 모델링, 신체적 촉진). 아동이 가르치는 기술의 학습에 진보를 보일 때 발판교수는 점진적으로 축소됨. 발판교수의 축소는 궁극적으로 아동의 독립적인 개념 또는 과제 습득을 유도함. (9장)

보완대체 의사소통(augmentative and alternative communication: AAC) 구어를 보충하거나 대체하기 위하여 보조가 필요하거나 필요하지 않은 체계를 사용하는 것. 이러한 체계는 자폐 또는 기타 장애인의 손상되거나 부적절한 의사소통 기술을 대체하거나 보충하도록 보조하기 위하여 사용됨. (3, 10, 11장)

보조가 필요하지 않은 보완대체 의사소통 체계(unaided AAC[augmentative and alternative communication] system) 추가 기기나 도구를 필요로 하지 않는 보완대체 의사소통의 한 형태. 보완대체 의사소통 중 보조를 필요로 하지 않는 형태로는 수화, 몸짓, 발성, 얼굴 표정 등이 있음. (3, 11장)

보조가 필요한 보완대체 의사소통 체계(aided AAC system) 구어 의사소통을 대체하거나 보충하기 위해서 외적인 도구나 기구의 사용을 필요로 하는 보완대체 의사소통의 한 형태. 의미를 표현하는 방법, 표현된 의미에 접근하는 방법, 다른 사람과 의미를 공유하는 방법을 포함함 (Beukelman & Miranda, 2005). 보조가 필요한 보완대체 의사소통 체계는 상징을 사용하는 의사소통 책과 같은 로우테크일 수도 있고 음성산출기와 같은 하이테크일 수도 있음. (3, 10, 11장)

복수 단서(multiple cues) 사람이 적절하게 반응하기 위해서 반드시 주의를 기울이고 여과해야 하는 환경 변인. (12장)

부모 실행 중재(parent implemented intervention) 부모나 기타 양육자가 적극적인 참여와 기능적인 목표 학습을 촉진하기 위해서 전형적인 활동 중에 자연적인 중재 전략을 삽입함. (9장)

부수 어휘(fringe vocabulary) 보완대체 의사소통(AAC) 체계에서 특정인에게 사용되는 어휘. 사람 이름, 애완동물, 활동 등을 포함할 수 있음. (3장)

비디오 모델링(video modeling) 관찰자에게 필요한 적응기술이나 행동을 수행하는 성인, 또래, 자신, 만화 캐릭터를 묘사하는 비디오를 사용하는 것. (14장)

비연속 개별시도 교수(discrete trial instruction: DTI) 응용행동분석 분야 중 새로운 기술을 가르치는 방법으로 중재자가 제공하는 교수 또는 자극, 행동적으로 정의된 아동의 반응, 오반응을 식별하거나 정반응을 보상하는 중재자가 제공하는 후속결과로 구성됨. 이렇게 고도로 지시적인 교수 방식의 주요 구성요소는 가르치기, 촉진하기, 반응, 후속결과, 회기 간 간격임. 집중회기(massed trials)는 학습자에게 제시되는 새로운 과제의 순서가 복수의 비연속 개별시도 간에 모두 동일할 때 발생함. 변동회기(varied trials)는 학습자에게 제시되는 과제의 순서가 폭넓은 교육과정을 반영하지만 새로운 과제가 사이사이에 들어갈 때 발생함. (4, 7장)

사회인지(social cognition) 사람이 자신과 다른 사람을 인식하고 사회적 지식을 습득하여 사용하고 이해하는 과정. (13장)

사회적-화용론적 발달 중재(social-pragmatic developmental interventions) 중재자가 아동의 주도를 따르고, 시작행동과 자발성을 강조하고, 후속적인 반응을 강화하는 중재. (1장)

상황이야기(Social Story) 사람, 기술, 사건, 개념, 사회적 상황을 객관적으로 설명하기 위해서 특정 형식과 지침을 따르는 짧은 이야기. (13장)

생각의 원리(theory of mind) 자신과 다른 사람의 심적 내면세계에 대해 추론하고 다른 사람이 자신과는 다른 견해를 가질 수도 있음을 이해하는 능력. 사회인지의 한 측면임. (13장)

성인 모델링(adult modeling) 21세 이상의 성인이 과제를 수행하는 모습을 보는 것. (14장)

성인 학습(adult learning) 양육자가 자녀의 교사가 되고 의사소통 파트너가 되도록 자문하고 지도하는 데에 적용되는 성인이 어떻게 학습하는지에 대한 연구. (9장)

수어(sign language) 사용자가 추가 기기나 도구를 사용하지 않는 보조가 필요하지 않은 보완대체 의사소통의 한 형태. American Sign Language와 Signing Exact English를 포함하는 몇 가지 수어 체계가 있음. (3장)

스토리보드(storyboard) 영화의 장면과 순서를 그래픽으로 표현한 것으로 '키퍼(keeper)' 비디오 클립을 저장하고 편집하는 비디오 편집 소프트웨어의 분야.

시각적 장면 제시(visual scene display) 활동, 경험, 상황을 나타내는 사진이나 장면. 장면 속의 특정 사물이나 사람을 작동시키면 단어나 메시지를 말하도록 프로그램화됨. (3장)

시작행동(initiation) 사회적 또는 구어 상호작용을 시작하기 위해서 다른 사람을 향한 유도되지 않은 구어 또는 비구어 행동. (12장)

식별자극(discriminative stimulus) 특정 형태의 반응이 나타나면 강화를 유도하고 다른 반응이 나타나면 강화를 유도하지 않는 자극. 비연속 개별시도 상황에서 식별자극은 순응하면 강화를 가져다주는 교수의 형태로 사용되곤 함. (4장)

언어 모델링(language modeling) 강화된 환경교수(EMT)의 네 가지 핵심 요소 중 하나로 언어 모델링은 아동에게 진행 중인 상호작용에서 그리고 아동의 발화를 확장하려고 할 때 목표하는 언어를 사용함으로써 보다 복잡한 언어 모델을 제공하는 특정 절차를 포함함. (8장)

언어(language) 상징, 단어, 구의 의미와 사용을 규정하는 규칙으로 그 형태와 기능을 포함함. 언어는 구어 및 쓰기 형태로 표현될 수 있음. (11장)

유지를 위한 분산(maintenance interspersal) 비연속 개별시도(DTI) 회기에서 습득되지 않은 새로운 과제를 습득된 과제 사이사이에 배치하기. (4장)

음성산출기(speech-generating device: SGD) 작동하면 음성을 만들어내는 보조가 필요한 형태의 보완대체 의사소통. 이러한 형태는 합성 또는 디지털 음성을 제공하며 컴퓨터 기반으로 이루어짐. (3장)

응용행동분석(applied behavior analysis: ABA) 아동과 성인의 사회적으로 의미 있는 행동을 향상시키기 위해서 행동 변화의 기본 원리를 적용하는 연구 분야. 응용행동분석은 특정인에게 향상된 성과를 가져다주는 주요 역할을 하는 변인을 알아내기 위하여 체계적인 환경 조사를 포함함. (4장)

의사소통 기능(communicative function) 의사소통을 하는 목적. 일상적인 의사소통 기능은 원하는 물건 요구하기, 저항하기, 언급하기, 다른 사람과 사회적으로 상호작용하기를 포함함. (11장)

의사소통 형태(communicative form) 의사소통을 하는 수단. 의사소통의 형태로는 몸짓, 발성, 단어뿐만 아니라 이상한 행동도 포함됨. (11장)

의사소통(communication) 다른 사람과 상호작용을 하고 정보를 공유하는 다양한 수단. 의사소통의 형태는 구어 또는 비구어일 수 있음. (11장)

일반화(generalization) 기술이나 행동을 다양한 관련 행동 또는 서로 다른 환경에 적용. (7장)

자기 모델링(self-modeling) 자신이 직접 현재 수준을 넘어서는 행동을 수행하는 장면을 관찰할 수 있도록 편집된 비디오 모델링의 한 형태. (14장)

자기관리(self-management) 바람직한 행동이나 반응을 인지하고 바람직한 행동을 수행하고 자기강화를 실행하는 능력. (12장)

자기관찰(self-observation) 긍정적이고 부정적인 요소를 모두 포함한 편집되지 않은 행동이나 수

행을 보기. (14장)

자기효능감(self-efficacy) 과제를 성공적으로 수행할 수 있는 자신의 능력에 대해 사람이 느끼는 자신감. (14장)

자문적 지도 접근(consultative coaching approach) 조기개입 전문가(Early Interventionist: EI)가 양육자에게 직접적인 서비스를 제공하는 대신 자문을 하는 방법으로, 정보를 제공하고 양육자가 중재 전략을 학습하도록 지도하고 부모-자녀 관계를 위한 개별화된 계획을 개발하기 위해 양육자와 문제를 해결하는 방법. (9장)

자연적 강화군(natural communities of reinforcement) 행동은 사람이 환경 내에서 자연적으로 발생하는 강화(예: 교사의 칭찬)에 접근하려고 하기 때문에 교수될 수 있다는 개념. (6장)

자연적 교수(naturalistic teaching) 학습이 발생하는 아동의 자연적인 환경에서 실행되는 교수 방법. 이 중재는 아동에게 내적인 강화를 사용하고 아동의 의사소통 시작을 포착하며 화용론적으로 기능적인 사회적 상호작용에서 제공되는 중재를 강조함. 언어의 형태와 내용은 자연적으로 발생하는 교환 중에 교수되며, 중재자는 아동의 주도를 따르고 교수 시도는 회기 전반에 걸쳐 간헐적으로 분산됨. (12장)

자연적 언어 중재(naturalistic language intervention) 아동 주도적이고 흥미 중심이며 내적으로 강화되는 그리고 매일의 활동에 의도적으로 삽입될 때 기능적 의사소통을 지원하는 광범위한 범위의 발달주의 및 현대 행동주의 전략. (9장)

자연적 환경(natural environment) 가족에게 전형적이거나 자연스러운 일과, 활동, 장소로 주로 장소(예: 가정, 보육원, 친척이나 친구의 집, 기타 지역사회 장소)나 정기적으로 발생하는 활동(예: 놀이, 양육, 식사, 집안일)을 말함. (9장)

자폐 범주성 장애(autism spectrum disorders: ASDs) 사회적 관계, 비구어 및 구어 의사소통, 다양한 관심과 행동에 결함을 보이는 특성을 지니는 초기 아동기에 발현하는 장애. 이러한 결함은 사고, 언어, 감정, 다른 사람과 관계를 맺는 능력에 있어서 전반적인 손상을 초래할 수 있음. 자폐 범주성 장애는 자폐성 장애로 불리는 심한 형태부터 달리 분류되지 않는 전반적 발달장애(PDD-NOS)와 가장 경미한 형태인 아스퍼거 증후군까지 포함함. (1, 7장)

자해행동(self-injurious behavior) 자기를 겨냥하여 스스로에게 손상을 입히는 결과를 초래하곤 하는 행동. (6장)

전통적인 행동 중재(traditional behavioral interventions) 미리 정해진 정반응과 엄격하게 정해져 있는 교수 구조를 지닌 일대일 상황에서 기술을 가르치는 중재. (1장)

조절(regulation) 평온하고 기민하고 주의를 기울이는 각성 상태를 유지하는 능력. (5장)

중심축 반응 중재(pivotal response treatment: PRT) 자폐의 핵심 결함을 목표로 하기 위한 응용행동분석(ABA) 기법과 발달주의 접근을 활용하는 임상적으로 타당화된 놀이 중심의 중재 방법으로 중심축 반응 훈련(Pivotal Response Training), 중심축 반응 교수(Pivotal Response Teaching), 중심축 반응 치료(Pivotal Response Therapy), 중심축 반응 중재(Pivotal Response Intervention)로

도 불림. (12장)

중심축 영역(pivotal area) 목표로 삼으면 목표로 하지 않은 기능 및 반응에서의 변화를 수반하는 영역. (12장)

촉진(prompt) 학습자가 정확하게 반응할 가능성을 높이기 위한 목적으로 제시되는 보충적인 자극 또는 단서 (4장)

취약한 중앙응집력(week central coherence) 자폐 범주성 장애에서 나타난다고 여겨지는 인지 방식으로 부분에 대한 정보처리가 전체에 대한 정보처리를 넘어서는 것을 말함. (13장).

탠트럼(tantrums) 소리 지르기, 주위를 마구 뛰어다니기, 기타 다양한 행동 문제 등의 행동 조합. (6장)

통합교육(inclusive education) 장애 학생에게 이들이 장애가 없었다면 소속되었을 동일한 교실, 활동, 학교에서 질적인 교육 서비스 및 지원을 제공하는 것. (10장)

피드포워드(feedforward) 아동이 적합한 방법으로 새로운 행동을 수행하는 자신의 모습을 볼 수 있는 자기 모델링의 한 측면으로 나중에 자신이 어떻게 수행하게 될지를 모의로 보여줌. (14장)

핵심 어휘(core vocabulary) 많은 사람이 자주 사용하는 어휘. 핵심 어휘는 연령, 보완대체 의사소통(AAC) 사용, 맥락 등의 개인적인 특징을 근거로 한 단어 목록으로부터 얻을 수 있음. (3장)

현대 행동주의 중재(contemporary behavioral interventions) 아동에게 선택권이 부여되고, 중재자와 아동 간에 교수 기회가 공유되며, 선호하는 활동과 자료가 사용되는 중재. (1장)

협동학습 집단(cooperative learning groups) 학생들 간에 긍정적인 상호의존성을 촉진하기 위해서 소규모 학습 또는 작업을 위한 집단을 조성하고 활동을 재구조화하는 중재 방법. (10장)

형성법(shaping) 점점 더 정반응에 근접하는 반응을 강화함으로써 정반응을 교수하는 과정. (4장)

화용론(pragmatics) 사회적 목적을 위해서 수용되는 언어 및 의사소통의 규칙. 예를 들어, 많은 문화권에서는 다른 사람과 대화할 때 상대방으로부터 얼마나 떨어져 서 있어야 하는지에 대한 수용할 만한 규칙을 지님. (11장)

환경 구성(environmental arrangement) 강화된 환경교수의 네 가지 핵심 요소 중 하나로 요구하기 기술을 증가시키고 성인이 언어 촉진 및 발판교수를 할 수 있도록 기회를 제공하기 위해서 아동의 환경을 조직하고 관리하는 방법을 포함함. (8장)

환경교수(milieu teaching) 매일의 의사소통 상황에서 의사소통 기술을 교수하는 자연적인 접근. 이 접근은 환경 구성, 특정한 자연적인 언어 촉진, 의사소통의 빈도와 복잡성을 증진시키기 위한 기능적인 후속결과를 사용함. (8장)

효과가 나타나기 시작한 중재(emerging treatments) 자폐 범주성 장애 아동을 위한 하나의 중재 분류. 중재 효과에 대한 어느 정도의 증거는 있지만 효과가 입증되었다고 말하기에는 부족함. 이 용어는 국가표준프로젝트(National Standards Projects)에 의해서 사용되어 왔음(National Autism Center, 2009). (5장)

찾아보기

인명

내용

저자 소개

Patricia A. Prelock, Ph.D.
버몬트대학교(University of Vermont: UVM)의 간호건강과학대학 학장 겸 의사소통 과학 및 장애학과 교수
University of Vermont, 105 Rowell, 106 Carrigan Drive, Burlington, VT 05405
Patricia A. Prelock의 주요 학문적 업무는 의사소통 과학 및 장애 학과의 교수며, 의과대학 정신과에서 두 번째 업무를 수행하고 있다. 그녀의 주요 연구 관심은 자폐의 특성 및 중재와 협력적이고 간학문적인 실제에 관한 것이며, 사회적 조망수용, 또래 놀이, 정서 조절, 사회적 대화에 포함된 중립적 동선 등을 포함한다. 「Language, Speech, and Hearing Services in Schools」의 부편집장으로 일해 왔으며, 미국 말-언어-청각협회(American Speech-Language-Hearing Association)의 2000년도 올해의 회원으로 선발되었고, 회장으로 선출되었다. Prelock 박사는 4년간 버몬트 주의 자폐대책위원회(Autism Task Force) 공동의장으로 일하였으며 고등교육협력(Higher Education Collaborative)을 통한 자폐 훈련 프로그램(Autism Training Program)을 위한 그룹의 회원이다. Prelock 박사는 자폐, 협력, 언어 진단 및 중재, 음운론 분야에서 120편 이상의 출판을 하였고 400편 이상의 전문 학술지 및 학회 발표를 하였다. 1998년에는 버몬트부모정보센터(Vermont Parent Information Center)로부터 상(Friends Award)을 받았으며, 2000년에는 버몬트대학교의 강의우수상(Kroepsch-Maurice Excellence in Teaching Award)과 제1회 버몬트자폐학회 서비스 우수상(Autism Society of Vermont Excellence in Service Award)을 수상하였다. 2003년에는 버몬트대학교의 특별교수가 되었다. 2010년에 Kids on the Block Program으로부터 Puppet's Choice Award for Autism을 수상하였다. Prelock 박사는 켄트주립대학교(Kent State University)에서 학사와 석사학위를 받았으며, 피츠버그대학교(University of Pittsburgh)에서 박사학위를 받았다. 또한 아동 언어 전문가 자격증을 소지하고 있다.

Rebecca J. McCauley, Ph.D.
오하이오 주립대학교의 말청각학과 교수, 아동 언어 전문가
The Ohio State University, 1070 Cermack Road, 105 Pressey Hall, Columbus, OH 43210
Rebecca J. McCauley는 23년간 버몬트대학교(Vermont University)의 의사소통학과에서 대학원 프로그램의 디렉터와 학과장으로 재직하면서 다양한 역할을 해 왔으며, 그 후 오하이오 주립대학교에 합류하였다. 학자로서의 관심 분야는 발달적 의사소통장애의 진단 및 중재 관련 다양한 주제를 모두 포함하며, 특히 아동기 말 실행증(apraxia of speech)에 특별한 초점을 둔다. 「American Journal of Speech and Language Pathology」의 부편집장으로 일하였으며, 그 외에도 두 권의 책인 『의사소통 및 언어 중재 시리즈: 아동기 언어장애 중재(Communication and Language Intervention Series: Treatment of Language Disorders in Children)』(2006)는 Marc Fey와 함께, 『아동기 음성장애 중재(Interventions for Speech Disorders in Children)』(2010)는 A. Lynn Williams, Sharynne MacLeod와 함께 공동으로 편저하였다. 그 외에도 발달적 의사소통장애와 관련해서 세 권의 책과 수많은 논문을 집필하였으며, 이 중에는 단독 저서인 『아동기 언어장애 진단(Assessment of Language Disorders in Children)』(Lawrence Erlbaum Associates, 2001)과 공동편저인 『발달적 유창성장애 중재(Treatment of Stuttering)』(Lippincott Williams & Wilkins, 2010)도 포함된다. McCauley 박사는 루이지애나 주립대학교(Louisiana State University)에서 학사학위를 받았으며 시카고대학교(University of Chicago)에서 석사 및 박사학위를 취득하였다. 버몬트대학교의 교수가 되기 전에 애리조나대학교(University of Arizona)와 존스홉킨스대학교(Johns Hopkins University)에서 박사후 연구를 수행하였다. 아동 언어 전문가 자격증을 소지하고 있으며, 미국 말-언어-청각협회(American Speech-Language-Hearing Association)의 회원이다.

역자 소개

이소현(SoHyun Lee)

이화여자대학교 사범대학 특수교육과 졸업

샌프란시스코주립대학교 특수교육학 석사(MA)

밴더빌트 대학교 특수교육학 박사(Ph.D.)

프린스턴 아동발달연구소(PCDI) 근무

현재 이화여자대학교 사범대학 특수교육과 교수

박혜진(Hyejin Park)

이화여자대학교 사범대학 특수교육과 졸업

이화여자대학교 특수교육학 석사(MA)

보스턴대학교 특수교육학 석사후과정(CAGS)

매사추세츠 주 케임브리지 시 공립초등학교 특수교사

일리노이 주립대학교 특수교육학 박사(Ph.D.)

현재 애리조나 주립대학교 특수교육과 조교수

윤선아(Sun Ah Yoon)

서울여자대학교 교육심리학과 졸업

이화여자대학교 특수교육학 석사(MA)

이화여자대학교 특수교육학 박사(Ph.D.)

현재 서울대병원 소아청소년정신과 근무

현재 이화여자대학교 사범대학 특수교육과 겸임교수

자폐 범주성 장애

의사소통 및 사회적 상호작용을 위한 증거 기반의 중재

Treatment of Autism Spectrum Disorders

Evidence-Based Intervention Strategies for Communication and Social Interactions

2017년 9월 25일 1판 1쇄 발행
2023년 10월 10일 1판 3쇄 발행

지은이 • Patricia A. Prelock · Rebecca J. McCauley
옮긴이 • 이소현 · 박혜진 · 윤선아
펴낸이 • 김 진 환
펴낸곳 • (주) 학지사
04031 서울특별시 마포구 양화로 15길 20 마인드월드빌딩 5층
대표전화 • 02) 330-5114 팩스 • 02) 324-2345
등록번호 • 제313-2006-000265호
홈페이지 • http://www.hakjisa.co.kr
인스타그램 • https://www.instagram.com/hakjisabook

ISBN 978-89-997-1369-9 93370

정가 **23,000원**